温江年鉴

WENJIANG YEARBOOK

2021

成都市温江区人民政府　主办
成都市温江区地方志办公室　编

方志出版社

图书在版编目（CIP）数据

温江年鉴 . 2021 / 成都市温江区地方志办公室编 .—北京：方志出版社，2021.12

ISBN 978-7-5144-5061-3

Ⅰ . ①温… Ⅱ . ①成… Ⅲ . ①温江区—2021—年鉴 Ⅳ . ① Z527.14

中国版本图书馆 CIP 数据核字（2021）第 263970 号

温江年鉴（2021）

编　　者：成都市温江区地方志办公室
责任编辑：王海荣

出 版 者：方志出版社
地址　北京市朝阳区潘家园东里 9 号（国家方志馆 4 层）
邮编　100021
网址　http://www.zgfzcb.cn
发　　行：方志出版社图书经销中心
电话　（010）67110500
经　　销：各地新华书店
装帧设计：四川世纪文采文化传播有限公司
印　　刷：成都市兴雅致印务有限责任公司

开　　本：889 × 1194　　1/16
印　　张：26.25
字　　数：740 千字
版　　次：2021 年 12 月第 1 版　　2021 年 12 月第 1 次印刷
印　　数：001 ~ 500 册

ISBN　978-7-5144-5061-3　　定价：280.00 元

欢度国庆

7月27日，水利部副部长魏山忠（右一）到温江区调研

8月28日，国家体育总局副局长李颖川（右一）、中国篮球协会主席姚明到温江区调研

4月14日，副省长杨兴平（右二）到温江区调研

3月19日，副省长王凤朝（右二）到温江区调研

3月5日，市委副书记、市长、市新冠肺炎疫情防控指挥部指挥长罗强（右二）率队到温江区督导检查疫情防控工作，开展推进生物医药产业发展现场办公

7月16日，市委常委、副市长程伟（右二）到温江区调研

1月14日，市委常委、统战部部长、市总工会主席吴凯（左二），市政协副主席、九三学社成都市委会主委徐玖平（左三）到温江区慰问老党员

5月11日，市委常委、组织部部长、社治委主任邓涛（右三）到温江区调研

3月9日，医药产业高质量发展合作备忘录暨省药械化检验检测能力提升建设项目签约仪式在温江举行

3月17日，中办国办复工复产调研组到温江区调研复工复产情况

4月10日，川投金石四川康健股权投资基金出资人签约仪式在温江区举行

5月26日，温江区巴南区“推动成渝地区双城经济圈建设战略合作协议”签约仪式在温江区举行

6月30日，电子科技大学“三医+AI”科技园项目动工仪式

8月18日，药明康德成都研发中心落成并正式投入运营

11月17日，温江区获评“2020中国楼宇经济投资高地城区奖”

11月18日，2020中国幸福城市论坛在杭州举行，温江区代表接受“中国最具幸福感城市·美丽宜居城区”授牌，并在分论坛上作主旨发言

12月4日，生物医药公共研发平台项目签约仪式举行

1月8日，“温江工匠”评选启动仪式暨“工匠音乐之夜”活动

1月20日，全区干部职工迎春文艺晚会

5月15日，企业邻里节活动举行

5月15—17日，举办风筝节活动

7月16日，“2020·天府态度在温江”星空讲坛活动举行

9月，“潮生活·GO温江”主题活动

9月25日，街道创意跑暨社区达人选拔仪式

9月29日，2020成都温江农民丰收节暨桂花文化旅游季启动仪式

9月29日，第十九届光祈音乐节举行

10月16日，社区达人秀活动举行

10月23日，举行星耀和盛镇·相约鲁家滩2020年和盛镇第二届健康环滩跑

11月6日，温江区第八届青年（大学生）创新创业大赛总决赛举行

11月6-7日，天府绿道自行车车迷健身节

11月17日，温江区第二届康养护理技能竞赛

11月27日，川渝地区戏曲交流展演暨送戏曲进校园活动举行

2020年食品安全宣传文艺巡演

温
江

南城北林两河一心的大美之区

新光天地
新光天地

金温江
健康花园城

人才健康绿道

温江

2020年数字温江

- 户籍人口：52.94万人
- 登记人口：107.26万人
- 人口自然增长率：5.44‰
- 城镇化率：78.01%
- 绿化覆盖率：45.4%
- 森林覆盖率：32.16%
- 全年空气质量优良天数：276天
- 地区生产总值：623.84亿元
  - 第一产业：23.15亿元
  - 第二产业：233.28 亿元
  - 第三产业：367.41 亿元
- 一、二、三产业构成比：3.7∶37.4∶58.9
- 农作物播种面积：3357.4公顷
- 粮食总产量：0.87万吨
- 人均地区生产总值：66084元
- 财政总收入：167.81亿元
- 地方财政收入：120.11亿元
- 财政总支出：151.93亿元
- 实际利用内资：149.39亿元
- 外商投资实际到位：15.86亿元
- 完成全社会固定资产投资增长：8.3%
- 社会消费品零售总额：148.5亿元
- 城镇居民人均可支配收入：49633元
- 农村居民人均可支配收入：32635元
- 城乡居民储蓄存款余额：589.67亿元
- 城镇居民恩格尔系数：32.5 %
- 农村居民恩格尔系数：34.7%
- 全年接待游客：1696.02万人次
- 旅游综合收入：121.81 亿元
- 外贸进出口总额：30.3亿元
- 商品房销售面积：241.6万平方米
- 区域内各类学校（含高校）：59所
- 在校学生（含大学生）：22.3万人
- 各类医疗机构：573家
- 各类卫生机构实有床位数：6270张
- 卫生技术人员：7542人
- 城镇基本养老保险人数：26.54万人
- 城乡居民养老保险人数:9.64万人

《温江年鉴（2021）》编纂委员会

主　　任：马烈红

副 主 任：罗　胤　刘拥军

委　　员：许晓斌　王东旭　曾康华

《温江年鉴（2021）》编辑部

总　　编：曾康华

副 总 编：邹　军　袁建云

执行编辑：刘　洪　陈晓蓉

编　　辑：杨秀琼　李　刚　李光洪　刘艳丽　王　青

摄　　影：区融媒体中心及区级各部门（单位）、镇（街办）

《温江年鉴 2021》编写人名单

区委办（区保密局、区外事办、区档案局）	旷　达　朱相燕　杨　坚
区人大办	黄　菊
区政府办	周　昕
区政协办	张景瑜
区纪委监委	蒋　洋
区人民法院	王朝辉
区人民检察院	蔡泽轩　朱　能
区委组织部	龙廷潇
区委宣传部	周艳林
区委统战部（区政府侨台事务办）	曾李娇
区委政法委	孙东辉
区委社治委	杨常俊
区委编办	王维克
区信访局	雷　达
区绩效考评中心	张思浩
区委政研室	罗　红
区委党校	易　诗
区政府政策研究中心	曾　奇
区发改局（区粮食和储备局）	刘　梅
区经信局	彭玉鹤
区新经济和科技局	戴　刚
区教育局	陈　兴
区公安分局	张　明
区人口办	向　勇
区民政局	郭殿怡

区司法局	杨晓含
区财政局（区金融局）	陈功霞
区人社局	孙艳平
区医保局	肖　娟
区规划和自然资源局	鲁　佳
区生态环境局	赖瀚如
区住建局（区人防办）	王　为　易远昌
区综合执法局（区城市管理局）	李文思
区交通运输局	孙彬桐
区水务局	贾永乐　牟云星　宿　强
区农业农村局	王通文　李贵清
区商务局	吴晓翠
区文体旅局	吴　霜
区卫健局	张颇如
区退役军人事务局	郭祥泽
区审计局	黄新川
区市场监管局（区知识产权局）	顾梦卉
区应急管理局	付加龙
区统计局	王　楠
区行政审批局	李雪峰
区投促局	肖　原
区国资局	欧阳予梅
区机关事务服务中心	杨　伟
区档案馆	黄　静
区地志办（区委党史研究室）	陈晓蓉
区融媒体中心	卢　璇
区公资交易中心	李书梅
区社会诉求服务中心	赵　欢
区项目促建服务中心	王　岚
区企业服务中心	熊芮琳

区税务局	周海滨
区气象局	李红菲
温江调查队	杨　曼
区土推办	雷　肖
民革温江区支部	赵　霜
民盟温江总支	李　莲
民建温江总支	罗仕洪
九三学社温江区委员会	鲁　鹏
区总工会	谢沂峰
团区委	齐　烁　吴　昊　曾　熔　刘春锋
区妇联	余芜兰
区文联	顾　平
区科协	戴　刚
区社科联	张　鑫
区残联	陈　茂
区工商联	李　韦
区民经办	李　韦
柳城街道	兰　剑
涌泉街道	雷　威
天府街道	冯巳洋
公平街道	龚荣发
永宁街道	蔡环宇
金马街道	周　荃
万春镇（街道）	黄巧灵
和盛镇（街道）	孙松林
寿安镇（街道）	蒋雨楼
成都医学城（科技园）	杨　林
成都健康服务业集聚区（现代服务业园区）	廖堇言
温江都市现代农业高新技术产业园	杨健亨
区人武部	郑江波

区消防救援大队	陈　爽
九联公司	钟丽蓉
金态合公司	张啸言
科蓉公司	吴　明
兴蓉西集团	舒　珊
温江供电公司	唐洪涛
温江邮政分公司	田小华
中国移动四川温江分公司	李翔兰
四川广电网络温江分公司	陈　惜
区盐业公司	赵　珈
区烟草专卖局	何天惠
人行温江支行	李明刚
四川银保监局温江监管组	王秀明
区公积金中心	李红旭
工行温江支行	杨富堃
农行温江支行	张艾菊
中行温江支行	宿　颖
建行温江支行	李　伟
交行温江支行	刘姝妤
农发行温江支行	周　倩
农商银行温江支行	谢桂超
成都银行温江支行	易昶舟
浦发银行温江支行	王亚东
邮储银行温江支行	李韵竹

编辑说明

一、《温江年鉴》是由成都市温江区人民政府主办、温江区地方志办公室编纂出版的地方综合年鉴。本卷年鉴以马克思列宁主义、毛泽东思想、邓小平理论、“三个代表”重要思想、科学发展观、习近平新时代中国特色社会主义思想为指导，全面系统记载2020年成都市温江区政治、经济、文化和社会发展情况，为各级党政机关、社会各界人士认识了解温江提供基本信息资料。

二、《温江年鉴》是国内公开出版发行的图书，以出版年号为卷次名称。从1990年面世以来已编辑出版21卷，2021年卷《温江年鉴》是总第22卷。《温江年鉴（2021）》采取类目、分目、条目的编辑体例，字号及版式设计区别不同层次。条目为记述的基本单元，在编辑过程中尽可能将内容条目化。

三、《温江年鉴（2021）》的主要内容为2020年温江国民经济和社会发展的各类信息资料。全书除卷首的特载、专文、大事记、综述外，设有中共成都市温江区委员会、成都市温江区人民代表大会及其常务委员会、成都市温江区人民政府、政协成都市温江区委员会以及民主党派·群团、法治·军事、城乡建设与管理、资源保护与生态建设等25个部分。

四、各部分内容由涉及的区级部门和镇（街）以及相关单位提供，并经相关供稿单位审核。为了保证年鉴质量和内容的统一性，编辑部对部分条目名称、内容作了修改和调整。资料时限为2020年1月1日至2020年12月31日，会议报告延至2021年1月。

五、《温江年鉴（2021）》采用的经济统计数据由供稿单位提供，由于统计口径等原因个别数据可能出现相互不一致的情况，引用数据时一律以统计局提供的统计数据为准。

六、《温江年鉴（2021）》的编辑出版是广大撰稿、编辑人员辛勤劳动的结晶，也是全区各部门、镇（街）鼎力支持的结果。由于编辑水平有限，本年鉴难免有疏漏、错误和不足之处，热忱欢迎广大读者批评指正。

《温江年鉴（2021）》编辑部

目录

特载

专文

大事记

综述

中国共产党成都市温江区委员会

成都市温江区人民代表大会

成都市温江区人民政府

政协成都市温江区委员会

民主党派・群团

法治·军事

城乡建设与管理

资源保护与生态建设

基础设施建设与管理

工业与新经济产业

农　业

商贸服务业

金 融 业

融资建设平台

财税·审计

社会事业

社会生活

镇·街道

先　进

附　录

在区委十四届十一次全会上的讲话

（2020 年 8 月 9 日）

中共成都市温江区委书记　王道明

这次全会的主要任务是深入学习贯彻习近平新时代中国特色社会主义思想和习近平总书记对四川及成都工作系列重要指示精神，全面贯彻中央财经委员会第五次、第六次会议和省委十一届七次全会、市委十三届七次全会精神，坚定贯彻成渝地区双城经济圈建设国家战略，自觉担当建设践行新发展理念的公园城市示范区国家使命，动员全区党员干部和市民群众增进战略共识，围绕“一极两中心两地”目标定位走在前列、作出示范，奋力推动温江高质量发展，为成都加快建设践行新发展理念的公园城市示范区、打造高质量发展增长极和动力源贡献温江力量。

同志们，推动成渝地区双城经济圈建设，是习近平总书记亲自谋划、亲自部署、亲自推动的国家重大区域发展战略；建设践行新发展理念的公园城市示范区，是习近平总书记交给成都各级党组织的政治任务，是一项重大国家使命。围绕落实国家战略和国家使命，区委先后召开了一系列重要会议，研究起草了《中共成都市温江区委关于坚定贯彻成渝地区双城经济圈建设战略部署的决定》，配套制定了落实全会部署的任务分工方案，形成了温江落实国家战略和国家使命的总体谋划和工作安排。为进一步统一思想认识、明

确重点任务、推动工作落实，这里我代表区委常委会讲四点意见。

一、深学细悟习近平总书记重要讲话精神和省委、市委全会精神，准确把握国家战略和国家使命的重大意义与重大要求

（一）准确把握中央和省委、市委关于成渝地区双城经济圈建设的重大决策部署

一要准确把握中央关于成渝地区双城经济圈建设的重大战略决策。中央财经委员会第六次会议将推动成渝地区双城经济圈建设确立为国家战略，明确提出要在西部形成全国高质量发展的重要增长极，建设具有全国影响力的重要经济中心、科技创新中心、改革开放新高地、高品质生活宜居地的“一极两中心两地”目标定位，并安

排部署了“七大领域”重点任务。这一战略的实施，是党中央在新形势下经略西部广袤腹地、拓展战略回旋空间的宏大手笔，是在危机中育新机、于变局中开新局的谋势之举，是培育新的战略支撑、抢占有利战略位势的长远之策，必将有利于我国改革开放从沿海地区向内陆地区纵深推进，有利于形成东西南北四极牵引、长江上下游首尾呼应、陆海内外联动、东西双向互济新格局，对实现“两个一百年”奋斗目标和中华民族伟大复兴的中国梦，具有重大的时代意义和深远的战略意义。

二要准确把握省委关于加快推动成渝地区双城经济圈建设的重要安排部署。省委十一届七次全会审议通过了《关于深入贯彻习近平总书记重要讲话精神、加快推动成渝地区双城经济圈建设的决定》，清华书记对《决定》起草情况作了说明，并发表了讲话。清华书记强调，推动成渝地区双城经济圈建设要聚焦“一极”统揽性目标和“两中心两地”支撑性定位，全面落实“七大领域”重点任务，着力强化“四个功能”，不断做大经济总量、提高发展质量、提升全局分量。要做强成都极核和主干功能，重点干好支持成都建设践行新发展理念的公园城市示范区、加快“两区一城”建设、推进成德眉资同城化发展、提升成都门户枢纽地位“四件大事”，持续提升国家中心城市国际竞争力和区域带动力。

三要准确把握市委关于落实成渝地区双城经济圈建设国家战略的工作安排部署。市委十三届七次全会审议通过的《关于坚定贯彻成渝地区双城经济圈建设战略部署加快建设高质量发展增长极和动力源的决定》，清晰阐明了成都融入“双循环”、唱好“双城记”“怎么看”“怎么干”等重大问题，明确提出了打造高质量发展增长极和动力源的“两步走”发展目标，安排部署了“六大重点任务”，为成都当前和今后一个时期的工作明确了具体路径。锐平书记强调，融入“双循环”、唱好“双城记”，要突出“四个共建”，发挥区域协作、互为市场的优势，与重庆和省内市州携手共进、连峰成势打造新时代中国经济发展“第四极”；要培育“四个方面新优势”，推动产业、人口及各类生产要素合理流动和高效集聚，加快形成面向未来的城市竞争新优势和转型发展新动能。

（二）准确把握中央和省委、市委关于建设践行新发展理念的公园城市示范区的重大决策部署

一要准确把握中央提出公园城市示范区的背景。党的十八大以来，以习近平同志为核心的党中央大力推动生态文明建设的理论创新、实践创新和制度创新，形成了习近平生态文明思想，为新时代城市可持续发展提供了方向指引和根本遵循。2018 年 2 月，习近平总书记来川视察期间，明确提出支持成都加快建设全面体现新发展理念的城市，强调要“突出公园城市特点，把生态价值考虑进去”。这是习近平总书记首次提出“公园城市”理念，也是习近平生态文明思想的城市表达。今年 1 月，习近平总书记在中央财经委员会第六次会议上，明确提出“支持成都建设践行新发展理念的公园城市示范区”。这是党中央赋予成都发展新的战略定位，标志着成都公园城市建设进入了一个新的阶段。成都从公园城市“首提地”到“示范区”，既是习近平总书记对成都探索公园城市形态的充分肯定，也是对践行新发展理念城市表达的更大期望，对于成都推动高质量发展、加快迈入世界级城市行列，具有十分重要的意义。

二要准确把握省委对成都建设践行新发展理念的公园城市示范区的部署要求。今年 4 月，清华书记在蓉调研公园城市示范区时强调，成都要进一步领会习近平总书记的重要指示精神，坚定贯彻“五大发展理念”，加快建设“五个城市”，当好“试验田”、走出新路子。在省委十一届七次全会上，清华书记再次明确要求，成都要以建设践行新发展理念的公园城市示范区为统揽，加快形成引领高质量发展的增长极和动力源。

三要准确把握市委对建设践行新发展理念的公园城市示范区的工作安排。锐平书记在市委十三届七次全会上强调，建设践行新发展理念的公园城市示范区，是习近平总书记和党中央交给成都的一项特殊使命、赋予成都的一项重大政治责任，同时也是成都在成渝地区双城经济圈建设框架下，推动城市全面转型发展的一次重大探索，

是践行新发展理念、推动城市高质量发展的一次重要尝试。要努力在“四个方面”先行先试，在中国特色新型城镇化道路上创新突破、引领示范。

（三）准确把握温江落实国家战略和国家使命的总体思路和工作目标

习近平总书记的重要讲话和省委、市委全会精神，为我们落实国家战略和国家使命擘画了美好蓝图、明晰了战略指引、提供了根本遵循。背后的逻辑起点，都是以新思想新理念为指引，以高质量发展为根本方向，着力推动城市可持续发展。区第十四次党代会以来，区委坚持以新思想引领城市发展方向，以新理念统揽城市工作全局，纵深推进“五个之城”建设，与中央和省委、市委精神要求一脉相承，与“一极两中心两地”目标定位和建设践行新发展理念的公园城市示范区内在要求完全契合，全区上下要坚持既定发展思路和目标定位不动摇，确保一张蓝图绘到底。具体来讲，就是要坚持以习近平新时代中国特色社会主义思想为指导，坚定贯彻成渝地区双城经济圈建设战略部署，全面落实“一尊重五统筹”城市工作总要求，紧扣“一极两中心两地”目标定位，以建设践行新发展理念的公园城市示范区为统揽，以“五个之城”建设为路径，加快把国家战略势能转化为发展实效。力争到2025年，温江公园城市建设成为全市样板，以“三医融合”为特色的现代产业体系和创新体系基本形成，成为西部领先的健康产业高地，要素市场化改革取得初步成效，城乡发展活力明显增强，多层次对外开放水平显著提升，基本建成高品质生活宜居地，在推动成渝地区双城经济圈建设中走在前列。到2035年，温江公园城市建设成为全国典范，全面建成“三医+大数据/AI”双向融合、双轮驱动的全域健康产业生态圈，成为全国一流的健康产业高地，要素自由流动制度畅通，城乡融合发展改革走在全国前列，参与国际合作能力显著增强，高品质生活宜居特质充分彰显，人民生活更加幸福美好，在推动成渝地区双城经济圈建设中成为示范。

二、积极抢抓国家战略和国家使命赋予温江的时代机遇，全面提升城市发展能级和战略位势

中央把成渝两地作为“双核”，共同打造新时代中国经济发展“第四极”，是成渝地区面向未来最重大的时代机遇。温江作为“双城记”的一分子和成都极核的一员，发展优势必将更加凸显。全区各级党组织和党员干部一定要增强战略意识、机遇意识、进取意识，抢抓国家重大战略和省、市重大部署所赋予的时代机遇，全面提升温江发展能级和战略位势。

（一）积极抢抓产业发展壮大的大好机遇。建设具有全国影响力的重要经济中心，将进一步推动成渝地区产业圈协作和产业链合作，促进产业基础高级化、产业链现代化，形成高端引领、优势凸显的现代产业体系。省委提出，围绕加快构建“5+1”现代工业体系，打造生物医药、医疗设备等特色产业基地和国家级医用卫生产业基地，共建国家数字经济创新发展试验区；围绕构建“4+6”现代服务业体系，促进文体旅游、商业贸易等支柱型服务业提质增效，促进医疗康养服务等成长型服务业提速增量，建设国际消费中心，打造世界旅游目的地；围绕构建“10+3”现代农业体系，强化农业科技支撑，加强现代农业园区建设，加快发展现代都市农业。市委提出，要坚定从产业前端创新破局，推动生物医药、绿色食品等高成长性产业集群发展壮大。省、市系列重大部署，必将更加有利于我们加快培育壮大“三医+大数据/AI”产业体系，争取更多高能级产业化项目落地，高质量承接更多产业转移，加快推动产业集群集聚发展，全面建设“成渝地区双城经济圈AI+医药健康产业”发展的“智枢纽”，打造人工智能与医药健康跨界融合应用的国际健康产业高地；更加有利于我们把握现代服务业未来发展趋势，顺应主导产业需求和城市消费升级需要，推动生产性服务业与主导产业深度融合、生活性服务业与消费需求高度契合，加快建设西成都消费中心；更加有利于我们充分发挥温江以花木为特色的都市现代农业比较优势，以创建国家级农高区为引领，深入推进“农创、农旅、农养”融合发展，打造成都乡村旅游和都市近郊游目的地，争创西部医疗康养高地。

（二）积极抢抓创新驱动发展的大好机遇。建设具有全国影响力的重要科技创新中心，将进

一步推动成渝地区建设协同创新体系、增强创新驱动的战略势能，形成推动高质量发展的创新策源地和先进要素洼地。省委提出，要高标准规划中国西部（成都）科学城，创建综合性国家科学中心，打造若干特色鲜明、功能突出的科技创新基地，培育高水平技术创新中心、制造业创新中心。同时，围绕促进科技成果转化和产业化，加大省级科技专项资金对“两院”院士重大科技成果在川转化的支持力度。市委将成都医学城纳入中国西部（成都）科学城“一核四区”规划布局，与天府国际生物城共建生命科学创新区，并明确提出要推出更多“源于成都、引领前沿”的硬核科技。省、市系列重大部署，更加有利于我们依托中国西部（成都）科学城平台优势，积极争取国家重点实验室、国家大科学装置、重大科技工程和科技专项等落地温江，吸引更多国际国内高层次科技人才落户温江，大幅度提升温江创新策源能力，打造国家生物医药原始创新策源地；更加有利于我们发挥四川科技成果转移转化示范区和四川首批院士（专家）产业园优势，持续深化“一个脑袋两只手”协同创新模式，充分发挥名校研究院和知识产权交易中心平台作用，推动更多创新成果在温江交易转化。

（三）积极抢抓深化改革开放的大好机遇。建设具有全国影响力的改革开放新高地，将进一步推动成渝地区打造重大改革先行地，形成支撑“一带一路”建设和长江经济带发展的战略性枢纽。省委提出，在交通物流方面，突出成都主枢纽功能，建设复合型现代物流枢纽体系；在深化改革方面，积极争取土地管理制度改革等一系列改革试点，深入推进城乡融合发展；在对外开放方面，携手重庆建设川渝自贸试验区协同开放示范区，建设“一带一路”进出口商品集散中心和对外交往中心。市委也明确提出加快建设国家城乡融合发展试验区、加快自贸区协同开放、建设面向世界链接亚欧的战略通道、打造供应链枢纽城市等工作部署。省、市系列重大部署，更加有利于我们借助国际门户枢纽建设大势，从内陆腹地走向中国对外开放最前沿，在更大更广的领域和更高层次上参与国际经济技术合作和竞争，充分利用自由贸易区协同改革先行区平台，推动更多“温江造”产品通过“一带一路”进军全球市场，帮助温江企业以更加便利的方式获取全球优质资源和先进技术，提高区域要素聚集能力；更加有利于我们深入推进国家城乡融合发展试验区建设，争取更多改革试点和先行先试机会，获得更多政策红利。

（四）积极抢抓城市功能提升的大好机遇。建设具有全国影响力的高品质生活宜居地，将进一步强化成渝地区人口吸纳和综合服务功能，成为西部人口经济的主要承载地和引领高质量发展的核心引擎。省委、市委全会分别围绕构建高质量公共服务体系、提升公园城市宜居品质、深化社会治理机制改革等方面作出了系列重大安排部署，不仅有利于我们争取更多重大基础设施和公共服务项目落地温江，进一步擦亮“学到温江、健康到温江、舒适到温江”品牌，同时，也将进一步放大温江作为“中国最具幸福感城市·美丽宜居城区”和“绿色中国典范城市”的城市影响力，进一步增强温江对优秀青年人才和产业急需人才的虹吸效应，让城市更具活力和可持续发展动力。

三、坚持以新发展理念引领高质量发展，科学谋划温江落实国家战略和国家使命的实践路径与工作重点

今年是落实国家战略和国家使命开局之年，刚刚审议通过的决定已经明确路径方向和重点任务，关键是要抓落实见成效。

（一）持续提升公园城市经济发展质效，努力在打造“具有全国影响力的重要经济中心”中走在前列、作出示范

坚定以产业功能区建设为抓手、以项目为中心组织经济工作，聚焦产业基础高级化和产业链现代化，着力提升产业聚集度、显示度，着力提高经济密度和发展质效。

一要以链群思维推动产业集群成势。一方面，要在产业选择上再研究，着力提升产业链完备性。总体要求是把握全球产业发展的未来趋势，紧扣国家和省、市重点支持方向，立足温江产业基础和比较优势，注重三次产业之间横向联动和赋能共生，进一步深入研究大数据/AI、现代服务业和都市农业的主攻方向、细分领域、目

标企业和空间承载，加快形成上下游关联、横向耦合发展、具有综合竞争力的优势产业链。另一方面，要在招商引资上再聚焦，着力提升企业集聚度。在持续加大招商引资力度的同时注意招商选资，要聚焦到“温江所需、快速落地”目标上来。下一步，要按照“高大上＋链群配”来设计定制。下半年，各招商引资专班要拿出实招硬招，鲜明以招引实绩论英雄的导向，定期通报投资促进成效，力争在圆满完成全年招商引资目标任务基础上，再引进一批投资规模大、科技含量高、带动能力强的大项目好项目，走在全市招商引资工作前列。

二要以集约导向推动资源高效利用。重点抓好三方面工作。其一，抓好闲置土地高效利用。园区指挥部要加强工作力量统筹，逐一明确工作专班、细化工作举措，把责任落到各园区每一个班子成员身上，定期进行统筹调度，按月通报工作进展。针对“批而未供”地块，有项目选址的，要督促企业加快前期工作，满足条件后立即供地、加快开工；暂无项目选址、但区位开发条件较好的地块，要做优基础配套、提升土地价值，引导招商引资项目优先选址或进行综合开发；不符合现行规划、不具备开发条件的地块，要利用区位调整政策，积极争取用地指标“蛙跳”到产业发展最需要的地方。针对“供而未用”的地块，要刚性督促企业按照合同约定动工建设，对无故超期未动工或假开工的，坚决依法收回，决不允许土地长期闲置。其二，抓好低效企业提质增效。围绕全年目标任务，进一步加大西藏药业、南骏汽车、宝供物流等9个全市“挂牌督办”项目工作力度，推动“亩均效益改革”走深走实、走在全市最前列。其三，抓好国土空间优化调整。要以新一轮国土空间规划编制为契机，按照四级规划确定的“南城精明增长、北林精明收缩”导向，在“两规合一”前提下，进一步系统重构全区建设用地、农用地空间布局。

三要以长远眼光推动重点区域突破。成都医学城金马片区，要探索“标准地”改革，先行完成环境影响评价、节能评价等区域评价，提前开展拆迁打围、文物勘验等相关工作，力争尽快形成全域承载能力，创造“土地等项目、拿地即开工”的条件。药明康德产业空间，要加快推进项目一期43万平方米建设，突出发展抗体、重组蛋白、新型疫苗等创新药和生物类似药，打造国家级生物医药智能制造中心，力争年底形成显示度。电子科大永宁校友产业园，要在加快项目建设的同时，同步发力校友企业招引和高校科技成果转化，力争实现项目竣工之时就是企业“驻满”之日。涌泉街道有关片区，要提速推动综合开发，立即启动一级土地整理，尽快实现土地指标全覆盖配置。光华CBD区域，重点推动CAZ项目建设，引导珠江B地块按照“太古里街区式商业布局＋主题产业楼宇”形式，进一步优化规划设计，并按照双方约定时限按期动工，推动项目打造成为温江最具国际化现代化气息的中央活力区，支撑西成都消费中心建设。TOD区域，要统筹好地铁4号线和17号线沿线站点周边可供温江自主开发的土地资源，按时序提前做好策划规划，明确开发方向，积极引入一线城市运营商进行综合开发，当务之急是高标准推进万盛TOD、红桥TOD建设。以上重点区域要逐一明确牵头区领导和牵头部门，定期推进、一线办公，尽快出成效，为“十四五”时期温江发展打下坚实基础。

（二）持续提升公园城市创新策源能力，努力在打造“具有全国影响力的科技创新中心”中走在前列、作出示范

紧紧围绕共建中国西部（成都）科学城、打造生命科学创新区奋斗目标，面向国家重大战略需求和瞄准主导产业发展方向持续推进科技创新，努力构建最适宜科技企业成长和科研成果转化的创新环境。

一方面，要全面增强实施创新驱动战略的紧迫感。从国际形势来看，科技创新能力已成为国家发展能力以及体现国家制度乃至价值观体系优势的决定性因素。从国情实际来看，虽然我国科技创新取得了长足进步，但科技发展水平同国际先进水平相比还有较大差距。从温江自身来看，近年来，我们高标准谋划产业发展蓝图，着力构建“三医＋大数据/AI”双轮驱动的现代产业体系，初步走出了一条具有温江特色的科技创新之路。但全区科技企业偏少、科研成果本地转化率

低、科研人才总量不够的区情实际仍未得到根本性改变，加之受资源约束趋紧、环境容量受限双重压力，新的经济总量竞争优势亟待培育。全区上下要进一步增强实施创新驱动战略的紧迫感，形成谋创新、抓创新的共识与合力。

另一方面，要科学谋划温江推进创新驱动战略的实践路径。总体上，要以中国西部（成都）科学城建设为契机，按照“科学铸魂、融合共生、生态赋能、场景引领”规划理念，以“全球下一代三医+大数据/AI”为主攻方向，高标准编制生命科学创新区B区战略规划，引领温江科技创新工作聚势成效。路径上，要突出抓好四项工作。第一，多举措培育硬核科技企业集群。要大力实施高新技术企业梯度培育计划，全面推进“高新企业向规上企业迈进、规上企业向高新企业转型”战略，推动科技型中小企业、高新技术企业持续实现量的倍增。要大力实施新经济企业倍增计划，聚焦BAB（生物医药、人工智能、大数据）产业，抓紧完善新经济重点产业全景图、产业链全景图、产业生态发展路径图、重点企业和配套企业名录表“三图一表”，突破性做好“聚焦三类企业招大引强一批、发展校友经济开办转化一批、打造科技楼宇集聚发展一批、建立飞地载体异地孵化一批、强化精准服务梯度培育一批”五个一批，力争新经济500强企业招引、成都市梯度培育企业库、“双百工程”始终排名前列，新经济企业年均增长20%以上；要大力实施企业技术创新赶超计划，持续推动大中型企业研发活动、研发机构、发明专利全覆盖行动，切实支持企业建设研发平台、加大研发投入、布局科技项目、争取重大专项。第二，高效能推动校院企地协同创新。以建设四川省科技成果转移转化示范区为契机，聚焦科技成果转化项目数量倍增、质量提升，深入实施“一个脑袋两只手”协同创新。要把大学科技园往深里做。参照“斯坦福+硅谷”模式，依托驻温“双一流”大学，坚定不移市场化建设集科技成果交易中心、校友企业总部基地、校友企业加速器和产业园于一体的高新产业园区。当务之急是加快电子科大“三医+人工智能”科技园建设，助力中医大健康谷申报“国家大学科技园”，加快完成中医大健康谷二期主体工程建设，加快推进川农大科技园项目前期工作，推动成电系、西财系、川农系、成中医系校友企业集群发展。要把新型研发机构的质和量提起来。加快推进四川脑科学与类脑智能研究院、电子科大“三医+人工智能”产业技术研究院、上海交大生物医药（成都）创新中心等项目建设。复制推广都市现代农业、中医药健康产业技术研究院建设模式，引导新型研发机构沉下心搞研发搞创新，抬起头盯市场谋合作。紧盯名校名院名所名企，持续引进建设一批支撑主导产业发展的新型研发机构。要扩大高校知识产权交易中心显示度和影响力。吸引浙江大学、上海交大、西南交大等知名高校和驻温高校共同参与科技成果运营、交易，在温江打造以高校院所知识产权交易为特色的枢纽型科技成果交易市场，让温江成为全球知识产权集散地。第三，市场化建设高品质科创空间。要构建体系化创新载体。聚焦功能联动、集聚集约、提质增效，持续构建“众创空间+孵化器+加速器+高科技产业园”的全链条创新载体体系，确保三医创新中心四期、新创智中心尽快建成投运，三医创新中心二期B、C区加快建设，尽快启动三医创新中心五期、六期，农高创新中心建设。要突破功能性平台建设。围绕打造具有全国竞争力和区域带动力的“三医”功能性平台集群，加快建设中西部最大的临床研究基地、生物医药检验检测服务平台、三医中试熟化服务平台。主动参与四川大学创新药物开发集成攻关平台建设，全力支持国家高性能医疗器械创新中心四川分中心、国家精准医疗产业创新中心医疗人工智能平台建设，确保川农大、中医大2个国家重点实验室获批。第四，以最崇高礼遇汇聚高层次人才。要创新引才打造“金三角”。紧盯世界生物医药技术最领先的国家和地区，突出柔性纳才、招引领军人才，重点引进一批研发在国外、教学在国内、成果转化在温江的“金三角”人才。要放眼世界吸引“金凤凰”。重点引进带着创新“种子”来温孵化的海内外创业团队，大力集聚一批经营管理、资本运作等方面的高层次创新创业专业人才。要五湖四海筑牢“金字塔”。全面加强与北京大学、清华大学、南京大学等知名大学的人才交流合作，实施定制服务和精准配置，招揽一批研发、生产、管理专业技术人才，搭建人才梯队的“金字塔”结构，形成八方英才集聚温江创新创业的良好态势。

（三）持续提升公园城市改革开放水平，努力在打造“具有全国影响力的改革开放新高地”中走在前列、作出示范

统筹推进深化改革和对外开放，切实做强开放平台、做优开放环境，不断提升要素配置整体效率，进一步聚外力、强内力、增活力，为温江高质量发展蓄势赋能。

一要加快建设自贸试验区协同改革先行区。第一，要全力抓好对上争取。一方面要积极争取扩权赋能，在前期争取9项市级管理权限下放的基础上，进一步争取省、市差异化权限下放，做到“自贸区有的温江要有，自贸区没有但产业发展有需要的温江也要有”，不断扩大“温江事、温江办”范围；另一方面要积极争取改革试点，力争年内在临床急需境外新药审批、海关特殊监管区外的保税研发、外籍高层次人才注册内资公司享受国民待遇等领域实现突破。第二，要不断强化制度创新。今年重点是抓住《生物安全法》出台契机，协同海关做好生物安全实验室全流程监管体系建设，进一步提高区内生物医药研发企业进口试剂耗材效率。第三，要努力做强平台功能。加快推进一批服务产业集聚发展的平台建设，切实提升自贸试验区协同改革先行区的功能集成度和显示度。成都医学城研发供应链服务平台要重点体现“便利化”，加强与口岸管理部门合作，全面推行“一窗受理”，帮助企业办理通关前置审批各项手续，进一步压缩通关时间，降低通关成本；离岸创新创业服务中心要重点体现“加速度”，广泛集聚海内外创新资源进行孵化，推动人才、项目、资金等要素资源高效对接，实现更多项目“区内注册、海内外经营”；国际医疗服务咨询平台要重点体现“多样性”，全方位展示温江特色优质医疗资源，吸引更多消费者来温江检测检验、精准治疗、康复康养；花木进出口园区要重点体现“国际化”，建立全球花木（农产品）供应链体系，联通国际国内更大市场，实现在温江“买全球、卖全球”，今年要力争完成进境植物种苗指定监管场地申报建设工作，实现进口种苗在温江隔离清关。第四，要加大协同开放力度。一方面，要加强与自贸试验区协同，积极促成与海南博鳌乐城国际旅游先行区管理局签订合作协议，在新药使用、专家共享、成果转化等方面借助海南政策优势，让西部地区病患在温江就能够用上临床急需的境外医疗器械和药品。另一方面，要加强跨部门协同，力争年内与锦城海关签署支持温江生物医药产业发展合作协议，在保障药械进出口企业通关便利方面得到海关更大支持。

二要持续优化国际化营商环境。总体目标是，营商环境综合测评位居全市前三，成为全市审批事项最少、办事效率最高、服务质量最优、市场主体获得感最强的区域，让企业和市民办事像“网购”一样方便。重点工作是，在政策供给方面，要坚持“开门定政策”，按照企业所需及时制定新政策、动态调整老政策，不断提高政策的精准度、可及性和竞争力，切实把政策精准落实到对温江发展作出实际贡献的企业身上。在对企服务方面，要进一步优化完善全生命周期服务机制，针对企业或项目的阶段性需求开展精准服务。同时要加大智慧企业服务平台的建设和宣传力度，让企业“不出园区、不找熟人”就能办完所有事。在法治保障上，要充分发挥知识产权法庭、公共法律服务中心等机构作用，进一步优化法律服务供给，切实加强企业合法权益保护，不断健全涉企矛盾纠纷化解机制，为企业生产经营创造良好的市场环境和法治环境。

三要深入推进国家城乡融合发展试验区建设。各工作专班和牵头部门要紧紧围绕“5+3”试验措施，加快形成一批可复制可推广的改革经验和创新举措，为全国城乡融合发展贡献温江样本。第一，要加快建立乡村产业用地规划机制，研究制定乡村产业用地用途清单、规划管理技术规范、消防人防配建原则、市政设施配套要求、报规报建费用标准。这项工作关系到乡村产业化项目能否快速落地，各牵头部门要抓紧研究，力争在年底前出台相关操作规范。第二，要加快建立农村集体经营性建设用地社保体系，探索实施“项目+集体+个人”三方共同出资，购买以社

会保险为主、商业保险为补充的“3＋2”参保模式，将集体经营性建设用地入市流转后的一部分收益分配给集体经济组织成员购买养老保险，解决农民后顾之忧。第三，要深入推进农村宅基地“三权分置”改革，推进宅基地资格权和房地一体的宅基地使用权、房屋所有权确权登记颁证，力争年内完成试点区域的确权登记颁证工作。第四，要加快建立城乡有序流动的人口迁徙制度。创新开展户籍登记制度改革工作，在城镇和乡村分别选取1～2个特定区域开展试点工作，探索农业转移人口和返乡就业创业人才在符合规定条件的前提下在就业创业地落户。制定农村集体经济组织成员管理办法，创新建立成员资格和身份认证调整机制，推动实现集体经济组织成员“能出也能进”。同时，近期还要抓紧做好3项具体工作。一是区级相关部门要认真按照《温江区国家城乡融合发展试验区任务分工方案》制定的目标任务，提出具体改革推进措施和支撑性项目。二是工作专班要尽快完善我区实施方案，报请区委常委会审议通过后立即实施。三是要做好11月份国家发改委全国特色小镇现场会筹备工作，加快推进三医研发小镇建设，总结形成我区典型经验。

（四）持续提升公园城市宜居生活品质，努力在打造“具有全国影响力的高品质生活宜居地”中走在前列、作出示范

坚持以人民为中心的发展思想，统筹推进公园城市建设、民生品牌打造、现代城市治理，不断提升城市宜居品质，努力让城市发展更有温度、市民生活更有质感。

一要着力提升公园城市品质。全区面上，要突出城市特质编规划，按照“景观化、景区化、可进入、可参与”规划理念和“定位明确、功能完善、特色鲜明”规划原则，加快完善我区公园城市建设总体规划、城市设计、建设导则，精准描绘温江公园城市蓝图，充分彰显宜业宜居宜游的城市特质，努力成为全市规划范本。要提速提效抓建设，坚持政府主导、市场主体、商业化逻辑，高标准打造光华城市公园、生态田园公园、健康产业公园3大公园，提速推进50个示范片区和100个示范项目建设，力争年内率先建成新创智中心、康家浩公园等6个示范引领项目，江安河公园、植物编艺公园等3个示范片区场景显现。具体推进过程中，要突出人本思想和营城逻辑实施场景打造，注重生态价值的创造性转化，把握好“三个结合”。一是要与人居环境提升相结合，坚持把市民的体验和感受作为公园城市建设的最高准则，加速推进350公里绿道和慢行系统成链联网，链接市民社区、消费商圈、文体场所，打造更多“上班的路、回家的路”，实现生活场景和生态场景渗透叠加，不断增进市民“家门口”的绿色福祉；依托四河千渠，系统推进4个滨河生态场景建设，整合块状绿地主题化实施14个游园建设，进一步丰富公共服务绿色供给，为市民提供更多游憩休闲、运动健身的生态空间；二是要与片区综合开发相结合，按照“先做环境配套提品质，再做片区开发增价值”的思路，以产业核心区、城市更新区、连片开发区域和可出让地块等为重点，统筹推进生态场景打造和公服设施布局，进一步提升土地开发价值。当务之急是完成三医科创公园、药明智造公园等7个公园城市示范片区规划，尽快启动项目建设，为产业发展充分赋能；三是要与促进乡村振兴相结合，秉持农商文旅体养融合发展理念，大力推广“前店后厂”“南店北厂”花木展销模式，推广“产居共生、院落优改”林盘打造模式，提速依田桃源、岷江桂雨等12个特色旅游项目建设，持续推动“园子变景点、园林变景区”，吸引更多人流和资本向温江“北林”流动。

二要着力提升公共服务品质。公共服务供给能力和水平是决定公园城市宜居度和吸引力的重要因素，要以深入实施高品质公共服务设施体系建设改革攻坚计划为统揽，持续深化品牌塑造。第一，要持续深化“学到温江”品牌。围绕打造全省一流教育名区工作目标，重点从三个方面发力。要提质提速学校建设。重点推进杨柳河小学、江安路中学、科技园高中等21所中小学、幼儿园建设，确保到2022年新增学位2.5万个，到2025年再增加学位1.8万个，形成与人口增长和市民需求相适应的教育资源供给体系。要深化教育改革创新，强化学校办学主体地位，鼓励各类学校创新教育理念和育人模式，推动“一校一品”特色化办学，满足市民多元化教育需求；

深化“两自一包”改革，不断完善聘用教师“区管校用”工作机制，进一步激发学校办学活力，提高公办教育水平；加强对民办学校的监管，促进依法办学、规范办学，形成公办民办教育融合共生、协同发展的良好格局。要全面提高教育质量。深入实施名校创建、名师培育行动，打造一批全省知名的领航学校、特色学校、新优质学校，培养一批教育家型的卓越校长、特级教师、学科带头人，进一步提升温江教育的知名度和影响力。第二，要持续深化“健康到温江”品牌。重点抓好三方面工作：一是加快建设全国一流的健康城市，对标国际健康城市的评价指标，聚焦医疗服务体系优化、传染病及地方病防控、人群健康促进、慢性病防治等重点领域，优化完善“健康温江”指标体系并分类开展专项行动，力争到2025年，我区健康评价总指标达到国内一流水平。二是加快建设全国一流的医疗服务城市，要聚焦治已病和治未病，全面提升温江医疗服务水平。在治已病方面，要提速建设前海妇儿医疗综合体等国际顶尖专科医疗机构，全力推动以成都中医大附属二医院为代表的综合医院建设，大力支持区人民医院创建三级甲等医院，提供更加优质的医疗服务产品；要加快优势专科（学科）建设，高水平打造微创外科、临床药学等29个重点专科（学科），加快推进肿瘤学、呼吸内科等5个在建省级重点学科，形成具有温江特色的医疗服务“拳头产品”。在治未病方面，要坚持全生命周期健康管理，加快推进以博奥生物为代表的检验检测机构建设、以福美诊断中心为代表的健康管理项目建设、以太平健康谷和太保家园等为代表的康养项目建设，大力引进精准医疗、健康管理等健康服务业机构，构建形成“发现问题—管理问题—解决问题”的全链条医疗服务体系。三是加快建设全国一流的公共卫生安全城市，一方面，要完善疾病预防控制体系。实施全域医联工程，整合全区优质医疗资源组建公共卫生专家智库，加快建设三级甲等疾病预防控制中心，健全公共卫生重大风险研判决策、防控协同工作机制。另一方面，要加强公共卫生应急处置体系建设。进一步完善突发公共卫生应急指挥体系和应急预案，实施紧急医学救援能力提升计划，构建疫情联防联控、医疗资源紧急调度、应急物资统一调配的应急服务体系。第三，要持续深化“舒适到温江”品牌。着力提升空气质量，执行最严格的环保准入制度，大力实施治污减排、科技治气等专项行动，切实减少大气污染增量，确保空气优良天数超过全市平均水平，让市民享受更加洁净的空气。着力提升饮用水质量，全力推进“北林”区域供水管网建设，年内实现供水管网城乡全覆盖，让市民饮水更安全；着力提升出行效率，统筹推进凤凰立交、农科城跨线桥等重大交通设施项目，全年新增公共停车位1900个，年底前新开和优化公交线路10条以上，让市民出行更畅通快捷。着力塑造城市文化内涵，高标准开展《文化强区战略路径研究》等专项策划，提速推动区文体中心、云南云投花超、蜀中药业中药博物馆、鱼凫窑陶艺村等重大项目建设，精心举办CBA、WCBA、耐克高中生联赛等知名赛事，持续办好天府文化旅游节、新年音乐会、文化四季风、光祈艺术节等特色文化活动，全力推进文化强区建设。

三要着力提升治理水平。良好的社会治理是城市美好生活的基石。第一，持续深化党建引领社区发展治理。要创新完善居民小区新型治理机制，建立全覆盖的“五级联动”党组织动员体系，搭建党组织领导下的多方协商议事平台，探索“信托制”物业服务模式，强化小区党组织对物业管理的监督指导，着力提升小区物业管理水平和社区服务能力。要用好社区公共空间资源，按照专业化、社会化的营建理念，着力提档升级一批邻里中心、党群服务中心，加快打造一批消费场景、生活场景，构建起以社区为单元的基本公共服务体系，提升居民生活便捷度。第二，扎实开展“爱成都·迎大运”专项行动。以“七大行动”为抓手，全面推动城市功能设施完善、交通组织优化、城市风貌焕新，整体提升温江城市形象。区联席会议要加强统筹协调，抓好工作推进的督促问效，各专项行动工作组要细化工作方案、列出任务清单、倒排推进时序、加紧组织实施，确保“七大行动”尽快见成效。第三，加快现代治理方式变革，充分发挥企业、社会组织、市民群众在社会治理中的作用，形成多元参与、协同共治的良好局面。要充分发挥企业作用，制定鼓励企业参与社会治理的政策，明确准入领域、发布机会清单，大力培育一批社会企业，发掘一批具有社会责任感和公益精神的企业家，引导企业在扶贫济困、生态保护、吸纳就业、社区服务等方面大显身手；要充分发挥社会组织作用，加快制定社会组织培育和管理规范，搭建社会组织参与社会治理的工作平台，创新政府向社会组织购买公共服务机制，大力培育一批服务能力强、具有示范效应的枢纽型社会组织，培养一支优秀的社区工作者和社工队伍，进一步提升社会治理的专业化水平；要充分发挥市民群众作用，完善民意诉求收集处理工作机制，畅通居民诉求反映渠道，建立“民声代表”制度，健全重大民生工程决策前市民意见征求和听证制度，广听民意、广纳民智，不断扩大公众参与度。

四、深入贯彻新时代党的组织路线，为落实国家战略和国家使命提供坚强保证

党的领导是我们事业发展的根本保证。落实国家战略和国家使命，必须落实好新时代党的建设总要求，坚持和加强党的全面领导，深入贯彻落实党的组织路线，充分发挥党总揽全局、协调各方的领导核心作用，构筑起推动高质量发展的坚强保障。

*（一）着力加强基层党组织和干部人才队伍建设。*组织部门是贯彻落实新时代党的组织路线的实践者、组织者，要聚焦“一个重点、两个着力”基本布局用功用力。一要加强基层党组织建设。要深化党支部标准化、规范化建设，抓好省、市示范点创建，持续整顿软弱涣散基层党组织，统筹开展好机关党建“十个一”和“两新”党建提质扩面增效行动，扎实做好村（社区）体制机制改革“后半篇”文章，推动全区基层党建工作水平整体提升。要加强“带头人”队伍建设，深入实施村（社区）“带头人”精准提能、后备干部递进培养计划，稳步推进村（社区）党组织书记“一肩挑”，定期开展基层党组织书记轮训，不断强化“头雁效应”和“领头羊”作用。要加强党员教育管理，以抓好中组部社区党员分类管理试点为契机，探索创新党员发展和党员教育管理统筹联动机制，切实做好流动党员精细化管理、困难党员关爱帮扶、离退休党员活动开展等工作，持续深化“双圈双创”党员示范行动，进一步提升党员队伍质量、增强生机活力。二要加强干部队伍建设。要健全干部考察评价机制，坚持一线考察法，结合换届全覆盖开展经常性、近距离干部考察，充分发挥全员岗位责任制考评在干部识别评价上的重要作用，把愿干事、会干事、干成事的干部选用起来。要加强干部专业能力培养，继续办好“小专班、研讨班、筑底班”等专题培训，加快补齐干部专业知识短板；持续推动机关干部下沉基层一线，让干部在产业发展和社会治理的主战场摔打历练、积累实战经验，提升求解破难能力。要加强干部管理，健全完善区管非领导职务干部日常管理工作机制，探索建立退出领导岗位干部的作用发挥机制，充分调动和激发整个干部队伍的干事激情。三要加强人才队伍建设。要进一步梳理完善急需紧缺人才清单，建立健全高层次专业人才（政府雇员）引进使用制度，持续开展校地人才“双向挂职”，大胆探索公务员聘任制，稳步推进园区员额制改革，以更宽的视野和更广的渠道把各方面优秀人才汇聚起来，加快形成人才红利新优势。

*（二）着力加强党员干部思想引领和理论武装。*要围绕增强党员干部队伍拼搏进取的精神动力，重点抓好三个方面。一要加强理想信念教育，筑牢信仰之基。持续巩固“不忘初心、牢记使命”主题教育成果，统筹用好新时代文明实践中心、爱国主义教育基地等教育阵地和“学习强国”教育平台，深入开展党史、国史、改革开放史等宣传教育活动，不断夯实意识形态安全的思想基础，进一步推动初心使命在干部内心筑牢、在思想深处扎根。二要强化科学理论武装，把好思想之舵。坚持把学习习近平新时代中国特色社会主义思想作为党校干部培训、读书班和中心组学习的首要内容，综合运用领导干部领学、专家学者讲学、机关党员述学等多种形式，推动理论学习走深走心走实。要办好《求解》刊物，充分调动党员干部加强理论学习、主动研究工作的积极性，形成一批对路、管用的研究成果，破解温江经济社会发展的难题。三要营造干事创业氛围，激发奋斗之志。围绕融入“双城记”、夺取

“双胜利”主线，充分利用各类媒体平台和文艺宣传资源，以干部群众喜闻乐见的形式，全方位、多角度宣传温江“五个之城”建设的成效，大力提振发展信心和干部士气。着力加强核心价值观引领，大力弘扬以“进取”为内核的温江城市精神，持续开展“进取温江人”“五城建设先锋”等先进典型选树宣传，充分激发党员干部拼搏进取的创业斗志。

（三）着力加强党风廉政建设。区纪委监委要坚持挺纪在前，敢于较真碰硬，把全面从严治党推向深入。一要聚焦提能增效抓监督。充分发挥政治巡察利剑作用，重点围绕推动中央和省委、市委、区委重大决策部署的贯彻落实，实施精准监督和专项督查，及时发现和纠正落实中的温差、落差、偏差问题。二要聚焦“四风”问题抓整治。深入推进形式主义、官僚主义集中整治，坚决纠正工作中表态调门高、行动落实少和分管不负责、层层不把关等突出问题，推动形成求真务实、真抓实干的良好风气；坚持常态检查与节点监督相结合，对违反中央八项规定精神和省、市十项规定及实施细则的问题，出重拳、下猛药，坚决防止“四风”问题反弹回潮；持续实施不作为及“懒散拖”专项治理，严肃查处各类“中梗阻”现象，形成长抓长治、常管常严的治理机制。三要聚焦崇廉拒腐抓教育。认真梳理区内涉贪涉腐典型案件，坚持用身边事教育身边人，形成教育警示干部的镜鉴；把廉政警示教育与干部家风建设结合起来，形成“8小时”内外相结合的警示教育工作体系；常态化开展“以案促改”工作，推动个案警示向关联部门和相关领域延伸，扩大警示范围、放大警醒效果，引导党员干部知畏知止。

（四）着力加强统一战线工作。全区统战工作要在凝聚人心力量、画好最大同心圆上持续用力。一要充分发挥各民主党派的作用。发挥好民主党派智力密集优势，提升建言献策质效，优化完善“区委出题、党派调研、政府采纳、部门落实”的调研工作机制，尽快出台调研成果评比办法，力争形成一批高质量的调研成果更好地服务区委决策。发挥好民主党派“直通车”渠道优势，为温江争取国家和省、市在政策倾斜、要素保障和项目布局上的支持，力争将温江更多政策项目纳入省、市“十四五”规划和重大专项规划。发挥好民主党派监督工作优势，聚焦区委重大决策部署和制度安排，加紧制定常态化民主监督工作机制，通过建议案、视察等有效监督形式，建诤言、作批评、促落实，推动区委各项工作部署和制度规定落地落实。二要充分发挥民营企业的作用。民营企业是经济建设的生力军，要鼓励民营企业深度融入温江主导产业发展，加快产业转型升级，扩大优势产能，实施产能转移，为温江经济总量和质量“双提升”多作贡献。民营企业是创新驱动的主引擎，要鼓励民营企业加大创新研发投入，大力引进创新人才，深化校企协同创新，积极争创科技型企业和高新技术企业，进一步增强研发实力和科技成果转化能力，提升产品的科技含量和品牌竞争力。民营企业是城市建设的助推器，要实时发布城市投资机会清单，积极引导民营企业参与民生品牌打造、公园城市和消费城市建设等重点工作，进一步提升城市宜居品质和民生工作温度。三要充分发挥群团组织的作用。发挥好群团组织凝心聚力的桥梁纽带作用，持续做优“技能比武”“青年创业”“巾帼建功”等系列工作品牌，在维护群众合法权益、加强弱势群体帮扶、引导形成向上向善的良好社会风气等方面发挥好群团独特优势。

同志们，本次区委全会系统谋划了温江落实国家战略和国家使命的实践路径与工作重点，全区各级党组织和党员干部要主动领命、积极作为，围绕全会作出的安排部署和任务分工，认真研究落实举措和项目支撑，不折不扣把各项工作抓紧抓实抓好。下面，我就做好近期重点工作讲几点意见。

一是深入学习宣传贯彻习近平总书记重要讲话精神和省委、市委、区委全会精神。全区各级党组织和党员干部要把学习宣传贯彻习近平总书记重要讲话精神贯穿始终，准确把握精神实质和核心要义，坚定用以指导实践、推动工作，切实增强工作的方向感和源动力；要准确把握省委、市委、区委全会作出的各项决策部署和重点任务要求，切实增强贯彻落实的自觉性、坚定性，扎实推动党中央和省委、市委、区委决策部署落地见效。各级党组织要及时召开会议传达学习、组织专题研讨，新闻单位要加大宣传力度，在全区迅速掀起学习宣传贯彻习近平总书记重要讲话精神和省委、市委、区委全会精神的热潮，最大范围形成共识、凝聚力量。

二是慎终如始抓好“外防输入、内防反弹”工作。要坚持“五防”工作策略，不断完善专业防控、联防联控、社区防控工作体系，加强对中高风险区域来温人员检测检疫，加强重点单位、重点场所、重点环节的卫生检验和疫情预防，持续做好社区外来人员排查和常态化体温检测工作，加强与驻温高校的工作联动，提前谋划并做好高校师生返校的防控工作，不断巩固我区疫情防控成果和经济社会发展持续向好态势。

三是突出抓好保就业、保基本民生工作。要进一步落实就业优先战略和积极的就业政策，打好“减负援企稳就业、重点帮扶保就业、技能培训促就业”组合拳，通过公益性岗位、重大项目、创业带动等多渠道吸纳农民工、大学毕业生、就业困难群众等重点群体就业。同时，要持续做好保障和改善民生工作，加快补齐教育、医疗、生态环保等民生短板，织密社会救助网，扩大低保及低保边缘对象覆盖范围，保障困难群众基本生活。

四是全面做好精准脱贫“回头看”工作。要以高度的政治责任感和强烈的历史使命感，坚决如期完成脱贫攻坚目标任务。对口帮扶色达县，要竭尽全力支持色达产业发展，千方百计帮助群众就业增收，特别是要针对“四类人员”建立“重点对象帮扶到户效果跟踪清单”，坚持“一户一策”精准落实帮扶措施，坚决不让一户脱贫户返贫，确保最后90户319人顺利通过国家级脱贫攻坚普查检验。定点帮扶简阳市贫困村，重点要围绕交通出行、居民饮水、农村人居环境等方面持续发力，不断改善群众生产生活条件。区内脱贫工作，要认真开展“回头看”，对有可能返贫的贫困户要大力开展“回头帮”，确保温江脱贫工作取得全面胜利。

五是全力支持配合省委巡视工作。这次巡视是省委对温江工作的一次全面检视，也是省委交给温江的一项重要政治任务。今天，省委第二巡视组正式进驻温江，全区各级党组织和党员干部要切实提高政治站位、深化思想认识，坚决服从省委巡视安排；要加强服务保障、全力支持配合，为巡视组开展工作创造良好的条件；要严守工作纪律、如实汇报情况，确保巡视工作达到预期目的、取得良好效果。

六是认真谋划推进“十四五”规划编制工作。编制部门要加强对上对接，将我区“十四五”规划编制工作与国家和省、市“十四五”规划紧密结合，把发展机遇研判准，把困难挑战分析透，既立足区情实际，又着眼长远发展，深入开展重点领域、重点课题研究，高质量策划包装一批引领性支撑性功能性重大项目，统筹做好规划纲要、专项规划和国土空间规划的编制工作，为“十四五”期间经济社会发展奠定坚实基础。

七是统筹做好安全生产、防汛减灾等工作。应急部门和行业主管部门要对照安全生产职责清单，切实履行监管责任，加强安全监管执法，进一步压紧压实企业主体责任落实，牢牢守住安全生产底线。区防汛抗旱指挥部及成员单位要时刻保持战时状态，绷紧防汛减灾这根弦，扎实开展风险隐患排查和整改工作，完善应急预案并做好物资储备，强化应急演练提高处置能力，密切监视雨情水情，全力保障人民群众生命财产安全。

八是精心筹备近期重要会议。全会后将相继召开全区科技创新大会、社区发展治理大会、服务业发展大会等系列会议，各牵头部门要围绕区委全会作出的安排部署，进一步深化工作研究、做好会议筹备，确保会议开出高质量、取得好效果，推动各项工作取得新进展。

同志们，重任在肩，唯有实干者不负使命；机遇在前，唯有奋斗者乘势而上。让我们更加紧密团结在以习近平同志为核心的党中央周围，全面落实党中央和省委、市委决策部署，以更加饱满的政治热情、更加昂扬的进取姿态、更加顽强的工作作风，奋力夺取疫情防控和经济社会发展双胜利，为推动成渝地区双城经济圈建设，为成都建设践行新发展理念的公园城市示范区、加快建设高质量发展增长极和动力源贡献更多温江力量！

成都市温江区人民代表大会常务委员会工作报告

（2021 年 1 月 21 日）

（在成都市温江区第十八届人民代表大会第六次会议上）

成都市温江区人大常委会主任 万雪梅

各位代表：

受区人大常委会委托，我向大会报告工作，请予审议。

2020 年主要工作

2020 年，是极不平凡的一年，也是“十三五”规划的收官之年。一年来，在区委的坚强领导下，区人大常委会始终坚持以习近平新时代中国特色社会主义思想为指导，深入贯彻党的十九大和十九届二中、三中、四中、五中全会精神，全面落实中央和省委、市委、区委重大决策部署，依法履职行权，突出代表主体，主动担当作为，组织召开区人代会 1 次、常委会议 7 次、主任会议 11 次，听取审议专项工作报告 26 个，开展执法检查 3 次，专题调研视察 25 次，作出决议决定 19 项、审议意见 16 项，全面完成区十八届人大五次会议确定的目标任务，为奋力夺取“双胜利”、助推全区经济社会高质量发展作出了积极贡献。

一、加强政治建设，牢牢把握人大工作正确的政治方向

区人大常委会始终坚持党的领导，以党的新思想、新理论指导统揽工作，确保人大工作正确的政治方向。

（一）自觉做新思想的忠实践行者。始终把政治建设放在首位。坚持把学习习近平新时代中国特色社会主义思想和中央及省市区委的重要指示精神作为常委会议第一议题。深入学习《习近平谈治国理政》第三卷、习近平总书记关于坚持和完善人民代表大会制度的重要思想、关于民法典的重要讲话精神，牢固树立“四个意识”，坚定“四个自信”，做到“两个维护”，准确把握新时代人大工作的政治要求，不断增强政治判断力、政治领悟力、政治执行力，切实增强履职责任感、使命感。

（二）始终坚持在区委的领导下开展人大工作。自觉把区委的领导贯穿于人大工作全过程，紧扣区委工作要点，找准工作着力点，细化年度工作 112 项，制定“四张清单”，压实责任，逐一落实。严格执行重大事项请示报告制度，向区委请示报告重大事项 16 次。组织召开党组会议 21 次，充分发挥区人大常委会党组把方向、管大局、保落实作用，以高度的思想自觉、政治自觉、行动自觉组织开展人大工作，确保中央大政方针和省市区委决策部署全面贯彻落实。

二、服务发展大局，主动作为，全面落实区委决策部署

（一）依法决定重大事项，齐心协力促发展。依法行使重大事项决定权，通过法定程序把区委的决策部署转化为全区人民的共同意志和自觉行动。听取审查 2019 年财政收支决算报告，依法作出决议，批准 2019 年区级财政决算；听取审议 2020 年区级预算执行和预算调整情况报告，依法作出决议，批准 2020 年区级财政预算调整方案，督促建立全面规范、公开透明的预算制度，增强预算执行刚性，推动预算编制更加科学化、精细化。为促进民生实事项目更加符合人民群众的需求，推动决策民主化，区人大常委会作出《关于实施重点民生实事项目人大代表票决制

的决议》，制定重点民生实事项目人大代表票决制工作办法，并决定在本次人代会上试行，助推改革发展成果更好地惠及人民群众。

（二）助力“十四五”规划编制，尽心尽力促发展。按照区委开门问策、问计于民的部署要求，积极主动参与我区“十四五”规划编制工作。制定《助力“十四五”规划编制工作方案》，动员代表献计献策，广大代表以极大的责任感和对温江深厚的家园情怀，通过线上线下，提出意见建议187条，专题分析研判后，将“加快完善成都医学城A、B区功能配套”等44条建议，送规划编制领导小组参考。扎实开展“大学习、大调研、大走访”活动，班子成员带队深入9个镇（街道）和园区、企业走访调研，形成调研成果26篇，将“进一步优化城镇规划体系，拓南城、优北林”等9条重点建议专报区委参考。

（三）主动靠前监督，同心合力促发展。常委会及班子成员按照区委的统一部署，积极参与，主动作为。靠前督导江安河综合整治，实地指导优化方案、加快进度，促进江安河展现新风貌。靠前协调天来破产案，深入实地摸情况，把脉问诊出主意，促进破产重整有序推进，努力维护社会稳定。专题研究数字化经济和产业投资基金课题，形成专报，为区委科学决策提供参考。积极担当，参与常态化疫情防控专班，坚守一线、攻坚克难，扎实推动区委“三化一高效”要求落实，筑牢疫情防控网络。靠前监督成都医学城建设，深入企业和重点项目建设现场，协调解决企业发展和项目用地拆迁等工作推进中的问题，促进电子科大产业园、华邦药业等项目落地快建、竣工投运。认真落实“河长制”，积极开展巡河，协调解决问题，为天蓝地绿亲水之城贡献力量。

（四）严肃人事任免，凝心聚力促发展。坚持党管干部和依法行使任免权相统一，任免国家机关工作人员36人次，任命人民陪审员62人。严格落实任前法律知识考试、任前陈述、宪法宣誓制度，增强任命人员宪法意识和责任意识。

三、围绕“四个聚焦”，有效监督，全力助推温江高质量发展

区人大常委会坚定不移贯彻新发展理念，紧扣中心大局，围绕“四个聚焦”，直面问题、有效监督，促进“一府一委两院”依法行政、依法监察、公正司法，合力助推温江经济社会高质量发展。

（一）聚焦统筹推进疫情防控和经济社会发展，奋力助推“双胜利”

积极参与疫情防控，扎实助力筑牢公卫安全。区人大常委会班子成员示范带头，深入一线督促指导，宣传相关法律法规，促进疫情防控依法开展。抽调32名机关干部支援柳城街道一线防控，与社区干部一道进院入户，协调解决群众防疫物资紧缺等问题80余个，得到群众真心点赞。常委会倡导各级人大代表积极参与抗疫，保障物资供给，主动建言献策70余条。李毅代表提出的学校疫情防控第一课建议，被省教育厅采纳，全国人大网转载推广；黄国蓉、梁冬等多名代表受到全国妇联、省委、市委表彰表扬。进入常态化疫情防控阶段后，充分发挥代表密切联系群众优势，与区政协联合成立9个工作小组，深入全区广泛了解防控情况，发现问题99个，现场督促指导整改92个，及时向常态化疫情防控工作组反映重点问题，合力筑牢防控网络，维护人民群众身体健康和生命安全。

坚持稳中求进，奋力助推“六稳”“六保”工作。围绕帮助企业、群众纾困解难，集中走访企业92家，深入走访群众5000余人，选派14名人大干部参加“一对一”服务企业活动，帮助企业完善防疫体系，破解物流紧张、氧化铝原材料进口等难题21个。调研“稳就业、保就业”工作和扶持政策落实情况，针对职业院校专业设置与我区产业发展契合度不高等问题，提出相关建议形成专报，得到区委“人大建议很具体，是认真调查研究的成果”等肯定性批示，并强调要用好人大调研成果，扎实抓好相关工作。听取审议区政府关于“两送一帮一解”专项行动情况报告，就提高政策兑现时效性和精准度等提出审议意见，区政府及其职能部门认真研究办理，归类整理惠企政策，通过智慧服务平台集中展示，方便了企业咨询申报，促进“两送一帮一解”专项行动落到实处，有力促进全区企业、重点项目快速复工复产。

坚持绩效导向，持续助力经济平稳运行。围绕经济可持续发展，深入调研经济运行、预算执行、市场主体培育和重大产业项目推进情况，听取审议区政府2020年上半年国民经济和社会发展计划执行情况等专项工作报告，认真分析审议，提出要精准包装项目、统筹要素供给等审议意见30余条，相关部门认真办理，结合实际，建立项目库，有序推进要素供给，扎实助推产业发展。提档升级预算联网监督系统，建立季度分析报告制度，开展全口径审查和全过程监督，深入查找问题，定期对预算执行不高的单位进行提醒，强化预算绩效监督，促进2020年部门预算执行率同比提高25%，执行为零的项目减少30%。落实区委《关于建立区政府向区人大常委会报告国有资产管理情况制度的实施意见》，建立国有资产监督机制，听取审议区政府关于国有资产管理综合报告和行政事业性国有资产管理专项报告，督促和支持区政府建立起绩效评价体系，促进国有资产管理工作更加规范化、制度化。

（二）聚焦重大任务完成，全力助推经济发展

聚焦主导产业发展，全力助推产业功能区建设。围绕高品质打造“三大空间”，组织专委会成员和专业代表，专题调研科创平台建设运营、自贸试验区协同改革先行区建设等工作情况，视察西成都消费中心建设情况，听取审议三大园区关于机制体制建设和重大项目招引、落地及投资建设情况报告，提出要建立孵化项目跟踪机制和科研成果就地转化机制、确保在温研发成果落地温江等审议意见32条，督促支持园区、部门深入探索解决温江发展面临的难题和挑战，不断做优营商环境，促进产业强链补链。

聚焦城乡融合发展，全力助推公园城市建设。围绕建设国家公园城市示范先行区，专题调研公园城市规划建设和锦城公园（温江段）、药明智创公园建设情况，视察川西林盘保护修复和绿道建设情况，听取区住建局关于公园城市规划工作推进情况汇报，提出要做到“四级规划”相统一、科学编制项目、合理控制成本、注重建管结合、充分利用本地花木展示温江特色等意见建议，督促相关部门认真办理，促进我区公园城市规划建设更上水平。调研农创农旅农养项目建设和花木供给侧结构性改革情况，听取审议区政府关于深化农村综合改革促进城乡融合发展工作情况报告，督促相关部门制定北林房屋建设导则，支持壮大农村集体经济组织，助推乡村振兴做深做实。

聚焦群众重点关切，全力助推民生福祉提升。围绕人民群众对美好生活的期盼，高度关注基本公共服务均衡配置，持续监督城乡供排水体系建设，多次调研污水处理现状、城市内涝情况，提出全域规划建设排污管网和科学布局污水处理厂等对策建议；紧盯金府路污水管网建设等事项，推动相关部门压实责任、密切协作，促进排水体系更加完善、项目建设更加高效。高度重视公共卫生服务体系建设，深度调研全区14家公共卫生机构现状，听取审议区政府关于公共卫生应急管理体系机制建设工作情况报告，对基层卫生院基础硬件设施相对薄弱等短板，提出针对性意见建议专报区委，区委高度重视，明确批示纳入“十四五”规划，区政府专题研究，已把区疾控中心和永宁等基层卫生院新建或搬迁列入今年政府工作计划。全过程跟踪监督44项民生实事项目建设，组织驻温全国、省、市和区、镇五级人大代表，实地察看三渡水大桥提升改造项目，亲身体验地铁17号线通车试运，目睹区医院搬迁后的巨大变化，现场聆听村民对自来水进村入户的点赞，五级人大代表真切感受到民生实事项目给人民群众带来的获得感、幸福感。并充分发挥代表桥梁纽带作用，向社会广泛宣传，鼓舞信心、凝聚民心。

（三）聚焦城市社会治理，扎实助推社会和谐稳定

聚焦社会热点难点，全力助推矛盾纠纷化解。围绕社区治理更加高效，针对群众反映强烈的成品住宅问题，按照区委安排，与区政协成立联合调研组，深入社区院落，了解实情，查找问题，认真分析，提出要建立专班、完善落实全过程质量监管责任机制等建议8条，专报区委并交区政府研究处理，区政府迅速成立专班，制定具体措施，相关部门狠抓落实，加强了对成品住宅全过程监管，努力助推社会矛盾化解。专题调研

农民工工资清欠工作，协调相关部门专题研究，采取提高工资支付比例等有力措施，有效维护了农民工合法利益。深度调研住宅专项维修资金管理使用中的困难和问题，引导并帮助驻温省市人大代表向上级人大提出修改《住宅专项维修资金管理办法》的议案，助推群众关心的热难点问题解决。及时受理群众来信来访54件（次），办理上级人大转办件11件，切实化解社会矛盾，回应民生诉求，依法维护群众合法权益。制定《助力建立健全社会治理“四大机制”工作实施方案》，成立4个专项工作小组，着力区委社治大会精神贯彻落实，监督支持相关部门建立健全制度机制，助推社会治理体系和治理能力现代化建设。

聚焦生态环境改善，全力助推城市品质提升。围绕打赢“三大保卫战”，听取审议区政府关于2020年环境状况和环境保护目标完成情况报告，持续督查大气污染防治工作的落实。针对我区“三医”主导产业快速发展，医废垃圾处理能力与企业需求矛盾突出的问题，介于医废垃圾处理属全市的统筹工作，组织驻温市人大代表开展调研，并向市人大提出加大医废垃圾处理能力建设的建议，引起市级相关部门高度重视，多次莅温沟通，有力促进全市医废垃圾处理规划完善和处理能力扩容，助推我区产业发展与环境保护和谐共融。围绕城市精细化管理，加强对城市管理综合执法和城乡环境综合治理工作的监督，跟踪督办代表提出的要规范温江运渣车“六位一体”管理等建议，区政府高度重视，专题研究，开发建立起运渣车信息监控平台，并邀请人大代表现场指导，有效推动城市管理水平提升。

（四）聚焦依法行政，努力助推法治温江建设

加大执法检查，维护群众权益。为维护人民群众安全，检查《关于加强全区电梯安全管理工作的实施意见》落实情况。围绕群众切身利益，检查《消费者权益保护法》执行情况，督促相关部门加强市场监管，严厉打击侵害消费者合法利益的违法行为。联动各镇街人大全覆盖开展《治安管理处罚法》执法检查，代表踊跃参与，深入基层了解情况，广泛听取意见，与区公安分局、派出所面对面交流，在充分肯定我区平安温江建设成绩的同时，提出要进一步扩大天网覆盖面、加强联防联控等意见建议，助推《治安管理处罚法》贯彻执行纵深推进。扎实开展《土壤污染防治法》执法检查，督促职能部门加强监测，保护好土壤，确保老百姓“吃得放心、住得安心”。

助推司法改革，维护公正司法。调研全区公益诉讼和诉源治理工作情况，视察区法院24小时自助法院和集约送达中心，听取审议区检察院关于公益诉讼工作开展情况报告、区法院关于一站式多元解纷机制和一站式诉讼服务中心建设工作情况报告，提出完善协同化治理机制等审议意见17条，法检两院高度重视，逐一办理，有力助推公正司法、公平正义。

严格备案审查，维护法制统一。坚持“有件必备、有备必审、有错必究”的原则，修订《规范性文件备案审查办法》，对《支持产业投资基金发展若干政策》等13件规范性文件进行备案审查，清理各镇制定规范性文件情况及全区征地拆迁安置相关文件，维护法制统一，助力纵深推进依法治区。

精心组织参与，有效促进立法。区人大常委会虽然没有立法权，但高度重视上级立法调研。争取到市人大在幸福村设立基层立法联系点，积极配合全国、省市人大立法调研，为《刑法修正案》《行政处罚法》《成都市社区发展治理促进条例》等立法调研，组织相关部门提出建议93条。特别是圆满完成了省人大常委会副主任王铭晖莅温开展修订《四川省物业管理条例》立法调研的组织服务工作，周密安排现场调研，充分准备座谈建议，我区共提出建立物业管理专门工作

机构等立法建议59条，为修订完善《四川省物业管理条例》贡献了温江智慧。王铭晖副主任对温江区物业管理的创新举措和提出的立法建议给予高度评价。

四、加强服务保障，激发履职热情，充分发挥代表主体作用

区人大常委会始终坚持人大代表的主体地位，不断强化服务保障，全力支持代表依法履职行权。

（一）搭建平台，持续拓宽代表履职渠道。不断完善线上、线下代表履职平台。线下，指导镇街加强人大代表之家和人大代表社区联络站亲民化改造，发挥“家”“站”效能，密切人大代表与人民群众的联系；线上，完善代表建议网上办理平台，制定《加强区人大代表微信群管理意见》，规范建立起集全区人大代表和职能部门一把手在一个微信群履职互动的交流平台，形成了一套代表随时发现问题、提出建议，职能部门主动认领、立即办理、及时反馈的闭环工作机制，搭建起线上线下全覆盖、网上掌上都便捷的履职平台，极大提升了代表履职热情。

（二）激发活力，充分发挥代表智慧力量。围绕奋力夺取疫情防控和经济社会发展“双胜利”，组织全区人大代表开展“走基层、进社区”专项活动，代表们满怀对温江的关心和热爱，走访企业1002家、群众14400多人次，其做法被《人民权力报》《民主与法制》刊发推广。代表在走访中，大力宣传中央大政方针和区委区政府的决策部署，与群众交流共享发展成果，倾听群众心声，广泛收集反映问题700余个，提出意见建议260余条，协调解决问题500余个，李毅、郭建平等19名代表先进事迹被媒体宣传报道。支持、组织人大代表积极参与各类调研视察、执法检查等工作监督与法律监督40余项次、600余人次，参加区级相关单位重要会议、活动19场次、50余人次，提出意见建议300余条，有效确保人民群众参与管理国家事务的权力。常委会注重发挥驻温全国、省、市人大代表作用，组织代表实地调研温江经济社会发展情况，引导帮助代表向全国人大提出推进农村土地“三权”分置等建议5条，向省人大提出修改《四川省园林绿化条例》等建议11条。组织市人大温江区代表团提出议案1件、建议35条，其中修订《成都市物业管理条例》议案被采纳，关于将成都医学城纳入西部（成都）科学城“一城多园”规划布局等5条被列为重点督办建议。

（三）创新方法，高效督办代表意见建议。修订《代表建议办理规定》，完善督办机制，充分运用代表议案建议网上处理系统，创新代表建议交办方式，督促区十八届人大五次会议以来的212件代表建议及时交办并按时办结，满意率达到99%；对“改善成钞公司周边环境”等建议办理情况现场督导、盯住不放，并形成专报送区委区政府，区委区政府高度重视，督促相关部门抓紧办理，车辆乱停乱放、黄金路步行道破损等问题得到有效解决。代表通过微信平台反映的“洪水过后河道垃圾泛滥”“滨江路南段水管爆裂”等“微建议”得到快速办理，有效促进社会热难点问题解决。常委会对22项优秀代表建议、20个代表建议办理先进单位给予通报表彰。

（四）强化培训，切实提升代表能力水平。克服疫情影响，利用网络资源，组织人大代表和人大工作者160余人参加省市人大开展的业务视频培训。利用全国人大网院、代表微信群等平台，开展法律知识专题培训和履职业务能力培训，引导代表加强自学，确保疫情期间代表能力建设不打烊。

五、加强自身建设，落实主体责任，不断提升履职能力水平

区人大常委会认真落实新时代人大工作新要求，着力打造让党放心、让群众满意的“工作机关”和“代表机关”。

（一）坚持党建引领，提升人大履职能力。区人大常委会党组坚持以政治建设为统领，严格落实全面从严治党主体责任，加强党风廉政建设。坚持人大常委会会前学法制度，坚持每周机关法治讲座，开展《民法典》等专题学习，不断提升人大干部履职能力。

（二）加强制度建设，提升人大工作水平。修订完善《工作评议办法》《议事规则》《讨论决定重大事项规定》等工作制度规则45项，制定《审议意见跟踪监督办法》，建立起审议意见落实情况的跟踪监督机制，进一步完善各专委会

工作规则，不断提升人大工作规范化、制度化水平。

（三）加强督促指导，提升人大工作质效。认真贯彻落实《街道人大工作委员会工作办法》，配备街道人大工委委员27名，进一步完善机构建设。组织召开镇街人大工作会议，专题研究并安排部署人大工作。不断加强对镇街人大的指导，坚持在议题安排、活动组织、代表参与等方面加强联动，切实激发镇街人大工作活力，齐心协力助推温江经济社会高质量发展。

各位代表，一年来，区人大常委会工作取得的成效，离不开区委的坚强领导，离不开常委会组成人员和全体人大代表、人大工作者的辛勤付出，离不开“一府一委两院”的积极配合，离不开区政协和全区人民及社会各界的鼎力支持。在此，我谨代表区人大常委会向大家表示崇高敬意和衷心感谢！

回顾工作，我们也清醒地认识到，区人大常委会工作与区委要求和人民期望还存在一定差距和不足。主要表现在：行使重大事项决定权还需突破、意见建议质量有待提高、视察调研深度不够、监督实效有待提升等。这些问题和不足，我们将在今后的工作中切实解决。

2021年主要任务

2021年是中国共产党成立100周年，也是“十四五”规划开局之年。区人大常委会工作的总体要求是：坚持以习近平新时代中国特色社会主义思想为指导，全面贯彻党的十九大和十九届二中、三中、四中、五中全会精神，深入贯彻习近平总书记关于坚持和完善人民代表大会制度的重要思想，全面落实中央和省委、市委、区委重大决策部署，坚持党的领导、人民当家作主、依法治国有机统一，立足新发展阶段，贯彻新发展理念，服务新发展格局，聚焦温江建设践行新发展理念的公园城市示范先行区总体目标，忠实履行法定职责，充分发挥代表作用，凝心聚力、科学作为，助推“五个之城”建设，为建设社会主义现代化新温江贡献人大力量。区人大常委会将抓好以下重点工作。

一、强化政治意识，在坚持党的领导上更加坚定自觉

强化人大及其常委会的政治机关属性，坚持用党的新思想、新理论、新理念武装头脑、指导实践，准确把握新时代人大工作的新要求，牢固树立“四个意识”，不断增强“四个自信”，坚决做到“两个维护”。始终与区委同心同向、合力合拍，维护中心大局，全面贯彻落实区委十四届十二次会议暨区委经济工作会议精神，确保党的方针政策和省市区委决策部署在人大工作中有效落实。全面贯彻落实省委、市委人大工作会议精神，协同筹备好区委人大工作会议。围绕区委决策部署谋划人大工作，找准工作重点和着力点，主动作为、靠前监督，依法行使重大事项决定权、监督权、人事任免权，扎实调查研究，积极建言献策，全力推动区委决策部署落地落实。

二、强化监督实效，在助力发展大局上更加担当作为

不忘初心使命，牢牢把握人大监督工作的职能职责，紧紧围绕区委全会确定的“十件大事”，打好专项审议、执法检查、专题询问、任职评议等监督“组合拳”，全力助推“十四五”开好局、起好步。紧盯高质量发展主题，围绕“五个之城”建设的“五新”任务，重点关注现代产业体系构建、科技创新高地建设、城乡融合发展等重点任务、重点工作的落实，持续加大“十四五”规划和预算执行、国有资产管理等工作监督，努力推动高质量发展迈上新台阶。紧盯高品质民生主旨，聚焦公园城市示范先行区建设、高品质宜居生活城市建设，持续加大对公共卫生安全、环境保护、“三大民生品牌”建设等民生工作监督，全过程跟踪监督2021年重点民生实事项目，更好地回应人民群众对美好生活的新期待。紧盯高效能法治主线，强化宪法法律实施监督，积极支持“一府一委两院”有效行使行政权、监察权、审判权、检察权，聚焦国际化营商环境建设、社区治理“四大机制”建设等加强工作监督，不断提升城市治理能力和水平，奋力谱写法治温江建设新篇章。

三、强化支持保障，在联系服务代表上更加用心用情

始终把发挥代表主体作用摆在更加重要的位置，立足人大代表来自人民、根植人民的优势，发挥人大代表密切党委政府联系群众的桥梁纽带作用。进一步加强服务保障，健全完善闭会期间代表活动的组织、激励和保障机制，深入推进“三联系”制度，密切常委会与人大代表、代表与人民群众的联系。统筹做好代表视察调研工作，支持代表依法履职，创新开展代表活动，进一步发挥“代表之家”、代表社区联络站（点）和代表微信群等平台作用，激励代表积极履职尽责，持续开展“走基层”活动，深入调查研究，广泛收集社情民意，围绕经济社会发展和民生改善建净言、献良策、出实招，推动代表工作更接地气、更得民心、更具活力。多形式开展代表培训，提升代表素质和履职能力。进一步加强代表议案建议督办力度，推动问题有效解决。今年是换届年，将依法组织开展区镇两级人大换届选举工作，制定详细方案，周密组织安排，从严落实换届纪律，圆满完成换届选举任务。

四、强化自身建设，在提升履职能力上更加从严从实

对表对标“两个机关”要求，落实区委“1553”干部队伍建设总目标，扎实开展“四讲四有”机关建设。落实从严管党治党主体责任，不断增强政治判断力、领悟力、执行力。班子成员要以高度的责任感、使命感，示范带头、靠前监督，不断提升人大工作水平。大力弘扬“三种”精神，坚持学习教育常态化，促进真学真用，不断提升履职能力和业务水平，打造忠诚履职、干净担当的高素质人大干部队伍。进一步深化改革创新，依法探索监督工作新方法，用好专题询问、工作评议等刚性监督，提升监督实效，奋力开创新时代人大工作新局面。

各位代表，实干托举梦想，拼搏铸就辉煌。站在新的起点上，让我们更加紧密地团结在以习近平同志为核心的党中央周围，在区委的坚强领导下，牢记新使命、开启新征程、续写新篇章，凝心聚力、攻坚克难、砥砺前行，为建设社会主义现代化新温江而努力奋斗！以优异成绩向建党100周年献礼！

名词解释

1. 三化一高效：常态化防控、专业化研判、信息化调度、高效率运行。

2. 三大空间：科创空间、产业空间、生活空间。

3. 四个聚焦：2020年5月，区委对人大监督工作提出的要求：要聚焦统筹推进疫情防控和经济社会发展强化监督、聚焦重大任务完成情况强化监督、聚焦提升城市治理能力和治理水平强化监督、聚焦法治温江建设强化监督。

4. 三大保卫战：蓝天保卫战、碧水保卫战、净土保卫战。

5. 工作机关和代表机关：党的十九大报告中，“使各级人大及其常委会成为全面担负起宪法法律赋予的各项职责的工作机关，成为同人民群众保持密切联系的代表机关。”

6. “五个之城”建设的“五新”任务：推动“三医融合产业之城”形成新支撑、推动“创新开放进取之城”形成新功能、推动“便捷高效协调之城”形成新格局、推动“天蓝地绿亲水之城”形成新意境、推动“文明和谐幸福之城”形成新典范。

7. 两个机关：工作机关和代表机关。

8. “1553”干部建设总目标：区委提出的干部队伍建设总目标。“1”是指“坚持用习近平新时代中国特色社会主义思想武装头脑”；“5”是指“五新”干部，“五新”是思想显得出新境界、破难使得出新招法、干事挑得起新担子、创业留得下新脚印、口碑树得起新标杆；“5”是指“五强”班子，“五强”是信念坚定政治强、引领发展实绩强、率带队伍能力强、务实进取作风强、清正廉洁纪律强；“3”是指“三种”精神，即亮剑精神、工匠精神、老黄牛精神。

9. 四讲四有：讲忠诚有信念、讲法治有权威、讲责任有担当、讲宗旨有情怀。

政府工作报告

（2021 年 1 月 21 日）

（在成都市温江区第十八届人民代表大会第六次会议上）

成都市温江区人民政府区长　马烈红

各位代表：

我代表成都市温江区人民政府，向大会报告工作，请予审议。

一、"十三五"及 2020 年工作回顾

"十三五"是温江发展史上具有里程碑、划时代意义的五年，开启了"建设全面体现新发展理念宜业宜居宜游的新中心城区"砥砺奋进、再创辉煌的崭新篇章。五年来，我们坚持以习近平新时代中国特色社会主义思想为指导，深入贯彻习近平总书记对四川及成都工作系列重要指示精神，在党中央国务院、省委省政府、市委市政府和区委的坚强领导下，在区人大、区政协的监督支持下，团结依靠全区人民，坚持以新思想引领城市发展方向，以新理念统揽城市工作全局，以四级规划擘画城市发展蓝图，全面推进"五个之城"建设，坚定发展"三医融合"产业，深入实施改革创新双轮驱动，做优做靓"宜业宜居宜游"特质，成功塑造三大民生品牌，圆满完成"十三五"规划目标任务，率先全面建成小康社会，实现了从卫星城到都市新区、再到国家中心城市新中心城区的历史性跨越，是温江历史上发展态势最好、城市品质最优、生态改善最显著、群众获得感最明显的时期之一。"十三五"时期，温江区地区生产总值以年均 7.6% 的速度保持高质量增长，连续突破 400 亿元、500 亿元、600 亿元大关，达到 623.84 亿元，较"十二五"期末名义增长 69%。城乡居民人均可支配收入年均增长率分别为 7.8%、8.7%，收入比下降到 1.52:1。连续 8 年入选全国综合实力百强区，获批中国全面小康百佳示范县市，获评中国最具幸福感城市美丽宜居城区。

过去五年，我们坚定不移全域深耕大健康产业，"三医融合产业之城"成形成势。在全国率先提出了医学、医药、医疗"三医融合"的发展理念，构建"三医 + 大数据/AI"现代产业体系，形成成都医学城、温江农高园、健康服务业集聚区"三区联动"的经济地理。围绕"1 + 3 + N"目标，累计引进亿元以上重大产业化项目 201 个、高能级 500 强企业 23 家，聚集药明康德、科伦药业、罗欣药业等医药健康企业和机构 464 家，在研药械 838 个、在产药械 199 个。中国人寿、泰康人寿等五大保险公司高端康养项目齐聚温江。打造专业楼宇 6 栋，新增互联网医院 9 家。获评中国最具投资价值城区、中国生物医药最具特色园区。

过去五年，我们坚定不移推动新旧动能转化，"创新开放进取之城"活力迸发。开创性提出"一个脑袋两只手"校地企协同创新模式，打造环川农大、环中医大高校知识经济圈，累计建成国家重点实验室 2 个、国家级研发中心 7 个、省部级研发平台和公共技术服务平台 212 个，获批四川省科技成果转移转化示范区。坚持把最崇高的礼遇给予最优秀的人才，聚集"两院"院士等高层次人才 146 名，吸引青年人才落户 1.6 万余名，入选四川省首批院士（专家）产业园。高品质打造科创空间，建成创新载体 169 万平方米，形成全省规模最大、功能最完善的"三医"创新载体群。积极融入"一带一路"建设，花木出口打通欧洲和南亚市场。新增国际友城 2 个，与"一带一路"沿线 47 个国家及地区建立贸易关系，与重庆巴南等区域建立战略合作关系。创建四川省首个区县级自贸试验区协同改革先行

区。获评全省“三农”工作先进区、全省农民增收工作先进区。荣获“中国营商环境建设示范区”“中国营商环境百佳试点区”称号。

过去五年，我们坚定不移做强城市功能，“便捷高效畅通之城”格局绘就。以四级规划体系为引领，优化形成“南城北林”空间格局。规划形成“三高八快七轨十互通”综合交通体系，地铁4号线二期、17号线一期开通运营，成蒲铁路、永宁互通立交等一批重大项目建成投运，成为“双地铁+高铁+快速公交”的新中心城区。累计打通温郫大道等26条“断头路”，公路总里程达到809公里，等级公路占比提升至100%。温江公交枢纽站、城南公交站等建成投运，建制镇、村通车率达100%，公共交通机动化分担率提升至50%。城市精细管理成效凸显，全域开展“两拆一增”，整治提升背街小巷112条，改造老旧小区190个。全面实施“美丽新家园”计划，建设重点特色镇4个，实施川西林盘保护修复项目28个，创建省市级“四好村”85个。

过去五年，我们坚定不移守护生态本底，“天蓝地绿亲水之城”魅力绽放。牢固树立绿水青山就是金山银山的发展理念，形成“1+3+50+100”全域公园城市体系。贯通65公里生态旅游环线，累计建成生态绿道及慢行系统362公里，城市建成区绿化覆盖率达45.9%、人均公共绿地面积21.6平方米。深入推进大气、水、土壤污染治理“三大战役”，全面完成成都市“十三五”环境空气质量标况目标任务，PM2.5年均浓度较“十二五”期末下降41.4%。形成四级河长制，治理主河道、沟渠80公里，主要河道出境断面水质均保持Ⅲ类以上，新（改）建供水管网375.9公里，城镇污水处理率达到96.5%。获评国家生态文明建设示范区、绿色中国典范城市、绿色发展优秀城市。

过去五年，我们坚定不移增进民生福祉，“文明和谐幸福之城”品质彰显。始终坚持把人民对美好生活的向往作为奋斗目标，塑优“学到温江”“健康到温江”“舒适到温江”三大民生品牌。累计新（改）建公办中小学、幼儿园56所，新增学位3.6万个，公办（公益）幼儿园学位覆盖率达85%，义务教育优质学校占比达88%。聚集华西医院、八一康复医院、成都市第五人民医院等三级医疗机构5家，特色专科医疗机构7家，千人床位数达11.38张。建成基层综合性文化服务中心70个。全面完成区内相对贫困户脱贫工作。扎实做好镇（街道）行政区划调整和村（社区）建制调整。“平安温江”建设持续深化，安全生产形势稳定向好，获评“四川省安全社区”。获评“七五”普法中期全国先进区县、国家新型城镇化城乡社区发展治理标准化试点，入选四川省城市基层治理示范区。

各位代表，刚刚过去的2020年，是极不平凡的一年，面对突如其来的新冠肺炎疫情和错综复杂的国际环境，我们坚持以习近平新时代中国特色社会主义思想为指导，全面落实中央、省市和区委决策部署，按照“建设全面体现新发展理念宜业宜居宜游的新中心城区”发展定位，扎实做好“六稳”工作，全面落实“六保”任务，较好完成了区十八届人大五次会议确定的目标任务，夺取了疫情防控和经济社会发展的“双胜利”。实现地区生产总值623.84亿元、增长5.1%；完成一般公共预算收入46.2亿元，增长2.4%；固定资产投资增长8.3%；城乡居民人均可支配收入分别增长5.8%、8.3%。成功创建国家农业科技园区、省级高新技术产业园区，荣获“2020中国最具幸福感城市·活力创新之都”。

（一）统筹疫情防控和经济社会发展，奋力夺取“双胜利”

全力打赢疫情防控阻击战。始终坚持人民至上、生命至上，按照防输入、防扩散、防传染、防抢购、防舆情的“五防”工作思路，在全市率先组建疫情防控专家委员会，率先开展准流行病学调查，率先实行“核酸+肺部CT”双检测。全区累计确诊本土病例7例、治愈出院7例，自2020年2月15日以来无新增本土病例，感染率低于全市平均水平。8个先进集体、16名先进个人荣获省市抗击新冠肺炎疫情表彰。

慎终如始严防疫情反弹。始终坚持外防输入、内防反弹、人物同防、多病联防，扎实做好中高风险地区来（返）温人员集中健康监测和管理服务，强化人员筛查诊断、集中隔离、转运救治等全流程防护。坚决完成成都市境外来（返）

蓉人员接返任务，科学设置专用隔离酒店6家，组织118名人员成立机场专班，累计接返境外航班58次、9020人。加大冷链食品检验检测力度，持续开展冷链环境、从业人员、食品核酸检测和预防消杀。全面提升核酸检测能力，单日核酸检测能力达3.3万人份。科学应对郫都疫情风险，认真落实市委疫情防控十项基础工作要求，率先在全市成立常态化疫情防控工作专班，坚决守住疫情防控底线。支持郫都疫情防控，累计派出采样队员528人，完成核酸检测8.17万人次。

快速恢复经济社会秩序。分类有序推动企业复工复产，建立中小企业行业协会联络专班、重点项目服务专员机制，率先出台纾困解难16条、复工复产12条、统筹推进疫情防控和经济社会发展26条等纾困惠企政策，落实各级惠企政策扶持资金16.58亿元，落实减税降费40.1亿元，稳定岗位15.11万个。有力有效推动科技抗疫攻坚，启动攻坚项目43个，研发制造防疫硬核产品6类111个。博奥晶芯设计开发的“病毒核酸检测试剂盒”，成为四川省第一个获得国家医疗器械注册证的检测产品。全力以赴推动城市平稳运行，强化物资储备、能源保障、公共交通运输组织，各类生活物资供应充足、价格平稳，生产生活秩序快速恢复。

（二）纵深推进产业功能区建设，经济发展稳中提质

成都医学城量质齐升。规上工业增加值增长7.1%，完成工业投资130亿元，全年新增规上工业企业37户。持续做强生物医药主导产业，规上生物医药制造业产值达70亿元。签约引进远洋资本智慧医疗及公共安全大数据产业园、拜欧迪塞尔脱细胞产品研发生产中心等医药健康项目48个，开工建设联东U谷康复辅具产业园等项目27个，加快建设科伦生物医药产业基地等项目33个，竣工药明康德检验检测平台等项目17个。全国首个自主化合物创新静脉麻醉药物环泊酚等16个药品、医疗器械获批上市，全球首个四特异性抗体药物GNC—038等20个I类新药进入临床试验。加快传统工业提质升级，香飘飘液体即饮奶茶生产基地等6个项目竣工投产，圣恩生物等18个二次开发项目加快建设，盘活工业用地1057.9亩。获评中国最佳医疗健康产业园区。

温江农高园提档升级。农业增加值增长4.0%。签约引进鱼凫水族小镇等重大项目16个，开工建设农高创新中心、新尚植物研究院等项目12个，加快建设花木（农产品）进出口园区等项目12个，竣工岷江书院等项目7个。打造幸福田园音乐艺术小镇、友庆景观园艺小镇，举办成都国际花木博览会、农民丰收节暨桂花文化旅游季、“开秧门”农耕文化节、西部（温江）云上花木节等活动，实现旅游综合收入121亿元，增长11.0%。获评四川省全域旅游示范区、四川省旅游强县。

健康服务业集聚区稳步推进。服务业增加值增长3.0%。积极融入成都国际消费中心城市建设，聘请BCG高水平编制《温江区现代服务业发展规划》。签约引进珠江CAZ等亿元以上项目31个，开工建设新氧集团西南总部等项目17个，加快建设前海人寿妇儿综合体等项目20个，竣工投运新尚创智中心等项目13个。建成特色商业街区2个，打造夜间经济集聚区4个，新增特色品牌门店33个、品牌首店7家，新尚天地获评成都市社区商业消费示范新场景。成功举办中国男子篮球联赛、中国女子篮球联赛等国家级赛事，金强国际赛事中心主体封顶。新增高济惠每互联网医院、金龄科技等健康服务平台9个，珠江国际获评新中心城区唯一甲级商务写字楼。获评四川省服务业强区。

（三）加力深化改革创新，发展动能提速转换

创新活力持续释放。成功纳入西部（成都）科学城战略规划，成为生命科学创新区组成部分。深入推进校院企地协同创新，国家高性能医疗器械创新中心四川省分中心、四川省药械化检验检测能力提升项目等陆续落地温江，电子科大“三医+AI”产业科技园等项目开工建设，四川大学新药研发中心等平台竣工投运。发布城市机会清单507条，大力培育新经济企业，博奥晶芯等4家企业被认定为准独角兽企业，42家企业入选成都市新经济梯度培育库，入库数位列全市第二。百裕制药、航天烽火两家企业获批国家企业技术中心。新增国家高新技术企业56家。引进

“两院”院士等高层次人才（团队）12名（个），新开工人才住房17.6万平方米。实现研究与试验发展经费支出15亿元，万人发明专利拥有量居全市第五。三医研发小镇建设被国家发展改革委作为经验在全国推广。

重点领域改革纵深推进。成功获批国家城乡融合发展试验区，探索实施“5+3”重点改革任务，获评全国农村集体产权制度改革试点典型单位。全面落实以效率为导向的国资经营评价制度改革，兴蓉西集团、九联集团获批AA+信用评级。金融机构存贷款余额分别增长16.0%、15.5%，存款余额突破900亿元。建成总规模90亿元健康产业母子基金群，落地全国首只省级防疫投资基金。成都花木交易所拓展交易领域，新增6个交易品种，交易量突破2000万元。

开放合作交流不断深入。深度融入成渝地区双城经济圈建设，与重庆巴南签订战略协议，统筹推进产业协同、城乡融合、资源联动、社会事业和互动交流五个方面合作，积极构建优势互补、互利共赢的发展共同体。自贸试验区协同改革先行区建设有力推进，承接省市级管理审批权限30项，成都医学城研发供应链服务平台建成投运。与海南博鳌乐城国际医疗旅游先行区建立战略合作关系，将海南特许医疗政策延伸至温江。实现花木出口450万美元。持续开展项目招引攻坚行动，成功举办“共享新机遇，投资金温江”系列主题推介活动，全年引进亿元以上项目72个，实际到位内资138亿元，外商投资实际到位15.2亿元。

营商环境不断优化。出台全面深化国际化营商环境建设3.0版实施方案。实现企业开办4小时办结，精简审批事项申报材料255项，147项便民服务事项实现“就近办”，依申请服务事项网上办、一次办实现100%覆盖。常态化开展“送政策、帮企业、送服务、解难题”专项行动，建立企业诉求处理闭环管理机制，企业诉求办结率达100%，有力促进了民营经济健康发展。智慧企业服务平台入选成都市营商环境创新十大案例，惠企政策审核办理时间压缩至30个工作日以内。搭建综合金融服务平台，推动银政企线上线下合作，协调帮助企业获得贷款162亿元，金融生态环境评价排名蝉联全省第一。新登记市场主体3.54万户，同比增长70.5%。

（四）加速完善功能布局，城市品质显著提升

城乡形态进一步优化。国土空间规划编制有序推进，编制完成《温江区公园城市示范区建设总体规划》和41个村庄规划。持续推进“南城”区域精明增长，实施城南片区综合整治、红桥片区综合开发，启动白马庙市场等7个拆旧建新“小连片开发”项目，完成城中村改造300户、棚户区改造76户、老旧院落改造35个。持续推进“北林”区域精明收缩，打造川西特色林盘景区11个，深化农村人居环境整治，累计改造农村户厕1.8万余户，完成农房风貌整治258户，成为全省农房风貌整治提升试点区。

基础功能进一步完善。地铁17号线一期开通运营，开工凤凰立交、农科城跨线桥、三渡水大桥等项目，实施成名高速温江北、金马南出入口优化工程，打通科兴路东段等“断头路”，新（改）建农村道路39公里。快速公交K5线延伸至温江，新开和优化公交线路28条。新（改）建供水主管网172公里，基本实现全区供水管网全覆盖。实施新城站110千伏进线工程等重点电力项目6个、永盛输气下载阀室工程等重点油气项目5个，建成5G基站828个、充电桩371个。

精细化治理进一步加强。深入开展爱成都·迎大运区域环境提升专项整治和城市体检问题整治行动。整治成名高速（温江段）沿线等建筑立面4万平方米，提升整治团结巷等“背街小巷”7条、战备渠南路等老城区人行道14万平方米，新增航天路等“一树一景”特色景观道路7条，实施“两拆一增”点位54处，人和东街被评为成都市最美街道。新（改）建公厕20座。建成生活垃圾分类集中投放点350个，创建示范小区5个。深化“科学治堵”，完善公共停车场智慧管理机制，竣工鹏程路地下停车场等项目6个，新增停车泊位1921个。荣获成都市环境治理攻坚行动“红旗奖”。

（五）持续铁腕治霾治污，生态环境不断优化

大气防治重拳推进。修编温江区生态文明建设规划，实施夏、冬季污染防控专项行动，推进多种污染物协同减排。整改完成中央生态环境保

护督察转办件117件、“回头看”案件52件。深化“环保管家”治理模式，推广实施VOCs污染源网格化动态管控等科技治霾措施，对“散乱污”企业点位实行全覆盖监控。搭建大气污染防治、露天焚烧监控、扬尘大数据管控3大平台，实现涉气问题“零时差”响应。空气质量优良天数276天，重污染天数同比减少2天，PM10、PM2.5平均浓度同比分别下降7.4%、8.2%。VOCs深度治理项目入选全国污染防治攻坚成功案例。位居中国县域全生态百优榜第六位。

水土环境明显改善。严格落实“河长制”，深入开展“清河”“清四乱”专项行动，新（改）建排水管网10公里，建成城市污水处理厂三期等污水处理项目4个，新增污水处理能力6.5万吨/日。全区4个集中式饮用水水源水质达标率100%，3个市级考核断面出境水质全年稳定达到Ⅲ类标准。出台2020年度土壤污染防治实施方案，轻度污染耕地安全利用率达95.7%，土壤环境质量总体稳定。

绿化品质全面提升。整合“六湾五林三湿地”生态资源，新（改）建绿道和慢行系统132公里，贯通锦城公园（温江段）一级绿道，建设“回家的路”“上班的路”等社区级绿道50条。启动江安河公园等示范区建设10个，实施“温婉江安·十里光华”等宜居滨水生态场景项目5个、植物编艺公园等宜游休闲度假场景项目12个。新增滨河绿地10万平方米，建成小游园微绿地6个，新增立体绿化8600平方米。

（六）大力增进民生福祉，城市发展更有温度

公共服务协调发展。新（改）建花都小学等学校10所，新世纪光华学校、二十一世纪学校建成招生，新增学位1.5万个。校地共建西财附小、中医大附中等学校11所。深入推进体教融合，创建体教融合品牌92个，面向社会开放学校运动场地10个。四川省精神医学中心建成投用，区人民医院新院区投入使用并通过三甲综合医院现场评审。持续开展基本公共服务设施“三年攻坚”行动，完善15分钟生活服务圈，竣工红桥、前锋等13个社区综合体，建成邻里活动空间56个，打造恒大城等智慧社区6个。组织开展第七届王光祈文艺奖评选活动，建成全民健身设施20处，举办文体惠民活动1000余场次。

民生保障全面推进。完成省市区民生实事115项，全年民生支出49.7亿元。帮扶色达、简阳打赢脱贫攻坚收官战，建成果蔬气调库等项目14个，荣获全省对口帮扶先进集体。加强重点群体就业服务，城镇新增就业9934人，城镇登记失业率控制在4.0%以内。全面落实药械带量采购工作，节约就医支出6725.48万元。发放最低生活保障金、特困人员供养金等各类补贴保障资金2587.07万元，惠及困难群众10万余人次。启动首批3个社区养老服务综合体建设，开展康复辅具社区租赁服务试点。扎实做好退役军人工作，成功创建四川省双拥模范区。建成天王村新型社区B区等安置房项目2个，多元化安置3100余人，完成公租房实物配租514户。全力落实“米袋子”“菜篮子”强基行动，扩种水稻2000亩，加速推进1.6万吨低温库改扩建项目，发放价格临时补贴1902万元。

社会治理不断完善。扎实开展安全生产专项整治三年行动，全区一般生产安全事故起数、死亡人数分别下降44%、60%，连续3年实现双下降，连续8年未发生较大及以上生产安全事故。完善校园食品投诉预警联动快速响应机制，规范农村群宴管理。统筹推进扫黑除恶专项斗争、禁毒人民战争，全区违法犯罪警情连续6年下降。深化社区“诉源治理”和“多调对接”机制，信访矛盾纠纷化解率达98.2%。完善民生诉求闭环管理机制，网络理政群众满意率达94.59%，“聚焦城市品质提升，高效解决出行问题”荣获四川网络理政优秀案例。完成第七次全国人口普查任务。登记成立社会组织28家，培育AAAA级以上社会组织5家。

（七）全面加强自身建设，作风更加务实高效

政治建设不断深化。坚持把政治建设摆在首位，把党的全面领导贯穿政府工作始终，增强“四个意识”，坚定“四个自信”，做到“两个维护”。坚决扛起全面从严治党主体责任，严格落实党风廉政建设和意识形态工作责任制。坚决贯彻落实中央八项规定精神，深入整治形式主义、官僚主义，从严抓好省委巡视反馈问题整改。扎实开展“大学习、大调研、大走访”活动，推动

各级干部进基层、访企业、解难题，营造了实心干事、科学作为的良好氛围。

法治建设不断加强。严格执行区人大及其常委会决议决定，主动接受人大法律监督、工作监督和政协民主监督，办结人大代表建议批评意见209件、政协委员提案153件。行政复议、行政诉讼案件分别下降11.3%、13.8%。全面推进政务公开，主动公开政府信息17.3万余条。完善规范性文件合法性审核机制，开展合法性审查200余件。圆满完成省、市对温江区“七五”普法总结验收。

行政效能不断提升。严格落实重大行政决策程序和“三重一大”事项决策机制，完善重大事项公众参与、专家论证制度，政府重大行政决策更加高效、更加规范。牢固树立“过紧日子”思想，坚决清理非重点、非刚性支出，降低行政运行成本，全区一般性支出预算较上年压减20.75%，“三公”经费支出下降18%。加强数字政府建设，推进一体化协同办公平台应用，持续做好精文简会工作，会议、文件减少30%以上。

同时，审计、统计、档案、民宗、侨务、对台、邮政、地方志、媒体融合、公共资源交易、机关事务、红十字会、精神文明、社会科学等工作取得新成绩，国家安全、国防动员、保密、消防、人防、气象、工会、共青团、妇女儿童、青少年、老龄、残疾人、慈善、关心下一代等工作取得新成效。

各位代表，成绩来之不易，经验弥足珍贵。这些成绩的取得，是以习近平同志为核心的党中央把舵领航、举旗定向的结果，是党中央国务院、省委省政府、市委市政府和区委坚强领导、科学决策的结果，是区人大和区政协监督支持、群策群力的结果，更是全区广大干部和群众齐心协力、奋斗拼搏的结果。在此，我代表区人民政府，向辛勤工作在各条战线的全区人民，向给予我们监督支持的人大代表、政协委员、各民主党派、工商联、无党派人士和离退休老同志，向所有关心支持温江建设发展的企业家朋友、社会各界人士、驻温单位、解放军指战员、武警官兵、政法干警、消防救援队伍和民兵预备役人员，表示衷心的感谢并致以崇高的敬意！

当前，“一带一路”建设、长江经济带发展、成渝地区双城经济圈建设等国家战略交会实施，国家城乡融合发展试验区、自贸区协同改革先行区建设等改革加速推进，大健康产业进入黄金增长期。这些多重叠加的战略机遇为温江发展开创了更为广阔的空间，注入了更为强劲的动能。

同时，我们也清醒认识到，全区经济社会发展还存在一些问题和不足：在做强健康产业主干上，医药健康产业竞争日益激烈，产业能级还不够强，缺乏具有竞争力的“链主”企业；在做强创新策源上，科技对经济增长的贡献率还不高，基础研究和关键核心技术攻关能力有待提升；在做强改革开放上，推动城乡融合发展力度还需加大，改革开放的广度和深度还不够，在更宽领域、更高层次参与国际国内“双循环”的能力还需提高；在做强宜居品质上，城乡基础设施建设和公共服务配套还不均衡，公共产品有效供给、环境交通综合治理、市民生活品质仍有提升空间。对于这些问题，我们将采取有力措施，切实解决改善，以实绩回应期待。

二、“十四五”主要目标和任务

（一）“十四五”时期经济社会发展的指导思想

高举中国特色社会主义伟大旗帜，坚持以习近平新时代中国特色社会主义思想为指导，深入贯彻党的十九大和十九届二中、三中、四中、五中全会精神，全面落实习近平总书记对四川及成都工作系列重要指示精神和省委、市委重大决策部署，准确把握新发展阶段，深入贯彻新发展理念，主动融入新发展格局，坚持党的全面领导，坚持稳中求进工作总基调，聚焦建设“践行新发展理念的公园城市示范先行区”总体目标，以推动高质量发展为主题，以深化供给侧结构性改革为主线，以科技创新和扩大开放为根本动力，以满足人民日益增长的美好生活需要为根本目的，统筹发展和安全，纵深推进“五个之城”建设，加快实现“三医融合产业之城”形成新支撑、“创新开放进取之城”形成新动能、“便捷高效协调之城”形成新格局、“天蓝地绿亲水之城”形成新意境、“文明和谐幸福之城”形成新典范，全面推动城市向现代化迈进，实现城市能级跃升、经济行稳致远、社会安定和谐，更好地服务以国内大循环为主体、国内国际双循环相互促进的新发展格局，努力在成渝地区双城经济圈建设中走在前列、作出示范，为成都建设践行新发展理念的公园城市示范区、打造带动全国高质量发展的重要增长极和新的动力源贡献温江力量。

（二）“十四五”时期经济社会发展目标

“十四五”时期，继续坚持“五个之城”发展路径，立足新形势、新机遇、新要求，为“五个之城”赋予新内涵、提出新任务、达到新高度。综合考虑国内外环境和温江发展阶段性特征，统筹短期和长远，兼顾需要和可能，力争到2025年，基本建成践行新发展理念的公园城市示范先行区。

——国民经济综合实力实现梯度跃升。到2025年，力争地区生产总值突破900亿元，年均增速保持在6%～8%，继续高于全市平均水平。

——“三医融合产业之城”建设成为全国标杆。到2025年，力争医药健康产业营业收入达1000亿元，健康产业增加值占GDP比重达25%。

——“创新开放进取之城”建设成为西部示范。到2025年，研究与试验发展经费投入年均增长8%，进出口总额年均增长5%。

——“便捷高效协调之城”建设成为全国样板。到2025年，城乡居民收入比降至1.5∶1，轨道交通占公共交通分担率超过60%。

——“天蓝地绿亲水之城”建设走在西部前列。到2025年，城市空气质量优良天数比率达80%，河湖生态流量满足程度达到80%，建成区绿化覆盖率达47%。

——“文明和谐幸福之城”建设成为全国典范。到2025年，基本公共服务支出占公共财政支出比重67%，人均期望寿命达82.4岁。

三、2021年工作安排

2021年是中国共产党成立100周年，是“十四五”规划和全面建设社会主义现代化国家的开局之年，也是新时代温江“三步走”战略第二步目标的起步之年。做好2021年工作的总体思路是：坚持以习近平新时代中国特色社会主义思想为指导，全面贯彻党的十九大和十九届二中、三中、四中、五中全会精神，增强“四个意识”，坚定“四个自信”，做到“两个维护”，深入学习贯彻习近平总书记对四川及成都工作系列重要指示精神，坚决落实中央、省市和区委系列决策部署，紧扣建设“践行新发展理念的公园城市示范先行区”总体目标，以“高质量发展攻坚年”为主题，以改革创新为根本动力，以满足人民日益增长的美好生活需要为根本目的，巩固拓展疫情防控和经济社会发展成果，扎实做好“六稳”工作，全面落实“六保”任务，推动区委全会确定的“十件大事”落地落实，保持经济社会持续健康发展和社会大局稳定，确保“十四五”规划开好局、起好步，以优异的成绩庆祝建党100周年。

2021年经济社会发展的主要预期目标是：力争地区生产总值增长7.5%左右，固定资产投资增长8.0%，社会消费品零售总额增长9.0%，地方一般公共预算收入增长7.0%，高技术制造业营业收入占规上工业营业收入比重16.0%，生产性服务业增加值占服务业增加值比重30.0%，研究与试验发展经费支出增长10.0%，新增市场主体1.9万户、企业4500户、“四上”企业60户，城乡居民人均可支配收入分别增长7.5%、8.0%，空气质量优良天数比率超过75%，居民消费价格指数控制在103左右，万元地区生产总值能耗、主要污染物排放进一步降低，公园城市大美形态有力彰显，高质量发展特质更加鲜明。围绕上述目标任务，重点抓好以下工作：

（一）高质量构建现代产业体系，筑强“三医融合产业之城”新支撑。坚持以产业功能区高质量发展为导向，以高能级产业生态圈建设为牵引，加快构建“三医＋大数据/AI”现代产业体系，着力打造西部健康产业高地。

全力推动“三医＋”产业链群集聚。医药健康产值突破80亿元，新增规上工业企业20家。做强产业链供应链，聚焦产业链“链主”企业，着力招引默克、恒瑞等医药龙头企业，开工建设南方医大等14个项目，加快建设康华生物等32个项目，竣工投运罗欣药业、维亚生物等26个项目。支持科伦、百裕等重点企业以及细分领域领先企业发展壮大，大力推动海思科、百利等本土企业在研品种上市。推动食品、精密印务等传统优势产业主动服务大健康产业，加快推动顶津食品碳酸饮料等20个项目技改扩能。深化“亩产论英雄”改革，加快推进四川现代等4个项目组团提效，促进祥和鸟等8个工改工项目动工建设，启动巴尔玛工业园等3个项目重组，全年力争盘活低效工业用地1000亩以上。

全力推动现代服务业高端转型。着力构建“1+3”生活性服务业和“1+4”生产性服务业体系，推动生活性服务业向高品质和多样化升级、生产性服务业向专业化和价值链高端延伸，服务业增加值增长8.0%。着力打造品质卓越的生活性服务业，实施以新消费为引领的提振内需行动，积极培育夜间经济、绿道经济、网红经济等消费新业态，发展医美、康养、育幼等消费服务，引进首店4家，打造特色商业街区4个，提升夜间经济新场景4个。坚持谋赛营城，做强赛事经济，做好成都2021年第31届世界大学生夏季运动会温江赛区赛事工作，建成投运金强国际赛事中心，举办中国男子篮球联赛、中国女子篮球联赛等顶级赛事，办好企业家马拉松、马术节等特色赛事。着力打造专业高端的生产性服务业，大力实施总部经济引育计划，招引国星宇航、金地集团等高能级企业和总部企业3家以上。加快发展跨境电商、信息咨询等全球资源链接型服务业，引入腾讯医疗、京东健康、平安好医生等平台企业10家，新增5000万元税收楼宇2栋。

全力推动都市现代农业融合发展。以创建国家农高区为抓手，启动成都世界园艺博览会温江分会场筹办工作，全面打造农创、农旅、农养融合发展新亮点。深入推进农创融合，依托环川农大知识经济圈打造都市现代农业硅谷，瞄准中农花都等一批农业高新技术企业，全年落户平台型、总部型项目10个以上。启动建设川农大科技园、智慧农产品（花木）全球供应链直销平台，加快推进农高创新中心等项目载体建设。深入推进农旅融合，推动温江318自驾游营地等项目竣工，招引花都海洋世界等文旅类项目5个以上，打造岷江心斋等农旅示范场景5个以上。办好成都花木博览会、天府绿道休闲旅游节等活动，全力创建国家全域旅游示范区、天府旅游名县和四川省中医药健康旅游示范基地。深入推进农养融合，布局建设高端康养、养生酒店、中医休闲等医养场景，充分发挥依田村等龙头项目带动作用，引进高端康养重大项目3个以上，促进国寿嘉园等项目竣工投运。

全力推动新经济提速快进。健全以“人工智能+”“大数据+”“5G+”等为核心的新经济产业体系，加快为主导产业赋能，围绕产业链创新链供应链开辟温江特色新赛道。主动融入成都国家数字经济创新发展试验区建设，加快建设成都医学城大数据中心，打造四川健康医疗大数据应用示范基地。加大场景创新供给力度，有序迭代城市机会清单和新经济产品发布，落实“双千”行动。深化新经济企业梯度培育，入选“双百工程”5家、梯度培育库20家，新增新经济企业1500家。

全力推动产业功能区提升显示度。深化“指挥部+管委会+部门+镇街+国有公司”五位一体管理体制，全面推广“员额制”改革。全力推动以三医创新中心、农高创新中心、新尚创智中心为核心的高品质科创空间建设，以三医智造中心为核心的高品质产业空间建设，以光华商圈、新尚天地·尚街为核心的高品质生活空间建设。聚焦人城产融合发展，整体打造生产、生活、生态“三生”融合环境，全力推进成都医学城综合开发，提升产业功能区承载能力，高标准建设功能复合的新型产业社区3个。

（二）高能级激发内生动力，集聚“创新开放进取之城”新动能。深入实施创新驱动发展战略，全方位推进更深层次改革、更高水平开放，着力破除体制机制障碍，增强高质量发展攻坚的内生动力。

大力提升创新策源能力。坚持创新在现代化建设全局中的核心地位，积极融入西部（成都）科学城建设，加快编制生命科学创新B区规划。深化产学研合作模式，开工建设三医创新中心五期、六期，加快建设电子科大“三医+AI”产业科技园，建成投运四川脑科学与类脑智能研究院等项目，新增创新创业载体20万平方米以上。加强关键核心技术攻关和科技成果转化，全社会研究与试验发展经费支出16.5亿元，新增科技成果转化项目25个。培育建强科技创新主体，完善科创企业森林成长机制，实施“高新企业向规上企业迈进、规上企业向高新企业转型”的“双迈进”战略，新增高新技术企业30家、实现高新技术企业主营业务收入140亿元。加快推进国家高性能医疗器械创新中心四川省分中心、国家精准医疗产业创新中心医疗人工智能平台建设，力争新增市级以上研发平台6个。高标准实施大健康人才引育工程，引进“两院”院士等高层次人才（团队）10名（个），竣工人才住房2687套。

全面推进深层次改革。深入实施国际化营商环境建设3.0版，坚持向互联网要效率、向流程再造要效率、向简政放权要效率，打造稳定公平可及的营商环境。推行“一窗”改革、“审管协同”，构建行政审批和政务服务“前店后厂”模式，大力推行“一件事一次办”。实施“互联网+政务服务”创新，发布“零跑腿”事项清单，推进政府服务“一网通办”全覆盖。深化互联网不动产登记，扩大“交房即交证”试点范围。持续开展“送政策、帮企业、送服务、解难题”专项行动，做强智慧企业服务平台，构建企业问题清零机制，推行惠企政策“免申即享”试点，促进民营经济健康发展。出台国企改革三年行动方案，完善管资本为主的国有资产监管体制，新增1家AA+企业。建立健全以市场为主导的企业参与城市运营机制，实施社会投资负面清单制度，探索“ABO”“XOD”等合作开发模式。加快建立覆盖企业全生命周期的投资基金体系，打造规模150亿元的“1+X”母子基金集群，实现投补联动、投引联动、投股联动。建立健全企业上市直通服务平台，推动百裕制药等企业上市。

持续扩大开放合作。主动融入“双循环”新发展格局，参与成都国际门户枢纽建设，实现更高水平的开放协作格局。抢抓成渝地区双城经济圈建设战略机遇，深化与重庆巴南区协同合作，共同争取一批国家产业创新中心、工程研究中心、技术创新中心，提升医药健康产业在成渝地区空间布局的话语权。深入落实“一干多支、五区协同”战略部署，通过“研发+转化”“总部+基地”“终端产品+协作配套”等途径，深化与四川天府新区、成都高新区、泸州医药产业园在产业协同、资源共享、城乡融合等领域的合作。全力推动自贸试验区协同改革先行区多点突破，打造进口研发物品一体化协同通关监管平台，探索开展海关特殊监管区外的保税研发，争取更多省市审批管理权限下放。加快建立双向转诊渠道和远程诊疗信息化平台，推动与海南博鳌乐城国际医疗旅游先行区合作落地落实。积极与阿拉山口口岸建立联动机制，打通中欧班列花木进口通道。实施创新链、产业链、金融链同步招商，力争全年签约引进亿元以上项目50个，完成招引投资总额500亿元、实际到位内资140亿元、外商投资实际到位15亿元。签约重大产业化项目落地转化率不低于70%。

（三）高效率统筹城乡发展，塑造“便捷高效协调之城”新格局。深入实施乡村振兴示范攻坚，加快构建城乡融合发展体制机制和政策体系，推进基础设施补短板、强支撑、提品质，促进城乡全面融合、共同繁荣。

全力推动城乡融合发展试验区建设。全面推进乡村振兴，制定年度改革任务清单和项目清单，力争形成全国层面的改革试点经验。激活土地资源，以农村土地综合整治为抓手，探索农村集体经营性建设用地主体、利用方式、市场体系改革。健全农村区域产业用地管控办法，探索实行“标准地”供地模式。强化人才支撑，畅通城乡人口双向自由流动渠道，深化专业技术人才和产业实用人才返乡入乡创业激励机制。拓宽融资渠道，鼓励金融机构探索实施集体经营性建设用地使用权、农村集体资产股权等抵押贷款。建立乡村振兴农业产业发展贷款风险补偿金，健全“银政担”风险补偿分担机制，破解融资担保难题。

加快构建城乡一体化交通体系。实施城市通勤效率提升工程，形成与市中心和周边区域的“半小时”交通圈。畅通外向大通道，启动五环路涌泉段等项目，加快推进凤凰立交节点项目建设。优化内部交通网络，增强南北交通衔接能力，启动“14跨线桥+12下穿”南北畅通工程，加快推进温泉大道、凤溪（凤翔）大道等主要交通干线品质提升，竣工农科城跨线桥、明光隧道、三渡水大桥等项目，打通永福街等“断头路”5条，提档升级农村公路35公里，完成市政道路整治提升9条。以地铁站点重塑公共交通体系，完善新型居民区、产业功能区、特色小镇、景区等重点区域的公交线网布局，新开和优化公交线路10条。竣工国色天乡动植物乐园、温江二中等公共停车场，新增停车泊位3000个。

优化提升城乡功能品质。完善市政基础设施网络，新开工金马永盛片区供水管网建设，完善二次供水和农村供水管理机制，保障从“源头”到“龙头”供水安全。全面增强城市防洪排涝能力，新建金马河、江安河生态堤防7公里，全面完成杨柳河水毁堤防修复，整治国色天乡区域等城市内涝点位5处。开工建设500千伏成都西变电站等重大能源项目，竣工新城110千伏变电站、大田港50万立方米/日配气站等项目。深入实施“新基建”行动计划，加快推进工业互联网、大数据中心等新型基础设施项目建设，打造西南高校知识产权交易中心“智慧交易”等应用场景，新建5G基站830个、充电桩300个。加快推进城市有机更新，全力推进行政学院等7个“小连片开发”项目落地见效，启动万盛TOD建设，完成老旧小区改造15个，持续推进背街小巷和城乡接合部连片整治。着力提升城市精细化管理水平，实施城市体检，加快推进智慧城市建设，迭代“城市大脑”信息系统，完善“智慧交通”“智慧灯杆”等配套设施。结合“爱成都·迎大运”工作，实施地铁17号线沿线等重点区域风貌整治。全域推行生活垃圾分类。

（四）高水平转化生态价值，彰显“天蓝地绿亲水之城”新意境。牢固树立生态优先、绿色发展导向，开展生态惠民示范行动，加快推动城市形态、生态品质和营城路径全方位提升，全面打造践行新发展理念的公园城市示范先行区。

塑造大美公园城市新形态。严格划定“三区三线”，塑造“记得住乡愁、留得住记忆”诗意栖居的公园城市大美空间形态。高标准打造“1+3+50+100”全域公园体系，加快推进10个公园城市示范片区建设，新打造“金角银边”小游园微绿地4个。织密绿道蓝网，建成“回家的路”“上班的路”社区级绿道12条，完成锦城绿道温江段接驳工程，新（改）建温泉大道等绿道和慢行系统30公里。着力构建“四纵七横千渠”生态蓝网水系，加快推进江安河寿安段、幸福田园生态水系等工程建设，高标准打造金马河滨河生态廊道。

加强重点领域生态环境治理。深入打好污染防治攻坚战，切实做好中央和省生态环境保护督察迎检准备，有效改善和提高城市环境质量。强化大气污染防治攻坚，聚焦重点区域、重点污染源和重点时段，持续推进VOCs和NOx深度减排，扎实开展压减燃煤、治污减排、控车减油、清洁降尘、综合执法和科技治气六大行动，确保空气质量优良天数和PM2.5年均浓度达标。强化水污染防治攻坚，严格落实“河长制”，纵深推进“清河、护岸、净水、保水”四项行动，全面完成长江经济带小水电清理整改，落实天然水域“十年禁渔”部署，加大农村水环境治理力度。开工建设金马污水处理厂，持续推进城镇、农村、工业污染治理和重点小流域综合整治，确保3个省市级考核断面出境水质稳定达到Ⅲ类标准。强化土壤污染防治攻坚，完善土壤、固危废污染防治网格化环境监管体系，启动超标地块土壤环境治理修复，确保污染地块安全利用率达到90%以上。

推动生态价值高效转化。科学构建生态系统价值核算体系，探索建立生态价值实现机制，推进生态“颜值”向经济价值、美学价值、生活价值、社会价值转化。坚持“以道为导、串珠成链”，加快推进隐庐花涧、淼兮黉门等项目建设，打造景观环线走廊，实现产业沿绿道一体化布局、人口沿绿道一体化集聚，将绿道建设成为“经济道、生态道、健康道”。深化“前店后厂、南店北厂”，创建国家园艺标准化示范区，推动花木向精品化、标准化、园艺化转型，打造生态大道、天乡路花木景观展示带，形成先锋盆景园等示范场景10个以上。加速“院落优改、林盘整治”，探索植入农耕体验、田园餐饮等新业态，打造“林盘+康养”、“林盘+民宿”等示范场景5个以上，再现岷江水润、美田弥望、蜀风雅韵的川西田园生活美景。

（五）高品质提升宜居水平，树立“文明和谐幸福之城”新典范。坚持以人民为中心的发展思想，实施幸福美好生活“十大工程”，全面提升城市公服供给和安全韧性水平，让城市发展更有温度、市民生活更有质感。

持续擦亮“三到温江”品牌。提升“学到温江”含金量，促进教育均衡发展，建立“五育并举”评价体系，推进初中强校工程3个，新开工及加快建设万盛幼儿园、杨柳河小学等8所学校，竣工江安路小学等6所学校，共计新增学位1.2万个。深化体教融合，推动学校体育场馆开放共享，完成江安路学校等5个运动场地对外开放，完善体育竞赛体系，促进“一校一品”“一校多品”。做响“健康到温江”品牌，全面实施改善医疗质量三年行动计划，推进医疗卫生机构基础设施建设和软硬件提升，启动区中医医院和区疾控中心搬迁工作，建成投用永宁等3个卫生服务中心。健全分级诊疗制度，开展网格化城市医联体建设试点，建成覆盖全域的城市医联体3个。坚持常态化精准防控和局部应急处置有机结合，扎实推进隔离酒店、冷链食品等十项基础防控工作，守住经济社会发展“底板”。提升“舒适到温江”显示度，实施高品质公共服务倍增计划，布局“15—10—5分钟”街区级、社区级、小区级生活服务圈，打造“亲民便民利民”的社区消费新场景，新开工基本公共服务设施项目20个，竣工基本公共服务设施项目30个。坚持以文化人、以文惠民，深入推进文化创新，加大对鱼凫文化、盆景文化、光祈文化等特色资源挖掘力度，加快形成温江文化符号，厚植温江文化底蕴。改造特色化镇街文化站3个、亲民化社区文化活动中心10个，举办光祈音乐节等文体活动800场次以上。

扎实筑牢民生保障底线。确保充分就业，大力提高市民收入水平。搭建青年（大学生）创新创业展示和交流平台，建设青年创新创业就业高地。推进援企稳岗护航行动，开展“三医技工”“康养护工”“乡村工匠”等各类补贴性职业技能培训6700人次以上，实现城镇新增就业7400人，吸纳大学生就业创业3500人，城镇登记失业率控制在4%以内，争创国家级和谐劳动关系试点。实施全民参保计划，城乡居民基本养老保险、基本医疗保险参保率分别保持在97%、99%以上。深入推进药械集中采购和长期照护保险，完善医疗救助机制。扎实做好城乡困难群众兜底保障工作，争取国家应对人口老龄化综合创新试点，加快实施日间照料中心分类分级改革，建成投运首批3家社区养老服务综合体。优化政务中心、医院、银行等场所老年人“一站式”服务体系，改善老年人办事体验。持续做好退役军人工作。全力保粮食安全，持续开展“米袋子”“菜篮子”行动，扩种粮食1200亩，新增7000吨区级储备粮。切实加强住房保障，新开工温泉小区、水沐怡境三期安置小区，竣工新庄二期、长石安置小区，多元化安置3000人以上。

全面推进社会治理现代化。坚持共建共治共享，打造全龄友好型社会。做好村（社区）体制机制改革“后半篇”文章，完成村（社区）“两委”换届工作。全力推进“四川省城市基层治理示范区”建设，创建市级“百佳示范”社区4个，培育AAAAA级品牌社会组织2家。优化完善民生诉求闭环管理机制，全面整合线上线下民生诉求，推动民生诉求由被动受理向主动收集转变、由事后响应处置向前端预防化解转变。提升安全韧性城市水平，纵深推进“平安温江”建设，完善“大联动·微治理”和网格化管理服务制度，常态化推进“扫黑除恶”，持续打好禁毒人民战争，强势打击治理跨境赌博和电信网络新型违法犯罪。推动初信初访办理质量大提升，持续推进社会风险隐患“三张清单”专项行动，全力防范化解各类社会稳定风险。深入开展安全生产专项整治三年行动和城乡防火专项整治，提升应急指挥、风险监测预警等救援能力，坚决杜绝较大及以上生产安全事故发生。

（六）高标准推进政府自身建设，提升政府治理现代化水平。坚持把党的领导贯穿始终，切实增强“四个意识”、坚定“四个自信”、做到“两个维护”，不折不扣贯彻执行中央、省市和区委决策部署，加快建设人民满意的服务型政府。

严格依法行政。深入实施政府职责清单化管理，自觉接受区人大及其常委会的法律监督、工作监督和区政协的民主监督，认真办理人大代表建议批评意见和政协委员提案。全面推行行政规范性文件合法性审核，严格行政规范性文件制定程序和备案管理，提升行政规范性文件法治化水平。深入推进行政处罚“三张清单”制度、行政执法“三项制度”落地落实，强化行政执法监督。认真贯彻政府信息公开条例，做好行政复议和行政应诉。启动“八五”普法工作。

提升治理能力。围绕经济调节、市场监管、社会管理、公共服务、生态环境保护等职能，推动治理体系和治理能力现代化。完善决策咨询和法律顾问运行机制，切实加强智库建设，提高行政决策科学化、民主化、法治化水平。深入践行“一线工作法”，切实为群众、为企业、为基层解决具体问题。加快数字政府建设，以数字化转型提升治理效能。坚决做好省委第九巡视组巡视成都市反馈意见以及省委第二巡视组反馈问题整改工作。

筑牢廉洁底线。压紧压实全面从严治党主体责任，严明政治纪律和政治规矩。持之以恒正风肃纪，严格落实中央八项规定及其实施细则精神，大力整治形式主义、官僚主义。坚持“过紧日子”，严控“三公”经费支出，将更多财力用于保基本民生、保基层运转等方面。强化财政资金、工程建设、公共资源等重点领域监管，防范廉政风险。

各位代表！百舸争流，奋楫者先；千帆竞发，勇进者胜。全面建设社会主义现代化新温江新征程已经开启，让我们更加紧密地团结在以习近平同志为核心的党中央周围，在市委市政府和区委坚强领导下，在区人大和区政协的监督支持下，同心同德、砥砺前行、实心干事、科学作为，大力推进高质量发展攻坚，加快建设践行新发展理念的公园城市示范先行区，以优异成绩向建党100周年献礼！

名词解释

1. 四级规划：战略规划、分区详细规划、控制性详细规划、城市设计。

2. “1+3+N”目标：招引1个世界级医学院，3个“三医”产业领域世界500强或国际龙头企业，N个“三医”产业领域领先企业。

3. “一个脑袋两只手”校地企协同创新模式，利用高校院所“创智之脑”、政府“引导之手”和企业“市场之手”，结成政产学研用战略联盟和利益共同体，推动科技创新及成果转化。

4. “南城北林”空间格局：以成温邛高速公路为界，“南城”为城市集中发展区，保持生态宜居的现代田园城市形态，优化城市功能，提升绿色健康产业发展能级和城市品质，实现精明发展；“北林”为生态涵养区，持续优化生态功能空间布局，大力发展生态依托型产业，不断修复生态功能，实现精明收缩。

5. “三高八快七轨十五通”：“三高”指成都绕城高速、成都第二绕城高速、成名高速；“八快”指成温邛快速路、成温崇快速路、成青旅游快速通道、天温都快速路、光华大道、东坡大道、五环路、新华大道；“七轨”指成雅铁路，地铁4号线、13号线、17号线、27号线、28号线、37号线；“十五通”指永宁立交、凤凰立交、温江北立交、温江西立交、万春立交、寿安立交、和盛立交、金马立交、公平立交、涌泉立交。

6. “两拆一增”：拆违建、拆围墙、增绿化。

7. “四好村”：住上好房子、过上好日子、养成好习惯、形成好风气。

8. “1+3+50+100”全域公园城市体系：“1”是指1个宜业宜居宜游全域公园，“3”是指健康产业公园、光华城市公园、生态田园公园，“50”是指50个公园城市示范片区，“100”是指100个公园城市示范点。

9. 四级河长制：以区、镇（街）、村（社区）、小组四级“河长”为框架的“河长制”组织体系。

10. “六稳”：稳就业、稳金融、稳外贸、稳外资、稳投资、稳预期。

11. “六保”：保居民就业、保基本民生、保市场主体、保粮食能源安全、保产业链供应链稳定、保基层运转。

12. 市委疫情防控十项基础工作：全面深入开展隔离酒店自查整改、全面加强医疗机构和个体诊所防控、严格监管冷链食品风险、加强交通口岸防控管理、落实好特殊重点机构防控措施、压紧机关企事业单位防控责任、持续做好社区防控工作、持续加强文化旅游消费娱乐场所防控、加强防控物资储备管理、加强预警监测和信息发布。

13. “5+3”重点改革任务：在国家赋予四川成都西部片区推进城乡融合发展“建立城乡生态产品价值实现新机制”“建立城乡产业协同发展新模式”“建立农村集体经营性建设用地新制度”“建立农村金融服务新体系”“建立城乡人口自由迁徙新办法”5项重点试验任务的基础上，结合温江实际，依据国家试验方案主动探索“建立农民自愿有偿退出农村权益新保障”“建立科技入乡新路径”“建立农民持续增收新通道”3项试验任务。

14. VOCs：挥发性有机化合物。

15. “清四乱”：指依靠河长制，清理乱占、乱采、乱堆、乱建等突出问题。

16. “六湾五林三湿地”：“六湾”为鱼凫湾、乌龙湾、悦榕湾、心灵湾、飞鸟湾、柳荫湾；“五林”为紫薇林、金桂林、银杏林、白玉林、红枫林；“三湿地”为江安湿地、鲁家滩湿地、浅草湿地。

17. “诉源治理”：着眼社情民意和群众诉求，从源头上和体制机制上推动纠纷止于未发、解于萌芽，构建党委领导下多方协同、权责明晰、运行规范、高效联动的工作机制。

18. “多调对接”：司法行政机关加强协调与指导，推动人民调解、行政调解、司法调解有效衔接。区法院、区检察院、区公安分局、区信访局积极开展“诉调”“检调”“公调”“交调”“访调”五调对接；婚姻家庭、卫生健康、劳动人事、住房建设和市场消费领域根据需要建立人民调解委员会，积极开展“家调”“医调”“劳调”“住调”“建调”“消调”等多调对接工作。

19. “三重一大”：重大决策、重要人事任免、重大项目安排和大额资金使用。

20. “链主”企业：具有核心竞争优势、发展前景广阔、产业链带动作用明显的企业。

21. “四上”企业：规模以上工业企业、资质等级建筑业企业、限额以上批零住餐企业、国家重点服务业企业。

22. “亩产论英雄”：对工业用地企业的亩均产出贡献、研发创新、节能减排、土地节约集约利用等指标进行量化和综合评价，根据结果对企业的经营实绩和发展潜力进行等级划分，实行资源要素差别化配置，建立用地企业全生命周期的用地绩效考评和退出机制。

23. “1+3”生活性服务业体系：1个主导型产业为全程健康服务，3个成长型产业为活力潮流消费、文体生态旅游和品质教育服务。

24. “1+4”生产性服务业体系：1个主导型产业为科技创新服务，4个成长型产业为融合信息服务、高端商务服务、新兴金融服务和现代物流服务。

25. “双千”行动：成都市面向全球持续发布1000个新场景、1000个新产品。

26. “双百工程”：成都市在未上市企业中遴选出100家支柱型新经济企业及100名优秀核心人才进行培育培养。

27. “员额制”：机关和事业单位按照社会化、市场化方式购买服务，财政部门核拨经费，单位自主聘用，人员不纳入编制管理的一种用人新机制。

28. “ABO”：在当地政府的授权下，由片区开发建设主管部门将片区土地整理、基础建设、投资促进和经济发展等社会公共服务职能，授权和委托至成功转型平台公司或社会资本方企业，并以特许经营形式加以实施，政府履行规则制定、绩效考核等职责，同时支付授权运营费用的合作开发模式。

29. “XOD”：是以交通导向、教育设施导向、文化设施导向、综合医疗设施导向、体育运动设施导向、生态设施导向等在内的开发模式的统称。

30. “一干多支、五区协同”：做强成都“主干”，推动成都平原经济区（含成都和环成都经济圈）、川南经济区、川东北经济区、攀西经济区、川西北生态示范区协同发展。

31. “标准地”供地模式：在城镇开发边界内具备供地条件的区域，对新建工业项目先行完成区域评价、先行设定控制指标，并实现项目动工开发所必需的通水、通电、通路、土地平整等基本条件的可出让的国有建设用地。

32. “银政担”风险补偿分担机制：财政资金撬动金融资本重点投向乡村振兴、新型农业经营主体，涉农资金贷款发生风险由“银行+政府财政+担保公司”按一定比例分担和金融风险防范的处置制度。

33. “14跨线桥+12下穿”南北畅通工程：基于成名高速（温江段）构建的由14座跨线桥和12座下穿组成的南北交通穿越通道体系。

34. TOD：以公共交通为导向的发展模式。

35. “三区三线”：根据城镇空间、农业空间、生态空间三种类型的空间，分别对应划定的城镇开发边界、永久基本农田保护红线、生态保护红线三条控制线。

36. “四纵七横千渠”生态蓝网水系：四纵，指金马河等四条主要河流；七横，指江安一支等七条支渠；千渠，指其他斗渠、排水沟、农毛渠等蓝网水系。

37. NOx：氮氧化物。

38. 幸福美好生活“十大工程”：大力提升居民收入水平、继续保持生活成本竞争力、实施高品质公共服务倍增计划、持续提升城市通勤效率、抓好城市更新和老旧小区改造提升、打造稳定公平可及营商环境、建设青年创新创业就业环境友好城市、建设生态惠民示范城市、提升城市智慧韧性安全水平、建设全龄友好包容型社会。

39. “五育并举”：德、智、体、美、劳全面发展。

40. “一校一品”“一校多品”：一个学校在普遍发展的基础上，培养一个或多个特长体育项目，为学生掌握一门或可供选择的多门项目，并能够伴随终生的体育技能奠定基础。

41. “大联动·微治理”：以立体化社会治安防控体系建设为抓手，以信息化为引领，以联动发现问题、联动解决问题为核心，以横向信息资源整合、纵向各级联动联勤为路径，建立健全指挥大统一、资源大整合、维稳大巡防、矛盾大调解、民生大服务、执法大协同“六大机制”，构建的“多网合一、多方联动、多元共治”体系。

42. 社会风险隐患“三张清单”：重大风险、历史遗留问题、突出信访问题清单。

43. 行政处罚“三张清单”：不予处罚事项清单、减轻处罚事项清单、从轻处罚事项清单。

44. 行政执法“三项制度”：行政执法公示制度、执法全过程记录制度、重大执法决定法制审核制度。

中国人民政治协商会议
第十四届成都市温江区委员会常务委员会
工 作 报 告

（2021 年 1 月 20 日在政协第十四届成都市温江区委员会第五次会议上）

政协成都市温江区委员会主席　艾志秋

各位委员、各位同志：

我代表政协第十四届成都市温江区委员会常务委员会，向大会报告工作，请予审议，并请同志们提出意见。

2020 年工作回顾

一年来，在区委的坚强领导下，区政协及其常委会坚定以习近平新时代中国特色社会主义思想为指导，全面贯彻中央大政方针和省、市、区委决策部署，突出团结和民主两大主题，发挥政协专门协商机构作用，坚持“区委中心工作推进到哪里，政协履职就跟进到哪里”，全力助推“五个之城”建设，为温江建设全面体现新发展理念宜业宜居宜游的新中心城区，奋力夺取疫情防控和经济社会发展“双胜利”作出了积极贡献。

一、聚焦思想政治引领，凝聚共识合力更加有效

（一）深入学习贯彻党的十九届五中全会精神，深刻领会新思想。区政协完善学习制度，通过“党组会集中学习、常委会专题学习、政协委员全员学习”等方式，认真学习党的十九届五中全会、全国地方政协经验交流会，以及省、市、区委全会精神。2020 年，开展各类专题学习和培训 22 次，印发学习资料 1600 余份，不断增强“四个意识”、坚定“四个自信”、做到“两个维护”，推动全区政协委员、政协机关干部与中央和省、市、区委思想一致、步调一致、行动一致，确保人民政协事业始终沿着正确的方向前进。

（二）广泛联系各界人士，画好最大“同心圆”。区政协领导班子成员走访党外人士 60 余人次，宣传省委、市委战略部署和区委关于温江改革发展的最新谋划，动员委员在各自界别广泛收集社情民意。开展了服务委员企业工作，联系走访委员企业 58 家，收集企业诉求 43 项，建立台账并逐条帮助解决。通过走访，切实增强委员的使命感、归属感、荣誉感，更好地为推动温江经济社会发展聚人心、添助力、增合力。

（三）营造团结民主氛围，弘扬时代正能量。印发《防疫复工两手抓，政协委员在行动》专题报道 13 期，展现新时代政协委员风采；以疫情防控和扶贫攻坚为主题，征集文史稿件 61 篇，高质量编印第三十期《温江文史》，详细记录我区疫情防控工作，宣传扶贫攻坚事业中的典型人物、感人故事；举办“最美逆行人”书画作品惠赠活动，向支援武汉的医务工作者惠赠书画家创作的作品 28 幅，进一步弘扬了担当、进取、奉献的社会正能量。

二、聚焦奋力夺取“双胜利”，助推疫情防控更加有为

（一）迅速响应，参与疫情防控显担当。新冠肺炎疫情以来，区政协坚决贯彻中央和省、市、区委决策部署，迅速响应，积极行动，在第一时间发出倡议书，要求全体机关干部和广大委员积极参与疫情防控“攻坚战”。主席会议成员深入镇街、村（社区）督导疫情防控，走访小区、院落、学校、企业等防疫点位130余个；与区人大联合开展疫情防控联动督察，发现问题99个，现场督促整改92个，及时向区常态化疫情防控工作组反映重点问题，推动了基层更加织密疫情防控网。政协机关第一时间选派27名干部组成工作队，下沉到柳城街道6个社区，开展人员排查、体温检测、环境消杀等工作，协助基层疫情防控。政协委员积极参与防疫工作，在建设救治点、核酸检测试剂盒研发、开展志愿服务等方面做了大量工作。委员竭尽所能筹措防疫物资，捐款捐物达1560余万元。李强委员被评为“全国劳动模范”；陈果委员被市委、市政府评为“成都市抗击新冠肺炎疫情先进个人”；骆大仁、朱宏、陆露委员被市政协评为“新冠肺炎疫情防控先进委员”。在疫情防控工作中，广大委员、机关干部展现出高度的社会责任感和使命担当。

（二）积极行动，助推复工复产出实招。主席会议成员联系走访重点企业43家，收集企业在疫情防控、资金周转、用工需求、物流运输、物资储备等方面的诉求45项，积极帮助企业纾危解困，切实助推复工复产；抽调14名机关干部“一对一”入驻区内重点企业，开展“两送一帮一解”专项服务，收集企业的困难诉求42项，并协调相关部门解决。复工复产工作中，委员们立足岗位、积极奉献，为企业一线职工开展复工复产防疫专题培训，严格落实防控要求，保障园区企业疫情防控和复工复产“两不误”。通过努力，109家企业于2020年3月底迅速实现复工复产，4月中旬实现稳产满产。

三、聚焦经济高质量发展，服务中心大局更加精准

一年来，充分发挥委员主体作用，聚焦高质量建设“五个之城”，开展重点履职工作50项，16篇调研报告和专报送区委、区政府主要领导，并获得肯定性批示。区委书记王道明同志在《温江政协》第二期上批示“区政协班子服务大局意识强，工作着力点找的准，工作成效明显。”为政协战线加强履职、勇于担当给予了极大地鞭策和鼓舞。

（一）强化民主监督，助推提升公园城市经济发展质效。主席会议成员在健康服务业集聚区建设、温江农高园建设、疫情防控联动督察等工作中靠前开展民主监督，促进北京新氧等5个项目顺利签约；有序推进国色天乡商圈提档升级、农高创新中心（一期）等项目建设；带队前往重点防控点位开展现场督导，及时发现和解决问题30个。积极回应广大群众的民意诉求，围绕北林绿道环线和消费场景建设、光华公园绿地改造提升、北林区域供水管网建设、永宁街道安置房建设等群众关心关注的重点项目深入调研，定期监督项目推进情况，有效推动了项目尽早建成投用。目前，光华公园绿地、北林绿道已经成为广大市民放松身心、健身休闲的好去处。组织委员140余人次调研药明康德、罗欣药业、新尚天地商业综合体、依田桃源等重大产业项目17个，聚焦项目建设投运中存在的问题，提出切实可行的意见建议。认真落实区委关于“区政协助推项目包装民主监督工作，不见成效不收兵”的指示要求，组织委员对全区60个重点转化项目、40个重点策划项目持续精准用力开展民主监督，召开座谈会议15次，实地走访重点项目16个，主动对接相关部门，找准问题实质，提出意见建议37条，形成民主监督专报2篇，获得区委、区政府主要领导的充分肯定。区委书记王道明同志批示“区政协落实常委会要求行动迅速，抓住了项目策划包装的方向和路径”，相关部门认真采纳委员建议，推动项目包装工作取得实效。

（二）深化参政议政，助推提升公园城市创新策源能力。为推动共建中国西部（成都）科学城、打造生命科学创新区，区政协围绕省科技成果转移转化示范区建设、农高创新核打造、科技示范引领应用场景建设、环中医大知识经济圈产业空间打造等开展5项专题调研。高度关注创新载体建设，组织相关界别委员47人次先后调研了电子科技大学“三医+AI”产业科技园、三医创新中心三期、农高创新中心等项目，与相关科

研企业和科研人员座谈9次，邀请相关部门听取委员对我区加强创新型企业孵化、引进创新技术人才、提升创新策源能力的意见建议，共收集委员意见建议190余条，形成调研报告转相关部门参考，有力助推我区构建最适宜科技企业成长和科研成果转化的创新环境。

（三）充分建言资政，助推提升公园城市开放水平。围绕自贸试验区协同改革先行区建设、国际化营商环境建设、国家城乡融合发展试验区建设等重点工作，组织委员开展7项专题协商。为助推我区持续优化国际化营商环境，提升对外开放水平，深入区政务服务大厅，了解行政审批流程，听取办事群众和企业的意见建议。主席会议成员对行政审批事项改革进行民主监督，聚焦服务事项、流程优化等方面建言献策，助推营商环境持续优化；组织委员开展为期3个月的深入调研，摸排我区公共法律服务现状，面向企业职工、基层司法工作者、社区居民发放调查问卷，并针对问卷结果进行详细统计分析；多次实地走访公共法律服务中心和部分镇街司法所，组织区政协委员并邀请企业、律师和群众代表进行座谈，广泛收集意见建议，形成调研报告获得区委、区政府主要领导的充分肯定，切实提升法治温江建设水平，有效服务营商环境建设。

（四）积极献计献策，助推科学编制“十四五”规划。按照“担当尽责、主动谋划、开门问策”的工作要求，向全体政协委员发出《我为区“十四五”规划编制献计献策》倡议书，号召广大委员踊跃提出意见建议；精准把握“十四五”规划重点，从目标制定、产业发展、城市布局、科技创新、民生保障等13个方面征集建议；主席会议成员分别率领委员聚焦重要领域、重大课题，深入开展调研，提高意见建议的精准度、实效性；召开专题议政性常委会协商，围绕区“十四五”规划编制工作协商建言。截至目前，收集委员对“十四五”规划编制的意见建议180余条，编辑3期《温江政协》专刊送相关部门参考。为提高对“十四五”规划编制建言献策的质量，以花木产业供给侧结构性改革专题调研为题，组织相关界别委员深入万春、和盛等5个镇街，对190余家花卉苗木个体经营户、专业合作社、民营企业等开展调查走访，召开调研座谈3次，收集相关部门和委员意见建议36条，将花木产业发展存在的问题短板找准找实，形成调研报告获得区委、区政府主要领导的肯定性批示，并纳入“十四五”规划编制。区委副书记、区长马烈红同志在批示中指出“《报告》问题分析精准，建议务实中肯，有很强的指导性”，并转相关部门参考采纳。

四、聚焦市民高品质生活，助推民生品牌更加闪亮

（一）紧扣“三大民生品牌”建诤言。围绕城乡义务教育均衡发展、学前教育办学水平、公共卫生应急管理、医联医共体建设、医疗服务质量三年提升计划、小区治理管理体制机制改革、农贸市场改造提升、打造智能化交通体系等民生热点领域开展14项民主监督、专项视察，组织委员调研凤凰立交、成名高速农科城跨线桥、江安路学校、老旧院落更新改造等重点民生项目21个，深入了解项目实施进展，以问题为导向提出行之有效的解决思路和办法建议。委员们通过撰写提案关注温江经济社会发展，区政协十四届四次会议以来，共收到提案175件，审查立案164件，立案率93.7%，提案全部办复。《关于完善小区共建共治机制的建议》《关于提升城市智能交通管理水平的建议》等提案，紧扣群众关心关注的热点、难点问题，相关部门高度重视，认真办理，助推擦亮“三大民生品牌”成效显著。开展优秀提案评选活动，《关于构建产业投资基金体系，助力成都医学城建设的建议》等30件提案被评为优秀提案。

（二）紧扣全面小康献良策。高度关注扶贫攻坚，赴甘孜州色达县和简阳市三合镇调研对口帮扶工作，深入了解扶贫资金使用和对口帮扶项目推进情况，并针对扶贫项目建设、村（社区）帮扶等方面存在的问题和困难，向相关部门提出意见建议。高度关注边缘群体，主席会议成员14次深入基层慰问困难群众；围绕落实残障人士救助帮扶开展民主监督，组织委员调研残疾人灵活就业基地，实地了解相关救助帮扶政策落实情况，委员就优化救助帮扶模式、创造性开展基层救助帮扶工作、加大帮扶工作宣传力度等提出意

见建议并转相关部门参考，为我区扶贫攻坚工作建净言、献良策。

五、聚焦城市高效能治理，专门协商机构作用更加凸显

（一）建优协商平台，构建多元参与城市治理结构。创新开展常委会议政性协商，围绕公共卫生应急管理体系建设、“十四五”规划编制工作开展2次议政性常委会协商，39名政协常委和委员踊跃发言，提出意见建议97条，形成《协商专报》送区委、区政府和相关部门参考。创新开展专委会协商，围绕社区发展治理、产业功能区能级提升、鱼凫文化场景建设等内容，开展15项协商，形成意见建议专报7篇。在公园城市示范区建设协商中，委员们围绕公园城市示范区规划编制、特色场景营造、生态价值转化等方面提出意见建议58条，为我区公园城市场景建设提供了有力的智力支持。创新开展基层协商，进一步建好建优镇街委员联络办、村（社区）社情民意工作站、委员工作室等政协基层工作平台，建立了13个标准化办、站、室。委员通过基层平台参加协商议事27项53人次，为推进城市治理、促进社会和谐稳定贡献积极力量。

（二）紧扣热点难点，提升城市治理能力和治理水平。围绕老旧院落更新改造、大学城国际化社区建设、居民小区治理体制机制改革、打造智能化交通管理体系等开展7项协商，委员就制度机制建设、智能治理建设、发挥社会协同作用等提出意见建议39条。委员围绕提升城市治理能力和治理水平等收集社情民意230余条，充分反映城市治理难点、痛点、堵点问题，形成《社情民意》专刊18期送相关部门参考。委员发挥联系广泛的优势，积极参与小区治理，做好宣传政策、化解矛盾的工作，促进邻里和谐。在广大委员的助推下，我区城市治理工作取得显著成效，得到市政协领导的充分肯定。

六、聚焦政协自身建设，履职保障机制更加完善

（一）加强政协党的建设不松懈。完善机关党组4项工作制度，实行党组成员分别联系服务专委会工作机制，提升机关党组抓落实的能力；认真抓好支部建设，开展“党建引领·聚力共建”等主题党日活动12次，组织机关全体党员干部赴成都东部新区规划馆、建川博物馆学习考察。加强党风廉政建设，区政协党组定期研究党风廉政建设工作，认真落实全面从严治党主体责任，彻底肃清周永康流毒影响、李春城恶劣影响，深入推进蒲波案、彭宇行案“以案促改”工作。定期开展警示教育，深刻反思违纪违法案例，引导机关干部牢固树立底线思维。认真落实省委第二巡视组巡视温江反馈问题整改工作，制定整改方案、落实整改责任、做到立行立改。

（二）强化委员队伍建设提能力。引导委员旗帜鲜明讲政治，在政治立场上不含糊、政治原则上不动摇。举办委员专题培训，邀请区委、区政府领导通报我区党风廉政建设和反腐败工作以及经济运行情况，把区委决策部署和工作成效及时传达到每一位政协委员；对企业委员组织专题培训，宣讲温江区产业政策；汇集重要会议和文件精神、区情动态编辑《委员参阅》6期印发委员学习，促进委员知情明政；进一步加强委员履职考核，完善履职情况通报机制，推动委员履职尽责。

（三）促进政协协同互动更紧密。配合全国政协委员来温调研乡村振兴实施情况、省政协调研生物医药产业发展情况和职业教育工作、市政协调研城乡融合发展等课题；在市政协产业功能区建设等协商会上交流发言5次；协助市政协在温召开全市政协系统秘书长工作会议并交流发言；接待杭州市余杭区等政协来温考察14批次。通过协同互动、密切交流，学习借鉴外地政协先进经验，不断提升履职水平。

各位委员：

过去一年区政协工作取得的成绩，是区委坚强领导的结果，是区人大、区政府及社会各界大力支持的结果，是全区政协参加单位、政协委员和机关干部共同努力的结果。在此，我代表区政协常委会，向大家表示崇高的敬意和衷心的感谢！

在肯定成绩的同时，我们也清醒地认识到，工作中还存在一些问题和不足。主要表现在：建言资政和凝聚共识的能力水平还有待提高；协商成果转化成效还有待加强；委员履职管理和联络服务还需改进等。对此，我们将高度重视，采取有效措施，切实加以改进。

2021 年工作思路

2021 年是中国共产党建党 100 周年，也是“十四五”规划和全面建设社会主义现代化国家的开局之年。区政协工作的总体要求是：坚定以习近平新时代中国特色社会主义思想为指导，全面贯彻党的十九大和十九届二中、三中、四中、五中全会精神，深入学习贯彻习近平总书记关于加强和改进人民政协工作的重要思想、习近平总书记对四川及成都工作系列重要指示精神，认真落实中央及省、市、区委全会和政协工作会议精神，在区委的坚强领导下，站位新发展阶段、贯彻新发展理念、服务新发展格局，做好“六稳”工作，落实“六保”任务，围绕加快推进社会主义现代化新温江“十件大事”建言资政、凝聚共识，切实助推“高质量发展攻坚年”各项工作，为“十四五”规划开好局、起好步、加快建设践行新发展理念的公园城市示范先行区、社会主义现代化新温江贡献政协力量。

一、坚定政治方向，在全面加强党的领导上持续用力

深入学习习近平新时代中国特色社会主义思想、党的十九届五中全会全精神，认真落实中央及省、市、区委全会和政协工作会议精神。持续在学懂弄通做实上下功夫，坚决落实党对政协工作的全面领导，确保中央大政方针和省、市、区委决策部署不折不扣地贯彻落实到政协全部工作之中，切实增强“四个意识”、坚定“四个自信”、做到“两个维护”，准确把握中央对“十四五”时期政治建设的部署要求，加强人民政协专门协商机构建设，发挥社会主义协商民主独特优势，提高建言资政和凝聚共识水平，始终把思想政治引领、广泛凝聚共识作为政协履职的首要任务，通过积极有效的履职工作，把中央大政方针和省、市、区委决策部署转化为社会各界的思想共识和行动自觉。完善学习制度，丰富学习内容，创新学习方式，持续深化以党组理论学习中心组学习为引领，推动常委会、政协委员和机关干部各层次学习培训，制订实施年度学习计划，全年组织常委会专题学习 4 次、党组理论学习中心组学习 12 次，开展委员学习培训 3 次。进一步把政协建设成为用党的创新理论团结教育引导各界代表人士的重要平台，坚定正确政治方向、巩固团结奋斗的共同思想基础。

二、积极建言资政，在发挥专门协商机构作用上持续用力

一是围绕“五个之城”建设，推动建言资政和凝聚共识。探索建立“有事来协商”工作平台，构建“1 + 2 + 4 + N”工作体系（开好 1 次全体会议协商、2 次议政性常委会协商、4 次主席会议成员牵头的专题协商、N 次小微协商）。按照区委确定的年度工作要点和政协协商计划，瞄准推动全区高质量发展的关键点，以更高站位、更新理念、更宽视野，紧紧围绕成渝地区双城经济圈建设、加快构建高端高质高新的现代产业体系等开展协商议政 7 项；围绕公园城市建设、打造全国城乡融合发展典范区等领域开展议政性常委会协商 2 项；围绕“学到温江”品牌建设、做强现代服务业新支撑、综合交通体系构建等开展专题协商 5 项；围绕营商环境持续优化、都市现代农业融合发展、生活垃圾分类处理等开展民主监督 12 项；围绕打造全国“三医”科技创新高地、城乡社区发展治理等开展专题调研 5 项；视察调研三医创新中心五期、太平健康谷、万春花卉集中批发市场、珠江 CAZ 等项目建设。鼓励委员积极投身改革发展主战场，继续为项目招引牵线搭桥，引资引智引产业，助力经济社会高质量发展。组织政协委员深入调查研究、有序协商议政，助力温江区“十四五”规划实施开好局，起好步。

二是围绕应急防控体系建设，推动疫情防控和经济社会发展。认真落实中央和省、市、区委关于新冠肺炎疫情防控工作的重要部署，为夺取疫情防控和经济社会发展“双胜利”贡献政协力量。继续开展全区疫情防控联动督察，扎实做好政协机关疫情防控工作。引导政协机关干部和政协委员发挥优势，积极投身抗疫一线。进一步加大疫情防控民主监督力度，围绕疫情联防联控体制机制开展专题调研，发挥委员智慧，凝聚委员

力量，助推常态化疫情防控。

三是围绕提升公共服务品质，推动城市治理体系和治理能力现代化。结合政协履职，鼓励和支持政协委员深入基层、深入界别群众，把党和国家方针政策、区委决策部署和发展成效宣传下去，把群众的痛点难点、所思所盼、诉求建议反映上来。推动形成委员与群众“面对面”交流机制，就群众身边的烦心事、揪心事、操心事展开协商、增进共识，理顺情绪、化解矛盾，为推进基层社会治理现代化献计出力。围绕城市交通拥堵、公办教育学位不足、农村区域公服配套欠缺等民生领域短板弱项，开展视察调研7项，推动杨柳河小学、区中医院和疾控中心搬迁、前海人寿妇儿综合体等项目建设，把全区各界群众的利益诉求和对温江未来发展的期盼收集好、反映好、建议好，始终做到人民政协为人民。

三、坚持团结民主，在广泛凝聚共识上持续用力

坚持团结和民主两大主题，与各民主党派围绕建设全国高品质宜居生活城市等联合开展视察调研和协商活动4次。健全同党外知识分子、非公有制经济人士的沟通联络机制，主席会议成员联系走访党外人士40人次以上。做好委员专题学习考察、界别协商、反映社情民意等工作。以专题报告、协商座谈、网络平台等多种形式和载体，引导各党派团体、各界人士深入学习习近平总书记关于新时代加强和改进人民政协工作的重要思想。利用政协常委会议协商、专题会议协商、民主监督等履职平台，组织委员围绕社会热点难点问题开展协商议政14次，着力做好宣传政策、解疑释惑、提振信心的工作。加强政协系统的上下联动和横向联系，促进协同互动。做好《温江文史（第31辑）》《鱼凫心印（第5期）》编撰工作；举办庆祝建党100周年书画联展，广泛宣传我区发展成就，抒写温江风貌，讲好温江故事，展示温江形象。

四、增强履职本领，在加强自身建设上持续用力

一是加强政协党的建设。按照“懂政协、会协商、善议政，守纪律、讲规矩、重品行”的重要要求，持续发挥政协党组在政协工作中把方向、管大局、保落实的作用，进一步完善区政协党组成员联系委员、党员委员联系党外委员制度，拓宽党员委员发挥示范引领作用的渠道，实现党的组织对党员委员全覆盖、党的工作对政协委员全覆盖。开展庆祝建党100周年系列活动，落实从严治党主体责任，扎实开展巡视反馈问题整改工作。进一步加强党风廉政建设，严守党的政治纪律和政治规矩，彻底肃清周永康流毒影响、李春城恶劣影响，营造风清气正的良好政治生态。

二是加强委员队伍建设。认真落实“尊重委员、联系委员、服务委员”的要求，积极搭建履职平台，强化委员责任担当，让委员在调研视察中更好发挥专业特长和行业优势。强化委员履职考核和服务管理，科学制定学习培训计划，提升委员履职能力。积极开展优秀委员和优秀提案评选活动，激发履职动力。切实做好主席会议成员联系委员，专委会联系界别委员等工作，帮助协调解决困难和问题，增强委员对政协的认同感和归属感。

三是加强机关队伍建设。按照区委提出的“1553”干部队伍建设总要求，不断强化责任担当意识，持续推进作风转变，巩固“大学习、大调研、大走访”活动成果；深化政协机关建设，强化组织功能，不断提升机关服务保障水平，把机关建设成为“委员之家”。大力推进政协履职方式创新，加强专委会建设，更好发挥其在政协工作中的基础性作用。建立健全制度机制，坚持严管厚爱相结合，打造思想政治和业务素质过硬的政协机关干部队伍。

各位委员，做好新时代人民政协工作，责任重大、使命光荣。让我们更加紧密地团结在以习近平同志为核心的党中央周围，在区委的坚强领导下，同心协力，开拓进取，务实创新，围绕融入双循环、唱好双城记、建好示范区、夺取双胜利积极建言资政、凝聚共识，为加快建设践行新发展理念的公园城市示范先行区、社会主义现代化新温江作出新的更大贡献，以更加优异的成绩迎接建党100周年！

专　文

主动融入成渝地区双城经济圈建设
助推医药健康产业协同发展

中共成都市温江区委书记　王道明

今年1月3日召开的中央财经委员会第六次会议明确了成渝地区国家战略大后方、带动西部地区高质量发展的重要增长极、内陆开放战略高地和参与国际竞争的新基地的战略定位，提出了成渝地区建设具有全国影响力的重要经济中心、科技创新中心、改革开放高地、高品质生活宜居地的“两中心两地”的功能定位，安排部署了“加强交通基础设施建设、加快现代产业体系建设、增强协同创新发展能力、优化国土空间布局、加强生态环境保护、推进体制创新、强化公共服务共建共享”等七项重点任务，将成都确定为成渝地区双城经济圈的重要一极，这是成都继国家中心城市后层次最高、影响最大、含金量最重的国家定位，为成都对内争取国家政策支持、对外集聚高端要素资源提供了接入点和契合点，为成都赋予了新的时代使命。

温江区按照市委、市政府要求，深入学习领会成渝地区双城经济圈建设重大战略意义，紧紧围绕成渝地区“加快现代产业体系建设”重点任务，聚焦成都“打造万亿级医药健康产业”的战略目标，立足温江“建设西部领先、全国一流、世界知名的健康产业高地”发展定位，以助推成渝地区医药健康产业协同发展为主题，组织专门力量专程前往重庆开展调研，并在此基础上系统分析成渝地区医药健康产业发展现状，积极探索温江区助推成渝地区医药健康产业协同发展的工作思路与现实路径，努力为成都增强产业比较优势、做强经济极核功能、打造西部高质量发展增长极贡献温江力量。

一、成渝地区双城经济圈战略的重大意义

（一）深刻领会习近平总书记将成渝地区双城经济圈作为国家战略的深远意图

党的十八大以来，习近平总书记亲自谋划、亲自部署、亲自推动了“一带一路”、京津冀协同发展及雄安新区建设、长江经济带发展、长江三角洲区域一体化发展、粤港澳大湾区建设、海南自由贸易试验区建设、黄河流域生态保护综合治理和成渝地区双城经济圈等国家重大战略，这一系列重大战略站在党和国家事业发展全局，把握经济社会发展规律，顺应时代变化和民生需求，体现了强烈的使命担当、深邃的战略眼光和高超的政治智慧，是习近平新时代中国特色社会主义思想的重要内容，对我国解决区域发展不平衡、不协调问题具有重要的实践价值，对实现“两个一百年”奋斗目标和中华民族伟大复兴的中国梦，具有重大现实意义和深远历史意义。成

渝地区发展由“成渝地区发展规划”到“成渝城市群发展规划”再到习近平总书记提出成渝地区双城经济圈建设，由国家战略上升为国家重大战略，充分体现了党中央、国务院对成渝地区发展的持续关心和高度重视。

第一，成渝地区双城经济圈建设是在全球不稳定不确定因素增多的国际大背景下提出的重大战略决策，具有重要的国家安全战略意义。自2008年美国金融危机以来，以美国挑起对华贸易争端为突出表现的逆全球化和贸易保护主义抬头，世界经济形势更加复杂多变。特别是今年春节前后突如其来的新冠肺炎疫情对世界经济造成了巨大冲击，全球蔓延的趋势更增加了恢复经济增长的不确定性。习近平总书记提出成渝地区双城经济圈建设重大国家战略，正是应对错综复杂的国际环境和严峻的经济形势的重大战略决策，充分体现了党中央坚守初心使命，围绕实现“两个一百年”奋斗目标和中华民族伟大复兴的中国梦，集中精力办好自己的事情、抓好中国自身问题解决的定力和魄力；充分体现了习近平总书记高瞻远瞩、审时度势，对中国发展和国家安全等重大战略利益的深谋远虑。成渝地区历来是我国的战略大后方，成渝地区双城经济圈建设，其中“成渝”指向“双核”，“地区”指向更加纵深的经济腹地，“经济圈”则代表成渝地区经济的辐射范围和能量。在全球百年未有之大变局加速演变的形势下，通过推动成渝地区双城经济圈建设，有助于优化国土空间布局，增强人口和经济承载能力，对重塑成渝地区经济地理、带动西部经济薄弱地区发展、形成强大战略后方、增强维护国家战略安全和经略周边能力、推动新时代西部大开发具有重要而深远的影响。

第二，成渝地区双城经济圈建设是针对我国区域发展出现新情况新问题背景下的重大战略决策，对推进中国经济高质量发展具有重大现实意义。当前，我国经济发展的空间结构正在发生深刻变化，中心城市和城市群正在成为承载发展要素的主要空间形式。基于此，习近平总书记高屋建瓴提出了成渝地区双城经济圈建设，通过产业和人口向优势区域集中，形成以城市群为主要形态的增长动力源，进而带动经济总体效率提升。这充分体现了尊重经济规律的科学精神，体现了尊重区域不平衡普遍性、在发展中促进相对平衡的科学态度，显示了必须适应新形势、谋划区域协调发展新思路的创新精神，也为我们指明了解决区域发展问题的方向。成渝地区作为西部地区发展的领头羊，2019年生产总值6.3万亿元，占全国6.4%，经济总量在全国19个城市群中位居第八，在西部城市群中位居第一，且远高于西部其他城市群。但成渝地区发展的极核在重庆主城区和成都市，从市区人口看，重庆主城区、成都市“双核”人口都超过千万，次级城市市区人口达到300—500万才符合城市群发展规律，但目前最大的次级城市绵阳市的市区人口尚不足200万；从经济总量看，“双核”均已超过1.5万亿元，但无论是北翼的绵阳—德阳、南翼的宜宾—泸州—永川—江津区域还是东北翼的万州—达州—开州区域，都没有超过5000亿元规模，还存在较大的差距。因此，建设成渝地区双城经济圈，有利于推动成渝地区形成以重庆主城区和成都市为两大“极核”、川渝东北翼和西南翼为两大“支点”的发展格局，这是解决成渝地区“双核独大、两翼不振”不平衡不充分发展矛盾、打造西部地区高质量增长极的杀手锏。

第三，成渝地区双城经济圈建设是基于推进绿色中国和开放中国建设背景下的重大战略决策，具有国家深度开放和国家生态安全的重大现实意义。一方面，成渝地区是我国南向、西向开放的门户和西部陆海新通道的起点，推进成渝地区双城经济圈建设，有助于全域融入“一带一路”和长江经济带建设、打造内陆开放战略高地和参与国际竞争的新基地，助推形成陆海内外联动、东西双向互济的对外开放新格局；另一方面，成渝地区地处长江上游，对长江中下游地区生态安全承担着不可替代的作用，建设成渝地区双城经济圈，切实强化“上游意识”，担起“上游责任”，让“生态优先、绿色发展”理念蔚然成风，有利于筑牢长江上游重要生态屏障，维护长江中下游乃至更大范围地区生态安全。

温江作为成渝地区双城经济圈“双核”中成都的一分子，应当自觉强化使命担当，主动融入国家重大战略，在全国全省全市发展大局中找位置强担当作贡献，紧紧围绕“建设全面体现新发展理念宜业宜居宜游的新中心城区”总体目标，坚持“五个之城”建设的发展路径不动摇，持续做优做强产业优势、生态优势、宜居优势，持续增强城市创新发展动能，持续提升城市治理能力和治理水平，加快形成与中心城区相匹配的功能能级，为成都建设践行新发展理念的公园城市示范区、做大做强增长极贡献更多温江力量；应当切实找准发展定位，深刻把握由内陆腹地转变为新一轮开放前沿阵地的新形势新变化，充分发挥温江“三医融合”产业优势，充分发挥自由贸易试验区协同改革先行区、国家城乡融合发展试验区等平台作用，充分发挥中国国际化营商环境建设示范区、四川省科技成果转移转化示范区、中国最具幸福感城市美丽宜居城区等品牌效应，面向全球广泛聚集优质资源和优秀人才，加力加速推进医药健康产业发展，力争代表成都在更高层次参与国际产业分工协作，增强产业综合竞争力；应当深刻把握发展要求，始终坚持“人城产”的发展理念，着力完善城市功能配套，提升基础承载能力，不断彰显城市生态魅力，加快推动产业集聚人口集中，全面建设人城境业高度和谐统一的现代城市。

（二）深刻领会清华书记有关成渝地区双城经济圈建设的重要论述

彭清华书记深刻指出，成渝地区双城经济圈建设是一项重大区域发展战略，深刻把握了我国经济发展空间结构变化大势，科学顺应了高质量发展宏观趋势要求，积极回应了成渝地区广大干部群众热切期盼，充分体现了以习近平同志为核心的党中央把握大势、统揽全局的深谋远虑和战略决断，必将深刻改变两地战略位势、区域能级和发展格局，也为进一步缩小与发达地区差距创造了重大机遇；全省各级各地要抢抓重大机遇、发挥自身优势，努力在成渝地区双城经济圈建设中展现新担当、新作为。

温江作为四川县域经济的“一员”，要认真领会清华书记的要求和四川重庆党政联席会第一次会议精神，按照《深化四川重庆合作推动成渝地区双城经济圈建设工作方案》明确的路径，围绕“两中心两地”的目标定位，努力在协同推进健康产业发展、科技创新引领、对外开放合作、公园城市建设、乡村振兴战略等方面走在前列、作出示范。一是抢抓成渝生物医药产业被纳入国家第一批“战略性新兴产业集群发展工程”机遇，积极推动成都医学城与成渝地区同类园区结成产业发展联盟，实现产业功能区及园区建设营建理念互通、招商信息共享、功能平台共用，以健康产业的集群成势助力成渝地区构建现代产业体系。二是充分发挥温江高校云集、人才富集的优势，加强与成渝地区高校院所和创新平台的协同合作，联合争取和布局一批国家产业创新中心、技术创新中心、知识产权交易中心，构建覆盖技术、产业、服务等多圈层的创新生态圈，努力为成渝双核增长极增添强有力的动力源。三是主动落实“一带一路”建设、长江经济带发展和新时代西部大开发形成新格局等国家战略，着力在跨国企业招引、生物医药保税研发和离岸创新创业、跨境电商物流等领域深化合作，积极融入全球产业链价值链供应链高端，努力把温江打造成为成渝双城经济圈对外开放的重要窗口。四是坚持城为民建、市为民享，以建设美丽宜居公园城市为引领，示范推动城市绿色发展、促进生态价值转化，着力塑造“推窗见绿、出门见园”的宜居公园城市形态，努力为成渝城市群打造人城境业和谐共生的高品质生活宜居地提供温江“范本”。五是坚持把城乡融合发展作为乡村振兴的重要突破口，以创建国家农业高新技术产业示范区为契机，以促进农商文旅体养融合发展为方向，大力开展改革试验任务，力争尽快形成一批可复制、可推广的典型经验和改革措施，并上升为全国性的制度安排和政策设计。

（三）深刻领会锐平书记有关成渝地区双城经济圈建设的重要要求

锐平书记明确指出，成渝地区双城经济圈建设上升为国家战略，目标指向非常明确，就是要推动形成全国高质量发展新的增长极和动力源。做大做强增长极，就是要坚持有所为有所不为，重点构建先进制造业、现代服务业和新经济为支撑的现代开放型产业体系；就是要以产业生态圈理念构建主导产业比较优势，准确研判全球产业竞争态势和新技术革命趋势，精准绘制产业全景图，深度参与国际分工和全球价值链经济技术合作。

温江作为成都的新中心城区，我们首先要做好自己的事，切实肩负起引领成都医药健康产业发展的重任，坚定打造国际健康产业高地、西部创新公园城市的奋斗目标不动摇，加快构建“三医+大数据/AI”现代产业体系，进一步增强产业聚集度、辨识度、显示度，着力提升产业带动能力和科技创新能力，代表成都抢占全球价值链高端，奋力争夺世界健康产业桥头堡；同时要积极参与唱好“双城记”、建好“经济圈”，准确研判成渝地区医药健康产业发展的现实基础，既要充分发挥温江产业的比较优势，又要对标先进产业园区加快补短板强弱项，积极融入长江经济带生物医药产业链，助推成渝医药健康产业协同发展，为成渝医药健康产业整体竞争力的提升贡献温江力量。

二、成渝地区医药健康产业发展的基础分析

重庆和成都同为国家中心城市，均把医药健康产业作为支柱产业，具备了相当的产业基础，在全国具有一定地位，两地共同奠定了将医药健康产业打造成为成渝地区双城经济圈现代产业体系重要支撑的基础。

（一）重庆医药健康产业有基础

医药健康产业是重庆具有历史底蕴的优势产业。重庆直辖后到2012年，再次将医药健康产业作为支柱产业予以高度重视和扶持。截至2019年，重庆聚集了医药制造企业400余家，大健康产业营业收入约6000亿元，占地区生产总值比重约6.7%，已成为重庆重要支柱产业。一是医疗机构中心地位明显，医疗实力较强。重庆市主城区集聚了重庆医科大学、第三军医大等高校，有重大附院、重庆医科大学附院、第三军医大附院等众多医疗机构。在儿科疾病、烧伤治疗等方面具有优势和全国知名度。二是产业结构多元，规划发展四大产业集群。截至目前，重庆医药健康产业拥有多元结构，其中，在现代医疗、生物医药及中医药、医疗器械、生物疫苗等领域发展较快。按照政府的规划，重庆将加快培育壮大医药产品、医疗器械及相关设备、健康食品和运动康养用品等四类产业集群。医药产品产业集群将重点发展生物小分子药、化药创新药、免疫细胞治疗细分领域；医疗器械及相关设备产业集群将加快高品质医学影像设备、医疗机器人等产业化步伐，加大心血管系统状态监测设备、无创及微创生理生化指标检测等新兴项目的引进培育和产业化力度；健康食品产业集群将对标国民营养计划，加强食品营养功能评价研究，增加高附加值绿色营养健康食品供给；运动康养用品产业集群将深度挖掘消费者健康生活需求，通过加强产品设计，普及大规模个性化定制生产供给。三是国家支持力度大，平台建设取得明显成效。作为第四个直辖市，重庆医药健康产业的发展得到了国家的大力支持，政策驱动发展特征明显。中国医药等央企以收购重庆本地企业或者直接投资的方式进入重庆，为重庆的医药健康发展持续投入巨资，集聚了一大批央资央企和医药业平台；建设了全球第一个QCM行业顶级技术开发服务平台和知识产权储备库、国家健康医疗大数据中心（西部中心）、中关村医学工程转化（重庆）中心等；中科院“多维大数据驱动的中国人群精准健康研究”项目率先在西部设立中国自然人群资源库重庆中心，并申请建设成为国家重大科技基础设施；中以合作的医药健康产业园和中日（重庆两江）大地生物医药产业园也得到了国家的大力支持。

（二）成都医药健康产业有优势

成都在医药健康产业领域具备良好的优势和天然禀赋，改革开放以来，历经了两轮快速发展，并取得了显著成效。第一轮是依靠西部中药材资源而兴的中医药企业快速发展，产生了包括地奥、迪康、四川制药、恩威等药企；第二轮则是科伦、康弘等新兴药企崛起。特别是近几年来，成都以产业功能区经济组织方式变革，以产业生态圈和创新生态链的理念，抢抓机遇，率先布局，夺得先机。一是产业体系较为完整。2017年成都医药制造业规上企业有182家。2018年成都医药健康产业总规模达3000多亿元，已基本形成涵盖药材种植养殖、医药研发制造、医药商贸、医疗服务、健康服务等较为完整的产业体系，成都在医学影像诊断设备、大输液、血液制品、体外诊断试剂、中药、化学药、生物技术药

等具有比较优势。二是医药健康产业创新资源相对丰富。成都拥有四川大学、成都中医大等医药健康领域专业大学，西南交大、电子科大等高校设有生物医药、医学相关学科；有64家科研单位，2个国家药物非临床研究机构，12个国家药物临床试验机构，20余个生物医药国家重点实验室、工程研究中心、企业技术中心。重大新药创制国家科技重大专项成果转移转化试点示范基地落户成都，国家生物治疗转化医学重大科技基础设施、成都国际生物医药创新研究院等也在加快建设中。到2020年，四川省将形成50个国家级医药创新平台和100个省级医药创新平台，国家级生物医药研发创新产业基地、国家首批药品出口基地、国家生物医学材料及医疗器械高新技术产业化基地、国家（成都）生物医药产业创新孵化基地、中西部最大的生物医药集散贸易中心，医药健康产业持续发展的大生态圈基本建立。三是医药企业具有比较优势。多年抓产业集聚，截至目前，成都既有世界500强医药企业赛诺菲全球研发与创新中心、吉利德科学西部运营中心，也有全球最大的生物医药CRO（合同研发组织）企业——药明康德生命健康产业园，本土企业科伦集团上榜全球制药公司百强（西部唯一，全国8个），科伦药业、好医生药业、倍特药业、康弘药业、天台山等5家医药企业进入2018年中国医药工业百强。成都还是中西部最大的生物医药集散贸易中心，辐射范围广。

（三）温江医药健康产业有特色

温江作为成都唯一的全域健康产业功能区，坚定落实高质量发展要求，始终聚焦医药健康产业深耕细作，经过近年来的努力，形成了主导产业不断壮大、新兴产业加快发展的良好态势，发展质量和效益明显提升，初步探索出了一条具有温江特色的产业高质量发展道路。一是坚持全球眼光国际视野，精准描绘制胜未来、愿景可期的产业蓝图。温江在全国率先提出“三医融合”发展理念，先后聘请麦肯锡、波士顿咨询公司等国际顶尖咨询机构，深刻把握生物技术、医疗人工智能、价值医疗、全程健康、医药工业4.0等全球医药健康产业五大前沿趋势，高标准编制健康产业功能区规划，明确了“三医两养一高地”的发展定位，聚焦8大门类17个细分领域，全力构建“三医+大数据/AI”双轮驱动的现代产业体系，奋力打造“国际健康产业高地、西部创新公园城市”。二是坚持聚焦主业强链延链，全力构建龙头带动、集群发展的产业体系。以“十年磨一剑”的专注和韧劲，聚焦高质高端招大引强、聚焦关键配套延链补链，着力构建具有全球竞争力的现代医药健康产业体系。聚集了422家三医行业领军企业和上下游协作企业，医药健康主营业务收入连续三年保持25%以上增长。在医学研发上，入驻了药明康德、博奥生物等医学研发机构138家（在研药械品种844个，已进入临床115个，13个药品、18个三类医疗器械成功上市）；医药制造上，聚集了罗欣药业、科伦药业等医药、医疗器械制造重点企业132家（在产药械266个，年销售收入过亿的单品6个）；医疗服务上，落地了华西医院、省精神医学中心等高端医疗服务机构57家（全区三级以上综合医院5家、千人床位数达11.37张；检验检测机构35家，占全市总数的50%）；药械流通上，引进了高济冷链物流、合纵医药等医药贸易企业93家；高端康养上，聚集了中国人寿、泰康、太平、太平洋、前海人寿五大保险公司的康养项目。成都医学城获评四川省院士（专家）产业园、中国生物医药最具潜力园区、中国生物医药最具特色园区、中国最佳医疗健康产业园区。三是坚持要素集成精准发力，着力营造企业和人才“想进来、宜生存、离不开”的产业生态。建立了“一个脑袋两只手”政产学研用协同创新模式，拥有19所大中专院校、2个国家重点实验室和172家省部级以上研发机构，与哈佛、清华等18所国内外知名高校结成创新共同体，促成中科院成都生物所创新药物研发平台、电子科大“三医+AI”产业科技园等20个协同创新项目落地；出台了西部领先、全国一流的医药健康产业政策，规划建设全省规模最大、功能最完善的200万平米“三医”创新载体群（已建成149万平米），设立了总规模85亿元的健康产业母子基金群，聚集两院院士、国家和四川省级专家等高层次人才140名，汇聚了20余万科技创新人才，成功获批中国（四川）自由贸易试验区协同改革先行区，获评中国国际化营商环境建设示范区、四川省科技成果转移转化示范区。

三、进一步坚定温江发展医药健康产业的战略选择

经过多年的发展，温江区医药健康产业已进入从深度谋划到全面实践、从招引破局到集群成势、从壮大规模到培植生态的发展阶段，实践充分证明温江区发展医药健康产业的战略选择是正确的。

（一）温江发展医药健康产业顺应了全球产业发展趋势。医药健康产业既是覆盖人类全生命周期的产业，也是创新驱动时代背景下的高新技术产业，被称为“永不衰落的朝阳产业”。近年来，随着全球老龄人口规模和亚健康状态人群的增长以及生物医药技术的创新，人们的健康意识以及对医药健康产业发展的关注度持续提升，在医药健康方面的消费支出也在不断加大，医药健康产业已成为世界上规模最大和增长最快的产业之一。根据国际权威机构报告显示，从20世纪90年代以来，全球生物药品销售额以年均30%以上的速度增长，预计到2030年全球医药健康产业将达38万亿美元，医药健康产业正快速由最具发展潜力的产业向高技术支柱产业发展，并将逐步成为世界经济的主导产业。

（二）温江发展医药健康产业符合健康中国战略的要求。健康是促进人的全面发展的必然要求，是经济社会发展的基础条件，是民族昌盛和国家富强的重要标志，也是广大人民群众的共同追求。党的十八届五中全会明确提出推进健康中国建设，从“五位一体”总体布局和“四个全面”战略布局出发，对当前和今后一个时期更好保障人民健康作出了制度性安排。2016年8月，全国卫生与健康大会召开，中共中央政治局审议通过了《“健康中国2030”规划纲要》，明确指出没有全民健康就没有全面小康，要求各级党委和政府要把人民健康放在优先发展的战略地位，抓紧研究制定配套政策，坚持问题导向，抓紧补齐短板，不断为实现“两个一百年”奋斗目标、实现中华民族伟大复兴的中国梦打下坚实健康基础。2019年9月，为贯彻落实全国卫生与健康大会和《“健康中国2030”规划纲要》部署，促进健康产业高质量发展，国家发改委等多部委联合制发了《促进健康产业高质量发展行动纲要（2019—2022年）》，明确将创新驱动作为健康产业发展的重要战略基点，进一步深化健康产业跨界融合，改造升级传统业态，促进形成内涵丰富、结构合理的健康产业体系，构建若干有较强影响力的健康产业集群，为健康产业成为重要的国民经济支柱性产业奠定坚实基础。温江举全区之力把医药健康产业作为主导产业来抓，完全符合党中央的要求，完全符合健康中国战略部署，不仅是为人民的健康幸福作出贡献，也是推动区域经济高质量发展的关键着力点。

（三）温江发展医药健康产业是助力四川构建“5+1”现代产业体系的生动实践。先进制造业是现代化经济体系的基石。2018年11月，四川省委、省政府出台了《关于加快构建“5+1”现代产业体系推动工业高质量发展的意见》，紧紧围绕构建“一干多支、五区协同”区域发展新格局，围绕建设制造强省，把特色优势产业和战略性新兴产业作为主攻方向，大力推进先进制造业发展，加快形成以五大万亿级支柱产业和数字经济为主体的“5+1”现代产业体系，强力推动工业经济质量变革、效率变革、动力变革，更深层次融入全球产业链价值链创新链，构筑经济强省建设核心引领力量。省委省政府明确提出，在生物产业领域要着力发展基因工程、生物医药及大健康、高端医疗器械、现代中药、生物农业等战略性新兴产业和未来产业，推动产业迈向产业链价值链中高端，铸造现代产业体系的核心动能，培育高质量发展新引擎。温江以成都医学城和温江农高园两大产业功能区为载体，大力发展“三医融合+三农融合”特色产业，就是落实高质量发展要求、助力四川构建具有特色优势现代产业体系的生动实践。

（四）温江发展医药健康产业是成都打造万亿级医药健康产业的重要支撑。市第十三次党代会报告中明确提出，要加快培育先进制造业新优势，促进集群化发展，将生物医药产业作为成都市未来重点发展的五大支柱产业之一。2019年，成都市出台了《医药健康产业高质量发展的实施意见》，明确提出要加快构建具有国际竞争力和

区域带动力的世界级、万亿级现代化医药健康产业体系，建成世界级医药健康产业高地；加快构建“三城三区两带”医药健康产业总体布局结构，将成都医学城、成都天府国际生物城、天府中药城打造为建设国际生物医药创新创造中心、医药供应链枢纽城市的主支撑，加快建设一批产业发展强劲、功能配套完善、体现生态宜居的世界级医药健康产业功能区。温江明确提出打造国际健康产业高地，积极承担成都大都市“三医两养”健康产业核心功能，充分体现了引领全市医药健康产业发展的责任担当，就是为成都培育万亿级医药健康产业、打造世界级医药健康产业高地打牢基础、做强支撑。

（五）温江发展医药健康产业是基于区情研判的科学决策。温江在新中心城区中面积最小，可利用空间资源最少，区情现实决定了我们只有大力发展资源占用少、亩均产出高的战略性新兴产业，充分利用有限的空间和资源，提高经济密度和质量，才能闯关突围、摆脱困局，走出一条具有温江特色的产业高质量发展道路。对比不同产业的投资回报率，医药健康产业领域每投资1000 亿元将转化为 60% ~70% 的地区生产总值，对经济的贡献度远高于其他产业门类，因此温江发展医药健康特色产业是立足区情实际的科学决策，不仅能一举迈向产业高端、提升产业发展层次，也能实现新旧动能转换、促进经济可持续发展。

四、温江助推成渝地区医药健康产业协同发展的目标路径

（一）温江助推成渝地区医药健康产业协同发展的基本思路

坚持以习近平新时代中国特色社会主义思想为指导，全面贯彻落实新发展理念，把握协同发展的深刻内涵，按照市场主导、公平竞争、开放合作的原则，把握做好自己的事这个根本、做好共同的事这个关键，坚持“三医两养一高地”产业定位不动摇，做强温江医药健康产业，做大成渝创新共享平台，做优国际化营商环境，促进成渝地区医药健康产业共生共荣，为加快成渝地区双城经济圈现代产业体系建设、打造西部高质量发展增长极贡献温江力量。

（二）温江助推成渝地区医药健康产业协同发展的工作目标

坚持“三医融合、三区联动、四才聚首”发展思路，紧紧围绕打造“国际健康产业高地、西部创新公园城市”总体目标，实施“三步走”发展战略。到 2022 年，打造“西部领先”的健康产业龙头，以“三医两养”为特色的创新驱动体系和现代产业体系基本成型，医药健康产业营收达到 1000 亿元；到 2025 年，打造“全国一流”的融合应用标杆，形成高新技术企业规模性扩张、以高端应用场景聚集创新产业的发展格局，医药健康产业营收达到 1500 亿元；到 2035 年，打造“世界知名”的“三医 +”健康产业高地，构建形成健康产业生态圈，培育一批具有全球影响力的“三医”企业，医药健康产业营收达到3000 亿元。

（三）温江助推成渝地区医药健康产业协同发展的实践路径

医药健康产业是一个资本密集、智力密集的产业，具有投资回报高、产出效益好等优势，被誉为投资的“风口”和产业的“蓝海”，但同时也具有研发周期长、成果转化率低等属性，必须保持“十年磨一剑”的定力，既要立足当下稳住“基本盘”，抓好既定产业规划和建设计划的落地落实，持续壮大产业规模；又要着眼长远下好“先手棋”，顺应五大趋势、专注细分领域，聚焦“融合应用”、实现能级跃升，不断开创医药健康产业发展新局面。

1. 立足当下抓落实，持续用力抓好既定战略规划的实施

立足当下才能赢得未来。温江围绕成都健康产业功能区规划的实施，制定了“1 +3”健康产业功能区实施方案和行动计划，确定了一系列重点工作，当务之急就是全力推动规划图变为实景图，形成实物量。

一是高品质打造“三大空间”。市委要求，要坚定不移以产业功能区建设组织经济工作、转变发展方式，从科创空间和产业社区起步，推动产业功能区建设成势见效，着力增强主导产业的集聚度、辨识度、显示度。基于此，当前必须把“三大空间”打造作为产业功能区建设的重中之

重，进一步做强产业核心支撑，塑造比较优势，加快建成西部领先的健康产业高地。其一，提速打造“科创空间”。聚焦医药健康产业，以新药研发企业为主导，以科技型企业为主角，以高品质科创空间为载体，加快构建“科学发现—技术发明—成果转化—产业创新—未来城市”一体贯通的全周期创新体系，实现发展动能从要素驱动向创新驱动的根本性转变。重点以成都医学城B区和农科城为主阵地，深入推进“一个脑袋两只手”校院企地协同创新，以“三医研发”和“农高创新”为主攻方向，加快建设资源要素高效集成、市场化运作的科创空间集群，着力为制造业转型、产能转移、新经济扩张提供坚实承载和持久动力。当务之急是加快推动67.5万平方米三医创新中心、50万平方米的农高创新中心、27万平方米的新创智中心等示范科创空间建设，并配套临床试验、药效评价、中试转化等高新技术服务平台以及人才公寓、社区公园、星级酒店等公服配套，全力推动产业功能区由“供土地”向“供平台”转变，力争年内孵化培育新经济企业1400家以上。其二，提速打造“产业空间”。重点以成都医学城A区为主阵地，规划建设以药明康德为核心的2.89平方公里产业空间，突出发展抗体、重组蛋白、新型疫苗等创新药和生物类似药，打造国家级生物医药智能制造中心。当前的重点是加快推进项目一期43万平方米建设，持续发力招商引资工作，力争全年新引进高能级产业化项目14个以上，其中30亿元以上项目2个、50亿元以上项目2个。其三，提速打造“生活空间”。以健康服务业集聚区为主阵地，结合光华公园TOD、万盛TOD开发和珠江特色商业街区打造，重点规划建设以光华商圈、新尚天地·尚街为核心的高品质生活空间，着力发展首店经济、夜间经济、楼宇经济、平台经济等业态，努力把温江打造成为西成都消费中心。当务之急是加快招引星河集团科创CBD、深创投成都总部等龙头项目，力促尚诚怡美、腾讯创新游戏产业基地等项目尽快开工，确保年内新引进平台企业5家以上，培育亿元税收楼宇1栋。

二是高效率建设“五大基地”。作为全省唯一的“全域自贸”试验区，这是温江有别于其他城市的独特竞争优势，对于提升城市对外开放水平、增强产业功能区资源要素配置能力意义重大，也有利于温江深度参与健康产业国际分工和全球价值链经济技术合作。因此，必须紧紧扭住“五大基地”建设，尽快形成可视化场景。生物医药保税研发基地，要加快启动保税仓申报建设工作，探索以保税账册方式为生物医药研发企业的离岸业务提供试剂、耗材的保税服务，降低企业关税；生物医药离岸创新创业基地，要全力打造离岸创新创业服务中心和线上离岸创新创业服务平台，为离岸创业企业提供全方位专业化的服务，努力引进一批离岸创新创业团队和项目；医药医疗器械成果转化基地，要针对药械成果转化难、落地慢等问题创新工作机制，搭建药械合作生产对接平台，力争年内实现3个以上药品上市许可持有人、医疗器械注册人的成果在温投产；国际医疗服务基地，要全力推动我区三级以上综合医院升级成为具有国际医疗服务能力的医疗机构，争取临床急需进口药品审批权，实现临床急需新药“零突破”；花木进出口基地，要加快推进花木进出口园区建设，力争年内完成进境植物种苗指定监管场地申报建设工作，实现进口种苗在温江隔离清关。

三是高质量提供“三大服务”。营商环境是一座城市走向世界的名片，是城市参与全球合作的核心竞争力。温江要打造国家健康产业高地，必须要加快打造国际化营商环境建设3.0版，提供更高质量的审批服务、政策服务、项目服务。其一，着力提升行政审批服务水平。重点是依托省市一体化政务服务平台，优化完善审批事项从“受理”到“出证”的内部审批流程，进行线上全流程、精细化管理，进一步提高审批效率，实现所有涉企事项网上可办率提高至95%、办理时限平均压缩30%。同时，加快推动“政府职能”进产业功能区，进一步下放经济管理权限，努力实现“企业办事不出功能区”。其二，着力加强政策精准高效供给。坚持以企业需求为导向，建立“开门定政策”的工作机制，广泛听取企业家意见建议，精准掌握企业政策需求，不断提高政策针对性和可操作性；建立政策动态调整机制，围绕主导产业强链补链延链所需，对标北京、上海、深圳等先发地区政策措施，动态调整温江现有政策支持标准，提升政策竞争力；建立完善政策兑现服务机制，进一步明确园区和部门政策审核兑现的工作职责，细化政策审核办理各环节的时限要求，提高政策兑现效率；建立企业经营贡献和协议履约情况与享受政策资金相挂钩的激励机制，加强对企业履行投资协议情况的审查，根据企业实际投资和经济贡献，实行“以收定支”兑现政策资金，把政策精准落实到对温江发展作出实际贡献的企业身上。其三，着力优化完善项目促建机制。重点是持续深化政府“五同时” + 企业“五同步”项目联动推进机制，瞄准项目建设过程中存在的堵点、难点和共性问题，深入开展流程优化再造，编制“五同时 + 五同步”工作流程图和工作时限表，实现项目前期工作“一图通晓、一表通览”，推动政企高效协同、各环节紧密衔接，进一步压缩从拿地到开工的时间周期；深入开展工程建设项目“清单制 + 告知承诺制”审批改革，出台审批事项清单和告知承诺制事项清单，在项目审批上实现经济成本和时间成本的“双压减”；探索开展工业项目“标准地”改革，在全区有条件的区域内，探索对新建工业项目先行完成环境影响评价、节能评价等区域评价，提前开展拆迁打围、文物勘验等相关工作，设置“标准地”控制性指标，企业拿地并签订“标准地”投资协议后即可开展设计施工，实现土地等项目、企业拿地即开工，大大压缩健康产业项目的投资回报周期。

2. 着眼长远谋突破，不断开创医药健康产业发展新局面

（1）对标世界一流，以健康城市指标体系引领未来发展

以世界卫生组织健康城市标准和中国健康城市评价指标体系为基础，全面对标全球最健康城市（荷兰阿姆斯特丹、德国慕尼黑、奥地利维也纳等）的健康指数，从环境、社会、服务、人群、文化等5个维度，研究制定温江区健康城市指标评价体系，逐项分析差距短板，实施指标赶超行动，引领医药健康产业未来发展方向。

（2）打造“AI + 智枢纽”，抢占跨界融合发展新高地

抓住四川建设国家数字经济创新发展试验区和成都建设国家新一代人工智能创新发展试验区重大机遇，大力推进新基建建设，聚集人工智能在医疗、新药研发、医疗器械等领域的跨界融合新场景，加大人工智能技术和产品的试点应用，高质量建设西部高端专业化医疗人工智能平台、标准测试数据集并推动共享，全面建设成渝地区双城经济圈 AI + 医药健康产业发展的“智枢纽”，打造中国人工智能医药健康产业发展新高地。一是夯实智基础。抓住新基建机遇，围绕人工智能产业发展基础，加快推进5G网络覆盖各级医疗机构、产业园区，完善物联网、工业互联网等网络基础设施，充分利用五大保险公司的保险和单病种数据优势，加快建设医疗大数据、医保大数据、健康大数据等医药健康产业数据平台、大数据中心和云计算中心，力争建设成渝双城经济圈医保大数据库。二是建设智平台。鼓励医药健康企业与科技企业尤其是与大数据企业联合，共建共享医疗影像、智能医疗、标准测试数据等人工智能平台，推动建设国家级人工智能医药健康产业创新中心。三是打造智产品。围绕诊断治疗、医学研究、药物研发、健康管理、居家养老等场景，大力发展智能问诊系统、医学影像辅助诊断系统、手术和康复机器人、虚拟助理、视听辅助、药物研发引擎等技术和产品。四是推广智运用。推动人工智能与制造业深度融合，积极出台相关政策，鼓励医疗机构使用本地区人工智能产品，打造国内先进人工智能医药健康示范应用场景。五是建立智标准。携手成渝地区人工智能相关企业，深化与国内外发达地区在人工智能技术、标准、产业、法规伦理等领域全面合作，共同建立医药健康领域人工智能治理规则，借力全球“AI + 医药健康产业”领域的最新技术、最优人才以及最优产业生态，联手制定人工智能医药健康的行业标准和产品标准，助推行业规范发展。

（3）着力发展特色医疗，打造健康旅游目的地

充分发挥“三医融合”产业生态优势，积极发展以基因技术为基础的精准医疗、特色专科、现代医美等特色医疗，充分利用温江良好的生态

环境、交通区位和自贸试验区协同改革先行区优势，面向国际国内市场，充分整合成渝地区以及国内外优质医疗资源、中医药特色养生保健资源、绿色生态旅游资源，高质量发展养生旅游、体育健身旅游以及医疗健康旅游，打造中国健康旅游目的地。一方面，发挥区域内基因诊疗企业、第三方检测机构以及保险公司康养基地集聚的优势，突出发展以肿瘤治疗、医美、老年病治疗等为主的高端医疗机构，建设中国西部特色医疗中心。另一方面，发挥温江区生态环境良好的优势，突出发展“康养＋旅游”“医疗＋旅游”“体育＋旅游”等健康旅游业态，塑造“来温江·享健康”特色旅游品牌。

（4）发挥中医资源优势，建设中医药国际化人才培养基地

充分依托成都中医药大学、四川农业大学等国家级实验室和研发平台，以中药材标准化实验室、中药药剂学实验室等平台为基础，建设国家级中药材现代化转化研究平台、中医药创新平台和中药材第三方质量检测体系，积极发展现代中医药临床医学研究中心、工程（技术）研究中心和技术创新中心；推动中医药人才聚集，以成都中医药大学为核心，面向全球尤其是“一带一路”沿线国家吸引优质生源，打造中医药国际化精品课程，积极建设国际化中医药人才培养基地，推动中医药事业国际化发展。

（5）深化区域协同发展，构筑医药健康产业价值链枢纽地

借助成渝地区双城经济圈现代产业体系建设的契机，深化区域开放合作，围绕成渝地区医药健康产业的整体发展，从协同主体、协同路径、协同资源三个角度入手，提升温江医药健康产业的站位，构筑成渝地区医药健康产业价值链枢纽地。一是落实协同主体。联手成渝地区以医药健康产业为主要发展方向的区域，在产业发展政策、产业链空间布局等环节开展合作，形成医药健康产业发展区域（园区）联盟，鼓励相关企业积极建立企业发展联盟，助力温江优先发展医药健康领域包括新药研发、人才培养、市场推广、总部管理等产业链高端价值环节。二是整合协同资源。高效整合成渝地区医药健康产业发展政策，建立成渝地区医药健康产业发展资金、企业市场信息平台、关键产业人才共享平台，提升产业要素在双城经济圈的协同性，提升温江区对医药健康产业在成渝地区空间布局的话语权。三是落实协同路径。围绕医药健康产业发展的前沿趋势、现实问题和政策制定，定期召开成渝地区双城经济圈医药健康产业发展（温江）高峰论坛以及各种类型的医药健康产业领域专业论坛，为政府决策者、学者和行业领袖搭建交流合作平台，整合国内外健康产业优势资源，进一步凸显成渝地区医药健康产业辐射引领作用。

五、建议事项

（一）建议市级层面加快完善资源要素与城市发展战略相匹配的要素保障机制

成都医学城是成都培育万亿级医药健康产业的重要支撑，温江农高园正代表成都争创国家农业高新技术产业示范区，从两大产业功能区承担的使命和发展的目标来看，还存在资源要素与发展任务不相匹配的问题。建议市级层面在新一轮国土空间规划编制过程中，在发展空间和用地指标上给予产业功能区更多的支持。

（二）建议市级层面加大对上争取工作力度

推进“一城多园”模式合作共建西部科学城，是落实成渝地区双城经济圈建设重大战略部署、打造具有全国影响力的科技创新中心的重要抓手。成都医学城作为中国西部（成都）科学城“一核四区”的重要组成部分，正与天府国际生物城共同建设生命科学创新区。建议市级层面加大向国家发改委、科技部等部委的对上争取力度，积极争取国家重点实验室、国家大科学装置、大科技工程等项目落户生命科学创新区，并支持成都医学城发挥“三医融合”产业优势和中医资源优势，创建“医研产融合的健康产业示范基地”“具有中医药特色的医养结合服务示范基地”“国家中医药健康旅游示范区（基地）”。

（三）建议市级层面将“支持温江建设西部领先的健康产业高地”纳入成都市“十四五”规划纲要

今年6月，省委、省政府出台的《关于加快构建“4＋6”现代服务业体系推动服务业高质量发展的意见》中明确提出，“大力发展医疗康养

服务，推动医疗康养产业创新发展，打造西部医疗康养高地”。温江区坚持“三医两养一高地”的产业定位，专注深耕大健康产业，建议市级层面支持温江代表成都建设西部医疗康养高地，并将“支持温江建设西部领先的健康产业高地”纳入成都市“十四五”规划纲要。

关于和盛镇陈家渡村落实乡村振兴战略推动城乡融合发展情况的调研报告

成都市温江区人大常委会主任　万雪梅

2019年，温江正式获批成为国家城乡融合发展试验区试验范围。区委区政府按照市委要求，赓即启动了相关工作，紧锣密鼓地推进城乡融合发展。近期，区人大常委会紧紧围绕区委关于城乡融合发展的决策部署，充分发挥人大作用，组织有关委员和人大代表深入北部镇街部分村（社区）开展调研督导，积极助推区委决策部署落地落实。和盛镇陈家渡村作为川西平原腹心的一个典型农业村，既无充足的建设用地指标，也无重大社会投资项目。该村正视现实，积极作为，充分挖掘内生资源，有效发挥农民专合组织作用，激发农民主体活力，在落实乡村振兴战略、推动城乡融合发展中走出了一条可持续发展路径，形成了可借鉴可推广的成功经验和做法。同时该村在推动城乡融合发展中存在不容忽视的共性问题，需要引起高度重视，增添应对之策。

一、基本情况

和盛镇陈家渡村面积2.47平方公里，属都江堰精华核心灌区，下辖15个村民小组，户籍人口2293人，耕地2868亩。全村现有集体经济组织16个，农民专合组织2个，以花木种植业为主，种植面积达95%以上，主要种植紫薇、桂花、红叶李、垂柳等花木。近年来，和盛镇陈家渡村在落实乡村振兴战略中充分利用自身产业特色，紧扣公园城市建设，坚持走城乡融合发展之路，全村逐步走上了有质量可持续的富裕发展之路。

（一）以花为媒立产业。该村抓住花木产业转型升级窗口期，把农创农旅农养融合发展作为转型方向，引导花木产业种植区实施景区化改造，大力发展乡村旅游，不断提升旅游识别度和消费体验感，成功打造了观花休闲与农创体验于一体的农旅综合体——紫薇公园，成为温江北林生态田园公园消费新场景、网红打卡地，实现了生态价值的初级转化。2020年接待游客20余万人次，园区经营收益达到450万元，合作社实现收益近30万元，带动农民增收180万元。

（二）以民为本优环境。该村坚持把生态作为乡村底色，开展农村人居环境综合整治，田水相依、林居相融的园林式公园化的田园人居综合体蔚然成型。一是厚植生态本底，花木种植面积2850亩，林木覆盖率达99%。二是强化生态治理，大力实施农村垃圾和污水治理。全村建成垃圾集中投放点5个，集中收集处理率达到100%；建成集中供水管网24公里，污水一体化处理设施1处，农村户厕改造386户，自来水集中供给覆盖率和污水处理覆盖率分别达到95%和92%。三是打造生态湿地，利用本村原有的月石河基底，开展水系整治，建设生态湿地，成功打造出集观景、赏花、戏水于一体的荷花长廊，成为成都市民乡村游的又一个网红打卡地。

（三）以村为主强治理。一是村级组织体系完善。构建“组织三级联动+责任三级落实”模式，形成“两委”包组、小组长包院落、院落长包户的三级工作方式，搭建起了共建共治平台。二是村民自治组织能力增强。成立“成都市温江区月食河农业观光旅游专业合作社”，鼓励群众参与合作社抱团发展，建立“1+3+4”自治模式（“1”既党建引领，“3”既发挥议事会、院落长、小组长主体作用，“4”即坚持多方协调、会议协商、公告结果、过程监督四步骤），建立起共建共治机制。三是参与乡村治理主体多元。从完善“吃住游”产业入手，引导社会企业、社会组织、村民群众等主体参与治理，四川众行远文化传播公司策划举办紫薇音乐节，打造紫薇创享空间；与成都大爱公益社会组织共同开发出紫薇香皂、护手霜、花露水、紫薇花酒等18种农创文创产品；发动群众把资源变资本，引入“紫薇枫林家宴”“月薇阁休闲庄”“薇语民宿”等项目，凝聚起共建共治力量。四是乡风文明培育成效明显。以配齐“社八件”为载体，通过引导村民自主创作传播社区LOGO、社区之歌，强化认同感，增强凝聚力；以传统文化、风土民情为底，打造国学文化、川剧文化、农耕文化为主题的特色院落；开展“院落整治·老屋美化”等活动，动员鼓励村民在邻里之间、院落之间、房屋之间整治环境、栽花补绿，建设美丽文明新乡村。

二、经验与启示

过去，和盛镇陈家渡村与全国绝大多数乡村一样，既面临着集体经济空壳化、乡村人口空心化、乡土文化空洞化的共性问题，也面临着主导产业单一、农业专业合作不强、经营主体单打独斗等个性问题，是当下较为典型的传统农业村。如何实现乡村振兴，推动乡村可持续发展成为近年来该村面临的头等大事。该村因地制宜、因材施策，本着产业强则村强、人才活则村活、文化兴则村兴的理念，积极探索可持续的乡村振兴之路，形成了一些可推广复制的成功经验与典型做法。

（一）激活主体，内强动力。农民是乡村的主人，是实现乡村振兴推动乡村经济社会持续发展的主体力量。和盛镇陈家渡村乡村振兴实践证明：唯有坚持以农民为中心，激发主体活力，挖掘内生资源，才是实现乡村振兴可持续发展的必由之路。

1. 着力提升村民自我经营能力。一是开设一个课堂，辅导群众学做“服务员”。陈家渡村结合产业和景区发展需求，在群众中广泛开设“紫薇课堂”，整合农民夜校等功能，向群众宣传政策，共商共议发展思路。同时，围绕景区特色餐饮、小吃饮品、旅游产品、民宿酒店等服务事项，开展就业技能培训，对村民进行旅游服务培训，为游客提供更多的体验型、亲子型、互动型旅游服务项目。2020年以来，已先后开展就业技能培训9期共370余人次，举办订单式就业培训87人次，引入和推介创业项目“双创汇”27个项目，落地转化项目3个。二是健全两项公约，倡导群众做好“守护人”。聚焦旅游景区体验最重要的环境风貌和诚信经营两个重点，由陈家渡村党组织发起，制定紫薇公园公约十二条，围绕违建防治、门前三包、诚信经营、物价标准等内容，动员群众结合紫薇公园建设，积极推进农村院落三包和动态巡查，确保院落清洁。主动实施院落环境治理和风貌提升，自觉抵制假冒伪劣、欺诈游客、物价虚高等不诚信经营行为，推动群众人人守约、户户践诺，进一步推进景区规范化管理。三是建立三支队伍，引导群众当好“管理者”。建立紫薇党员志愿服务队，主要宣传引导群众实施花木结构调整，重点引导本村群众进行农房改造、规范农房形态风貌，制止违法建设；建立青年志愿服务队，重点轮流值守合作社经营型场所，包括停车场管理、湿地娱乐项目管理并负责景区安全管理；建立老年文明劝导志愿服务队，重点开展景区环境监督，劝导游客遵守公约，制止攀摘花木等不文明行为。

2. 积极创建产业共创共享机制。一是共绘产业蓝图。陈家渡村在镇党委政府的领导下，通过召开村民代表会、坝坝会和议事会，发挥群众主体作用，群策群力，共同探讨乡村经济发展什么、怎么发展、靠谁发展，变政府主导规划为群众集体策划，自主确立了该村“花木转型＋农旅融合”发展方向，因地制宜制定紫薇公园发展规划，推动园区变景区、环境变场景。二是共建产业平台。重点面向紫薇公园规划范围内月食河周边紫薇种植核心区农户，成立了开放式的村级产业培育平台——成都市温江区月食河农业观光旅游专业合作社，经合作社成员大会选举产生理事长1名、理事5名、监事5名、代表19名，对合作社重大事项行使决定权，确保决策科学、程序清晰、公开透明。作为村级产业平台，一方面负责对接村民，另一方面负责园区农旅融合项目的招引建管，成为村民参与村级产业发展的重要平台。三是共享产业成果。建立“合作社运营+群众股份参与+按比例分红”的共享机制。首先是村民通过股份化改造，实现利益绑定。按照“群众自愿、股份量化、自由退出”的原则，以三年为期，按每股100元，确定20000股份额，支持“承包地折算、花木折价、闲置房作价、现金出资”等多种方式，面向陈家渡村所有村民进行公开募股，共同创业。同时，制定“鼓励先行者、扩大参与者、影响观望者”引导策略，按照入股时间，划分原始股、基本股，明确三年内扩股增资，原始股股东总筹资不超过5万元，基本股不超过1万元。在4名村“两委”和4名党员小组长带头下，首期实现股份认购11553股，股金115万余元，截住目前，已扩股增资达到128万元，期间无一户农户退股。其次是按比例分红，扩大受益范围。按照“股东分红、景区发展、群众受益”的思路，合作社制定章程，约定：“三年不分红不退股”，确保建设经费充足；三年后园区收益按照5：3：2进行分配，其中，50%用于合作社股东分红，30%用于紫薇公园的再投资再发展，重点用于景区体验感提升，规划建设如智能收费停车场等经营性场所，实现持续增收，剩余20%用于陈家渡村全体村民分配，即帮助村民增收，又进一步激发全体村民支持发展、参与发展的愿望和热情。

（二）抢抓资源，善借外力。和盛镇陈家渡村把用足外部资源作为乡村振兴可持续发展的必要条件，最大限度争取和利用好政府和社会各类资源，撬动和催生内生资源持续发力。这是该村乡村振兴实践的又一个重大启示。

1. 用好政府资源。对标乡村振兴支持政策，坚持从政策中找项目，依托政策资金不断优化改善园区基础配套。精准策划包装现代农业产业带紫薇种植基地、月石河沟渠道路整治、王板桥村道改造等30余个项目，实施中央农村环境连片整治、省级农业综合开发等12个项目，累计争取政策资金2000余万元。近两年结合政策项目资金落地，以群众自愿撵地方式，优化提升村道5.41公里，新建景观节点串联绿道4.8公里，完成荷塘景观改造，打造渠系6.3公里，实现了园区全域污水一体化收集，园区旅游通达性、舒适度进一步增强。

2. 用足社会资源。陈家渡村利用紫薇公园项目这一产业载体，积极争取社会各类资源，获批启动陈家渡村土地整理增减挂钩项目，以国有资本搭桥梁、社会资本为主力，推动350亩集体建设用地梯次入市交易，3000余亩农用地配套流转。同时，立足紫薇公园核心区及周边现有“川西林盘保护”点位2个和特色林盘13个，采取有偿腾退和院落优改等方式，在保留林盘院落自然肌理基础上，积极策划包装集高端餐饮、民宿体验、网红游乐于一体的特色街区，着力吸引社会资本进入乡村推动振兴发展。先后引入资本建成亲子游乐设施5个，亲水游玩区2个。盘活闲置农房4处，引入“倪氏乡厨味”“紫薇枫林家宴”“月薇阁休闲庄”等4家特色餐饮，打造1家以紫薇树屋为特色的“薇语民宿”，在谈餐饮和民宿项目8个。同时，结合疫情期间群众就业需求，统一设计特色小吃、旅游产品等标准摊区34个，申报入驻86个，审核入驻34个，满足村民就近就业增收的诉求意愿。

（三）注重营销，扩大张力。陈家渡村注重打造乡村旅游品牌，着力提升乡村产业竞争力。该村连续4年举办“紫薇花开”乡村旅游节活动，有效提升了土桥紫薇公园知名度。今年疫情进入常态化防控阶段后，为推动消费，在持续办节基础上，该村依托新媒体开展省市网络直播6次，引导摄影协会专场拍摄8场次，联动旅行社开展“成都近郊游”日均接待500余人次，紫薇公园成为自媒体热搜景点，休闲农业与乡村旅游品牌知名度大幅提升，成为近郊游客重要景点。2020年4—6月，在景区限流运营的情况下接待游客约15万人，6月以来仅停车费收入已经突破20万元。

三、存在的问题

和盛镇陈家渡村在实施乡村振兴战略中，面临着以下诸多制约因素和有待解决的问题。窥一斑而知全豹，这些问题也是乡村发展面临的共性问题，需要引起党委政府和有意投身乡村振兴产业各类创客的重视。

（一）乡村产业生态圈还没有形成。一是乡村产业链不完善，产业层级较低。和盛镇陈家渡村是以花木产业为主导的传统乡村，正在加快向以乡村旅游为主导的都市现代农业转型，取得了一定成效。但相较于乡村振兴战略提出的产业兴旺和市委提出的农商文旅体融合发展的要求而言，产业深度开发不足，吃住行游购娱等传统旅游产业元素植入不够，特别是乡村文化挖掘与植入、旅游产品的开发与推广和旅游园区 IP 打造等都远远不够。二是乡村产业人才缺乏。从陈家渡村现状来看，尽管在镇党委政府的领导和支持下，通过柔性引才的方式引进了一些三农人才，但仍然缺少一批既懂三农、又有情怀的产业带头人和返乡创业者。究其原因在于城乡融合度不够，经济薄弱，条件不好，无法吸引更多的人才特别是农业院校毕业的大学生融入农村。全村引进的外来乡村创客不足 10 家，引进的大学生创业者也少之又少。三是乡村产业要素保障不足。突出表现在产村一体的村庄规划不完善，缺乏系统长远的产业发展规划，产业细分方向不明、产业项目载体不明、项目缺乏科学论证等问题，存在跟风搞、勉强弄、随意整的现象；产业发展需要的资源配套相对紧缺，在西控大背景下，对如何优化使用农用地、集体建设用地和国有建设用地思考不多，三权分置改革效果不明显，影响了土地资源的使用效率；乡村基础设施相对滞后，从陈家渡村来看，主要是农村污水处理系统不完善，乡村道路狭窄且没有形成便捷的路网，天然气管网建设还未规划。四是产业政策扶持方式还需创新。从目前来看，政府对乡村发展的扶持主要是通过各部门支农项目政策给予资金支持，如农业农村部门的乡村振兴政策，均以无偿拨付使用为主，既让乡村产生依赖倾向，又让政府扶持资金效率打折。与此同时，政府对乡村振兴的智力支持不足，对兴农专业人才队伍建设重视不够，措施不多，人才匮乏也是乡村不振的重要因素之一。

（二）农民专业合作组织作用发挥不充分。一是农民专业合作社服务带动能力还不强。陈家渡村成立了成都市温江区月食河农业观光旅游专业合作社，现有入户社员 153 户，535 人，占原土桥农户及户数的四分之一左右（土桥：大户 650 户、人口 2239 人；合并后陈家渡村户数 1100 户、人口 3893 人），参与率不高。其原因有三点：其一是前期入股风险较大，村民参与率太低；其二是村上对合作社入股宣传力度不够，很多村民还不知道入股的事情；其三是从 3 月 26 日开始发布入股公告到 5 月 31 日，时间较短。二是农民专业合作社发展基础薄弱。主要是合作社自身造血功能不足，持续赢利能力不强。合作社主要的产业载体是紫薇公园，该园是一个开放式园区，主要收益来源于合作社购买的网红小火车的运营收入、儿童戏水区收入、摊位管理及出租、餐饮企业的管理服务、生态停车服务等，且受制于季节影响，极大影响了合作社发展。2020 年共计接待游客 25 万人次，合作社毛收入约 30 万元。三是农民专业合作社规范化管理水平不高。合作社现有工作人员 11 人，均为本村的村民，缺乏系统培训，自身经营产业园区的能力不高，急需要引进专门的机构或人才，提升园区运营管理水平。

（三）生态资源价值转化不足。该村花木既是产业资源，也是丰富的生态资源。在推进生态价值向经济价值转化过程中，面临着三大制约因素：一是花木产业量价齐跌，花木价值持续走低，影响农民持续增收。今年上半年与去年同期相比，花木销售收入下滑严重。二是以花为媒的消费场景打造不够，全村仅有紫薇公园实现了初步产业化，加之农商文体旅养融合发展水平还处在较低层次，生态旅游产品开发不多，生态资源价值转化率不高。三是花木资源资本化不畅。按现在市场价估算，全村花木在地资产达 1.4 亿元，但被激活的不足 30%，其余均为“沉睡”资源，市场属性和金融属性非常低，其原因在于花木市场价值波动大，后期处置困难等原因，无法成为金融衍生产品。如何创新花木资源抵押融资方式，探究一条花木资源资本化道路是摆在温江乡村振兴的一道难题。四是区域生态补偿机制缺失。陈家渡村所在的 167 平方公里北林区域，是温江厚植生态本底的重要支撑，也是温江践行西控的主要区域，开发空间相对于其他工业镇街而言较窄，加之近年来花木产业不景气，部分村民产生了退林还田的意愿，长远来看将影响北林生态环境的持续性，如何从政策层面建立区域生态补偿机制，这也是温江乡村振兴面临的个性化课题。

（四）乡村振兴主体作用发挥不充分。一方面，村民的主体意识还不强，主动参与乡村振兴战略的积极性不高，过分依赖党委政府决策和扶持，适应政府大包大揽，自身能动性和创造性不足，存在政府一头热的现象。另一方面，在现行的乡村权力结构体系中，由于一般村民长期处于边缘化位置，其参与乡村发展的知情权、决策权和监督权得不到有效保障，极大弱化了村民在乡村振兴中的主体地位，导致部分村民对本村发展漠不关心，甚至对本村的发展一无所知。再一方面，以村民为主体的农民专业合作社是实现农民主体地位的重要方式，但从陈家渡村来看，成立的专业合作社入社户较少，运行也不规范，同样难以全面、有效保障村民的主体地位。

四、对策与建议

乡村振兴是一项系统、长期而艰巨的任务，必须坚持树立久久为功的思想，以问题为导向，着眼内生发展机制体制，统筹各类要素资源深度融合，构建乡村振兴可持续动力源。

（一）加快打造乡村产业生态圈。乡村产业正在从传统农业向一、二、三产业融合发展转型，既有弱质特性，也有现代产业属性，构建乡村产业生态圈更加具有复合性和特殊性。一是加快编制村庄规划，强化产业引导。在现有政策框架下，按照“西控”方针，顺应城乡融合发展趋势，进一步梳理乡村肌理和资源禀赋，提前谋划和编制下一个《温江全域化乡村振兴战略五年规划》，从顶层设计上为各村（社区）编制村庄规划提升遵循。同时，由政府引导，促进各村（社区）加快编制完善产村一体的村庄规划，尽快形成全覆盖。二是深化三权分置改革，着力夯实用地保障。重点做好本轮土地承包经营权到期后续包续租的试点和推广，进一步探索农用地经营权股权化改革和农村宅基地的有偿退出机制，为乡村振兴提供空间保障。三是优化政府扶持方式，提升政策资金使用效率。进一步整合涉农资金，以基础设施为重点，优化乡村振兴项目论证，以国有公司为投资平台，探索拨改投模式，强化资金使用绩效评估，提升政府资金的使用效率。四是加强兴农人才建设。一方面进一步深挖本地乡土人才资源，培育本地有技术、有思想、有情怀的乡村带头人，引导他们入社，发挥其示范带头作用；另一方面，利用温江丰富的农业科研院校资源，加强校地合作，订单式培养乡村实用人才，并建立以农业专家学者为主的温江乡村振兴智力库，为乡村振兴提供智力保障。再一方面，持续优化人才环境。借鉴成都医学城做法，在北林区域规划建设乡村人才公寓，出台专门的乡村人才政策，以一流的政策引商、一流的生态营商，吸引更多人才下乡创新创业。

（二）着力建强农民专业合作社。围绕提升服务带动能力、规范管理水平和市场运营能力，建立常态化农民专业合作社的指导、监管和服务机制。一是建立合作社评估机制，及时掌握合作社运营情况，重点清理空壳社、僵尸社等无农民入社、无经营活动的合作社，对正常运营的合作社开展规范化标准化建设，推动合作社跨业联合、强强组合，着力打造一批有实力的农民合作社。二是增强农民入户积极性。加大宣传引导力度，探索创新合作社合作机制，多方式鼓励和推动农民利用自身资源要素开展合作，如既可带资入社，也可以土地经营权、闲置农宅和花木产品作价入社，最大限度引导农民入社，增强抵御市场风险的能力。三是建立完善专门针对农民合作社的支持政策，分类扶持农民专业合作社。重点开发专门信贷产品，解决合作社融资难问题；认真研究落实各级对合作社用电、用地、税收等优惠政策，切实降低合作社经营成本；加强合作社带头人的培训力度，在全区有梯度地开展培训，以人才提质促进合作社高质量发展。

（三）积极探索建立乡村生态价值转化链。综合考量温江生态价值转化积极条件和制约因素，加快探索一条符合温江特色的乡村生态价值转化路径。一是加快花木产业转型，大力开发生态旅游产品。依托三联花木和区内有实力的花木企业，对接川农大、市农林科学院等科研院校，运用政策扶持资金杠杆作用，开展校地企业合作，鼓励发展花木深加工产品，开发市场价值更高、市场受众更广的花木生态产品，推动花木产品向生态商品转化。二是探索花木资源资产化实现路径。温江17万花木资源属优质的森林自然资源，生态价值潜力大，生态环保部门、规制、林草、农业部门等自然资源管理部门可积极对接上级主管部门，积极探索建立温江花木资产核算体系，为生态价值转化提供基础依据。同时开展区域性生态补偿试点，从乡村振兴政策中列出专门资金，对北部花木保有企业和农户按保有面积和质量给予适当的经营补贴，增强群众“绿水青山就是金山银山”的生态保护意识，切实保障温江南城北林生态底蕴。三是深化生态消费场景打造。坚持农创农旅农养融合发展方向不变，以村为单位，农民专合组织为平台，结合产村一体村庄规划编制，研究策划包装一批农旅重大项目，组建专门力量开展市场推介和项目落地保障工作，尽快建成一批生态消费项目，形成生态价值转化应用示范场景。

（四）推动乡村振兴主体力量发挥最大化。充分尊重农民在乡村振兴中的主体地位，以制度创新保障其发挥自主作用和首创精神。一是放权赋能，提升村（社区）能动性。坚持在上级党委政府的领导下，在保障农民知情权和参与权的基础上，合理赋权村（社区）在乡村产业和社区治理方面的决策权和自治权，在农村权力结构优化中避免农民边缘化，增强村集体经济组织和农民的主动性和创造性。二是宣传引导，培育农民自主性。创新开展规划问计、发展问策、治理问效活动，搭建接地气、聚人气、愿参与的乡村振兴小微活动载体，引导村民充分参与到乡村振兴各项具体实践中，从认识上让村民逐步树立主人翁意识。三是优化利益共享机制。深化农村产权制度改革成果运用，进一步完善“合作社运营+群众股份参与+按比例分红”的共享机制，将农民合作社打造成一个开放式的产业共创、产权共有、成果共享的市场化平台，接入更多社会资本，拓宽广大群众入社面，丰富合作要素，开展合作社信用合作，推动社社互保，强化风险管控，形成“合作社运营+社会资本+群众股份参与（要素参与）+按比例分红（风险承担）”的利益联结机制。

温江区聚焦创新提升　建设践行新发展理念的公园城市示范新高地调研报告

中共成都市温江区委副书记、区长　马烈红

第一章　温江建设践行新发展理念的公园城市示范先行区重大战略机遇

一是落实新发展理念，着力推动成渝地区双城经济圈建设，打造引领西部地区经济社会高质量发展的重要动力源所带来的新机遇

以习近平同志为核心的党中央着眼世界竞争格局、全国发展大局、区域合作全局，将建设成渝地区双城经济圈上升为国家重大区域发展战略，通过极化效应促进资源集聚和规模扩张，打造新的对外开放支点和区域发展引擎，推动形成以国内大循环为主体、国内国际双循环相互促进的新发展格局。成都作为面向泛欧泛亚的开放高地和西部陆海新通道的起点，国内循环的回旋空间和国际循环的门户枢纽，在国家战略全局和区域发展大局中具有不可替代的重要作用。建设具有全国影响力的重要经济中心，将进一步推动成渝地区产业圈协作和产业链合作，促进产业基础高级化、产业链现代化，形成高端引领、优势凸显的现代产业体系。

温江作为成都新中心城区之一，连续8年入选“中国综合实力百强区”，在产业转型升级、深化改革开放、城市建设管理、生态环境保护、

社会民生改善等方面具有良好基础和先发优势，是成都建设新中心城市的重要支点，在推进成渝地区双城经济圈建设中具有重要支撑作用。2020年，省委十一届七次全会、市委十三届七次全会相继出台决定，科学谋划落实“一极两中心两地”战略定位和实践路径，有利于温江推动产业、人口及各类生产要素合理流动和高效集聚，有利于温江做强产业优势，代表成都参与全国、全球大健康产业竞争。

当前，温江应立足区域经济实际，坚定贯彻成渝地区双城经济圈建设国家战略，自觉担当建设践行新发展理念的公园城市示范区国家使命，坚持既定发展思路和目标定位不动摇，以“五个之城”建设为路径，加快把国家战略势能和国家使命机遇转化为发展实效，在推动成渝地区双城经济圈建设和践行新发展理念的公园城市示范区建设中走在前列、作出示范，为成都打造带动全国高质量发展的重要增长极提供有力支撑。

二是坚持开放共享，开拓战略发展新空间，积极投入新一轮西部大开发战略，实现局部发展向区域共兴跨越所面临的新机遇

建设具有全国影响力的改革开放新高地，将进一步推动成渝地区打造重大改革先行地，形成支撑“一带一路”建设和长江经济带发展的战略性枢纽。党中央国务院从全局出发，启动与部署新一轮西部大开发战略决策，是顺应中国特色社会主义进入新时代、区域协调发展进入新阶段的新要求，统筹国内国际两个大局作出的重大决策部署，对于增强防范化解各类风险能力、促进区域协调发展、决胜全面建成小康社会、开启全面建设社会主义现代化国家新征程，具有重要的现实意义和深远的历史意义，为推动西部地区高质量发展创造了新的宝贵历史性机遇。

温江，作为古蜀文明发源地之一，历史悠久，人杰地灵，地处成都平原腹心地带，川西平原膏腴之地，是都江堰精华灌区的核心区，属于自流灌溉区域，历来有“金温江”之称。当前系列重大部署，更加有利于温江借助国际门户枢纽建设的大势，从内陆腹地走向中国对外开放的最前沿，在更大更广的领域和更高层次上参与国际经济技术合作和竞争，充分利用自由贸易实验区协同改革先行区的平台，推动更多“温江造”产品通过“一带一路”进军全球市场，帮助温江企业以更加便利的方式获取全球的优质资源和先进技术，提高整个区域的要素聚集能力。温江要紧紧抓住新一轮西部大开发“大保护”“大开放”“高质量发展”重点，紧扣自身生态本底优势、特色农业优势、对外开放门户优势，持续提升公园城市改革开放水平，切实做强开放平台、做优开放环境，不断提升要素配置整体效率，努力在“打造具有全国影响力的改革开放新高地”中走在前列、作出示范。加快建设自由贸易试验区协同改革先行区，全力抓好对上争取、不断强化制度创新、切实做强平台功能、加大协同开放，努力在新一轮对外开放合作中争当排头兵。着力推进空间布局一体化，统筹生产空间、生态空间、生活空间，坚持发展导向，积极投入共建西部经济社会发展共同体，努力融入“一带一路”建设和长江经济带发展，在维护国家生态安全屏障上发挥重要示范作用。

三是深化经济结构变革，整合资源，整体推进国家城乡融合发展试验新路径，满足人民美好生活向往，塑造城市发展新形态所带来的新机遇

建设具有全国影响力的高品质生活宜居地，将进一步强化成渝地区人口吸纳和综合服务功能，成为西部人口经济的主要承载地和引领高质量发展的核心引擎。近年来，我国在统筹城乡发展、推进新型城镇化方面取得了显著进展，但城乡要素流动不顺畅、公共资源配置不合理等问题依然突出，影响城乡融合发展的体制机制障碍尚未根本消除。国家城乡融合发展试验区着眼于破除现行体制机制的束缚，瞄准重点领域和关键环节，力争率先破除陈规和难题，探索改革的实现路径和实现形式，为新时代的城乡融合发展描绘了路线图、确立了时间表。2019年底，《国家城乡融合发展试验区改革方案》明确把成都西部片区8个区（市）县整体纳入国家城乡融合发展试验区，温江区是8个区域中唯一入选的新中心城区，为温江坚持生态优先绿色发展、开创新的发展路径指明了方向，对加快城镇化建设、实现乡村振兴具有十分重要的意义。

温江经济实力雄厚，产业布局清晰，拥有中

心城区与郊区乡镇连接的天然优势，拥有推进城乡融合发展的良好现实基础，将有利于充分发挥温江历史文化沉淀深厚、自然环境资源优越比较优势，以全域城乡融合发展和全域旅游创新发展为特色，促进农商文旅体形态融合、价值叠加、优势互补，努力实现生产空间集约高效、生活空间宜居适度、生态空间山清水秀的发展格局，走出一条新型工业化与新型城镇化融合互动的发展新路子。温江要深入推进国家城乡融合发展试验区建设，加快建立乡村产业用地规划机制、农村集体经营性建设用地社保体系、城乡有序流动人口迁徙制度，深入推进农村宅基地“三权分置”改革，努力形成一批可复制可推广的改革经验和创新举措，在推进国家城乡融合发展试验区建设中走在前列、作出示范，为全国城乡融合发展提供温江样本。

四是坚持创新驱动，努力打造一流营商环境，依托成都差异化城市发展战略，加速“西控、中优”区域新旧动能转换、实现以控促优，培育创新新动能所带来的新机遇

建设具有全国影响力的重要科技创新中心，将进一步推动成渝地区建设协同创新体系、增强创新驱动的战略势能，形成推动高质量发展的创新策源地和先进要素洼地。成都市委明确将成都医学城纳入中国西部（成都）科学城“一核四区”规划布局，与天府国际生物城共建生命科学创新区，并明确提出要推出更多“源于成都、引领前沿”的硬核科技。

同时，成都市提出了“东进、南拓、西控、北改、中优”的战略布局，旨在推进城市差异化和可持续发展。其中“中优”着重优化中心城区功能，降低开发强度、提高产业层次、提升城市品质，“西控”的核心是推进产业结构调整升级，优化资源利用方式，重在以控促优，保护自然景观。温江肩负“中优”“西控”双重使命，既有作为新中心城区的区位优势，产业高质量发展、一体化发展水平较高，又拥有川西林盘独有的田园生态本底优势。在“西控”工作推进会上，范锐平书记要求西控区域建设公园城市示范区的先行区，而建设公园城市先行区必将进一步彰显“中国最具幸福感城市·美丽宜居城区”“绿色中国典范城市”的城市品牌，推动温江生态价值的挖掘和转化，增强温江对产业项目和优秀人才的吸引力，让城市更具活力和可持续发展动力。系列重大部署，更加有利于温江依托中国西部（成都）科学城平台优势，积极争取国家重点实验室、国家大科学装置、重大科技工程和科技专项等落地温江，吸引更多的国际国内高层次科技人才落户温江，大幅度提升温江创新策源能力，打造国家生物医药原始创新策源地；发挥四川科技成果转移转化示范区和四川首批院士（专家）产业园的优势，持续深化“一个脑袋两只手”协同创新模式，充分发挥名校研究院和知识产权交易中心的平台作用，推动更多创新成果在温江交易和转化。

温江要全面增强实施创新驱动战略的紧迫感，从国际形势、国情实际和温江自身三个维度，深刻把握科技创新的重大意义，形成谋创新、抓创新的共识与合力，依靠科技创新，破解温江发展难题、厚植温江发展优势。科学谋划推进创新驱动战略的实践路径，多举措培育硬核科技企业集群、高效能推动校院企地协同创新、市场化建设高品质科创空间、以最崇高礼遇汇聚高层次人才，引领温江科技创新聚势成效。持续优化国际化营商环境，不断强化政策供给、服务质效、法治保障，努力为企业健康发展提供良好环境。着力推进产业发展一体化，高质量发展先进制造业，高水平推进现代服务业，高标准建设现代农业，推动生态价值创造性转化，全方位提升城市能级、全方位变革发展方式、全方位完善治理体系、全方位提升生活品质，更好承担全市“三医两养”健康产业核心功能，在全市发展大局中体现更多担当，展现更大作为。

第二章　温江建设践行新发展理念的公园城市示范新高地的现实基础和差距不足

（一）现实基础

近年来，温江坚持以习近平新时代中国特色社会主义思想为指导，深入学习贯彻习近平总书记对四川及成都工作系列重要指示精神，全面落实党中央国务院、省委省政府、市委市政府决策部署。在成都建设践行新发展理念公园城市示范区、成渝地区双城经济圈、国家城乡融合发展试

验区、自由贸易试验区协同改革先行区等一系列重大战略发展机遇下，温江坚持在大成都棋盘上找准自身坐标定位，主动融入、主动争取，以“建设全面体现新发展理念宜业宜居宜游的新中心城区”为总体目标，立足“三医两养一高地”产业定位，提速打造高品质科创空间、高品质产业空间、高品质生活空间，优化形成成都医学城、温江农高园、健康服务业集聚区三大产业功能区，高质量建设“五个之城”，奋力实现“金温江”在新时代新崛起，全市经济社会高质量发展取得积极进展。

一是创新改革深入推进，着力构建现代产业体系

深入贯彻落实习近平总书记对四川及成都工作系列重要指示精神，坚定践行新发展理念，高质量推进“五个之城”建设，2019 年地区生产总值增长 8.1%，提前一年完成“十三五”规划目标。综合经济实力连续 8 年位居全国百强区，获评 2019 中国最具幸福感城市·美丽宜居城区，获批中国（四川）自由贸易试验区协同改革先行区。创新动能不断增强。始终把创新作为引领发展的第一动力，把人才作为创新的第一资源，深入实施“一个脑袋两只手”校院企地协同创新模式，有力推动了研发平台链、创新载体链、高新企业链、科技人才链、技术服务链融合共生。着力打造创新载体，建成“三医”创新载体 149 万平方米、cGMP 标准厂房 80 万平方米，建设国家重点实验室 2 个，建成国家级研发中心 5 个、省级研发平台 166 个。着力深化校地合作，与区内 4 所“双一流”大学建立事业合伙人关系，与四川大学、上海交大等 20 所知名高校结成创新共同体，具备发展成为西部乃至全国重要科技创新策源地的潜质。着力汇聚创新人才，累计引进两院院士、国家和省级专家等高层次人才 140 名、位列全市第三，落户本科以上青年人才 1.4 万余人、排名全市第五。着力推动成果转化，“三医”企业和研发机构牵头或参与国家重大科技专项 32 项，在研药物器械 736 个、在产药物器械 175 个。疫情期间，19 家企业纳入国家疫情防控保障重点企业名单，76 家企业共研发出 6 类 111 个优质产品，3 个核酸检测试剂盒获得欧盟 CE 认证。2020 年上半年，电子科大“三医 + AI”产业科技园等项目开工，省药械化检验检测提升项目签约落地，成都医学城获评省级首批院士（专家）产业园，永宁三医研发小镇作为全市唯一案例入选国家特色小镇典型经验，组建全国首支防疫基金（川投金石）。产业功能区集聚成势。高标准推进成都医学城、温江农高园两大产业功能区建设，充分发挥自由贸易试验区协同改革先行区平台作用，突出招引“行业领先、区域带动”高能级项目，着力构建以医药健康产业为主导、现代服务业为支撑、都市农业为基础的现代产业体系。全力推动医药健康产业做大做强，深刻把握全球医药健康产业“五大前沿趋势”，着力推动“三医融合 + 大数据/AI”集群成链。三年来，累计聚集“三医”行业领军企业和上下游协作企业 425 家。其中，在医学研发上聚集了全球 CRO 排名前十的药明康德等企业 137 家；在医药制造上聚集了中国医药工业综合实力前三甲科伦药业、全国医药工业 30 强罗欣药业等重点企业 132 家；在医疗服务上汇聚了前海人寿妇儿医疗综合体等医疗机构 57 家；在大数据/AI 上聚集了拥有国际领先消化内镜影像 AI 技术的希氏异构等企业 6 家。2020 年上半年，药明康德成都研发中心等 34 个项目竣工投运，罗欣药业等“三医”龙头项目加速建设，联东 U 谷康复辅具产业园一期等 85 个项目按期开工，珠江 CAZ 百亿级项目签约落地，招商引资工作进入成都市前三名。全力推动现代服务业迈向高端，紧盯知识经济、总部经济、健康服务业、商贸服务业等主攻方向，着力推动生产性服务业向高端化、生活性服务业向品质化转变。三年来，全区累计聚集以高济医药冷链物流、小咖科技、京东安联等为代表的生产性服务业企业 468 家，以新光天地、珠江创展、四川大润发等为代表的生活性服务业企业 789 家，2019 年，服务业增加值占地区生产总值比重达 59.54%。全力推动都市农业做优做精，以争创国家级农高区为目标，以“农创、农旅、农养”融合发展为主攻方向，促进生态价值转化，推动乡村产业振兴。三年来，累计实施重大产业化项目 51 个、总投资 361.7 亿元，其中，以新尚植物研究院为代表的农创项目 18 个、总投资 32.7

亿元，以龙腾梵谷为代表的农旅项目20个、总投资47.5亿元，以依田桃源为代表的农养项目13个、总投资281.5亿元。成功举办第三届四川生态旅游博览会暨首届成都花木博览会，入选天府旅游名县候选县、省级全域旅游示范区。新经济培育成效显著。2019年，新增千行你我等新经济企业1613家，实现新经济产值110亿元，发布城市机会清单104条，5家企业、6名人才入选成都新经济“双百工程”。建成投运知识产权审判庭巡回法庭。大力发展商圈经济、夜间经济、首店经济，新增特色品牌门店100个、国际品牌首店3家，升级打造同兴西路等特色街区4条，瑞泉馨城社区综合体建成投用，新光天地开业运营，新尚天地·尚街获评成都市消费示范新场景。

二是协调发展持续深化，着力提升城市整体发展水平

深化区域协同发展和城乡融合发展，促进各类要素合理流动和高效利用，全面提升了城市引领力辐射力带动力。“六稳”“六保”目标初见成效。疫情期间，温江先后出台纾困解难16条、复工复产12条、统筹推进疫情防控和经济社会发展26条等政策措施，持续深入开展“送政策、帮企业、送服务、解难题”活动，兑现扶持资金9593万元，帮助企业解决融资贷款22.35亿元，减轻企业社保医保费负担1.83亿元，稳定岗位2.44万个。随着疫情防控形势不断向好，二季度全区经济运行迅速全面恢复。上半年，全区实现地区生产总值297.56亿元，累计增长3.2%，排名新中心城区第一、全市第三。固定资产投资完成199.39亿元，同比增加7.3%。全区规上工业企业实现工业增加值同比增加4.3%，其中生物医药工业企业实现产值24.6亿元，同比增加6.7%。美丽乡村加快建设。开展“美丽温江·宜居乡村”行动，全力完成“大棚房”和违建别墅清查整治工作。持续开展农村人居环境整治，实现农村区域9100余户散居居民集中供水，完成农村户厕改造提升1.5万户，打造“四好农村路”示范段120公里，成功创建成都市“四好农村路”示范县。紫薇田园获评全市“十佳乡村网红打卡地”，文家院子获评全市“十大最美川西林盘”。城乡融合发展机制更加健全。深化农村土地“三权分置”改革，探索全链条利益联结机制，开展农村集体建设用地抵押融资，开发13个农村产权融资金融产品，实现土地经营权融资17.64亿元。金融机构存贷款余额分别增长10.9%、14.4%，民营小微企业贷款增长38.8%，融资成本降低1%。设立40亿元的成都交子远洋健康产业母基金，百裕制药入选全省首批科创板“种子企业”名单，获得全省县域金融生态环境测评第一名。深化国资国企改革，大力推进国企市场化、集团化转型，实施经营性项目23个41.98亿元，直接融资45.53亿元，区属国企资产总额、营业收入、利润总额分别增长18.7%、22.7%、7%。

三是生态本底优势明显，持续提升宜居功能品质

坚持以公园城市理念指导城市规划建设管理，探索制定公园城市指标体系、编制城市规划体系，构建“南城北林”空间格局，实现进可拥都市繁华，退可享田园静谧的宜居梦想。公园城市加快建设。持续深化公园城市顶层设计，全面构建全域公园体系、绿道网络体系，打造“西望雪山”的多维度观山视线体系；构建“水清、河畅、岸绿、景美”的亲水型宜居城市；实施多维增绿，进一步提升温江街道绿视率水平；结合温江花木特色，打造最美景观大道；以河流水系框定形态骨架，以绿地公园限定空间尺度。新增公园绿地201.11万平方米，城市建成区绿地率达到40%，绿化覆盖率达到45.1%，人均公园绿地面积达到16.58平方米。建成绿道及慢行系统261公里，空气优良天数较2016年增加83天，成功创建四川全域旅游示范区，获评2019绿色中国典范城市。民生福祉稳步增进。着眼构筑生活宜居优势，全力打造“三到温江”民生品牌，学到温江方面，新（改）扩建公办中小学、幼儿园45所，成都实外等3所全国百强中学建成招生，累计新增学位3.9万个，教育公服设施开工率位列中心城区前茅；健康到温江方面，聚集三级以上综合医院5家，引进特色专科医疗机构6家、医学检验检测机构35家，全区千人床位数达11.38张，排名全市第二；舒适到温江方面，

开工凤凰立交、CBA国际赛事中心等基础设施和公服设施项目258个，永宁互通式立交、公平城南公交枢纽等120个项目竣工投用，建成15分钟公服圈24个。城市品质不断优化。2020年上半年，凤凰立交等17个重大项目开工建设，成名高速北出入口优化工程等6个项目竣工，地铁17号线一期实现空载试运行，新建供水管网296公里，优质供水覆盖率达93%，获得全市环境治理攻坚行动红旗奖。

四是对外合作不断深化，通道平台建设日益完善

营商环境持续优化。2019年，出台国际化营商环境建设“1+10”工作方案，上线全国首个营商环境电子地图，制定营商环境评价指标体系，获评“中国营商环境建设示范区”。打造“温馨办”政务服务品牌，实现企业开办“一日办结”，1427项政务服务事项实现“一次办”，工程建设项目审批全流程平均用时压缩至90个工作日内。设立“7×24小时”政务服务自助终端20个。创新建立智慧企业服务平台，兑现产业政策扶持资金4.32亿元。新登记市场主体2.08万户，新增注册资本1025.4亿元、增长185.9%。全面落实减税降费政策，新增减税降费12.09亿元。开放合作持续深化。中国（四川）自由贸易试验区协同改革先行区加快建设。全域277平方公里都被纳入协同改革先行区范围，形成全域开放、全域改革、全域协同、全域高质量发展的创新布局。2019年引进亿元以上项目52个，其中30亿元以上特别重大项目7个。利用外资实际到位1.92亿美元，进出口贸易总额27.14亿元。成功举办2019中国健康产业投资（成都）峰会、PCMA（专业会议管理协会）国际会议顾问咨询峰会、三医+大数据/AI高峰论坛、复旦全球校友会等。深入落实“一干多支、五区协同”发展战略，与成都高新区、宁南县、泸州市医药产业园等8个区（市）县、园区签订合作协议。

（二）差距不足

一是创新推动新旧动能转换还不够深入。

培育壮大新动能不够。围绕主导产业，聚焦高能级项目、行业内优势企业和强链补链项目不够，2018年以来，全区累计新签约重大项目124个，截至目前实际动工57个，转化率仅45.9%。今年以来，整体固定资产投资的项目仍然偏少，并与其他区差距在逐月扩大。投资结构仍有问题，第三产业增速较快，第一二产业明显滞后，存在重大的功能性、支撑性、引领性项目缺失，辐射力、吸引力不足等情况，需尽快提升产业承载力，增强经济发展后劲。科技创新赋能经济发展还有差距。高校资源挖掘不充分，还未构建形成有效可行的科技成果转化体系，各科研团队仍然是在单打独斗，没有抱团作战，科技成果外流现象严重，本地科技成果转化率较低。目前，温江R&D强度是2.5%，比深圳龙岗区（11%以上）低9.5个百分点，而大多数国内知名医药研发的区域R&D强度达到3%以上，研发投入不足直接影响温江科技创新潜力及创新驱动发展战略实施。同时，新增高新技术企业数量和有效发明专利累计量仍处于较低水平。新经济培育力度还需加大。温江新经济产业尚处于起步阶段，基础比较薄弱，以新动能带动新经济的作用还未充分发挥。在全市2019年度“双百工程”重点培育企业和优秀人才名单中，温江仅有5家企业和6名人才入选。创新的系统性、完整性和配套性不强，创新产业链较短致使浅层创新较多，智能制造方面的高精尖技术创新相对匮乏。同时，消费场景更新速度偏慢，缺乏消费吸引力。营商环境亟待进一步优化。温江空间小、资源少，不搞好营商环境，难以吸引高能级的项目和企业。同时，温江出台政策更新慢、有效性差，现运行的17个产业政策中，一半条款尚未运用，很多政策到期后都未及时出台新政策，出现了政策空档期。同时，人才外流现象比较突出，温江每年应届大学毕业生约1.4万人，但留在温江的不到700人，占比还不到5%。同时，全区11所职业院校涵盖的161个专业中，与温江“三医两养”产业发展相关的医药类、机电类、农旅类等专业29个，仅占18%，产业技术人才较为匮乏。

二是生物医药产业基础能力和产业链水平亟待提升

产业发展层级不高。现有企业虽然数量较多，但多而不强、散而不专，产业整体规模偏

小，还没有成为带动全市生物医药产业发展的“火车头”。相比之下，2018年，浦东新区生物医药产业规模达到672亿元，同比增长12.7%。其中制造业规模以上企业工业产值达到548亿元，同比增长16.2%，成为浦东制造业的重要增长点。功能性平台建设有待加强。虽然聘请了诺贝尔奖得主、专家等高端人才组建咨询团，但生物医药研发与转化的功能型平台不多，服务功能单一、缺乏针对性，一定程度上制约了生物医药企业的发展壮大。相比之下，张江根据医药研发、临床试验的不同阶段，联合各方力量共同搭建了100多个资源共享的公共服务平台。国家市场监管总局批准的一类新药，每3个就有1个来自张江；国家重大新药创制科技专项，每3个有1个来自张江；新药注册成功率，张江是全国平均水平3倍以上。另外，高品质科创空间是温江构建三医大健康产业体系的主阵地、主战场。温江目前已规划了200万平方米、建成了149万平方米的科创空间，逐步形成西部最大的三医产业孵化器集群，但是对比上海张江、苏州工业园等，在载体运营管理、孵化企业数量和质量等方面还存在不小差距。错位协同发展不够。成都医学城、成都天府国际生物城、天府中药城以及华西大健康产业功能区是成都市医药健康产业生态圈的四大主承载区，但各自的细分行业和领域划分不够清晰，产业发展重点还不明确，没有真正实现错位发展。同质化竞争明显，成都医学城与其他园区内的创新制剂、医疗器械、精准医疗、医学检验及医疗健康等领域研发、产业化项目，出现了重复投资、产品相同、市场重叠等现象，发展特色不鲜明。龙头企业还不够多。从2019年“中国医药工业百强榜”来看，进入中国化药企业前10强的仅有科伦药业；进入中国中药企业前100强的仅有百裕制药，聚集的龙头企业较少。企业之间缺乏协作融合，面上没有形成很好的集群效应。引领性强、综合效益好的重大产业化项目数量少且落地见效慢，市场主体培育有待加强。

三是生态、农业基础优势没有转化为发展优势

花木产业市场竞争力不强。作为全国主要观赏苗木基地之一，温江目前花木种植面积17.3万亩，但传统花卉业属于劳动密集型产业，专业化程度低，缺乏相应的花木生产标准；产品大多是桂花、银杏、紫薇等常规苗木品种，新品种开发引进不多，品种更新换代和种植技术滞后；品牌质量意识不强，产业链延伸拓展不够，出口额较低。相比之下，杭州市萧山区，聚焦园林绿化工程市场，构建了一条从种苗研发、苗木生产到市场流通，从园林设计、工程施工到绿化养护的完整产业链。农业科技水平还需提升。温江区域内有四川农业大学、成都市农林科学院、成都农业科技职业学院等众多农业类高校院所，但农业科技对现代农业发展的支撑作用没有发挥出来，自主创新的模式、产品不多。科技成果与农业需求脱节。近年来，四川农业大学有多项成果获四川科技进步奖，但转化率很低。“农业+”做得还不够。产业业态总体上还处于传统经营模式，土地分散经营、企业单一经营、农户分散经营仍是主流，与推进乡村振兴背景下的农商文旅体融合发展还不相适应。空间布局还需优化，对温江特色镇、川西林盘、特色产业等现有资源统筹利用和整体塑造不足。文化挖掘、文脉传承不够，对天府农耕文化等具有深厚成都印记的传统文化挖掘与传承不够深入，对农商文旅体的助力还不大。土地、人才、资金等核心要素保障、政策配套和资源整合仍有不足。

四是对外开放合作程度还不够高

经济发展外向度低。2019年，全区进出口贸易总额27.1418亿元，外贸依存度仅为4.5%；实际利用外资1.92亿美元，外资占固定资产投资比重仅占2.2%。外贸依存度、外资占固定资产投资比重与国际化初级标准70%、10%有较大差距。对外交流合作平台建设不够。温江目前仅有国际友城1个（加拿大荷顿山），友好城市交流实质性不足，在开拓国际友好关系促进合作方面亟待加强。中日示范项目建设各项工作效果不明显，策划包装的5亿元以上项目只有2个，亟须加速补齐工作短板和薄弱环节。生物医药研发物品存在“进口难、进口慢、进不来”等问题，研发物品进口亟须搭建绿色通道。成都医学城、成都现代服务业集聚区、成都农高园、中瑞低碳

产业园区与先进园区开展产业合作方面建立了战略合作关系，但进展缓慢，尚未实现重大实质性突破。另外，温江参与和举办的区域性、国家级和国际性活动较少。城市营销影响力有待加强。温江城市品牌营销在城市整体转型发展中的战略引领性不够，没有同包括城市产业发展在内的各个领域发展进行深度互动，协同推进，也没有将城市最新变化很好地展示给外界。同时，城区形象宣传建设及视觉设计和推广不够，缺乏体系化的城市 IP 品牌打造。

五是要素资源配置仍需深化

“南城北林”产业割裂和不对称。“北林”区域是温江重要的生态涵养区，重点发展“两养”产业，而“南城”区域以成都医学城、成都健康服务业集聚区为主阵地，重点发展“三医 + 产业”，长期以来由于空间格局影响，未能充分挖掘各自优势，形成协作配套、互利共赢的跨区域合作发展模式。城乡统筹发展还需更协调、均衡。城乡经济发展仍不均衡，城乡要素自由流动尚未建立，市场分割现象仍然存在。城乡基本公共服务标准差距仍然较大、其中教育、卫生事业发展不均衡最为突出，乡村振兴发展仍需持续用力。公共服务配套有待加强。教育、医疗、文化、住房、交通出行等公共服务产品供给与市民的期望还存在较大差距，产业功能区及园区生产、生活不配套，职住不平衡现象突出。特别是新冠肺炎疫情反映出应对突发重大公共卫生事件的能力和基层医疗卫生服务的质量还需提升。

第三章　城市发展先进理论和其他城区发展经验

（一）当前城市发展先进理论

1. 场景营造理论

20 世纪 90 年代末，城市经济社会发展催生了场景理论，将城市空间的层面从自然和社会拓展到区位文化的消费实践，使得从单纯的地理空间区域概念转变成具有社会学和公共政策学视野的综合概念，与后工业社会的发展紧密联系在一起。场景理论适应了中国经济社会转型和高质量发展的需要。首先，场景理论从文化和美学的角度为促进城市转型和高质量发展提供了一种动力分析框架。当代中国社会有两个突出特点，一是城市功能由生产性城市向消费型城市转变，二是居民生活方式由粗放式生活向品质生活转型。如何激发城市活力，彰显城市魅力，增加城市吸引力，成为城市发展亟待解决的重大问题。场景理论认为，城市活力、魅力和吸引力的密码隐藏在丰富多彩、形态各类的场景之中。营造场景是城市实现新旧动能转换、转型升级的基础和重要抓手。其次，场景理论强调生活文化设施是场景的主体。不同类型生活文化设施具有不同的文化和美学内涵，体现了不同的价值取向。

同时，相比土地、政策、资金等促进产业发展的传统方式，应用场景具有提供新技术以商业化的应用支点、链接新产品与市场需求、提供市场促进商业模式迭代等多重功能，是试验空间、市场需求和弹性政策的复合载体。通过主动培育和供给丰富的应用场景，为新经济企业发展提供应用、制造需求、创造机会，促进新技术推广应用、新业态衍生发展、新模式融合创新、新产业裂变催生，推动新经济从创新走向应用、从概念走向实践。因此，“场景”理论对温江壮大新经济市场主体规模，营造创新生态，为新旧动能接续转换、城市加快转型注入活力具有重要指导意义。

2. 城市品牌理论

城市品牌是指建设者根据城市特有的资源禀赋、文化背景、产业优势等整合出来的品牌要素。随着城市化进程和城市间竞争的日益激烈，塑造城市品牌已成为各国城市实现可持续发展的关键。城市品牌营销能够产生多方面效应。一是经济效应，包括吸引投资、发展旅游业、吸引人才等。二是社会效应，城市品牌的塑造是“内求团结、外谋发展”的过程，创建成功能使公众产生优越感、自豪感和认同感，从而更加积极响应城市建设。三是文化效应，城市品牌的核心价值在于文化内涵和价值传承。例如，公园城市品牌的新理念和新定位，为成都城市品牌的发展开辟了新的增值路径和增长空间。一是公园城市校准了新时代成都城市品牌的全新定位，能够帮助成都避免城市品牌定位的趋同之势，突破狭窄的城市品牌定位，使城市品牌定位更加细化且具有针对性。二是公园城市建设能拓展成都城市品牌价值的成长空间，充盈成都的宜居价值、产业应用价值、城市人文价值和生活品质价值，推动成都向高质量城市转型发展。三是建设公园城市能焕新成都城市品牌联想，以协调永续的生态环境、健康悠闲的生活方式、绿色高效的发展方式和亲切友好的旅游环境提升城市价值，构建受众脑海中品牌联想的网络。因此，城市品牌理论对当前温江融入“双循环”、唱好“双城记”，探索新时代城市发展路径，建设践行新发展理念的公园城市先行区具有重要指导意义。

3. 现代产业生态圈理论

现代产业生态圈理论源自生物学中的生态圈，指在一定区域内，人才、技术、资金、信息、物流和配套企业等要素能够有机排列组合，通过产业链自身配套、生产性服务配套、非生产性服务配套以及基础设施配套，形成产业自行调节、资源有效聚集、企业核心竞争力充分发挥的一种多维网络体系。产业生态圈的构想，源自对城市产业空间布局问题的反思，着眼从源头上解决空间产业人口结构失衡，生产生活布局分离的问题。产业生态圈关注生产与生活的和谐共生，既体现产业的发展，谋求产业与资源环境承载力的动态平衡，又追求城市功能的多样性、吸引力和带动力。

产业功能区、产业生态圈建设是推动经济高质量发展的主要抓手，是事关城市发展转型和经济工作组织方式转变的一场深刻革命。强调以制度创新、政策创新、工作创新去推动产业层面、企业层面的科技创新、管理创新和商业模式创新，用一整套更加完善管用的政策机制去激发市场活力和社会主体活力。因此，产业生态圈理论对温江聚焦全面提升温江未来核心竞争力，构建全域健康产业生态圈具有重要指导意义。

4. 逆城市化理论

1976 年，美国学者 J. I. berng 首次提出了“逆城市化”概念：城市社会的人口中心发生变化，经济活动和政治影响力也由城市中心向外围地区转移。“逆城市化”是城市化发展到一定水平后城市功能自我优化、减轻空间压力的内在要求和必然冲动。同时，“分化”不仅表现在城市的传统产业和城市资源优势的转移，还意味着周边城市发展的重大机遇。由此形成中心城市与副中心及中小城镇彼此之间产业呼应、优势互补、良性循环的“城乡一体”发展新格局，使城市化在新的格局里持续发展。当前，成都进入新的城市发展周期，而温江这样传统近郊城市面临快速城市化进程，必将使温江进入高速发展阶段，发展机遇的把握决定了区域未来的方向。“逆城市化”理论对当前温江打造全国城乡融合发展试验新路具有重要指导意义，并将助推温江在逆城市化大环境中抢得发展先机。

（二）其他城市发展经验

1. 美国波士顿地区

美国马萨诸塞州是全球首屈一指的生物技术超级集群，州内有六大生物技术集聚区，拥有超过 550 家生物技术和制药公司。作为马萨诸塞州的核心，波士顿地区是全球最具活力的生物产业集聚区，涵盖新药研发生产、医疗健康产品、医疗器械设备等领域。区域内生物技术与制药企业超过 240 家，包括百健（Biogen）、诺华（Novartis）等全球知名企业。顶级科研和人才资源提供强大创新能力。波士顿地区拥有麻省理工学院、哈佛大学等世界一流高校，麻省总医院、新英格兰医学中心等优质临床医学资源，以及众多在生命科学、分子生物学、新材料和化学等相关研究领域引领世界的优势学科群和实验室。这三大基础与全球制药企业巨头、初创公司积极互动，形成引领当今医药领域最新发展趋势的研发模式“Bed - Bench - Bed”，即“临床—实验室—临床”，简称 BBB。政府财政和政策扶持支持科技成果转化。在产业扶持层面，当地政府在 2008 年推出马萨诸塞州生命科学计划，目标是在未来十年内投资 10 亿美元用于生命科学领域研究。政策扶持层面包括科研成果财政扶持和提供多种税收鼓励政策、融资途径和补助金，比如“创造就业鼓励项目”“研发税收减免政策”“马萨诸塞州新兴科技基金”等。政府还通过改善生活环境、社会福利和提供产业人才实践平台等方面来聚集创新人才，强化成果转化的能力。同时，科研院校也发挥一定的企业孵化功能，比如麻省理工学院的企业孵化中心为生物技术企业培养了大批科学家。

2. 新加坡启奥生命科学园

新加坡作为亚洲最大的生物医药产业集群之一，也是全球生物医药制造和研发重地。2019年，新加坡生物医学制造总产值已达到363亿美元，制药行业产值达到219亿美元，医疗器械行业产值达到144亿美元。国家层面战略支持、产业政策支持和完善的产学研转化体系成为推动产业集聚的驱动力。明确顶层设计规划，组建产业领导机构。2000年新加坡提出为期15年的生物医学科学计划，打造全球医药与医疗技术制造基地。2016—2020年新加坡政府又在RIE2020计划中将健康与生物医学领域作为战略领域之一，致力于打造全球人类健康领导中心。2000年6月，新加坡政府成立研究创新与企业委员会，下设生命科学执行委员会，由国际顶尖科学家组成国际咨询理事会为其提供战略建议，共同指导产业发展。构建研发扶持、税收优惠、人才培养等产业政策。新加坡每年在生物医学研发领域投入约15亿新币，并额外拨款37亿新币用于研发基础设施建设及创新型企业。在新加坡设立国际或区域总部的生物医药企业，可享受低至15%的企业税收优惠。推出"生命科学人力开发计划"，成立专门人才引进机构，并制定薪酬、税收、住房补贴、假期、子女入学补助、配偶工作等多种政策。科研资源支撑临床研究与产学研转化。新加坡拥有公立、私立和民间团体三种医疗机构，分别提供医院治疗，基层医疗和中长期护理三个层次的医疗服务，建设完成教育部、科技研究局、卫生部三个体系的多层次研究机构。此外，新加坡作为亚太经合组织良好临床规范（GCP）协调中心秘书处，吸引了赛诺菲、诺华等众多制药企业在此成立区域临床试验中心，推动产学研转化。

3. 上海张江高新区

张江药谷始建于1994年。目前，研发资源高度集聚、创新成果快速涌现、新技术新模式率先突破，已经建设成为全球瞩目的生物技术和医药产业创新集群。聚焦优势重点领域，加大自主创新力度。产业创新要素集聚、企业链条齐备、综合配套优势明显。君实生物的一类新药重组人源化抗PD－1单克隆抗体获批上市，成为首个国产上市PD－1产品；和记黄埔医药的一类新药呋喹替尼上市，是首个在国内自主研发的抗肿瘤新药；再鼎医药的尼拉帕利在香港上市，是全球第一个获批并适用于所有铂敏感复发卵巢癌患者的PARP抑制剂。同时，还有多个创新药物处于上市申请或临床III期阶段。MAH试点创新，在张江实现零的突破。张江药品上市许可持有人制度（简称"MAH"试点）、医疗器械注册人制度、创新药物及医疗器械审评审批改革、生物医药试验用研发材料便捷通关等多项制度创新使张江的新药创新环境进一步与国际接轨。资本市场活跃，产业链初步完成。全球制药企业10强中有6家，包括辉瑞、诺华、罗氏、强生、葛兰素史克、安进均在张江设立了区域总部或研发中心；在中国医药工业百强中，有15家企业包括扬子江药业、上海医药、齐鲁制药、复星医药等均在张江设立了研发中心和运营中心。目前估值在5亿元以上的"独角兽"和准"独角兽"企业超过60家，重点领域聚焦在现代生物治疗技术、化学药、肿瘤免疫治疗、影像诊断、微创介入与植入医疗器械等。2018年数据显示，张江生物医药基地核心园1.5平方公里内的生物医药企业已累计获得约17亿美元的投资。创新产业模式助推创新力度。张江药谷形成了从新药筛选、工艺路线设计、质量研究、药理药效研究、药代动力学研究、安全性评价、临床研究、中试放大、注册申请等药品研发上市过程的多个重要环节，且总量超过100个的创新服务平台。这些平台，助推一批中小微创新企业药物研发模式创新。

4. 浙江丽水

丽水作为全国首个生态产品价值实现机制试点城市，制定并实施了丽水市生态产品价值核算评估试行办法，并率先发布全国首个村级GEP核算评估核算报告，有"中国生态第一市"的美誉。"护绿"为本，确保生态价值保值增值。树立最严生态标杆，突出抓好"三个最"，即实施最顶格的生态标准、实行最严格的生态管理、探索最科学的生态补偿，始终保持空气质量、水质、森林覆盖率、林木保有率等生态环境指标的优势地位，确保生态环境持续保持全省最佳，地表水质全省最优、空气质量全省最佳，优良天数全省最多。“革绿”出新，强化生态文明制度供给。大胆开展创新探索，农村金融改革、“河权到户”“林权改革”等首创性改革获得成功，形成可复制可推广的丽水经验。“点绿”成金，探索价值转化多元路径。建立“生态+、品牌+、互联网+”机制，把旅游业作为第一战略性支柱性产业来打造，全面打响“秀山丽水、诗画田园、养生福地、长寿之乡”旅游品牌，生态旅游呈每年30%以上的“井喷式”增长。同时，大力发展环境适应性先进制造产业，充分释放生态产品价值。

第四章　温江建设践行新发展理念的健康公园城市示范区新高地的战略路径

（一）总体思路

——打造“建设践行新发展理念的健康公园城市示范区新高地”

围绕在新时代实现新崛起要求和建设全面体现新发展理念宜业宜居宜游的新中心城区发展定位，聚焦成都健康产业功能区、助推成都世界文化名城和国际化营商环境建设“三个重点”，以“五个之城”建设为具体路径，专注深耕大健康产业。努力在助推成都打造高质量发展重要增长极、建设践行新发展理念的公园城市示范区中走在前列、作出示范。

——打造创新驱动新高地

持续提升公园城市创新策源能力，紧紧围绕共建中国西部（成都）科学城、打造生命科学创新区奋斗目标，持续推进科技创新，构建最适宜科技企业成长和科研成果转化的创新环境，努力在打造“具有全国影响力的科技创新中心”中走在前列、作出示范。

——打造城乡融合发展新高地

积极抢抓国家城乡融合发展试验区建设机遇，以协调推进乡村振兴战略和新型城镇化战略为抓手，推动城乡统筹发展，实现各类要素资源高效配置，努力在“实现公园城市协调发展”上走在前列。

——打造绿色健康新高地

立足“南城北林”空间格局，突出“宜业宜居宜游”城市特质，全域打造健康产业公园、光华城市公园和生态田园公园“三大公园”，以生态场景营造为产业植入提供更多空间承载，实现生态价值转化，努力在“夯实公园城市绿色本底”上走在前列、作出示范。

——打造开放合作新高地

主动融入成渝地区双城经济圈建设和新时代西部大开发形成新格局等国家战略，坚持协作协同、优势互补原则，推动区域分工协作协同，全面提高经济集聚度、区域连接度和政策协同度，努力在“鲜明公园城市开放特色”上走在前列、作出示范。

——打造生态宜居新高地

紧扣建设高品质生活宜居地新定位，以市民需求为导向，提质打造学到温江、舒适到温江、健康到温江三大民生品牌，不断完善社会保障体系，持续推动社区发展治理，努力在“推动公园城市共建共享”上走在前列、作出示范。

（二）发展目标

坚持以习近平新时代中国特色社会主义思想为指导，坚定贯彻成渝地区双城经济圈建设战略部署，全面落实“一尊重五统筹”城市工作总要求，紧扣“一极两中心两地”战略定位，以建设践行新发展理念的公园城市示范区为统揽，以“五个之城”建设为路径，加快把国家战略势能转化为发展实效。紧紧围绕打造“国际健康产业高地、西部创新公园城市”总体目标，实施“三步走”发展战略。力争到2025年，温江公园城市建设成为全市样板，以“三医融合”为特色的现代产业体系和创新体系基本形成，成为西部领先的健康产业高地，要素市场化改革取得初步成效，城乡发展活力明显增强，多层次对外开放水平显著提升，基本建成高品质生活宜居地，在推动成渝地区双城经济圈建设中走在前列。到2035年，温江公园城市建设成为全国典范，全面建成“三医+大数据/AI”双向融合、双轮驱动的全域健康产业生态圈，成为全国一流的健康产业高地，要素自由流动制度畅通，城乡融合发展改革走在全国前列，参与国际合作能力显著增强，高品质生活宜居特质充分彰显，人民生活更加幸福美好，在推动成渝地区双城经济圈建设种成为示范。

第五章　“十四五”期间温江建设践行新发展理念的健康公园城市示范新高地的对策建议

（一）深化产业功能区建设，全力夯实“三医融合”产业

坚持以产业功能区为核心，推动新经济与三次产业深度融合、升级壮大，构建以“三医融合＋大数据/AI”为特色的现代化产业体系。

1. 纵深推进产业功能区建设

持续提升公园城市经济发展质效，坚定以产业功能区建设为抓手、以项目为中心组织经济工作。做大功能区产业链能级。以链群思维推动产业集群成势，深入研究大数据/AI、现代服务业和都市农业主攻方向、细分领域、目标企业和空间承载，持续加大招商引资力度，着力提升产业链完备性和企业集聚度。聚焦关键核心技术、协作配套能力、应用市场容量关键环节，招引一批行业龙头企业、重点企业、配套企业，推动优质项目和创新人才向温江聚集。完善产业功能区配套。实施产业功能区精细化筑基行动，提速推进载体建设。加快补齐功能区污水处理厂、停车场、给排水等基础设施配套。构建全生命周期价值服务体系，提供全方位代办服务，优化产业园区与运营主体，建立政府主导、市场运营的模式，推动园区向专业服务型机构转型。加快建设高品质科创空间。以成都医学城B区和农高园为主阵地，以“三医研发”和“农高创新”为主攻方向，构建“众创空间＋孵化器＋加速器＋高科技产业园”的全链条创新载体体系。围绕生物医药全产业链需求，重点争取大设施、布局大平台、实施大项目，瞄准主导产业、重大需求，加快争取一批“国字号”创新实验平台。主动参与川大创新药物开发集成攻关大平台子平台建设，全力支持国家高性能医疗器械创新中心四川分中心、国家精准医疗产业创新中心医疗人工智能平台建设。对标张江高科、深圳湾科技、苏高新等产业园区运营商，建立覆盖企业创业之初到企业上市的全链条服务支撑生态，在财务管理、产品规划、法律咨询、成果转化、品牌塑造等方面为企业“保姆式”服务。特别是要推动三医创新中心等现有科创空间从最基本的物业管理服务转型至企业综合服务、产业资源黏合、价值再造平台，吸引产业链上下游快速集聚，变“包租公”为“股东”，积极参与投资前景好、成长快的硬核科技项目。

2. 扎实推进产业升级提能。大力发展医药健康产业

学习借鉴波士顿、新加坡、上海张江等全球健康产业集群先进经验，主动探索与天府国际生物城、天府中药城、华西大健康产业功能区等市内生物医药产业园区在生物医药、医疗服务、数据信息共享、中药生产等领域开展协同合作、错位发展、有机融合，形成整体合力。构建创新驱动发展新模式。紧跟全球医药产业发展趋势，大力推动源头性创新，提升核心竞争力，着力打造“自主可控”的生物医药产业创新主阵地。创新“政＋企＋学＋研＋临床＋资本”相结合的合作模式，集聚温江区生物产业链上下游的企业、科研院所、高校、行业组织、医疗机构、投融资机构等产业和创新资源，围绕生物产业发展的重大需求，通过政府支持和社会化运作，与成渝等合作建设一批创新平台和研究基地，推动市场资源有效对接和高效整合。打造万亿级医药健康产业主阵地。突出产业特色，充分发挥成都医学城极核牵引功能，以生物技术药为重点布局全球化多级研发生产中心，支持企业重点开发新兴抗体、免疫治疗、基因治疗、检测试剂、干细胞治疗等创新药。建设国际临床研究中心，打造立足成都、覆盖西部、辐射全国、世界一流的GCP平台。抢抓CMO、CDMO行业从东部向西部转移的契机，支持知名CMO、CDMO机构在温江落地。构建涵盖基础研究、药物设计、临床前开发、临床试验、工业化生产的全链条创新体系。推动“三医＋大数据/AI”深度融合。抢抓四川建设国家数字经济创新发展试验区和成都建设国家新一代人工智能创新发展试验区重大机遇，大力推进新基建建设，聚集人工智能在医疗、新药研发、医疗器械等领域的跨界融合新场景，加大人工智能技术和产品的试点应用，高质量建设西部高端专业化医疗人工智能平台、标准测试数据集并推动共享。全面建设成渝地区双城经济圈“AI＋医药健康产业”发展的“智枢纽”，打造中国人工智能医药健康产业发展新高地。提升服务业发展能级。以现代服务业和先进制造业深度融合为导向，加快互联网医院、医药电商、医美健康、运

动康复等平台引进。提速发展生产性服务业，大力招引医疗服务、临床试验、研发设计、商务咨询等生产性服务企业和区域总部。其中，重点拓展医美健康消费，依托成都医学城开展医疗美容产品研发创新、生产制造；依托成都健康服务业集聚区，发展大型连锁特色专科医院，布局医美总部；依托现代农业高新技术产业园等，多点位布局整形修复酒店等特色业态，打造医疗美容康复旅游片区。同时，用好楼宇载体资源，依托珠江广场、新光天地等商业综合体，打造医美高端应用场景，选择“医美抗衰”“微整形”等一批有特色、前景广、潜力大的细分领域和关键环节持续发力，建设医疗美容关联的产品展示中心等，形成医疗美容服务机构聚集核，建设成为成都国际医美之都的主承载区。提质发展生活性服务业，制定促进消费升级扶持政策。做好城市营销，利用节庆活动塑造城市印象，讲好温江故事，造节、造会、造 IP，策划推出一批主题营销活动，形成多个波次、多个主题的密集营销声势。通过商圈场景塑造、消费热点培育、夜间经济示范建设等行动加快融入成都国际消费城市建设。特别是，把握好后疫情时代消费需求和结构变化，打造一批引爆效应的消费场景，借鉴学习太古里、大悦城、融创万达文旅城等商业综合体打造成功经验，盯住当前网络消费、体验式消费等消费新热点，加快提升商圈主题性、个性化、多元性的场景布局，助推温江区建设高质量发展的西成都消费中心。创新推动“新三农”发展转型。在创建国家农高园的基础上，主动对接中国农科院、基因所等资源，努力让现代都市农业区成为温江农村改革的“试验田”、农业技术的“推广站”、优质农产品品牌的“孵化器”和现代都市农业的“样板区”。打造现代都市农业硅谷。有效整合资源要素，以农高区创新中心为主要载体，加快构建环川农大、环财大等环高校知识经济圈，坚持出成果和用成果并举，把创新农业高新技术、培育农业高新技术企业、发展农业高新技术产业统一起来，全力抓好项目招引、促建、储备，引导各方资源集中、集约、集聚。深化花木供给侧结构性改革。推动花木产业转型发展，狠抓花木标准化体系建设，鼓励和指导企业打造标准化示范基地，引导花农对标种植，提高产品竞争力。抢抓“一带一路”发展机遇，立足成都、辐射全国、面向国际，着力打造集产品研发、进出口服务、花木交易、生态休闲为一体的花木进出口平台，建成国内最具影响力和吸引力的花木进出口集聚区。打造“智慧花木”，积极构建以花木电商平台为核心的“互联网 + 花木 + X”多业态联动发展格局。进一步加强生态价值向社会价值、经济价值的转化，把握“场景营城、产品赋能”的新机遇，激发花木产业发展新动能。创新金融产品，解决花木资产融资难；引入社会企业参与市场化处置，完善融资保障机制等多种方式，推动辖区内花木资源资本化，为花木产业转型发展注入新动力。以城乡统筹理念培育农商文旅体融合新业态。推动“农旅”融合，以争创国家全域旅游示范区和天府旅游名县为目标，按照“全城景区化景观化”思路，推动园子变景点、园区变景区，打造“花卉园林游览、高端民宿体验、运动健身体验、康养医疗服务”四大全域旅游场景，努力把温江打造成为成都市民假日近郊游目的地。推动“农养”融合，依托“三医”产业基础和生态本底优势，坚持“面向高端、业主自持、医养结合”发展方向，塑造具有温江特色的“农养”品牌。深入挖掘天府农耕文化脉络，推动非遗元素走进千家万户、融入生活场景、带动价值提升，培树乡村振兴的文化根基。大力培育发展新经济。聚焦区块链、5G、AI等战略性新兴产业构建新经济产业生态圈，持续发布城市机会清单和新经济产品。加快引进一批平台经济、总部经济、科技服务、信息传输、金融服务等高新技术企业和线上服务业头部企业。鼓励企业数字化转型拓展线上消费，大力发展电子商务、网络娱乐、在线教育、在线医疗、直播购物等新业态，推动新模式、新产业跨越发展。深入开展疫后产业转移和升级趋势研究，科学拆解产业链价值链创新链，全面梳理新经济重点产业本地配套情况，精准识别产业链“薄弱缺”环节，提升产业链本地配套能力，抓住疫情导致产业布局调整和供应链方式变革的机遇，创造条件支持本地企业提高生产和配套能力，吸引关键环节企业来温江发展。

（二）突出创新驱动，高效率推进开放合作进取格局

全力提升创新策源能力，坚持科技赋能高质量发展，加快推动质量变革、效率变革、动力变革。全力激发区域发展动能，统筹推进深化改革和对外开放，切实做强开放平台、做优开放环境，不断提升要素配置整体效率，为温江高质量发展蓄势赋能。

1. 深化政产学研用投全生命周期创新。大力培育硬核科技企业集群。围绕“三医+大数据/人工智能”产业体系，构建“科技型中小企业—高新技术企业—高成长企业—领军企业”成长路线图，实施“高新企业向规上企业迈进，规上企业向高新企业转型”的“双迈进”战略。加强高新技术企业梯度培育，充分发挥高新技术企业创新主力军作用，鼓励企业加大研发投入，推进科技研发和成果转化，提高产品附加值和市场占有率，持续增强企业创新力和竞争力。实施新经济企业倍增计划，聚焦生物医药、人工智能、大数据等 BAB 产业，重点发展校友经济、打造科技楼宇、建立飞地载体。着力打造创新人才高地。引进一批带团队的高精尖人才。依托药明康德、罗欣药业等龙头企业和三医创新中心等载体优势，重点引进一批生物药研发、基因编辑、精准医疗、生物信息学等领域的尖端团队。要在高端人才与企业之间互动中发挥好桥梁和纽带作用，为科技成果的转化、交流、提升创造不可或缺的载体。招引一批带项目的创新人才，重点引进带着创新“种子”来温孵化的海内外创业团队，大力聚集一批经营管理、资本运作方面的高层次创新创业专业人才；建立开放灵活科学的人才培养体制机制，激发现有专业人才创新活力，推动区域内人才结构自我完善。培育一批带技术的专业人才，要积极为企业和高校牵线搭桥，鼓励高校与企业联合开展科技创新、课题研究，共建研究生工作站联合实验室，拓展培训基地、双创基地、孵化基地等，推进产业技术人才联合培养、定向培养。高效能推动校院企地协同创新。以建设四川省科技成果转移转化示范区为契机，聚焦科技成果转化项目数量倍增、质量提升，加强校地企融合发展，瞄准国家重大战略需求和地方经济社会发展的现实需要，努力提升研究质量，为社会贡献更多高质量的创新成果。参照“斯坦福+硅谷”模式，依托驻温“双一流”大学，坚定不移市场化建设集科技成果交易中心、校友企业总部基地、校友企业加速器和产业园于一体的高新产业园区。组建专业化团队，发挥机构、专家、资本、市场的作用，构建科学规范的技术价值评估机制和体系，扩大高校知识产权交易中心的显示度和影响力。加速高校院所成果转化，大力支持高校院所深化“先确权、后转化”的职务科技成果混合所有制改革，加快构建以高校院所为核心，产业主体广泛参与、产研高效转化的创新生态链。强化金融要素支撑。借鉴学习苏州元禾、合肥政府投资基金运营模式，持续加力做优做强成都交子远洋健康产业母基金，打造支撑温江科创企业发展的母子产业基金集群，建立服务企业全生命周期的基金体系；招募高瓴资本、通和毓承、IDG、红杉资本、高特佳、倚锋等国内优秀的团队，精准搜寻高成长性优秀企业，做大项目资源库。

2. 稳步推进全面深化改革。深化营商环境制度改革。坚持将“营商环境”作为城市最大的竞争力来抓，加快出台全面优化营商环境政策 3.0 版。营造透明高效的政务服务环境。持续开展行政审批内部流程和外部流程再造，“内部”做到综合类事项“一窗、一门、一次”办理，砍掉一切不必要的环节和程序；“外部”做到审管协同，打破部门权限壁垒，优化跨部门的业务流程和办事流程，实现整体联动、高效运转，不断提升政务服务效率。深入推动“互联网+政务服务”，借鉴先发地区智慧城市建设的经验做法，加强互联网、区块链、人工智能、大数据等信息化手段运用，打破“部门分割”和“信息孤岛”，提升政府服务效能。打造有竞争优势的政策环境，始终保持产业政策在国内的竞争力和对企业的吸引力，鼓励社会资本参与政府投资项目建设，落实惠企减负政策。深化“信用温江”平台运用，探索企业轻微失信豁免机制；加强对中小微、个体工商户的法律援助和法律救济。营造大气包容的人才环境，推动人口政策将由追求规模的增长转向质量的提高，户籍政策、住房政策、人才政

策、公共服务政策要聚焦面向全球吸引青年大学生、高技能人才和新职业群体。加快推进城乡融合发展试验区建设。做好顶层设计，以实施乡村振兴战略探索公园城市的“乡村表达”，编制城乡融合发展试验区实施方案，重点围绕建立城乡有序流动的人口迁徙制度、集体经营性建设用地入市制度、农村产权抵押担保权能、城乡产业协同发展平台、生态产品价值实现机制五个方面开展先行先试，并积极探索科技成果入乡转化、农民持续增收、宅基地“三权分置”等改革试验。破解难题形成示范：学习借鉴深圳等地先进经验，加快建立乡村产业用地规划机制，尽快形成乡村产业用地用途清单、规划管理技术规范、消防人防配建原则、市政设施配套要求、报规报建费用标准，探索实行“标准地”供地模式，推动土地标准出让、标准施建、标准监管；积极创新户籍制度改革，加快建立健全城乡人口双向自由流动机制，制定新型农村集体经济组织成员管理办法，加快建立农村集体经营性建设用地社保体系，探索“项目＋集体＋个人”三方共同参与，构建以社会保险为主、商业保险为补充的“3＋2”社会化养老保障模式；加快出台农村集体建设用地、农村房屋、在地资产等涉农资产价值评估办法，形成分区分级土地交易市场指导价格，依法有序推进金融机构对农村承包土地经营权、集体经营性建设用地使用权、农民住房财产权、农村集体资产股权等抵押贷款。梳理形成一批支撑示范项目，加快形成吸引社会资本投资和农民高度参与的项目清单。

3. 持续扩大对外交流合作。主动融入川渝自贸试验区协同开放示范区建设，把自贸先行区建设作为提升温江产业核心竞争力的“加速器”，用自贸先行区的品牌价值和改革红利赋能产业发展提速提质。以制度创新推动自贸先行区建设。对标北京中关村、海南博鳌等先行地区，重点在推动医疗服务领域扩大开放、实现海关特殊监管区外的保税研发等领域借鉴学习。同时，加大原创制度创新力度，把建立进口研发物品全程监管体系、生物医药研发物品“一站式”服务模式、中欧班列花木全球供应链等作为下一步工作重点，力争形成可复制可推广经验。建立完善高质量推进自贸先行区工作机制。加快建设生物医药保税研发、生物医药离岸创新创业、药械成果转化、国际医疗服务、花木进出口五大基地，提升审批、通关便利化水平。在放权赋能上争取将部分省级、市级管理权限差异化下放温江，不断扩大“温江事、温江办”的范围。以办成“一件事”为标准进一步减材料、减环节、减时限，推动实现民生服务事项下沉下放、涉企服务事项容缺受理，让企业群众办事“像网购一样方便”。在通关效率上积极学习借鉴北京、上海等先行地区经验，以专业平台协助企业完成前置审批，以专家团队协助海关开展风险评估，搭建研发物品进口绿色通道。提升多层次对外开放合作水平。深度融入国家“一带一路”建设，统筹用好国际国内两个市场，建立外事、外资、外经、外贸、外宣、外智深度融合发展机制。加快中日（成都）城市建设和现代服务业开发合作示范项目推进，加快发展外贸新业态，集中招引一批外贸主体与外贸综合服务企业，支持企业加速发展跨境电商扩大外贸规模。加强与自贸试验区的协同发展，积极促成与海南博鳌乐城国际旅游先行区管理局签订合作协议，在新药使用、专家共享、成果转化等方面借助海南“国九条”政策优势，让西部地区的病患在温江就能够用上临床急需的境外医疗器械和药品。加强区域合作，全面融入成渝地区双城经济圈建设，紧抓巴南、温江生物医药产业同被纳入国家第一批“战略性新兴产业集群发展工程”机遇，推动成都医学城与重庆国际生物城在生物医药研发、制造等领域开展创新合作，尽快形成一批有显示度、有质效的合作项目。同时，积极与德阳、资阳、眉山、宜宾等省内城市开展协作。加强产业园区交流合作，主动与上海张江、武汉光谷、苏州生物园等国内先进生物医药园区建立战略合作关系，加强在生命健康以及“互联网＋”等领域开展优势互补、产业对接和上下游合作，积极承接先进产业转移，共同促进生产要素合理流动和优化组合，全面推动产业转型升级。

（三）提升城市发展承载能力，高能级打造便捷高效畅通体系

按照新中心城区定位和标准完善城市空间布

局和功能，提高城市综合承载能力，推进城市治理体系和治理能力现代化，形成信息化智慧监管、多元化社会共治的“共建共享共治”新格局。

1. 优化城乡空间布局形态。重组“南城北林”土地资源空间布局。以新一轮国土空间规划编制为契机，按照四级规划确定的“南城精明增长、北林精明收缩”导向，在“两规合一”的前提下，进一步系统重构全区建设用地、农用地空间布局。“北林”区域强化城市生态守护功能，探索“产业功能区+特色镇+川西林盘”发展模式，按照“临水、临绿道、临院落”布局建设空间和土地资源的原则，规划打造乡村经济发展带，开展川西林盘修复保护规划修编，启动建设生态田园创意小镇等特色镇（街区），实施江家院子等精品川西林盘保护修复项目，争创AA级以上林盘景区。“南城”区域强化城市极核功能和产业支撑，健全城市有机更新综合平衡机制，降低城市开发强度、建筑尺度、人口密度，提升产业层次和宜居品质。创新“南城北林”跨区域合作发展模式。开展产业共建，优化构建医养新生态，打造“南城三医+北林生态”双赢模式。加快北林环线产业植入和南城生态化研发、生产服务及生活场景打造，发展高端医疗、特色医疗，满足市民、游客、各类高端人群在温江医疗康养的需求，打造全国医疗旅游、康复保健、中医养生、医疗美容基地，建设成为宜居、医养、宜医的国际健康度假胜地。

2. 提升城乡治理精细化水平。深入推进智慧城市建设。创新探索云计算、区块链等新型科技赋能城市治理的新途径，以智慧治理中心为枢纽系统化打造城市智慧场景应用体系。推动5G应用试点示范工程建设——如5G智慧医疗、工业互联网、现代农业、智慧城市等试点示范工程，以5G多方面应用推动经济社会高质量发展。如创建绿色生活地图，通过日常数据采集、人流热量分析、消费导向研判等功能开发，为市民智能推荐最便捷、最经典、最简约的出行线路，让“云绿道”倡导的绿色低碳生活方式成为社会新风尚。深化城乡环境整治，持续开展背街小巷整治提升和城郊结合部整治。拓展“两拆一增”整治范围，结合大运会抓好场馆周边及主要通道沿线拆违增绿和增花添彩工程。开展生活垃圾分类示范街道建设，完成辖区内所有生活垃圾投放点改造。持续推进公厕增量扩面，重点抓好环卫公厕存量改造和薄弱区域统筹布点，深入推进社会共享公厕以及农村户厕改造。着力提升公共服务水平。持续擦亮“三到温江”品牌，加快推进公办学校、幼儿园建设，充分发挥民办品牌优势，不断形成与人口增长和市民需求相适应的教育资源供给体系。建立“南城”优质学校“一对一”托管帮扶“北林”学校捆绑考核机制，鼓励名校长、名教师到师资力量薄弱学校交流任职，促进南北教育优质均衡发展。深入实施改善医疗服务质量三年提升工程，推动区人民医院争创三级甲等综合医院，进一步提高全区医疗服务水平。特别是针对疫情暴露出来的公共卫生短板，要着力构建卫生健康治理体系，加快医疗设施短板项目包装，建强公共卫生应急队伍，全面提升应对重大突发公共卫生事件能力。加大城市基础设施领域补短板力度，加快重大交通设施建设，建立全方位系统化的交通规划建设机制，以轨道交通站点组织交通体系。推进城市街道一体化设计，打造景观美化、设施整合、层次分明的城市街道空间。统筹建设公共设施，推进优质公共服务均衡配置，学习借鉴上海浦东新区2.0版“悦享生活15分钟服务圈”，要做好从兜底保障的“基本公共服务”向更高品质的“非基本公共服务”拓展，营造更美好的“生活环境”。新建一批社区综合体，提供一站式的综合公共服务，坚持“设施嵌入、功能融入、场景代入”理念，运用花木打造社区微景观，探索社区营造新场景。

（四）筑牢公园城市宜居基底，高品位营造天蓝地绿亲水生态

着力提升公园城市品质、公共服务水平和城市管理能力，坚持生态优先、绿色发展，聚焦生态价值转化，努力让绿色生态投资成为最优质的资产，让生态产品供给成为最普惠的民生，进一步放大宜业宜居宜游城市影响力和吸引力。

1. 统筹推进公园城市先行区建设。着力提升公园城市品质。突出“生态型、高质量、人本化、有韧性”的公园城市可持续发展特质，深入

开展生态价值转化路径探索、实践创新，建立公园城市经济价值转化机制。创新建立绿道和慢行系统、生态湿地和川西林盘保护修复等重大生态工程可持续建设机制。畅通社会资本参与渠道，研究制定吸引社会资本和专业企业投资公园城市的制度办法。按照全域打造宜业宜居宜游公园城市的思路，完善公园城市规划建设管理导则，精准描绘温江公园城市蓝图，充分彰显宜业宜居宜游的城市特质，努力成为全市规划范本。塑造全域公园城市大美形态。立足“南城北林”空间格局，全域打造“三大公园”，塑造“人城境业”高度和谐统一的大美城市形态。加快编制公园城市示范区建设总体规划，完善“1+3+50+100”全域公园城市体系实践路径。创新公园城市场景营造，把场景营造作为满足市民美好生活向往的关键抓手，全面提升城市宜居性、体验感和美誉度。营造健康产业公园场景，通过“片区开发+滚动发展”等模式，启动药明康德周边（杨柳河沿线）生态化智造场景和三医创新中心周边生态化研发场景建设；营造光华城市公园场景，通过“两拆一增+有机更新”等模式，加快江安河（国色天乡—金河谷）段绿道建设，统筹改造光华公园，加快建设“温婉江安·十里光华”项目。营造生态田园公园场景，通过“点状供地+自愿撵地”等模式，优化完善鲁家滩公园项目方案，科学推进公园建设和生态修复，有序推进锦城公园（温江段）建设。抓实城市环境治理。以迎大运为主揽组织城市工作，全面推动城市风貌焕新，整体提升温江城市形象。着力城市绿化形态优化、道路节点美化、背街小巷净化、三轮车专项整治，加快大运会场馆周边及赛事沿线城市风貌品质提升，继续抓牢城郊接合部、违法建设、病害道路整治，持续推动“两拆一增”“一树一景”等重点工作。推动公园城市生态价值创造性转化。坚持“政府主导、市场主体、商业化逻辑”，在“南城”区域，通过连片开发实现生态价值转化，并结合TOD综合开发重塑经济地理、组织交通体系，提升城市形态、补齐基础设施短板，解决城市开发中的融资问题，秉持“产业生态化”理念，实施“引绿缀城、引水润城、引风贯城”工程，构建生产生活生态空间相宜、自然经济社会人文相融的公园城市形态，打造水绿交融、移步闻香的都市丽景。在“北林”区域，要秉持“生态产业化”理念，坚持全域景区化景观化，打造全域旅游要素齐全、结构完善、品质优良的“温江样本”。要与促进乡村振兴相结合实现生态价值转化，以道为导、串珠成链，吸引更多人流和资本向“北林”流动，提升区域价值。

2. 以公园城市引领绿色发展新路径。厚植绿色发展新动能。大力推进技术创新，加快完善以企业为主体的绿色技术创新体系，积极研发新型环保及书，加强国际技术交流合作，打造世界级的环境产业技术创新中心，提升产业核心竞争力。持续做强产业支撑，创造绿色产品新供给，加快发展壮大节能环保、清洁能源、循环利用产业，推出更多满足市场需求、符合绿色标准的新装备新产品。构建绿色经济新体系。坚持绿色发展理念和生态经济价值观，促进产业生态化和生态产业化，把生态优势转化为竞争优势、生态资源转化为发展资本。深入推动发展转型，培育一批绿色功能区、绿色企业、绿色产品和绿色供应链，创新生态价值转化机制，加快形成绿色生产方式和产业结构。完善生态文明建设目标评价考核制度，建立生态环境问题闭环处置机制。特别是，推动医药健康产业绿色发展，建立可视化的生物医药行业环境精细化治理标准体系，完善医药行业危险废物收集、贮存、转运管理办法。培育绿色生活新风尚。积极引导社会参与，大力培育绿色低碳文化和生活习惯，积极营造绿色出行、绿色消费、绿色休闲的生活场景和政策环境。优化调整城市能源结构，强化能源消耗总量和强度“双控”，持续推进节能减排降碳行动，实施清洁能源替代。全面落实新建民用建筑绿色建筑标准，大力推广绿色建筑。推进低碳产品认证，积极开展重点领域节能工程和绿色低碳示范单位创建，构建城市绿色低碳生活圈。

关于助推项目策划包装储备工作的调研报告

政协成都市温江区委员会主席 艾志秋

按照道明书记在区委十四届99次常委会议上提出的“区政协要加大协商和建言资政力度，为做好我区项目策划包装储备工作协商建言”的指示精神，区政协高度重视，立即组织相关领域政协委员围绕项目策划包装储备开展深入调研，区政协主席先后2次组织召开专题协商会，摸清情况，找准问题，提出对策。4月23日，区政协组织部分政协委员与区发改、区交通、区住建、区水务等相关部门开展专题协商，深入交流互动，委员们对做好项目策划包装储备工作提出意见建议，形成如下调研报告。

一、基本情况

区委、区政府高度重视项目策划包装储备工作，成立了领导机构，建立了政府性投资项目（含政府与社会资本合作PPP项目）策划包装“1+3+N”主体责任制，由区发改局作为牵头单位，统筹推进项目策划包装工作。社会投资项目由各园区、产业部门、镇（街道）为主体进行包装。近年来，我区不断完善项目策划包装工作机制，聚焦成渝地区双城经济圈建设、重点产业发展、新型基础设施建设、公共服务保障等重点领域，确定60个重大转化项目、40个重大策划储备项目，并常态化开展专题培训。2019年申报策划包装项目362个，完成精包装237个，转化纳入计划185个。

二、存在的主要问题

（一）进度缓慢的问题。相关责任单位普遍在下半年11月、12月集中申报，时间上明显滞后。2018年占62.1%、2019年占75.2%的项目都集中在11月、12月申报。2020年截至目前，仅申报了65个新增策划包装需求，并且提交区住建局、区交通运输局和区水务局完成初步审查的仅有30个项目，占比不到一半，同时缺少策划包装项目建设实施时序，初包装工作不到位，造成主要建设部门“返回”再论证，项目包装迟缓、进度缓慢严重制约了项目工作。

（二）数量不足的问题。目前“1+3+N”项目策划包装机制作用发挥不够，效果不明显，项目包装储备数量不足。部分责任单位对项目策划包装重视不够，未落实好部门牵头、专人负责，对该项工作统筹协调不够；对相关政策研究、策划包装项目的可行性、紧迫性研究不够。2020年到目前仅申报项目65个，完成初审项目仅30个，项目策划包装储备数量明显不足。

（三）质量不优的问题。调研中发现，提交初审通过率约52%，接近一半的初包装项目被淘汰或返回完善，合规性审查通过率仅30%，完成精包装并组织专家论证审查后，普遍存在投资估算较类似项目偏高，以及建设内容、规模、工法等阐述不清晰，难以审议投资估算合理性的情况，此类问题项目占开展审查项目匡算总投资的70%~80%，项目包装质量不高。

三、意见建议

（一）加强统筹合力推进，解决进度“慢”的问题

充分认识项目包装对我区抢抓宏观政策逆周期调节窗口期，争取政策资金、撬动社会资本、获取金融支持的重要作用，以落实“1+3+N”主体责任制为抓手，加快推进项目包装工作。

一是突出“1”的科学统筹，掌好加快推进“方向盘”。区发改局作为牵头单位，要统筹推进全区项目包装工作，加大指导督促考核力度，定期组织各实施单位、责任单位研究项目包装工作，及时传达国家及省、市项目支持相关政策，通报工作进度，围绕具体项目的包装策划开展专题研究，帮助责任单位解决项目包装工作中存在的问题，确保项目包装工作按照时间节点高质量顺利推进。

二是压实“3”的主体责任，画好加快推进“路线图”。区住建局、交通运输局、水务局作为项

目精包装单位，要强化责任落实，从项目实施的角度，利用自身专业优势，引领和帮助各责任单位在项目包装的过程中准确把握土地、规划、资金等要素保障情况，科学制定项目实施计划，提高项目可操作性，确保项目实施阶段不发生梗阻。

三是抓实“N”的基础作用，积蓄加速推进“驱动力”。全区其他部门、镇（街道）作为项目初包装单位。根据需求和目标任务开展项目初包装，深入研究政策，突出项目选择的合理性。要素保障部门要围绕包装项目做好提前谋划，为项目落地提供要素保障。各责任单位要增强推动项目包装工作的责任感和紧迫感，领导班子定期研究部署项目包装工作，明确牵头领导和科室，落实专人专班；按照目标任务加快推进项目包装工作，有计划、有步骤地实现项目储备、招商、促建、达产，发挥良好的经济社会效益。

（二）多点切入凸显优势，解决“量”的问题

目前，我区重点以资源为导向开展项目策划包装工作，路径窄、切入点少。建议突出前瞻性，从政策导向、项目特色、产业集群、市场导向、技术优势等方面多点、多路径做好项目包装，优先解决项目数量不足的问题，储备足够多的项目，待国家宏观政策出台后即可抢先一步组织实施。

一是突出政策导向。聚焦公共服务应急保障、民生保障短板、新型基础设施建设等政策引导的重点领域加快推进项目包装，抢抓机遇促进项目转化。如聚焦当前新基建领域和国家提出的四大方面支持项目。

二是突出项目特色。聚焦电子信息、人工智能、5G等新基建项目，彰显项目的特色和亮点，以独特的资源禀赋、前沿新技术应用、文化魅力、个性化产品设计、独特销售渠道等，使项目受到投资者青睐。

三是突出市场导向。摸准摸透企业需求和群众诉求，把准市场导向，充分考量项目的市场定位、市场前景，展现项目所具有的市场优势。对于5G等国家政策层面大力推动的项目建设，应由政府牵线为项目责任主体寻找市场、培育应用场景。

（三）深入研究系统论证，解决“质”的问题

围绕“为什么建、能不能建、建多大规模”，加强项目策划前瞻性、可行性研究，切实提高项目包装总体质量。

一是围绕“为什么建”，充分论证项目来源。从贯彻落实中央大政方针和省、市、区委决策部署、适应产业发展需求、满足民生诉求等角度出发，论证项目来源、立项依据，深入研究和分析项目背景及其必要性，使项目策划紧贴经济社会发展的实际需求。如围绕建设高品质科创空间、高品质产业空间，科学策划道路、管网等配套项目，包装河流生态公园项目，为产业聚集夯实基础。

二是围绕“能不能建”，充分论证项目实施条件。把准政策导向，着眼项目建设点位选址、用地区域城市空间规划、土地利用规划现状，以及项目建设相关技术标准、人才保障等要素，论证项目实施条件，为项目转化创造有利条件。

三是围绕“建多大规模”，充分论证项目未来效益。认真分析项目投资额度、服务半径和服务人群规模、未来市场前景、收入产出比等因素，并根据未来发展趋势，科学确定项目规模，切实提高项目包装审查通过率。

（四）加强培训完善考核，强化项目包装工作保障

一是强化考核，完善激励机制。区重大项目推进工作领导小组定期召开会议专题研究，将项目包装工作推进情况作为主要议题，对区级分管领导、“1+3+N”各责任单位承担的项目策划包装工作按季度进行排名并纳入绩效考核，逗硬奖惩，将过程考核与结果考核相结合，进一步完善项目包装考核机制，形成奖惩分明的正向激励机制。

二是借智借力，引入社会力量。坚持公开、公平、公正原则，引入社会力量参与项目包装，选取专业机构承担部分项目包装任务，实施全域范围包装，丰富包装实施主体，确保包装专业化水平，着力提高项目包装质量；鼓励高等院校、专业机构研究策划重大功能性、平台型和重大产业化项目，并给予经费保障，借智借力包装精品项目。

三是加强培训，提高工作水平。由区发改局牵头，区住建局、区交通运输局、区水务局、区规划和自然资源局配合，组织全区各部门、镇（街道）、园区管委会、区属国有公司开展项目策划包装专题培训，深入学习国家和省、市、区产业发展政策和项目包装的政策举措，学习发达地区先进经验，全面提高项目包装策划能力，为我区抢抓发展机遇、促进经济社会高质量发展奠定坚实基础。

大事记

1 月

9 日，中共成都市温江区委十四届十次全体会议暨区委经济工作会议召开。

10 日，在 2019 年度国家科学技术奖励大会上，成都医学城企业——成都美创医疗科技股份有限公司“微创等离子前列腺手术体系的关键技术与临床应用”科研项目获“国家科学技术发明二等奖”。

14 日，市委常委、统战部部长、市总工会主席吴凯等市领导来温走访慰问困难群众、专家人才、优抚对象等，为他们送去党和政府的关怀与温暖。

16 日，温江区“不忘初心、牢记使命”主题教育总结大会举行。

22 日，成都市第五人民医院、温江区人民医院等 6 家医疗机构设立发热门诊。

23 日，温江区新型冠状病毒感染的肺炎疫情防控指挥部成立，并启动第一轮全面排查。

28 日，市委常委、统战部部长、市总工会主席吴凯到温江督导新型冠状病毒感染的肺炎疫情防控工作。

2 月

2 日，市委常委左正到温江检查农村地区新型冠状病毒感染的肺炎疫情防控工作。

4 日，温江医护人员驰援湖北。

7 日，市委常委、统战部部长、市总工会主席吴凯到温江开展第二轮疫情防控工作专项督导。

8 日，温江区出台 16 条政策措施，切实缓解中小企业因疫情带来的生产经营困难，促进经济平稳运行。

同日，副市长曹俊杰到温江调研指导疫情防护用品生产保障工作。

12 日，副市长敬静调研温江区医院发热门诊工作情况。

13 日，市委常委、统战部部长、市总工会主席吴凯率队到温江走访慰问一线医务工作者和支援湖北医疗队成员家属。

18 日，省市场监督管理局党组书记、局长万鹏龙到位于温江区的四川艾医生医疗科技有限公司调研口罩生产情况。

19 日，省林业和草原局党组书记、局长刘宏葆到温江区调研。

20 日，副市长敬静到温江区就新冠肺炎疫情防控第三方检测机构病毒检测技术进行调研。

21 日，省妇联副主席李敏一行到温江区调研部分企业复工复产及妇女居家灵活就业基地工作情况，并慰问市五医院援湖北医护人员家属代表。

同日，“春风行动”——温江区首趟专车接送返温复岗人员。

25 日，市委常委、统战部部长、市总工会主席吴凯到温江区督导调研疫情防控和经济发展工作。

3 月

5 日，市委副书记、市长、市新冠肺炎疫情防控指挥部指挥长罗强率队到位于成都医学城的四川科伦药物研究院，督导检查疫情防控工作，开展推进生物医药产业发展现场办公。

6日，由市投资促进局、市政府驻京办事处、温江区政府主办的聚焦成都重点产业功能区网络直播推介会暨项目签约仪式“成都金温江　健康花园城”专场活动举行。签约9个项目，总投资达113亿元。

8日，成都医学城2020年第一季度重大项目集中动工暨联东U谷康复辅具产业园项目动工仪式举行。

9日，省药品监督管理局和省食品药品检验检测院与温江区政府共同举行的“医药产业高质量发展合作备忘录暨省药械化检验检测能力提升建设项目”签约仪式在温江举行。

12日，中国共产党成都市温江区第十四届纪律检查委员会第九次全体会议举行。

16日，温江农高园（生态旅游区）2020年第一季度重大项目集中开工暨极乐汤项目开工仪式举行。

19日，温江区累计报告新型冠状病毒肺炎确诊病例7例全部治愈出院，温江区确诊病例清零。

25日，成都地铁17号线一期工程顺利实现正线“长轨通”。

26日，健康服务业集聚区（现代服务业园区）2020年第一季度重大项目集中动工暨雅居乐雅悦里商业综合体项目动工仪式举行。

4月

8日，副省长杨兴平到温江区调研学校开学复课和疫情防控工作。

10日，川投金石四川康健股权投资基金签约仪式在成都温江举行，标志着全国首支省级防疫专项投资基金在四川成功发起设立。

14日，副省长杨兴平率队到温江调研高校和职业学校毕业生就业工作。

15日，省民政厅厅长益西达瓦率队到四川省温江区调研社区治理工作。

17日，省药品监督管理局成都医学城工作站揭牌仪式举行。

23日，温江区新经济新产品新场景首场发布会在成都医学城三医创新中心举行。

28日，“金温江·新智创”中国西部数智创新论坛举行。

同日，由市文明办主办的成都市新时代文明实践“云”读温江活动启动。

5月

5日，第六届成都开秧门农耕文化节在万春镇和林村举行。

9日，由京东集团、成都市农林科学院、四川惠森农科集团有限公司共同组建的“京东数字农业成都研究院”成功签约，并落户温江。

13日，温江区与成都医疗健康投资集团有限公司举行战略合作签约仪式。

19日，政协第十四届成都市温江区委员会第四次会议开幕。

20日，成都市温江区第十八届人民代表大会第五次会议开幕。

23日，新尚创智中心·高品质科创空间推介会举行。

26日，重庆市巴南区人民政府和成都市温江区人民政府推动成渝地区双城经济圈建设战略合作协议签约仪式在温江区举行。

月内，《小康》杂志社联合多个国家权威部门和专业机构，首次发布“2020中国县域全生态百优榜”，温江荣耀上榜，位列全国第六。

6月

2日，中交城投九联投资有限公司揭牌活动在温江区举行。

3日，成都医学城入选四川省首批院士（专家）产业园。

6日，温江急诊急救中心开诊。

8日，市委常委、组织部部长、社治委主任邓涛到温江调研党建引领社区发展治理工作。

16日，市委常委左正到温江调研“西控”高质量发展工作。

17日，由区政协主办的“最美逆行人”——

致敬温江援汉医务工作者书画作品惠赠仪式举行。

24日，副市长刘旭光到温江调研知识产权交易和防汛减灾工作。

29日，四川省全域旅游示范区创建工作暨推进会上，温江区被正式授牌为首批省级全域旅游示范区。

30日，电子科技大学“三医+AI”科技园项目动工暨四川脑科学与类脑智能研究院揭牌仪式在温江举行。

7月

7日，“温郫崇双龙”医保基金协同监管合作启动仪式在温江区举行。

8日，市领导左正、敬静、郝康理等率队先后到温江区依田桃源项目点位开展现场调研、交流学习。

11日，西南高校知识产权交易中心启幕典礼暨新尚创智中心高品质科创空间入驻仪式在温江举行。

14日，市政协副主席杨建德率调研组到温江区调研城乡融合发展相关工作筹划推进情况。

16日，省政协副主席、民盟四川省委主委赵振铣率调研组到温江开展“深化职业教育改革培育现代产业技能人才”专题调研。

同日，市委常委、副市长程伟率队到温调研民政工作和城乡社区发展治理等情况。

17日，“爱成都　迎大运”成都市第十四届运动会温江区代表团出征仪式在区体育馆举行。

18日，温江区人民政府与中华人民共和国锦城海关共同签署《关于共同推进成都（温江）花木（农产品）进出口产业发展合作备忘录》。

23日，市委常委、统战部部长、市总工会主席、市对口支援藏区工作领导小组副组长吴凯一行赴甘孜州色达县考察调研温江区对口帮扶工作。

27日，水利部副部长魏山忠率队到温江调研金马河岸线保护和利用。

29日，成都市2020年7月新经济产业功能区推介暨项目集中签约仪式在三医创新中心举行。5个新经济项目集中签约落户温江，计划投资总额达35.3亿元。

8月

5日，市委副书记朱志宏率队到温江调研成都医学城规划建设情况。

7日，以“共享新机遇　投资金温江”为主题的成都市温江区投资推介会暨项目签约仪式在广州举行。珠江投资首个CAZ项目落户温江。

8日，位于成都医学城A区的药明康德成都研发中心落成并正式投入运营。

同日，市人大常委会副主任陈建辉率督导组到温江督导防汛减灾工作。

9日，中国共产党成都市温江区第十四届委员会第十一次全体会议举行。

13日，市委常委、副市长程伟到温江调研城乡社区发展治理工作。

21日，以“共享新机遇投资金温江”为主题的2020温江农高园项目集中签约仪式暨投资机会发布会举行。9个项目集中签约，协议总金额69.6亿元。

28日，国家体育总局副局长李颖川、中国篮球协会主席姚明到温江调研中国女子篮球甲级联赛（WCBA）新赛季筹备情况。

月内，《小康》杂志社联合多个国家权威部门和专业机构，面向中国县城或基层行政单位，开创“百县榜单工程”，温江入选“2020中国最具幸福感百佳县市”榜。

9月

4日，温江区通过“成都市安全文化　建设示范区”复评。

11日，以“共享新机遇投资金温江”为主题的成都市温江区投资推介会暨项目签约仪式在深圳举行。拟投资160亿元的成都星河WORLD项目正式落户温江。

16日，成都医学城举行2020年项目攻坚集中签约仪式。现场共签约16个项目，协议总投资约124亿元。

17日，以“共享新机遇·投资金温江”为

主题的投资推介会暨项目签约仪式在北京举行。成都花木集中批发市场项目落户温江。

24 日，温江区科技创新大会召开。

10 月

10 日，四川省精神医学中心开诊试运行仪式在成都医学城 B 区举行。

13 日，温江区与海南博鳌乐城国际医疗旅游先行区签订推动健康产业高质量发展战略合作协议，成为四川省率先与海南博鳌建立合作关系的自贸协同改革先行区。

21 日，温江区人民政府与西南财经大学、成都中医药大学、成都师范学院举行共建附属学校集中签约仪式。

23 日，温江区和谐劳动关系促进会成立。

11 月

6 日，“爱成都·迎大运”2020 天府绿道自行车车迷健身节总决赛（成都·温江站）暨天府绿道健康骑游活动在温江北林绿道举行。

10 日，“成渝双城康养人才培育主题分享大会暨温江区第二届康养护理技能竞赛启幕仪式”举行。

16 日，温江区与中广核核技术发展股份有限公司战略合作暨环保产业总部及销售结算中心项目签约仪式举行。

同日，在“中国楼宇经济全球合作大会、中国商业地产行业年会‘成都之夜’交流颁奖晚会”上，温江区获“2020 中国楼宇经济投资高地城区奖”。

17 日，由民盟中央法制委员会、民盟中央卫生与健康委员会、民盟四川省委、民盟重庆市委共同主办的“2020 民盟法治论坛”在温江区召开。

18 日，2020 中国幸福城市论坛在杭州举行，温江获得“中国最具幸福感城市·活力创新之都”的殊荣。

20 日，第二届成都国际花木博览会在位于万春镇的成都花木（农产品）进出口贸易园区开幕。

同日，温江区顺利通过县域节水型社会达标建设现场技术评估。

月内，温江区获评四川省第五轮敬老模范区。

12 月

4 日，中国外商投资企业协会生物科技创新委员会、生物谷（北京）科技有限公司在温江区举行签约仪式。

18 日，地铁 17 号线一期开通，温江驶入“双地铁”时代。

21 日，省政府第 60 次常务会议同意认定成都台商投资工业园区为省级高新技术产业园区。

23 日，科技部批准建设成都国家农业科技园区，该园区位于成都市温江区。

月内，在《小康》杂志社主办的“2020 第十五届中国全面小康论坛”上，温江获评“2020 年度中国全面小康百佳示范县市”。

月内，在第八届中国民生发展论坛上，温江区“万名社区达人·共创生活场景”项目获评“2020 民生示范工程”。

综　述

概　况

【地理位置】 温江区地处成都平原腹心，东临成都市青羊区，南与成都市双流区相连，西与崇州市接壤，北与成都市郫都区、都江堰市相连，东西宽18.5千米，南北长33千米。区政府所在地柳城街道距成都市中心城区16千米、双流国际机场18千米。

【行政区划与人口】 2020年，全区土地面积276.14平方公里，建成区面积60.72平方公里。辖6个街道办事处、3个镇（镇同时挂街道办事处牌子），共95个村（社区），其中16个村委会、79个社区居委会（26个城市社区、53个涉农社区）。2020年，温江区登记人口1072579人，其中户籍人口529388人（占49.36%），其中流动人口543191人（占50.64%），全区人口密度为3872人/平方公里。全区户籍人口中，男性257978人（占48.73%），女性271410（占51.27%），男女性别比为95.0（以女性人口为100计算）。

【地形地貌河流】 温江境内地势平坦，无山无丘，平坦坡降3‰，最高处海拔647.4米，最低处海拔511.3米。地质构造稳定，地表为黏土，土层厚1～3米，其下主要为砾石层，承载力20吨/平方公里以上，适宜建筑。水系属都江堰自流灌溉水系，源于岷江内江水系，其支流江安河、杨柳河、清水河由西北向东南穿流过境。

【气候特征】 温江属亚热带湿润气候区，四季分明，气候温和，雨量充沛。2020年，温江辖区年平均气温为16.6℃，比历年（1991—2020年，下同）平均气温16.0℃偏高0.6℃；年极端最高气温为37.7℃，比历年极端最高气温36.3℃偏高1.4℃，全年最高气温高于35℃日数有4天；年极端最低气温为－2.8℃，比历年极端最低气温－4.3℃偏高1.5℃；年总降水量为1229.6毫米，比历年平均降水总量867.9毫米偏多361.7毫米，其距平百分率为41.7%；年总日照时数为939.3小时，比历年平均总日照时数990.3小时比较偏少51.0小时，其距平百分率为－5.1%。

2020年汛期先后出现了4次区域性暴雨天气过程，分别为“7月28—31日”“8月6—7日”“8月10—11日”“8月15—18日”，特别是“8月15—18日”持续性强降雨天气过程，全区出现特大暴雨6站，大暴雨5站，最大降水量出现在寿安，过程累计降雨量477.8毫米。

【道路交通】 2020年新开公交线路3条，优化调整19条。温江公交枢纽站开通班线业务，全区23条线路整体调整，全区城乡公交一体化发展水平达到省级AAAAA级。年末辖区内公路里程达821.7公里，其中等级公路794.74公里，高速公路26.96公里。全区全年完成客运量3132.86万人次，完成货运量116.8万吨。

国民经济和社会发展状况

2020年，温江以“建设全面体现新发展理念宜业宜居宜游的新中心城区”为总体目标，高质量建设“五个之城”，全年全区实现地区生产总值623.84亿元，三次产业结构比为：

3.7∶37.4∶58.9。规上工业增加值增长7.1%；固定资产投资增长8.3%。全年财政总收入167.81亿元，地方财政收入120.11亿元。全年城镇居民人均可支配收入49633元，农村居民人均可支配收入32635元。温江是西部（成都）科学城重要承载区、中国（四川）自由贸易试验区协同改革先行区，连续8年入选“全国综合实力百强区”，先后被评为“中国国际化营商环境建设示范区”“中国最具投资价值城区”。2020年12月，科技部批准在温江区建设四川成都国家农业科技园区。

【健康产业发展】 着力构建产业生态圈、创新生态链推动高质量发展，科技企业实现爆发式增长，新增国家高新技术企业63家，增长61.16%，新增科技型中小企业56家，增长34.14%；42家新经济企业入选成都市新经济梯度培育库，其中：博奥晶芯等4家企业认定为准独角兽企业，康德弘翼等38家企业认定为种子企业，4家企业、4名人才入选成都新经济“双百工程”。在研药物器械838个（其中新药184个、Ⅲ类医疗器械33个），在产药物器械199个（其中新药18个、Ⅲ类医疗器械34个）；科伦博泰等12个项目获得国家重点研发计划项目立项、209个项目获批省市科技项目立项；海思科Ⅰ类创新药环泊酚成为中国首个自主化合物创新静脉麻醉药物，百利药业GNC－038成为全球首个进入临床的四特异性抗体药物；抗击新冠肺炎疫情期间，76家科技企业提供了6类111个防疫产品。重大创新平台建设取得突破，新增百裕制药、航天烽火2家国家级企业技术中心，西南特色中药资源、西南作物基因资源发掘与利用2个国家重点实验室通过部省会商，国家高性能医疗器械创新中心四川省分中心落户园区并完成公司注册，四川大学AAV新药研发中心、成都比较医学研究院建成投运，博奥晶芯获批首家省级专家工作站，新增2家市级院士（专家）创新工作站；累计有国家级研发中心7家、市级以上研发机构219家、院士（专家）创新工作站15家。全年新增高品质科创空间20万平方米，累计达169万平方米；三医创新中心、三医智造中心纳入市级高品质科创空间建设规划；三医创新中心四期、中医大健康谷二期完成主体工程建设；电子科大“三医＋人工智能”科技园一期项目启动建设；新增省级孵化载体3家、市级孵化载体3家、离岸孵化基地2家；成都海峡教育科技产业开发有限公司在国家级科技企业孵化器评价中被评为优秀（A类）。组建90亿元健康产业母子基金群，在四川率先出台医养金融专项政策，成立全国首支省级防疫投资基金；深入实施人才优先战略，规划建设110万平方米人才公寓，引进两院院士、国家和省级专家等高层次人才150名，汇聚四川大学、电子科大、西南财大、川农大、中医大等15所高校院所各类科技创新人才20余万人。

【农创农旅农养融合发展】 温江以17.3万亩花卉苗木为生态本底，北林区域已实现全景公园化；促进农创、农旅、农养紧密融合，在花木转型升级方面重在打造“园艺＋”，以“新、奇、特、精”为发展方向，打造北林芳洲等林盘景区10个、紫薇双创公园等园子变景点示范项目15个，建成半亩方塘等精品民宿项目19个，引进重大农旅项目10个，总投资87.3亿元。温江区兴建北林绿道350公里，南城慢行系统348公里，实现城乡资源优势整合；按照“以道为导、穿珠成链”的发展思路，先后打造17个绿道门户节点，实现北林绿道与南城慢行系统有机融合、与市级绿道无缝对接，把绿道建设成为人流、物流、资金流导入的“经济道”。其中万花拾景园根据园内红枫、银杏、紫薇等花木特点，采用“十园不同景、四季不同园”的造园手法，打造出多个场景，确立了“农业＋旅游＋教育”的发展思路。温江区着力建通道、强配套、优风貌，不断提升“农商文旅体养”基础承载力，融合发展促增收；北林区域寿安镇天星村植物编艺公园以产业发展起公园体系，不断完善“吃、购、游、住”一体配套的旅游区功能，促进农创农旅农养融合发展。

【三大民生品牌建设】 温江区打造“学到温江”“健康到温江”“舒适到温江”三大民生品牌，形成企业和人才“想进来、宜生存、离不开”的创新生态。温江区加快“学到温江”品牌建设，新（改）扩建公办中小学（幼儿园）56所，新增学位3.6万个，引进成都市实验外国语学校等3所全国百强名校和北京二十一世纪学校等一批国际化学校，先后获“全国义务教育均衡区”等10项国家和省级荣誉；10月21日，温江区与西南财经大学、成都中医药大学、成都师范学院举行共建附属学校集中签约，将与西南财经大学共建3所附属学校，与成都中医药大学共建4所附属学校，与成都师范学院共建4所附属学校。温江区提升“健康到温江”品牌质量，截至年底，引进医学检验检测机构35家，占全市总数的50%以上，聚集三级综合医院5所，落地前海人寿妇儿医疗综合体、省精神卫生中心等特色精专科医疗机构10家，区人民医院投入使用，完成6个基层医疗机构改造提升；全区千人床位数达11.38张，排名全市第二，并高分通过国家卫生城市复审。温江区推进“舒适到温江”品牌升级，动工建设CBA国际赛事中心等公服设施项目200个，竣工126个，打造特色生活街区55条，畅通城市断头路23条，竣工投运公交枢纽2座，优化公交线路100余条，投放新能源公交160辆，公交500米覆盖率达90%；累计建成绿道及慢行系统261公里，城市建成区绿化覆盖率达到45.91%，温婉江安十里光华、鲁家滩湿地公园等一批公园城市示范场景梯次呈现，空气优良天数连年递增，较2016年增加83天，生态绿色的城市特质进一步彰显。

【中国（四川）自由贸易试验区温江协同改革先行区建设】 温江区充分利用中国（四川）自由贸易试验区温江协同改革先行区优势，在扩大开放能级、争取先行先试、破解产业堵点等方面取得了阶段性成效。成都医学城研发供应链服务平台揭牌，平台位于三医创新中心三期，总面积1300平方米，总投资900万元，包括生物医药研发进出口绿通公共服务平台、二级生物安全公共实验室、生物医药研发园区共享仓储物流体系三个功能板块；平台建立后累计为成都医学城内4家企业提供10批次样本、试剂等进口服务，将研发物品进口时间从平均2~3个月压缩至1~2周，节约了企业在审批和通关环节的时间成本。温江区联动海关搭建一体化监管平台，解决进口研发物品“进得来、管不住”的问题；积极探索综保区外生物医药保税研发实现路径，解决CRO（医药研发外包服务机构）“成本高、核销难”的问题；创新“信用评分”动态管理模式，解决医保领域“有盲区、监管难”的问题；与四川自贸试验区同步承接第三批省级管理权限，成功争取到差异化下放市级管理权限多项，“温江事、温江办”范围不断扩大。温江区推动协同开放，与博鳌乐城建立合作关系，将海南自贸港特许医疗政策延续至温江；主动融入成渝地区双城经济圈战略，借力重庆巴南国际公路物流优势拓展“川花”国际市场，探索自贸试验区与自由贸易港、西部内陆与沿海沿边协同发展新路径。

【成渝地区双城经济圈建设】 5月26日，成都市温江区人民政府和重庆市巴南区人民政府推动成渝地区双城经济圈建设战略合作协议签约仪式在温江区举行，标志着巴南区和温江区长期稳定战略合作关系的建立。两地党政机关、群团组织、企业园区先后开展30余次对接、40余个单位互访，签订各类协议53份，在职责领域积极确定合作项目，有力推动川渝合作走深走实，惠及双方。

【疫情防控和经济社会发展统筹】 2020年，面对新冠肺炎疫情冲击，温江区一手抓疫情防控，一手抓经济社会发展，扎实做好“六稳”工作，全面落实“六保”任务，统筹新冠肺炎疫情防控和经济社会发展。从2月起，探索“云洽谈”“云招商”，全年开展线上线下招商活动累计200批次，新引进高能级产业化项目完成全年目标的107%。全区成立工业、新经济、投资促进、服务业、文旅、农业、建筑业、重点项目8个企业复工专班，开展“送政策、帮企业、送服务、解难题”专项行动，全区26个部门（园区）共安排192名服务专员，定点服务525户重点样本企业，累计收集企业诉求2132个，办结率达99.85%。8月18日，成都CAZ等13个重大项目集中动工，总投资约111.3亿元；同一天，药明康德成都研发中心正式投入运营；9月，星河WORLD项目落户温江。

中国共产党成都市温江区委员会

区委全委会

【中共成都市温江区委十四届十次全会】 中国共产党成都市温江区第十四届委员会第十次全体会议，于2020年1月9日举行。全会由区委常委会主持。全会听取和讨论了区委书记王道明代表区委常委会作的工作报告，审议通过了《中共成都市温江区委关于提升温江城市治理能力和治理水平的决定》。王道明在会议结束时作了讲话，对当前和今后一个时期提升城市治理能力和治理水平进行安排部署，区委副书记、区长马烈红就经济工作作了总结安排，区委副书记李亦就决定（讨论稿）作了说明。全会充分肯定2019年区委常委会的工作。一致认为，一年来，区委常委会坚持以习近平新时代中国特色社会主义思想为指导，深入贯彻习近平总书记对四川及成都工作系列重要指示精神，全面落实党中央和省委、市委各项决策部署，持之以恒推进“五个之城”建设，重点抓了“不忘初心、牢记使命”主题教育、庆祝新中国成立70周年系列活动、学习宣传贯彻中共十九届四中全会精神、镇（街道）行政区划调整和体制机制改革、构建国际化营商环境、深入谋划纵深推进产业功能区建设六件大事。统筹抓好稳增长、促改革、惠民生、防风险、保稳定和党的建设各项工作，全力推动经济高质量发展、系统推进全面深化改革和高水平对外开放、全面推进美丽宜居公园城市建设、扎实推进乡村振兴战略、持续用力增进民生福祉、深入推进高效能社会治理、大力发展社会主义民主政治、纵深推进全面从严治党，全区经济稳中向好、综合实力提升、城市品质改善、社会和谐稳定。全会指出，党的十九届四中全会是我们党站在“两个一百年”奋斗目标历史交汇点上、在新中国成立70周年之际、在中华民族伟大复兴关键时期，召开的一次具有开创性、里程碑意义的会议。会议重点研究了坚持和完善中国特色社会主义制度、推进国家治理体系和治理能力现代化的问题并作出决定，深刻回答了“坚持和巩固什么、完善和发展什么”这个重大政治问题，是新时代坚持和完善中国特色社会主义制度、推进国家治理体系和治理能力现代化的政治宣言和行动纲领。省委十一届六次全会对推进城乡基层治理制度创新和能力建设作出的重大部署，是对标对表中共十九届四中全会精神、着力提升四川城乡基层治理能力水平的具体实践，对构建新时代四川基层治理新格局、加快全省治理体系和治理能力现代化、夯实推动治蜀兴川再上新台阶的基层基础，具有十分重要的意义。市委十三届六次全会就建立完善全面体现新发展理念的城市现代治理体系进行了安排部署，为探索具有中国特色、成都特点的现代城市治理新路，加快建设全面体现新发展理念的城市提供了有力保障。全区上下要把学习宣传贯彻中共十九届四中全会精神作为重要政治任务，全面学习贯彻省委十一届六次全会、市委十三届六次全会精神，聚焦经济运行、基层治理、生态提质、民生补短等重点领域，建立一套与温江城市发展阶段相适应、既立足当下又着眼长远的制度体系，为纵深推进“五个之城”建设提供有力保障。全会指出，区第十四次党代会以来，温江坚持以新思想引领城市发展方向，以新理念统揽城市工作全局，以“五个之城”建设为发展路径和重要支撑，加快建设全面体现新发展理念宜业宜居宜游的新中心城区，为构建符合时代要求、具有温江特色的城市治理体系积累了有益经验，主要有：必须坚持党对城市工作的全面领导，坚持以创新发展理念重塑城市转型发展新动能，坚持以协调发展理念构筑城市永续发展空间，坚持以绿色发展理念厚植城市生态本底，坚持以开放发展理念增强城市竞争新优势，坚持以共享发展理念开创共建共治新局面，坚持党建引领城乡社区发展治理确保城市安全、社会安定，坚持弘扬以“进取”为内核的城市精神提升干部群众勇为争先、干事创业强大气场，坚持全面从严治党持续巩固风清气正良好政治生态。这些有益经验为温江提升城市治理能力和治理水平奠定了坚实的工作基础。全会指出，提升温江城市治理能力和治理水平，必须坚持以马克思列宁主义、毛泽东思想、邓小平理论、“三个代表”重要思想、科学发展观、习近平新时代中国特色社会主义思想为指导，增强“四个意识”，坚定“四个自信”，做到“两个维护”，以党的建设为引领，以群众需求为导向，以深化改革为动力，着力补短板、强弱项、建机制、提能力，全面加强系统治理、依法治理、综合治理、源头治理，把制度优势更好地转化为城市治理效能，为建设全面体现新发展理念宜业宜居宜游的新中心城区、实现新时代温江“三步走”战略目标提供有力保障。总体目标是：到2021年，在城市治理体系上形成一整套更加完善的制度，构建形成多元参与的城市治理结构，初步形成城市秩序、城市活力与城市能级协同共进的生动局面；到2035年，基本实现城市治理体系和治理能力现代化，形成与建设全面体现新发展理念宜业宜居宜游的新中心城区相适应的治理机制和治理效能；到本世纪中叶，全面实现城市治理体系和治理能力现代化，为建设可持续发展的现代化新温江提供强有力的制度保障。全会强调，提升温江城市治理能力和治理水平，必须紧扣“坚持和巩固什么、完善和发展什么”这个重大政治问题，全面对标对表、系统归纳把握、整体谋划推进。要建立完善新思想武装新理念引导体系，深化对新思想新理念的学思信仰和创造力行，确保城市沿着正确方向前进。要建立完善创新发展制度体系，以科技创新引领市场方向、以精准施策引导市场预期、以营商环境激发市场活力，推动经济高质量发展。要建立完善协调发展制度体系，深化区域协同发展和城乡融合发展，促进各类要素合理流动和高效利用，全面提升城市引领力辐射力带动力。要建立完善绿色发展制度体系，优化公园城市生态规划建设制度，创新生态价值创造性转化机制，实行最严格的生态环境保护制度，加快建设宜业宜居宜游的公园城市。要建设完善开放发展制度体系，高质量建设自贸试验区协同改革先行区，统筹用好国际国内两个市场，建立健全对外交流合作机制，构建立体全面开放新格局。要建立完善共享发展制度体系，创新公共服务精准供给机制，持续筑强“三大民生品牌”，着力优化社会保障制度，更好满足市民美好生活需要。要健全社会治理制度体系，进一步完善“红线内外”治理力量工作体系，构建“一核三治、共生发展”城市邻里共同体。要建立完善文化建设制度体系，坚持以文化人、以文立城、以文兴业，持续提升温江城市文化软实力和影响力，助推成都世界文化名城建设。要建立完善法治保障体系，坚持党对全面依法治区的领导，切实把法治思维和法治方式贯穿城市治理各方面全过程，全面提升依法治区能力。要建立完善权力运行监督制度体系，切实增强监督严肃性协同性有效性，巩固发展风清气正干事创业良好政治生态。要建立完善提升城市治理能力和治理水平的保障体系，着力提高组织领导能力、制度执行能力、社会参与能力、新科技赋能城市治理能力，凝聚建设全面体现新发展理念宜业宜居宜游的新中心城区合力。全会强调，2020年是高标准全面建成小康社会、完成“十三五”规划目标的收官之年，是实现新时代温江“三步走”战略第一步目标，加快建设西部领先的健康产业高地、基本建成全面体现新发展理念宜业宜居宜游的新中心城区的决胜之年，也是系统开展“十四五”规划、谋划未来发展蓝图的关键之年。全区上下要深入贯彻落实党中央和省委、市委决策部署，紧扣高标准全面建成小康社会目标，坚持稳中求进工作总基调，坚持新发展理念，坚持以供给侧结构性改革为主线，坚持以改革开放为动力，坚持高质量发展、高品质生活、高效能治理相统一，纵深推进“五个之城”建设，全面提高城市治理能力和治理水平，为“金温江”在新时代实现新崛起奠定更加坚实的基础，为全市发展大局作出新的更大贡献。全会强调，区第十四次党代会以来，区委团结带领全区干部群众，坚定践行新发展理念，以创新的精神和改革的勇气，大胆探索攻克各种困难挑战的办法措施和制度机制，不断取得“五个之城”建设新成就。实践证明，制度就是第一生产力。推动经济高质量发展、实现城市高效能治理、创造人民高品质生活，必须紧紧依靠制度的力量。要聚焦经济高质量发展推动制度终端见效，优化完善产业功能区管理运营机制、招商引资工作机制、项目促建工作机制和政策精准供给机制，持续深化“1+3+N”项目策划包装主体责任制，为纵深推进三医融合产业之城提供有力保障。要聚焦转换发展动能推动制度终端见效，深化政产学研用投协同创新机制，建立完善高质量推进自贸试验区协同改革先行区工作机制，优化完善营商环境建设机制，为纵深推进创新开放进取之城提供有力保障。聚焦提升通达能力推动制度终端见效，构建全方位系统化交通规划建设机制，优化完善高效能交通管理机制，为纵深推进便捷高效畅通之城提供有力保障。要聚焦生态价值转化推动制度终端见效，加强一体化规划设计，构建独具温江特色的公园城市体系，建立公园城市统筹推进工作机制和经济价值转化机制，为纵深推进天蓝地绿亲水之城提供有力保障。要聚焦创造美好生活推动制度终端见效，持续深化社区发展治理，建立完善群众思想文化引导体系，为纵深推进文明和谐幸福之城提供有力保障。全会强调，建设一座有希望、有未来的城市，需要一支充满激情、敢于担当、善作善成的高素质专业化干部队伍。全区广大党员干部要努力提升能力、增添动力、拔高标准，合力推动温江经济社会各项工作取得新进展新成效。要在学习能力上下功夫，立足岗位学、对标先进学、头脑风暴学，不断增强学习本领。要在目标考核上下功夫，完善个人绩效管理制度，建立产业功能区、镇（街道）对职能部门逆向考评制度，健全“谁了解、谁评价”多维度评价制度，实现全方位全员化精准考核、全链条全覆盖务实督查。要在压力传导上下功夫，强化“下管一级”机制，完善“罚到心痛”压力传导办法，养成以上率下工作习惯，切实把压力转化为动力，促进工作，提高质量。要在正向激励上下功夫，畅通能上能下的选任渠道为想干者搭舞台，传递关心关爱的组织温度为干成者设奖台，营造容错纠错的干事氛围为敢干者做后台，推动形成干事创业浓厚氛围。全会号召，全区各级党组织和广大党员干部群众要高举中国特色社会主义伟大旗帜，紧密团结在以习近平同志为核心的党中央周围，全面贯彻党中央和省委、市委各项决策部署，不忘初心、牢记使命，实心干事、科学作为，不断提升温江城市治理能力和治理水平，为纵深推进“五个之城”建设，助推成都建设全面体现新发展理念的城市，助力治蜀兴川再上新台阶，实现中华民族伟大复兴的中国梦而努力奋斗。

【中共成都市温江区委十四届十一次全会】 中共成都市温江区第十四届委员会第十一次全体会议，于2020年8月9日举行。出席全会的有，区委委员33人，区委候补委员5人。区纪委常委、区监委委员和有关方面负责人列席会议。区第十四次党代会代表中部分基层人员也列席会议。全会由区委常委会主持。区委书记王道明作了讲话。全会坚定以习近平新时代中国特色社会主义思想为指导，深入学习贯彻中央财经委员会第五次、第六次会议精神以及省委十一届七次全会、市委十三届七次全会精神，审议通过了《中共成都市温江区委关于坚定贯彻成渝地区双城经济圈建设战略部署的决定》。区委副书记、区长马烈红就决定作了说明。全会指出，成渝地区双城经济圈建设是习近平总书记亲自谋划、亲自部署、亲自推动的国家重大区域发展战略。习近平总书记在中央财经委员会第六次会议上的重要讲话，深刻阐明了推动成渝地区双城经济圈建设的重大意义、总体思路、基本要求和重点任务，充分体现了把握大势、统揽全局的深谋远虑和战略决断，体现了对成渝地区的深切关怀和殷切期望，为新时代成渝地区高质量发展擘画了美好蓝图、提供了根本遵循。省委十一届七次全会专题研究部署推动成渝地区双城经济圈建设，提出了一系列重大思路、重大部署和重大举措，科学回答了成渝发展共兴“怎么看”“怎么干”等重大问题，是全省推动成渝地区双城经济圈建设的政治宣言和行动纲领。市委十三届七次全会聚焦“一极两中心两地”目标定位，就主动融入“双循环”、齐心唱好“双城记”、加快建设高质量发展增长极和动力源进行了全面系统安排部署，明确提出了“两步走”发展目标和“六大重点任务”，为成都当前和今后一个时期的工作明确了具体路径。全会指出，建设践行新发展理念的公园城市示范区是习近平总书记赋予成都的一项重大国家使命。自2018年习近平总书记到四川视察，到2020年中央财经委员会第六次会议召开，成都从公园城市“首提地”到公园城市“示范区”，既是习近平总书记对成都探索公园城市形态的充分肯定，也是对践行新发展理念城市表达的更大期望，对于成都推动高质量发展、加快迈入世界级城市行列，具有十分重要的意义。省委十一届七次全会提出，成都要以建设践行新发展理念的公园城市示范区为统揽，加快形成引领高质量发展的增长极和动力源，为成都发挥“主干”引领辐射带动作用指明了方向和重点。市委十三届七次全会提出，建设践行新发展理念的公园城市示范区，要努力“在四个方面先行先试”，在中国特色新型城镇化道路上创新突破、引领示范，为全市加快建设践行新发展理念的公园城市示范区明确了路径和方法。全会指出，区第十四次党代会以来，区委坚持以新思想引领城市发展方向，以新理念统揽城市工作全局，纵深推进“五个之城”建设，与党中央和省委、市委精神要求一脉相承，与“一极两中心两地”目标定位和建设践行新发展理念的公园城市示范区内在要求完全契合。全区各级党组织和广大党员干部要坚持以习近平新时代中国特色社会主义思想为指导，持续增强“四个意识”、坚定“四个自信”、做到“两个维护”，坚定贯彻成渝地区双城经济圈建设国家战略，自觉担当建设践行新发展理念的公园城市示范区国家使命，坚持既定发展思路和目标定位不动摇，以“五个之城”建设为路径，加快把国家战略势能和国家使命机遇转化为发展实效，在推动成渝地区双城经济圈建设和践行新发展理念的公园城市示范区建设中走在前列、作出示范。全会强调，落实国家战略和国家使命，必须持续提升公园城市经济发展质效，坚定以产业功能区建设为抓手、以项目为中心组织经济工作，努力在打造“具有全国影响力的重要经济中心”中走在前列、作出示范。要以链群思维推动产业集群成势，深入研究大数据/AI、现代服务业和都市农业主攻方向、细分领域、目标企业和空间承载，持续加大招商引资力度，着力提升产业链完备性和企业集聚度。要以集约导向推动资源高效利用，着力抓好闲置土地高效利用、低效企业提质增效、国土空间优化调整“三项任务”，全力提升经济发展密度和质效。要以长远眼光推动重点区域突破，加快成都医学城金马片区、药明康德产业空间、电子科大永宁校友产业园、光华CBD区域、TOD区域等起势见效，做强“十四五”时期温江经济增长点，夯实温江发展基础。全会强调，落实国家战略和国家使命，必须持续提升公园城市创新策源能力，围绕共建中国西部（成都）科学城、打造生命科学创新区奋斗目标，持续推进科技创新，构建最适宜科技企业成长和科研成果转化的创新环境，努力在打造“具有全国影响力的科技创新中心”中走在前列、作出示范。要全面增强实施创新驱动战略的紧迫感，从国际形势、国情实际和温江自身三个维度，深刻把握科技创新的重大意义，形成谋创新、抓创新的共识与合力，依靠科技创新，破解温江发展难题、厚植温江发展优势。要科学谋划温江推进创新驱动战略的实践路径，多举措培育硬核科技企业集群、高效能推动校院企地协同创新、市场化建设高品质科创空间、以最崇高礼遇汇聚高层次人才，引领温江科技创新聚势成效。全会强调，落实国家战略和国家使命，必须持续提升公园城市改革开放水平，切实做强开放平台、做优开放环境，不断提升要素配置整体效率，努力在“打造具有全国影响力的改革开放新高地”中走在前列、作出示范。要加快建设自贸试验区协同改革先行区，全力抓好对上争取，不断强化制度创新、切实做强平台功能、加大协同开放，努力在新一轮对外开放合作中争当排头兵。要持续优化国际化营商环境，打造国际化营商环境3.0升级版本，不断强化政策供给、服务质效、法治保障，努力为企业健康发展提供良好环境。要深入推进国家城乡融合发展试验区建设，加快建立乡村产业用地规划机制、农村集体经营性建设用地社保体系、城乡有序流动人口迁徙制度，深入推进农村宅基地“三权分置”改革，努力形成一批可复制可推广的改革经验和创新举措，为全国城乡融合发展贡献温江样本。全会强调，落实国家战略和国家使命，必须持续提升公园城市宜居生活品质，坚持以人民为中心的发展思想，统筹推进公园城市建设、民生品牌塑造、现代城市治理，努力在打造“具有全国影响力的高品质生活宜居地”中走在前列、作出示范。要着力提升公园城市品质，注重把握公园城市建设与人居环境提升、片区综合开发、促进乡村振兴“三个结合”，突出抓好规划编制和示范建设，充分彰显宜业宜居宜游城市特质。要着力提升公共服务品质，以深入实施高品质公共服务设施体系建设改革攻坚计划为统揽，持续深化“学到温江”“健康到温江”“舒适到温江”品牌塑造，增强公园城市宜居度和吸引力。要着力提升治理水平，坚持共建共治共享，持续深化党建引领社区发展治理，扎实开展“爱成都·迎大运”专项行动，加快现代治理方式变革，为城市美好生活奠定坚实基石。全会强调，落实国家战略和国家使命，必须深入贯彻新时代党的组织路线，充分发挥党总揽全局、协调各方的领导核心作用，构筑起推动温江高质量发展的坚强保障。要着力加强基层党组织和干部人才队伍建设，坚持以组织体系建设为重点，大力培养忠诚干净担当的高素质干部，集聚爱国奉献的各方面优秀人才，最大限度汇聚起推动工作的磅礴力量。要着力加强党员干部思想引领和理论武装，围绕增强党员干部队伍拼搏进取精神动力，强化理想信念教育和科学理论武装，大力营造干事创业氛围，推动党员干部筑牢信仰之基、把好思想之舵、激发奋斗之志。要着力加强党风廉政建设，聚焦提能增效抓监督、聚焦“四风”问题抓整治、聚焦崇廉拒腐抓教育，把全面从严治党推向深入，切实以严明的纪律保障全区各项工作有力有序有效开展。要着力加强统一战线工作，充分发挥各民主党派作用、民营企业作用和群团组织作用，凝聚人心力量、画好最大同心圆。全会强调，抓好党中央关于推动成渝地区双城经济圈建设决策部署和省委十一届七次全会、市委十三届七次全会、区委十四届十一次全会精神的学习宣传贯彻，是当前和今后一个时期全区的重要政治任务。全区各级党组织和广大党员干部要精心组织、周密安排，深入学习宣传贯彻习近平总书记重要讲话精神和省委、市委、区委全会精神，准确把握各项决策部署和重点任务要求，持续增进社会共识、凝聚社会力量，全力推动各项工作走深走实、落地见效。要清醒认识当前面临的形势任务，慎终如始抓好疫情防控，突出抓好“六稳”“六保”工作，全面做好精准脱贫“回头看”，认真谋划推进“十四五”规划编制，统筹做好安全生产、防汛减灾等工作，为融入“双循环”、唱好“双城记”、建好“示范区”、夺取“双胜利”奠定坚实基础。全会号召，全区各级党组织和广大党员干部要更加紧密地团结在以习近平同志为核心的党中央周围，高举中国特色社会主义伟大旗帜，全面贯彻落实党中央和省委、市委、区委决策部署，以更加饱满的政治热情、更加昂扬的进取姿态、更加顽强的工作作风，奋力夺取疫情防控和经济社会发展双胜利，为推动成渝地区双城经济圈建设，为成都建设践行新发展理念的公园城市示范区、加快建设高质量发展增长极和动力源贡献更多温江力量。

区委常委会会议

1月6日，区委召开常委会会议，传达学习中央和省委、市委有关会议精神，安排部署温江区贯彻落实措施。区委书记王道明主持会议并讲话。会议听取了温江区学习贯彻习近平总书记到四川视察重要指示精神情况汇报。会议指出，2019年全区上下持续深入贯彻落实习近平总书记对四川及成都工作重要指示批示精神，明确了工作任务、主要目标、具体措施、完成时限、责任单位和牵头领导，形成了四个方面41项任务清单，截至2019年12月底，41项任务清单均全面达到了目标进度，切实做到了学习领会、宣传贯彻精准落实到位，保障了习近平总书记到四川视察重要指示精神在温江落地落实。会议强调，要抢抓“推动成渝地区双城经济圈建设”这一重大历史机遇，主动对接宏观政策和省市的战略部署，积极担当作为，以更高的站位、更宽的视野来谋划温江“五个之城”的纵深推进，力争在高质量发展中走在全省、全市前列。成都医学城要聚焦“三医+大数据/AI”，温江农高园要重点发展农业高新技术，不断增强成都医学城和温江农高园的国际竞争力和区域带动力。要坚守南城北林永续发展空间格局，加快推进“1+3+50+100”全域公园城市体系建设，统筹做好绿道及慢行系统的建设、管理、运营、培育和植入消费场景，提升城市品质和对优秀企业、优秀人才的吸引力。要深入落实省委“四向拓展、全域开放”战略，积极对接成都国际陆海新通道建设，持续深化与成都国际铁路港联动，全力推动温江产品走出去。要深入推进国家城乡融合发展试验区建设，率先建立与之相对应的政策体系和制度机制，推动改革红利尽快落地，尽快转化为赋能“农创、农旅、农养”融合发展的比较优势，加快实现生态价值向经济价值转化。要持续抓好“不忘初心、牢记使命”主题教育，切实推动问题整改和调研成果转化，不断巩固发展风清气正、干事创业的政治生态。会议传达学习了国务院总理李克强到四川出席第八次中日韩领导人会议并在四川开展调研有关指示精神，研究温江区贯彻落实工作。会议要求，要实施创新驱动，培育发展城市新动能，大力培育和发展新经济，围绕区块链、人工智能、大数据等技术前沿，加快发展“三医+”特色新产业、新业态、新模式，加速推动新旧动能转化。要聚焦放管服改革，持续深化国际化营商环境建设，坚持对标对表和问题导向，优化营商环境条例，加快制定全区进一步提升营商环境的工作方案。要完善金融服务，积极培育支持民营经济发展，全面摸清全区现有民营企业、融资服务机构、产品运行和相关政策落实情况，找准温江区民营企业融资难、融资贵的主要问题及原因，研究有效的解决办法和举措。要恪守为民情怀，做好温江区农民工的相关工作，确保农民工暖心过节。会议传达学习了十三届市委常委会第118次会议精神，安排部署了全区1月重点工作。会议要求，要持续宣传贯彻落实好中央省市会议精神，结合温江实际，抓好贯彻落实统筹。要抓好成都第31届世界大学生夏季运动会有关工作安排，积极做好温江区的相关筹备工作。要持续深入开展“送服务、帮企业，送温暖、解难事”活动，进一步抓细抓小抓落实，着力破解企业招工难、人才就业难等难题。要坚持以项目为中心组织经济工作，确保开年集中签约一批项目、动工一批项目。要统筹做好岁末年初各项工作，全力抓好安全生产工作，精心组织走访慰问，全力保障水电气和猪肉等市场供应，让群众温暖过冬、暖心过年。会议听取了区人大常委会党组、区政府党组、区政协党组、区法院党组、区检察院党组年度工作报告。会议指出，2019年以来，区人大常委会党组、区政府党组、区政协党组、区法院党组、区检察院党组认真贯彻落实中央和省委、市委决策部署，勇挑重担、主动作为，为推动全区各项事业发展作出了积极贡献。新的一年，区人大常委会党组要围绕区委安排部署，强化对政府部门的监督，强化法律公平正义的监督。区政府党组要攻坚克难，在制度和机制建设上出新招，在对上争取政策上下功夫，推进温江可持续发展、高质量发展。区政协党组要进一步紧扣中心服务大局，围绕制度、机制健全积极建言献策，确保全国和省市政协有关精神在温落地落实。区法院党组、区检察院党组要认真履职尽责，强化队伍建设，维护司法公平与正义。区委副书记、区长马烈红，区委常委冯静、刘文雄、刘宇彤、周振华出席会议。

1月19日，区委召开常委会会议，传达学习中央和省委、市委有关会议精神，安排部署温江区贯彻落实措施。区委书记王道明主持会议并讲话。会议学习了《中国共产党问责条例》（以下简称《条例》）。会议指出，修订后的《条例》共27条，新增14条，修改12条，进一步明确了指导思想和基本要求，完善了问责原则，明确了主体职责，丰富了问责情形，防止问责泛化、简单化。要深刻领会《条例》精髓，提高政治站位，切实增强“四个意识”、坚定“四个自信”、做到“两个维护”，自觉把思想和行动统一到党中央的要求部署上来，带头抓好学习贯彻落实。要用好用准《条例》，促进温江经济社会事业发展。要强化监督检查，确保《条例》各项规定落实。会议传达学习了中央财经委员会第五次、第六次会议精神，研究温江区贯彻落实工作。会议强调，要深刻把握中央财经委员会第五次、第六次会议精神，进一步提高政治站位，切实提高政治自觉、思想自觉和行动自觉，全面贯彻落实市委关于推动成渝地区双城经济圈建设的各项决策部署，全力做好温江区相关工作。要主动思考谋划温江在市委推进成渝地区双城经济圈建设整体框架下的角色定位和功能担当，编制好“十四五”规划。要主动思考谋划温江未来产业发展如何借成渝地区双城经济圈建设的有利契机，实现资源整合、创新突破。一方面，要主动思考谋划，融入成渝地区双城经济圈，建设国家数字经济创新发展试验区，突出温江健康大数据、医疗人工智能特点，依托电子科大资源，加快培育和聚集“三医＋大数据/AI”新经济企业。另一方面，要主动思考谋划依托西部陆海新通道，更好地发挥温江自贸协同改革先行区等的优势条件，为温江区域经济赋能。要主动思考谋划，扎实推动市委、区委全会部署落地落实，打好工作基础，全面做好“创新提能年”工作，坚持以项目为中心组织经济工作，抓好制度建设，强化改革创新，完善体制机制，做大总量、做优质量，推动温江高质量发展。会议传达学习了成都市2019年十大民生实事完成情况汇报会精神，研究温江区贯彻落实工作。会议要求，要围绕老百姓急需急盼统筹抓好民生实事。要坚持问需于民，提升民生工作满意度。要坚持注重高效增进民生项目效益性，切实解决民生难题。要坚持结果导向，确保民生实事全面完成。会议传达学习了成都市公园城市示范区建设现场推进会精神，研究全区贯彻落实工作。会议强调，要学习借鉴各区县关于公园城市建设的好经验、好做法、好模式，抓紧完善公园城市建设推进工作机制，强化领导，分工负责，确保温江区公园城市建设一体化推进。要抓紧启动公园城市规划编制工作，持续推进公园城市示范区建设，突出区域重点，注重功能集成，打造旅游点位，不断增强老百姓的获得感。区委副书记、区长马烈红，区委副书记李亦，区委常委冯静、石山、刘文雄、幸晓斌、刘宇彤、周振华、何兴轩、李涛出席会议。

1月21日，区委常委会会议召开，会议传达学习习近平总书记关于新型冠状病毒感染的肺炎疫情防控重要指示和李克强总理批示精神，以及国务院电视电话会议、省委省政府专题会议、全省全市新型冠状病毒感染的肺炎疫情防控工作电视电话会议和市委常委会第122次（扩大）会议部署要求；听取全区新型冠状病毒感染的肺炎疫情防控工作情况汇报；研究审议《成都市温江区新型冠状病毒感染的肺炎总体防控方案》等议题，就做好全区疫情防控工作作出安排部署。会议强调，要全面贯彻习近平总书记重要指示和李克强总理批示精神，坚决把思想行动统一到党中央国务院部署要求上来，坚决做好各项防控措施，确保工作责任到位、疫情防控到位、预警治疗到位、联防联控到位、上下衔接到位、人员调配到位、宣传引导到位，确保人民群众生命健康安全和社会大局稳定。要扎实抓好疫情防控工作，做好输入性风险疫情防控、病原源头防控，严把“入口关”；抓实农贸市场监管和畜禽产品检疫；抓实公共场所专项检查和消毒杀菌；做好救治场所疫情防控；抓实镇（街）网格化管理；加强与高校、中小学联动联防联控，提前做好返校进校防控预案；大力开展爱国卫生运动和城乡环境综合整治，注重科普宣传，加强舆论引导，积极回应群众关切的问题。要扎实抓好相关保障工作，做好值班值守、应急处置、医疗物资储备、督查督办等工作，全力保障防控工作落细落实。区委书记王道明，区委副书记、区长马烈红，区委副书记李亦，区委常委冯静、石山、刘文雄、幸晓斌、刘宇彤、周振华、何兴轩出席会议。

1月22日，区委书记王道明主持召开区委常委会第92次（扩大）会议暨2019年度镇（街道）党（工）委书记、园区党（工）委书记和区级有关部门党组书记落实主体责任述职评议会议。会议强调，要坚持以习近平新时代中国特色社会主义思想为指导，推动以党的政治建设统揽各项工作落地落实，为加快建设全面体现新发展理念宜业宜居宜游的新中心城区提供坚强保证。会议指出，过去的一年，全区各级党组织深入学习习近平新时代中国特色社会主义思想，坚定贯彻习近平总书记对四川及成都工作系列重要指示精神，全面落实党中央和省委、市委、区委重大决策部署，扎实推进党的建设各方面工作，展现了新作为、取得了新成绩。要以这次述职评议为契机，针对市委点评意见指出的问题和区委述职评议查摆的问题，主动对号入座，举一反三检视，结合实际整改。会议强调，要加强建章立制、强化制度执行，推动以党的政治建设统揽各项工作落地落实。要始终把政治建设摆在首位，树牢“四个意识”，坚定“四个自信”，做到“两个维护”，坚决对标对表贯彻落实中央和省市区委各项决策部署。要加强建章立制，按照区委十四届十次全会作出的一系列制度安排，加快健全完善 11 个制度体系建设，切实为纵深推进“五个之城”建设提供有力保障。要建立完善制度执行机制，深入开展制度执行情况专项监督检查，坚决杜绝做选择、搞变通、打折扣。要切实增强制度意识，自觉尊崇制度，严格执行制度，坚决维护制度，以高度的思想自觉、行动自觉推动制度优势转化为治理效能。会议强调，不忘初心、牢记使命是加强党的建设的永恒课题和全体党员干部的终身课题。要深化理论武装、坚守政治忠诚，不断巩固拓展“不忘初心、牢记使命”主题教育成果。要引导党员干部坚定用习近平新时代中国特色社会主义思想武装头脑、指导实践、推动工作。要制度化学思践悟新思想，健全落实不忘初心、牢记使命的长效机制，让践行初心使命牢铸在心、坚定笃行。要坚持以新思想引领城市发展方向、以新理念统揽城市工作全局，聚焦“五个之城”建设，加快构建新发展理念引领城市规划、建设、管理、运营的政策体系和制度体系，让每项工作落实都成为对新思想新理念的具体化、实践化。要持续加大新思想宣传宣讲力度，切实推动新思想成为全区党员干部群众的政治信仰、价值追求和行动指南。会议强调，要围绕中心大局、发挥引领作用，推动党的政治优势、组织优势转化为发展优势、治理优势。要把基层党建与中心工作有机结合，充分发挥党建引领作用，推动区委各项决策部署落地见效。要围绕推动高质量发展抓党建，紧扣“创新提能年”主题，聚焦产业功能区建设，创新强化党建引领产业社区建设，推动党建与发展相融互动、双向提升。要围绕推动高品质生活抓党建，聚焦加快建设美丽宜居公园城市先行示范区，引导党员干部群众聚智聚力推进“1 +3 +50 +100”公园城市体系建设。要围绕推动高效能治理抓党建，以中组部社区党员分类管理试点为契机，推动形成党委统一领导、基层组织引领、社会各方协同、群众广泛参与、自治法治德治相结合的新型“两空间一力量”治理格局。会议强调，要鲜明用人导向、激励担当作为，大力锻造忠诚干净担当的高素质专业化干部队伍。要切实担负起党管干部的政治责任，认真落实区委“四个下功夫”要求，着力打造一支“发动机型”的干部队伍。要以鲜明导向激励担当，突出实干实绩建立“赛马”机制，完善干部岗位匹配度和胜任度跟踪评价机制，激励调动干部岗位建功、奋勇争先。要以学习提能强化担当，引导党员干部持续用力转理念、转方式、转作风、提能力。要以人文关怀促进担当，从思想、事业、待遇、健康等方面打好“组合拳”，切实让党员干部安心、安身、安业。会议强调，要压紧压实责任、守正创新作为，牢牢掌握意识形态工作领导权管理权话语权。要始终绷紧意识形态工作这根弦，站在政治和全局高度，认真落实意识形态工作责任制。要强化城市精神引领力，在润物细无声中厚植党员干部群众爱区、建区、强区的“家园情怀”。要强化道德教化感染力，不断提升全区人民对区委区政府的政治认同和情感认同。要强化风险隐患防控力，健全意识形态风险评估、分析研判、阵地建设等机制，完善舆情发现预警、引导管控和应急处置机制。会议要求，要全面从严治党、持续正风肃纪，不断涵养风清气正的良好政治生态。要始终保持政治定力，将“严实”要求长期坚持下去。要严格落实党和国家监督制度，不断推动全面从严治党向基层延伸、向纵深发展。要持之以恒正风肃纪，坚决打好作风建设持久战。

要坚定不移惩贪治腐，完善常态长效整治“微腐败”制度体系，健全国有企业职务犯罪预防惩戒机制，规范政府采购、工程建设、三资管理等重点领域的监管制度。完善严重违纪违规案反思警示和“以案促改”制度，深入推进党风廉政警示宣传，贯通“两个责任”，同向同步推进“三不机制”建设。区委副书记、区长马烈红，区委副书记李亦出席会议。

2 月 10 日，区委常委会会议暨区新型冠状病毒肺炎疫情防控指挥部第六次会议召开，传达学习中央政治局常委会会议、中央全面依法治国委员会第三次会议精神和省委常委会会议暨省委应对新型冠状病毒肺炎疫情工作领导小组第三次会议、省委彭清华书记在蓉检查督导疫情防控工作时的指示精神，市委常委会会议暨市疫情防控领导小组第五次会议精神，研究温江区贯彻落实工作。区委书记、区新型冠状病毒肺炎疫情防控指挥部指挥长王道明主持会议并讲话。会议指出，疫情以来，区委始终坚持把人民群众生命安全和身体健康放在第一位，始终坚持从城市的整体利益和长远利益出发，科学研判形势，沉着冷静应对，指挥部统筹有力、各工作组积极作为、基层一线力量不辞辛劳，各项工作稳步推进，全区疫情防控态势平稳可控。要统一思想、统一部署，严格按照“防控为先、统筹兼顾、分类指导、精准高效”的工作基调，全力打赢疫情防控阻击战攻坚战，全力维护城市正常经济社会秩序。会议强调，全区各级党组织和广大党员干部要认真学习贯彻习近平总书记系列重要指示精神，坚定贯彻执行中央和省委市委决策部署，认真学习领会，全面贯彻落实，切实把思想和行动统一到以习近平同志为核心的党中央决策部署上来，统一到省委和市委各项要求上来，从最坏处着眼，向最好处努力，一手抓好疫情防控工作，一手抓好城市平稳运行，确保疫情防控有力有序、市场供给稳定有序、城市运行健康有序和社会大局安定有序。会议要求，全区上下要始终把疫情防控工作作为当前最重要的工作来抓，紧扣“防输入、防扩散、防传染、防抢购、防舆情”五防重点，织密防控网络，推动防控工作向纵深推进。一要做实做细“防输入”工作，加大对新入温人员排查力度，严格实施“准流行病学调查”，确保重点人员找得到、管得住。二要做实做细“防扩散”工作，严格落实小区疫情防控工作要求和“一户一策”防控要求，扩大检测范围、增加检测频次，做到早发现、早治疗、早治愈。三要做实做细“防传染”工作，抓好医院的内部防控，最大限度降低医务人员感染风险和院内传播风险；抓好一线干部的防护培训，保障一线力量的健康安全；抓好全区群众防护意识的宣传引导，教育广大群众养成勤洗手、戴口罩等良好生活习惯，进一步提高全民防护意识。四要做实做细“防抢购”工作，用好市场的力量，积极动员各类市场主体加大医用防护物资和必要生活物资的供给，确保实现“产得出、运得走、供得上”；要发挥政府的调控作用，有计划有步骤地做好猪肉、粮油等生活物资和医护物资的战略储备与市场供给，引导群众合理、理性消费；依法严惩利用疫情哄抬物价、囤积居奇、趁火打劫等违法犯罪行为，依法打击生产假冒伪劣产品等行为，切实维护良好市场秩序。五要做实做细“防舆情”工作，加大对成都市四部门联合发出的《关于依法严厉打击危害新冠肺炎疫情防控违法犯罪行为的通告》和区新冠肺炎疫情防控指挥部 1 号通告的宣传和解读力度；强化疫情防控的科学普及，进一步提振全社会疫情防控的信心；做好新闻监督工作，第一时间回应社会关切的热点问题，及时信息公开。会议要求，要全力支持和组织推动各类企业复工复产，严格督促企业落实防疫法定责任，实现防控机制到位、员工排查到位、防护物资到位、内部管理到位，确保各项疫情防控工作措施落实落细；要主动加强对企业复工复产的指导和服务，帮助指导企业完善复工方案和防控措施，畅通企业咨询渠道，提高审核备案的工作效率；要全力帮助企业解决困难，持续开展“送服务、帮企业、送温暖、解难事”活动，及时协调解决招工难、融资难、经营成本高等问题，具体落实好温江区《应对疫情缓解中小企业生产经营困难 16 条政策措施》，千方百计帮助支持企业渡过难关；要狠抓项目开工建设，确保项目尽快开工。会议强调，党员干部要把打赢疫情防控阻击战作为当前的重大政治任务，作为践行初心使命、体现责任担当的试金石和磨刀石，以“我将无我、不负人民”的境界和“舍我其谁”的精神气概，敢于担当、敢于“冒头”、冲锋在前，奋力投身疫情防控工作，让党旗在疫情防控斗争第一线高高飘扬。区委副书记、指挥部常务副指挥长李亦，区委常委冯静、石山、刘文雄、幸晓斌、刘宇彤、周振华、何兴轩、李涛出席会议。

2月17日，区委常委会（扩大）会议暨区新冠肺炎疫情防控指挥部第七次会议召开，会议传达学习习近平总书记在北京调研指导新冠肺炎疫情防控工作时的重要指示精神和中央政治局常委会会议的重要讲话精神，省委应对新冠肺炎疫情工作领导小组第四次会议和省应对新冠肺炎疫情工作调度会精神，十三届市委常委会第126次（扩大）会议暨市疫情防控领导小组第六次会议精神，听取温江区防控工作最新推进情况汇报，总结前一阶段防控工作情况，分析研判全区疫情防控总体形势，安排部署当前和今后一个阶段的防控工作。区委书记、区新冠肺炎疫情防控指挥部指挥长王道明主持会议。会议强调，要进一步统一思想、迎难而上、统筹兼顾、精准施策，坚定克服一切私心杂念，坚决纠正各种形式主义，坚决贯彻习近平总书记“坚定信心、同舟共济、科学防控、精准施策”总要求，全面落实中央和省市委相关工作部署，以更加科学的精神、更加精准的措施，凝心聚力联防联控，决战决胜疫情防控“歼灭战”，稳扎稳打复工复产，奋力夺取疫情防控和实现经济社会发展目标双胜利。会议强调，要认真学习中央和省委、市委会议精神，把思想和行动统一到各项决策部署上来。习近平总书记的重要指示和中央、省委、市委的各项决策部署，科学回答了打赢疫情防控阻击战的根本性全局性关键性重大问题，进一步指明了战“疫”方向、提供了根本遵循，也进一步坚定了我们排除千难万险、奋力抗击疫情的信心决心。当前是对温江干部治理能力和治理水平的一次系统检验，面对困难和疑惑，要善于从习近平总书记的讲话和上级的精神中去明方向、找答案，同时也要坚持问题导向、求解思维，在工作实践中“解剖麻雀”、总结经验、完善机制，着力补短板、堵漏洞、强弱项，创造性开展工作，寻求解决问题的最佳答案，进一步提高工作效率和管理效能。会议强调，要认真研判防控和经济形势，做好“两手抓”的思想准备。在中央和省市委坚强领导下，区委始终坚持把人民群众生命安全和身体健康放在第一位，沉着应对，精准施策，全区疫情形势总体稳定可控。温江作为人口净流入的城市，随着企业复工和学校开学，各种不确定性因素仍然较多，存在新的输入性病例的风险，要准确把握当前疫情防控形势，客观分析疫情对温江经济社会发展的影响，科学理性研判形势、精准施策。会议强调，要认真分析防控工作短板漏洞，坚决打赢疫情防控工作“歼灭战”。要保持清醒头脑，保持工作定力，按照科学防治、精准施策的要求，坚持“一抓五防一定”的总体思路，借鉴武汉“五个百分之百”做法，尽快查漏洞、补短板、强弱项，落实落细各项防控措施，切实控增量、减存量、防变量，为恢复城市健康运行奠定良好基础。会议要求：一是人员排查要以“不漏一户、不漏一人”为总体目标，配备专门力量，全覆盖做好人员排查工作，及时研判、分类分策严格落实防控措施，确保重点人员“找得到、管得住”；二是舆论宣传要创新形式，用好网络媒体、手机短信、电视、报纸等媒介，加大全区1号通告和正面典型宣传，切实提高群众对防疫工作的认识，引导动员全体市民主动参与到监督防疫一线，形成群防群控合力；三是信访维稳要及时回应群众诉求，严肃查处违反“五防”要求的典型案例，做到查处一个、警示一片；四是监督督查要紧盯防控工作短板，强化各项安排部署落地落实情况的监督。会议强调，要认真推动复工开业，加快推动经济社会秩序恢复正常。要在坚持防控工作优先的前提下，有力有序推动保民生、稳经济、保发展各项工作，努力把疫情对经济社会影响降到最低。要聚焦“六个关键环节”，切实抓好复工复产考核、建筑材料供应保障、化解用工难题、加强防护生产物资配备、切实增强企业投资信心、加快推进征地拆迁，全面推进全区企业复工复产。要全力做好项目前期工作，按照“五同时+五同步”要求，加快项目动工前期要素保障，确保项目在疫情解除后第一时间全面动工。要加强政策研究和资金保障，落实清单制管理，让温江在下一轮发展当中，能够得到更多的政策红利。会议强调，要认真抓好班子队伍建设，形成“两手抓”的工作合力。一方面，全区上下要牢固树立一盘棋思想，确保疫情防控、企业复工、项目投资三条战线齐头并进。要动态把握、科学研判疫情发展形势，紧扣“五防”重点，认真检视防控工作措施存在的短板弱项，研究提出解决对策，提高工作的预见性、系统性、有效性，进一步织密防控网络，推动防控工作向纵深发展；要在全力推动企业复工复产的同时，抓紧研究各行业减少损失和疫情后的恢复工作，提前研究全区主导产业细分领域的重点突破方向，继续做强产业竞争优势，赢得发展先机；要抢抓时间，靠前服务，按照“五同时+五同步”的工作机制，提前做好各项前期工作，为项目开工做好充足准备。另一方面，要进一步明确工作职责，压紧压实各级责任。区领导要扎实做好分管工作，有目标、有措施、有成效，坚决杜绝松松垮垮打持久战；区级部门要分成“防控、复工、项目建设”三支力量，明确目标、压实责任，冲在一线“两手抓”；镇（街道）要落实防控工作属地责任，以社区为单元，落实“五防”，彻底排查三类重点人员，做到方法科学、标准严格、管理及时、组织有力。区委副书记、区长马烈红参加会议。

3月4日，区委召开常委会会议，传达学习中央和省委、市委有关会议精神，研究部署温江区贯彻落实工作。区委书记王道明主持会议并讲话。会议传达学习习近平总书记在统筹推进新冠肺炎疫情防控和经济社会发展工作部署会议上的讲话精神、习近平总书记在中央政治局常委会会议研究应对新型冠状病毒肺炎疫情工作时的讲话、中央政治局常委会会议精神、中央全面深化改革委员会第十二次会议精神；传达学习省委、市委常委会会议精神和全市统筹推进新冠肺炎疫情防控和经济社会发展工作部署会议精神，研究部署温江区统筹推进新冠肺炎疫情防控和经济社会发展工作。会议强调，全区各级各部门要深入学习领会习近平总书记重要讲话精神和省委、市委重要会议精神，切实把思想和行动统一到习近平总书记对疫情防控形势的科学判断和省委、市委重大决策部署上来，统一到迎难而上、不获全胜决不收兵的必胜信心上来，统一到把人民群众生命安全和身体健康放在第一位的为民情怀上来，统一到分类指导、精准施策的防控策略上来，统一到统筹推进疫情防控和经济社会发展的重大要求上来，统一到对一线人员和困难群众的关心关爱上来，统一到在疫情大考中检验提升治理能力上来，统一到全面加强党的领导的责任担当上来，切实增强打赢疫情防控阻击战的责任感使命感紧迫感。会议要求，要认真总结回顾前一阶段工作成效，切实增强抗疫情稳经济促发展的必胜信心。自疫情以来，温江切实按照习近平总书记“坚定信心、同舟共济、科学防治、精准施策”的总要求和“坚决遏制疫情蔓延势头，坚决打赢疫情防控阻击战”的总目标，坚决落实党中央国务院、省委省政府、市委市政府各项决策部署，快速反应、沉着应对、周密安排、分类施策，通过“151”即“一抓五防一定”工作思路，统筹兼顾、狠抓发展，在打好疫情防控阻击战和复工复产攻坚战的同时，聚焦全年经济社会发展目标任务，坚持以项目为中心组织经济工作，最大程度降低疫情对经济社会发展的影响。全区党员干部和广大医护人员要保持工作定力、坚定必胜信心，以不畏艰苦、连续作战的战斗姿态，毫不松懈地打好疫情防控这场硬仗，直至取得最后的胜利。会议强调，要准确分析研判疫情发展形势，继续保持越是艰险越向前的昂扬斗志。目前全区疫情形势总体稳定可控，但随着经济社会秩序的逐步恢复，防控工作仍面临新的挑战，决不能因为疫情趋于稳定，就认为疫情得到了控制，从而产生盲目乐观和麻痹思想，失去应有的警惕之心。要着眼当前国内国际疫情形势，进一步强化“疫情形势依然严峻复杂，防疫正处于最吃劲的关键阶段”的意识，以“咬定青山不放松”的韧劲、以“不破楼兰终不还”的拼劲，一时一刻不放松、一丝一毫不马虎，不获全胜绝不轻言成功。会议强调，要坚持问题导向科学精准施策，毫不放松抓紧抓实抓细各项工作，努力实现全年经济社会发展目标任务。要科学防治分类施策，精准开展防控工作，按照“有利于推动经济社会秩序恢复、有利于保障市民正常生产生活”的原则，精细精准抓好“四类重点人群”管理、企事业单位防控、宣传引导等重点工作，推动防控工作向纵深开展，最大限度降低疫情对经济社会发展的影响。要优化服务创造条件，有序推动复工复产，坚持从实际出发，以问题为导向，根据不同行业、不同风险等级，充分发挥规上企业“一对一”联络专员和行业协会服务专班作用，实施“一企一策”“一个行业一套办法”，大力开展“送政策、解难题、促复工、保目标”活动，千方百计帮助企业创造条件复工复产、稳产满产，促进各行各业尽快恢复健康运行状态。要超前谋划主动作为，统筹经济社会事业发展，加大政策供给，分行业研究制定政策细则和申报流程，尽快兑现相关奖励补贴，全力支持企业化危为机、转型升级，加快恢复企业信心；坚定信心保持定力，坚持既定目标不动摇，以更加有力的举措，统筹做好经济社会发展各方面工作，确保完成全年目标任务；主动作为狠抓落实，重点抓好加快扩大有效投资、加快释放消费潜力、加快提升外贸水平、加大对上争取力度、持续优化营商环境、加强城市品牌和资源营销、着力补齐民生短板等工作，恢复经济社会发展秩序。会议要求，要履职尽责勇于担当，在大战大考中践行初心使命。面对疫情的大考，广大医务工作者挺身而出，在疫情防控第一线、最前沿打头阵当先锋；基层干部和民警忘我奉献，夜以继日坚守岗位摸排监控；各条战线上的干部闻令而动、积极作为、攻坚克难，构筑起阻断病毒传播、遏制疫情蔓延的严密防线，成为我们赖以打赢疫情防控这场硬仗的中坚力量。要进一步履职尽责勇于担当，在大战大考中践行初心使命，按照“建设一支高素质专业化干部队伍”的要求，加强专业化干部队伍建设机制，严格执行责任压力传导机制，健全完善选贤任能的干部选任机制，加强专业化人才引进、干部专业能力培养、专业化干部配备，严格逗硬干部个人绩效管理制度，进一步鲜明“三种精神”的选人用人导向，用“能者上、庸者下、劣者汰”的机制凝聚人心、鼓舞斗志。会议审议通过了《贯彻落实区委十四届十次全会暨区委经济工作会议决策部署责任分工方案（送审稿）》。区委副书记、区长马烈红，区委副书记李亦，区委常委冯静、石山、刘文雄、幸晓斌、刘宇彤、周振华、何兴轩、李涛出席会议。

3 月 17 日，区委召开常委会会议，传达学习中央和省委、市委有关会议精神，安排部署温江区贯彻落实措施。区委书记王道明主持会议并讲话。会议传达学习了中央决战决胜脱贫攻坚座谈会、中央政治局常委会会议、习近平总书记在北京考察新冠肺炎疫情防控科技攻关工作时的重要讲话精神和全省决战决胜脱贫攻坚工作推进会议、市委常委（扩大）会议、成都市对口援藏工作领导小组会议精神，研究温江区贯彻落实工作。会议强调，要坚决落实中央和省委、市委决战决胜脱贫攻坚工作部署要求，确保高标准全面建成小康社会。要持续做好对口支援色达工作，对表省委、市委对口援藏工作的要求，继续按照“色达所需、温江所能”的原则，充分发挥双方互联会商机制、区援藏工作队定期工作汇报机制的作用，更加精准地制定好今年对口支援工作计划，重点解决好脱贫返贫、劳动力就业、就地就近发展产业等问题，帮扶色达决战决胜脱贫攻坚。要持续做好定点帮扶简阳市工作，按照市委市政府关于高质量巩固扩大简阳脱贫攻坚成果要求，有针对性落实到帮村帮户，不折不扣抓好定点帮扶工作。要持续做好区内扶贫工作，通过加强存量和增量的动态监测，在“巩固”上下功夫；通过新市民培育、企业就业机会和乡村振兴等，在“增收”上下功夫；通过建立社会救助长效机制、统筹用好社会保险和慈善救助等手段，在“兜底”上下功夫。会议要求，要统筹抓好疫情防控和经济发展工作。在疫情防控工作上，一是全力做好“防输入”，加大对成都市新型冠状病毒肺炎疫情防控指挥部第 7 号通告的宣传力度，以防境外输入为重中之重，依法依规、严格落实管控措施，严格执行隔离观察，全面做好“准流调”，确保“早发现、早报告、早隔离、早治疗”；二是全力抓好复工复产，督促指导企业压实主体责任，加强员工复工返岗的规范管理；三是扎实做好复学准备，落实镇（街道）属地责任和各类学校主体责任，提前做好师生“准流调”工作，落实相应管控措施，全面做好复学准备；四是聚焦关键“防传染”，动态完善、刚性执行全区医院内部防控机制，最大限度降低医务人员感染风险和院内传播风险。在经济社会发展上，要高水平开展“送政策、帮企业、送服务、解难题”活动，按照“履职尽责、协调到位、注重效果”的原则，建立高效的问题收集办理机制和政策落实兑现机制，对存在的政策落地、用工用电、市场销路等方面的问题和需求，全力以赴支持、协调、帮助解决；要全力做好项目投资促进工作，按照“五同时＋五同步”要求，扎实推进项目促建，确保社会投资项目按计划“应开尽开”，加快做好政府性投资项目前期工作和“小连片开发项目”包装；要强化对全区招商引资力量的统筹和整合，进一步优化招商干部队伍结构，确保招商队伍有活力、够专业；要强化目标指标的调度工作，围绕全面完成全年目标任务，对各项经济指标进度情况进行动态监测调度，为全年目标工作赢得主动；要拼尽全力对上争取，成立工作专班，深入研究财政、金融等政策，动态完善对上争取目录清单，为温江发展争取更多的政策支持。会议还传达学习了成都市产业功能区及园区建设工作领导小组第六次会议精神，研究温江区贯彻落实工作。会议强调，要坚持既定目标计划不动摇，按照市委最新的工作部署，以高品质科创空间建设为抓手，以核心区为重点，进一步提高产业功能区的显示度、集中度、辨识度。一要抓好顶层规划设计，按照成都市高品质科创空间规划设计导则有关要求，要突出抓好高品质科创空间规划设计编制，让科创空间与生活社区融为一体。二要抓好建设运营机构组建，采取“建设—管理—运营”一体化运作模式，提高专业化运营能力。三要抓好产业培育，强化科创空间“成果转化＋专业孵化＋投融资”核心功能，以科创空间为主阵地培育创新生态。四要抓好重点项目投资任务，盯住目标项目，确保按进度推进；对项目再梳理，促进续建项目快投、快建。五要抓好政策服务支持，形成一套针对性强、务实有效的高品质科创空间专项政策实施细则，制定高品质科创空间专业服务机会清单，吸引第三方市场主体专业化服务入驻科创空间。会议听取了全国、全省、全市组织部长、宣传部长、统战部长会议精神及温江区贯彻落实措施的报告，并安排部署了温江区贯彻落实工作。区委副书记李亦，区委常委冯静、石山、幸晓斌、刘宇彤、周振华、何兴轩、李涛出席会议。

4月22日，区委书记王道明主持召开常委会会议，传达学习中共中央政治局常务委员会会议和习近平总书记在浙江省考察时的重要指示精神、省委常委会会议暨省委应对新冠肺炎疫情工作领导小组第九次会议精神、市委常委会第135次会议暨市疫情防控领导小组第十二次会议、全市重大项目推进会议精神，研究部署温江区统筹推进新冠肺炎疫情防控和经济社会发展工作。会议强调，全区上下要始终坚定不移贯彻落实习近平总书记的重要讲话和指示批示精神，切实按照“保居民就业、保基本民生、保市场主体、保粮食能源安全、保产业链供应链稳定、保基层运转”要求，全面围绕统筹推进疫情防控和经济社会发展工作实现“双胜利”的目标，理性认识、科学研判、正视差距、主动作为、积极应变，千方百计创造性推进全区各项工作有序开展。会议强调，要千方百计实现经济社会发展目标。要全力以赴做强投资底盘，狠抓项目促建，进一步强化领导班子联系重大项目工作机制，深入实施挂图作战，强化目标督查，着力提高项目转化效率和建设速度；狠抓项目包装，聚焦城市补短板、产业强功能、民生提品质，加快策划包装一批基础设施项目、“新基建”项目、重点产业化项目、产业基础能力建设项目和公共服务设施项目等；狠抓项目招引，重点聚焦医药、医疗器械产品制造、电子信息、人工智能、健康食品等领域，优化强链补链企业招引名录，围绕新一轮产业转移，开展精准靶向招商。要全力以赴做优企业服务，深刻研判疫情引导企业调整地区产能布局和供应链布局的趋势，危中求存、危中寻机，出新招、出实招、出绝招，务实推进“送政策、帮企业，送服务、解难题”专项行动，加力推进产能转移，不遗余力狠抓市场主体培育，切实解决惠企政策兑现、用工稳岗、市场销路、企业融资、营商环境短板等问题，帮助企业渡难关、提产能、谋发展。要全力以赴做好要素供给，强化土地保障，提前做好报征准备，优化项目选址，全力提速用地审批供应；强化资金保障，加大争取和指导力度，定期通报考核，确保资金保障到位。会议要求，要坚决打赢疫情防控攻坚战。要毫不松懈做好“外防输入、内防反弹”，持续完善境外输入联防联控工作闭环，不断提升规范化管理和精细化服务水平，确保不出现失管、漏管、脱管情况。要推动居住区域常态化管理，坚持宽严适度，实行“亮码通行”、外来人员问询制度，确保及时发现境内外等疫情中高风险地区来温返温人员。要安全有序推动复学复课，严格落实开学防控各项制度，督促学校细化各项防控技术指南，落实主体责任；建立师生每日轨迹和接触史报告制度，刚性落实管控措施；研究制定受疫情影响的民办学校发展支持措施，规范和支持校外培训机构健康发展。会议还传达学习了省委书记彭清华在蓉调研践行新发展理念的公园城市示范区建设情况时的重要指示精神和成都市锦城公园建设现场办公会精神，研究温江区贯彻落实工作。会议强调，要坚定贯彻习近平生态文明思想，坚持以人民为中心的发展理念，坚持一张蓝图绘到底，按照“五个之城”建设要求，突出公园城市特点，融入温江亮点、温江特色，高标准编制公园城市示范区规划，全力做好锦城公园温江段建设，加快推进江安河示范场景打造，加快编制高品质科创空间规划，加快推动“北部”一路一环沿线场景集成呈现，持续提升城市精细化管理水平，促进生态价值实现创造性转化。会议传达学习了市委政协工作会议精神，研究温江区贯彻落实工作。会议要求，要始终坚持正确的政治方向，坚持把习近平新时代中国特色社会主义思想作为统揽政协各项工作的总纲，加强思想政治引领，深入学习贯彻中央和省委、市委会议精神，引导政协委员和各界人士在学懂弄通做实上下功夫，强化政治共同体意识，夯实团结奋斗的共同思想基础。要广泛凝聚共识，继续把温江各界人士的意见建议智慧凝聚起来、集中起来，激发城市发展活力。要全力服务改革发展大局，紧扣推动高质量发展、创造高品质生活、实现高效能治理献良策，促进温江实现高质量发展。会议还安排部署了全区近期几项重点工作，审议通过了《成都市温江区统筹抓好疫情防控奋力实现2020年经济社会发展目标的政策措施》。区委副书记、区长马烈红，区委副书记李亦，区委常委冯静、石山、刘文雄、幸晓斌、刘宇彤、周振华、何兴轩出席会议。

4月29日，区委书记王道明主持召开常委会会议，传达学习中共中央政治局会议和省委常委会会议、市委常委会会议暨市疫情防控领导小组会议精神，研究部署温江区统筹推进新冠肺炎疫情防控和经济社会发展工作。会议强调，全区上下要始终坚定不移贯彻落实习近平总书记的重要讲话和指示批示精神，切实按照“六稳”和“六保”要求，不断巩固疫情持续向好态势，奋力夺取疫情防控和实现经济社会发展目标双胜利。会议强调，要抓好常态化疫情防控各项工作。要持续抓好外防输入工作，持续完善境外输入联防联控工作闭环，扎实抓好社区防控，做到及时发现、快速处置、精准管控、有效治疗。要稳妥有序推进全面开学复课，落实落细校园防疫各项安排，持续做好未复课的师生“准流调”工作，加强校园周边环境整治和各类商户的防疫管理，做好高校复学复课前期评估。要抓好五一期间疫情防控工作，落实落细重点领域、重点场所的防控措施，确保市民群众过一个安定、祥和的节日。要加强医疗机构院感防控，强化医务工作人员日常防护，常态化抓好发热门诊等重点环节。要做好受疫情影响困难群众的关心关爱工作，不断完善帮扶救助保障政策，加强社会引导，提振社会信心。会议要求，要抓实抓细经济社会发展各项工作。要系统分析、科学研判，找准问题和短板，拿出有效措施和办法，扎实做好“六稳”工作，全面落实“六保”任务。要加强与市上的对接，推动下达温江的目标与温江经济社会发展实际相匹配。要根据市级目标，谋划全区2020年经济社会发展主要目标任务的分解，做到目标设置科学合理、支撑有力，确保千方百计完成2020年目标任务。会议还传达学习成都市建设践行新发展理念的公园城市示范区领导小组第一次会议精神，研究温江区贯彻落实措施。会议指出，近年来，全区按照市委建设全面体现新发展理念的城市和美丽宜居公园城市的部署要求，以“五个之城”建设为发展路径，以“宜业宜居宜游”为城市目标，大力推进全面体现新发展理念宜业宜居宜游的新中心城区建设。下一步，要高质量筹备全区公园城市建设工作领导小组会议，集中力量、集中智慧，对温江区助力示范区建设的战略摆位、功能定位、空间形态、目标路径、重点任务等进行深入研究。要高标准编制总体规划和行动计划，对照全市总体方案，依托“四级规划体系”成果，坚持一张蓝图绘到底的思想，明确目标任务、细化时间进度，形成整体设计、远近结合、以点促面的系统安排。要积极研究谋划争取试点政策，分类梳理发现制约温江发展的政策问题，围绕主导产业、城乡融合、自贸区等重点领域，提出温江区政策需求清单，全力争取相关支持政策。要加大项目包装策划力度，结合纵深推进“五个之城”建设，重点聚焦高品质科创空间、高品质产业空间、高品质生活空间和生态田园公园、光华城市公园、健康产业公园，包装策划一批产业化项目、基础设施项目、公共服务项目、生态建设项目，为温江建设公园城市示范区提供有力项目支撑。区委副书记、区长马烈红，区委副书记李亦，区委常委冯静、石山、刘文雄、幸晓斌、刘宇彤、周振华、何兴轩出席会议。

5月11日，区委召开常委会会议，传达学习成都市凝聚社区发展治理新优势激发办赛营城新动能工作会议精神，研究温江区贯彻落实工作。区委书记王道明主持会议并讲话。会议强调，要深入学习贯彻习近平总书记关于推进国家治理体系和治理能力现代化的系列重要论述，全面贯彻落实成都市凝聚社区发展治理新优势激发办赛营城新动能工作会议精神，着眼市民美好生活需要和城市永续发展，努力探索现代城市治理新路径、开创共建共治共享新局面。要大力推动社区场景营造，按照市委安排部署，在“南店北厂”、三医创新中心、知识产权交易中心、北部鲁家滩等社区场景营造成果的基础上，聚焦社区治理“两空间一力量”和“一核三治、共建共治共享”新型基层治理机制，进一步思考谋划下一步社区场景营造的着力点和突破口。要有效激发营城兴业动能，依托温江四级规划体系成果，持续加力抓深抓实节点打造、“一树一景”等工作，着力完善公园城市规划、加快公园城市建设、提高公园城市管理；统筹抓好社区发展治理工作，不断凝聚社区治理新优势，激发办赛营城新动能；发挥好新时代文明实践中心平台作用，集中呈现公园城市建设和社区发展治理等成效；深入实施平安守护共建共治共享行动，开展“三张清单”大攻坚、扫黑除恶大决战、社会治安大整治、铁腕治毒大会战、公共安全大排查，全力维护温江社会大局和谐稳定；积极实施青年友好城市营造共建共治共享行动，丰富青年社交行动，加强青年就业服务培训，进一步凝聚青年共识，塑造青年友好城市国际新形象。要全面提高智能治理能力，抢抓新基建发展机遇，列出机会清单，寻找合作目标，加快推动“信息高速公路”建设，不断促进城市治理从数字化向智能化、智慧化转变，切实解决城市安全运行、社会治理和社区生活公共服务体系等方面存在的问题和不足。区委副书记、区长马烈红，区委常委冯静、刘文雄、幸晓斌、刘宇彤、周振华、周敏、何兴轩出席会议。

5月22日，区委召开常委会会议，传达学习中央政治局会议、中央政治局常委会会议、四川省两会和成都市两会精神，传达学习十三届市委常委会第139次、140次会议和十三届市委财经委第八次会议精神，研究部署温江区贯彻落实工作。区委书记王道明主持会议并讲话。会议强调，要深入学习贯彻习近平总书记重要讲话精神，认真学习领会四川省两会和成都市两会精神，切实把思想和行动统一到中央和省、市决策部署上来。要坚持不懈抓好疫情常态化防控，聚焦薄弱环节，做到举一反三，充分发挥“准流调”作用，进一步科学完善防控措施，补短板、堵漏洞、强弱项，持续抓好复学复课，继续加强重点人员和重点部位管理。要聚焦目标任务狠抓经济社会发展，坚定不移做好“六稳”工作、落实“六保”任务，切实抓好招商引资、项目促建、产能转移、“四上”企业培育等重点工作，为完成全年目标任务提供有力支撑，奋力夺取疫情防控和经济社会发展“双胜利”。要高度负责抓好全国两会期间社会安全稳定工作，进一步做好安全生产工作，坚持以问题为导向，全力抓实安全隐患排查和整改，坚决杜绝发生重大安全事故和公共卫生事件；及时掌握雨情、水情等重要防汛信息，提高研判的科学性和准确性，强化运用科技手段，把防汛减灾工作做早做深做细做实，确保安全度汛；深入开展扫黑除恶等专项行动，全力维护社会大局和谐稳定；加强舆论引导和舆情监测，强化正能量宣传，策划一批“讲好温江故事、传播温江声音”的外宣活动，提振社会信心、营造良好氛围。要高质量推进“十四五”规划编制，对标市委规划编制思路，深入分析研判国内外形势，把握新一轮产业变革和科技变革趋势，立足温江发展实际，全面总结“十三五”期间取得的成绩成就，分析落实“十三五”规划存在的问题和短板，科学合理规划温江未来五年的发展路径和目标任务。区委副书记、区长马烈红，区委副书记李亦，区委常委冯静、刘文雄、幸晓斌、刘宇彤、周振华、周敏、何兴轩出席会议。

6月5日，区委召开常委会会议，传达学习中央和省委、市委有关会议精神，安排部温江区贯彻落实措施。区委书记王道明主持会议并讲话。会议传达学习了全国两会精神和四川省传达学习全国两会精神大会、十三届市委常委会第141次（扩大）会议精神，听取区级有关部门（单位）汇报落实“六保”任务的工作情况，研究温江区贯彻落实工作。会议指出，这次全国两会是在我国全面建成小康社会决胜之年、“十三五”规划收官之年、脱贫攻坚决战之年、疫情防控阻击战取得重大战略成果之际，召开的一次十分重要的会议，会议审议通过了一系列工作报告及有关决定决议和法定草案，成果丰硕，意义重大。会议强调，全区领导干部要在特殊时期积极作为，争分夺秒推动各项部署落地落实，不断提升求解破难的能力，扎实做好“六稳”工作，全面落实“六保”任务。关于保就业，一要稳企业保就业，提前分析研判企业遇到的困难问题，加强部门联动；二要提技能保就业，进一步做好企业市场技能需求调查，加强与职业技能院校的联动合作开展市民技能培训，增加更多就业机会；三要促投资促创业保就业，进一步强化政府性投资和民间投资，招引企业来温投资，增加就业岗位；四要兜住底线帮就业，统筹做好特殊群体就业兜底工作，用心用情用力解决群众的实际困难。关于保民生，要切实做好孤寡老人、留守儿童、困难群众等特殊人群的基本民生工作，切实履行义务教育阶段政府应尽职能职责，有效破解教育公平和教育质量等难题；要牢记生命至上，统筹做好疫情救治和公共卫生安全，扎实做好预防、救治和院感防控工作，充分保障医疗服务质量，满足老百姓的基本医疗需求，不断提升温江区公共医疗服务的能力；要做好物资供应和价格监测，密切关注市场动态，加强市场监管，及时采取有效措施，保障市场基本生产生活用品价格稳定。关于保市场主体，要结合一、二、三产业发展具体情况，细化工作举措，持续抓好“送政策、帮企业、送服务、解难题”专项行动，持续做好产能转移和市场主体培育，持续深化温江营商环境。关于保粮食能源安全，要扎实抓好粮食生产、供应、储备等重点工作，全力保障粮食安全；要扎实抓好能源保障，抓实老旧院落老旧线路改造，进一步夯实电力基础设施。关于保产业链供应链稳定，要充分发挥温江区四川自贸协同改革先行区优势，加大招引平台企业，大力发展好平台经济，进一步培育存量供应链企业，切实解决补齐供应链等相关问题，全面提升温江区域综合实力。关于保基层运转，要全力保障中央和省委、市委的各项决策部署在温江有力有序推进，进一步加大对上争取，增强忧患意识，提高防风险能力。会议还对近期温江区如何高质量抓好市委各项决策部署、推进温江全域发展作了重点安排，要严格认真接受省委巡视组的巡视工作，高质量抓好“十四五”规划、践行新发展理念的公园示范区建设的城市设计、高品质空间规划等重要规划编制工作，认真筹备好近期全区五项重要会议。会议还传达学习了习近平总书记关于应急管理、安全生产、防灾减灾救灾和森林草原防灭火工作的重要指示批示精神，以及国务院督导动员会精神，研究温江区贯彻落实工作。会议要求，要坚决贯彻落实好习近平总书记重要指示批示精神，以高度的政治自觉深入推进各项专项整治工作，突出抓好应急管理工作，及时发现问题，及时解决问题，做到第一时间响应、第一时间介入、第一时间处置。要建立完善有力有序有效的应急指挥体系，常态化做好城市应急安全和城市防范工作，全力以赴做好国家、省、市各项督导迎检工作。会议听取了《关于第二批天府旅游名县创建工作情况的报告》，安排部署了下一步工作。会议要求，要提高认识，全面贯彻落实省委各项安排部署，增强创建天府旅游名县的信心，充分发挥温江优势，认真梳理归纳成绩成果，对标先进找差距，拿出有效举措，找准下一步工作着力点。要统筹协调，精细化做好迎检工作。要主动担当，推动温江全域旅游高质量发展，充分发挥温江资源优势，用好用足温江“三医”产业成果，包装一批以健康为主题的旅游产品，加大招引力度，进一步强化环境提升，落实要素保障。会议听取了《关于全市党委办公室工作会议精神及我区贯彻落实的报告》。会议指出，全区各级党办系统作为中枢系统，围绕全区中心服务大局，发挥了示范作用，向全区党办系统的同志表示慰问。下一步，要旗帜鲜明讲政治，把牢政治方向，坚守政治纪律，把“两个维护”作为政治准则。要强基固本提能力，提高统筹协调能力、指挥把关能力、跟踪落实能力、示范引领能力，进一步提高工作效能，起到示范引领作用。要养成办公室思维和习惯，当参谋、保运转、抓落实，争当服务决策的高参、高效运转的枢纽、抓落实的表率，推动全区上下形成“一盘棋”的合力，不断提高参谋辅政的层次和高度，为科学决策提供有力的决策参考，促进各项决策部署在温江落地落实。区委副书记李亦，区委常委刘文雄、幸晓斌、刘宇彤、周振华、周敏、何兴轩、李涛出席会议。

6月23日，区委书记王道明主持召开区委常委会会议，传达学习中央省市有关会议精神，研究部署温江区贯彻落实工作。会议学习了《纪检监察机关处理检举控告工作规则》（以下简称《规则》）。会议强调，要提高站位，充分认识《规则》制定的重大意义。《规则》进一步明确了检举控告的处置原则，对各级纪检监察机关处理检举控告工作提供了依据，规范了纪检监察机关处理检举控告的程序，加强了对党员干部合法权益的保护，要严格按照《规则》处理检举控告。要齐抓共管，确保《规则》在全区贯彻落实，切实加强对纪检监察工作的领导，认真组织学习宣传《规则》，畅通检举控告渠道，规范检举控告秩序，营造党员群众监督管理的良好氛围，积极推动《规则》落地落实。要实事求是，充分保护干部干事创业积极性，用好相关规定，进一步加大对检举控告和诬告现象的甄别处理，充分保护干部的合法权益。要高度重视主体责任和监督责任落实，建立健全各部门单位内部管理制度机制，分层分类开展好警示教育，强化抓班子、带队伍、促发展，锻造风清气正的干部队伍。会议还传达学习了全省、全市防汛减灾工作推进会精神，研究温江区贯彻落实工作。会议要求，要认清形势，切实增强防汛工作的紧迫感和责任感，及时会商研判天气变化和灾害发展趋势，提前做好灾害应对准备，按风险类别精准施策，全力打好防汛减灾“主动仗”。要聚焦重点，全力抓好重点区域、重点环节的安全，强化隐患排查整改，有针对性做好防汛设施设备和物资储备，加强应急演练，优化应急预案，提高应急应对处置能力，全力保障人民群众生命财产安全。要压实责任，主动担当担责，既要各司其职，又要联防联动，全力确保防汛工作落到实处，真正做到守土有责、守土负责、守土尽责。会议传达学习了全省抓项目促投资现场会、成都市产业项目投资促进会精神，研究温江区贯彻落实工作。会议强调，要坚持问题导向，紧盯薄弱环节，始终以项目为中心组织经济工作，坚定不移谋产业、抓项目、促投资。要提速提质狠抓项目建设，全面梳理在建项目、拟开工项目清单，加速加力推进项目建设；要集中力量狠抓招商引资，严格按照工作机制履行职能职责，凝心聚力、比学赶超，把招商引资工作抓实抓细抓出成效；要千方百计完成目标任务，聚焦“四上”企业培育和在温企业产能转移两个重点，加大项目招引和储备力度；要紧扣项目优化布局，全面梳理全区人才资源、要素资源，研究工作机制，优化工作队伍，用活用好现有资源，高质量推进项目工作。会议听取了区委政法委《关于学习贯彻成都市“禁毒十条工作方案”及我区禁毒工作有关情况的报告》。会议要求，要提高思想认识，把禁毒工作作为重中之重，统筹各方力量，采取有效管用措施，扎实开展禁毒工作。要建立健全工作机制，压紧压实工作责任，强化督导检查，确保各项禁毒工作落实见效。要突出整治重点，坚持标本兼治、多管齐下，重点在“管”和“控”上下功夫，形成禁毒工作合力，营造和谐稳定的社会环境。区委副书记、区长马烈红，区委副书记李亦，区委常委冯静、幸晓斌、刘宇彤、周振华、周敏、何兴轩出席会议。

7月10日，区委书记王道明主持召开区委常委会会议，传达学习习近平总书记在专家学者座谈会和中非团结抗疫特别峰会上的重要讲话精神、省委应对新冠肺炎疫情工作领导小组会议、省级领导干部和市厅级主要负责同志读书班精神、成渝地区双城经济圈建设调研成果汇报会、成都市锦江公园建设和“中优”推进会、十三届市委常委会第142次会议、国家城乡融合发展试验区建设动员会暨“西控”工作推进会精神，研究部署温江区贯彻落实工作。会议强调，要抓紧抓实抓细常态化疫情防控。坚持精准防控，及时找到薄弱环节，以专业化思维、专业化能力，高效解决短板弱项。要持续抓好防输入工作，坚持防人、防物并重，严防境内和境外输入，依托温江资源优势不断提高检测能力，加大对商场超市、农贸市场等食品经营场所排查和环境卫生整治。要持续抓好防传染，时刻绷紧防院感风险这根弦，建立健全院感防控督查制度，督促区内医疗机构动态完善、刚性执行院内感染防控制度，最大限度降低医务人员感染风险和院内传播风险；继续加强重点场所防控，规范化开展疫情常态化防控工作。要健全公共卫生应急管理体系，强化应急状态下医疗卫生机构动员响应、区域联动、人员调集机制，加强公共卫生项目的包装策划和对上争取。会议要求，要高质量筹备区委十四届十一次全会。要找准定位，准确把握温江在全市建设践行新发展理念的公园城市示范区、推动成渝地区双城经济圈大局中的发展定位，找准未来发展方向。要理清思路，紧紧围绕确定的发展定位，找准工作着力点，形成完善系统的顶层设计。要突出重点，按照城市定位和顶层设计，明晰重点项目和重点保障工作，形成远近结合、分工推进、任务明确的系统安排。会议强调，要纵深推进“中优”“西控”战略。一要加快打造“三大空间”。要提速打造高品质“科创空间”，重点推动三医创新中心、农高创新中心、新尚创智中心建设，力争年内孵化培育新经济企业1400家以上；提速打造高品质“产业空间”，重点推动以药明康德为核心的产业空间建设，持续发力招商引资，力争全年新引进高能级产业化项目14个以上；提速打造高品质“生活空间”，重点以光华商圈为核心，着力发展首店经济、夜间经济、楼宇经济、平台经济等业态，力促星河集团科创CBD等龙头项目签约落地，努力把温江打造成为西成都消费中心。二要加快建设“三大公园”。要突出“宜业”特质加快建设健康产业公园，立足成都医学城A、B区空间载体，建立“以推动产城融合、促进职住平衡为导向”的生态价值转化机制，着力打造三医创新中心等12个绿色研发场景、洲际健康公园等9个绿色生产场景，塑造智慧高效、绿色发展的宜业公园形态；突出“宜居”特质加快建设光华城市公园，立足温江新老城区空间载体，以江安河城区段生态带和光华大道城市发展轴为重点，建立“以提升城市宜居品质和土地开发价值为导向”的生态价值转化机制，加快打造江安河宜居公园等12个游憩生态场景、东门记忆特色街区等9个文化生活场景、西熙里商业街等13个时尚消费场景，塑造开门见景、滨水亲绿的宜居公园城市形态；突出“宜游”特质加快建设生态田园公园，立足北林空间载体，建立“以农高创新引领、促进乡村振兴为导向”的生态价值转化机制，大力推广“前店后厂”“南店北厂”花木展销模式，持续推动“园子变景点、园林变景区”，着力打造农创、农旅、农养场景，塑造“田水绕林盘、花木遍乡野”的宜游公园形态。三要持续深化“三大品牌”。要提质打造“学到温江”品牌，按照“提前5年研判、提前3年建设、提前1年落实学位”的原则，促进公办和民办教育融合共生、城乡学校均衡发展，努力把温江打造成为全省一流教育名区；提质打造“健康到温江”品牌，加快建立“健康温江”指标评价体系和公共卫生应急处置体系，深入实施改善医疗服务质量三年提升计划，提速推进检验检测机构、健康管理项目、综合医院建设，推动区人民医院创建三级甲等医院，构建形成“发现问题—管理问题—解决问题”的全链条医疗服务体系，进一步擦亮“来温江、享健康”城市名片；提质打造“舒适到温江”品牌，深入实施基础设施和公服配套三年攻坚行动，加快推进金马污水处理厂、江安河光华段水生态环境综合整治等“两截一环境”工程项目，提速建设重点行业污染源网格化动态管控等科技治霾项目，统筹实施五环路、地铁17号线、农科城跨线桥等重大交通设施项目，努力让市民享受到更清新的空气、更洁净的饮水、更便捷的交通。区委副书记、区长马烈红，区委常委冯静、幸晓斌、刘宇彤、周振华、周敏、何兴轩出席会议。

7月24日，区委书记王道明主持召开区委常委会会议，传达学习中央和省委、市委有关会议精神，研究部署温江区贯彻落实工作。会议传达学习了中央和省委、市委关于巡视工作的重要安排部署，讨论温江区接受省委第二巡视组巡视有关工作方案，研究部署接受省委巡视有关工作。会议强调，全区上下要按照温江区接受省委第二巡视组巡视有关工作方案要求，有力有序有效做好接受巡视的各项准备工作。要提高思想认识，严肃对待巡视监督，站在讲政治的高度，进一步增强“四个意识”、坚定“四个自信”、做到“两个维护”，充分认识开展常态化巡视的重要意义，形成自觉接受监督的习惯，把接受巡视、抓好整改作为检验对党忠诚必备的标尺、锤炼干净过硬队伍的契机、塑造担当担责政治品格的过程，以最坚决态度支持巡视工作、服从巡视组安排。要主动接受监督，积极配合接受巡视，围绕“四个落实”和巡视重点，严格落实工作责任，精心做好工作准备，全面做好自查自纠，全力做好各项保障，主动认领反馈问题，共同完成好这次巡视任务，着力营造领导干部自觉接受监督、干部群众积极参与、有力发现和解决问题的良好氛围，确保省委巡视组全面准确了解温江经济社会发展情况和干部思想状态。要用好巡视成果，坚决做到“两手抓”“两促进”，始终坚持巡视工作与日常工作“两手抓”，以此次巡视为契机，进一步学深悟透习近平新时代中国特色社会主义思想，把接受巡视与统筹推进疫情防控和经济社会发展，奋力实现“双胜利”结合起来，与深入贯彻省委、市委全会精神结合起来，把巡视要求转化为推动经济社会高质量发展的强大动力，扎实做好“六稳”工作，全面落实“六保”任务，加快建设“三大空间”，打造“三大公园”，提质“三大品牌”，以优异成绩彰显巡视工作成效，向省委和省委巡视组交上合格答卷。会议还传达学习了省委十一届七次全会、市委十三届七次全会精神，研究温江区贯彻落实工作。会议指出，省委十一届七次全会对加快推动成渝地区双城经济圈建设作出全面部署，深刻阐述了加快推动成渝地区双城经济圈建设的重大意义，对推动成渝地区双城经济圈建设总体思路、基本要求和重点区域、协同发展、组织保障作了重点安排，科学回答了四川“怎么看”“怎么干”等重大问题，在新的历史起点上，对于推动治蜀兴川再上新台阶意义重大。市委十三届七次全会，重点围绕融入“双循环”、唱好“双城记”，加快建设高质量发展增长极和动力源，着力增强极核效应、培育新动能，探索新时代城市发展路径，进一步明确了以建设践行新发展理念的公园城市示范区为统揽的城市发展蓝图，对于我们准确把握“两个大局”，肩负新使命、抢抓新机遇，全力推动成渝地区双城经济圈建设具有十分重要的意义。会议要求，全区各级党组织要精心组织学习会议精神，通过党委（党组）会议、“三会一课”、主题教育等多种形式及时组织学习和传达贯彻，带着任务学、带着目标学，深研细学省委和市委全会精神，主动对照各部门所涉及的内容板块，找准把握目标方向，积极认领目标任务，确定未来工作的着力点和落脚点。要广泛开展宣传宣讲，按照市委安排部署，立足温江区域实际，多形式多领域开展宣传，确保全区党员干部群众及时全面领会掌握全会精神。要切实抓好贯彻落实，聚焦问题短板，理清发展思路，找准未来方向，高质量筹备好区委十四届十一次全会及相关重要会议，确保各项安排部署在温江落地落实。区委副书记李亦，区委常委幸晓斌、刘宇彤、周振华、周敏、何兴轩、李涛出席会议。

7月31日，区委书记王道明主持召开区委常委会会议，会议传达学习了习近平总书记在中央政治局第二十一次集体学习时的重要讲话精神，研究部署温江区贯彻落实工作。会议指出，习近平总书记在中央政治局第二十一次集体学习时发表重要讲话，回顾总结了党的组织路线发展历程，系统提出贯彻落实新时代党的组织路线的基本要求，为加强新时代党的组织建设提供了根本遵循。全区各级党组织要认真学习领会，深刻认识坚持新时代党的组织路线的重大意义，准确理解新时代党的组织路线的科学内涵和实践要求，着力培育忠诚干净担当的高素质队伍，着力聚集爱国奉献的高素质人才。要坚持和加强党的全面领导，坚持和发展中国特色社会主义，深入推进党的组织建设各项工作，确保中央和省委、市委各项安排部署在温江落地落实，为实现新时代党的历史使命以及温江城市发展战略目标提供坚强组织保证。会议还传达学习了习近平总书记对防汛救灾工作的重要指示精神、中央政治局常委会会议关于防汛救灾工作的部署要求，研究全区防汛减灾工作。会议要求，要认真贯彻落实习近平总书记重要指示精神，认清形势，时刻绷紧防汛减灾这根弦，进一步完善防汛减灾相关工作方案。要聚焦关键，抓好重点区域、重要环节相关工作，强化重点区域隐患排查，及时发现问题，及时解决问题；强化监测预警，及时掌握水情、雨情，精细化做好各项应急准备；进一步提高应急处置能力，强化应急演练和联防联动联处。要压实责任，坚持“党政同责、一岗双责、齐抓共管、失职追责”，全力确保防汛减灾各项工作落实到位。会议传达学习了省委落实中央巡视组反馈意见整改工作领导小组第三次会议精神，研究部署温江区落实中央巡视组反馈意见整改工作。会议强调，要全面按照省委关于巡视整改的部署要求，压实工作责任，在前期整改基础上，聚焦重点、分类推进、查漏补缺，细化工作清单、加强动态管理，坚持边巡边改、即知即改，对有明确时限要求的整改措施要在规定时间内见底清零，对已完成的要定期“回头看”，对需长期整改的要经常抓、抓经常，建立常态化机制，确保整改措施落到实处、取得实效。会议传达学习了全省推进制造业高质量发展现场会精神、十三届市委常委会第145次会议精神，安排部署下半年经济工作。会议指出，2020年来，面对新冠肺炎疫情前所未有的冲击和错综复杂的宏观经济形势，全区上下凝心聚力、攻坚克难，认真落实中央和省、市各项决策部署，统筹推进疫情防控和经济社会发展，扎实做好“六稳”工作，全面落实“六保”任务，实现三次产业稳步回升、社会需求逐步复苏、新兴动能加快集聚、发展质效持续改善。在总结成绩来之不易的同时，要清醒认识到2020年经济工作存在的短板和不足，继续保持强烈的紧迫感、责任感，全力以赴抓好全区下半年经济工作。要全力扩大有效投资，加强项目招引、项目包装、项目促建，增强投资后劲。要全力提振有效消费，大力激活户外消费，大力发展周末消费，大力培育服务消费。要全力培育市场主体，持续提升企业服务质效，持续发力抓好产能转移，不遗余力抓好“四上”企业培育。区委副书记、区长马烈红，区委副书记李亦，区委常委冯静、幸晓斌、周振华、周敏出席会议。

9月3日，区委书记王道明主持召开区委常委会会议，传达学习中央省市有关会议精神，研究部署温江区贯彻落实工作。会议传达学习了习近平总书记在经济社会领域专家座谈会上的重要讲话精神、对“十四五”规划编制工作的重要指示精神，以及《求是》杂志2020年第16期发表的习近平总书记重要文章。会议强调，要深学细悟习近平总书记重要讲话、指示精神，深刻领会、准确把握以辩证思维看待新发展阶段的新机遇新挑战、以畅通国民经济循环为主构建新发展格局、以科技创新催生新发展动能、以深化改革激发新发展活力、以高水平对外开放打造国际合作和竞争新优势、以共建共治共享拓展社会发展新局面的重大要求，深刻领会、准确把握不断开拓当代中国马克思主义政治经济学新境界的重大意义，深刻领会、准确把握加强顶层设计和坚持问计于民统一起来、齐心协力把“十四五”规划编制好的重要指示。要集中精力高标准推进“十四五”规划编制工作，对标中央和省、市要求，立足温江区域实际，认真总结加快建设全面体现新发展理念宜业宜居宜游的新中心城区取得的成果、“五个之城”建设取得的成绩，着眼温江现实短板和差距，加强战略重点研究，加快专项规划编制，强化项目策划包装，始终坚持开门问策，持续增进民生福祉，为实现更高质量、更有效率、更加公平、更为安全的可持续发展而不懈努力。要全面加强对“十四五”规划编制工作的组织领导，勇于担当、主动作为，科学应变、主动求变，认真研究各行业领域的着力点和突破口，保持战略定力，科学谋划布局，尽快形成高质量的“十四五”规划编制成果。会议传达学习了习近平总书记对制止餐饮浪费行为的重要指示精神。会议要求，要全面贯彻落实习近平总书记对制止餐饮浪费行为的重要指示精神，牢固树立危机意识，将粮食安全放在更加突出位置，有效调节市场供求关系，持续做好保供稳价工作。要牢固树立勤俭意识，党政机关、公共机构要率先垂范、厉行节约、杜绝浪费，广泛开展“光盘行动”。要牢固树立文明意识，建立健全餐饮行业节约机制，引导餐饮行业和企业积极推行科学文明的餐饮消费模式，大力推广分餐制和公筷使用，推广文明用餐行为规范，让绿色健康、简约生活成为社会新风尚。要加强宣传引导，切实培养节约习惯，实现从“要我做”到“我要做”的转变，在全社会营造浪费可耻、节约为荣的氛围。会议传达学习了十三届市委常委会第148次（扩大）会议精神，安排部署9月份重点工作。会议强调，要集中精力做好省委巡视组巡视整改的各项部署要求，及时整改、有效反馈。要深入推进项目招引攻坚行动，持续跟踪一批项目，加快签约一批项目，促进开工一批项目。要千方百计完成目标任务，扎实抓好产能转移、“四上”企业培育、企业纾困解难等重点工作。要加快制定营商环境3.0政策体系，营造更加优质的营商环境，不断提升温江区域软实力。要全力确保城市安全、社会安定、市民安宁，持续抓好疫情防控、防汛减灾、安全生产、社会稳定等重点工作，营造安定有序的社会环境。会议传达学习了成都市产业功能区及园区建设工作领导小组第七次会议精神。会议要求，要增强信心、保持定力，咬定目标、持之以恒抓好大健康产业发展。要全力提升要素市场化配置能力，进一步提升政策供给精准性和竞争力，进一步推动土地资源集约高效利用，进一步加强金融支持力度，进一步推动专业化人才集聚。要科学营建高品质科创空间，优化完善规划设计，提速推进载体建设，提高专业化管理运营能力。要持续扩大产业功能区竞争优势，下大力推进招商引资攻坚行动，大力实施产业链强链补链和功能平台补短板行动，致力区域经济实现高质量发展。区委副书记、区长马烈红，区委副书记李亦，区委常委幸晓斌、刘宇彤、周振华、周敏出席会议。

9月14日，区委书记王道明主持召开区委常委会会议，组织学习《中华人民共和国民法典》，重点从主要框架、重大意义、重要内容等方面对民法典进行了深入浅出解读，并紧密结合全区工作实际，就有力有效推进民法典实施进行了安排部署。会议要求，要准确把握民法典意义，增强贯彻实施的思想自觉、行动自觉。实施好民法典是坚持以人民为中心、保障人民权益实现和发展的必然要求，是发展社会主义市场经济、巩固社会主义基本经济制度的必然要求，是提高我们党治国理政水平的必然要求。民法典实施水平和效果，是衡量各级党政机关履行为人民服务宗旨的重要尺度。全区上下要把抓好民法典的学习贯彻实施作为一项重大政治任务、政治责任，自觉在民法典实施中当好示范、做好表率，积极营造学习好、宣传好、实施好民法典的浓厚氛围，切实把民法典实施纳入法治温江建设总体部署坚定有力推进，不断巩固提升法治温江建设水平。会议强调，要找准工作结合，有力有效推进民法典实施。要强化依法行政，始终把民法典作为行政决策、行政管理、行政监督的重要标尺，切实规范行政许可、处罚、征收、裁决等活动，依法履行职能、行使职权，依法严肃处理侵犯群众合法权益的行为和人员，保护民事权利不受侵犯、促进民事关系和谐有序。要严格公正司法，各司法机关要根据新规定新要求，做好现行法律与民法典实施的衔接工作，确保法律适用标准统一，加强涉及重点领域的民事审判和监督指导工作，提高民事案件审判水平和效率，深化“四大检察”职能，强化对司法活动的监督指导，畅通司法救济渠道，让人民群众充分感受到公平正义，切实增强人民群众获得感和幸福感。要围绕经济社会发展准确适用民法典，把民法典对财产权、人身权等民事权利的保护，细化落实到全区推动经济高质量发展、创造高品质生活、实现高效能治理的各领域各方面，持续深化“放管服”改革和国际化营商环境建设，充分尊重保障各类民事主体的平等地位和发展权利，切实加大对企业、群众生产生活的法治保障和法律服务力度，营造公平正义的良好法治环境。会议强调，要大力开展普法宣传教育，提高依法治理水平。要抓好干部职工学习教育，通过党委（党组）中心组学习、会前学法、专题培训等多种方式，组织开展民法典学习，进一步提高全区广大干部职工运用民法典推动工作、解决问题、服务群众的能力水平。要加强全民普法宣传，把民法典作为当前和“十四五”普法工作的重点，积极引导群众养成自觉守法的意识、形成遇事找法的习惯、培养解决问题靠法的能力。要加强工作统筹，认真讲好法治故事，推动民法典融入各类宣传阵地，让民法典走到群众身边、走进群众心里，切实做好“七五”普法验收和“八五”普法宣传工作。要深入推进依法治理，依托温江区城乡社会发展治理优势，把依法治理与促进矛盾纠纷化解、提升市民道德素养结合起来，努力让良法与善治交相辉映、相得益彰，全力推进民法典普法工作走深走实。区委副书记、区长马烈红，区委副书记李亦，区委常委冯静、幸晓斌、刘宇彤、周振华、周敏出席会议。

9月28日，区委书记王道明主持召开区委常委会会议，传达学习习近平总书记在中央第七次西藏工作座谈会、全国抗击新冠肺炎疫情表彰大会上的重要讲话精神；传达学习习近平总书记在科学家座谈会、基层代表座谈会、教育文化卫生体育领域专家代表座谈会上的重要讲话精神和对“十四五”规划编制工作网上意见征求活动的重要指示精神以及中央、省、市近期重要会议精神，听取全区疫情防控、安全生产、食品安全等工作情况汇报，研究部署温江区贯彻落实措施，安排部署近期重点工作。会议强调，要慎终如始抓好疫情常态化防控。要持续做好防输入工作，坚持防人、防物并重，一是严防境外输入，落实落细防控举措，坚决做到闭环管理；二是严防境内输入，扎实做好“准流调”及其成果运用，确保问题早发现、早解决。要持续抓好防传染工作，宣传引导市民做好个人防护，加强重点行业和重点场所管理，着力做好校园疫情防控、校园周边环境综合整治工作和安全隐患排查。要扎实抓好秋冬季疫情防控，时刻绷紧疫情防控这根弦，进一步加大采样人员培训力度，提高核酸检测能力，动态完善秋冬季疫情防控工作预案，强化应急预备能力。会议要求，要科学合理编制“十四五”规划。要全面贯彻落实中央对“十四五”规划各项要求以及省委、市委各项安排部署，广泛加强对上对外沟通联系，找准温江规划编制的切入点和落脚点。要坚持集中智慧、开门问策，多渠道多领域听取社会各界意见建议，切实把社会各界心声充分融入“十四五”规划编制中来。要坚持问题导向，始终以人民为中心，着力破解瓶颈，补齐民生短板，不断提升区域竞争力和群众的获得感、幸福感。要坚持结合实际，立足温江当前发展的现实基础，科学确定“十四五”时期各项发展目标，确保温江经济社会事业可持续发展。会议强调，要全面对表、扎实抓好涉藏工作，深入学习领会习近平总书记重要讲话精神，全面贯彻新时代党的治藏方略，全力抓好民族宗教工作，高质量做好对口支援，进一步巩固脱贫攻坚工作成效。会议要求，要聚焦聚力推动文旅经济发展。要以四川省文化和旅游发展大会精神为指引，谋划温江文旅发展定位和路径。要以创建“国家全域旅游示范区”和“天府旅游名县”为抓手，打造文旅发展新名片。要以特色资源为本底，深入实施文旅供给侧结构性改革，寻求文旅发展新突破。会议强调，要全力以赴做好第四季度经济工作。要加强经济运行分析调度，强化月度监测研判和预警提示，制定保障措施，确保各项目标任务按质按期完成。要集中精力抓项目促投资，狠抓项目招引，加快签约一批项目，收好招商引资“全年红”；狠抓项目促建，倒排时间、挂图作战，确保项目高效快速落地；狠抓项目包装，聚焦民生短板、城市能级、产业发展等，策划包装一批政府性投资项目和社会投资项目。要高质量编制服务业发展规划，深入研究全区服务业发展的方向路径，尽快形成服务业发展规划成果。会议要求，要持之以恒抓好安全稳定工作。要做好安全生产工作，深入排查消防安全、建筑施工安全、特种设备安全等重点领域风险隐患，细化完善各领域风险清单、整改清单，跟踪问效，坚决防止发生重特大安全事故。要做好食品安全工作，时刻绷紧食品安全这根弦，全面落实最严标准、最严监管、最严处罚、最严问责“四最”要求，强化问题整治，加大食品监管力度和校园食品安全管理，始终保持食品安全高压、严管态势，坚决做到防得住、守得牢、管得好，切实维护人民群众的身体健康和生命安全。会议强调，要做好国庆中秋假期氛围营造和值班值守工作。要营造整洁美观大气的环境氛围，着力做好门户节点、城市干道、公园绿道景观布置和场景打造，营造美好的城市形象。要加强值班值守，严格落实带班值班制度，强化信息报送，确保信息畅通。会议要求，要做好镇（街道）行政区划调整和村（社区）体制机制改革“后半篇”文章，按照省委、市委要求，扎实推进、狠抓落实，高质量完成各项工作任务。区委副书记李亦，区委常委冯静、幸晓斌、刘宇彤、周振华、周敏出席会议。

10 月 27 日，十四届区委常委会第 114 次会议召开，传达学习中共中央政治局会议、十三届市委常委会第 154 次会议精神，研究部署温江区贯彻落实工作。区委书记王道明主持会议并讲话。会议强调，要以高度自觉的责任感和使命感，坚定推动成渝地区双城经济圈建设战略部署落地落实。要准确把握中央政治局会议精神实质，切实提高政治站位，把思想和行动统一到中央和省委、市委决策部署上来，坚定推动国家战略在温江落地落实。要准确把握温江助推成渝地区双城经济圈建设的重点方向，全力落实《关于坚定贯彻成渝地区双城经济圈建设战略部署的决定》和任务分工方案，全面推进区委十四届十一次全会各项部署落地见效，努力在服务国家战略全局中实现新作为、新发展。要以《成渝地区双城经济圈建设规划纲要》为指引谋划温江长远发展，找准温江工作的结合点、着力点，坚持以国家战略引领“十四五”规划编制，部署温江“十四五”期间重点任务、重大工程、重要改革，切实提高规划编制系统性和前瞻性；要抢抓战略机遇，积极争取国土空间规划、重大装置和国家实验室、重大改革试点等事关长远的重大支持，争取更多资源布局温江；要突出重点、务求实效，加强与重庆市巴南区在战略规划、产业发展等方面的协作，打造一批示范合作项目。会议要求，要全力以赴抓好四季度经济工作，确保完成全年目标任务。一要坚决贯彻落实“千方百计扩大有效投资”要求，聚力做强项目投资底盘。要聚焦实物投资量狠抓项目促建，盯紧制约项目快投快建的关键环节，强化跟踪问效；要持续加力提升项目招引质效，进一步增强政策比较优势，对标先进创先争优；要突出重点包装策划有效投资项目，聚焦产业载体、城市基础设施建设和公服配套补短板三大板块，抓好项目包装。二要坚决贯彻落实“千方百计激发消费活力”要求，聚力增强消费拉动作用，进一步优化提升商圈业态，聚力发展户外消费，大力发展社区商业。三要坚决贯彻落实“千方百计稳定产业链供应链”要求，聚力提高产业发展整体能级，全面推行产业链链长制，大力建设产业链供应链平台，充分发挥自贸区赋能带动作用。四要坚决贯彻落实“千方百计推进有效治理”要求，聚力增强经济社会发展稳定性，全力以赴解决企业困难、全力以赴保障基本民生、全力以赴确保安全稳定。会议要求，要贯彻落实好市委要求，提振精神强化作风，加强对上沟通联系，做好开展“大学习、大调研、大走访”活动的各项准备工作。区委副书记、区长马烈红，区委副书记李亦，区委常委幸晓斌、刘宇彤、周振华、周敏、李涛出席会议。

11 月 2 日，区委常委会会议召开，传达学习贯彻党的十九届五中全会精神、省委常委会（扩大）会议、十三届市委常委会第 155 次（扩大）会议精神，研究温江区贯彻落实工作。区委书记王道明主持会议并讲话。会议强调，要深刻领会准确把握党中共十九届五中全会主要精神。一要深刻领会、准确把握“十三五”时期党和国家事业发展取得的重大成就。“十三五”以来，以习近平同志为核心的党中央统揽全局、运筹帷幄，团结带领全党全国各族人民攻坚破难、拼搏实干，取得一系列新的重大成就。特别是最近一年来，面对错综复杂的国际形势、艰巨繁重的国内改革发展稳定任务，以及新冠肺炎疫情的冲击，以习近平同志为核心的党中央直面风险挑战、从容驾驭复杂局面，展示了卓越领导能力，充分彰显了中国特色社会主义制度的巨大优越性，充分体现了全党全国各族人民的强大凝聚力。二要深刻领会、准确把握我国发展面临的新形势新阶段。十九届五中全会审议通过的《中共中央关于制定国民经济和社会发展第十四个五年规划和二〇三五年远景目标的建议》（以下简称《建议》）明确指出，当前和今后一个时期，中国发展仍然处于重要战略机遇期，但机遇和挑战都有新的发展变化。要深刻认识中国社会主要矛盾变化带来的新特征新要求，增强机遇意识和风险意识，准确识变、科学应变、主动求变，始终保持专注发展的战略定力，发扬斗争精神，树立底线思维，扎实做好在更加不稳定不确定的环境中谋求发展的长期准备，努力实现更高质量、更有效率、更加公平、更可持续、更为安全的发展。三要深刻领会、准确把握“十四五”时期发展的指导思想、基本原则、主要目标。《建议》把全面建设社会主义现代化国家作为新的战略目标，把“推动高质量发展”作为统揽“十四五”时期经济社会发展的主题，把“构建以国内大循环为主体、国内国际双循环相互促进的新发展格局”作为战略任务，有利于应对国际环境的深刻变化，提升我国经济发展水平，塑造我国国际经济合作和竞争新优势。全会将“十四五”规划与2035年远景目标统筹考虑、一体推进，既立足当前对远景目标进行战略勾画，又锚定远景目标就分阶段实施作出具体安排，是坚持系统观念的一个重大创新，为系统谋划“十四五”时期发展提供了战略引领。四要深刻领会、准确把握“十四五”时期中国发展的主要任务。《建议》聚焦突出问题和短板，回应人民群众诉求和关切，围绕科技创新、产业发展、深化改革、乡村振兴等12个重点领域的思路和重点工作作出具体安排，提出一系列战略性创新性重要举措，为全国“十四五”时期发展提供了行动指南。全会对加强党中央集中统一领导、推进社会主义政治建设、健全规划制定和落实机制等提出明确要求，为推动“十四五”规划落地实施提供了重要保障。全区上下要深刻认识中央战略部署的重大意义和任务路径，在国家“十四五”规划的框架下推进温江经济社会高质量发展。会议要求，要精心组织迅速掀起学习宣传热潮。全区各级党组织要切实增强“四个意识”，坚定“四个自信”，做到“两个维护”，把学习宣传贯彻中共十九届五中全会精神作为当前和今后一个时期的首要政治任务，精心部署、科学谋划，迅速掀起学习宣传贯彻的热潮，切实把思想和行动统一到中共十九届五中全会精神上来，把各方面力量和智慧凝聚到实现五中全会的目标上来。要迅速传达贯彻，将学习贯彻中共十九届五中全会精神纳入全区各级各部门重要议事日程，第一时间召开党委（党组）会议、干部职工学习会进行传达贯彻，迅速把全会精神传达贯彻到每一个基层党组织和党员，确保全覆盖。要吃透全会精神，全区各级党员领导干部要先学先懂、真学真懂，结合实际、带着问题精研细读全会公报、《建议》原文，在中央确定的发展战略、目标任务中找准工作坐标、发展方向，做到学以致用、学用结合。要广泛宣传动员，将学习全会精神作为“大学习、大调研、大走访”的重要内容，周密安排专题学习研讨，精心制定宣传宣讲方案，全方位、多层次宣传解读全会精神，多视角反映全区上下学习贯彻全会精神的具体情况、创新举措和工作实效。会议强调，要全面对表全会精神科学编制温江区“十四五”规划。全区各级各部门要把贯彻落实中共十九届五中全会精神与编制温江区“十四五”规划结合起来，以对城市负责、对历史负责的态度，齐心协力做好规划编制。要坚持全面对表谋划，对表中共十九届五中全会精神、成渝地区双城经济圈建设国家战略和中央、省、市部署要求，明确温江在国家战略全局和省、市发展大局中的方位和方向，确保中央和省、市各项安排部署在温江区规划中全面体现、全面落实，做到城市发展与党的要求相符合、与时代要求相适应。要科学把握战略机遇，做好发展环境特别是机遇的分析判断，深刻把握新一轮科技革命和产业变革深入发展、构建新发展格局、成渝地区双城经济圈建设、国家城乡融合发展试验区建设等战略机遇，做到抢抓机遇、趋利避害、顺势而为。要研判分析发展局面，立足温江发展的“变与不变”，进一步分析当前宏观形势和任务要求，系统总结“十三五”以来温江取得的成绩和问题差距，科学研判“十四五”时期温江发展阶段，细化完善“十四五”时期的重点工作、路径举措，科学制定符合时代发展趋势、契合城市发展规律、顺应市民群众期待、有操作性引领性的战略规划。要汇聚众智齐心协力，全区上下总动员，担当尽责、主动谋划、开门问策，广泛凝聚民间智慧，增强规划民主性、科学性，切实把社会期盼、群众智慧、专家意见、基层经验充分融入“十四五”规划编制中来。区委副书记李亦，区委常委冯静、幸晓斌、刘宇彤、周振华、周敏出席会议。

11月16日，区委书记王道明主持召开常委会会议，组织学习习近平总书记在中央政治局第二十三次集体学习时的重要讲话精神和《中华人民共和国土壤污染防治法》，研究温江区贯彻落实工作。会议指出，要深刻领会习近平总书记在中央政治局第二十三次集体学习时的重要讲话精神，切实增强考古和历史文化遗产保护工作的责任感和使命感，高度重视、扎实开展考古和历史文化遗产保护工作。要始终把保护放在第一位，重点保护好历史建筑、古树名木、历史文化遗产和风貌等，加大规划保护力度，强化宣传引导和工作考核，让保护历史文化遗产成为社会共识，合力保护好“温江记忆”。要加强对历史文化遗产的合法利用，加快鱼凫城遗址、陈家大院保护和相关遗址功能建设，加大对川西林盘、川派盆景和民宿文化资源的传承挖掘，把历史文化遗产和非物质文化遗产结合起来，策划包装独具温江特色的文旅产品，高质量、高标准、高水平推进城市有机更新，做好温江历史文明、城市肌理的保护和开发，再现城市历史场景，再造休闲打卡消费场景，形成历史文化与现代时尚交相辉映的城市风貌。会议强调，要提高思想认识，准确把握《中华人民共和国土壤污染防治法》的出台背景和重要意义，始终坚持以习近平新时代中国特色社会主义思想为指导，以新发展理念为引领，坚定不移推进生态文明建设，严格按照法律规定，认真履职尽责，全力保护好温江生态本底，齐心协力共建天蓝地绿亲水之城。要突出工作重点，压紧压实各级各部门职能职责，聚焦工业废水、面源污染等污染源，找准着力点和突破口，因地制宜、分类施策，有力有序推进土壤污染防治工作。要加强组织领导，强化工作统筹，把土壤污染防治工作纳入各级各部门工作重点，确保中央和省委、市委各项安排部署在温江落地落实，坚决打赢土壤污染防治攻坚战。区委副书记、区长马烈红，区委副书记李亦，区委常委冯静、幸晓斌、刘宇彤、周振华、周敏出席会议。

12月4日，区委书记王道明主持召开区委常委会会议，传达学习习近平总书记在中央全面依法治国工作会议和全面推动长江经济带发展座谈会上的重要讲话精神，传达学习全国疫情防控工作电视电话会议等近期全国、省、市有关重要会议精神，研究部署温江区贯彻落实工作，安排部署近期工作重点。会议强调，要坚决贯彻落实习近平法治思想，全面推进依法治区工作。要学深悟透习近平法治思想，纵深推进依法治区，切实加强党对法治建设的组织领导，高质量筹备好全区全面依法治区工作会议，梳理总结温江近年依法治区工作的成绩成果和薄弱环节，进一步增强法治意识、法治思维，补短板、添措施、强弱项，坚决做到有法可依、有法必依、执法必严、违法必究，促进温江全面依法治区工作再上新台阶。会议要求，要坚决落实党中央关于全面推动长江经济带发展的决策部署。要把习近平总书记在全面推动长江经济带发展座谈会上的重要讲话精神贯彻落实到温江“十四五”规划中，立足温江自身实际、生态比较优势和发展潜力，深刻把握推动长江经济带的总体目标和战略定位，全面对表五个方面重点任务，细化落实到温江各项具体工作中。要坚定不移走生态优先、绿色发展道路，以城乡融合发展试验区建设为契机，推动农商文旅体养融合发展，促进生态价值转化为经济价值。要抢抓构建新发展格局的战略机遇，深入研究长江经济带产业布局，在新发展格局构建中抢占先机。会议强调，要毫不松懈抓好疫情常态化防控。要坚持人物同防，强化部门联动和监管，严格落实各级各项防控措施，不断提高检验检测能力，精准有效外防输入。要坚持重点盯防，全力持续抓好院感防控、重点场所防控，坚决避免聚集性疫情发生。要坚持及早设防，做好应急医疗救治储备，强化应急演练，广泛开展宣传教育，切实做好冬季疫情应对准备。会议要求，要积极做好大运会工作。要按照市委部署要求，提前安排、全面部署、落实举措，高质量完成各项目标任务。要加强统筹协调，认真做好场馆建设、运营和竞赛组织，确保温江赛事项目有序进行。要有序推进"爱成都·迎大运"城市共建共治共享七大行动，重点抓好场馆周边等环境风貌整治，展示温江良好形象。要强化城市营销，以赛事为契机，导入人流和消费，输出形象和品牌，实现办赛营城，不断提高温江城市美誉度。会议强调，要扎实做好消防安全工作。要切实把思想和行动统一到习近平总书记关于森林草原防灭火工作的重要指示精神和省、市部署要求上来，坚持人民至上、生命至上，树立底线思维、增强忧患意识，全力保障人民群众生命和财产安全。要坚持问题导向，聚焦高层建筑、工业园区企业、老旧院落等薄弱环节，全覆盖开展风险隐患排查整改，靶向发力、精准施策，及时发现问题、解决问题。要压紧压实安全责任，认真落实主体责任和监管责任，切实把各项制度和措施落实到位，形成齐抓共管的工作局面，确保消防安全责任全覆盖。会议要求，要大力发展先进生产性服务业。要对标《成都市生产性服务业发展总体规划》，加快编制全区服务业发展规划，形成具有前瞻性、指导性的发展"路线图"。要加强市场主体招引和培育，围绕"三医"产业，聚焦平台经济，大力招引一批生产性服务业领域的头部企业、领军企业，大力培育培强生产性服务业领域中小企业，加快提升企业专业服务能力。要优化健全统计体系，开展生产性服务业统计监测，强化全区生产性服务业和重点企业运行分析，为加强生产性服务业高质量发展提供依据。会议强调，要充分发挥表彰激励作用。要用好各媒体平台，广泛宣传、大力弘扬先进集体和先进个人的感人事迹，充分发挥先进典型的示范引领作用，教育引导全区广大干部群众积极进取、向上向善。要抓好"五个之城"建设创新奖的评选表彰，认真对照"五个之城"内涵，科学制定评选标准和指标体系，凸显实绩实效，充分体现先进性、典型性、代表性，在全区营造学、比、赶、超的浓厚氛围。区委副书记、区长马烈红，区委副书记李亦，区委常委冯静、幸晓斌、刘宇彤、周振华、周敏出席会议。

12 月 23 日，区委书记王道明主持召开区委常委会会议，传达学习中央经济工作会议、推动长江经济带发展领导小组会议和省委、市委近期有关重要会议精神，研究温江区贯彻落实措施。会议强调，要深入学习、全面落实中央经济工作会议精神。这次中央经济工作会议，是在中共十九届五中全会之后召开的一次十分重要的会议。习近平总书记的重要讲话，站在党和国家事业发展全局和战略的高度，深刻分析了"两个大局"背景下中国经济发展面临的新形势，明确提出"十四五"开局之年经济工作总体要求、目标任务和重大举措，为我们在新发展阶段、贯彻新发展理念、构建新发展格局、推动高质量发展提供了根本遵循。要深刻领会、准确把握，自觉增强"四个意识"、坚定"四个自信"、做到"两个维护"，切实把思想和行动统一到中央和省委、市委各项部署要求上来。要深刻领会、准确把握中央经济工作会议精神，准确把握党中央关于在严峻挑战下做好经济工作的规律性认识，准确把握党中央对国内外形势的科学判断，准确把握明年经济工作的总体要求和政策取向，准确把握明年经济工作的重点任务和部署要求，准确把握加强党对经济工作全面领导的重要要求。会议要求，要认真谋划好全区经济工作。要把学习贯彻中央经济工作会议精神落实到温江"十四五"规划编制中，优化完善"十四五"规划，努力把经济工作做得更好。要全力筹备好区委十四届十二次全会暨区委经济工作会议相关事宜，按照中央和省委、市委经济工作会议精神，充分结合温江实际，统筹谋划好明年经济工作要点。要精准抓好对上争取工作，精细研究国家战略部署，围绕国家重大战略，形成对上争取工作重点清单，精准包装策划项目。会议要求，要认真做好岁末年初工作。要始终绷紧疫情防控这根弦，按照疫情防控常态化、专业化、信息化"三化"要求，不断优化疫情防控体制机制，高效开展疫情防控工作。要落实党中央关于长江经济带发展的决策部署，坚持问题导向，总结经验成效，补齐短板不足，全力以赴筑牢长江上游生态屏障。要积极推进成渝地区双城经济圈建设，围绕“一极两中心两地”，进一步推进与重庆巴南区的合作，找准温江积极融入成渝地区双城经济圈建设的突破口和着力点。要持续抓好重大项目建设，始终把项目推进作为重中之重，聚焦重点、增添举措、攻坚克难，高质量推进项目工作。要全力保障群众生产生活，扎实做好走访慰问、安全生产风险防控等各项工作，确保全区大局稳定。会议学习了《中华人民共和国食品安全法实施条例》，听取全区食品安全工作情况汇报。会议要求，要毫不放松抓好进口冷链食品安全，联合开展进口冷链食品专项整治行动，严厉打击违法行为，从严查处一批典型案例，形成强大震慑力。要建立健全食品安全监督惩戒机制，加强校园周边环境整治，强化校园食品安全管理，全力确保学校食品安全。要严格落实食品安全党政同责和属地管理责任，严格按照“四个最严”要求，积极履行职能职责。区委副书记、区长马烈红，区委副书记李亦，区委常委冯静、幸晓斌、刘宇彤、周振华、周敏、罗胤出席会议。

区委重要会议

【“不忘初心、牢记使命”主题教育总结大会】 1月16日，全区“不忘初心、牢记使命”主题教育总结大会举行。区委书记、区委“不忘初心、牢记使命”主题教育领导小组组长王道明在会上强调，要深入学习贯彻落实习近平总书记在“不忘初心、牢记使命”主题教育总结大会上的重要讲话精神，以这次主题教育为新的起点，认真总结好经验好做法，以制度形式巩固深化主题教育成果，持续推动广大党员干部不忘初心、牢记使命，切实让初心和使命在内心深处铸牢、在思想深处扎根。市委第三巡回指导组组长郭启舟出席并讲话。王道明指出，习近平总书记的重要讲话，全面总结了主题教育取得的主要成效，深刻阐述了主题教育探索积累的新经验，对巩固拓展主题教育成果、持续推动不忘初心、牢记使命提出了明确要求，是加强新时代党的建设的纲领性文献，为在新的历史条件下践行初心使命、进行党的自我革命提供了根本遵循。全区各级党组织要深刻领会准确把握主题教育取得的重大成果、主要经验，自觉把思想和行动统一到党中央和省、市委部署要求上来，结合温江实际抓好贯彻落实。王道明指出，2019年9月以来，按照党中央和省委、市委的统一部署，区委始终把“不忘初心、牢记使命”主题教育作为党内政治生活的头等大事、作为思想建党理论强党的基础工程、作为纵深推进“五个之城”建设的战略之举，坚持聚焦主题主线，精心谋划、周密部署，一体推进主题教育各项工作任务落地落实，始终坚持问题导向，全区主题教育取得了显著成效、积累了宝贵经验，实现了理论学习有收获、思想政治受洗礼、干事创业敢担当、清正廉洁作表率。在充分肯定成绩、总结经验的同时，也要清醒看到存在的不足，持续加力加压予以整改解决。王道明强调，不忘初心、牢记使命是加强党的建设的永恒课题和全体党员、干部的终身课题。要以这次主题教育为新的起点，认真总结好经验好做法，以制度形式巩固深化主题教育成果，持续推动广大党员干部不忘初心、牢记使命。要健全完善锤炼政治品格、强化政治担当的长效机制，坚决做到“两个维护”，做到旗帜鲜明讲政治，深化完善严肃党内政治生活“1799”制度，完善加强党内政治文化建设的常态机制。要健全完善学思用贯通、知信行合一的长效机制，坚定用党的创新理论武装头脑、指导实践、推动工作，把推动党的创新理论入脑入心作为长期任务紧抓不放，不断推动新思想往深里走、往实里走、往心里走。要健全完善查摆检视问题、整治整改落实的长效机制，不断实现自我完善、自我提高。要健全完善践行根本宗旨、密切联系群众的长效机制，不断夯实党的执政根基。王道明强调，不忘初心、牢记使命，最终要落脚到推动温江高质量发展的目标上来，体现到落实好区委的工作部署上来。当前，最重要的就是学习好、领会好、贯彻好区委十四届十次全会暨区委经济工作会议做出的各项决策部署。广大党员干部要紧紧扭住建设全面体现新发展理念宜业宜居宜游的新中心城区主题主线，围绕新时代温江“三步走”战略目标，自觉投身纵深推进“五个之城”建设的火热实践中，把初心和使命转变成锐意进取、开拓创新的精气神和埋头苦干、真抓实干的原动力，以实际行动肩负起温江在新时代实现新崛起的时代重任。要把握温江发展大势，在围绕中心、服务大局中谋划推动工作。要实心干事科学作为，在狠抓工作落实中提振担当作为的精气神。要坚持领导机关和领导干部带头示范，以奋进姿态接受党和人民的考验。成都市政协经济委员会主任郭启舟在讲话中指出，3 个多月来，在党中央和省委、市委坚强领导下，温江区委高度重视主题教育工作，坚持把主题教育作为重大政治任务，牢牢把握总体要求，紧紧围绕主题主线，精心组织、统筹实施、积极推进，整个主题教育始终沿着正确方向有序开展，取得了重大的实践、理论和制度成果，成效显著，达到了预期目标。这次主题教育虽然已基本结束，但全面从严治党永远在路上。要认真按照中央和省委、市委主题教育总结大会部署，特别是习近平总书记的重要讲话精神要求，在新的起点上，继续把不忘初心、牢记使命作为加强党的建设的永恒课题和全体党员干部的终身课题，进一步用习近平新时代中国特色社会主义思想武装头脑、指导实践、推动工作，进一步以正视问题的勇气和刀刃向内的自觉不断推进党的自我革命，进一步强化制度意识推动不忘初心、牢记使命的制度落实落地，进一步发扬斗争精神激发全区党员干部担当作为的动力活力，不断提升温江城市治理能力和治理水平，为纵深推进“五个之城”建设，助推成都建设全面体现新发展理念的城市，奋力谱写新时代新天府的崭新篇章作出新的更大贡献。副组长白晓松、区人大常委会主任万雪梅、区政协主席艾志秋出席大会。

【党外人士情况通报会】 1 月 20 日，温江区党外人士情况通报会召开。会议传达了中共十九届四中全会和省委十一届六次全会、市委十三届六次全会暨市委经济工作会议、区委十四届十次全会暨区委经济工作会议精神，通报了全区 2019 年经济社会运行情况、党风廉政建设和反腐败工作情况，听取了党外人士意见建议。区委书记王道明出席会议并讲话。通报会上，民革温江区支部主委赵霜、民盟温江区总支主委李大鸿、民建温江区总支主委何敏、九三学社温江区委员会主委景仁志、区工商联副主席冉仕春、无党派人士代表邱成明，就实施乡村振兴战略、数字经济发展、国际消费城市建设等重大工作建言献策。听取意见建议后，王道明指出，2019 年以来，全区统一战线深入学习贯彻习近平新时代中国特色社会主义思想和习近平总书记对四川及成都工作系列重要指示精神，牢牢把握大团结大联合主题，充分发挥独特政治优势，主动服务、积极投身全区改革发展大局，认真履行职能，在凝心聚力谋发展、砥砺奋进抓落实上做了大量卓有成效的工作，突出表现在参政议政有新成效、服务社会有新作为、组织建设有新进展，为推动温江经济社会发展贡献了智慧和力量。实践表明，全区统一战线的各界人士旗帜鲜明讲政治、敢于担当善作为，是高标准推进区委各项决策部署全面落地见效、纵深推进“五个之城”建设的重要力量。王道明指出，2020 年是高标准全面建成小康社会、完成“十三五”规划目标的收官之年，是实现新时代温江“三步走”战略第一步目标即加快建设西部领先的健康产业高地、基本建成全面体现新发展理念宜业宜居宜游的新中心城区的决胜之年，也是系统开展“十四五”规划、谋划未来发展蓝图的关键之年。刚刚召开的中共温江区委十四届十次全会暨区委经济工作会议，对表落实中共十九届四中全会和省委、市委全会精神，审议通过了《中共成都市温江区委关于提升温江城市治理能力和治理水平的决定》，对纵深推进“五个之城”建设作出了具体安排部署。希望各民主党派基层组织、工商联和无党派人士继续发挥优势、主动作为，为温江发展大局作出新的更大贡献。王道明指出，中国共产党领导是中国特色社会主义最本质的特征，坚持中国共产党领导是多党合作事业健康发展的根本保证。要始终高举旗帜，坚定正确政治方向，加强创新理论武装，自觉做新思想的坚定信仰者、忠实践行者；把学习贯彻中共十九届四中全会精神和省委、市委、区委全会精神作为当前和今后的一项重大政治任务，始终聚焦新时代温江“三步走”战略目标和区委各项决策部署，凝心聚力、高标准助推全面落地见效。要始终服务中心大局，发挥优势履职尽责，认真履行参政议政、民主监督、政治协商职能，增强参政议政的精准性，增强民主监督的主动性，增强协商建言的有效性，为区委科学决策提供有力参考，真正做到“参政参到点子上，议政议到关键处”。王道明指出，要始终和衷共济，团结协作汇聚合力，在招商引资和扩大开放、增进民生福祉、构建和谐城市等方面聚力，切实为金温江在新时代实现新崛起凝聚强大力量。要不断加强自身建设，努力提升能力水平，着重加强思想政治和制度、能力建设，不断提高履职能力水平，打造一支政治坚定、素质优良、结构合理的党外人士队伍。区委将一如既往重视支持各民主党派基层组织、工商联和无党派人士的工作，进一步完善知情明政、考察调研、工作联系、协商反馈、督查通报等保障机制，重视协商成果转化运用，共同推动多党合作事业持续健康发展。区委副书记李亦参加会议，区委常委、统战部部长冯静主持会议，区领导石山、何兴轩、资蓉参加会议。

【疫情防控工作会议】 1月27日，区委书记王道明主持召开区新型冠状病毒感染的肺炎疫情防控指挥部疫情防控工作会议，传达学习中央政治局常委会会议和省委常委会会议、市委常委会会议精神，听取温江区新型冠状病毒感染的肺炎疫情防控工作整体情况，对全区疫情防控工作进行再研究、再部署、再动员。区委书记王道明强调，要自觉站在讲政治顾大局的高度，以对党和人民事业高度负责、对人民生命安全和身体健康高度负责的精神，坚定贯彻落实习近平总书记重要讲话精神，坚决贯彻落实中央和省委、市委部署要求，全力以赴投身疫情防控工作，坚决打赢疫情防控阻击战。会议强调，农历正月初一，习近平总书记主持召开中央政治局常委会会议，对疫情防控特别是患者治疗工作进行再研究、再部署、再动员。随后，省委、市委相继召开常委会会议对疫情防控工作进行了再安排、再部署。这是动员令，也是宣言书，更是军令状。要认真贯彻落实中央和省市关于疫情防控的重大工作要求，坚决落实中央关于疫情防控的重要会议精神、坚决落实全省疫情防控重要会议精神、坚决落实市委市政府关于疫情防控工作的重要要求。必须要清醒认识到，把疫情防控工作作为当前最重要的工作来抓，坚决杜绝麻痹大意和侥幸心理。必须进一步压紧压实责任，完善联防联控、群防群治机制，严阵以待、严防死守，统筹各方力量尽最大努力控制疫情的输入和传播，坚决保护人民群众生命健康安全。疫情就是命令，防控就是责任。会议强调，要认真落实全省突发公共卫生事件Ⅰ级应急响应工作要求，持续用力做好下一步疫情防控工作，全面有序落细落实各项工作措施，织密织牢疫情防线，全力阻止疫情输入蔓延，扎实抓好七个方面的重点工作：一要优化完善全区防疫工作组织体系，构建扁平化、高效率的工作机制，坚持底线思维，研究和完善指挥部工作架构和运行机制，扎实做好各项工作应急预案，加强信息互通、措施互动，认真学习借鉴其他地区防疫工作的好经验好办法，把握工作重点、找准落实路径、提前谋划安排，形成全区防疫工作“一盘棋”的良好格局。党政领导干部特别是主要领导干部要坚守岗位、靠前指挥，深入防控疫情第一线，及时发声，扎实防控，切实做到守土有责、守土尽责。二要落实最严格的全面排查措施，把握好湖北等重点疫区来温人员和从疫区返乡人员这两类重点群体，确保排查工作“纵向到底、横向到边”，全覆盖、无遗漏。三要落实最果断的隔离观察和保护措施，提前做好全区高校师生返校、人员返岗高峰的充分准备，研究并加快隔离留观点和医学留观点的选址布局和建设，抓紧开展医护人员队伍的组建和专业化培训，提升医护人员防护能力和防护水平，严格落实传染源管理措施。四要落实最大限度减少群众聚集活动的管控措施，一律停止组织和许可大型群众性活动，加强疾病防控宣传，倡导公众减少外出，有效降低疫情蔓延的发生概率。五要落实最有效的医疗救治措施，建立完善医疗救治运行机制，严格落实发热排查、预检分诊、首诊负责制，规范做好医疗废弃物处理，切断院内传播感染途径，严防医院成为疫情传播地。六要落实最快速的物资保障措施，千方百计做好应急物资储备，为医疗救治和疫情防控提供有力可靠的支持保障；依法从严从快查处趁机制售伪劣产品、囤积居奇、哄抬物价、行骗牟利等扰乱市场秩序的违法行为。七要落实最严格的信息发布机制，及时客观发布权威信息，及时通报防控工作进展，加大科普宣传和正面舆论引导，切实做好市民心理疏导，回应社会关切，维护社会稳定。

【防疫指挥部视频调度会】 2月4日，区委书记、区新型冠状病毒感染的肺炎疫情防控指挥部指挥长王道明主持召开区防疫指挥部视频调度会，进一步研究部署温江区疫情防控相关工作。王道明强调，要坚决贯彻习近平总书记重要指示精神和党中央决策部署，切实落实省、市相关要求，扎实按照“151”即“一抓五防一定”的防控工作思路，聚焦“防输入、防扩散、保安全、促复工、促开学”，严格落实“五项措施”，进一步有力有序开展排查工作。会议要求，要全面开展居家隔离人员“准流调”，即对已确定的居家隔离人员，按照流行病学史调查规范，逐一采集生活轨迹、人员接触史等信息，进一步筛查、锁定、检测重点人员，做到“早发现、早治疗”。要提高密切接触者的管理层级，对已确定的密切接触者，逐一进行PCR核酸检测，并根据测试结果分类采取措施。要增加疑似病例检测频次，确保检测结果更加快速、精准、可靠。要严密排查新入温人员，参照“准流调”标准，实行“一人一卷”，对第三轮排查结束后的市外新到温江人员，开展健康状况评估分析，根据评估结果实施分类管理。对于谎报瞒报个人信息的人员，要依法依规严肃处理，曝光反面典型。要制定完善全区防控工作规范，对企业复工开业、学校开学等防控形势要加强预研预判和前瞻分析，分行业、分领域、分环节进一步优化完善和系统集成各项防控工作方案及具体工作规范，确保各项工作有力有序开展。要细化落实公共出行、市场保供等重点工作具体举措，全力做好城市有序运转各项工作，全力维护社会和谐稳定。

【重大项目推进专题工作会】 2月27日，温江区2020年重大项目推进专题工作会议召开。会议听取了温江区重大社会投资项目和政府性投资项目开（复）工、支持项目开工复工政策措施落实、2020年策划储备项目等工作的情况汇报，安排部署全区相关工作。区委书记王道明发表讲话。王道明指出，要深入学习贯彻习近平总书记重要讲话指示精神，按照“加强疫情防控这根弦不能松，经济社会发展各项工作要抓紧”的要求，全面落实中央、省委、市委相关安排部署，在严格落实疫情防控措施前提下，全力抓好重大项目推进工作，促进经济社会秩序恢复正常，确保今年经济社会发展各项目标任务全面完成，切实做到“两手抓”“两手硬”。王道明强调，要加快推进重大社会投资项目工作，坚定目标不变，精准要素保障，加快项目签约落地，力促形成良好发展态势，进一步增强社会投资信心。要加快推进政府性投资项目工作，加快在建项目进程，着力补齐民生短板，策划包装小连片开发项目。要加大招商引资工作力度，成都医学城要瞄准产业转移、医疗器械和医药产品、电子信息和人工智能以及其他有市场潜力的项目，进一步完善园区产业链；成都健康服务业集聚区要着力招引城市综合体项目和改善性住宅项目，加强楼宇招商，进一步提升城市品质；温江农高园要瞄准农创、农旅、农养项目，进一步写好乡村振兴“大文章”。要构建常态化项目推进机制，建立健全指挥长负责制、要素保障、专题会问题解决等推进机制，力促重大项目工作高效开展。要按照“两手抓”“两手硬”要求，压紧压实企业防控主体责任，制定好复工防控预案，确保各项防控措施落实到位，稳步推进企业复工复产。要抓好疫情科学防控、精准防控，严格落实好防控责任和管控服务措施，抓实抓细外防输入内防扩散各项措施，坚决守好入口关，严防疫情输入。要构建复工复产复市工作机制，扎实抓好各行业、各领域重点工作，力促城市尽快恢复生产生活秩序。区委副书记、区长马烈红要求，要在做好疫情防控工作的前提下，严格按照时间节点推进项目动工和复工；要切实履行联络员职责，落实落细台账、问题清单、派单制度等工作重点；要加强部门联动，进一步精准策划包装新项目；要加强对上争取资金和政策，为温江赢得更多发展机遇。

【区第十四届纪委第九次全体会议】 3月12日，中国共产党成都市温江区第十四届纪律检查委员会第九次全体会议举行。区委书记王道明出席会议并讲话。王道明指出，要深入学习领会习近平总书记重要讲话和中央、省、市纪委全会精神，切实增强贯彻落实的思想自觉行动自觉。习近平总书记在十九届中央纪委四次全会上的重要讲话，深刻总结新时代全面从严治党取得的历史性、开创性成就，对以全面从严治党新成效推进国家治理体系和治理能力现代化作出战略部署，为持续推动全面从严治党向纵深发展进一步指明了前进方向、提供了重要遵循。要认真学习领会，切实把思想和行动统一到习近平总书记重要讲话精神上来，一以贯之、坚定不移推动全面从严治党向纵深发展，坚决把“严”的主基调贯穿管党治党全过程，为建立完善现代治理体系提供坚强保障。王道明指出，要客观总结成绩、深入查摆问题，始终保持全面从严治党永远在路上的清醒和坚定。过去一年，在中央和省委、市委的坚强领导下，区委坚定不移地以习近平新时代中国特色社会主义思想为指导，深入贯彻新时代党的建设总要求，积极应对多重矛盾叠加、多种困难交织、突发事件影响的复杂局面，团结带领全区广大干部群众攻坚克难、砥砺奋进，各项事业取得了新的成绩。但必须清醒地看到，当前温江区党风廉政建设和反腐败工作中依然存在一些亟待解决的问题，党员干部队伍中影响党的先进性和纯洁性的消极因素依然存在，全面从严治党依然任重道远。要坚持决心不变、力度不减、尺度不松，聚焦问题精准发力，坚决同一切影响党的先进性、弱化党的纯洁性的问题作斗争，不断巩固和发展风清气正的良好政治生态。王道明强调，2020年是高标准全面建成小康社会、完成“十三五”规划目标收官之年，也是实现新时代温江“三步走”战略第一步目标、加快建设西部领先的健康产业高地、基本建成全面体现新发展理念宜业宜居宜游的新中心城区的决胜之年。要坚定以习近平新时代中国特色社会主义思想为指导，全面贯彻落实中共十九大和十九届二中、三中、四中全会及省委十一届六次全会、市委十三届六次全会精神和中央、省、市纪委全会的各项部署要求，增强“四个意识”，坚定“四个自信”，做到“两个维护”，认真落实管党治党根本政治责任，把“严”的主基调贯穿管党治党全过程、各方面，持续巩固发展良好政治生态，为奋力推动“金温江”在新时代实现新崛起提供坚强保障。王道明强调，要持续强化理论武装，在学思践悟中守初心担使命。要学深悟透新思想、坚定践行新思想、深入宣传新思想，在常学常新中加强理论修养，在真学真信中坚定理想信念，在深学细悟中牢记初心使命，推动成果转化为工作成效，做到学思用贯通、知信行统一。王道明强调，要全面加强政治监督，坚决推动中央和省委、市委重大决策部署落地落实。要锤炼忠诚政治品格，严明政治纪律和政治规矩，强化监督促进落实，自觉做政治上的“明白人”，坚决清除“两面派”“两面人”，当前要统筹做好疫情防控和经济社会发展工作，确保中央和省委、市委重大决策部署在温江落地落实。王道明强调，要深入整饬作风顽疾，奋力打赢作风建设持久战。要寸土不让“纠四风”，负重前行“打硬仗”，严管厚爱“增动力”，保持定力韧劲，久久为功，深入贯彻习近平总书记“锲而不舍、持续发力、再创新绩”的重要批示精神，继续强化问题整治、锤炼优良作风，定任务、压担子、教刀法，在火线和一线培养干部、锤炼干部、考察干部。王道明强调，要大力深化标本兼治，始终保持惩治腐败高压态势。要强化“不敢腐”的震慑，扎牢“不能腐”的笼子，筑牢“不想腐”的防线，做到“惩贪治腐”“制度建设”“廉政教育”一体推进、统筹联动、综合施治，强化对权力运行的制约监督，构建系统化的警示教育工作体系，有力削减存量、遏制增量，坚决铲除腐败滋生土壤。王道明强调，要加强对制度执行的监督，以铁的纪律维护制度权威。要强化制度执行监督，严明制度执行责任，强化制度执行问责，在制度执行上走在前、作表率，层层示范引导，带动全区上下自觉尊崇制度、严格执行制度、坚决维护制度。王道明强调，要强化宗旨意识，坚决整治群众反映强烈的突出问题。要始终坚持以人民为中心的导向，以坚强的纪律作风和务实的问题整改举措，深化扶贫领域腐败和作风问题专项治理，坚决整治群众身边腐败和作风问题，持续整顿软弱涣散基层党组织，把群众深恶痛绝、反映强烈的问题一件一件抓到底、抓出成效。王道明强调，要完善监督体系，增强监督的严肃性、协同性、有效性。要完善党内监督体系，深化纪检监察体制改革，提升基层监督能力，健全党统一领导、全面覆盖、权威高效的监督体系，推动形成决策科学、执行坚决、监督有力的权力运行机制。王道明强调，要压紧压实各级党委（党组）全面从严治党主体责任。区委常委班子及成员要以全面从严治党主体责任清单为抓手，以上率下，推动管党治党政治责任层层压紧压实；区“四大家”领导要紧扣分管工作，认真落实“一岗双责”，做到抓经常、管常态、督重点；全区各部门单位党委（党组）要把党委主体责任、纪（工）委（纪检监察组）监督责任、党委书记第一责任、班子成员“一岗双责”统筹联动起来，及时分析本部门单位党风廉政建设形势，形成分工协作、各司其职、齐抓共管的良好局面。王道明强调，纪检监察机关是党内监督和国家监察专责机关，必须要牢记初心使命，加强思想淬炼、政治历练、实践锻炼，做忠诚干净担当、敢于善于斗争的战士，始终把准政治方向、保持政治定力、增强政治敏锐性和政治鉴别力，在监督执纪问责、监督调查处置全过程贯彻政治要求，坚持“刀刃向内”，严防“灯下黑”，以全面从严治党的新成效，为夺取疫情防控和经济社会发展“双胜利”，推动“金温江”在新时代实现新崛起提供坚强保障。会议传达学习了十九届中央纪委四次全会、省纪委十一届四次全会、市纪委十三届七次全会精神。区委常委、区纪委书记、区监委主任石山代表区纪委常委会作工作报告。区委副书记、区长马烈红，区人大常委会主任万雪梅，区政协主席艾志秋，区委副书记李亦出席。

【“两送一帮一解”专项行动调度会】 3月25日，全区“送政策、帮企业，送服务、解难题”专项行动调度会议召开。会议深入贯彻市委常委会第131次会议暨市疫情防控领导小组第十次会议精神，听取专项行动各专班工作开展情况，研究部署推动全区各行业各领域全面复工复产复市、促进稳产满产工作。区委书记王道明出席会议并讲话。王道明强调，扎实抓好“送政策、帮企业，送服务、解难题”专项行动是完成全年目标任务的重要支撑和保障。近段时间以来，全区上下按照中央和省、市安排部署，持续深入开展专项行动，取得了阶段性成效。下一步，要继续深入学习贯彻习近平总书记重要讲话和指示批示精神，在慎终如始、科学精准抓好疫情防控的基础上，以开展“送政策、帮企业，送服务、解难题”专项行动为重要抓手，加力加劲推动全面复工复产复市，促进稳产满产。要盯紧目标不放松，瞄准全年目标任务，层层传导压力、压实责任，聚焦招商引资、项目建设、产业发展等重点，通过分解目标任务、策划包装项目、争取产能转移等多种手段，多措并举促进稳产满产。要持之以恒抓落实，持续深化“送政策、帮企业，送服务、解难题”专项行动，建立完善有效解决问题的联动机制，千方百计帮助企业协调解决现实困难和问题，确保各项政策和安排部署在温江落地落实。区委副书记、区长马烈红要求，全区各级各部门要动态掌握疫情防控工作的最新形势和最新政策，及时将最新信息传达到末端，及时调整防控措施。要转变工作思路和方法，坚持以“公益的心态，商业的手法”帮助和支持企业，狠抓各项政策落地落实，发挥出政策的最大效应，让各项政策真正惠及企业。区领导冯静、石山、幸晓斌、刘宇彤、何兴轩等参加会议。

【总河长全体会议】 4月16日，温江区2020年度总河长全体会议召开。区委书记、区总河长王道明出席会议并讲话。王道明强调，要坚决贯彻中央和省委、市委重要决策部署，把握河长制工作的正确方向。中共十八大以来，以习近平同志为核心的党中央就生态治理特别是水生态治理作出了一系列重大决策部署。要深入学习习近平总书记关于绿色发展理念的重要论述，深入学习总书记在深入推动长江经济带发展座谈会上的重要讲话精神。这些重要论述和指示精神，站高谋远、指向精准、内涵丰富，为做好河长制工作提供了根本遵循。省委和市委的各项决策部署要求，为做好河长制工作提供了方向指引和行动指南。全区上下要认真学习领会，切实把思想和行动统一到中央和省委、市委各项部署要求上来，主动作为，履职尽责，推动河长制工作取得更大成效，坚决打赢碧水蓝天保卫战，确保水生态环境持续稳定向好。王道明指出，要客观总结亲水之城建设成果，准确研判河长制工作的当前形势。近几年，温江区深入践行绿色发展理念，开展“水文章”课题调研和项目转化，围绕“两截一环境”治水思路，以河长制为抓手全面推进“重拳治水”，强化“三水共治”，亲水之城建设取得一些成效。在客观总结治理成效的同时，要清醒地看到存在的差距，聚焦问题和不足，持续发力，久久为功，推动治水战役取得全面胜利。王道明强调，要牢牢抓住“治水先治污”的根本策略，着力打造水生态亮丽名片。要补齐短板，加快污水厂站提标扩能，提升污水收集能力，深化农村污水治理，筑牢排水设施基础。要消黑除劣，通过清本溯源、截污控源、清淤补水、生态修复等方式，纵深推进清河行动。要融合发展，加快塑造城市亲水空间，加快推进滨水景观建设，继续做强“夜游江安”品牌，建成“花想江安”园艺生活新场景，实现温江花木“南店北厂”，塑造“山水呼应、蓝绿相映、河湖环绕、清晰明亮”的公园城市空间形象，推动生态价值持续转化，不断提升城市竞争力。王道明要求，要压实责任齐抓共管，确保河长制工作有序推进。要牢固树立“一盘棋”思想，各负其责、群策群力、齐抓共管，河长要善于及时发现问题、督促解决问题，河长办和流域联系单位要通过工作项目化管理，及时落实上级部署要求、收集整理问题，成员单位要落实行业责任和属地责任。要拓宽经费渠道，加大财政投入力度，落实专项经费，确保专项资金保障到位；加强对上争取力度，用活各项环境扶持政策，不断拓展资金筹措渠道；切实发挥企业主体作用，开展专业化运营管护。要凝聚治水合力，强化联动执法，加强主题宣传，引导新闻媒体、社会公众广泛参与监督河长制工作，营造全社会关爱河湖、珍惜河湖、保护河湖的浓厚氛围。要严格考核问责，坚持问题导向，加强专项督查与明察暗访相结合，强化责任追究和考核结果运用，确保各级责任严格落实到位。

【区委深改委 2020 年第一次会议】 5 月 12 日，区委全面深化改革委员会召开 2020 年第一次会议，深入学习贯彻近期中央和省委、市委深改委会议精神。区委书记、区委全面深化改革委员会主任王道明主持会议并讲话。王道明强调，要深入贯彻落实习近平总书记重要讲话精神，准确把握国内外疫情防控和经济形势的阶段性变化，切实增强做好改革工作的责任感紧迫感，把思想和行动统一到中央和省委、市委、区委的改革决策部署要求上来，推动温江区全面深化改革不断取得新成效、实现新突破。会议指出，习近平总书记的重要讲话，对完善重大疫情防控体制机制作出科学部署，对今后一个时期改革工作提出明确要求，为今后工作指明了方向，提供了根本遵循。全区各级各部门要深刻领会、坚定贯彻，坚持以制度创新为重点推进全面深化改革，坚持问题导向、目标导向、结果导向，狠抓改革任务落实，毫不放松地抓好疫情防控工作，统筹做好经济社会发展各项工作，推进全区公共卫生应急管理体系建设，推动各项改革工作取得实效，促进温江城市治理能力和治理水平再上新台阶。会议通报了《2019 年度温江区全面深化改革工作总结》，审议通过了《中共成都市温江区委全面深化改革委员会 2020 年工作要点》及任务清单、《关于进一步明确区管国有企业领导人员管理体制有关问题的通知》《关于创新开展金融审判专业化、国际化和智能化改革的实施意见》《关于加强人民调解员队伍建设的实施意见》。会议强调，要聚焦中央和省委、市委安排部署抓好工作落实。全区各级各部门要提高政治站位，勇于推进改革，敢于自我革命，围绕上级下达的各项改革任务和工作目标，落实主体责任，提高履责效能，以改革的手段打通堵点、排除障碍、激活全盘，科学制定专项改革方案，确保改革举措落地见效，积极探索先行改革试点，全力推动中央和省委、市委各项改革任务部署在温江落地、生根、见效。会议要求，要聚焦重点领域和关键环节抓好改革突破。要围绕推动经济高质量发展，创新深化投融资体制机制改革，深化产业功能区“建管运营”机制、科研成果转化落地机制以及国有企业改革，继续深化营商环境综合改革，深入推进中国（四川）自由贸易试验区温江协同改革先行区建设。要围绕国家城乡融合发展试验区建设，重点抓好统筹推进集体经营性建设用地入市改革、深化农村宅基地“三权分置”改革、创新建立集体经营性建设用地收益分配制度、加快推进特色小镇建设。要围绕公园城市建设，分类建立三大公园的评价指标体系、场景营造模型、价值转化机制，分类探索健康产业公园、光华城市公园、生态田园公园突出“宜业”“宜居”“宜游”特质的转化路径，加快推动生态价值转化。要围绕“公平正义”这一主题，深入推进政法系统在建强执法队伍、推进公益诉讼改革试点、助推国际化营商环境建设、持续推进法律服务供给侧改革等方面的重点改革工作，不断提高执法水平和案件办理质效，进一步加强对合法权益的司法保护。要围绕健全完善医疗卫生服务体系，突出抓好深入推进现代医院管理制度改革、着力提高基层医疗机构服务水平、构建高效公共卫生应急服务体系、不断完善分级诊疗制度四项改革工作，加快补短板、堵漏洞、强弱项，切实提高全区医疗卫生服务水平。要围绕社区治理的难点和城市重大风险防范化解，重点抓好深化村（社区）体制机制改革、建立健全小区居民诉求响应处置机制和应急管理工作体系，为社区发展治理赋能。要围绕推动各项改革工作走深走实，进一步完善干部正向激励和容错纠错机制，积极引导干部争当“改革派”“探路者”，形成有利于改革者大胆探索的包容性环境，充分激发干部的干事创业热情。会议强调，要聚焦工作统筹推进抓好机制建设。要健全完善专项小组抓改革统筹机制，推动改革任务落地落实。要健全完善牵头部门抓改革推进机制，主动担当作为，抓好组织实施，调动好协同配合部门的积极性，形成齐心协力抓改革的工作合力。要健全完善区委改革办抓改革督察机制，创新督察方式，强化结果运用，进一步压紧压实部门工作责任，充分激发各部门抓改革抓落实促发展的工作动力。区委副书记、区委全面深化改革委员会副主任李亦出席会议。

【区委全面依法治区委员会第二次会议】 7月13日，区委书记、区委全面依法治区委员会主任王道明主持召开区委全面依法治区委员会第二次会议并讲话。会议传达学习了习近平总书记在中央全面依法治国委员会第三次会议上的重要讲话精神以及省委全面依法治省委员会第二次会议、市委全面依法治市委员会第二次会议精神，总结2019年度全面依法治区工作，听取重点领域法治建设工作情况汇报，审议区委全面依法治区委员会2020年工作要点。王道明强调，要强化政治引领，努力提高新时代推进全面依法治区的思想站位。要深入学习贯彻习近平总书记关于全面依法治国的重要论述，把思想和行动高度统一到中央和省委、市委决策部署上来，坚决把“两个维护”落实到法治建设的全过程各方面，切实谋划推动好全年依法治区工作。要提高城市依法治理能力，紧扣法治固根本、稳预期、利长远的保障作用，建设法治温江、法治政府、法治社会，切实保障社会公平正义和人民权利，以法治凝聚改革共识、规范发展行为、促进矛盾化解、维护社会和谐。要加强疫情防控和经济社会发展的法治保障，提高依法防控、依法治理能力，发挥法治在疫情防控中的规范与保障作用；聚焦区域经济发展，紧盯“五个之城”建设、产业功能区建设、重大项目招引等重点工作，抢抓成渝地区双城经济圈建设、自贸试验区协同改革先行区建设等重大机遇，让法治温江成为最好的营商环境。要建立健全全面依法治区工作保障体系，进一步总结工作经验、分析存在问题、优化工作机制，制定一套与区域经济社会发展相适应的法治保障体系。王道明要求，要强化问题导向，着力找准现阶段推进全面依法治区的痛点难点。当前，温江正处在建设全面体现新发展理念宜业宜居宜游的新中心城区的关键时期，越是任务繁重，越要厉行法治。要坚持以法治思维和法治方式，聚焦短板弱项，特别是依法行政能力、基层治理法治化水平、自贸区的法治保障等薄弱环节，敢下深水、啃“硬骨头”，切实提升全面依法治区的能力和水平，奋力推动温江经济社会高质量发展。王道明强调，要强化目标导向，聚焦重点领域和关键环节抓好各项工作落地落实。要围绕依法行政，抓好疫情依法防控，着力培育法治型队伍，严格规范公正文明执法，纵深推进综合行政执法改革，深化法治政府建设。要围绕重点领域，广泛开展《中华人民共和国民法典》普法宣传，推动“依法治理七进”工作，完善基层公共法律服务体系，推进基层依法治理。要围绕创新提能，强化自贸区法律政策研究，加快培育和引进涉外法律服务人才，营造法治化国际营商环境，加强自贸区法治保障。王道明要求，要强化效果导向，建立健全各项工作运行保障机制。要加强党的领导，坚持把党的领导贯穿到全面依法治区全过程，确保全面依法治区工作始终保持正确方向。要压实主体责任，把全面依法治区工作摆在更加突出、更加重要的位置，引导和促进领导干部依法履职、人民群众依法办事。要强化合作联动，主动作为，发挥各自领域的牵头抓总作用，研究相关领域出现的新情况新问题，加强工作衔接，形成工作合力。要严格督导问责，强化考核问责、督导检查、跟踪问效，加强考核评价、结果运用，确保全面依法治区各项决策部署落到实处、收到实效。

【区委政协工作会议】 7月14日，区委政协工作会议召开。区委书记王道明出席会议并讲话。王道明在讲话中指出，要深刻领会中央和省委、市委政协工作会议精神，准确把握新时代温江政协事业的发展方向。习近平总书记在中央政协工作会议暨庆祝中国人民政治协商会议成立70周年大会上的重要讲话，鲜明提出了新时代加强和改进人民政协工作的总体要求和着力重点，科学回答了人民政协工作的重大理论和实践问题，为新时代加强和改进人民政协工作指明了前进方向、提供了根本遵循。全区各级党组织和政协组织要认真学习领会，切实把思想和行动统一到党中央和省委、市委决策部署上来，自觉把人民政协制度坚持好、把人民政协事业发展好，奋力推动新时代温江政协事业迈上新台阶。王道明充分肯定了全区政协工作取得的成绩。王道明指出，区政协和广大政协委员坚定以习近平新时代中国特色社会主义思想为指导，围绕区委中心工作履职尽责，坚持发扬民主和增进团结相互贯通、建言资政和凝聚共识双向发力，在思想政治引领、服务中心大局、增进民生福祉、发挥专门协商机构优势、加强政协自身建设等方面做了大量工作，取得了显著成效，为温江高质量建设“五个之城”作出了重要贡献。特别是新冠肺炎疫情以来，大家积极投身防控排查、物资保障、病患救治、复工复产、科研攻关、矛盾化解第一线，为打赢疫情防控阻击战、恢复经济社会正常秩序作出了积极贡献。王道明强调，要始终聚焦使命任务履职尽责，努力开创温江政协事业新局面。要坚定正确方向，旗帜鲜明讲政治，在加强思想政治引领上下功夫，围绕区委决策部署谋划开展政协工作，始终与区委合力合拍、同频共振，助推各项决策部署落地见效。要激扬奋斗力量，在广泛凝聚共识合力上下功夫，重点聚焦增强发展信心、发展战略、重大任务凝聚共识。要服务发展大局，在围绕中心建言资政上下功夫，切实做到调查研究更加精准、民主监督更加有力、助推发展更加有效。要凸显为民情怀，在强化委员责任担当上下功夫，自觉做党的政策宣传者、群众利益维护者、社会和谐促进者。要发挥平台优势，在提高协商质量水平上下功夫，提升协商的精准度、参与度、专业度。王道明强调，要加强党对人民政协工作的全面领导，夯实新时代温江政协事业发展基础。区委将始终把政协工作纳入中心大局、摆在突出位置，把协商民主纳入决策程序，支持政协加强协商承载能力建设，进一步畅通政协委员知情明政的渠道。区政府及有关部门要把政协重点协商活动纳入工作总体安排，主动加强沟通、虚心接受民主监督、认真办理政协提案、积极采纳意见建议。各镇（街道）要为政协小组开展工作提供保障，建好用好政协基层工作平台，为推动政协工作向基层延伸提供有力支撑。各级党委主要负责人要带头参加政协重要活动和会议，带头推进政协协商民主，带头做党的统战工作，带头广交党外朋友。区政协党组要认真落实新时代党的建设总要求，切实抓好队伍建设，持续开展学习培训，不断提高履职能力水平，以党建高质量保障履职高质量。区政协主席艾志秋指出，要坚定不移贯彻落实中央和省、市、区委政协工作会议精神，以高度的政治自觉坚决贯彻中央大政方针和省委、市委、区委决策部署，以更高标准、更严要求、更好质效，履行好政协职能，在凝聚共识、建言资政上双向发力，积极展现政协新作为。要在助推“五个之城”建设中抓好贯彻落实，围绕区委中心大局提高政治协商、民主监督、参政议政水平，要聚焦思想政治引领、区委中心大局、政协使命任务、为民履职尽责，抓好学习贯彻，深化建言资政，凝聚共识合力，强化责任担当。要切实抓好区政协重点工作，拓展协商形式，加强民主监督，改进调研方式，精准选题，在加大协商力度上持续发力，不断提升协商质效。

【温江区科技创新大会】 9月24日，温江区科技创新大会召开。区委书记王道明出席大会并讲话，强调要以实际行动坚定贯彻落实中央和省委、市委对科技创新工作的指示精神和部署要求，全面落实成都市科技创新大会精神，凝心聚力、携手奋进，专注创新事业、勇攀科技高峰，共建西部（成都）科学城，打造生命科学创新区。会上，区委书记王道明向高层次人才创业团队发放了创业资助资金。王道明在讲话中指出，要瞄准世界科技大前沿，把握形势直面挑战，充分认识科技创新发展的重大意义，切实增强推进创新驱动发展的思想自觉和行动自觉。温江历来高度重视科技创新工作，始终把发展的基点放在创新上，回顾城市发展能级的每一次提升都与科技创新密切相关。希望科学家和科技企业继续扎根温江、专注创新，服务城市、造福人民，为温江城市可持续发展注入更多的科技创新动力，共同开创城市美好未来。王道明指出，要正视差距找准短板，切实增强科技创新发展的紧迫感。近年来，温江科技事业和创新能力取得了长足进步，但对标全国先进地区和国内一流生物医药园区依然存在较大差距和明显短板。全区党员干部、驻温高校和科研院所、广大科技工作者和创新企业家，要不断强化思想意识，坚定走好创新驱动的发展道路，为温江打造“西部领先、全国一流、世界知名”的健康产业高地注入更多更强的科技力量和创新动能。王道明指出，要谋划路径明确抓手，加快构筑科技创新发展新高地。全区上下要勇担国家使命、抢抓历史机遇，专注创新、聚力攻坚，齐心协力抓好四项重点工作，集成提升承载力、竞争力、硬实力、支撑力，奋力书写新时代温江科技创新发展的崭新篇章。一要坚持功能复合、配套完善，集成提升科创空间的承载力。聚焦产业主攻方向，推动产业功能区实现由“供土地”向“供载体”转变，矢志打造“全国一流”的科创载体集群；聚焦科技企业需求，着力完善研发服务、基础配套和生活配套功能，打造“体系最全、功能最优、全国一流、温江独有”的功能服务体系，努力让每一个来温企业在不同的发展阶段，都能享受到专业化的平台服务，矢志构建“全国一流”的功能平台体系；聚焦精准专业服务，为企业提供一体化保姆式服务，推动科创载体转型成为企业综合服务、创新资源黏合、品牌价值再生的科技型服务企业，矢志创建“全国一流”的管理运营品牌。二要坚持对标赶超、靶向施策，集成提升政策供给的竞争力。着力提高政策供给水平，针对科创型企业、传统型企业、载体建设运营商等在不同阶段的差异化需求给予精准支持；着力优化政策服务机制，提高政策兑现效率，创新政策兑现方式，提升政策服务质效。三要坚持外引内培、补链强链，集成提升科技创新的硬实力。聚焦做强产业链、做优创新链，持续加大科技企业的外引内培工作力度，深化政校企协同招商，着力加大培育扶持力度，组建产业联盟，充分聚焦企业审批服务、金融帮扶、市场拓展等问题，落实细化扶持举措，推动科技企业集群成势、做大做强。四要坚持精准引才、重才爱才，集成提升科技人才的支撑力。聚焦产业所需，精准招引高层次领军人才，搭建人才梯队的“金字塔”，形成八方英才集聚温江创新创业的良好态势；聚焦企业所急，定向培育高素质技能人才，充分发挥温江职业院校资源丰富的优势，深化政校企联合培养人才工作机制，为温江产业发展源源不断输送具有“工匠精神”、专业对路、实操力强的实用技能型人才；聚焦人才所想，全方位解决人才后顾之忧，用心用力抓好政策措施的兑现落实，把最崇高的礼遇给予最优秀的人才，让人才心无旁骛干事业、聚精会神抓创新，努力构建科技企业和创新人才“想进来、宜生存、离不开”的创新生态。

【全区城乡社区发展治理推进大会】 11月13日，全区城乡社区发展治理推进大会召开。会议认真总结了过去几年的工作经验，科学研判当前面临的形势挑战，系统梳理社会治理存在的问题差距，进一步研究谋划温江现代城市社会治理的2.0版，加快构建与城市发展阶段相适应的共建共治共享社会治理新格局。区委书记王道明出席会议并讲话。王道明指出，要总结成绩研判形势，准确把握温江社会治理工作所处的时代方位。近年来，全区坚决贯彻中央和省委、市委决策部署，坚持以新发展理念为指引，牢固树立以人民为中心的发展思想，突出党建引领城乡社区发展治理这条主线，首创“两空间一力量”治理模式，紧紧扭住居民“小区空间”“社区空间”“基层力量”，破解难题，初步实现了“城市有变化、市民有感受、社会有认同”的目标。但站在城市发展新的历史起点上，还将面临一系列新挑战，要坚持以习近平新时代中国特色社会主义思想为指导，进一步深入落实中央和省委、市委关于加强和完善社会治理的各项部署要求，在区委十四届十次全会系统谋划的基础上，准确把握新形势，系统激发新动能，奋力开创温江现代城市社会治理新局面。王道明指出，要对表自查找准差距，切实增强推进温江社会治理现代化的紧迫感。中共十八大以来，以习近平同志为核心的党中央站在实现中华民族伟大复兴中国梦的战略高度，提出了一系列关于社会治理的新观点新论断新思想。围绕落实党中央的重大部署要求，省委、市委着眼城市治理作出了系列部署要求，为我们推进城市现代治理提供了路径指引。全区上下要准确领悟中央和省委、市委部署要求，把握核心要义，坚持强化党组织的领导核心作用，着力把党的政治优势和组织优势转化为社会治理优势；要转变治理理念，改进治理方式，组织和引导全社会共同参与城市建设和社会事务管理，共同享有治理成果，建设人人有责、人人尽责、人人享有的社会治理共同体；要切实厘清政府、企业、社会三大主体的角色定位、职责边界，推动政企联动、政社联动，实现政府治理与社会调节、居民自治良性互动。王道明强调，要创新举措凝聚合力，加快构建温江共建共治共享社会治理新格局。始终坚持党领导下的多方参与、共同治理，加强政府、企业、社会的协同协作、互动互补，凝聚社会治理强大合力。一要建立健全以效果为导向的民生诉求响应处置机制，始终坚持效果导向、办成思维，坚持标本兼治、综合施策，聚焦重点环节，进一步优化构建管理闭环、顺畅高效的“双线并行”办理工作机制；聚焦热点难点，进一步创新处置方式方法，善于抓住主要矛盾和矛盾的主要方面，精准施治、对症下药，切实解决好市民的操心事、烦心事、揪心事。二要建立健全以需求为导向的公共服务精准对接机制，始终以满足人民对美好生活的向往为工作出发点和落脚点，按照“补短板、提品质、促均衡”原则，坚持规划设计引领，建立公服需求收集机制，加强公服项目策划包装，持续提升公服精准化供给水平，不断提高城市承载力和人居环境舒适度。三要建立健全以市场为导向的企业参与城市运营机制，坚持“政府主导、市场主体、商业化逻辑”的理念，明确城市运营商的引育方向，加大城市运营商的扶持力度，拓宽城市运营商的参与渠道，着力聚集一批有眼光、有情怀、懂城市、善经营的城市运营商，充分释放企业在推动社治营城中的强大动能。四要建立健全以成长为导向的社会组织引育扶持机制，把培育专业化社会组织、支持社会组织承接政府行政事项、有序参与社会服务作为推动政府职能转变、提高社会治理效能的重要路径，加大引育力度促进社会组织集聚发展，加大扶持力度促进社会组织茁壮发展，加大管理力度促进社会组织有序发展，加快构建政府与社会组织新型合作关系，充分发挥社会组织服务社会、服务群众、服务行业的作用。着眼“十三五”收官和“十四五”开局，王道明对村（社区）书记提出三点要求。一要进一步提高谋划区域发展的能力，主动在全区发展战略中找位置、强担当、做贡献，立足区域实际和资源禀赋，科学谋划未来发展的目标、路径，激发广大党员群众的参与热情和工作干劲，实现小社区大作为，造福一方百姓。要进一步提高化解矛盾风险的能力，当好党委政府的“眼睛”和“耳朵”，用心解决、及时回应群众诉求，耐心倾听、智慧疏导群众怨气，及时发现、快速反应、果断处置问题风险，防止小问题演变为大事件，实现小社区大治理。要进一步提高凝聚人心力量的能力，当好社区发展治理的“磨心”，带好一个班子，建强一支队伍，用好一批能人，整合一股力量，实现小社区大能量，充分汇聚共建共治共享的强大合力。区委副书记、区长马烈红主持会议。

【区委深改委2020年第四次会议】 12月17日，区委书记、区委全面深化改革委员会主任王道明主持召开区委全面深化改革委员会2020年第四次会议，传达学习近期中央和省委、市委全面深化改革委员会会议精神，听取各专项领域改革工作推进情况，安排部署下一步工作重点。会议强调，要深入学习贯彻习近平总书记重要讲话精神，认真领会、准确把握中央和省委、市委关于全面深化改革的系列决策部署，坚定改革信心、保持改革定力、激发改革活力，以改革大突破促进温江大发展。会议审议通过《成都市温江区产业功能区建设工作职责清单》《成都市关于推行企业住所（经营场所）申报登记制改革的实施意见（试行）》等。会议指出，制定产业功能区建设工作职责清单对厘清各方权责边界，提升产业功能区运营管理水平具有重要意义。要在履职尽责上终端见效，牢固树立协同思想，形成高质量推进产业功能区建设的强大合力。要在运行机制上动态创新，大力改革、动态完善，进一步理顺工作机制，释放强大动能。要在督查考核上精准问效，明确权责任务，细化考评方案，实现精准问效。会议指出，企业住所（经营场所）申报登记制改革为推进工商注册便利化、激发市场投资活力、促进创新创业具有极大的推动作用。要持续提升审批效能，进一步深化商事制度改革，切实为企业提供更加便捷高效的市场准入服务。要强化企业主体责任，建立健全工作机制，确保企业落实对住所（经营场所）真实性、合法性、安全性的信用承诺。要加强事中事后监管，严格落实责任，强化后续监管，统筹处理好促进市场活力与维护市场秩序之间的关系。会议强调，要切实增强改革意识、提升改革能力、锐意改革进取，把改革真正作为推动发展、完善治理的关键一招。要对账盘点，紧盯上级改革目标、区委改革部署、自选改革动作等抓落实，逐一对账盘点，及时查漏补缺，高标准完成全年各项改革目标任务。要总结思考，梳理好“十三五”的“改革账”，谋划好“十四五”的“改革路”，找准经济增长“突破口”，下好改革示范“先手棋”，破解社会治理“重难点”，持续为温江经济社会接续发展提供“动力源”。要完善机制，压实改革任务，加强改革督察，注重经验推广，扎实推动各项改革取得实效，充分激发改革的整体效应，推动全面深化改革走深走实。区委副书记、区长、区委全面深化改革委员会副主任马烈红，区委副书记、区委全面深化改革委员会副主任李亦出席会议。

重大活动及领导考察

1月14日，市委常委、统战部部长、市总工会主席吴凯，九三学社成都市委会主委、市政协副主席徐玖平到温江走访慰问困难群众、专家人才、优抚对象、老党员、一线工作人员，为他们送去党和政府的关怀与温暖，向他们致以新春的问候和美好的祝福。区委书记王道明陪同慰问。

1月23日，带着对坚守岗位一线工作人员的惦记和关怀，区委书记王道明走访看望慰问了一线工作者并检查节日期间市场供应、安全保障工作，代表区委、区政府向坚守岗位一线的工作者及其家人致以新春的问候和诚挚的祝福。

1月28日，市委常委、统战部部长、市总工会主席吴凯到温江督导新型冠状病毒感染的肺炎疫情防控工作，并看望坚守一线的医护人员、交警、志愿者等。区委书记王道明陪同督导。

2月2日，市委常委左正到温江检查农村地区新型冠状病毒感染的肺炎疫情防控工作。他强调，必须高度重视农村疫情防控工作，压实镇街党委政府责任，深入开展爱国卫生运动，引导群众养成良好的生活卫生习惯，确保各项防控措施全覆盖、不留死角，坚决打赢疫情防控阻击战。在万春镇幸福村，左正详细了解了防护物资分配及保障、基层防疫工作流程、防疫宣传等工作情况。区委书记王道明陪同检查。

2月6日，区委书记、区新型冠状病毒感染的肺炎疫情防控指挥部指挥长王道明深入企业、农村区域、大型商超，检查督导全区疫情防控工作开展情况，王道明强调，要坚决贯彻落实习近平总书记系列重要指示精神，始终坚持把人民群众生命安全和身体健康放在第一位，坚定科学应对疫情的信心和决心，全面做实人员摸排登记工作，有序推动企业复工复产，尽快恢复城市正常经济社会秩序，凝心聚力坚决打赢疫情防控阻击战。

2月7日，市委常委、统战部部长、市总工会主席吴凯到温江，开展第二轮疫情防控工作专项督导。区委书记、区新型冠状病毒感染的肺炎疫情防控指挥部指挥长王道明陪同督导。吴凯先后来到成温邛高速温江北出口检疫站、寿安中心卫生院通平分院、万春镇和林村、成都市海通药业有限公司、盒马鲜生（温江店）等点位，检查防疫排查、隔离区设置、农村区域疫情防控、企业复工复产、人员密集场所管控等工作开展情况，并慰问基层一线工作人员。

2月11日，区委书记、区新型冠状病毒肺炎疫情防控指挥部指挥长王道明率队随机抽查全区部分农贸市场、药店、超市、社区和小区疫情防控以及物资保供等工作落实情况，现场协调解决当前防控工作中存在的困难和问题。

2月13日，市委常委、统战部部长、市总工会主席吴凯率队到温江走访慰问一线医务工作者和支援湖北医疗队成员家属，向大家致以崇高敬意和诚挚问候。区委书记、区新冠肺炎疫情防控指挥部指挥长王道明陪同慰问。

2月19日，省林业和草原局党组书记、局长刘宏葆到温江调研盆花新品种苗进口代理、优质盆花培育、花境配植、园艺小品营造等工作。刘宏葆先后来到位于和盛镇的成都惠美花境园艺工程有限责任公司、成都市川雅园艺有限责任公司，以及寿安镇植物编艺公园，详细听取花卉培育、经营销售等工作开展情况，并询问企业在经营发展中遇到的困难。

2月24日，区委书记王道明现场调研指导复工复产工作时强调，当前疫情形势仍然严峻复杂，要全面贯彻落实好习近平总书记重要讲话精神，统筹抓好疫情防控和经济社会发展，“两手抓”“两手硬”，积极帮助企业纾危解困，全力推动生产生活秩序有序恢复。

3月5日，市委副书记、市长、市新冠肺炎疫情防控指挥部指挥长罗强率队到位于成都医学城的四川科伦药物研究院，督导检查疫情防控工作，开展推进生物医药产业发展现场办公。在四川科伦药物研究院，罗强一行实地察看企业疫情防控措施落实情况，详细了解企业科研攻关进展等情况。

3月18日，区委书记王道明率队调研产业功能区建设情况。调研中，王道明先后前往药明康德生命健康产业基地、植物编艺公园、惠美花境，详细了解项目建设、发展规划、花木产品销售等情况。药明康德生命健康产业园项目规划占地1000亩，将建设生物药、制剂研发及生产基地、万创中心、生物样本库、西部总部、罕见病医院等。植物编艺公园位于温江区寿安镇天星村、天源村和团结桥社区，初步建成植物精品展示园、编艺动物园、体验园和私家园艺区等园林景观。惠美花境温江基地为公司总部所在地，主要承担研发、育苗、生产时令盆花和花境展示。

3月24日，区委书记、区总河长、江安河河长王道明到江安河开展巡河工作，调研江安河光华段水生态环境综合整治项目进展情况。调研中，王道明先后前往江安河珠江D地块绿地、森宇花园段、五凤段A地块、仁和春天段等点位，详细了解并督导项目整体规划和推进情况。

5月8日，区委书记王道明率队现场调研督导全区重大项目建设情况。调研中，王道明先后前往温泉大道提升改造项目、成都医学城基础设施建设项目（温泉大道北段点位）、罗欣药业医药健康产业园（一期）项目、花簇路项目、国寿嘉园（一期）项目施工现场，详细了解项目建设等情况，现场协调解决项目推进中存在的困难和问题。

6月8日，市委常委、组织部部长、社治委主任邓涛到温江调研党建引领社区发展治理工作。区委书记王道明陪同调研。邓涛对温江党建引领社区发展治理工作给予充分肯定，希望温江以社区发展治理的小切口做好城市治理的大文章，为成都加快建设美丽宜居公园城市提供温江样本、贡献温江经验、创树温江模式。

6月16日，市委常委左正到温江调研“西控”高质量发展工作，区委书记王道明陪同调研。左正先后前往国寿家园（锦瑭）、新尚创智中心、百裕制药创新药物研发基地等点位，详细了解了项目规划、建设进度、入驻运营、产品研发以及温江落实“西控”战略等情况。

6月29日，区委书记、区总河长、江安河河长王道明率队到江安河调研水环境治理及防汛减灾工作。调研中，王道明来到江安河五凤段，详细了解了江安河五凤段左岸设计规划和金马河防汛工作开展情况。

6月29日，区委书记、区级新时代文明实践中心主任王道明率队前往温江区新时代文明实践中心，详细了解了全区新时代文明实践中心建设、管理、使用等情况，并就深化拓展新时代文明实践中心全国试点建设工作进行了安排部署。

7月3日，区委书记王道明率队调研督导重大产业化项目推进情况，现场协调解决项目推进过程中存在的困难和问题。调研中，王道明先后前往依田桃源、新尚创智中心、成都药明康德新药开发有限公司项目现场，详细了解项目规划、建设进度、入驻运营、产品研发等具体情况。

7月16日，市委常委、副市长程伟率队到温调研民政工作和城乡社区发展治理等情况。区委书记王道明陪同调研。调研中，程伟一行先后前往光华社区、公平实验学校“向阳花开”困境儿童生命教育服务项目、泰康之家蜀园、三医创新中心三期，详细了解了温江区社区治理创新做法、儿童关爱保护、养老服务以及产业发展等情况。

7月23日，市委常委、统战部部长、市总工会主席、市对口支援藏区工作领导小组副组长吴凯一行赴甘孜州色达县考察调研温江区对口帮扶工作。吴凯一行先后到色达县格萨尔文化产业园贫困村集体经济酒店、色柯镇易地扶贫安置点“安康社区”、民族团结进步友谊林、色达县红军小学、格萨尔艺术中心等温江援建项目，听取了温江区对口援助色达县工作情况和援建项目情况介绍，并对温江援藏干部队伍进行了慰问。

7月30日，区委书记王道明带队走访慰问武警官兵，向他们致以诚挚的问候和节日的祝福，共叙军民鱼水情，共谋军地发展大计。

8月5日，市委副书记朱志宏率队到温江调研成都医学城规划建设情况。区委书记王道明陪同调研。朱志宏先后前往三医创新中心、成都华健未来科技有限公司、成都百裕制药股份有限公司、药明康德新药开发有限公司，详细了解了成都医学城规划建设、企业研发团队和成果等情况。

8月13日，市委常委、副市长程伟到温江调研城乡社区发展治理工作。区委书记王道明陪同调研。在万春镇幸福村，程伟通过实地调研和听取汇报，详细了解了温江区城乡社区发展治理工作情况和取得的成效。程伟表示，温江在城乡社区发展治理的创新探索上，顺应了城市发展规律和社会治理规律，要坚定不移持续深化党建引领城乡社区发展治理，以人民为中心，依靠群众、发动群众。更好地回应人民群众对美好生活的向往，在推进城市治理体系和治理能力现代化的时代伟业中交好温江答卷、创造温江经验。

8月18日，位于成都医学城A区的药明康德成都研发中心落成并正式投入运营。区委书记王道明，区委副书记、区长马烈红出席。活动中，区委书记王道明围绕当前正全力推进的项目招引攻坚行动，介绍了温江未来发展的总体规划、目标和近年产业发展成果，阐述了温江产业高度融合、创新资源丰富、政策供给精准、生态环境宜人等发展优势。

8月24日，区委书记王道明率队调研督导重大项目建设情况，现场协调解决存在的问题。在凤溪大道、凤翔大道提升改造项目和凤凰立交节点建设项目、江安河滨河道路景观大道建设项目、长石安置小区等点位，王道明先后详细听取了项目总体规划、施工方案、推进进度和存在的困难问题等情况汇报。王道明强调，要牢牢把握时间节点，加强统筹调度，及时研判解决困难和问题，加快推进项目前期工作。

8 月 25 日，区委书记王道明率队调研医疗服务和医学研发工作，现场协调解决存在的问题，安排部署下一步重点工作。来到区人民医院，王道明实地查看新院区门诊大厅、门诊科室等区域，详细了解医院整体运行、重点学科、设施设备等情况。

9 月 9 日，区委书记王道明走访慰问温江区部分教师代表，向全区广大教师和教育工作者致以节日祝贺和诚挚慰问。走访慰问中，王道明先后前往成都市温江区新世纪光华学校、四川省温江中学、成都市温江区燎原职业技术学校，实地察看了校园环境，详细了解学校建设、师资队伍等情况，看望慰问王咏梅、金忠、涂凤等教师代表，并与他们深入交流，感谢他们默默耕耘、无私奉献，为温江教育事业发展作出的突出贡献。

11 月 9 日，区委书记王道明，区委副书记、区长马烈红分别参加人口普查现场登记，积极支持和配合普查员完成信息采集登记工作。王道明来到柳城街道德通桥社区，详细了解了德通桥社区发展治理和人口普查工作相关情况。按照普查登记要求，王道明认真回答普查员询问的每一个问题，填报了个人信息，并在申报人一栏郑重签名，完成普查登记。随后，他向两位普查员详细了解了人口普查登记工作的相关情况，并代表区委、区政府向辛勤工作在普查一线的工作人员表示诚挚问候。

11 月 18 日，区委书记王道明到公平街道开展“大学习、大调研、大走访”活动，宣讲中共十九届五中全会精神，听取基层党员干部对全区“十四五”规划编制的意见建议，帮助公平街道解决当前面临的实际困难和问题，促进公平街道圆满完成全年各项目标任务，高质量做好“十四五”规划编制工作。

12 月 2 日，省委第二巡视组向成都市温江区反馈巡视情况。在反馈会议上，省委第二巡视组组长张明反馈了巡视成都市温江区的情况，并对抓好巡视整改工作提出要求。温江区委书记王道明主持反馈会议并就做好巡视整改工作做表态发言。反馈会议前，省委第二巡视组向区委书记王道明传达了中央和省委巡视工作有关精神，作了巡视情况反馈，并对其履行巡视整改第一责任人职责提出了明确要求。

12 月 7 日，市委常委、统战部部长、市总工会主席吴凯率队到温江开展“大学习、大调研、大走访”活动，对中共十九届五中全会精神进行宣讲。区委书记王道明陪同开展“大学习、大调研、大走访”相关活动并主持宣讲会。

12 月 23 日，省委党校常务副校长李新一行到温江调研区委党校工作开展情况和分类建设推进情况等。区委书记王道明陪同调研。调研组一行先后前往温江区委党校新校区、市级现场教学基地三医创新中心，详细了解了温江区委党校新校区建设进展和分类建设工作等。

区委办综合事务管理

【概况】 2020 年，区委办公室在区委坚强领导下，深入学习领会习近平新时代中国特色社会主义思想，对表习近平总书记对党办系统“五个坚持”的重大要求，牢固树立“四个意识”，坚定“四个自信”，做到“两个维护”，全面贯彻落实省委、市委和区委主要领导对党办工作重要批示精神，充分发挥统筹协调、参谋服务、督促落实和综合保障作用，有力保障了区委决策的贯彻落实和整体工作的高效运转。

【参谋辅政】 围绕新思想、新理念、省市区重要决策部署及群众反映热点难点，重点采集各类信息 7100 余条，汇编《每日要情》43 期，获区委主要领导批示 4 条；向市委报送信息 300 余条，市本级采用 55 篇，省办采用 7 篇，中办采用 13 篇，超额完成 2020 年市级信息工作目标，《坚持功能区理念推进特色镇建设　温江区“三医”研发小镇建成特色小镇全国示范》等 3 篇“温江经验”被市上专刊采用。牵头构建高效畅通的疫情防控动员指挥体系，主动收集各地防控工作经验做法，深入解读中央、省、市相关工作要求，结合温江实际，提炼形成可行意见建议，为区疫情防控指挥部科学决策提供参考和依据。

【督查落实】 组织全区党政系统办公室业务培训会3次，联合区政府办公室、区委组织部开展跟班培训8批43人次，以点带面提升全区党办系统抓落实能力。深化“链条化”督查工作机制，围绕区委中心工作强化跟踪问效，登记流转区委主要领导批示件4083件，下发《督查通知》60余期，梳理区委主要领导重点批示事项785余项，编发《关于办理区委主要领导批示的通报》12期，开展点对点提醒督办121次。探索建立区委主要领导会议活动交办机制，对区委主要领导在各类区级大会、专题会议、调研走访中交办事项进行梳理汇总，形成交办工作67项，强化压力传导，确保区委决策部署终端见效。

【统筹协调】 持续深化公文预审机制，严格执行年度发文计划和计划外发文报批制度，提升文秘工作质效，全年发文数量减少10%，实现上报市委文件零通报。系统清理区委近20年来的党内规范性文件，上报党内规范性文件15件，报备通过率达100%。高效统筹各类会议和调研活动，筹办区委全会2次、区委常委会33次、区委中心组学习会23次、各类专题会议244次、调研活动276次。坚持党管外事，聚焦“三个服务”加强涉外工作机制建设，开展涉外交流交往活动34场，推动外事资源聚集转化。构建公务服务“4＋N”模块化标准体系，统筹各类政务、商务接待工作，接待来宾114批次共2177人次。协调办理人民网网民给省委书记、市委书记、区委书记留言184件、117件、1008件，均得到满意评价。严格落实国家秘密定期审核制度，稳步推进安可替代工作，牵头组织开展保密知识专题培训160余人次，切实提高全区保密工作水平。完善“局馆联动、部门协同、常态联系、社会参与”的档案工作机制，加强涉改部门（单位）档案处置指导工作，完成重大（重点）项目档案建设工作，进一步强化全区档案意识规范档案管理。

【自身建设】 聚焦中央和省市区委重大决策部署、重大会议等，丰富学习形式、创新学习载体，提升理论武装水平。开展“巡河护河我先行”、“爱成都迎大运”暨“迎国庆强党性”等主题党日活动和国家安全宣传日、档案日活动，激发团队活力，凝聚团队力量。结合“三联系”工作安排，主动为镇（街道）、村（社区）协调防疫物资、解决实际问题，发放口罩1700余个、防护服22套，印制宣传册2600余份，协助开展入户排查2436户4887人，安排19名机关干部下沉社区一线支援疫情防控工作，切实发挥服务基层作用。常态开展“一杯清茶”个性化廉政教育和“廉由心生”读书活动，培育风清气正的良好氛围。

（旷　达）

纪检监察

【概况】 2020年，区纪委监委在市纪委监委和区委的坚强领导下，忠实履行党章和宪法赋予的职责，围绕中心、服务大局，一体推进不敢腐、不能腐、不想腐，贯通运用监督执纪“四种形态”。协助区委从严管党治党，区委区政府在全市2020年度落实党风廉政建设责任制考评中排名区（市）县第六，并受到通报表扬；狠抓主责主业，区纪委监委在全市监督责任考核中获得先进单位；全力提升群众满意度，2020年温江区党风廉政建设社会评价满意度持续巩固，实现排名连续6年稳步提升。

【政治监督】 聚焦监督首责，推动中共十九届四中、五中全会精神传达学习贯彻落实，跟进监督疫情防控、六稳六保、三大攻坚战等重大决策部署落地见效。深入开展重点行业领域系统治理，查处工程招投标、建筑企业资质审批、“大处方、泛耗材”、人防工程监管等方面突出问题9件14人，重拳整治砂石资源领域腐败问题，立案13件13人，组织“剖析反思”活动26场次，追缴催收价值4000余万元。查处侵害群众利益不正之风和腐败问题33件70人，通报曝光典型案例2件5人，调查处置涉黑涉恶腐败及“保护伞”问题线索3件。

【管党治党政治责任】 协助区党政领导班子及成员制定2020年全面从严治党主体责任清单，向区领导发出廉情通报16份。出台《温江区政治生态分析研判办法（试行）》，组织对全区各级党委（党组）进行党内政治生态分析研判，反馈各类意见建议120余条。严格动真碰硬，问责党组织1个、党员干部9名，通报曝光典型案例3件3人。

【日常监督】 建立推进营商环境建设、重大项目、企业智慧管理平台申报事项办理等督办机制，发出督办函16份；开展疫情防控相关督查216次，发出督查通报31期，督促整改市、区两级督查反馈问题5类383个问题，共查处6件27人，通报曝光典型案例1件2人。查处违反中央八项规定精神问题6件9人，通报典型案例4件5人。

【标本兼治】 切实发挥区委反腐败协调小组作用，受理并分办问题线索374件636人。立案178件，结案161件，给予党纪政务处分142人，涉嫌犯罪移送检察机关8人。依纪依规受理群众信访举报116件，已办结98件；分类开展涉黑涉恶腐败“保护伞”、重点行业领域突出问题系统治理、全区科级干部和编外聘用人员专题警示教育活动。

【巡视巡察】 积极做好迎接省委第二巡视组对温江巡视工作，提前梳理反馈问题132项，推动3类11项共性问题未巡先改。精准研判、科学处置边巡边移问题线索和信访件38件，立案8件26人，组织处理28人，移送司法机关3人。紧扣“三个聚焦”，围绕党中央和省、市、区委重大决策部署落地落实以及群众身边不正之风和腐败问题，细化区委巡察任务清单141项，全年实施2轮对24个单位的政治巡察，累计发现问题600余个，督促整改418个，年度移送问题线索20个。探索建立《专项巡察方案报备报审工作机制（试行）》等制度，推动巡察工作制度化规范化。强化政治巡察后发制人实效等做法在全市巡察办主任会议上作经验交流。

【自身建设】 分层级、多形式培训纪检监察干部800余人次，组织开展专题培训班2期。深入开展纪检监察系统作风建设专题活动，查摆问题74个，制定整改措施163个，谈心谈话153人次。办结涉及纪检监察干部问题线索6件，为一名纪检监察干部澄清正名。

（蒋　洋）

组织建设

【概况】 2020年，区委组织部坚定践行新时代党的组织路线，坚持向中心聚焦、为大局聚力，重点围绕服务保障双胜利，积极配合省委巡视，推动区委中心工作落地见效。

【疫情防控】 下沉1453人次支援一线，动员2万余名党员共克时艰，实施“同心同行·凝心聚力”五大行动，组织85名党建指导员深入企业解难帮困751件，设立200万元激励金推动新冠病毒核酸检测试剂盒等43个人才项目投产，举办“党建引领战疫情·同心戮力促发展”主题作品展，“云上超市解决蔬菜滞销”等经验被人民日报、新华社报道。

【基层党建】 一是加强基层党组织建设。实施机关党建“十个一”行动，出版发行《温江区党支部标准化规范化工作手册》，坚持党支部标准化规范化建设“1322”工作模式，新建各类党组织202个。涌泉街道清泉社区党委等11个基层党组织被命名为全市第三批“蓉城先锋”示范基层党组织，战斗堡垒不断建强。二是育强基层党务工作者队伍。新认证初级基层党务工作师99名，新选聘全职党建指导员24名，动态储备109名。开展全区党支部书记全覆盖轮训，举办全区村（社区）党组织书记党课大赛。三是提升党员发展教育管理服务质效。全年新发展党员242名，特别是疫情防控期间火线发展党员8名，有关工作受到市委组织部领导肯定。制作《用“芯”战疫35天》《星火》等党员教育视频，在全市党员教育电视片评选活动中，获1个一等奖、3个二等奖，综合成绩位列全市第一。配合完成全市离退休干部党员教育现地教学西线路线打造，修改完善离退休干部微党校制度6项。扎实开展中组部社区党员分类管理、市委组织部在线交纳党费试点工作。

【党建引领】 一是做强街道。出台《街道工作委员会运行规则（试行）》等配套制度，强化“龙头”带动作用。二是做优村（社区）。全域推进党建引领社区力量整合，经验做法受到省市肯定。稳妥推进村（社区）体制机制改革，出台《全面加强村（社区）班子建设的实施意见》，实现335名村（社区）干部“进退留转”无舆情。开展集体经济“清零达标”行动，实现“薄弱村”“空壳村”全消除。三是做实小区。实施城镇物业小区集中攻坚行动，推进居民小区“四有一化”建设，相关经验获《四川组工动态》推广。四是做深产业功能区。主动融入成渝双城经济圈建设，开展党建引领产业功能区发展系列品牌活动，牵头成立成渝生物医药产业党建联盟和成都医药健康产业生态圈党建联盟，发布成渝两地机会清单50余条，通过资源共享、优势互补推动党建工作与产业发展相融互促。

【干部队伍建设】 一是拓展精准识别深度。着眼换届需要，面向各单位开展全覆盖日常考察、领导干部和后备干部组织推荐，进行区管干部任职满意度调查，深入了解区管班子运行情况、干部现实表现情况，全面掌握优秀年轻干部储备情况。二是提升干事创业温度。鲜明导向激励，提拔重用战疫、发展一线表现突出干部59人，制定公务员职级晋升操作细则，晋升公务员119人次。突出关心关怀，加强离退休干部管理服务，积极探索离休干部“一人一策”服务，举办“党员干部职工活动之家”素能提升培训班，开展“‘爱成都迎大运’运动温江第三届机关联赛”等活动，丰富干部职工业余生活。三是提高专业培育精度。围绕中心大局，重点办好“自贸协同改革先行区建设”等小专班3期，创新开设“经济统计”“物业管理”等5类业务研讨班，深入推进“营商环境建设”等9期业务筑底培训，常态化举办双城经济圈建设等专题培训14期，覆盖干部3960余人次，不断提高干部专业水平和治理能力。四是加大监督管理力度。探索健全国企领导人员管理体制、区管干部年度考核办法。结合区委巡察，对24个单位进行选人用人专项检查。开展领导干部个人有关事项报告专项整治，实现集中填报应报尽报。

【人才工作】 一是推进人才、产业、创新、金融“四链融合”。新增培育高层次人才团队11支，开展人才招引交流活动23场，引入急需紧缺产业人才215名，打造科技成果转化平台9个，依托金融平台落地高层次人才项目7项，建成魏于全院士AAV新药研发平台、西南高校知识产权交易中心，推动成都医学城入选全省首批院士（专家）产业园。二是深化人才制度改革。推进人才评价机制改革，探索以创新能力、质量、贡献等为导向的人才评价体系。实施生物医药行业职称制度改革，筛选32名生物医药专家进入评审会。三是促进人才资源共享。引导“三医”人才在泸州等地组建创新平台4个，与重庆市巴南区等9个地区及重庆人才大市场集团联动开展人才招引工作，共同举办2020年川内首场线下校园招聘会，招引人才1000余名。

（龙廷潇）

宣传思想

【概况】 2020年，区委宣传部在区委的坚强领导下，围绕学习宣传贯彻习近平新时代中国特色社会主义思想这个首要任务，自觉承担举旗帜、聚民心、育新人、兴文化、展形象的使命任务，围绕夺取疫情防控和实现经济社会发展目标“双胜利”等区委中心工作，坚持稳中有进、求实创新，推动全区宣传思想工作不断实起来、强起来。

【理论武装】 把深入学习宣传贯彻习近平新时代中国特色社会主义思想作为首要政治任务，牵头起草并印发《关于进一步加强和改进党委（党组）理论学习中心组学习的实施意见》，2020年共开展区委理论学习中心组学习25次。在全区牵头做好《习近平谈治国理政》第三卷等理论读物的学习和“学习强国”平台的推广使用。印发《关于进一步加强和改进基层理论宣讲工作的实施意见》，切实抓好中共十九届四中、五中全会和省市区委全会精神的理论宣传和宣讲工作。指导9个镇（街道）分别组建1支宣讲小分队，构建了“向阳花”基层宣讲三级阵地，“4+1”基层理论宣讲力量体系基本形成。全年共开展各类基层宣讲200余场次，覆盖群众6000余人次。

【主流思想舆论】 高质量建成并投用社会主义核心价值观主题展馆，指导镇（街道）打造了9个核心价值观示范点。制定出台了《成都市温江区爱国主义教育基地管理办法》，创建和命名一批区级爱国主义教育基地。紧扣重大时间节点开展群众性理想信念教育，组织举办了“正义与和平·纪念中国人民志愿军抗美援朝出国作战70周年”文艺晚会等主题教育活动240余场次。“悦读温江”品牌持续擦亮，深入各镇街开展故事讲述、好书推荐等主题活动9场次。围绕落实中共十九届五中全会精神、“两手抓”“双胜利”等中心工作，加强社会宣传，共发布公益广告1500余条幅。

【对外宣传】 坚持“策划优先”原则，不断优化对外宣传的议程设置和话语表述方式。围绕夺取“双胜利”主线和健康产业功能区建设、公园城市示范区打造、社区发展治理等主题在中央和省市媒体推出新闻稿件2540余篇（条），其中在新华社、《人民日报》、中央电视台刊登宣传报道15篇（条），在《瞭望》《中国改革报》等媒体刊登深度报道80余篇（条）。策划推出“博奥试剂盒获批”“温江　雪山之下　幸福之上”“来温江　享健康”等主题宣传活动，引发社会广泛关注。温江区城市美誉度和显示度进一步提升，获评“2020中国最具幸福感城市·活力创新之都”。

【思想道德建设和精神文明创建】 大力推进新时代文明实践中心全国试点区建设，挂牌成立区级新时代文明实践中心1个，新时代文明实践所9个、村（社区）建设新时代文明实践站85个，构建了“区、镇（街道）、村（社区）”三级主阵地和特色实践基地体系。共策划实施“应急医疗进公交”“文明餐桌”等60余个志愿服务项目，开展各类文明实践活动4000余场次，参与志愿者4万余人。2020年，全区共打造完成了5所区级文明校园和3所天府文化示范校园，有4人被评为“成都好人”。扎实做好全国文明村镇、省级最佳文明单位、省级文明村镇的申创和复查工作。加强疫情期间对市民文明健康生活方式的宣传引导，开展3场网络文明传播活动，制作发放各类手册及宣传品62000余册。

【文化文艺事业和文化产业】 鱼凫文艺大讲堂、鱼凫文艺沙龙等文艺文化活动品牌影响力不断提升。组织开展温江区第二届湖畔流行音乐会、光祈音乐节等各类线上线下音乐演艺活动70场次。完成“走基层”文化惠民巡演活动30场次，深入村（社区）放映公益电影1192场。完成成都市第七批市级非遗代表性项目和成都市第二批市级非物质文化遗产传承基地申报工作。积极推进文创产业园区建设，制定出台《成都市温江区促进文创产业集聚发展若干政策》。成功将全区21个重点产业项目（活动）纳入成都市“三城三都”重大项目（企业）招引清单、投资清单、培育清单、新消费场景清单和重大活动清单，有5个新场景、3个新产品进入“2020成都新经济‘双千’发布会世界文化名城‘三城三都’专场双百新场景、新产品”。

【意识形态工作】 持续压紧压实意识形态工作全

面领导责任，制定并印发《成都市温江区意识形态工作专项督查办法（试行）》。配合完成省委巡视意识形态工作专项检查，对纳入区委第七轮、第八轮巡察的23个单位开展意识形态工作专项检查，牵头区纪委机关、区委组织部等对区交通局等25个单位开展意识形态工作专项督查。向区委常委会专题报告意识形态工作2次，并在全区通报意识形态工作1次。建立网上“扫黄打非”工作联席会制度，完善“扫黄打非”工作站工作机制，指导柳城街道大学城社区等一批先进示范网格争创全国“扫黄打非”进基层示范点。开展印刷企业、实体书店安全排查4次，走访企业60余家，完成了62家印刷企业、38家实体书店的年审工作。

【网络安全和信息化】 做好重大时间节点网络安全保障，及时发布预警提示36次，牵头完成对教育系统、医药企业等30余家单位（公司）的网络安全实地检查。建立市级核心、骨干和基础网评员队伍120余人，实现区级单位、镇街全覆盖。制作发布《李白眼中的温江》等短视频、漫画、海报新媒体产品50余件。“金温江”获成都市“2019年优秀政务新媒体”称号。

【干部队伍建设】 在全区宣传文化系统继续深入开展了增强“脚力、眼力、脑力、笔力”的教育实践活动，共开展各类素能培训和主题活动8次。在疫情期间，共组织部机关党员干部30余人次深入社区、企业协助开展疫情防控和复工复产工作。认真开展“大学习、大调研、大走访”活动，完成《温江区网红经济调查报告》《温江区文创产业发展报告蓝皮书》等5个调研课题。组织开展了赴山东济南的“新时代文明实践中心建设”专题培训，对全区200余名基层干部开展2批次网络安全专题培训。

（周艳林）

统一战线

【概况】 2020年是“基层统战工作提升年”，温江区委统一战线工作部认真贯彻习近平总书记关于加强和改进统一战线工作的重要思想，突出不忘初心、维护核心、服务中心、凝聚人心“四心定位”，把统战工作摆进中心大局，以制度创新推进实践创新，持续擦亮“鱼凫同心”品牌。2020年获区主要领导以上肯定性批示26次，在对口帮扶工作方面获评全省先进集体。

【多党合作与政治协商】 常态化开展“鱼凫同心·大讲堂”“鱼凫同心·思享会”，探索开展“鱼凫同心·智享会”“民营企业文化沙龙”等活动，深化校地“鱼凫同心·五同合作”创新实践，组织2020党外人士专题培训班和非公经济人士“培育温江经济发展新动能”培训班。加强网络统战工作，召开网络人士座谈会，发挥“鱼凫同心”微信公众号、微信群、QQ群等作用，放大网络正能量。“鱼凫同心”微信公众号关注超过1万人次，共发布信息136条，发布图文905篇，阅读量达12万人次，点击量达13万次。与重庆巴南区、璧山区开展“双城双区”统一战线同心合作，两地工商联、各民主党派、统战团体均已开展全面合作，其中区新联会与重庆璧山区新专联联合举办的“‘璧’有新力量·‘温’暖新生活·携手新未来”线上直播分享活动12.8万人关注。

【无党派人士和党外知识分子】 深化“走基层、访民情”“两送一帮一解”等活动，为企业协调解决困难82件，历史遗留问题6件，推动驻温金融机构为企业授信40亿元，为在温江港澳台资企业及侨资减免税费5190万元，申请各项补贴378万元，发动统战力量向防疫一线捐款捐物2100余万元。制订《2020年中共成都市温江区委与民主党派（无党派）会议协商计划》，开展江安河场景打造、高品质科创空间暨产业功能区核心区打造等专题协商会3场，提出意见建议62条。

【对口帮扶】 投入对口帮扶资金1430万元，实施项目14个。启动“2020色达消费扶贫行动”，建立“四类人员”防止返贫监测机制，助力最后90户319名贫困人口顺利通过脱贫验收。

【民族宗教】 扎实开展中央和省市宗教工作督查8个方面问题整改和宗教工作回头看，推动石家庙获批成为道教固定场所。

【港澳台和海外统一战线】 2020年，先后承办2020民盟法治论坛、“侨商进园区”等活动，加强与全国工商联医药业商会、中康促等联系互动，引入秉正堂、国信医疗、明基生物等项目9个。其中2020民盟法治论坛，涉及国家省市领导及200余名专家学者、企业负责人参加，并围绕“公共卫生安全的法治建设”“应急体系的法治建设”“三医+大数据/AI的创新发展之路”等内容进行了深入研讨，现场签约项目6个，协议总额6.7亿元。

【党外代表人士队伍建设】 开展民主党派成员发展专题研究和新时代国企党外知识分子思想政治工作专项调研，制定《关于加强民主党派代表人士队伍建设规划实施方案》《支持高等院校党外人才到温江区顶岗锻炼的工作管理办法（试行）》《无党派人士工作规程（试行）》等，建立党外人士数据库。创新党外人才规范化推荐、广泛化吸纳、智能化分析和精准化培养的“四化”工作机制，实施党外代表人士源头储备工程，为培养党外代表人士涵养水源。坚持校地统战部门双月联会制度，探索建立民主党派单双月联席会制度，启动民主党派“三联系”和高校党外人才到部门顶岗锻炼。持续开展统战干部能力素质大提升行动，常态化开展岗位大练兵。2020年推荐无党派人士9名，选派1人到区委办跟班学习，增补知联会班子成员2名，吸纳新联会理事11名，3名党外代表人士分别当选为区政协副主席、市政协常委和区政协常委。

（曾李姣）

绩效考评

【概况】 2020年，区绩效考评中心围绕奋力夺取疫情防控和实现经济社会发展目标双胜利要求，着力持续开展绩效管理制度改革、全面优化提升督查实效，各项工作顺利推进。

【疫情防控监督检查】 按照区防疫指挥部安排，第一时间制定了《区新型冠状病毒感染的肺炎疫情防控工作专项督查方案》。自春节前开始，通过明察暗访，对全区防疫责任落实、防控措施开展、推动复工复产等情况进行了专项跟踪督查。

【目标绩效管理制度】 一是优化考评指标体系。聚焦市级目标的圆满完成和区委区政府中心工作的落实，重点以承接市级目标为主要内容构建考评指标体系，结合市级目标要求取消了对3项指标突出成效的考核。二是深化单位分类考评。根据镇街行政区划调整，重新划分镇街考核分类，对9个镇街实行统一排位和评先；将4个区属国有公司纳入全区综合目标绩效考评，单独作为一个类别进行排位和评先。三是落实逆向考评制度。在“突出成效体系”逆向考核板块，对涉及产业功能区建设、提供镇街保障服务的工作，由镇街和园区对职能部门提指标、派任务、出办法、组织考核。四是强化目标过程考核。每月对目标完成情况及过程考核打分结果进行了通报；定期对以温江区名义获得上级表彰奖励情况进行通报，并由工作牵头单位对配合单位的贡献情况进行了认定。五是加强目标管理“双提升”。对各牵头部门分解的目标任务和制定的考评细则逐一审核把关统一印发，确保目标内容的合理性和计分办法的有效性。对更多目标实行现场集中会审方式进行年底考核，对牵头单位的考核原始基础资料进行抽查，通过公开透明的方式杜绝搞平衡现象。

【重点工作督促检查】 一是紧抓重大决策部署立项督查。对党代会、常委会、常务会等决策部署开展督查30余次，特别对贯彻落实习近平总书记对四川及成都系列重要指示批示精神落实情况开展了分阶段分层次的专项督导。二是狠抓中心工作专项督查。对区委十四届十次、十一次全会115项，政府工作报告173项主要任务逐一明确责任领导、责任单位及完成时限，全程跟踪督办，并按季度进行梳理汇总通报。三是突出阶段重点实地督查。牵头全区疫情防控督查期间，每天实地走访重点场所、重点人群，发现反馈防控问题、工作漏洞百余个，提出整改建议70项，有力推进了全区防疫工作稳中向好。协助省委巡视迎检准备期间，全面梳理前几轮巡视反馈问题整改情况，确保督查问题整改到位。每月跟踪督促全区重大项目推进情况，坚持问题导向和考核导向，点名通报未按期开竣工项目的责任单位，兑现目标扣分，进一步压实项目促建责任。四是围绕领导批示跟踪督查。根据主要领导批示，先后对“医疗装备产业发展”“锦城公园建设”“中优推进专题会”等交办事项进行了跟踪督查，全年承办市委、市政府督办件91件，按期办结率达100%。

（张思浩）

机构编制

【概况】 2020年，区委编办认真贯彻党中央、省委、市委以及区委系列决策部署，推动重点领域和关键环节改革，加强机构编制资源优化配置，为建设全面体现新发展理念宜业宜居宜游的新中心城区提供了坚强的体制机制保障。

【做好机构改革后半篇文章】 一是健全镇街简约高效的职能体系。聚焦主责优化镇（街道）职能配置，确定服务前端功能定位，明确加强基层六大基本职能。优化重塑镇（街道）组织结构体系，按“6+X”的规定设置6个综合办事机构，因地制宜设置各镇（街道）X个特色内设机构。健全基层治理服务体系，赋予便民中心政务服务、诉求回应、数据分析等职能，增强诉求响应、数据共享、日常监测等功能，推动便民中心由“窗口”向“核心处理器”转变。二是持续优化镇街精细化管理体系。推行基层精细化管理，编制镇（街道）职责任务清单，将基本职能和主要职责细化为260余项具体工作事项，建立起实际工作与基本职能的有效联系，强化基层属地管理责任。三是推进重点领域清单化管理。制定安全生产监管职责任务清单、自然灾害防治职责任务清单，厘清综合监管部门、行业主管部门、其他相关部门在日常预防管理、应急处置以及支持保障等方面职责关系。加强机构改革后职能运行协调，指导制定园林绿化工作任务清单，进一步明确园林绿化主管部门与相关部门在园林绿化建设、管理维护、监督等方面的职责。四是围绕发展深入开展研究工作。深入研究设立新型科研事业单位，探索实行不定级别、不定职数、不核编制的机构设置，集聚优质创新资源，提升对一流大学、高端企业研发机构等的吸引力，推动“研究院经济”发展，目前已与电子科技大学共建四川脑科学与类脑职能研究院。

【重点领域体制改革】 一是创新产业功能区服务专班保障机制。梳理产业行业管理部门、新经济部门、规划资源等要素保障部门职能，制定《产业功能区要素保障部门专班管理办法》，建立部门要素保障部门专班，具体负责所涉产业功能区全链条保障事项，通过绩效捆绑、逆向考核等配套机制，实行“园区吹哨、部门报到”的产业功能区协同作战保障机制。二是不断优化产业功能区建设职责清单。围绕强化区委对产业功能区的统一领导，充分发挥园区指挥部靠前指挥、协调各方、提升效率和效益的作用，深入研究指挥部职能职责体系，以及区级部门、镇街、功能区职能职责协调配套体系，制定产业功能区建设职责清单。三是持续推进产业功能区员额制改革。建立灵活用人、能上能下、能进能出、以绩定酬的更加灵活的市场化选人用人机制，最大限度化解严控编制总量与满足温江产业功能区发展对各类专业化人才需求之间的供需矛盾，形成各类人才“能进能出、能上能下”的用人导向，今年共组织三个批次不同类别人员的公开选聘，为温江农高园产业功能区充实各类人才29人。

【机构编制管理】 一是创新编制动态管理模式。印发《成都市温江区编制动态管理办法》，推行编制“增减两条线”管理和“零空编运行”，建立编制“周转池”，完善编制使用集中统一审批制度，明确编制使用程序。二是强化机构编制法定化工作。运用多种方式开展《机构编制工作条例》等机构编制政策法规宣传教育力度。出台《区委编委工作规则》《区委编办工作细则》，强化党对机构编制集中统一领导，明确编委、编办机构编制管理职责，优化工作程序，进一步提升机构编制服务保障效率。三是规范全区编外人员管理。印发《区级机关事业单位编外聘用人员管理办法》和《区级机关事业单位编外聘用人员岗位等级管理实施细则》，建立健全编外聘用人员“审、进、管、出”各个环节管理制度，形成制度管理闭环。对全区机关事业单位（不含学校和医院）编外聘用人员使用情况进行专项督查，并对存在问题制定10项具体整改标准。为区发改局、区商务局引进重点发展领域的6名高层次专业人才。

（王维克）

政策研究

【调研工作】 紧盯区委年度重点工作，围绕融入成渝地区双城经济圈建设、加强和创新社会治理、公园城市示范区建设等重大课题深入调研，形成了一批有思考、有举措的调研成果，95%以上的调研成果进入区委主要领导讲话或写入有关重要文件，其中《主动融入成渝地区双城经济圈建设，助推医药健康产业协同发展》的调研报告受到市委领导肯定，并收录成渝地区双城经济圈建设重大调研课题成果汇编。扎实做好“十四五”规划编制调研，围绕深化“1+24+13”规划编制，广泛收集专家学者、行业代表、干部群众等各方面的意见建议364条，为起草区委规划建议提供了重要参考。

【文稿工作】 精心做好区委主要领导文稿服务保障工作，先后起草区委向省委巡视组的汇报材料，区委主要领导在区两会、公安大会、科技创新大会、社治营城大会等讲话，以及各类汇报报告、致辞发言等文稿材料69份。筹备区委十一届十二次全会，先后起草全会决定、建议以及讲话等材料10份，较好地完成了各类文稿服务保障任务。做好疫情防控、防汛救灾等任务中的文稿工作，深入研究全区疫情防控和防汛救灾等工作，先后起草区委疫情防控工作汇报和区委主要领导在疫情防控指挥部会议的讲话18份。

【深改工作】 科学谋划年度工作计划，制定《区委深改委2020年工作要点》，配套编制5张改革任务清单，细化分工164项改革任务。持续推进改革任务落地，筹备召开区委深改委会议2次，审议通过专项改革方案9个，探索推进自主创新重点改革3项，着力抓好国家城乡融合发展试验区改革方案有序推进。认真做好信息总结报送，撰写报送改革经验信息19篇，被省委《四川改革动态》《调查与决策》等内刊采用3篇、市委《成都改革》内刊采用5篇。

【队伍建设】 认真履行从严治党主体责任，持续抓好廉政教育，筑牢思想防线。一是常态化抓好廉政教育。把廉政教育纳入专题学习，常态学习党章党规，先后组织学习《中国共产党纪律处分条例》《中国共产党廉洁自律准则》等6个专题廉政法规，不断强化党员干部的廉洁自律意识。二是坚持以案警示。以《成都市温江区警示教育案例汇编》为基本教材，开展警示教育4次，集体开展“以案说纪”6期，筑牢拒腐防变思想防线。三是坚持谈话提醒，把教育、提醒、约谈作为经常性手段，组织班子成员互相谈话4次，班子成员分别与分管科室党员干部日常谈话12次，做到了经常提醒、抓早抓小、防微杜渐。对干部坚持严格教育、严格要求、严格管理、严格监督，不断健全廉政制度。

（罗　红）

信访和群众工作

【治理初信初访】 一是推进初信初访质量大提升治理工作。严格落实初信初访首办责任制，按照“五个一次性”要求开展办理工作。对办理不满意的初件严格落实责任单位自查和区信访局核查制度，开展信访业务培训1100余人次，切实提高初信初访办理质量。全年全区信访件及时受理率达100%，按期办结率达100%，群众对信访部门满意率为99.46%，对责任单位满意率为97.96%。二是开展“人民满意窗口”创建活动。提升各镇街接访硬件设施建设，完善接访流程制度，提高初访接待群众参评率和满意率，全区初信初访转重复信访率仅为7.0%。

【攻坚案和清单案】 一是严格落实各级领导包案责任制，对照化解“时间表”，倒排“工期”，挂图“作战”，印发专项工作方案，召开联席会议现场交办，确保工作按计划推进、任务按进度完成、质量按要求保证。二是研判案件难点症结，还原发生历史背景，对照“三到位一处理”原则，通过实体化解、程序办结、导入司法三种标准实行分类化解。三是成立攻坚专班，实施一案一策化解模式，常态化专案研究化解措施，化解中央、省、市攻坚案和市、区两级突出信访问题清单案共34件。

【“群众工作之家”建设】 持续提升村（社区）“群众工作之家”信访代理、意见征集和矛盾排解“三大职能”效能，完善基层信访工作保障机制，加大对社区干部的信访业务培训力度，健全信访全程代理工作、人民建议意见征集反馈工作机制，提升基层矛盾纠纷依法及时就地化解能力。全年信访全程代理共613件（线上代理175件，线下代理438件），上报至镇区两级党委政府人民意见建议408条，被采用233条，排查矛盾纠纷1898件，化解1751件；5个市级示范村（社区）“群众工作之家”成功通过市信访局检查验收。

【重复信访集中化解】 2020年10月，国家、省、市相继启动集中化解重复信访和信访积案专项行动工作，温江区涉及重复信访件123件。区信联办及时印发《温江区开展集中治理重复信访化解信访积案专项工作的实施方案》，每件案件均落实了区级包案领导、化解责任单位、具体经办人员。截至12月底，已化解37件，化解率达30.1%，圆满完成第一阶段化解20%的目标任务。

（雷　达）

党员干部教育

【概况】 2020年，区委党校充分发挥理论宣传“主阵地”、干部培训“主渠道”、党性锻炼“大熔炉”作用，以分类建设为契机，积极推动党校工作再上新台阶，为加快建设全面体现新发展理念宜业宜居宜游的新中心城区贡献力量。

【培训教学】 始终把党的政治建设摆在首位，举办各类培训60余期，参训学员3万余人次。一是主体培训铸牢根基。以党的理论教育、党性教育、专业化知识培训为重点，采取“集中授课+互动研讨+现场教学”等方式，开展三医产业发展、社区发展治理等主体班培训13期1800余人次。二是专题培训破解难题。坚持问题导向，聚焦自贸试验区、项目促建等发展热点难题，小口切入专题，面向全国优选师资、点位，通过3期116人次精准化培训，培养参训干部解难题破瓶颈促发展的能力。三是合作培训拓展纵深。以党校为平台，常态化开展干部共商难题、共享经验的“头脑风暴研讨班”；系列化组织同一领域干部进行政策学习、操作讲解的“筑底班”，拓展培训深度广度。四是教学基地再上台阶。成功申报三医创新中心、柳城光华社区等8个点位入选市级干部教育培训现场教学基地，让22个现场教学基地成为展示温江成就、推介成功经验、提升温江美誉度的重要窗口。

【科研咨政】 一是聚焦中心深钻细研。紧扣成渝地区双城经济圈建设、公园城市示范区建设、产业功能区建设等中心工作深入研究，全年结项课题9项，1项课题获评市级优秀。二是决策咨询突破“新高”。充分发挥智库作用，围绕区域经济社会重难点，纵向争取市委党校专家支持，横向联动部门，组建咨政专班深入一线摸实情、研对策，撰写报送咨政报告10余篇。其中1篇入选省政府《要情专报》获副省长杨兴平肯定签批，8篇获区委主要领导肯定批示。三是以训促研借智借力。结合“小专班”、递进班等培训班次，聚焦区委重要工作、重大项目等推进中的痛难点，靶向设置培训课程，精准确定参训学员，收集学员意见建议200余条，形成个人调研报告145篇、班级小组调研报告9篇。四是交流合作展现风采。积极参加中国空间经济学年会、扶贫工作论坛等征文活动，以文赴会提交征文6篇，获全市扶贫征文二等奖1篇，获全市“蓉城同心”交流会三等奖1篇。

【创新工作】 一是创新“云课堂”党课。推出“金温江·云课堂”线上培训平台，直播《成渝地区双城经济圈建设中的温江机遇》等定制课程16期，吸引1.6万人次参与，获近20万次点赞。二是创新音乐党课。将党性教育与音乐艺术有机结合，为新形势下党性教育注入新的活力。

【分类建设】 区委常委会专项议定《温江区委党校分类建设计划实施方案》。一是新校区建设稳步推进。确定建设模式及方案，按照分类建设“九有”标准要求稳妥推进。二是人才队伍建设跨步前进。完成专职教师增编工作，招考引进4名事业技术岗人员，实现专职教师零的突破。三是制度建设系统规范。针对业务运行和行政管理中存在的问题，规范建立健全规章制度6类47项，出台并实施《中共成都市温江区委党校制度汇编》，进一步规范党校整体运行。

（易　诗）

史志编纂

【党史编研】 完成《中共成都执政实录　温江篇（2019）》编辑出版；完成《中国共产党成都市温江区历史（1978—2002）》初稿编撰，专家组研讨和送审前的各项准备工作基本就绪；完成中国共产党成都市温江区组织史资料（2012.9—2019.2）》印刷发放。

【党史宣教】 到镇街和生产一线开展中共十九届四中全会精神及成渝双城经济圈建设有关精神的宣讲活动；联合完成“温江解放70周年图片展”；畅讲“温江故事”，聚合史志专家力量，采取网上讲、现场讲等形式，宣讲26场次；强化党史“七进”工作，在柳城北街社区和公平龙凤社区建设史志工作站。

【志鉴编纂】 完成《温江年鉴（2020年）》资料收集编写印刷出版；完成《四川年鉴（2020）》《成都年鉴（2020）》温江区条目的编写上报；按照省、市地方志办要求，对四川乡镇简志温江篇内容补充完善；完成地方志资料年报2019的收集编写；指导公平街道龙凤社区史志工作站标准化建设。

【资政服务】 发挥党史信息资源优势，采取定期登载、现场服务，为项目引进提供信息参考，专题公众号推送专题信息32期共96篇；发挥熟悉区情史情作用，形成专家书面意见，积极为区委有关镇（街道）和村（社区）行政区划调整建言献策。

【地情研究】 围绕区委、区政府中心工作，挖掘温江的历史文化，完成两期《温江纵横》编辑出版，主动服务新老温江人和引资企业。

（陈晓蓉）

档案管理

【疫情防控档案工作】 一是认真落实“外防输入、内防反弹”的防控策略，扎实做好馆内常态化防控工作；二是积极派员支援疫情防控一线，先后参与公平街道花都社区入户排查以及入驻企业协助企业复工复产；三是参与制定《关于进一步做好全区新冠肺炎病毒疫情防控工作文件材料收集归档工作的通知》，协助区档案局拟制温江区疫情防控档案工作相关文件材料；四是完成全区71个单位疫情防控工作图片资料的收集，共收集图片资料6271张。

【档案馆分馆设施设备采购】 严格按照政府采购相关规定开展档案馆分馆设施设备采购。密集架采购项目已完成安装并通过验收；数字馆建设项目已完工待验；档案特殊设施设备采购、办公家具、办公电脑采购正按程序有序推进。

【机构改革涉改单位档案接收】 按照温江区机构改革相关工作要求，拟定了全区机改档案接收方案，对23个区级涉改单位档案工作进行业务指导，督促涉改单位按档案接收进馆要求进行整改；协助区档案局拟制了镇（街道）机制体制改革以及村（社区）体制改革有关档案工作的通知，对涉及的3个镇（街道）进行调研、培训。原区市场中心档案、原区目督办档案已接收进馆。

【市级爱国主义教育基地创建】 深挖馆藏资源，创建独具温江档案特色的市级爱国主义教育基地。全年共接待176批次5224人次到馆参观，移动展厅接待上万人次参展。

【档案展编】 结合2020年“6·9国际档案日”活动主题，布展“档案见证小康路，聚焦扶贫决胜期”档案专题展，全面展示了温江小康路的建设历程。专题展先后在光华公园、档案馆爱国主义教育基地展出，吸引万余人观看。

【档案馆务与信息开发利用】 馆库建设与管护 加强馆库日常管理，扎实做好档案“九防”工作，坚持每日两次库房检查，记录库房温湿度数据，并根据巡查数据及时调节空调、除湿机，确保库房温湿度在标准范围内；定期开展馆库安全大检查，及时消除安全隐患。

档案查询利用 2020年，共提供查档服务5127人次，档案利用3799卷、2760件，复印档案6702份、22032页。其中，婚姻登记处共享平台共提供婚姻查档服务525人次，开展异地查询213人次。

“双重”采集 2020年，共开展“双重采集”76次，采集照片2390张；整理2019年“双重采集”图片资料共1077张，编制完成《2019年“双重采集”图文集》并分发至全区各部门。

（黄 静）

保密工作

【概况】 2020年，结合温江工作实际，围绕中心，服务大局，求真务实，攻坚克难，全区保密机要各项工作取得了新进展，为温江加快建设践行新发展理念的公园城市示范先行区贡献了积极力量。

【组织领导】 坚持用习近平新时代中国特色社会主义思想和习近平总书记关于保密机要工作重要指示批示精神武装全区保密机要战线。加强保密委员会（保密工作领导小组）建设，召开区委保密委2020年全体会议，传达学习中央、省、市委保密机要相关会议精神，审议通过2020年全区保密机要工作要点等。坚持把保密机要工作纳入各部门、单位党委绩效目标进行管理，推动工作落实。

【宣传教育】 积极参加四川省保密教育实训基地学习培训，组织开展全区保密知识专题培训，以退役军人、军队离退休干部为重点开展保密警示教育培训，联合区经信局组织开展军工企业反泄密防窃密培训，采取“点对点”方式到区卫健局、区委组织部等机关单位开展教育培训，全年共开展各类宣传教育培训6次，累计受训520余人次。以“4·15”全民国家安全教育日、“12·4”国家宪法日以及春节、国庆等重要时间节点为重点，组织开展保密法、密码法“进机关、进学校、进社区”活动，通过集中宣传、发放宣传资料、参加普法知识竞赛等多种形式，营造全民学法守法的浓厚氛围，全年共计发放各类宣传教育资料1万余份，覆盖群众近2万人。积极开展保密专业刊物学刊用刊工作，2020年全区共征订保密专业刊物258份。继续认真做好信息上报工作，全年共上报信息26条。

【依法行政】 开展规范性文件清理核查工作。做好保密、密码执法人员资格审查、岗前培训等工作，积极参加各类行政执法培训，规范行政执法行为。配合规划等部门开展建设用地保密审查工作，对建设项目提出保密管控要求，全年共完成建设项目并联审批56件，按期完成率达100%。

【指导检查】 定密管理 贯彻落实《国家秘密解密暂行办法》，对全区2010年产生的秘密级事项和2020年到期的国家秘密开展集中解密审核工作；按要求开展2019年度定密基础数据上报工作；抓好《工作秘密管理暂行办法》贯彻落实，指导各单位做好工作秘密范围事项清单拟制工作；严格涉密工程项目保密管理。

涉密人员管理　强化涉密人员全过程化管理，突出抓好脱密期管理相关要求的落地落实。

网络保密管理　强化涉密网络分级保护管理，配合上级切实做好测评审查相关工作；加强互联网计算机及微信、QQ等社交媒体保密管理，加大监督检查和通报力度。

监督检查　全年共组织开展2020年度保密自查自评督查、重点涉密单位周边文印店保密联合检查、涉密地理信息保密检查、医疗机构保密检查、密码使用管理检查等五大类专项检查，针对存在的问题督促相关单位进行整改。

保密资质（资格）管理　做好对军工企业保密资格认证、复查及日常保密管理工作的指导服务。

【技术建设】　完成互联网出口监测平台（056平台）的升级。对搜集到的信息进行分类筛选、追踪分析和核实处理，全年共筛查056平台信息2675条、政府互联网门户网站检查平台信息3655条、文档审计平台信息5317条，问题处理率达100%。运用网络版检查工具提升保密检查实效，全年通过联网方式检查单位34家、计算机1027台，搜索筛查含关键字的数据40余万条，对发现的问题依法依规提出整改建议。

【服务保障】　主动融入全区中心工作，充分发挥职能作用，优质高效做好疫情防控期间、省委巡视组巡视温江期间保密机要服务保障，积极为“两会”等全区重要会议活动等提供保密技术支持。做好高考、中考、自考等国家统一考试和公务员考试的保密监督检查和业务指导。优化全区文件资料和电子产品销毁服务保障，全年累计送市保密局销毁中心集中销毁各类文件资料39.75吨。

（朱相燕）

电子政务内网

【概况】　2020年，坚持以习近平新时代中国特色社会主义思想为指导，认真学习贯彻中共十九大、十九届三中、四中、五中全会精神和省、市、区委全会精神，全面加强电子政务内网运维管理，为区委、区政府中心工作提供了坚强的服务保障。

【内网建设管理】　一是严格按照全市电子政务内网管理要求，强化内网终端接入管理，加强内网信息输入输出管控，规范内网使用，确保内网安全保密制度落实。二是严格落实涉密网络管理相关规定，加强电子政务内网运行维护，确保了电子政务内网安全稳定运行。三是严格执行内网安全管理制度，每天安排专人对机房空调系统、UPS系统、消防系统、交换机和服务器等的运行情况和机房温湿度情况进行检查；定期对各内网机房、机柜、交换机等设施设备的防雷接地情况进行检测，对供配电系统、UPS系统、空调系统等进行了全面、系统的维护，确保内网安全。四是按照全市统一安排部署，完成了高清视频会议系统升级改造工作，并顺利通过验收。

【内网技术服务】　一是安排专人具体负责内网的运维保障工作，通过电话指导、上门服务的方式为各部门、单位解决内网使用中出现的各类问题，提供电子印章制作等服务。二是强化党政高清电视电话会议系统的服务保障工作，落实专人具体负责，2020年共保障电视电话会议132场。

（杨　坚）

成都市温江区人民代表大会

重要会议

【区第十八届人民代表大会第五次会议】 5月19—21日，成都市温江区第十八届人民代表大会第五次会议在海科大厦办公区召开。大会听取和审议区政府、区人大常委会以及区法院、区检察院等工作报告，审查批准了温江区2020年国民经济和社会发展计划、2020年财政预算。依法选举周敏为成都市温江区监察委员会主任。决定成都市温江区第十八届人民代表大会增设预算委员会，将财政经济委员会更名为经济委员会，农业委员会更名为农业和农村委员会。表决通过成都市温江区第十八届人民代表大会部分专门委员会组成人员：经济委员会主任委员王伟，副主任委员慕建勋，委员王蔚、叶青、史斌、李毅、张宏、张晓振、周尚杲；社会事业委员会主任委员陈义林；农业和农村委员会主任委员胡迎春，副主任委员邹梅，委员付绍红、白正秋、刘古丽、郑晓莉、祝鸣川、盛振华、符刚；预算委员会主任委员王凤琼，副主任委员闫传军，委员毛信辉、刘庆红、杨晓辉、余治雄、张和平、岳耀、唐小飞。大会表决通过《关于区人民政府工作报告的决议》《关于区人大常委会工作报告的决议》《关于区人民法院工作报告的决议》《关于区人民检察院工作报告的决议》《关于温江区2019年国民经济和社会发展计划执行情况及2020年国民经济和社会发展计划草案的决议》《关于温江区2019年财政预算执行情况和2020年财政预算执行草案的决议》。此次大会共收到代表建议208件。

【区人大常委会会议】 区人大常委会第二十五次会议 4月23日，区人大常委会主任万雪梅主持召开区第十八届人大常委会第二十五次会议。会议学习审议决定以下事项：一、会议传达学习中央、省委、市委、区委近期有关会议精神。会上，区人大常委会主任万雪梅传达学习习近平总书记在浙江省考察时的重要指示精神、中央政治局常务委员会会议精神、省委常委会会议暨省委应对新冠肺炎疫情工作领导小组第九次会议精神、省委彭清华书记在成都调研公园城市示范区建设情况时的重要指示及现场办公会精神、全市重大项目推进会议精神、市委常委会第135次会议暨市疫情防控领导小组第十二次会议精神、市人大常委会唐川平主任在市十七届人大常委会第十六次会议上的讲话精神。会议要求，区人大常委会组成人员、区人大机关干部及各镇（街）人大干部要深入学习领会，结合自己的岗位职责，带头抓好贯彻落实，为全区夺取疫情防控和经济社会发展双胜利贡献力量。二、会议审议关于设立街道人大工作委员会的议案。会议听取了区人大常委会副主任蒋剑鸣对《区人大常委会主任会议关于设立金马、永宁街道人大工作委员会的议案》的说明。经会议审议并表决通过《区人大常委会关于镇（街道）行政区划调整后人大工作有关事项的决定》。三、会议审议有关人事任免事项。会议听取了区人大常委会副主任伍嘉裕对《区人大常委会主任会议关于提请杨光华等任免职的议案》的说明和区检察院检察长钟磊作的《区人民检察院关于提请刘小刚等同志免职的报告》。经会议审议并表决通过，决定免去：杨光华成都市温江区人民代表大会法制委员会委员职务；刘小刚、黄显坤、靳瑞岭、马仕龙等四人成都市温江区人民检察院检察员职务。决定任命：杨光华为成都市温江区人民代表大会社会事业委员会副主任委员；刘杨为成都市温江区永宁街道人大工作委员会主任、成都市温江区人民代表大会社会事业委员会委员；李昱为成都市温江区金马街道人大工作委员会主任、成都市温江区人民代表大会社会事业委员会委员；陈艳为成都市温江区金马街道人大工作委员会副主任；于小蓉为成都市温江区永宁街道人大工作委员会副主任；伍元贵、黄伟为成都市温江区人民代表大会法制委员会委员；蒋正根为成都市温江区人民代表大会城乡建设与环境保护委员会委员。会上，向本次任命人员颁发了任命书，并进行宪法宣誓。四、会议听取和审议区人大常委会代表资格审查委员会关于区十八届人大四次会议以来代表变动情况的报告。会议听取区人大常委会副主任伍嘉裕对《区人大常委会代表资格审查委员会关于区人大代表变动情况的报告》的说明。经会议审议并表决通过《区人大常委会代表资格审查委员会关于区人大代表变动情况的报告》，同意将该报告提交区十八届人大五次会议备案。五、会议听取和审议区人大财经委关于2019年财政预算执行情况和2020年财政预算草案的审查意见。会议听取区人大财经委委员王凤琼对区人大财经委关于2019年财政预算执行情况和2020年财政预算草案审查意见的汇报。会议认为：区人大财经委围绕全区2019年财政预算执行情况和2020年财政预算深入调研，并对财政局报告进行了认真审查，审查意见客观实际。同意将审查意见交区财政局办理，并将审查意见和办理情况报告提交区十八届人大五次会议备案。六、会议审定区人大常委会工作报告（草案）。会议听取区人大常委会办公室主任牛刚对《区人大常委会工作报告（草案）》的说明。经会议审议并表决通过，同意将《区人大常委会工作报告》提交区十八届人大五次会议审议。七、会议审定区人大常委会2020年工作要点（草案）。会议听取区人大常委会办公室主任牛刚对《区人大常委会2020年工作要点（草案）》的说明。经会议审议并表决通过《成都市温江区人大常委会2020年工作要点》，同意以区人大常委会文件印发执行。八、会议审议区十八届人大五次会议有关事项。会议听取区人大常委会办公室主任牛刚对区十八届人大五次会议召开时间、地点，会议议程（草案），工作日程（草案），主席团成员及秘书长、副秘书长、执行主席建议名单，出席、列席人员分团名单（草案），各代表团团长、副团长建议名单，计划预算审查委员会组成人员建议名单，选举办法（草案），专委会组成人员表决办法（草案）等事项的说明。经会议研究，同意委托主任会议研究确定区十八届人大五次会议召开的具体时间，同意将以上其他事项提交区十八届人大五次会议预备会议或主席团会议审议。会议结束时，区人大常委会主任万雪梅强调：一是区人大常委会组成人员、区人大机关干部和各镇街人大干部，要深入学习领会近期习近平总书记关于疫情防控和经济社会发展工作的重要讲话精神及中央、省委、市委、区委有关会议精神，按照区委的统一安排和相关要求，认真抓好贯彻落实，全力助推温江区疫情防控和经济社会发展“双胜利”。二是要围绕中心、服务大局，结合区人大常委会工作要点，抓好工作落实，大胆创新工作方式方法，按照既定计划有序有效推进人大各项工作。三是要做好召开区人代会各项准备工作。常委会组成人员、各镇（街）人大要组织引导人大代表深入调研，围绕疫情防控、经济社会发展和民生改善提出高质量的议案和建议。区人大机关各委室要按照人代会筹备方案，积极稳妥做好各项准备工作，确保大会顺利召开。各代表小组要为代表参加区人代会做好相关准备，动员代表围绕民生、助推发展提出更高质量的意见建议。四是要深入领会中央、省市区委对人大工作的新要求，加强对人大工作业务知识的学习，不断提升履职能力和水平，结合全区人大工作实际，为创新推动人大工作、提升人大监督实效提出好的意见建议。区人大常委会副主任蒋剑鸣、李大鸿、陈媛、伍嘉裕、税桂英及常委会委员出席会议。

区第十八届人大常委会第二十六次会议 5月12日，区人大常委会主任万雪梅主持召开区第十八届人大常委会第二十六次会议。会议学习审议决定以下事项：一、会议组织学习《中华人民共和国传染病防治法》。会上，区人大常委会副主任李大鸿领学《中华人民共和国传染病防治法》。会议指出，新冠肺炎疫情给人民生命健康带来了严重威胁，对经济社会发展和人民群众的生产生活带来巨大冲击，《中华人民共和国传染病防治法》为科学做好疫情防控提供了法律依据。会议要求，全体区人大常委会委员、人大机关干部、人大代表要深入学习，做好法律的宣传和贯彻执行的监督，引导广大干部群众学法、懂法、守法，让人民群众知道自觉做好疫情防控工作既是一种社会公德，又是法律赋予的权利和义务，自觉遵守《中华人民共和国传染病防治法》，促进相关职能部门依法履职尽责，形成合力，积极主动为疫情防控贡献力量。二、会议传达学习有关会议精神。会上，区人大常委会主任万雪梅传达学习市人大常委会第十七次会议精神和区委常委会第103次会议精神。会议要求，区人大常委会委员、机关干部要深入学习领会，结合会议精神抓好近期工作，特别是抓好区十八届人大五次会议各项筹备工作，确保大会顺利召开并取得圆满成功。三、会议审议有关人事任免事项。会议听取了区人大常委会副主任伍嘉裕对《区人大常委会主任会议关于接受石山同志辞职的议案》《区人大常委会主任会议关于提请胡良万等同志任免职的议案》的说明和区政府副区长张光作的《区人民政府关于提请向彬等任免职的报告》。经会议审议并表决通过，接受石山辞去成都市温江区监察委员会主任职务。决定免去：牛刚成都市温江区人大常委会办公室主任职务；刘虹成都市温江区人大常委会办公室副主任职务；熊刚成都市温江区发展和改革局局长职务；黄学甫成都市温江区综合执法局局长职务；胡良万成都市温江区农业农村局局长职务；袁晓玲成都市温江区卫生健康局局长职务；鄢洪斌成都市温江区应急管理局局长职务。决定任命：胡良万为成都市温江区人大常委会办公室主任；向彬为成都市温江区发展和改革局局长。会上，向此次任命人员颁发任命书，并进行宪法宣誓。四、会议审议关于代表辞职的议案。会议听取了区人大常委会副主任伍嘉裕对《区人大常委会主任会议关于接受牛刚同志辞去区十八届人大代表的议案》的说明。经会议审议并表决通过，决定接受牛刚辞去成都市温江区十八届人民代表大会代表职务。五、会议听取和审议区人大常委会代表资格审查委员会关于区十八届人大四次会议以来代表变动情况的报告。会议听取区人大常委会副主任伍嘉裕对《区人大常委会代表资格审查委员会关于区人大代表变动情况的报告》的说明。经会议审议并表决通过《区人大常委会代表资格审查委员会关于区人大代表变动情况的报告》，同意将该报告提交区十八届人大五次会议备案。六、会议听取和审议区政府关于“两送一帮一解”专项行动开展情况的报告。会议听取区发改局局长向彬受区政府委托作的《区政府关于“送政策、帮企业、送服务、解难题”专项行动开展情况的报告》。会议认为：“两送一帮一解”专项行动是区委为帮助企业协调解决好在疫情防控和复工复产满产中存在的问题，作出的一项决策部署，区政府及相关部门主动作为，积极参与，为企业解决了很多实际困难和问题，得到企业高度肯定。但在开展专项工作中，也发现了一些问题。会议强调，“两送一帮一解”专项行动工作开展以来，取得成效明显，区政府及其职能部门要结合提出的意见建议，进一步提升工作质效，切实在了解企业发展需求、为企业纾危解困等方面下苦功，持续高标准开展工作，推动相关政策落地见效，为全区夺取疫情防控和经济社会发展双胜利作出贡献。七、会议审议区十八届人大五次会议有关事项。会议听取区人大常委会办公室主任胡良万对区十八届人大五次会议有关事项的说明。经会议表决通过《区人大常委会关于召开成都市温江区第十八届人民代表大会第五次会议的决定》。区人大常委会副主任李大鸿、陈媛、伍嘉裕、税桂英及常委会委员出席会议。

区第十八届人大常委会第二十七次会议 6月29日，区人大常委会主任万雪梅主持召开区第十八届人大常委会第二十七次会议。会议学习审议决定了以下事项：一、会议集中学习了《中华人民共和国治安管理处罚法》。会上，区人大常委会副主任蒋剑鸣领学了《中华人民共和国治安管理处罚法》。会议指出，《中华人民共和国治安管理处罚法》为维护社会治安秩序，保障公共安全，保护公民、法人和其他组织的合法权益，规范和保障公安机关及其人民警察依法履行治安管理职责发挥了积极作用。区人大常委会组成人员要持续抓好学习，树牢法治思维，强化法治意识，加强法律监督，为温江营造良好的法治环境、纵深推进依法治区贡献力量。二、会议传达学习全国两会精神。会上，区人大常委会主任万雪梅传达学习了全国两会精神。会议要求，要加强学习领会，提高认识，准确把握全国两会精神和习近平总书记重要讲话精神的实质，广泛宣传、凝聚共识，特别是要充分认识出台《中华人民共和国民法典》和通过的《关于建立健全香港特别行政区维护国家安全的法律制度和执行机制的决定》的重大意义。要坚持学用结合，创新推动工作，把两会精神和中央、省市区委的决策部署贯彻落实到具体工作中，发挥示范引导作用，创新工作方法，切实有效推进工作，为夺取疫情防控和经济社会发展“双胜利”贡献力量。要聚焦中心大局，在促进落实见效上下功夫，围绕“六稳”“六保”和健康产业功能区建设加强监督，推动“五个之城”“三大空间”“三大公园”“三大品牌”加快建设。要聚焦重点工作，积极建言献策，围绕做好疫情防控、企业复工满产、政策落实见效、乡村振兴、公园城市建设、城乡社区治理、民生实事项目建设等重点工作，走访企业、走访群众，深入调研，找准问题，认真分析，提出切实可行的意见建议，为区委区政府科学决策提供参考。三、会议审议有关人事任免事项。会议听取了区政府副区长陶旭东作的《区人民政府关于提请黄加洪等任职的报告》。经会议审议并表决通过，决定任命：黄加洪为成都市温江区综合执法局局长；冯国平为成都市温江区卫生健康局局长。会上，向此次任命人员颁发了任命书，并进行宪法宣誓。四、会议听取和审议了区公安分局关于贯彻实施《中华人民共和国治安管理处罚法》情况的报告和区人大常委会执法检查组关于检查《治安管理处罚法》实施情况的报告。会议听取了区公安分局副局长刘伟作的《区公安分局关于贯彻实施〈治安管理处罚法〉情况的报告》和区人大常委会执法检查组副组长、区人大法制委主任委员葛萍作的《区人大常委会执法检查组关于检查〈治安管理处罚法〉实施情况的报告》。会议认为，执法检查组创新方法，整合镇（街）人大工作力量，扎实深入开展执法检查，执法检查情况报告客观真实。区公安分局高度重视《中华人民共和国治安管理处罚法》的贯彻实施，在提升执法能力、规范执法行为、推进社会治理、开展法治宣传等方面做了大量工作，为温江区营造安全稳定的社会环境发挥了重大作用。但也存在法治宣传广度和深度不够、警务保障还需进一步加强等问题。会议强调，全区社会治安形势持续向好，人民群众安全感稳步提升。区公安分局要认真研究办理此次会议提出的审议意见，履行好党和人民赋予的新时代职责使命，不断加强法治宣传教育、规范执法建设、联防联控建设和执法队伍建设，为确保社会大局稳定、促进社会公平正义、保障人民群众安居乐业贡献力量，不断提升人民群众的安全感和满意度。五、会议听取和审议区检察院关于公益诉讼工作开展情况的报告。会议听取了区检察院检察长钟磊作的《区人民检察院关于公益诉讼工作开展情况的报告》。会议认为，区检察院始终坚持以习近平新时代中国特色社会主义思想为指导，坚持以人民为中心的发展理念，积极践行“双赢共赢多赢”的监督理念，扎实推进公益诉讼工作，切实维护国家利益和社会公共利益，取得了政治效果、法律效果和社会效果的有机统一。但也存在公益司法保护协同化、社会化程度不高，办案结构失衡，办案质量仍需提高等问题。会议强调，公益诉讼制度是中共十八届四中全会作出的一项重大改革部署，也是以法治思维和法治方式推进国家治理体系和治理能力现代化的一项重要制度安排。区检察院要不断提高政治站位，增强监督能力，紧扣人民群众关心的热点、难点、痛点依法履职尽责，要敢于较真逗硬，不断加大公益诉讼工作力度，要探索创新工作机制，营造良好的工作氛围，为维护好国家利益和社会公共利益履好职、尽好责，为加快建设全面体现新发展理念宜业宜居宜游的新中心城区贡献积极力量。六、会议听取和审议区政府关于“稳就业、保就业”工作开展情况的报告。会议听取了区人社局局长徐黄诚受区政府委托作的《区人民政府关于“稳就业、保就业”工作开展情况的报告》。会议认为，区政府及其职能部门高度重视“稳就业、保就业”工作，牢牢抓住就业“牛鼻子”，围绕中央“六稳”“六保”总要求，采取稳定企业渡难关、激发活力促创业、拓宽渠道挖潜力、强化保障兜底线等措施，落实落细“稳就业、保就业”各项工作，为温江区快速恢复社会秩序和企业快速复工复产作出了巨大贡献。会议强调，就业是最大的民生，是社会稳定的重要保障。区政府及其职能部门要坚持问题导向，常抓不懈，认真研究办理本次会议提出的审议意见。要采取更加有力的措施，进一步抓紧抓实抓细“稳就业、保就业”工作，全力保住就业基本盘，切实增强群众的获得感、幸福感、安全感。七、会议听取和审议区政府关于城市管理综合执法工作情况的报告。会议听取区综合执法局局长黄加洪受区政府委托作的《区人民政府关于城市管理综合执法工作情况的报告》。会议认为，随着城镇化进程加快和人民群众对美好生活要求的提高，城市管理工作任务越来越重、难度越来越大，区政府及其职能部门高度重视，做了大量工作，取得明显成效，城市面貌、城市秩序、城市卫生、城市舒适度有很大提升。会议强调，城市管理综合执法工作直接关系到老百姓日常生产生活，是一项重要的民生工作。区政府及其职能部门要认真研究办理本次会议提出的审议意见，不断健全完善执法体制机制、创新管理思维、强化部门协同，不断提升城市管理综合执法能力和水平，促进城市管理更加科学化、精细化。八、会议审议《专项工作评议办法（草案）》。会议听取区人大常委会办公室主任胡良万对区人大常委会《专项工作评议办法（草案）》的说明。会议表决通过了该评议办法。九、会议审议了有关制度修订草案。会议听取区人大常委会办公室主任胡良万对区人大常委会《工作规则（修订草案）》《议事规则（修订草案）》《讨论决定重大事项规定（修订草案）》《审议意见处理工作规定（修订草案）》和区人大常委会人代工委主任苏炳衡对区人大常委会《人事任免细则（修订草案）》的说明。会议表决通过以上五项制度修订案。区人大常委会副主任蒋剑鸣、李大鸿、陈媛、伍嘉裕、税桂英及常委会委员出席会议。

区第十八届人大常委会第二十八次会议 8月27日，区人大常委会主任万雪梅主持召开区第十八届人大常委会第二十八次会议。会议学习审议决定了以下事项：一、会议集中学习《中华人民共和国土壤污染防治法》。会上，区人大常委会副主任伍嘉裕领学了《中华人民共和国土壤污染防治法》。会议强调，《中华人民共和国土壤污染防治法》是开展土壤污染防治工作、扎实推进净土保卫战的法律保障，区人大常委会组成人员要高度重视，深入学习，加强宣传，充分运用，进一步提升依法监督能力，做实污染防治监督工作，推动《中华人民共和国土壤污染防治法》在温江区有效贯彻实施。二、会议传达学习省委十一届七次全会、市委十三届七次全会、区委十四届十一次全会精神。会上，区人大常委会主任万雪梅传达学习了省委十一届七次全会、市委十三届七次全会、区委十四届十一次全会精神。会议要求，一是要学深悟透，领会好精神实质。把学习省市区委全会精神作为当前一项重要的政治任务，深刻领会建设成渝地区双城经济圈发展战略的重大意义，准确把握省委“一极两中心两地”的目标定位、市委“两步走”发展目标及“六大重点任务”和区委关于着力筑强公园城市产业支撑、着力培育公园城市内生动力、着力激发公园城市开放活力、着力构建公园城市共享格局等决策部署，提高认识，增强贯彻落实全会精神的自觉性、主动性、科学性和实效性。二是要加强宣传，凝心聚力促发展。充分发挥人大工作和人大代表密切联系群众的优势，广泛深入地宣传省市区委全会精神和建设成渝地区双城经济圈的重要性，积极引导全区干部群众把思想和行动统一到中央和省市区委的决策部署及工作安排上来，积极主动当好建设者、参与者、助推者，齐心协力，为推动成渝地区双城经济圈建设贡献力量。三是要主动融入，发挥好人大作用。按照中央和省市区委的决策部署，紧扣成渝地区双城经济圈建设，聚焦“一极两中心两地”目标定位，围绕温江公园城市建设成为“全市样板、全国典范”两大发展目标，以建设践行新发展理念的公园城市先行区为统揽，以助推区委全会精神落地落实和民生关切为重点，把准人大工作位置和着力点，有针对性地开展工作监督和法律监督，深入调查研究，提出高质量的意见建议，有效助推中央和省市区委决策部署落到实处。四是要务实深入，提升监督实效。突出重点，围绕区委全会精神及区委决策部署落地落实，对筑强公园城市产业支撑、培育公园城市内生动力、激发公园城市开放活力、构建公园城市共享格局等重点内容强化监督，听取审议相关工作报告，助推高品质打造“三大空间”、高标准建设“三大公园”、高质量打造“三大民生品牌”。要坚持问题导向，强化跟踪监督，紧盯不放、持续问效，督促问题解决，以务实的作风全力助推“五个之城”建设，为加快建成全面体现新发展理念宜业宜居宜游的新中心城区贡献人大力量。三、会议审议关于接受个别代表辞职的议案。会议听取区人大常委会副主任伍嘉裕对《区人大常委会主任会议关于提请接受蒋正根辞去成都市温江区第十八届人民代表大会代表职务的议案》的说明。经会议审议并表决通过，决定接受蒋正根辞去成都市温江区第十八届人民代表大会代表职务。蒋正根代表资格终止，其区人大常委会委员、区人大城乡建设与环境保护委员会委员的职务相应终止。四、会议审议了有关人事任免事项。会议听取区人大常委会副主任伍嘉裕对《区人大常委会主任会议关于提请接受何兴轩辞去区人民政府副区长职务的议案》《区人大常委会主任会议关于提请蒋正根等任免职的议案》的说明；区政府副区长张光作的《区人民政府关于提请石秀蓉任职的报告》《区人民政府关于提请黄宗富等任免职的报告》；区法院院长马宁利作的《区人民法院关于提请陈琳同志免职的报告》。经会议审议并表决通过，决定接受何兴轩辞去成都市温江区人民政府副区长职务。决定免去：蒋正根成都市温江区涌泉街道人大工作委员会主任职务，黄宗富成都市温江区信访局局长职务，陈琳成都市温江区人民法院审判员职务。决定任命：石秀蓉为成都市温江区农业农村局局长，黄宗富为成都市温江区应急管理局局长，蒋正根为成都市温江区信访局局长，刘小练为成都市温江区公平街道人大工作委员会副主任，林成刚为成都市温江区寿安街道人大工作委员会副主任。会上，向此次任命人员颁发了任命书，并进行宪法宣誓。五、会议听取和审议区政府关于2020年上半年国民经济和社会发展计划执行情况的报告。会议听取了区发改局局长向彬受区政府委托作的《区人民政府关于2020年上半年国民经济和社会发展计划执行情况的报告》和区人大经济委主任委员王伟作的《区人大经济委关于〈区人民政府关于2020年上半年国民经济和社会发展计划执行情况的报告〉的审查报告》。会议认为，2020年上半年，面对新冠肺炎疫情前所未有的冲击和错综复杂的宏观经济形势，区政府及其职能部门认真落实中央和省市区委的决策部署和区十八届人大五次会议的决议，统筹推进疫情防控和经济社会发展，扎实做好“六稳”工作，全面落实“六保”任务，取得明显成效。当前，全区经济社会发展面临的形势仍然比较严峻。会议强调，区政府及其职能部门要进一步强化认识，增强工作紧迫感和责任感，坚持稳中求进工作总基调，更好统筹疫情防控和经济社会发展工作，抢抓成渝地区双城经济圈建设等重大战略机遇，以践行新发展理念的公园城市示范区建设为统揽，紧扣“六稳”“六保”任务目标，进一步加大项目招引促建力度，千方百计落实好纾困惠企政策，全力以赴扩大有效投资，培育有效市场主体，推动全区经济社会发展提质增效，奋力夺取“双胜利”。六、会议听取和审议区政府关于2020年上半年财政预算执行情况的报告。会议听取区财政局局长吴海青受区政府委托作的《区人民政府关于2020年上半年财政预算执行情况的报告》和区人大预算委主任委员王凤琼作的《区人大预算委关于〈区人民政府关于2020年上半年财政预算执行情况的报告〉的审议意见》。会议认为，区政府及其职能部门按照中央“六稳”“六保”要求，认真贯彻落实中央、省委、市委相关决策部署和区十八届人大五次会议确定的财政目标，以“建设践行新发展理念的公园城市示范区”为中心，坚持“积极的财政更加积极有为”理念，优化财政资金资源配置，积极应对疫情对财政收入的影响，扎实做好财力保障，上半年实现了时间任务“双过半”目标，财政运行基本平稳。下半年完成财政收入面临较大压力，财政收支矛盾仍然突出。会议强调，区政府及其职能部门要认真贯彻落实中央、省委、市委、区委各项重大决策部署和建设践行新发展理念的公园城市示范区要求，落实好区委十四届十一次全会精神，坚持高质量发展，提升公园城市质效，在狠抓财政收入、严格财政支出、加强预算管理等方面下功夫，争取积极可行的措施，切实保障好“五个之城”建设。七、会议听取和审议区政府关于国有资产管理情况的报告。会议听取区国资局局长刘兴春受区政府委托作的《区人民政府关于2019年度全区行政事业性国有资产管理情况专项报告》和区人大预算委主任委员王凤琼作的《区人大预算委关于〈区人民政府关于2019年度全区行政事业性国有资产管理情况专项报告〉的审议意见》，书面听取和审议《区人民政府关于2019年度全区国有资产管理情况综合报告》。会议认为，区政府及其职能部门认真贯彻落实中央和省市区委相关决策部署，在加强制度体系建设、规范国资管理行为、夯实国资管理基础、推进资产资源有效配置、提升国有资产管理能力、保障国有资产安全等方面都取得了明显成效。但也存在国资管理制度体系还不够健全、资产分类管理及配套监管制度尚需建立、国资管理资产资源的完整性不足、资源要素的统筹配置力度还应加强等问题。会议强调，建立国有资产向人大报告制度，是中央加强人大国有资产监督职能的重要决策部署，对于提高国有资产管理公开透明度、防止国有资产流失、促进国有资产保值增值、提高国有资产使用效益具有十分重要的意义。区政府及其相关部门要增强依法接受监督的意识，认真研究办理区人大常委会提出的审议意见，着力健全监管体系、制定相关制度、做强薄弱环节、提升业务技能，切实为建设践行新发展理念的公园城市先行区，助推温江“五个之城”建设提供积极要素保障。八、会议听取和审议区政府关于《中华人民共和国土壤污染防治法》贯彻执行情况的报告和区人大常委会执法检查组关于检查《中华人民共和国土壤污染防治法》实施情况的报告。会议听取区生态环境局局长柯震弟受区政府委托作的《区政府关于〈土壤污染防治法〉贯彻执行情况的报告》和区人大常委会城环委主任委员廖长英作的《区人大常委会执法检查组关于检查〈土壤污染防治法〉实施情况的报告》。会议认为，近年来，区政府及其职能部门高度重视《中华人民共和国土壤污染防治法》实施工作，认真落实国家和省、市土壤污染防治工作决策部署，持续开展法律宣传教育，强化土壤污染源头管控，构建土壤环境管理体系，土壤污染防治工作取得积极进展。但还存在土壤保护意识有待进一步增强、监管合力有待进一步提高、土壤安全利用还需进一步加强等问题。区人大常委会执法检查组坚持问题导向，深入基层、深入群众，发现存在的问题与不足，提出针对性意见建议，执法检查报告实事求是。会议强调，贯彻执行好《中华人民共和国土壤污染防治法》，是深入学习贯彻习近平生态文明思想的具体体现，是助力打好污染防治“三大保卫战”的重要举措，是回应人民群众对优美生态环境需要的务实行动。区政府及其职能部门要认真研究办理区人大常委会提出的审议意见，要以构建现代化环境治理体系为目标，紧紧围绕成都建设践行新发展理念的公园城市示范区这一重大部署，持续开展土壤污染防治，保障人民群众健康，推动土壤资源安全永续利用。区人大常委会副主任蒋剑鸣、李大鸿、陈媛、伍嘉裕、税桂英及常委会委员出席会议。

区第十八届人大常委会第二十九次会议 9月29日，区人大常委会主任万雪梅主持召开区第十八届人大常委会第二十九次会议。会议传达学习审议决定了以下事项：一、会议传达学习市十七届人大四次会议精神。会上，区人大常委会主任万雪梅传达市十七届人大四次会议精神。会议要求，要认真学习领会大会精神，把思想和行动统一到市委决策部署上来，紧紧围绕区委中心工作，结合人大工作实际，认真履职行权，助推中央和省委、市委、区委各项决策部署落地落实，为温江经济社会高质量发展贡献力量。二、会议审议有关人事任免事项。会议听取了区法院院长马宁利作的《区人民法院关于拟任新一届人民陪审员的报告》和区检察院检察长钟磊作的《区人民检察院关于提请刘燃同志免职的报告》。经会议审议并表决通过，决定免去：刘燃成都市温江区人民检察院检察委员会委员、检察员职务。决定任命：谢臣、官忠秀、樊厚霞、宋岚、昝旺、周德碧、吴茂超、黄江庆、王惠兰、苟光军、黄霞、蒋洪川、江佳、姚瑶、唐燕英、蒋莉莉、周萍、吴娟、郭琴、张秀莲、李莹娜、李勇、姚利群、李海成、吴成军、曾侦、周凤、罗路、郭周江、彭莉、徐敏、陈芋频、龚瑞兰、陈俊杰、李琼波、张文清、姚奇、刘波、宋敏、王素林、张春明、饶真国、叶霞、江碧玉、周芮宇、宋川、肖铁坚、汪寒、张超英、易奎、何丽霞、彭丹、王译玉、蒲承林、江启志、黄艳、李童清、朱玲、王丽娟、杨晓辉、李伟、尹江峰等62人为成都市温江区人民陪审员。三、会议听取和审议区政府关于城乡排水系统规划建设情况的报告。会议听取区水务局局长王丽受区政府委托作的《区人民政府关于城乡排水系统规划建设情况的报告》和区人大农业和农村委主任委员胡迎春作的《区人大农业和农村委关于〈区人民政府关于城乡排水系统规划建设情况的报告〉审议情况的报告》。会议认为，区政府及其职能部门高度重视城乡排水体系规划建设，围绕“六水攻坚”“六网统筹”理念，科学规划，精心实施，保障投入，专项规划、项目建设和管理机制同步跟进，雨水收集排放、城市污水收集处理和农村污水治理等三大系统基本成型，排水事业步入了较高质量发展轨道。但也存在城乡排水体系规划还不完善、城乡排水管网系统不完善、自然排洪系统遭受一定程度破坏、排水管网管理不规范等问题。会议强调，城乡排水体系规划建设是一项事关广大群众生产生活的重大民生工程。区政府及其职能部门要坚持问题导向，认真分析“8·11”“8·16”洪灾暴露出的问题，结合工作实际，抓好审议意见的办理工作，将城乡排水体系规划列入“十四五”规划中，切实找准工作方向、完善排水规划、狠抓项目包装、有序推进项目建设、健全管理机制，推动温江区城乡排水体系规划建设工作再上新台阶。四、会议听取和审议区法院关于一站式多元解纷机制、一站式诉讼服务建设工作情况的报告。会议听取了区法院院长马宁利作的《区人民法院关于一站式多元解纷机制、一站式诉讼服务建设工作情况的报告》和区人大法制委主任委员葛萍作的《区人大法制委关于〈区人民法院关于一站式多元解纷机制、一站式诉讼服务建设工作情况的报告〉审议情况的报告》。会议认为，区法院高度重视一站式多元解纷机制、一站式诉讼服务建设工作，深入贯彻以人民为中心理念，因地制宜、务实创新，有力地推动了“两个一站式”建设工作，成绩明显。但也存在多元解纷工作沟通配合不足、多元解纷衔接机制不完善、服务中心信息化程度有待提升、人民调解员素质有待加强等问题。会议强调，“两个一站式”建设工作是深入贯彻落实习近平总书记“把非诉纠纷解决机制挺在前面”重要指示的具体实践。区法院要进一步提高认识，认真办理好区人大常委会的审议意见，进一步完善协同化治理机制、健全多元解纷机制、加强诉讼服务信息化建设、加强人民调解员队伍建设，及时补齐短板，努力把多元解纷和诉讼服务打造成高质量司法的“民心工程”。五、会议听取和审议区政府关于公共卫生应急管理体系机制建设工作情况的报告。会议听取区卫健局局长冯国平作的《区人民政府关于公共卫生应急管理体系机制建设工作情况的报告》和区人大社会事业委主任委员陈义林作的《区人大社会事业委关于〈区人民政府关于公共卫生应急管理体系机制建设工作情况的报告〉审议情况的报告》。会议认为，近年来，区政府及其职能部门认真落实区委决策部署，围绕打造“健康到温江”这一民生品牌，高度重视公共卫生事业发展，公共卫生应急管理体系机制建设取得积极进展，特别是面对新冠疫情严峻挑战，科学实施“五防”措施，疫情防控取得重大阶段性成效。同时，也要清醒看到，温江区公共卫生应急管理还存在公共卫生服务供给不均衡、应急联动机制不健全、应急救治能力和水平有待提高、应急保障有待加强等问题。会议强调，公共卫生是关系到一个国家或一个地区人民群众健康的公共事业。区政府及其职能部门要坚持以问题为导向，以建设“全国一流的健康城市、全国一流的医疗服务城市、全国一流的公共卫生安全城市”为目标，科学编制公共卫生“十四五”规划，进一步完善公共卫生应急管理体系、加强镇街公共卫生基础设施建设、提升公共卫生应急管理能力、强化公共卫生应急管理保障，有效提升应对突发公共卫生应急处置能力，切实维护好人民群众的生命安全和身体健康。六、会议听取各产业功能区关于机制体制建设和重大项目招引、落地及投资建设情况的报告。会议听取成都医学城管委会主任王家泉作的《成都医学城（科技园）关于机制体制建设和重大项目招引落地及投资建设情况的报告》、成都健康服务业集聚区管委会主任王鹏作的《健康服务业集聚区（现代服务业园区）关于机制体制建设和重大项目招引落地及投资建设情况的报告》、温江农高园管委会主任盛振华作的《温江都市现代农业高新技术产业园关于机制体制建设和重大项目招引落地及投资建设情况的报告》。会议认为，近年来，三大园区着力加强机制体制建设，扎实推进“六大机制”、“五同时 + 五同步”机制等，推动项目招引落地和投资建设，园区发展态势良好，园区建设取得阶段性成效。会议强调，三大园区要针对各自存在的问题，认真分析研究会议提出的意见建议，结合工作实际，强化工作举措，补齐短板弱项，以园区规划和项目建设为重点，在探索创新上下功夫，持续深化企业服务，有效建立政府与企业、企业与企业的沟通联络机制和平台，进一步完善政策服务企业的精准性，纵深推进园区建设，夯实全区经济高质量发展的动力源。区人大常委会副主任蒋剑鸣、李大鸿、陈媛、伍嘉裕、税桂英及常委会委员出席会议。

区第十八届人大常委会第三十次会议　10月29日，区人大常委会主任万雪梅主持召开区第十八届人大常委会第三十次会议。会议传达学习审议决定了以下事项：一、会议学习《中华人民共和国民法典》和《中华人民共和国预算法实施条例》。会上，邀请了四川汇圣律师事务所所长李乾宣讲《中华人民共和国民法典》，区人大常委会副主任陈媛领学《中华人民共和国预算法实施条例》。会议强调，《中华人民共和国民法典》是中国第一部以法典命名的法律，实施好民法典，是坚持以人民为中心的必然要求。人大是法律执行的主要监督机关，作为人大代表和人大工作者，要学好、用好民法典，依法开展工作监督和法律监督，维护好人民群众的基本权利和根本利益。《中华人民共和国预算法实施条例》是国务院根据《中华人民共和国预算法》制定的行政法规，细化了预算法有关规定，强调了加大预算信息公开力度、增强预算透明度等方面的要求，既为政府及其职能部门编制、执行预算提供了指南，也为人大监督预算编制和预算执行提供了法律依据。要进一步深入学习领会，依法监督和有力支持区政府及其职能部门编制好预算、执行好预算，为温江区经济社会高质量发展贡献力量。二、会议传达学习区委常委会第114次会议精神。会上，区人大常委会主任万雪梅传达学习区委常委会第114次会议精神。会议要求，区人大常委会及委员和人大代表要深刻领会会议精神，积极参与走基层活动，广泛收集反映社情民意，结合温江发展实际，围绕“十四五”规划建言献策，推动区委决策部署落地落实。三、会议听取和审议区政府关于2019年财政收支决算的报告、关于2019年度区级预算执行和其他财政收支的审计工作报告、关于2018年度区级预算执行和其他财政收支审计查出问题整改情况报告，区人大预算委关于2019年区级财政收支决算审查结果报告。会议听取了区财政局局

长吴海青受区政府委托作的《区人民政府关于2019年财政收支决算的报告》、区审计局局长王曦受区政府委托作的《区人民政府关于2019年度区级预算执行和其他财政收支的审计工作报告》和《区人民政府关于2018年度区级预算执行和其他财政收支审计查出问题整改情况的报告》、区人大预算委主任委员王凤琼作的《区人大预算委关于2019年区级财政收支决算审查结果的报告》。经会议审议，同意区人大预算委提出的审查结果报告，同意《区人民政府关于2019年财政收支决算的报告》和《区人民政府关于2019年度区级预算执行和其他财政收支的审计工作报告》，决定批准温江区2019年区级决算。会议认为，区政府及其财政部门紧紧围绕区委的决策部署和区十八届人大四次会议及区人大常委会有关决议要求，坚持稳中求进总基调，围绕高质量建设"五个之城"，全面落实更大规模减税降费政策，推动积极财政政策加力提效，财政收入保持了持续稳定增长，有力促进了全区经济社会持续健康发展。但也存在预算编制不够完整准确，预算执行力还不够强，决算编制不够完整，非税收入和往来款项清理不及时，政府投资项目控制不够严格，项目决算编制不准确、不及时等问题。区政府及其职能部门高度重视2018年度审计发现问题的整改工作，列出明细清单，动态进行跟踪和销账闭环管理，取得明显成效。2019年区级预算执行和其他财政收支审计工作报告实事求是，暨肯定了取得的成绩，也客观反映了存在问题，提出的意见建议针对性强。会议同意区人大预算委提出的审查报告和常委会组成人员提出的意见建议。会议强调，区政府及其职能部门要认真研究办理本次会议提出的审议意见。要聚焦"六稳""六保"，不断夯实财政保障能力，在精准有效施策、加强税收征管服务等方面下功夫；要加强财政管理，强化预算执行的刚性，完善现代财政管理体系，运用好绩效管理手段；要巩固审计成果，持续完善审计整改机制；深入分析问题，研究提出具体措施，用好审计成果，杜绝类似问题再次发生。四、会议听取和审议了区政府关于区十八届人大五次会议以来代表建议批评意见办理情况的报告。会议听取了区政府副区长景仁志作的《区人民政府关于区第十八届人大五次会议以来代表建议、批评和意见办理情况的报告》。会议认为，报告客观实在，敢于直面问题，会议完全赞同。区政府及其职能部门高度重视代表建议、批评和意见办理工作，代表建议办理制度不断规范，办理力度不断加大，着力解决了一些群众关心、关注的困难问题，积极回应了人大代表的呼声，有效回应了人民群众的关切。但也存在回复说法不正规、领办单位统筹作用发挥不够等问题。会议强调，办理好人大代表建议是法律赋予承办单位的职责。区政府及其职能部门要持续加强代表建议办理工作，注重针对性、实效性。区人大机关各委室要主动融入、积极参与，做好不满意件的再次交办工作，形成办理工作的强大合力，以完善的机制、严格的程序提高建议办理实效，促进代表意见建议办理工作再上新台阶。区人大常委会副主任李大鸿、陈媛、伍嘉裕、税桂英及常委会委员出席会议。

区第十八届人大常委会第三十一次会议 12月29日，区人大常委会主任万雪梅主持召开区第十八届人大常委会第三十一次会议。会议传达学习审议决定了以下事项：一、会议传达学习习近平总书记有关重要讲话精神，中央、省委经济工作会议精神，省委人大工作会议精神和区委常委会会议精神。会上，区人大常委会主任万雪梅传达学习习近平总书记在全面推动长江经济带发展座谈会和中央全面依法治国工作会议上的重要讲话精神，中央、省委经济工作会议精神，省委人大工作会议精神和区委常委会第117次会议精神。会议要求，区人大常委会全体委员要持续抓好中央和省委、市委、区委各项会议精神的学习，进一步统一思想认识，结合人大工作，创造性抓好贯彻落实，以更加务实的工作举措，更加有力的监督措施，推动决策部署落地落实。二、会议审议有关人事任免事项。会议听取区长马烈红作的《区人民政府关于提请周振华任职的报告》、区人大常委会副主任税桂英对《区人大常委会主任会议关于提请项聪等任免职的议案》的说明、区监委副主任张冬作的《区监察委员会关于提请常希、吴培军二同志任免职的报告》。经会议审议并表决通过，决定免去：刘古丽的成都市温江区和盛街道人大工作委员会主任职务，吴培军的成都市温江区监察委员会委员职务。决定任命：周振华为成都市温江区人民政府副区长，项聪为成都市温江区人大常委会办公室副主任，常希为成都市温江区监察委员会委员。会上，向此次任命人员颁发了任命书，并进行宪法宣誓。三、会议听取和审议了区政府关于民生实事项目推进情况的报告。会议听取区绩效考评中心主任吴钦受区政府委托作的《区人民政府关于民生实事项目推进情况的报告》。会议认为，区政府高度重视民生实事项目推进工作，组织有力有序，责任落实到位，保障督查有力，成效明显，人民群众获得感、幸福感明显提升。但也存在民生实事项目选择不够精准，项目与民生需求契合度不高等问题。会议强调，区政府及其职能部门要坚持以人民为中心的发展理念，聚焦民生热点、难点，全面征集 2021 年民生实事项目，有针对性地选择群众反映强烈、急难愁盼的事项作为民生实事项目，对开工项目要明确时序和进度，创新举措，扎实有效推进项目建设，把民生实事项目办实办好，切实满足人民群众对美好生活的向往。四、会议听取和审议区政府关于贯彻落实《区人大常委会关于开展第七个五年法治宣传教育的决议》情况的报告。会议听取区司法局局长李泉受区政府委托作的《区人民政府关于贯彻落实〈区人大常委会关于开展第七个五年法治宣传教育的决议〉情况的报告》。会议认为，区政府在开展“七五”普法的过程中，高度重视区人大常委会作出的决议，着力加强普法教育的制度建设，创造性开展普法教育，普法效果明显，人民群众的法制意识得到有效提高。但也存在普法工作协调性不够，宣传教育有待进一步加强等问题。会议强调，普法是一项长期性的工作。区政府及其职能部门要认真研究会议提出的意见建议，结合温江实际，持续抓好宪法和法律法规的宣传教育，高标准编制“八五”普法规划，创新普法形式，加强普法力度，进一步提升人民群众的法治意识，形成自觉遵法守法用法的良好氛围，营造更好的法治环境和营商环境。五、会议听取和审议区政府关于外向交通规划建设情况的报告。会议听取区交通运输局局长康文受区政府委托作的《区人民政府关于外向交通规划建设情况的报告》。会议认为，区政府关于外向交通规划建设工作情况报告内容翔实，成绩客观，问题准确。近年来，区政府始终把交通建设放在突出位置，坚持交通先行，规划引领作用发挥明显，项目储备包装和重点项目建设有序推进，外向交通规划建设工作取得较好成效，有力推动了全区经济社会发展。但外向交通规划建设与区委提出的便捷高效畅通之城要求和人民群众对交通运输建设和发展的期望还有一定差距，存在交通基础设施建设制约因素较多、交通方式衔接有待进一步加强等问题。会议强调，构建外向交通运输体系，是支撑全面建成高效便捷畅通之城的客观要求。区政府及其职能部门要进一步加强责任感和紧迫感，认真研究办理会议提出的审议意见，聚焦“三高八快七轨十互通”总体交通发展战略要求，深入查找交通建设中的痛点难点，找准突破口，采取有力有序的措施办法，攻坚克难，推动外向交通建设高质量发展。六、会议听取和审议了区政府关于 2020 年环境状况和环境保护目标完成情况的报告。会议听取了区生态环境局局长柯震弟受区政府委托作的《区人民政府关于 2020 年环境状况和环境保护目标完成情况的报告》。会议认为，区政府及其职能部门坚持以习近平生态文明思想为指导，聚焦打好污染防治“三大战役”，不断创新工作方式方法，扎实开展环境保护工作，全区生态环境质量不断改善，人民群众满意度明显提高。会议强调，区政府及其职能部门要敢于直面环境保护工作中短板弱项，进一步优化工作措施，做深做细环境保护工作。一是要牢固树立绿水青山就是金山银山的理念，发扬“右玉”精神，坚持齐抓共管，科学治污；二是要持续关注民生福祉需求，把老百姓的“小问题”当成“大事情”，将治标与治本相结合，重视阳台污水处理、餐馆油烟排放等具体问题，在规划设计上把好关，切实做细做实每项工作，为全区人民营造更加宜居的生活环境。七、会议听取和审议区政府关于深化农村综合改革促进城乡融合发展工作推进情况的报告。会议听取区农业农村局局长石秀蓉受区政府委托作的《区人民政府关于深化农村综合改革促进城乡融合发展工作推进情况的报告》。会议认为：报告内容全面翔实。温江区于2019年12月27日正式获批成为国家城乡融合发展试验区试验范围以来，区政府及其职能部门坚持以持续深化农业供给侧结构性改革、农村产权制度改革、农村金融服务改革、农村公服配套供给改革和农村行政管理体制改革等五大农村综合改革为重要抓手，加快夯实城乡融合发展的产业支撑、要素支撑和制度支撑，取得了阶段性成果，但也存在城乡融合发展规划不完善、城乡重大产业化项目招引落地不平衡、城乡基础配套和公共服务不均衡、农民持续增收面临较大挑战等问题。会议强调，区政府及其职能部门要认真研究办理会议提出的审议意见，持续深化农村综合改革，有力促进城乡融合发展。要坚持规划引领，深化改革方案；要围绕痛点难点，加快改革试验；要加强协调配合，形成改革合力，巩固脱贫攻坚成果，实现乡村振兴有效衔接，加快推进农村现代化建设。八、会议听取和审议区政府关于2020年财政预算调整情况的报告。会议听取区财政局局长吴海青受区政府委托作的《区人民政府关于2020年财政预算调整情况的报告》和区人大预算委主任委员王凤琼作的《区人大预算委关于2020年预算调整的审查报告》。经会议审议，决定批准《区人民政府关于2020年预算调整情况的报告》，批准2020年区级预算调整方案。会议认为，区政府及其职能部门严格执行区十八届人大五次会议批准的财政预算，执行效果较好。预算调整事项和内容符合《中华人民共和国各级人民代表大会常务委员会监督法》《中华人民共和国预算法》《中华人民共和国预算法实施条例》等法律法规规定，调整方案符合全区经济社会发展实际需求，但也存在财政收入未按序时进度均衡入库、少数部门项目执行进度滞后等问题。会议强调，区政府及其职能部门要着力破解疫情影响给财政带来的严峻形势。一是要持续落实惠企政策，依法加强征收管理，促进收入按序时进度均衡入库；二是要加强财政规范管理，依法实施预算调整，提高预算编制精细化、科学化水平；三是要增强债务全周期管控，切实防范政府债务风险，确保债务水平在合理区间运行。区人大预算委要运用好预算联网监督，加大对财政预算执行情况的监督力度，确保预算执行的刚性，提升财政资金使用实效。区人大常委会副主任蒋剑鸣、李大鸿、陈媛、税桂英及常委会委员出席会议。

重要活动

1月17日，区人大常委会主任万雪梅到寿安镇开展“三联系”慰问。

2月1日，区人大常委会主任万雪梅到寿安镇吴家场社区指导疫情防控工作。

2月10日，区人大常委会主任万雪梅到岷江村党群服务中心查看疫情防控工作推进情况。

2月12日，区人大常委会主任万雪梅到柳城街道北街社区涤纶厂片区检查指导疫情防控工作。

2月15日，区人大常委会主任万雪梅到寿安镇汪家湾社区查看社区防控和企业复工复产情况。

2月16日，区人大常委会主任万雪梅、副主任李大鸿到柳城街道北街社区指导疫情防控工作。

2月19日，区人大常委会主任万雪梅，区委常委、常务副区长何兴轩一行深入新冠肺炎疫情防控一线开展走访慰问活动。

3月19日，区人大常委会主任万雪梅到春秋开发建设集团有限公司、首创江通实业有限公司指导企业疫情防控和复工复产工作。

3月30日，区人大常委会主任万雪梅走访成都吴宇电气有限公司，了解企业复工复产情况。

4月16日，区人大常委会主任万雪梅、副主任蒋剑鸣到青岛啤酒厂、国色天乡乐园等地调研特种设备安全监管工作和《全区电梯安全管理工作实施意见》执行情况。

4月24日，区人大常委会主任万雪梅、副主任税桂英调研成都市锦城公园（温江段）建设推进情况。

4月26日，区人大常委会主任万雪梅，副主任伍嘉裕、税桂英到永宁街道调研成都市锦城公园（温江段）基本情况。

4月30日，区人大常委会主任万雪梅主持召开镇（街）人大工作会议，副主任蒋剑鸣、李大鸿、陈媛、伍嘉裕、税桂英参加。

5月26—27日，区人大常委会主任万雪梅带队到甘孜州色达县调研对口扶贫工作情况并看望慰问温江区援藏干部，区委常委、统战部部长冯静，区政协副主席何敏，区法院院长马宁利参加。

6月3日，区人大常委会主任万雪梅、副主任陈媛到寿安镇开展“走访企业、群众”活动，全国人大代表陶勋花、辖区内部分区、镇人大代表、基层群众、老干部参加调研并出席座谈会。

6月10日，区人大常委会主任万雪梅、副主任李大鸿到四川理工技师学院、成都润馨堂药业有限公司等地调研“稳就业、保就业”工作情况。

6月11日，区人大常委会主任万雪梅率《中华人民共和国治安管理处罚法》执法检查组开展执法检查。区人大常委会副主任蒋剑鸣，区政府副区长、区公安分局局长陶旭东参加。

6月30日，区人大常委会预算委员会组织召开调研座谈会，区人大常委会主任万雪梅、副主任陈媛调研温江区减税降费工作情况。

7月1日，区人大常委会主任万雪梅到寿安镇看望慰问老党员，调研汗家湾花海项目建设情况。

7月8日，区人大常委会主任万雪梅、副主任税桂英带队赴万春镇文家院子（半亩方糖）、寿安镇严家院子、和盛镇紫薇公园（倪家院子）调研川西林盘保护修护工作情况。

7月28日，区人大常委会主任万雪梅主持召开《四川省物业管理条例》修订征求意见座谈会。

7月29日，区人大常委会主任万雪梅到四川省军区成都第十七干休所开展慰问活动。

8月13日，区人大常委会主任万雪梅、副主任李大鸿到成都市第五人民医院、温江区人民医院等地调研区公共卫生服务体系建设情况。

8月19日，区人大常委会主任万雪梅主持召开全区公共卫生应急管理体系机制建设工作情况座谈会。

8月25日，区人大常委会主任万雪梅、副主任李大鸿到寿安镇中心卫生院、涌泉街道社区卫生服务中心调研公共卫生服务体系建设情况。

8月31日，区人大常委会主任万雪梅、副主任陈媛调研成都医学城机制体制建设和重大项目招引、落地及投资建设情况。

9月1日，区人大常委会主任万雪梅、副主任李大鸿到天府卫生院调研公共卫生应急管理体系机制建设工作情况。

同日，区人大常委会主任万雪梅、区政协主席艾志秋带队联合调研成品住宅开发建设情况。

9月7日，区人大常委会主任万雪梅、副主任蒋剑鸣到区法院调研诉源治理及两个“一站式”多元解纷机制和诉讼服务中心建设情况。

9月8日，区人大常委会主任万雪梅、副主任税桂英到国色天乡、绕城高速永宁出口等点位视察城乡排水系统规划建设情况。

10月14日，区人大常委会主任万雪梅主持召开人大代表“走基层、联系群众”工作会议。

10月16日，区人大常委会主任万雪梅、副主任伍嘉裕到江安河绿道五凤段、临江花海项目地等点位调研温江区公园城市规划建设情况。

10月20日，区人大常委会主任万雪梅到寿安镇开展“三联系”工作。

10月20日，区人大常委会主任万雪梅到寿安镇调研乡村振兴发展情况，实地察看岷江书院建设推进情况。

11月3日，区人大常委会组织驻温江全国、省、市人大代表和部分区人大代表联合视察温江区交通规划建设情况。

11月17日，区人大常委会主任万雪梅、副主任税桂英到和盛镇綦临社区走访人大代表、基层干部和群众，收集对温江区“十四五”规划的意见建议和社情民意。

11 月 19 日，区人大常委会主任万雪梅、副主任伍嘉裕带队赴涌泉街道走访调研，收集人大代表、基层党员干部和群众代表对全区“十四五”规划、区域经济社会发展的意见建议与民生诉求。

11 月 24 日，区人大常委会主任万雪梅到寿安镇开展“大学习、大调研、大走访”活动。

12 月 14 日，区人大常委会、区政协联合召开联动督察新冠肺炎疫情防控工作部署会。

12 月 15 日，区人大常委会主任万雪梅到寿安镇督察疫情防控工作。

人大工作

【概况】 2020 年，区人大常委会始终坚持以习近平新时代中国特色社会主义思想为指导，深入贯彻中共十九大和十九届二中、三中、四中、五中全会精神，全面落实中央和省委、市委、区委重大决策部署，依法履职行权，突出代表主体，主动担当作为，组织召开区人代会 1 次、常委会议 7 次、主任会议 11 次，听取审议专项工作报告 26 个，开展执法检查 3 次，专题调研视察 25 次，作出决议决定 19 项、审议意见 16 项，全面完成区十八届人大五次会议确定的目标任务，为奋力夺取“双胜利”、助推全区经济社会高质量发展作出了积极贡献。

【政治建设】 区人大常委会始终把政治建设放在首位。深入学习《习近平谈治国理政》第三卷、习近平总书记关于坚持和完善人民代表大会制度的重要思想、关于民法典的重要讲话精神，牢固树立“四个意识”，坚定“四个自信”，做到“两个维护”，不断增强政治判断力、政治领悟力、政治执行力，切实增强履职责任感、使命感。

【重大事项请示报告】 紧扣区委工作要点，找准工作着力点，细化年度工作 112 项，制定“四张清单”，压实责任，逐一落实。严格执行重大事项请示报告制度，向区委请示报告重大事项 16 次。组织召开党组会议 21 次，充分发挥区人大常委会党组把方向、管大局、保落实作用。

【依法决定重大事项】 听取审查 2019 年财政收支决算报告，依法作出决议，批准 2019 年区级财政决算；听取审议 2020 年区级预算执行和预算调整情况报告，依法作出决议，批准 2020 年区级财政预算调整方案。作出《关于实施重点民生实事项目人大代表票决制的决议》，制定重点民生实事项目人大代表票决制工作办法。

【助力“十四五”规划编制】 制订《助力“十四五”规划编制工作方案》，广大代表通过线上线下，提出意见建议 187 条，专题分析研判后，将“加快完善成都医学城 A、B 区功能配套”等 44 条建议，送规划编制领导小组参考。扎实开展“大学习、大调研、大走访”活动，班子成员带队深入 9 个镇（街道）和园区、企业走访调研，形成调研成果 26 篇，将“进一步优化城镇规划体系，拓南城、优北林”等 9 条重点建议专报区委参考。

【工作监督】 靠前督导江安河综合整治，实地指导优化方案、加快进度，促进江安河展现新风

貌。靠前协调天来破产案，深入实地摸情况，把脉问诊出主意，促进破产重整有序推进。专题研究数字化经济和产业投资基金课题，形成专报，为区委科学决策提供参考。积极参与常态化疫情防控专班，扎实推动区委“三化一高效”要求落实，筑牢疫情防控网络。靠前监督成都医学城建设，深入企业和重点项目建设现场，协调解决企业发展和项目用地拆迁等工作推进中的问题，促进电子科大产业园、华邦药业等项目落地快建、竣工投运。认真落实“河长制”，积极开展巡河，协调解决问题，为建设天蓝地绿亲水之城贡献力量。

【人事任免】 坚持党管干部和依法行使任免权相统一，任免国家机关工作人员36人次，任命人民陪审员62人。严格落实任前法律知识考试、任前陈述、宪法宣誓制度，增强任命人员宪法意识和责任意识。

【调研视察】 积极参与疫情防控 深入一线督促指导，宣传相关法律法规，促进疫情防控依法开展。抽调32名机关干部支援柳城街道一线防控，协调解决群众防疫物资紧缺等问题80余个。倡导各级人大代表积极参与抗疫，保障物资供给，主动建言献策70余条。进入常态化疫情防控阶段后，与区政协联合成立9个工作小组，深入全区广泛了解防控情况，发现问题99个，现场督促指导整改92个，及时向常态化疫情防控工作组反映重点问题，合力筑牢防控网络，维护人民群众身体健康和生命安全。

助推“六稳”“六保”工作 集中走访企业92家，深入走访群众5000余人，选派14名人大干部参加“一对一”服务企业活动，帮助企业完善防疫体系，破解物流紧张、氧化铝原材料进口等难题21个。调研“稳就业、保就业”工作和扶持政策落实情况，针对职业院校专业设置与温江区产业发展契合度不高等问题，提出相关建议形成专报。听取审议区政府关于“两送一帮一解”专项行动情况报告，就提高政策兑现时效性和精准度等提出审议意见，区政府及其职能部门认真研究办理，归类整理惠企政策，通过智慧服务平台集中展示，方便了企业咨询申报，促进“两送一帮一解”专项行动落到实处，有力促进全区企业、重点项目快速复工复产。

助力经济平稳运行 深入调研经济运行、预算执行、市场主体培育和重大产业项目推进情况，听取审议区政府2020年上半年国民经济和社会发展计划执行情况等专项工作报告，提出要精准包装项目、统筹要素供给等审议意见30余条，相关部门认真办理，结合实际，建立项目库，有序推进要素供给，扎实助推产业发展。提档升级预算联网监督系统，建立季度分析报告制度，开展全口径审查和全过程监督，深入查找问题，定期对预算执行不高的单位进行提醒，强化预算绩效监督，促进2020年部门预算执行率同比提高25%，执行为零的项目减少30%。落实区委《关于建立区政府向区人大常委会报告国有资产管理情况制度的实施意见》，建立国有资产监督机制，听取审议区政府关于国有资产管理综合报告和行政事业性国有资产管理专项报告，督促和支持区政府建立起绩效评价体系，促进国有资产管理工作更加规范化、制度化。

助推产业功能区建设 组织专委会成员和专业代表，专题调研科创平台建设运营、自贸试验区协同改革先行区建设等工作情况，视察西成都消费中心建设情况，听取审议三大园区关于机制体制建设和重大项目招引、落地及投资建设情况报告，提出要建立孵化项目跟踪机制和科研成果就地转化机制、确保在温研发成果落地温江等审议意见32条，督促支持园区、部门深入探索解决温江发展面临的难题和挑战，不断做优营商环境，促进产业强链补链。

助推公园城市建设 专题调研公园城市规划建设和锦城公园（温江段）、药明智创公园建设情况，视察川西林盘保护修复和绿道建设情况，听取区住建局关于公园城市规划工作推进情况汇报，提出要做到“四级规划”相统一、科学编制项目、合理控制成本、注重建管结合、充分利用本地花木展示温江特色等意见建议，督促相关部门认真办理，促进温江区公园城市规划建设更上水平。调研农创农旅农养项目建设和花木供给侧结构性改革情况，听取审议区政府关于深化农村综合改革促进城乡融合发展工作情况报告，督促相关部门制定北林房屋建设导则，支持壮大农村集体经济组织，助推乡村振兴做深做实。

助推民生福祉提升　高度关注基本公共服务均衡配置，持续监督城乡供排水体系建设，多次调研污水处理现状、城市内涝情况，提出全域规划建设排污管网和科学布局污水处理厂等对策建议；紧盯金府路污水管网建设等事项，推动相关部门压实责任、密切协作，促进排水体系更加完善、项目建设更加高效。高度重视公共卫生服务体系建设，深度调研全区14家公共卫生机构现状，听取审议区政府关于公共卫生应急管理体系机制建设工作情况报告，对基层卫生院基础硬件设施相对薄弱等短板，提出针对性意见建议专报区委，区委高度重视，明确批示纳入“十四五”规划，区政府专题研究，已把区疾控中心和永宁等基层卫生院新建或搬迁列入2020年政府工作计划。全过程跟踪监督44项民生实事项目建设，组织驻温全国、省、市和区、镇五级人大代表，实地察看三渡水大桥提升改造项目，亲身体验地铁17号线通车试运，目睹区医院搬迁后的巨大变化。

助推矛盾纠纷化解　围绕社区治理更加高效，针对群众反映强烈的成品住宅问题，按照区委安排，与区政协成立联合调研组，深入社区院落，了解实情，查找问题，认真分析，提出要建立专班、完善落实全过程质量监管责任机制等建议8条，专报区委并交区政府研究处理。专题调研农民工工资清欠工作，协调相关部门专题研究，采取提高工资支付比例等有力措施，有效维护了农民工合法利益。深度调研住宅专项维修资金管理使用中的困难和问题，引导并帮助驻温省市人大代表向上级人大提出修改《住宅专项维修资金管理办法》的议案，助推群众关心的热难点问题解决。制订《助力建立健全社会治理“四大机制”工作实施方案》，成立4个专项工作小组，着力区委社治大会精神贯彻落实，监督支持相关部门建立健全制度机制，助推社会治理体系和治理能力现代化建设。

助推城市品质提升　围绕打赢“三大保卫战”，听取审议区政府关于2020年环境状况和环境保护目标完成情况报告。组织驻温江市人大代表调研医废垃圾处理情况，并向市人大提出加大医废垃圾处理能力建设的建议，引起市级相关部门高度重视，多次到温江区沟通，有力促进全市医废垃圾处理规划完善和处理能力扩容，助推全区产业发展与环境保护和谐共融。围绕城市精细化管理，跟踪督办代表提出的要规范温江运渣车“六位一体”管理等建议，区政府高度重视，专题研究，开发建立起运渣车信息监控平台，并邀请人大代表现场指导，有效推动城市管理水平提升。

【信访工作】　全年共受理群众来信来访54件（次），办理上级人大转办件11件，切实化解社会矛盾，回应民生诉求，依法维护群众合法权益。

【执法检查】　为维护人民群众安全，检查《关于加强全区电梯安全管理工作的实施意见》落实情况。围绕群众切身利益，扎实开展《中华人民共和国消费者权益保护法》《中华人民共和国治安管理处罚法》《中华人民共和国土壤污染防治法》执法检查，深入基层了解情况，广泛听取意见。

【监察司法监督】　调研全区公益诉讼和诉源治理工作情况，视察区法院24小时自助法院和集约送达中心，听取审议区检察院关于公益诉讼工作开展情况报告、区法院关于一站式多元解纷机制和一站式诉讼服务中心建设工作情况报告，提出完善协同化治理机制等审议意见17条，区法院、区检察院高度重视，逐一办理，有力助推公正司法、公平正义。

【备案审查】　坚持“有件必备、有备必审、有错必究”的原则，修订《规范性文件备案审查办法》，对《支持产业投资基金发展若干政策》等13件规范性文件进行备案审查，清理各镇制定规范性文件情况及全区征地拆迁安置相关文件，维护法制统一，助力纵深推进依法治区。

【法制建设】　争取到市人大在幸福村设立基层立

法联系点，积极配合全国、省市人大立法调研，为《中华人民共和国刑法修正案》《中华人民共和国行政处罚法》《成都市社区发展治理促进条例》等立法调研，组织相关部门提出建议93条。圆满完成了省人大常委会副主任王铭晖莅温江开展修订《四川省物业管理条例》立法调研的组织服务工作，全区共提出建立物业管理专门工作机构等立法建议59条，为修订完善《四川省物业管理条例》贡献了温江智慧。

【代表工作】 拓宽代表履职渠道 不断完善线上、线下代表履职平台。线下，指导镇（街）加强人大代表之家和人大代表社区联络站亲民化改造；线上，完善代表建议网上办理平台，制定《加强区人大代表微信群管理意见》，规范建立起集全区人大代表和职能部门一把手在一个微信群履职互动的交流平台，搭建起线上线下全覆盖、网上掌上都便捷的履职平台，极大提升了代表履职热情。

发挥代表智慧力量 围绕奋力夺取疫情防控和经济社会发展“双胜利”，组织全区人大代表开展“走基层、进社区”专项活动，走访企业1002家、群众14400多人次，广泛收集反映问题700余个，提出意见建议260余条，协调解决问题500余个，李毅、郭建平等19名代表先进事迹被媒体宣传报道。支持、组织人大代表积极参与各类调研视察、执法检查等工作监督与法律监督40余项次、600余人次，参加区级相关单位重要会议、活动19场次、50余人次，提出意见建议300余条，有效确保人民群众参与管理国家事务的权力。组织驻温江全国、省、市人大代表实地调研温江经济社会发展情况，引导帮助代表向全国人大提出推进农村土地“三权”分置等建议5条，向省人大提出修改《四川省园林绿化条例》等建议11条。组织市人大温江区代表团提出议案1件、建议35条，其中修订《成都市物业管理条例》议案被采纳，关于将成都医学城纳入西部（成都）科学城“一城多园”规划布局等5条被列为重点督办建议。

督办代表意见建议 修订《代表建议办理规定》，完善督办机制，充分运用代表议案建议网上处理系统，创新代表建议交办方式，督促区十八届人大五次会议以来的212件代表建议及时交办并按时办结，满意率达到99%；对“改善成钞公司周边环境”等建议办理情况现场督导、盯住不放，并形成专报送区委区政府，区委区政府高度重视，督促相关部门抓紧办理，车辆乱停乱放、黄金路步行道破损等问题得到有效解决。代表通过微信平台反映的“洪水过后河道垃圾泛滥”“滨江路南段水管爆裂”等“微建议”得到快速办理。常委会对22项优秀代表建议、20个代表建议办理先进单位给予通报表彰。

提升代表能力水平 克服疫情影响，利用网络资源，组织人大代表和人大工作者160余人参加省市人大开展的业务视频培训。利用全国人大网院、代表微信群等平台，开展法律知识专题培训和履职业务能力培训，引导代表加强自学，确保疫情期间代表能力建设不打烊。

【自身建设】 履职能力建设 区人大常委会党组坚持以政治建设为统领，严格落实全面从严治党主体责任，加强党风廉政建设。坚持人大常委会会前学法制度，坚持每周机关法治讲座，开展《中华人民共和国民法典》等专题学习，不断提升人大干部履职能力。

工作能力建设 修订完善《工作评议办法》《议事规则》《讨论决定重大事项规定》等工作制度规则45项，制定《审议意见跟踪监督办法》，建立起审议意见落实情况的跟踪监督机制，进一步完善各专委会工作规则，不断提升人大工作规范化、制度化水平。

工作质效建设 认真贯彻落实《街道人大工作委员会工作办法》，配备街道人大工委委员27名，进一步完善机构建设。组织召开镇街人大工作会议，专题研究并安排部署人大工作。不断加强对镇街人大的指导，坚持在议题安排、活动组织、代表参与等方面加强联动，切实激发镇街人大工作活力，齐心协力助推温江经济社会高质量发展。

（黄　菊）

成都市温江区人民政府

重要会议

【区政府全体会议】 区政府第六次全体会议 1月17日，温江区第十八届人民政府第六次全体会议召开，深入学习贯彻习近平新时代中国特色社会主义思想和习近平总书记对四川及成都工作系列重要指示精神，中共十九届四中全会、中央经济工作会、中央财经委员会第六次会议，省委十一届六次全会、省委经济工作会、省政府第五次全体会，市委十三届六次全会暨市委经济工作会、市政府第四次全体会，区委十四届十次全会暨区委经济工作会精神；总结2019年政府工作，部署2020年政府工作；讨论审议《政府工作报告（讨论稿）》《关于温江区2019年国民经济和社会发展计划执行情况及2020年国民经济和社会发展计划草案的报告（讨论稿）》《关于温江区2019年财政预算执行情况和2020年财政预算草案的报告（讨论稿）》。区委副书记、区长马烈红主持会议并讲话。会议指出，2019年，在市委、市政府和区委的坚强领导下，区政府系统主动作为、迎难而上、全面履职，较好完成了区十八届人大四次会议确定的目标任务。全区经济社会发展呈现产业功能区集聚成势、创新动能不断增强、城市品质持续提升、生态保护更加有力、民生福祉稳步增进的特点。会议强调，2020年是实现新时代温江“三步走”战略目标第一步的决胜之年，将基本建成全面体现新发展理念宜业宜居宜游的新中心城区。要聚焦重点关键，把准着力点和突破点。纵深推进功能区建设，释放改革创新动能，打造公园城市典范，提升宜居城市温度。会议要求，要强化担当，提升干部队伍治理能力，全区政府系统干部要以担当的使命促进能力的提升，以能力的提升落实担当的责任，做到讲政治、对表看齐，讲执行、攻坚克难，讲效能、上通下达。会议强调，新年伊始，要抓好一季度“开门红”，紧紧扭住以项目为中心组织经济工作，抓紧动工一批、建设一批、招引一批、包装一批项目，以首季“开门红”带动全年工作；要关心关爱困难群众，解决好优抚对象、低保户等困难群众的实际生活问题；要营造特色浓郁的春节氛围，扎实做好猪肉等居民食品以及水电气等能源保供稳价工作；要加强城市管理，加强市容市貌秩序整治，科学组织交通；要确保安全稳定，深入开展安全生产隐患排查，强化烟花爆竹、危化品、建筑施工、交通运输、食品药品、人员密集场所消防等重点领域专项整治，加强治安防控，解决好拖欠农民工工资等问题，确保城市安全、社会安定、市民安宁。会上，各副区长就分管领域重点工作作安排部署。

区政府第七次全体会议 8月28日，区委副书记、区长马烈红主持召开区政府第七次全体会议暨第四次廉政工作会议，传达学习党中央国务院、省委省政府、市委市政府和区委相关会议精神，总结2019年以来全区政府系统党风廉政建设和2020年上半年区政府工作，分析研究当前疫情防控和经济发展形势，安排部署下一步工作。会议指出，2020年上半年，全区经济社会发展经受住了疫情的“压力测试”，主要表现在主导产业集聚成势、发展动能持续增强、城市品质不断优化、民生福祉稳步增进。这些成绩的取得，得益于面对疫情区委、区政府科学谋划、精准施策，面对经济下行压力全区上下主动作为、稳扎稳打，始终坚守以项目为中心组织经济工作的定力。会议强调，全区政府系统领导干部必须准确把握宏观政策导向和全区经济运行态势，既要冷静地看到疫情影响仍在持续、外部环境复杂严峻，也要准确地捕捉到前所未有的发展机遇、政策力度、恢复增长之势，要在大局下找准定位、在大势中瞄定目标、在大事上保持定力，牢牢把握国内大循环这个“主体”，通过内循环带动外循环，扎实做好“六稳”工作，全面落实“六保”任务，深化“五个之城”建设，力争在“两中心两地”建设中走在前列、作出示范。一要围绕“为加快建设具有全国影响力的重要经济中心作出贡献”，全力夯实经济发展底盘。全力以赴抓投资，以聚焦高能级项目、完善产业链条、用好基金招商等举措强化项目招引，以重大项目推进三级调度机制、“六大机制”和“政府五同时＋企业五同步”并联推进机制强化项目促建，同时强化项目包装，积极对上争取；全力以赴抓生产，壮大市场主体规模，提升承接产能转移水平，完善供需平台；全力以赴抓消费，做好城市营销，打造一批具有引爆效应的消费场景，以建设成为国际医美之都的主承载区为契机做强健康消费。二要围绕“为加快建设具有全国影响力的科技创新中心作出贡献”，全力提升创新策源能力。构建政产学研用投全生命周期创新体系，加速高校院所成果转化，提升创新研发能力，强化金融要素支撑；加快建设高品质科创空间，要通过建载体、搭平台、优运营，构建“三医＋大数据/AI”产业体系的主阵地、主战场；着力打造人才高地，引进一批带团队的高精尖人才，招引一批带项目的创新人才，培育一批带技术的专业人才。三要围绕“为加快建设具有全国影响力的改革开放新高地作出贡献”，全力激发区域发展动能。深入推进国家城乡融合发展试验区建设，做好顶层设计，破解土地、人、资金等难题，形成示范效应；深化自贸试验区协同改革先行区建设，在放权赋能、通关效率、制度创新上求突破；持续优化营商环境，营造透明高效的政务服务环境，打造有竞争优势的政策环境，全力完成“两考”任务；提升多层次对外开放水平，加强与重庆巴南等区域间的合作力度，加大与国内先进生物医药园区的交流，加快推进中日（成都）城市建设和现代服务业开发合作示范项目。四要围绕“为加快建设具有全国影响力的高品质生活宜居地作出贡献”，全力塑造城市品牌魅力。着力打造公园城市先行区，在塑造公园城市大美形态、推动公园城市生态价值转化、创新公园城市场景营造上走在前列；着力提升公共服务水平，持续擦亮“三到温江”民生品牌，加大城市基础设施领域补短板力度，不断完善社会保障体系；提升城市管理水平，加快智慧城市建设，抓实城市环境治理，强化城市安全风险管控。会议要求，要从严治党明责任，扛稳政治责任、压实主体责任、落实监管责任；要勤政务实转作风，力戒形式主义、官僚主义，敢于啃工作的“硬骨头”，把政府“过紧日子”的要求落到实处；要依法行政强规范，进一步完善决策机制，依法秉公用权，自觉接受各方监督，持之以恒强化政府自身建设。区政府各副区长分别总结部署分管领域工作。

【区政府常务会议】 区政府第82次常务会议 1月3日，区第十八届人民政府第82次常务会召开，区委副书记、区长马烈红主持。会议传达学习中央经济工作会议、省委十一届六次全会、省委经济工作会议、市委十三届六次全会暨市委经济工作会议、成都市建设国际消费中心城市大会、十四届区委常委会第86次会议精神；研究审议《成都市温江区2019年经济工作要点建议（送审稿）》《促进体育消费推动体育产业高质量发展的若干措施（送审稿）》等。会议指出，要把学习贯彻好系列会议精神作为当前重要政治任务，坚决学深悟透、大力宣传宣讲、迅速落细落实，围绕“创新提能年”这一主题，深入思考谋划，推动各领域、各区域工作持续创新、提能增效；要深入谋划全年工作，特别是要抓好2020年民生实事工作目标谋划，坚持实事求是、尽力而为、量力而行的原则，确保把好事办实、把实事办好；要坚持以提升企业和群众获得感为导向，进一步优化行政审批服务事项和流程，逗硬落实民生诉求闭环机制，着力提升治理能力。会议要求，要对表中央、省、市要求，结合温江实际，细化制定贯彻落实措施；要紧扣“六稳”要求，聚焦“三医融合”主导产业、产业功能区建设、基础设施、民间投资等重点领域，深度谋划一批具有产业引领性、民生长远利好性的重大支撑性项目；要突出问题导向，以研发新技术、培育新组织、发展新产业、创造新业态、探索新模式为重点，大力发展新经济形态和培育新经济应用场景，进一步做强换优发展动能。会议强调，要着眼新一轮体育消费升级和城市产业发展提质，强化温江在成都世界赛事名城建设中的优势地位，制定操作性强、针对性强的实施细则，用好用活政策，招引建设一批体育产业示范项目，整合全区节会赛事资源，促进旅游消费，提升城市文化，开展城市营销，带动城市基础设施建设、城市管理水平进一步完善，实现“以赛谋城”。副区长景仁志、邹华、鄢光忠、路红星、张光参加会议。

区政府第83次常务会议　1月17日，区委副书记、区长马烈红主持召开区第十八届人民政府第83次常务会。会议传达学习李克强总理来川出席第八次中日韩领导人会议并在四川开展调研有关指示精神，成都第31届世界大学生夏季运动会全省动员大会等会议精神；学习《宗教事务条例》；研究审议2020年《政府工作报告（送审稿）》《关于温江区2019年国民经济和社会发展计划执行情况及2020年国民经济和社会发展计划草稿的报告（送审稿）》《温江区2020年财政收支计划（送审稿）》《关于温江区2019年财政预算执行情况和2020年财政预算草案的报告（送审稿）》等议题。会议强调，要提高政治站位，准确把握宗教工作形式；要完善体制机制，依法规范管理宗教事务，织密织牢“主体在区、延伸到镇（街道）、落实到村（社区）、规范到点”的宗教工作网络；要坚持问题导向、加强宣传引导、强化协调配合，确保春节期间宗教场所各类活动安全有序进行。会议要求，要准确把握经济形势，围绕中央“六稳”工作要求组织经济工作，着力稳定经济增长；要抢抓成渝地区双城经济圈建设，以及温江区获批国家城乡融合发展试验区、自贸试验区协同改革先行区等发展机遇，大力拓展高质量发展空间；要抓好计划草案的执行，对目标任务、重点项目、重点工作进行再梳理、再分解，明确责任、挂图作战，力争2020年一季度经济工作“开门红”，全力确保全区经济实现持续平稳增长。会议强调，要做好过“紧日子”的准备，坚决落实各项要求，精打细算、厉行节约，把财力、物力用到最需要的地方；要完善以绩效为导向的预算改革，编制实事求是、量入为出的预算，强化绩效“指挥棒”的作用，形成执行进度通报机制、绩效跟踪及结果运用机制；要严肃财经纪律，加强财政资金动态监控，及时发现和纠正问题。区委常委、常务副区长何兴轩，副区长景仁志、邹华、鄢光忠、路红星、张光参加会议。

区政府第84次常务会议　1月21日，区委副书记、区长马烈红主持召开区第十八届人民政府第84次常务会，听取全区新型冠状病毒感染的肺炎疫情防控工作情况，并研究部署相关工作，审议温江区新型冠状病毒感染的肺炎总体防控方案议题。会议强调：要全面贯彻落实中央、省市指示批示和重要会议精神，务必提高政治站位，坚持底线思维，强化风险意识，严防输入病例，控制不发生第二代、第三代病例传染，不发生大范围传播、大规模疫情，做到未雨绸缪防患于未然，要准确把握上级最新工作要求，准确把握疫情变化，准确把握区内情况，加强沟通对接，切实做到疫情早发现、早报告、早隔离、早治疗。会议要求：一是加强组织领导，要统筹全区防控工作，做好物资、经费保障。二是加强联防联控，抓实病原源头防控，做好输入性风险、重点场所、救治场所等疫情防控工作，动态掌握流动人员情况，联动高校提前做好返校进校预案。三是正确引导舆论，依法严厉打击造谣、传谣行为，消除社会恐慌。四是加强春节期间值班值守、督查督办，做好应急处置。何兴轩、陶旭东、景仁志、邹华、鄢光忠、路红星、张光、邹明燕同志参加会议。

区政府第85次常务会议　2月8日，区委副书记、区长马烈红主持召开区第十八届人民政府第85次常务会，传达学习中共中央《关于加强党的领导、为打赢疫情防控阻击战提供坚强政治保证的通知》、中央全面依法治国委员会第三次会议等会议精神；研究审议《成都市温江区关于应对新型冠状病毒疫情缓解中小企业生产经营困难的 16 条政策措施（送审稿）》等。会议指出，要全面贯彻落实习近平总书记关于坚决打赢疫情防控阻击战的系列重要指示精神，在做好防控工作的同时统筹抓好改革发展稳定各项工作，全力保持全区经济社会平稳运行。要进一步加强水电气讯等能源供应保障和公共交通组织协调保障，科学调配，有计划、有组织地向市场投放防护产品。要加强城市环境综合整治，切断疫情传播风险。会议强调，在做好疫情防控工作的基础上，要千方百计支持和组织复工意愿强烈的企业有序复工复产，切实统一标准、优化流程、服务到位，加强指导和过程监管，严格督促企业落实疫情防控主体责任。要严格按照相关要求，对全区城镇居住小区（院落）、农民集中居住区、农村散居院落实行封闭式管理，抓好社会面稳定和复工复产的安全生产工作，积极回应群众关切。会议要求，要加强部门协同，让企业享受到缓解中小企业生产经营困难的政策红利，确保政策措施及时兑现；要以多种形式加强政策宣传辅导，统筹把握政策时度效；要加强对下一步促进经济发展的研判，落实“六稳”的具体措施，推动相关举措落地落实。区委常委、常务副区长何兴轩，副区长陶旭东、景仁志、邹华、鄢光忠、路红星、张光参加会议。

区政府第 86 次常务会议 2 月 19 日，区委副书记、区长马烈红主持召开区第十八届人民政府第 86 次常务会议，传达学习习近平总书记在北京调研指导新冠肺炎疫情防控工作时的重要指示精神、中央政治局常委会会议、中央应对新冠肺炎疫情工作领导小组会议精神，以及省、市、区重要会议精神，学习《中华人民共和国传染病防治法》《突发公共卫生事件应急条例》。会议指出，要深刻领会精神，继续把疫情防控工作抓实抓细，坚定信心决心，做好精细化科学防控。要坚持精准施策，保持高度警惕，坚持“一抓五防一定”的总体思路，着力补短板、堵漏洞、强弱项，做好镇（街道）分区分类防控，强化人员管控，加强信息共享和工作联动，切实做到减存量、控增量、防变量，确保防控工作有力有序。要做好统筹兼顾，助推经济和城市正常运行，全力推动企业复产，坚持“一行业一方案”“一企一策”，主动帮助企业解决困难和问题，增强企业复工意愿和信心；全力推动项目复工，加快推进要素保障工作；全力做好对上争取，研究制定目录清单和任务清单；全力做优营商环境，积极帮助企业纾困解难，引导企业和群众使用预约办、掌上办、自主办，做到服务不中断、办事不耽误。要及时回应社会关切，做好群众和企业诉求回应，强化舆论引导，排查化解各类风险隐患，确保城市安全和社会稳定。会议强调，要深入贯彻落实习近平总书记重要指示精神，按照“疫情防控越是到最吃劲的时候，越要坚持依法防控”要求，全面落实中央、省、市、区各项决策部署，在法治轨道上统筹推进各项防控工作，切实保障人民群众生命健康安全。要健全完善方案，根据疫情防控重点变化，提前做好疫情防控、复工复产复学的阶段性预案措施；要强化法治保障，对疫情防控期间各类违法违规行为进行依法依规打击；要做好科学防控，充分发动镇（街道）、村（社区）积极性，鼓励工作创新；要统筹兼顾、分类指导，有序推进复工复产组织工作，努力恢复城市正常经济社会秩序。

区政府第 87 次常务会议 3 月 3 日，区委副书记、区长马烈红主持召开区第十八届人民政府第 87 次常务会议，学习习近平总书记《在统筹推进新冠肺炎疫情防控和经济社会发展工作部署会议上的讲话》，传达学习中央政治局会议、中央政治局常委会会议、中央全面深化改革委员会第十二次会议精神，省委常委会（扩大）会议、市委常委会（扩大）会议等省、市重要会议精神，研究区政府贯彻落实措施；学习《四川省消防安全责任制实施办法》；研究审议《关于进一步加强“学到温江”品牌建设的实施方案（送审稿）》等议题。会议指出，要深入学习贯彻习近平总书记重要讲话和重要指示批示精神，贯彻落实好中央和省、市决策部署，统筹兼顾疫情防控与经济社会发展。要动态、精准、有序抓好防疫工作，压实企事业单位防控主体责任，高度警惕和防范境外疫情反向输入风险。要扭住稳产满产，落实重点企业联络员与中小企业服务专班制度，建立全过程闭环工作机制，加强各级扶持政策解读，切实为企业纾困解难。要全力抓项目，进一步细化全区重大项目建设时序清单，主动到现场发现问题、解决问题，助推项目有序建设；要加大产业链招商和存量企业挖潜力度，加强网上洽谈、在线签约力度，确保项目招引有成效；要加快重大项目策划，做好项目包装工作。会议强调，要提高思想认识，坚持职权一致、依法履职、失职追责的理念，强化消防安全工作责任落实，深入推进消防工作社会化。要压实主体责任，全面开展消防安全隐患排查整治，抓好各项火灾防控措施落实，督促和指导社会单位做好消防安全工作，打牢火灾防控基础。要厘清职责任务，加大问责力度，切实履行好领导和监管责任。会议要求，要进一步细化措施，将责任落细落小落实，研究制定切实可行、操作性强的配套制度和实施办法，塑优做强“学到温江”民生品牌。

区政府第 88 次常务会议　3 月 10 日，区委副书记、区长马烈红主持召开区第十八届人民政府第 88 次常务会议，传达学习习近平总书记在决战决胜脱贫攻坚座谈会上的重要讲话精神，传达学习中央政治局常委会会议，省委常委会会议暨省委应对新冠肺炎疫情工作领导小组第七次会议、全省有效应对疫情大力推动基础设施等重点领域补短板工作电视电话会议，以及市委、市政府相关会议精神，研究区政府贯彻落实措施；学习《中华人民共和国外商投资法》；研究审议《成都市温江区生产安全事故灾难应急预案（送审稿）》等。会议强调，要认真学习相关法律知识，以项目为中心组织经济工作，树立“人人都是招商员”的理念，不断增强服务、保护意识；要优化投资环境，在项目洽谈、协议签订和政策兑现等方面依法依规诚信履约，持续优化政务服务，保障外商投资企业依法平等参与市场竞争；要加强外资招引，利用好自贸试验区协同改革先行区、现代服务业开放合作示范项目建设契机，提升外资招引水平，积极引入对区域发展有强力支撑性的外资项目。会议要求，要按时限全面完成各类各级预案发布和备案工作。要常态化抓好桌面推演和“双盲”演练，提高协调联动和应急处置能力。要压紧压实生产经营单位主体责任，督促企业统筹安排好疫情防控、安全管理和生产经营工作，杜绝各类安全问题发生。

区政府第 89 次常务会议　4 月 2 日，区委副书记、区长马烈红主持召开区第十八届人民政府第 89 次常务会议，传达学习习近平总书记在北京考察新冠肺炎防控科研攻关工作时的重要讲话精神、中央政治局常委会会议精神；传达学习习近平总书记对凉山森林火灾作出的重要指示、国务院总理李克强等中央领导的重要批示和省委书记彭清华指挥调度扑火救援工作时的讲话要求，以及省市区近期相关会议精神，听取全区安全生产和消防安全工作情况汇报，研究区政府贯彻落实措施；学习《中共中央　国务院关于推进贸易高质量发展的指导意见》和《食品安全法实施条例》；研究审议了《成都市温江区统筹抓好疫情防控奋力实现 2020 年经济社会发展目标的政策措施（送审稿）》等议题。会议指出，当前，疫情防控工作的重点为“外防输入、内防反弹”，要严格按照相关要求，细化落实疫情防控各项措施。要统筹做好复学工作，把好“师生入口关”“应急处置关”“食品安全关”，保障广大师生身体健康和生命安全。要统筹推进疫情防控和经济社会发展、决战决胜脱贫攻坚等重点工作，坚持以项目为中心组织经济工作，深入研究和谋划 2020 年全区各项重点工作，制定具体举措，细化落实责任，明确完成时限，确保各项重点工作落地见效。会议要求，要严格按照“管行业必须管安全、管业务必须管安全、管生产经营必须管安全”的要求，织密安全网格，借助专业力量，对全区重点区域、重点环节进行安全隐患大排查，坚决从源头上彻底消除事故隐患。要落实企业安全生产主体责任、部门监管责任和属地管理责任，做到责任穿透、措施落地。要构建“每月暗访预警、季度现场执法曝光、年度目标考评”的督查长效机制，强化责任追究，做到督严、督实、督细。会议强调，要加强对经济形势的研判，抓住机遇，抢抓用好国家各项专项资金、专项债券额度以及各项改革红利，确保政策落到实处。要做优服务、做实举措，加强对各类企业尤其是中小微企业、外贸企业、个体工商户帮扶，帮助企业渡过特殊难关，确保市场主体总量稳中有升。要抓好标志性重大项目落地，分类施策、一企一策，精准研究支持政策，及时协调解决项目推进过程中的困难和问题。要把培育市场主体、寻求经济增量作为工作重点，落实各项经济工作举措，确保圆满完成全年经济社会发展目标任务。

区政府第90次常务会议 4月14日，区委副书记、区长马烈红主持召开区第十八届人民政府第90次常务会议，传达学习中央、省、市、区相关会议精神；学习《大型群众性活动安全管理条例》；听取全区禁毒和扫黑除恶工作推进情况汇报；研究审议《成都市温江区紧急医学救援体系能力提升实施方案（送审稿）》等议题。会议指出，要认真学习中央、省、市、区相关会议精神，抓好贯彻落实。要统筹做好常态化防控工作，及时传达学习领会最新文件精神，落实好相关要求，扭住防控重点不放松，关心关爱一线社区工作者，增强防控措施的针对性和实效性。要全面恢复生产生活秩序，继续开展好“送政策、帮企业，送服务、解难题”专项行动，创新举措加快推进项目投资，促进生活服务业正常经营，加大招商引资力度，确保实现全年经济社会发展目标。要有序推进中小学复学复课，督促落实学校疫情防控主体责任，实行晨检午检、“日报告”“零报告”等制度，严防疫情进校园，为师生营造良好的工作学习环境。要探索实施要素市场化配置体制机制改革，准确把握文件精神，结合温江实际综合考量，做到有分析、有研判、有应对措施。要高质量推进“新基建”，做好顶层设计和项目包装，坚持“政府引导、企业主体、市场运作”方式，培育智慧化应用企业，加快推进全区“新基建”发展。要加强新型产业用地管理，优化完善温江区低效工业用地提质增效长效机制，实施“亩产论英雄”评价体系，持续推动“工改工”，实现资源要素差异化配置。会议强调，2020年既是扫黑除恶专项斗争的决胜之年，也是全省禁毒人民战争的收官之年，要严格落实领导责任制，发挥基层自治组织作用，积极发动群众参与扫黑除恶和禁毒工作。要压紧压实责任链条，健全完善督导检查、考核评估、问效问责制度，确保工作认识到位、措施到位、责任到位、保障到位。

区政府第91次常务会议 4月28日，区委副书记、区长马烈红主持召开区第十八届人民政府第91次常务会议，传达学习党中央国务院和省委省政府、市委市政府有关会议、指示精神，研究区政府贯彻落实措施；听取全区审计工作情况汇报；学习《关于加强新型产业用地（MO）管理的指导意见》；研究审议《成都市温江区人才公寓租售管理实施细则（送审稿）》等议题。会议指出，要坚决贯彻落实党中央国务院、省委省政府、市委市政府和区委相关决策部署，始终保持警惕、严密防范，围绕“放得准、管得住、盯得牢、控得了、促发展”防疫工作要求，守住防线“严防输入”，强化社区常态化管控，统筹做好复学工作，强化提升医疗检测能力，做实重点场所防控，坚决堵住疫情反弹的漏洞。要认真研判温江区2020年经济社会发展情况，持续深化“送政策、帮企业，送服务、解难题”专项行动，在重点企业产能转移、规上限上主体增加、建筑业产值当地结算等工作上下功夫，全力以赴扩产能、增主体、促发展。要维护城市有序运行，加强街道清扫和背街小巷整治力度，科学治堵保障交通顺畅，持续做优五一小长假期间猪肉、蔬菜等生活必需品的保供稳价工作。要严格执行防汛和节假日值班制度，做到严肃督导检查、严格信息报送、严守工作纪律。会议强调，要深刻领会习近平总书记对审计工作的重要指示精神，把全国、全省、全市审计工作会议精神贯彻到具体实践中去。要不断创新审计理念和工作方式，加强对内部审计工作的指导和监督，健全完善审计监督协作配合工作机制，推动形成监督合力。要依法自觉接受审计监督，以审计监督实效促进各单位经济决策科学化、内部管理规范化，提升内部治理能力。会议强调，新型产业用地对打造高品质产业空间和盘活存量低效工业用地具有积极作用。要吃透文件精神，学习借鉴先进地区做法，打造一批“生产、生活、生态”融合发展的高品质产业空间。要用好用活政策，进一步建立完善温江区低效工业用地提质增效长效机制，实现资源要素差异化配置。区委常委、常务副区长何兴轩，副区长陶旭东、邹华、鄢光忠、路红星、张光参加会议。

区政府第92次常务会议　5月12日，区委副书记、区长马烈红主持召开区第十八届人民政府第92次常务会议，传达学习中央、省、市、区近期相关会议精神，研究区政府贯彻落实措施；学习《中华人民共和国水土保持法》；研究审议2020年《政府工作报告（送审稿）》《关于温江区2019年国民经济和社会发展计划执行情况及2020年国民经济和社会发展计划草案的报告（送审稿）》《关于温江区2019年财政预算执行情况和2020年财政预算草案的报告（送审稿）》；听取保就业工作情况汇报。会议指出，要抓好常态化疫情防控，守住境外输入的关口，扎紧社区兜底的底线，强化重点场所的防控；要巩固复工复学防控成果，压紧压实企业、学校主体责任，落实防控措施，加强重点环节的巡防和督导力度，确保疫情不反弹。要扎实做好“六稳”工作，全面落实“六保”任务，深入研究温江区以“保”促“稳”的办法举措，推动全区经济高质量发展。要千方百计抓好安全生产工作，深入建筑工地、企业、学校等开展安全隐患排查，确保安全生产各项工作落实到位；要千方百计抓好防汛减灾工作，加强水情、旱情、险情、灾情及趋势变化的分析研判，制定完善各类极端天气应对预案，做实预防排查、问题整改、实战练兵、项目建设等工作。会议强调，就业问题事关民生、事关全局，坚决把保就业摆在突出位置。要强化农民工、困难人员、大学生等重点群体就业保障，做优人力资源服务，积极搭建就业供需对接平台，及时传递用工信息，帮助本地劳动者实现就业。要最大限度用好减税降费、金融支持、援企稳岗等各类政策，及时兑现扶持政策，在帮助市场主体渡过难关的同时，稳固既有就业岗位，激发用工市场活力，全力推动保就业工作取得成效。区委常委、常务副区长何兴轩，副区长陶旭东、鄢光忠、路红星、张光参加会议。

区政府第94次常务会议　5月28日，区委副书记、区长马烈红主持召开区第十八届人民政府第94次常务会议，传达学习党中央国务院、省委省政府、市委市政府和区委有关会议精神，研究区政府贯彻落实措施；学习《中华人民共和国电子商务法》；听取温江区两纲贯彻落实工作情况汇报等。会议指出，要认真学习领会全国和省、市两会精神，自觉把思想和行动统一到全国和省、市两会精神上来，切实贯彻到实际工作之中；要全面落实区政府工作报告中提出的各项任务，主动认领，靠前指挥，紧盯目标，抢抓进度，层层压实责任，强化工作落实，奋力夺取疫情防控和经济社会发展“双胜利”；要进一步完善2020年的民生实事，千方百计办好群众关心的事情。要毫不松懈抓好常态化疫情防控，持续做好“外防输入”工作，用力抓好安全复学复课，始终保持警惕、严密防范，推动经济社会秩序加快恢复。要扎实做好“六稳”“六保”工作，结合温江区实际，提出贯彻落实举措，努力为温江区实现以保促稳、稳中求进奠定坚实基础。会议强调，电子商务对提高群众生活品质、促进经济活动往来、带动科技创新转化都具有重要的推动作用。要抓龙头，大力招引有实力、有品牌、见效快的平台经济企业，以大项目带动培育新的电商产业集群，深挖电子商务发展潜力，主动引进垂直服务平台。要育平台，利用好楼宇资源和扶持政策，培育和壮大电子商务示范企业和重点平台。要造场景，推动电子商务赋能制造业、花卉苗木产业，鼓励企业“流量＋个性定制＋品牌化”发展，大力推广带货直播，培育一批“温江智造”品牌。会议强调，2020年是实施2011—2020年全区妇女儿童发展纲要的最后冲刺之年。要压实责任，将温江区“学到温江”“健康到温江”“舒适到温江”三大民生品牌打造工作与妇女儿童发展纲要相结合，从实际入手关注全区妇女儿童发展需要，进一步健全妇女儿童服务体系，保障妇女儿童合法权益。副区长景仁志、邹华、鄢光忠参加会议。

区政府第95次常务会议　6月16日，区委副书记、区长马烈红主持召开区第十八届人民政府第95次常务会议，传达学习全国、省、市两会和党中央国务院、省委省政府、市委市政府及区委有关会议、指示精神，研究区政府贯彻落实措施；学习中共中央、国务院《关于新时代推进西部大开发形成新格局的指导意见》；研究审议《2020年〈政府工作报告〉工作任务责任分解方案（送审稿）》等议题。会议指出，当前的主要工作是，一手抓疫情防控，一手抓经济发展。要保持清醒头脑，时刻紧绷疫情防控这根弦，紧盯重点人群严防疫情输入，抓实市场、医院、校园、企业和特殊单位等重点场所的常态化防控工作，不断完善薄弱环节疫情处置机制，毫不懈怠做好“外防输入、内防反弹”，统筹推进疫情防控和经济社会发展。要紧密结合温江实际，系统贯彻落实省、市和区委会议精神，坚定不移谋产业、抓项目、促投资，将责任落实到实处，不断完善项目调度工作机制，促进产业项目早签约、早落地、早开工、早见实效；要构建绿色低碳产业体系，筑牢绿色低碳生态本底，倡导绿色低碳健康生活，推进低碳城市建设；要持续抓好臭氧污染防治、颗粒物污染防治和科技治气等工作，落实好各项管控措施，坚决打好大气污染防治攻坚战；要继续深入推进“两拆一增”专项行动，结合实际统筹推进风貌整治、环境绿化等工作，按质按时推进重点整治项目，不断提升城市环境品质；要进一步研究全区“六保”工作具体措施，明确工作事项、目标任务、完成时限，力争形成具有针对性、操作性的温江“六保”工作措施。要高度重视安全生产，牢固树立“生命至上、安全第一”的理念，加强对建筑工地塔吊、交通运输、防汛抗旱、消防安全等领域的安全隐患排查整改，牢牢守住安全底线。会议强调，根据《政府工作报告》分解的173项工作任务，是区政府向全区人民作出的庄严承诺，必须说到做到、干成干好。要明确推进计划，落实责任分工，形成统一时间表、敲定工作推进图，要强力推进，及时发现问题及时解决，全力确保各项任务有序推进；要从严考核，纳入全区目标绩效管理体系，作为重大决策部署督查的工作重大进行跟踪督查、严格考核。区委常委、常务副区长何兴轩，副区长陶旭东、景仁志、邹华、路红星、张光参加会议。

区政府第96次常务会议 6月29日，区委副书记、区长马烈红主持召开区第十八届人民政府第96次常务会议，传达学习党中央国务院、省委省政府、市委市政府和区委有关会议精神，研究区政府贯彻落实措施。会议强调，要时刻绷紧疫情防控这根弦，将疫情防控工作作为一项长期性的工作来抓，扎紧输入口子，开展核酸“应检尽检”“愿检尽检”工作；要加强群众日常的宣传教育，强化突发情况的发现、应急处置机制，常态化管好重点场所疫情防控工作。要紧盯全年目标和时序进度，把招商引资、产能转移、项目建设、企业帮扶等重点工作抓实、抓牢、抓到位。要抢抓成渝地区双城经济圈、国家城乡融合发展试验区、自贸试验区协同改革先行区等一系列重大战略发展机遇，深入研究、仔细分析，找准对策措施，促进全区实现高质量发展。要加快补齐短板，加强宣传引导，结合新市民培育工作，涵养家园情怀，增强新温江人的认同感。会议还集中学习了《中华人民共和国民法典》。会议指出，《中华人民共和国民法典》出台是我国法治进程中具有里程碑意义的大事。要深刻理解《中华人民共和国民法典》内涵和价值，深入开展普法工作，多方式、多途径地做好社会普法宣传，在全区上下创造积极学法、自觉守法、灵活用法的良好氛围。要把贯彻落实《中华人民共和国民法典》作为行政决策、行政管理、行政监督的重要标尺，规范行政许可、行政强制、行政执法，科学决策、有效管理、公正监督，进一步提高依法行政的能力和水平。要发挥好《中华人民共和国民法典》的社会规范作用，灵活运用好《中华人民共和国民法典》深入群众生活，把广大人民群众的纠纷、矛盾，化解在萌芽状态和初始状态，切实维护人民群众合法权益，确保温江区社会和谐、稳定。区委常委、常务副区长何兴轩，副区长邹华、鄢光忠、张光参加会议。

区政府第97次常务会议 7月17日，区委副书记、区长马烈红主持召开区第十八届人民政府第97次常务会议，传达学习习近平总书记近期重要讲话精神，党中央国务院、省委省政府、市委市政府和区委有关会议精神，研究区政府贯彻落实举措；学习习近平新时代中国特色社会主义思想和习近平总书记关于防灾减灾救灾和森林草原防灭火工作的重要论述，以及对进一步做好防汛救灾工作的重要指示精神；学习《中共成都

市委 成都市人民政府关于推进2020年全面从严治党、党风廉政建设和反腐败工作的意见》《中华人民共和国环境噪声污染防治法》；研究审议《成都市温江区开展以“新基建”为牵引的项目促建行动方案（送审稿）》等议题。会议指出，区政府系统要认真贯彻落实相关会议精神，坚持生态优先、绿色发展，主动对表、认领任务，加快建设大健康产业极核、公园城市先行区、国家城乡融合发展试验区、农商文旅体融合发展示范区和高品质生活宜居地。要深刻把握温江落实“中优”战略的现实意义，在“南城”区域全面推行“中优”，实现地理经济重塑和“南城”精明增长。要按照“以控促优、以控增绿、以控提质”的总体思路，着力做强绿色高端产业、厚植绿色生态优势、提升绿色宜居品质，推动生态价值创造性转化。要加紧推进大运会赛事场馆设施建设，高标准提升城市环境品质，持续开展大运会宣传活动，营造良好社会氛围。要时刻绷紧“疫情防控”这根弦，全力抓好冷冻冷藏肉品风险排查、外防输入、防控应急管理等工作，堵住疫情防控的“漏洞”。要保持防汛战时状态，坚决扛起防汛减灾政治责任，科学防御江河洪水，着力化解内涝风险，强化值班值守，确保责任落实到位、防范措施到位、应急响应到位。会议强调，区政府系统要落实全面从严治党主体责任，深入推进党风廉政建设和反腐败工作。要对表看齐讲政治，坚持以习近平新时代中国特色社会主义思想为指引，加强党纪党规教育，强化政治纪律的刚性约束，严格落实党中央和省委、市委、区委重大决策部署，在决策执行上不打折扣、不搞选择、不搞变通。要旗帜鲜明反腐败，坚持反腐败无禁区、全覆盖、零容忍，始终保持对腐败行为和腐败分子的高压态势。要从严治党压责任，牢固树立“抓管党治党是本职、不抓是失职、抓不好是渎职”的意识，切实履行党风廉政建设主体责任。会议要求，要聚焦5G基建、人工智能、大数据中心、工业互联网等七大科技创新领域，强化项目招引促建，增强发展后劲。要以“新基建”赋能产业发展，加快拓展5G、大数据、人工智能、工业互联网的智能场景应用，提速打造高品质“科创空间”“产业空间”“生活空间”，提升温江城市治理能力和产业显示度。区委常委、常务副区长何兴轩，副区长陶旭东、景仁志、邹华、鄢光忠、张光参加会议。

区政府第98次常务会议 8月4日，区委副书记、区长马烈红主持召开区第十八届人民政府第98次常务会议，传达学习习近平总书记近期重要讲话精神、党中央国务院、省委省政府、市委市政府和区委有关会议精神，研究区政府贯彻落实措施；学习《习近平谈治国理政》第三卷、习近平总书记重要文章《中国共产党领导是中国特色社会主义最本质的特征》；学习《成都市地下空间开发利用管理办法》。会议要求，要坚决贯彻落实习近平总书记重要讲话精神和国务院的相关要求，全面提升温江营商环境，进一步激发市场活力，增强发展内生动力。要着力打造最具优势的政策环境、透明高效的政务环境、竞争有序的市场环境、公平公正的法治环境，全方位打造最具比较竞争优势的政策体系，不断提升政务服务效率，最大程度实现准入便利化，切实维护企业合法权益。要全力做好营商环境“迎检”工作，明晰工作任务，把准工作重点，建立工作协调联动机制，逐项对标查漏补缺。会议强调，疫情防控工作要把好人员关口，紧盯境内中高风险地区来（返）温人员、境外来返（温）人员两类重点人群，坚持人、物并重，严防疫情输入。要紧盯市场、公共场所、医院药店等重点场所，严格落实疫情防控相关规定，坚决杜绝院内交叉感染。要强化应急预案、突发事件处置、责任意识，进一步压实各方责任，确保及时发现、快速处置、精准管控、有效救治。会议指出，项目是经济发展“牛鼻子”“顶梁柱”，要始终坚持以项目为中心组织经济工作，全力提升项目转化率和有效投资量。项目招引方面，要动态修正“两图一表”，明确招引重点方向和重点企业，做好定制式服务，集中资源打好攻坚战。项目建设方面，已签约项目要打好要素保障“组合拳”，争分夺秒抓项目落地；在建项目要在保证安全和质量的前提下，全力以赴赶时间、抢进度，确保完成全年目标任务。项目包装方面，要抢抓政策窗口期，重点加快“新基建”项目包装策划，尽快提升产业承载力，增强经济发展后劲。会议强调，合理开发利用城市地下空间对改善城市环境、建设宜居城市、提高城市综合承载能力具有重要意义。要优化完善温江区地下空间总体规划，为地下空间开发利用提供规划依据。要加快呈现一批示范项目，加快示范场景建设，再包装一批地下和地上综合开发及复合利用项目。副区长景仁志、鄢光忠、路红星参加会议。

区政府第100次常务会议 9月9日，区委副书记、区长马烈红主持召开区第十八届人民政府第100次常务会议，传达学习习近平总书记近期重要讲话（指示）精神，党中央国务院、省委省政府、市委市政府和区委有关会议精神，研究区政府贯彻落实措施；学习《中华人民共和国促进科技成果转化法》等。会议指出，要深入学习贯彻习近平总书记在经济社会领域专家座谈会上的重要讲话精神，坚决把思想和行动统一到党中央国务院、省委省政府、市委市政府和区委决策部署上来，在科学谋划"十四五"规划、全力提升创新策源能力、着力扩大优质服务供给等方面下深功夫，统筹推动经济社会发展行稳致远。要贯彻落实《保障中小企业款项支付条例》，梳理领域行业内中小企业合同执行情况，杜绝违约拖欠款项，逐项化解历史遗留问题，同时运用好智慧企业服务平台，健全投诉处理机制，确保中小企业投诉件件有着落、事事有回音。要千方百计推动项目落地转化，全面梳理已签约未落地项目，找准症结，提出解决方案，真正形成有效投资。会议强调，科学技术是第一生产力。当前，温江已经纳入中国西部（成都）科学城"一核四区"规划布局，共担"生命科学创新区"功能。要抢抓机遇，围绕主导产业与中国西部（成都）科学城建设的结合点，深入谋划一批功能性、支撑性项目，力争更多项目、政策、资金在温江落地。要加快建设高质量科创空间，充分融入产业发展和产业人才所需的功能要素，引进专业化运营机构提前介入，全力推动产业功能区发展。要深入推进校院地企协同创新，进一步打通"政产学研"创新通道，充分保护知识产权，形成政策载体比较优势，激发科技成果转化动力，提高转化率。副区长陶旭东、景仁志、路红星、张光参加会议。

区政府第102次常务会议 9月30日，区委副书记、区长马烈红主持召开区第十八届人民政府第102次常务会议，传达学习习近平总书记近期重要讲话精神，党中央国务院、省委省政府、市委市政府和区委有关会议精神，研究区政府贯彻落实措施；学习《重大行政决策程序暂行条例》。会议指出，要时刻绷紧疫情防控这根弦，扎实抓好常态化精准防控，坚持人防物防并重，关心关爱防控一线工作人员，抓紧抓实抓细"外防输入"；要加强对医疗、外卖、快递等特定服务行业，以及农贸市场、商场、超市、餐饮、酒店、电影院、车站、旅游景区等重点场所的常态化疫情防控工作，严格执行通风消毒、体温检测、佩戴口罩等措施，着力做好校园疫情防控，深化师生员工健康管理，毫不松懈抓好"内防反弹"。要紧紧抓住当前项目建设黄金期，加大项目建设服务力度，保障项目建设要素，确保项目建设有条不紊地推进；要结合"十四五"规划编制工作，围绕产业发展需求、基础设施水平提升、生态环境改善等方向，加快项目包装，提升包装水平，为温江未来经济社会发展提供支撑。要抓紧完善出台温江区营商环境3.0版，补齐营商环境工作短板，形成营商环境工作特色亮点，确保营商环境有大的提升。要严格落实24小时专人值班和领导干部在岗带班制度，确保信息畅通、高效响应。会议强调，要严格遵循"科学决策、民主决策、依法决策"的原则，坚决执行公众参与、专家论证、风险评估、合法性审查、集体讨论决定五大法定程序制度，切实增强行政决策的可行性和合理性。要坚持以制度促规范、以参与促公开、以流程促优化、以监督堵漏洞、以责任强担当，提高行政决策执行效率，强化行政权力制约和监督，促进社会公平正义。副区长陶旭东、景仁志、鄢光忠、路红星、张光参加会议。

区政府第103次常务会议 10月16日，区委副书记、区长马烈红主持召开区第十八届人民政府第103次常务会议，传达学习习近平总书记近期重要讲话指示精神，党中央国务院、省委省政府、市委市政府和区委有关会议精神，研究区政府贯彻落实措施；学习《中华人民共和国公职人员政务处分法》；研究温江区文创产业聚集发展相关事宜。会议强调，要抓实抓细常态化疫情防控，压实属地、部门、单位、个人的“四方责任”，做到“五有三严”（有防护指南、有防控管理制度和责任人、有防护物资设备、有医护力量支持、有隔离转运安排，严格发热门诊设置管理、严肃流行病学调查、严防医院院内感染）；切实提升疫情防控能力，做好用于应对突发公共卫生事件的物资储备工作；充分发挥公共场所体温监测、药房、发热门诊等哨点作用和社区网格化管理作用，切实把“四早”要求落实到位；尽快制定秋冬季流感疫苗接种方案，保障幼儿、中小学生、老年人等重点人群接种疫苗。要严格制止餐饮浪费，多渠道多形式加大宣传教育，将厉行节约的理念融入采购、加工、服务全过程，引导餐饮行业和企业持续开展“光盘行动”，培养群众养成节约习惯，让绿色健康、简约生活成为社会风尚。要积极开展区域合作，用好自贸试验区协同改革先行区的政策红利，加强与先发地区合作，助推温江区产业高质量发展。要全力化解防范安全风险，坚决守住校园安全底线，以点及面开展风险隐患排查，确保城市安全、社会安定、市民安宁。会议要求，要强化法律意识，深刻领会《中华人民共和国公职人员政务处分法》的核心要义和精神实质，严格、精准、规范运用，有效发挥法律的震慑作用。要严肃工作纪律，坚持严管与厚爱结合、激励与约束并重，不断加强对公职人员的教育、管理和监督，营造依法履职、秉公用权、风清气正的良好政治生态。会议强调，要用好文创政策支持，探索建立文创产业投资基金，撬动社会资本参与，积极引进和培育一批有竞争力的文创企业和重大产业项目，加速文创产业在温江集聚发展，形成彰显温江特色的文创载体和消费场景，推动全区农商文旅体养融合发展，打造具有温江特色的文创产业品牌。副区长景仁志、鄢光忠、路红星参加会议。

区政府第104次常务会议 11月4日，区委副书记、区长马烈红主持召开区第十八届人民政府第104次常务会议，学习贯彻中共十九届五中全会精神，传达学习习近平总书记近期重要讲话（指示）精神，党中央国务院、省委省政府、市委市政府和区委有关会议精神，研究区政府贯彻落实措施；学习《中华人民共和国土壤污染防治法》，研究审议当前经济运行发展、完善重大疫情防控体制机制等相关议题。会议指出，区政府系统领导干部要将学习宣传贯彻中共十九届五中全会精神，作为当前和今后一个时期的首要政治任务。要切实增强“四个意识”、坚定“四个自信”、做到“两个维护”，充分认识中共十九届五中全会的重大意义，以高度的思想自觉、政治自觉、行动自觉抓好贯彻落实，确保中央、省市的各项决策部署在温江落地落实。要深入研究谋划，主动落实国家省市重大战略部署，厘清规划的关键任务，高质量做好“十四五”规划编制。要全力以赴冲刺四季度，对照目标任务查漏补缺、固强补弱、总结评估，确保“十三五”规划圆满收官。会议要求，要认真贯彻全国疫情防控工作电视电话会议精神，持续开展疫情防控工作，坚持人物并防，加强应急演练，提升应对突发公共卫生事件能力，持续巩固全区疫情防控平稳态势。要持续深化“放管服”改革，深入推进营商环境建设，加快出台全面优化营商环境政策3.0版，在提升硬件水平的同时，通过互联网、简政放权、流程再造提升工作效力，提升企业和群众的满意度，做优温江营商环境口碑。会议强调，要坚决落实环保工作“党政同责”“一岗双责”，坚持问题导向，突出源头预防，高标准推进温江区土壤污染防治工作，加强对重点行业企业的守法用法宣传和指导，依法保护其合法权益，产业发展和污染防治同抓并重。副区长景仁志、鄢光忠、路红星参加会议。

区政府第105次常务会议 12月1日，区委副书记、区长马烈红主持召开区第十八届人民政府第105次常务会议，传达学习习近平总书记近期重要讲话（指示）精神，党中央国务院、省委省政府、市委市政府有关会议精神，以及市委副书记、市长王凤朝到温江调研精神和区委有关会议精神，研究区政府贯彻落实措施；学习《交通强国建设纲要》；研究审议深化国际化营商环境建设等相关议题。会议指出，近期，市委副书记、市长王凤朝前往成都医学城开展“大学习、大调研、大走访”活动，为温江专注深耕大健康产业更加坚定了信心。下一步，要专注细分领域，全力做强医学研发产业链、医疗应用产业链、医药制造产业链，力争在“三医”链群集聚成势上求突破；要着力聚才引智，招揽一批研发、生产、管理高级专业人才，搭建职业院校与企业人才供需对接平台，出台更具优势的人才政策，力争在人才高地建设上求突破；要激活资本市场，做大做强基金体系，引入生物医药类专业资本管理机构，优化企业上市扶持政策体系，力争在金融支撑带动上求突破；要聚焦人城境业，提速打造高品质科创空间、产业空间、生活空间，持续做优三大民生品牌，加快建设健康产业公园、光华城市公园、生态田园公园，力争在“三生”环境营造上求突破。会议要求，要持续抓好疫情防控，持之以恒做好人物并防、多病联防。要系统谋划明年工作，聚焦成渝地区双城经济圈、城乡融合发展、美丽宜居公园城市等国家战略和产业功能区、营商环境、科技创新等重点领域，深度研究明年的重点任务、重大项目、重要事项。要积极开展对上争取工作，扭住重大项目、重要资源、重点政策等全力争取，助推区域发展。会议强调，要结合交通强国战略、成渝地区双城经济圈战略，提前谋划好温江区“十四五”规划交通篇章，强化项目支撑，抓好项目包装策划，提升外向快速通达能力；要加快推进道路提升改造项目建设，提高主要交通干线品质，促进城市内循环畅通；要以地铁17号线开通为契机，全盘谋划北林区域交通组织，方便群众出行。副区长鄢光忠、路红星参加会议。

区政府第106次常务会议 12月15日，区委副书记、区长马烈红主持召开区第十八届人民政府第106次常务会议，传达学习习近平总书记近期重要讲话（指示）精神，党中央国务院、省委省政府、市委市政府和区委有关会议精神，研究区政府贯彻落实措施；学习《保障中小企业款项支付条例》；研究审议《成都市温江区景观照明专项规划（2019—2035）》等。会议指出，要扎实推进疫情防控工作落地落实。要找准短板和漏洞，按照全市疫情防控十项基础工作要求，聚焦重点环节和领域，对防控隐患进行再排查，坚决堵住疫情防控漏洞。要把准当前工作重点，进一步提高防控专业化水平，持续强化重点场所防控，持续强化重点行业管理。要落实落细工作责任，坚决克服松劲心态和侥幸心理，严格落实各级各项防控要求。会议强调，要深入学习贯彻省委十一届八次全会精神。要学深悟透全会精神，真正做到学懂弄通，切实把思想和行动统一到省委全会精神上来。要在“十四五”规划编制中落实全会精神，科学编制温江“十四五”发展规划，为温江高质量发展奠定坚实基础。要细化制定落实方案、措施和项目，切实把省委“作战图”转化为“施工图”，确保省委全会精神在温江落地落实。会议要求，要深入学习《成渝地区双城经济圈建设规划纲要》。要强化机遇意识，找准工作发力点，推动温江经济社会高质量发展。要强化对上争取，着眼规划纲要，争取更多资金、资源、项目、政策落地温江。要强化区域协作，做实做细与重庆巴南区的协同合作，着力形成区域合作典范。会议强调，要充分认清省委巡视工作的极端重要性，敢于正视问题，勇于纠正问题，认真抓好整改工作，共同担负起巡视整改的政治责任，逐条逐项不折不扣做好问题整改。会议要求，要全力冲刺全年目标任务。要在抓好疫情防控的基础上，全力以赴抢时间、抢进度，确保完成全年目标任务。要践行“一线工作法”，到项目现场、到企业中去，及时调度协调解决问题。要科学谋划好“十四五”发展，持续策划一批重大项目，加快招引一批支撑性项目，确保“十四五”开好局、起好步。会议强调，要确保社会大局安全稳定。要切实抓好安全生产工作，加强安全监管，开展随机抽查，坚决杜绝较大及以上事故发生。要严格落实安全生产责任制，强化风险预警，确保第一时间响应、第一时间妥善应对处置。

区政府第107次常务会议 12月30日，区委副书记、区长马烈红主持召开区第十八届人民政府第107次常务会议，传达学习习近平总书记近期重要讲话指示精神，党中央国务院、省委省政府、市委市政府和区委有关会议精神，研究区政府贯彻落实措施；学习《中华人民共和国基本医疗卫生与健康促进法》；听取全区做好“六稳”工作落实“六保”任务工作推进情况汇报。会议指出，要提高政治站位，学深悟透会议精神，增强责任感、使命感，全力推动中央、省市和区委决策部署落地落实，抢抓成渝地区双城经济圈建设等重大发展机遇，精心谋划一批跨区域、跨时代、具有标志性或影响区域发展格局的重大项目。要不折不扣抓好省委巡视整改工作，层层抓好落实，坚持标本兼治，确保管长管久。要毫不松懈做好疫情防控工作，扭住防控工作重点，增强应急处置能力，坚决守住经济社会发展的“底板”。要抓住年底冲刺关键阶段，全力以赴圆满完成全年目标任务，同时谋划好2021年一季度“开门红”工作。要用心用情关爱困难群众，畅通社会救助渠道，切实做好兜底保障工作；要进一步压紧压实责任，抓好安全生产、食品药品安全等工作，确保节日期间安全稳定；要着力满足群众节日消费需求，确保市场供应和价格平稳运行。会议强调，要学透吃准法律规定，加快研究制定卫生健康工作配套措施，切实增强针对性和实效性。要加大监督管理力度，保障全区卫健事业健康持续发展。要持续擦亮“健康到温江”品牌，加快构建与温江经济社会发展相适应的现代医疗卫生服务体系，乘势而为做好健康产业发展工作。会议要求，要围绕“六稳”“六保”，系统深入研究2021年工作任务，量化目标任务，明确重点工作，形成任务清单；建立联席会议制度和工作专班，定期研究部署相关重点工作。要坚持以项目为中心抓好经济工作，全力确保2021年项目“开门红”，做好2021年项目建设计划和保障计划，细化每个项目月度推进计划，保障“十四五”开好局、起好步。

【区长办公会议】 第112次区长办公会　1月3日，区委副书记、区长马烈红主持召开第112次区长办公会，通报全区2019年12月企业纾困解难、2019年根治欠薪冬季攻坚行动、2019年低效工业用地企业提质增效等工作推进情况。会议要求：一是抓实企业纾困解难工作，要深化思想认识，深入一线研究解决问题，层层压实责任，坚持问题导向，找准问题，精准施策，严守纪律，务求实效。二是切实有效解决农民工工资支付问题，要按照“谁主管、谁处理、谁用工、谁负责”原则，落实包案制度，扎实开展好冬季攻坚行动，抓好存量案件整改和迎检工作，切实做好农民工工资清欠工作，维护好农民工权益。三是研深研细提质增效方案及工作思路，要紧盯占地多的重难点项目，寻求突破，加强对上争取，积极创新思路，推动空间布局由“零星提效”向“组团重组”转变，科学编制开发方案，明确实施路径，加大开发扶持力度。景仁志、邹华、鄢光忠、路红星、张光参加会议。

第113次区长办公会　1月17日，区委副书记、区长马烈红主持召开113次区长办公会，通报全区2019年12月线上民生诉求工作情况、全区2019年12月城乡环境综合治理工作情况，以及全区2019年基本公共服务设施建设“三年攻坚”行动推进情况等。会议要求，要持续优化好民生诉求线上线下处置机制，形成诉求处置闭环，促进线上线下民生诉求“全响应”；要坚持做到春节期间民生诉求服务“不打烊”，强化底线思维，采取有效措施，妥善处理各类民生诉求，切实提高群众的满意度。会议指出，过去一年，温江区城乡环境综合治理工作取得了优异成绩。新的一年，要建立环境问题发现整改机制，发现问题立行立改，实现问题治早治小；要着力完善城市精细化管理常态长效管控机制，尤其要做好春节期间环境治理工作督查整改工作，营造市容优美、干净整洁、清爽有序的春节氛围。会议强调，2019年，全区基本公共服务项目开工75个，竣工33个，开工率在全市排名靠前，2020年是基本公共服务设施建设“三年攻坚”行动的收官之年，要按照“一张图、一张表、一套机制”的模式，坚持“标准化、清单化、市场化”原则，以群众需求为导向，策划包装一批补短板的公共服务设施项目，早计划、早安排、早开工，打好收官之战。区委常委、常务副区长何兴轩，副区长景仁志、邹华、鄢光忠、路红星、张光参加会议。

第114次区长办公会　3月10日，区委副书记、区长马烈红主持召开第114次区长办公会议，通报全区2020年策划包装项目、全区2020年1—2月线上民生诉求、全区重大项目开工复工、全区2020年3月城市安全风险预警等工作情况，并就近期重点工作进行安排部署。会议指出，要认真分析研究政策重点支持方向，在策划包装传统基建项目的基础上，重点围绕“新基建”，聚焦5G、人工智能、数字中心、互联网等科技创新领域基础设施，补齐公共卫生、基础设施、产业发展等短板，加快重大项目策划储备，做到任务化、清单化。要加强政府投资项目策划包装的归口和源头管控，深入论证项目实施的必要性、可行性及经济社会效益，确保策划包装项目预期功能不偏离、投资规模不失控、项目转化不空化。会议强调，要坚持一线工作法，加强与开工复工企业沟通交流；要深入企业宣传解读政策、收集企业诉求、协调解决困难问题，增强企业复工复产、稳产满产信心；要建立项目建设全流程问题解决机制。会议要求，疫情防控工作要持续抓好社区防控，加强对高风险国家和地区入境到温江人员的管理服务，强化对商场、楼宇、车站、景区等人员密集场所的管理，不断提升精准防控水平。要进一步谋划好全区复学准备工作，强化学校主体责任和校长“第一责任”，按照“一校一策”要求，做好防疫和复学工作各项预案，确保人员排查到位、措施落实到位、物资保障到位；要统筹落实全区中小学线上教学工作，在开学后做好与正常教学的有效衔接。区委常委、常务副区长何兴轩，副区长陶旭东、景仁志、邹华、鄢光忠、路红星、张光参加会议。

第115次区长办公会 3月24日，区委副书记、区长马烈红主持召开第115次区长办公会议，通报了2019年1—12月全区重点经济及生态指标完成情况、复工复产工作情况、“送政策、帮企业，送服务、解难题”专项行动企业诉求收集办理情况等。会议指出，2019年，全区较好地完成了全年各项目标任务，保持了经济社会持续健康发展。面对复杂多变的国内外经济形势，要树牢底线意识、强化危机意识，全力推动温江区经济社会平稳运行。要坚持目标导向，坚决贯彻落实相关文件精神，抓好“送政策、帮企业，送服务、解难题”专项行动，将服务专班和联络员制度落到实处，动态精准掌握企业复工复产和稳产满产情况。要坚持问题导向，在持续解决企业用工、原材料、销路和回款、现金流等问题的基础上，在危机中寻求发展机遇，以科创空间为主阵地培育创新生态，重点招引头部企业研发机构、科创企业、行业独角兽等新经济企业，补齐产业链核心环节。要坚持结果导向，算好“时间账”，强化调度服务，尽快实现满工满产，确保完成全年经济社会发展目标任务。会议强调，要坚持“不叫不到、随叫随到、服务周到”的服务精神，更便捷更高效地回应企业诉求，想方设法帮助企业解决难题。要加快建立健全企业纾困解难常态长效机制，强化企业诉求收集办理工作闭环管理，做到企业诉求“件件有回应，个个有落实”。要强化督查考核，继续统好、建好、督好全区企业诉求一本账以及诉求派单管理工作。区委常委、常务副区长何兴轩，副区长景仁志、邹华、路红星、张光参加会议。

第116次区长办公会 4月14日，区委副书记、区长马烈红主持召开第116次区长办公会议，通报全区猪肉市场保供稳价和近期粮食安全有关情况、全区2020年1—3月投资促进工作情况、重大项目推进情况，以及2020年3月城乡环境综合治理工作情况等；观看《长江经济带环境问题警示片（四川剪辑版）》和《温江区生态环境问题暗访片》。会议指出，2020年来，全区通过创新开展“云推介”“云洽谈”“云签约”等招商方式，实现了项目招引“不断链”、周周项目有签约。要继续在高能级产业化项目、平台类项目、基金招引、片区开发等方面下功夫，既抓好政府投资项目落地，又着力引进大项目好项目，扩大有效投资，为区域经济增长提供更多动能、更强支撑。会议强调，要认真落实“一手抓疫情防控、一手抓经济社会发展”的要求，以项目为中心组织经济工作，全力推进重大项目复工复产。要围绕目标出台政策，精准驱动项目业主快投快建；要高效推进项目建设，继续围绕“投资计划不减、建设工期不变”的要求，全力以赴赶时间、抢进度；要破解项目推进难题，以问题为导向，拿出真举实措，着力破解项目推进中的瓶颈制约。会议强调，要压紧压实粮食安全责任制，以高度责任感扎实做好生猪稳产保供和粮食安全各项工作，更好满足市民群众日常生活需求。要高标准精细化推进城乡环境综合治理，坚持标本兼治和源头治理，紧抓违章建筑、扬尘污染、机动车乱停乱放等城市乱象治理，持续巩固治理成果，不断提升环境卫生、市容秩序、市政绿化、交通秩序、工地管理等精细化管理水平，稳步提升城市品质面貌。区委常委、常务副区长何兴轩，副区长陶旭东、景仁志、鄢光忠、张光参加会议。

第 117 次区长办公会 4 月 28 日，区委副书记、区长马烈红主持召开第 117 次区长办公会议，通报了全区 2020 年 3 月线上民生诉求工作情况、全区 2020 年 1—4 月基本公共服务设施“三年攻坚”行动推进情况、全区 2020 年 1—3 月环境质量情况，以及全区安全生产和消防安全隐患大排查大整治行动开展情况等。会议指出，回应人民群众民生关切是政府工作的重要职责。要强化责任意识，切实履行一把手负责制，以群众满意作为民生诉求工作的最高标准；要加强沟通、相互配合，形成工作合力，主办单位切实担负起管总职责，协办单位主动靠前，密切配合，切实解决好人民群众“急难愁盼”突出问题。会议强调，2020 年是基本公共服务设施“三年攻坚”行动收官之年。要紧盯目标任务，加强部门协作配合，解决项目推进中存在的问题，拿出有效措施推进项目建设；要深化项目包装，按照“一张图、一张表、一套机制”工作法，聚焦群众急难愁盼的公服需求，策划包装一批具有地标性、区域辐射能级的公共服务设施项目。要将学校体育设施作为市民文体活动场所的补充，研究相关管理模式和责任边界，确保形成温江样板。会议要求，要切实抓好大气污染防治攻坚，严格按照相关工作要求，提前部署、统筹谋划、扎实推动，进一步降低颗粒物浓度，切实做到“冬病夏治”。要加快推进污水处理系统提标改造，进一步优化施工方案、倒排项目工期，确保按期完工。要扎实推动长江经济带生态环境问题集中排查整治，健全问题发现机制，推动问题有效整改。会议要求，要以全市为期三个月的城市安全风险隐患大排查专项行动为契机，根据职能职责和风险预警，切实加强各行业（领域）安全监管，突出抓好旅游安全、特种设备、消防安全、建设施工、道路交通、危化品和医药化工、烟花爆竹、商贸、城市运行等行业领域风险管控和隐患排查治理，对存量隐患、挂牌督办重大隐患要按期完成整改，有效防范事故发生。区委常委、常务副区长何兴轩，副区长陶旭东、邹华、鄢光忠、路红星、张光参加会议。

第 118 次区长办公会 5 月 12 日，区委副书记、区长马烈红主持召开第 118 次区长办公会议，通报全区 2020 年 1—4 月重大项目推进情况、全区 2020 年 4 月城乡环境综合治理工作情况、全区 2020 年义务教育阶段学校招生入学工作情况等。会议强调，要研究完善重大项目月调度机制，针对项目推进问题拿出真实举措；要严格按照“五同时 + 五同步”工作要求，做好重大项目要素保障服务，加强项目前期评审，做深做细项目前期工作，为项目顺利推进创造条件；要研究建立项目包装评审机制，明确项目合理性、必要性和可行性，科学安排建设时序；要进一步提升技能水平和管理力度，确保政府性投资项目快投快建。会议要求，要加强城市精细化管理，以公园城市示范区建设为契机，结合大运会“五边五化”要求，持续对机动车乱停乱放、违章搭建等城市乱象进行治理；要加强基础设施统筹建设，全面落实市容市貌、建筑立面、园林绿化、通讯及能源设施等整治提升工作；要坚决打好蓝天保卫战，加快推进环境空气质量改善。会议强调，2020 年义务教育阶段学校招生入学实施公办、民办学校同步进行，实行电脑随机录取，这一变化牵动千家万户。要严格执行中央、省、市相关规定，加强民办学校管理，统筹做好公办、民办学校同步招生，更好发挥优质教育资源优势。要统筹有序平稳推进招生入学工作，精心制定实施办法，积极回应群众关心的学区划片、随机派位等问题，严明工作程序，接受群众监督。要加强政策宣传解读，运用多种途径和方式，确保家长知晓并了解政策。区委常委、常务副区长何兴轩，副区长陶旭东、鄢光忠、路红星、张光参加会议。

第 119 次区长办公会 5 月 28 日，区委副书记、区长马烈红主持召开第 119 次区长办公会议，通报全区 2020 年 4 月企业困难诉求办理情况、全区 2020 年 4 月社会救助工作、全区 2020

年1—4月环境质量情况等。会议指出，区级各部门在企业诉求的收集转派、快速响应、联动联办上形成了合力，努力帮助企业克服疫情不利影响实现稳产满产。要进一步提高企业诉求办结效率，用企业视角看待问题，用求解思维剖析问题，持续深入开展“送政策、帮企业，送服务、解难题”专项行动，坚持常态化开展企业诉求收集一线工作法，确保企业诉求收集到位，问题解决逐项“清零”，推动企业诉求办理形成闭环。要加大政策宣传力度，持续作好各层级、各类型政策的宣传辅导，推动企业利用财政金融政策引导生产经营活动，确保企业对政策应享尽享。会议要求，要切实关注关心受疫情影响低收入群体，进一步做好常态化疫情防控下社会救助精准服务。要开展大排查大走访，摸清情况，完善台账，有针对性地制定帮扶措施，真正为困难群众办实事、办好事，确保“不漏一户、不落一人”。要形成工作合力，进一步转变救助理念、优化救助方式、强化风险防控，做好事前、事中、事后全面施策，进一步统筹做好常态化疫情防控和困难群众兜底保障工作。会议强调，要进一步强化执法监管，切实形成网格化环境监管合力，打好臭氧管控“组合拳”；加强对大气污染防治工作落实情况的督导，对发现的问题及时通报督办，坚决打好大气污染防治攻坚战。要推进全区入河排污口排查工作，全面消黑除劣推进清河行动，建立问题闭环整改机制，扎实推进水环境质量持续改善。副区长景仁志、邹华、鄢光忠参加会议。

第120次区长办公会 6月16日，区委副书记、区长马烈红主持召开第120次区长办公会，通报全区2020年1—4月重点经济指标完成情况、全区2020年5月对上争取工作推进情况等。会议指出，要全力冲刺二季度目标任务，紧盯全年目标和时序进度，落实一线工作法，协调解决存在的问题和困难，各责任单位之间做到相互配合、相互支持，强力推动招商引资、项目推进、企业培育入库等经济社会发展重点工作。要加强督查督导力度，建立健全考核指标体系，加大过程考核力度，层层传导压力。会议强调，要吃透上级政策，聚焦“新型基础设施建设，新型城镇化建设，交通、水利等重大工程建设”，以及国家城乡融合发展试验区建设等重点工作，抢抓中央新增财政资金直接惠企利民的特殊转移支付契机，系统性、前瞻性地做深做细做实对上争取谋划工作。要将对上争取工作与项目策划包装相结合，找准金融政策与温江区经济社会发展的结合点，积极拓展融资渠道，吸引各类投融资平台和产业投资基金把更多资源和资本配置到温江。要压实工作责任，进一步加强对向上争取政策、项目、资金的考核评价，确保对上争取工作取得实效。区委常委、常务副区长何兴轩，副区长陶旭东、景仁志、邹华、路红星、张光参加会议。

第121次区长办公会 6月29日，区委副书记、区长马烈红主持召开第121次区长办公会，通报全区2020年1—5月投资促进、市场主体培育发展、环境质量以及全区7月城市安全风险预警情况。会议要求，要把招商引资当成经济社会发展的“生命线”和“牛鼻子”，认真分析研判产业投资形势，扎实推进项目招引攻坚行动。要发挥项目招引主体作用，重点突出高能级产业化项目招引；发挥产业项目招引重要作用，当好产业项目的“招商员”，充分利用线上线下相结合形式，高效开展项目招引工作，争取下半年招引一批有影响力的高能级产业化项目，进一步提振发展信心。会议强调，要持续加强工作统筹、制定目标任务，强化定期目标考核，推动全区市场主体迅速集聚发展。要持续优化营商环境，深入分析行业领域企业发展壮大中存在的问题，不断优化政策体系，围绕主导产业培育壮大市场主体，促进新兴产业、特色行业的聚集。要切实落实好优化营商环境的各项措施，提升企业服务能力，持续招大引强，补齐产业链条，抓好“总部经济”“孵化园”“楼宇经济”的培育发展，积极促进优质市场主体有效聚集。会议要求，要保持方向不变，力度不减，切实推动生态环境质量改善。要强化空气环境质量预测预警，充分运用科技手段，强化执法监管和监测力度，严格落实分类管控措施，开展臭氧污染防治专项督查，确保涉气环境问题及时发现、整改到位。要切实改善全区水环境质量，强化岸上抓污染源清单管理、岸边抓入河排污口管理和岸下抓水质源解析，统筹推进污水处理设施提标改造、入河排污口排查整治等相关工作，着力从源头上、从根本上解决问题，推动水环境质量不断改善。会议强调，要统筹推进森林草原防灭火和城乡防火专项整治工作、安全生产专项整治三年行动，持续加大火灾隐患排查治理，形成消防监管执法合力，严查消防安全违法行为。要加强重点领域安全风险管控，“两考”工作要做好考点周边交通运输安全监管、工作人员组织、基础设施、体温监测等考前筹备工作，加强食品安全监管，强化安全风险防控，严防安全事故发生；防汛减灾工作要坚持问题导向，及时发现隐患问题和薄弱环节，健全隐患台账，制定整改方案，切实把“防”的工作做细、做实、做出成效；建筑施工领域安全生产工作要从严监管建筑施工安全，针对重点设备、重点部位开展全覆盖拉网式排查，落实各项防汛和防暑降温措施，确保建筑施工领域不发生安全事故。要牢牢守住应急处置和应急值守的“关节点”，严格执行值班制度，严格按照突发事件报告要求，第一时间及时准确报告突发事件相关情况，为抢险救援和工作决策提供可靠依据。区委常委、常务副区长何兴轩，副区长邹华、鄢光忠、张光参加会议。

第122次区长办公会　7月17日，区委副书记、区长马烈红主持召开第122次区长办公会议，通报了全区2020年5—6月城乡环境综合治理工作情况、2020年第二季度河长制工作情况，以及全区2020年1—6月低效工业用地企业提质增效工作推进情况等。会议指出，要持续加强城市精细化管理，以公园城市先行区建设为契机，持续开展背街小巷和城郊接合部整治提升，通过墙体美化、绿化提档、文化植入，打造一批示范街巷。要结合大运会筹备工作，加快推进“一轴两线三片区”环境品质提升工作，重点做好成温邛高速（温江段）主轴道路沿线两侧环境整治，光华大道、南熏大道两条大运会保障线路沿线环境整治，以及赛事场馆周边环境整治。要积极发动群众参与到城市管理工作中，共建共享城市环境，不断提升温江城市品质。会议要求，要压实河长责任，严格落实河长巡河要求，按照“区级河长主督、镇级河长主治、村级河长主查”的原则，建立定期会商的平台机制，及时掌握流域河段的情况，及时研究解决问题。要有力推动水务项目工程进度，做到举一反三，加快问题整改。要建立健全问题倒查的溯源机制，加强工业废水、生活污水、沿街餐饮泔水等污染的排放监管，推动污染问题源头治理。会议强调，2020年上半年，全区累计盘活低效工业用地469.58亩，成绩值得肯定。下一步，要紧盯重点地块，在盘活存量空间资源的同时，尽快形成示范带动效应；要抓好促建招引衔接，统筹推进项目建设，将招商引资工作与低效企业腾退、标准厂房建设同步推进，有效盘活全区低效工业用地。区委常委、常务副区长何兴轩，副区长陶旭东、景仁志、邹华、鄢光忠、张光参加会议。

第123次区长办公会　8月4日，区委副书记、区长马烈红主持召开第123次区长办公会议，通报了全区2020年6月线上民生诉求和企业困难诉求办理情况，全区上半年投资促进、市场主体培育发展情况，全区2020年第二季度产业功能区“三年行动计划”及基本公共服务设施“三年攻坚”行动推进情况等。会议强调，要进一步压实民生诉求工作责任，强化责任意识，认真开展摸排自查。要进一步加强预警，建立健全处理机制，及时解决问题，做到逐项销账。要进一步加大宣传回应，及时通过多种渠道反馈处理情况，同时做好重大民生事项和重大民生项目全方位公示公告。会议要求，要主动送政策，把惠企政策统筹持续向纵深推进，找准难点、堵点、断点，深入学习先发地区经验，探索运行流程更优化、企业感受更好的政策办理机制。要持续开展“送政策、帮企业，送服务、解难题”专项行动，始终践行“三到精神”和一线工作法，定期到企业收集问题、解决问题，让企业切实感受到关怀和温暖。会议指出，全区上半年投资促进各项目标完成情况良好，获得了2020年成都市投资促进“百日擂台赛”（第一季）“流动红旗”，值得充分肯定。下一步，要提升招商引资实效，注重以商招商、借力借金招商，抢抓战略机遇，紧紧围绕主导产业和高能级项目、强链补链项目等开展招商工作，并严格落实“五同时＋五同步”要求，全力提升项目转化率。要坚持全区

"一盘棋"思想形成工作合力，充分发挥牵头抓总作用、主体作用和协同作用，各司其职、各尽其责，及时研究、统筹部署。会议强调，要持续做好市场主体摸排，强化政策宣传引导，有效促进和培育新增市场主体不断增强。要大力发展楼宇经济，引导专业楼宇和标准厂房转型为产业孵化器、产业集聚平台等，通过提供专业化服务，培育壮大一批市场主体。要深化企业梯度培育，实施重点监测、分类指导、精准帮扶，支持企业提升创新能力，加快培育一批高质量发展企业。副区长景仁志、鄢光忠、路红星参加会议。

第124次区长办公会　8月24日，区委副书记、区长马烈红主持召开第124次区长办公会议，通报了2020年1—6月省市区主要目标任务和全区重大经济指标完成情况、全区2020年7月线上民生诉求办理工作情况等。会议指出，2020年上半年，全区各项目标完成情况总体较好，有14项重点经济指标在新中心城区排名靠前，但要清醒地看到疫情对经济社会发展所带来的影响，进一步认清形势，提升紧迫感。要坚持目标导向，按照目标任务，认真做好分析研判，吃准吃透目标要求，加大对重点经济指标的考核力度。要坚持问题导向，切实加强工作研究，找路径、添措施，力争实现经济指标有较大提升。要坚持结果导向，按照项目的时间节点严格打表，做到层层传导压力、层层传递责任、层层抓好落实。会议强调，要提高网络理政工作的敏锐性，坚持以人民为中心，认真查摆问题，找准症结所在，拿出有效措施切实解决，对于市民投诉的热点问题要提前研判、统筹协调、妥善处理，变事后处置为前端管理。要着力化解重办件，分析研判问题痛点，找到解决问题的办法，切实化解群众反复投诉的问题。要加强督办力度，按照"收集、分析、处置、回应、评估、宣传"全流程的民生诉求闭环机制，督查诉求处理进度、时效、质量，提高群众满意率。副区长景仁志、邹华、路红星参加会议。

第125次区长办公会　9月9日，区委副书记、区长马烈红主持召开第125次区长办公会，通报全区2020年1—8月市场主体培育发展情况、全区2020年9月城市安全风险预警情况，以及国家食品安全示范城市创建工作情况等。会议指出，市场主体培育既要注重数量"多"，更要注重质量"高"。要围绕大健康主导产业，引进技术含量高、成长性好、带动性强的企业主体；要把政策宣讲到位，及时答疑解惑，鼓励有条件的市场主体"个转企""小升规"；要持续营造便捷高效的营商环境，为市场主体提供优质的全方位服务，实现优化政务服务促增量；要持续关注财税变化，出台更加合理政策，减税降费，真正发挥金融、资金的撬动作用，吸引高质量市场主体落户。会议要求，要做好城市安全风险防范化解工作，重点检查建筑施工、交通运输、危险化学品和烟花爆竹、城乡消防、特种设备等事故易发多发行业领域，在全区范围内开展房屋建筑和人员聚集场所安全风险大排查，确保安全检查和隐患排查横向到边、纵向到底，切实保障人民群众生命财产安全。会议强调，要以国家食品安全示范城市创建工作为契机，进一步抓实抓细全区食品安全工作。要压实压紧食品安全责任，坚持问题导向，突出整治重点，切实抓好高风险区域食品安全工作，严防严控严管食品安全风险，严厉打击违法行为，保证群众吃得放心安心。要不断健全和完善学校食品监管体制机制，加强信息共享、快速联动，实现校园食品安全源头严防、过程严管、风险严控，坚决守护好师生"舌尖上的安全"。副区长陶旭东、景仁志、路红星、张光参加会议。

第126次区长办公会　9月23日，区委副书记、区长马烈红主持召开第126次区长办公会议，通报全区2020年7—8月城乡环境综合治理工作、社会救助工作等情况，安排部署近期重点工作。会议指出，要坚持问题导向，结合大运会场馆周边及赛事沿线城市风貌品质提升，着力推进城乡环境综合治理工作；要加强项目动工前规范打围的审批和指导，以及动工后的监督检查，督促施工企业规范打围；要采取有效措施解决建筑垃圾堆积问题，加大对恶意违规倾倒建筑垃圾行为的巡查和处置力度；要进一步强化对违法建设的监管，确保实现"新增为零、存量递减"目标。会议强调，社会救助事关困难群众基本生活和衣食冷暖。要结合全区实际，加快完善社会援助体系；要强化责任，把主动发现困难群众和动态监测作为兜底保障重中之重，及时准确了解困难群众和特殊困难人员生活状况和真实需求，做到应保尽保、不漏一户一人；要汇聚慈善力量，积极鼓励社会爱心人士参与其中，让群众感受“温江温度”。会议要求，要做好秋冬季疫情防控工作，持续抓实、抓牢、抓细疫情防控措施，进一步健全重大疫情防控体制机制和突发公共卫生事件应急管理体系，切实提高疫情防控工作水平，为全区经济社会平稳发展保驾护航。要加大制止餐饮浪费的宣传引导，大力弘扬节约理念，引导餐饮行业和企业持续开展“光盘行动”，让绿色健康、简约生活成为社会风尚。要持续推进城市精细管理工作，有序推动景观照明及老城区路灯改造、社区综合体运营管理、市政道路及附属设施移交等方面工作，着力解决群众的操心事、烦心事。要全力维护城市安全，压紧压实责任，扭紧责任链条，全力以赴抓好安全生产、社会治安、食品安全等各项工作，守护城市安全、社会安定、市民安宁。要做好国庆中秋“双节”期间水、电、气、通信等能源供应和粮食、蔬菜等市场供应保障工作，策划丰富多样的节日活动，激发旅游市场活力，拉动消费场景人气，营造良好节日氛围，让市民在温江度过平安欢乐的“黄金周”。副区长陶旭东、鄢光忠、张光参加会议。

第 127 次区长办公会　9 月 30 日，区委副书记、区长马烈红主持召开第 127 次区长办公会议，通报全区 2020 年 10 月城市安全风险预警情况、全区 2020 年 1—8 月环境质量情况等。会议指出，要紧盯重点精准发力，督促企业严格履行安全生产责任、严格按照技术规程施工、严格落实防护措施，确保建筑施工安全；要加强旅游信息发布，合理控制好高峰时段游客容量，加大人员密集场所、旅游景区景点等重点区域的安全检查，提前制定应急预案，确保旅游景区安全；要加强路检路查，做好车辆疏导分流，强化“大客流”应对和源头管理，确保交通运输安全；要加强客流集中场所的消防设施检查，督促社会单位制定灭火应急预案，确保城乡消防安全；要按照“最严谨的标准、最严格的监管、最严厉的处罚、最严肃的问责”的要求抓好食品安全工作，坚决守护好“舌尖上的安全”。会议要求，要坚决打赢“蓝天保卫战”，针对重点区域、重点行业、重点时段，落实强化管控措施，削减臭氧浓度峰值，做好颗粒物污染防治，力争减少轻度污染、控制中度污染，遏制重度污染。要坚决守护好饮用水安全“生命线”，有序推进一体化污水处理设施项目建设，做好饮用水水源地日常巡查工作，消除饮用水安全隐患。副区长陶旭东、景仁志、鄢光忠、路红星、张光参加会议。

第 128 次区长办公会　10 月 16 日，区委副书记、区长马烈红主持召开第 128 次区长办公会议，通报全区 9 月重点工作完成情况及 10 月工作打算。会议强调，要扎实做好“六稳”工作，落实“六保”任务，勇于攻坚克难，全力以赴确保完成全年目标任务。要持续推进项目招引攻坚工作，以问题为导向，进一步完善工作机制，形成项目全生命周期管理体系。要千方百计抓好项目招引工作，紧盯国际国内两个榜单，扭住龙头企业和产业链核心环节，充分利用产业基金优势，持续开展项目攻坚行动，增强发展动能；要全力以赴策划包装项目，围绕产业、民生、经济发展需求，结合“十四五”规划编制，快速形成一批高质量可落地的重大项目；要加力加劲推进项目落地建设，梳理问题症结，相互协作，确保签约项目尽快开建。会议要求，要持续优化营商环境，从企业和群众的感知度、便捷性、获得感来构建完善温江区营商环境 3.0 版，建立健全工作机制，确保企业和群众办事“少跑路”。副区长景仁志、鄢光忠、路红星参加会议。

第 129 次区长办公会　11 月 4 日，区委副书记、区长马烈红主持召开第 129 次区长办公会议，通报区政府 11 月重点工作安排、全区大气污染防治等工作，安排部署近期主要工作。会议指出，项目是经济社会发展的底盘，是经济发展的重要支撑，要牢牢树立“以项目为中心组织经济工作”的理念，把项目放在心上、抓在手上。要强化项目招引，围绕生物制药、智能制造、新基建等重点领域，积极谋划招引一批高能级新项目。要强化项目促建，坚定不移大抓项目、抓大项目，狠抓开工率、形象进度、竣工率等，推动形成在谈项目加快签约、签约项目加快落地、落地项目加快开工的良性循环。要围绕明年全区计划投资和“十四五”规划编制支撑性项目两个目标，牢牢把握战略机遇和政策窗口期，加大力度对上争取资金支持和政策支持。会议强调，要高度重视秋冬季战役，坚决落实“精准治气、科技治气”要求，保持方向不变、力度不减、集中力量，坚决管控扬尘污染、工业及汽修行业、面源污染等涉气污染源，突出抓好科技治气，减少本地源排放，减排削峰；要压紧压实责任，强化督查问责，加强宣传引导，认真谋划明年的大气污染防治工作，为“十四五”开局之年打赢蓝天保卫战开好局、起好步。会议要求，要立足“中国西部科学城——生命科学创新区”的目标定位，发挥扶持资金的撬动作用，带动区域创新和成果转化能力，促进新经济发展。要围绕提升本土企业经营效益和税收贡献采取有力举措，全力做好协税护税服务企业工作。要时刻守护城市安全，强化源头治理、风险防控、科技保障、应急处置和社会共治，保障城市安全社会安定市民安宁。副区长景仁志、鄢光忠、路红星参加会议。

第130次区长办公会 12月1日，区委副书记、区长马烈红主持召开第130次区长办公会议，通报2020年1—10月省市区主要目标任务、全区重点经济指标等工作推进情况，以及全区2020年12月城市安全风险预警情况。会议指出，要抓好年度目标任务完成情况，深入一线，加大项目促建和对企服务力度，抓实“四上”企业培育工作，加劲加力培育壮大市场主体，增强区域经济活力，全力以赴圆满完成全年目标任务。会议强调，要全面彻底检视安全生产工作，紧盯建筑施工安全、交通运输安全、城乡消防安全等，切实做到抓落实、补短板、排隐患、堵漏洞，重点针对冬季低温、雨雪、冰冻等不利因素，持续做好社会救助工作，督促企业制定“冬防”方案，强化重大危险源管控，坚决防范岁末年初事故反弹“翘尾”。副区长鄢光忠、路红星参加会议。

重要活动及领导考察

2月8日，副市长曹俊杰到温江调研指导疫情防护用品生产保障工作。区委副书记、区长、区新型冠状病毒感染的肺炎疫情防控指挥部指挥长马烈红陪同调研。在成都神农堂实业有限公司生产车间，流水线上机器设备正加速运转，工人们正忙着分装口罩。曹俊杰听取了公司负责人关于企业复工复产有关情况介绍，并实地察看厂区环境、企业生产线、原材料储备状况，了解产品质量控制方法。

2月12日，副市长敬静到温江，调研温江区医院发热门诊工作情况。敬静到区人民医院，详细询问医院分诊、发热门诊、患者分类治疗、留观点、医疗检测、医疗垃圾处置、院感防控等工作情况，并在分诊台前模拟患者体验就医流程。

2月20日，副市长敬静到温江，就温江区新冠肺炎疫情防控第三方检测机构病毒检测技术进行调研。敬静先后到位于成都医学城内的成都诺森医学检验有限公司、成都博奥晶芯生物科技有限公司、成都凯普医学检验所有限公司，与实验室工作人员交谈，详细了解实验室人员资质、设备配备、物资储备、检测能力等情况。

3月9日，四川省药品监督管理局和四川省食品药品检验检测院与温江区人民政府在温江区共同举行“医药产业高质量发展合作备忘录暨省药械化检验检测能力提升建设项目”签约仪式。

3月18日，副市长敬静到温江区调研入境人员集中隔离观察工作开展情况。在集中隔离医学观察点，敬静对隔离区域划分、住宿条件、生活物资保障等进行了详细了解。

3月18日，区委副书记、区长马烈红调研区服务业企业复工复产工作情况时强调，要全力帮助企业纾危解困，加力加速推进复工复产向稳产满产转变，启动全面恢复经济社会秩序“快进键”。马烈红先后来到成都席锦餐饮有限公司、红旗连锁仓储超市、成都黄大姐保洁服务有限公司和国色天乡乐园等点位进行调研，与行业协会负责人深入交谈，认真听取企业复工复产情况，详细了解并现场研究企业在发展中遇到的困难和问题。

3月26日，区委副书记、区长马烈红调研督导重大产业化项目复工复产工作，实地察看了太保家园·成都国际健康颐养社区、罗欣药业成都医药健康产业园、康华生物疫苗研发中心及生产基地、温江市级人才公寓（万新峰荟）、泰康之家·蜀园二期等省、市重大产业化在建项目，详细了解项目建设情况及复工复产中遇到的困难和问题。

3月27日，区委副书记、区长马烈红调研区部分规上企业稳产满产情况时强调，要持续深化“送政策、帮企业，送服务、解难题”专项行动，帮助企业全面恢复正常产能，确保温江经济社会正常运行。马烈红先后到四川明欣药业有限责任公司、四川安德鲁森食品公司、中粮包装成都有限公司、雷迪波尔服饰股份有限公司、成都娃哈哈昌盛食品有限公司等规上企业，与企业负责人深入交谈，认真了解企业复工复产情况，并详细询问企业在发展中存在的困难和问题。

3月31日，区委副书记、区长、区新冠肺炎疫情防控指挥部指挥长马烈红前往区部分中小学校，调研学校疫情防控与开学复课准备工作时强调，要从严从细抓好疫情防控工作，有条不紊推进开学复课，为全区师生正常学习生活营造良好环境。在温江二中、成都师范学院附属实验学校、成都实验外国语学校等点位，马烈红走进校园，来到教室、食堂和学校临时隔离观察点，实地了解学校疫情防控、防疫物资准备、预案制定落实等情况，仔细询问“开学第一课”的准备工作，并就相关问题进行现场协调解决。

4月1日，区委副书记、区长、区新冠肺炎疫情防控指挥部指挥长马烈红就全区疫情防控、消防安全以及服务业“五小门店”复工工作情况进行调研，强调要统筹推进疫情防控和经济社会发展工作，确保城市正常运转。马烈红随机来到天府街道天府家园小区、柳城街道赞元街市场及周边、区红十字医院、万春镇万家华庭小区、公平街道金汉宫酒店和涌泉街道江浦路社区等点位，详细询问疫情防控措施落实情况，检查消防安全工作开展情况，并听取部分点位“五小门店”复工情况的汇报。

4月8日，副省长杨兴平到温江区调研学校开学复课和疫情防控工作。区委副书记、区长马烈红陪同调研。杨兴平分别检查了温江中学和温江中学实验学校疫情防控工作，详细了解学校防控应急处理流程、应急物资储备、师生防疫知识宣传、食堂食品卫生安全、复学前教职工防控演练等情况。

4月10日，川投金石四川康健股权投资基金签约仪式在成都温江举行，标志着全国首支省级防疫专项投资基金在四川成功发起设立。

4月14日，副省长杨兴平率队到温江调研高校和职业学校毕业生就业工作。区委书记王道明陪同调研。调研中，杨兴平一行先后前往四川农业大学温江校区、四川商务职业学院，详细了解毕业生当前就业状况、学校工作开展情况等。

4月20日，区委副书记、区长马烈红就杨柳河沿线水环境治理及生态价值转化工作进行调研，强调要坚定践行习近平生态文明思想，科学规划、合理布局，打造水清、岸绿、景美的“亲水之城”，加快建设美丽宜居公园城市。马烈红先后来到杨柳西路、百信路路口、温玉路与成温邛高速交汇处等杨柳河段面和点位，认真察看河道水环境治理、河岸城乡环境综合治理等情况，详细了解沿河城市规划。

4月26日，区委副书记、区长马烈红调研“南城北林”交通转换节点项目推进工作，强调要始终坚持以人为本，践行绿色低碳发展理念，以交通项目串联城市发展，加快推进便捷高效畅通之城建设。马烈红先后前往成名高速温江北入口、太极立交成都方向入口、凤凰立交项目现场，以及春江路（农科城跨线桥项目）等点位，详细了解交通转换节点项目推进情况。在温江公交枢纽站，马烈红乘坐BRT公交K5线，认真听取公交运营情况。

4月29日，区委副书记、区长马烈红带队开展节前安全综合检查，强调要做实做细安全工作各个环节，全力以赴保障城市安全有序运行，让群众在平安祥和的氛围中度过小长假。

6月19日，区委副书记、区长、区新冠肺炎疫情防控指挥部指挥长马烈红前往拉菲国际酒店、航天路市场、温江邮政城区营业部，看望慰问奋战在防控一线的机场专班工作人员，督导全区重点场所疫情防控工作，并就安全生产情况进行检查。

6月23日，区委副书记、区长马烈红开展巡河和防汛减灾督导工作，实地察看涌泉黑沱子、三渡水大桥、金马河大朗段点位。

6月24日，副市长刘旭光到温江调研知识产权交易和防汛减灾工作。区委副书记、区长马烈红陪同调研。刘旭光先后来到新尚创智中心和涌泉街道共耕社区黑沱子等点位，了解温江区科技成果转化、知识产权交易，以及河流风险段面防汛减灾等工作。

6月30日，电子科技大学“三医+AI”科技园项目动工暨四川脑科学与类脑智能研究院揭牌仪式在温江举行。在开工仪式上，副市长曹俊杰宣布项目动工。

7月2日，区委副书记、区长马烈红率队前往温江中学、温江二中、温江区国家教育考试指挥中心、温江区国家教育考试保密室等点位，实地检查全区“两考”（高考、中考）准备、学校疫情防控和食品安全工作，现场协调解决存在的困难和问题。

7月18日，由成都市公园城市建设管理局主办的2020公园城市场景营城花木园艺专场发布会在成都市植物园举行。发布会上，温江区人民政府与中华人民共和国锦城海关共同签署《关于共同推进成都（温江）花木（农产品）进出口产业发展合作备忘录》。区委副书记、区长马烈红出席发布会。

7月27日，水利部副部长魏山忠率队到温江调研金马河岸线保护和利用相关工作。区委副书记、区长马烈红陪同调研。调研中，魏山忠一行先后前往金马河鲁家滩及春天林沿线、汪家湾花海，详细了解了堤岸建设、河湖“清四乱”等工作开展情况。

7月30日，区委副书记、区长马烈红前往武警成都支队执勤15中队驻地，看望慰问武警官兵，送上节日的问候。

8月4日，区委副书记、区长马烈红带队开展项目现场调度及建筑工地安全生产检查。马烈红一行先后来到农高创新中心综合服务体一期、二十一世纪国际学校、联东U谷康复辅具产业园一期项目等地，听取各项目负责人工作汇报，了解项目推进情况，现场协调解决项目推进过程中遇到的困难和问题。

8月11日，区委副书记、区长、区防汛抗旱指挥部指挥长马烈红对全区重要点位、重要区域防汛减灾工作进行督导。马烈红先后来到杨柳河南熏桥、海科路、金马河鲁家滩段、杨柳河和盛段、江安河三支渠、国色天乡及地铁17号线黄石站、物流大道、柳城街道双春巷等点位。受强降雨影响，杨柳河、江安河等河流水位上涨，部分点位也出现不同程度的内涝灾害。

8月31日，区委副书记、区长马烈红率队前往区内部分学校、社区卫生服务中心，检查秋冬季疫情防控和食品安全工作。在公平学校、嘉祥外国语学校等点位，马烈红走进校园保健室、食堂和学生宿舍，实地了解开学准备、校园疫情防控、食堂明厨亮灶等情况。随后，马烈红前往涌泉街道社区卫生服务中心，检查疫情防控相关工作，现场协调解决存在的困难和问题。

9月1日，区委副书记、区长马烈红开展基本公共服务设施项目建设及城市安全运行现场办公，实地察看花都小学校、前锋农贸市场及便民服务综合体、鹏程路地下停车场项目、共和路幼儿园项目、新华社区综合体项目。

9月2日，区委副书记、区长马烈红开展“稳就业，保就业”现场办公，实地察看区劳动就业社会公共服务涌泉分中心、新华亿母婴职业技能培训学校、成都顶津食品有限公司、四川理工技师学院。

9月8日，区委副书记、区长马烈红前往部分学校，为教师们送上节日的祝福和问候。马烈红先后到温江二中、成都王府外国语学校、温江区镇子小学校。每到一处，马烈红都详细了解校园建设、学科建设、教师队伍建设等情况，并与教师们交谈。

9月18日，区委副书记、区长马烈红率队调研全区多元化安置工作，实地察看天王新型社区B区、康城嘉园A区三组、锦秀城三期项目。

9月30日，区委副书记、区长马烈红带队，就秋冬季疫情防控和安全生产工作进行检查，强调要慎终如始抓好疫情防控工作，安全生产警钟长鸣，为市民营造平安祥和的节日氛围。马烈红先后来到成都珠江新城国际D区在建工地、光华公园、新光天地等点位，详细了解相关工作情况。马烈红表示，要以常态化疫情防控思维，切实抓好各项防控措施落地落实，织牢秋冬季疫情防控网。要进一步落实安全生产主体责任，督促建筑工地、危化品生产经营单位、人员密集场所、交通运输等重点部位开展隐患排查，及时整改问题隐患，筑牢安全生产防线。

10月10日，在第29个“世界精神卫生日”之际，世界精神卫生日宣传活动暨四川省精神医学中心开诊试运行仪式在成都医学城B区举行。副省长杨兴平出席并讲话。

10月28日，区委副书记、区长马烈红带队走访调研温江区部分工业企业时强调，要扎实抓好“六稳”工作，全面落实“六保”任务，进一步摸清全区重点产业链“薄弱缺”环节，促进创新链和产业链深度融合，持续推动工业高质量发展。马烈红先后来到四川川消消防车辆制造有限公司、娃哈哈成都生产基地、四川科伦博泰生物医药股份有限公司、康华生物疫苗研发中心及生产基地项目在建工地等，详细了解企业生产运行、产能转移、新生产线投运以及新建项目推进等情况。

11月18日，区委副书记、区长马烈红在杭州参加“2020中国幸福城市论坛”，在会上代表温江区接受“中国最具幸福感城市·美丽宜居城区”授牌，并在“幸福赋能　城市提质”分论坛上以《以新发展理念引领，加快建设幸福城市》为题作主旨发言。

11月20日，区委副书记、区长马烈红赴万春镇开展“大学习、大调研、大走访”活动，宣讲中共十九届五中全会精神，听取干部群众对“十四五”规划编制的意见建议，了解全年目标任务完成、重大项目招引攻坚情况，协调解决万春镇的实际困难和问题，对促进万春镇经济社会各项事业发展，高质量做好“十四五”规划编制工作提出要求。

11月24日，区委副书记、区长马烈红率队开展“大学习、大调研、大走访”活动项目工作专题调研，深入项目建设一线，现场调度重大项目推进工作，调研项目策划包装等工作。马烈红先后走访了花都大道东段延伸段、温江区电子科技大学三医及人工智能科技园一期等项目在建工地，并实地察看了公园城市建设、道路提升改造和学校校园建设等待建项目场地。马烈红详细了解项目推进情况，协调解决项目包装、建设中遇到的困难和问题。

11月25日，区委副书记、区长马烈红开展“大学习、大调研、大走访”活动，专题调研城市管理相关工作。马烈红先后到鱼凫路、建设路、花都大道、林泉南街、八号街等点位，察看老旧路灯改造、施工打围、交安设施一体化管理、公共停车泊位管理、市政基础设施建设移交等工作情况，现场研究城市管理工作中遇到的问题。

政府办综合事务管理

【文稿服务】 突出文以载道，积极发挥参谋助手作用，认真研究中央各项政策和上级决策部署，准确把握区委、区政府确定的中心工作、思路目标和工作重点，结合工作实际，对区政府重要文稿和区长有关重要活动宣传报道等“把好关”。高质量完成《政府工作报告》撰写工作，完成区政府主要领导讲话、情况汇报、经验交流、主持致辞等综合性文稿120余篇。

【公文处理】 切实做好公文流转工作，全年共处理中央、省、市文件3128件，区内来文4127件，请示报告类文件1128件、人民群众（企业）来信128件。坚持精简公文和配额管理，全年制发文件347件，同比减少34.6%。严格做好机要保密工作，处理涉密文件125件，未出现泄密失密情况。大力推行一体化协同办公平台、无纸化会议等信息化系统应用，进一步提升办文办会质效，2020年获评全市政府系统公文处理工作先进集体。

【政务信息】 构建“1+3+N”信息直报网络，建强专兼职信息员队伍，不断提升政务信息收集报送的时效性、准确率。编发《政务快讯》136期，为领导全面了解情况和科学决策提供服务，受到区委区政府领导肯定性批示40余条，转化为政务活动日程安排200余项，收集、整理、上报信息894条，全方位反映温江区工作动态和经验，被省、市政府办公厅采用信息196条。其中，被成都市采编问题建议类专报8篇，其中《温江区全力提升土地利用质效的成效及问题建议》等 5 篇获市政府主要领导肯定性签批。2020 年首次获评四川省政务信息工作先进区（市）县。

【会议组织】 做好中央、省、市会议的通知、协调和上报等工作，共收发处理上级会议 429 次。认真做好区政府全体会、区政府常务会等重要会议的议题收集审核、会务筹备和纪要编印工作，全年完成各类会议筹备 200 余次，编印常务会议纪要 26 期、专题会纪要 99 期。扎实做好区政府主要领导组织召开的现场办公会、专题会会议记录和服务工作，会务服务质效不断提高。

【调查研究】 坚持谋在实处，聚焦三医核心产业、重点领域改革、公园城市建设、违法建设治理等热点难点痛点，对标先进地区先进经验、典型案例、政策导向等，通过案例分析、数据对比、横向比较扎实开展调研工作，提升调查研究工作的实践性。实施直达一线调查制，精选全区重点企业、工程现场、重点部门单位、镇（街道）、村（社区）等，深入开展异地调研、蹲点调研、回访调研，共开展调研 90 余次，撰写各类调研报告及课题 30 余篇。

【提案办理】 以高度的工作责任感牵头做好成都市、市本级人大代表建议和政协提案办理工作，全过程推进任务分解、移交办理、过程跟踪、定期销账等各环节工作，确保人大代表、政协委员得到满意的办理结果。2020 年，区政府共收到市政府办公厅交办的成都市级建议提案 7 件，已全部按时办复。区人大常委会交办的人大代表建议 209 件，已全部按时办复；区政协交办的政协提案 153 件，已全部按时办复。

【督查督办】 对政府工作报告确定的任务及区政府领导批示事项、会议确定事项、现场调研事项等跟踪督办，解决一个，销号一个，全年立项督办事项 383 件，办结率达 95.3%。针对政府决策的议题计划，确定营商环境建设、TOD 项目开发等 37 个课题，实行“班子成员 + 科室 + 部门”组团式推进，建立月通报、季调度机制，加强全周期跟踪问效，推动课题转化落实。创新设立“一单四制”（任务清单和台账制、交办制、销账制、通报制）会议督办机制，被市政府办公厅作为经验推广，政务督办工作多次受到区政府主要领导表扬。

【政府信息公开】 深入推行政务公开，转变政府职能，实现管理创新，建设人民满意的服务型政府的一项重要工作。2020 年，温江区加大主动公开力度，温江区人民政府门户网站发布信息 30316 条；成都市基层公开综合服务监管平台发布信息 125347 条；成都市政府信息公开目录发布信息 15765 条；成都市公共企事业单位办事公开平台发布信息共 1755 条；全区政务微博发布信息 42868 条，微信发布信息 9048 条；其他方式发布政府信息 8749 条。全区政府信息公开工作机构 28 个，设置政府信息公开查阅点 107 个，从事政府信息公开工作人员 67 人，召开政府信息公开工作会议 22 次。

（周　昕）

人事与人才管理

【事业单位人事管理】 事业人员管理　优化岗位设置，将资源向产业一线、公共服务、教育卫健等重点部门倾斜。全年完成 77 个事业单位的岗位设置、1200 人竞聘上岗工作。

人才招引　实施“四个一批”招聘，通过面向社会公开招聘、“一村一大”定向招聘、重点高校考核招聘、村（社区）书记考核招聘，为产业发展补充生物医药、经济金融、社会治理等重点领域事业人才 156 名。

素能提升　面向专业技术人员、新进人员、事业骨干，坚持“引进来”和“走出去”相结合，分层分类实施素能提升行动，全年累计参训 10000 余人次。综合运用培训结果，将培训考核结果作为评先评优、职称评聘、薪酬分配等工作的重要依据。2020 年首次开展定期奖励工作，对 1187 名事业人员进行嘉奖。开展脱贫攻坚专项奖励工作，全区累计 42 个集体、35 名个人获奖。

人事考试　筑牢疫情防控防线，细化工作措

施，确保考试工作顺利开展。全年开展公务员考试、职业资格类等考试12场，合计服务考生近5万人次，实现考试“零投诉、零事故、零舆情”。

档案管理　完成1632名事业人员档案专项审核，1000名事业人员档案数字化。

【工资制度改革】　严格按照工资福利相关文件精神，审核兑现工资福利待遇，全年共完成工资变动审核10837人次。比照公务员年终一次性奖金增幅，建立动态增长的绩效工资总额调整机制，核增教育学校2020年绩效工资总额，确保教师平均收入水平不低于公务员平均收入水平。不断完善公立医院薪酬制度改革方案，深化公立医院薪酬制度改革，与区财政局共同核定了三医院、中医院两家试点医院绩效工资总额。会同区国资局制定了区属国有企业负责人2019年度年薪基数并按规定程序报经市薪改办审核后兑现区属国有企业负责人年薪，同时深化国有企业薪酬制度改革，建立国有企业工资总额管理机制。核定村（社区）“两委”成员薪酬总量，兑现相应薪酬待遇，并参照上一年度全市平均工资增幅，动态调整社区专职工作者薪酬水平。

【机关事业单位养老保险改革】　2020年，全区机关事业单位养老保险参保合计13380人，其中，在职参保9091人，退休4289人。按照四川省机关事业单位养老保险制度改革有关决策部署启动温江区退休“中人”养老待遇兑现工作，采集224名退休“中人”老标准和视同缴费年限数据，平稳完成177名2014年10月至2015年12月退休“中人”养老待遇兑现及补发，涉及资金约500万元。有序推进原机保试点个人账户清退工作，已清退1421人，涉及金额约580万元。开展退休人员养老待遇领取资格认证及待遇调整工作，确保待遇及时、足额发放，全年累计发放2.68亿元。

【高层次人才队伍建设】　紧扣“三医两养一高地”区域产业定位，重点突出医药研发、医疗应用、医药制造等高层次人才情况，形成“三单一图一书”，引导人才按需流动。建立“机构＋高校＋平台”的综合人才引进模式，用足人才机构优势，保障重点企业用工，协助科伦、泽研生物等区内重点企业引进“三医”类硕士以上人才165人。用活人才品牌力量，汇聚优质外来人才，放大“蓉漂人才荟”“鱼凫英才”等人才品牌影响力，吸引高层次人才到温江。鼓励区内企业积极申报设立博士后创新实践基地，新获批设立四川省博士后创新实践基地1家。推荐选拔享受政府特殊津贴2人，百千万人才工程国家级人选2人，省学术和技术带头人及后备人选7人，省留学归国人员科技活动项目择优资助2人，成都市职称评审专家库5人，通过留学回国到四川人员高级职称4人。共兑现急需紧缺专业技术人才奖励224万元、博士后创新实践基地补贴165万元、留学回国人员创业启动支持资金20万元。帮助药明康德582名专业人才享受“康德馨苑”产业人才保障房，牵头做好区内首个人才公寓“万新峰荟”的人才资格审核，共429名硕士及以上人才通过购房资格审核。成功举办四川省海外高层次人才服务团走进温江示范活动、“蓉漂”人才荟系列活动、“三医”人才汇·急需紧缺专业技术人才感知温江暨座谈会等人才活动共11场，促成中俄合作项目“医废处理系统”落地成都医学城，柔性引进海外高层次专家3名，人才凝聚力进一步增强。优化职称评审路径，精简职称评定程序，推行“线上申报—前台初审—提交评审—公示—发证”的申报流程，已通过职称认定及评审1193人，其中高级226人，中级326人，初级641人。

【高校毕业生就业指导服务】　大力实施高校毕业生服务基层项目，开展“一村一大”大型招募活动，共面向全国高校毕业生成功招募“村大”50人服务基层。落实102名高校毕业生见习，认定高校毕业生青年见习基地30家，2017级藏区“9＋3”毕业生初次就业率达到100%。

【人才市场供求分析】　2020年，温江区公共人力资源市场向社会提供各类岗位5891个，入场登记求职者3223人，缺口数为2168人，求人倍率1.80。从产业就业结构看，第二、三产业需求人数分别为2304人、3587人，所占比例分别为39.13%、60.87%；从行业需求情况看，岗位需求中所占比重最大的为制造业及居民服务和其他服务业，分别以38.06%和12.32%的比例位居前两位，紧随其后的是住宿和餐饮业和房地产业，需求比重分别为9.13%、7.38%。

（孙艳平）

机关事务服务

【概况】 2020年，区机关事务服务工作坚持“政治机关、行政机关、服务机关”的科学定位，深入实践“三个服务”，认真履行“资金管理、资产管理、服务管理”三大职能，全面贯彻落实《机关事务管理条例》，着力构建标准、优质、专业的现代化机关事务工作体系，圆满完成了疫情防控、机关后勤保障、区两会保障、省委巡视组巡视温江保障、办公用房管理、公务用车管理等各项工作任务，先后获“为庆祝中华人民共和国成立70周年活动作出突出贡献单位”、温江区委组织部疫情防疫主题活动“组织奖”等荣誉。

【疫情防控】 按照“分层分级全覆盖排查、分类施策精准防控”的工作思路，全力构建“干部职工如实报告、部门单位管理监测、工作专班研判监督”的全员防控体系，下发《关于在疫情防控期间确保全区各级机关高效有序运转的通知》《关于积极应对青岛地区疫情影响切实抓好疫情防控工作的通知》《关于积极应对新疆喀什地区疫情影响切实抓好疫情防控工作的通知》《关于积极应对成都市郫都区疫情影响切实抓好疫情防控工作的通知》，建立全员健康监测台账并实施动态管理，先后登记干部职工3000余名，均按照相关要求落实管控措施；制订《温江区海科集中办公区疫情防控实施方案》，建立健全人员管控、膳食服务、会务服务、应急封控等处置预案，先后监测进出办公区人员80余万人次，分餐供应膳食8万余份，消杀公共区域近100万平方米，会议室30余万平方米。

【机关安全保卫】 组织消防联动测试、消防、防汛等应急大演练4次，参演人数260余人次；协调相关部门投入资金100余万元，完成园区视频监控系统的升级改造工作。

【机关后勤保障】 全年开展安全生产检查12次、安全生产培训6次，参训人员500余人次；做好租赁、维修、保洁等后勤保障工作；持续开展园区品质督导和物业满意度调查，全年开展物业服务满意度调查4次，收集意见80余条，自查整改细节问题2000余项；实施定岗定责，按人员划定服务责任区域，实行不间断循环式自查复查，确保后勤服务全天候、全幅员满覆盖。严格食品卫生安全管理，严把食堂食材配送、采购、加工各环节，建立食品原材料溯源机制；继续实行食材优价供应机制，精控食材成本，全面优化菜品搭配；丰富机关食堂；完成明厨亮灶工程，规范食堂人员进出。

【办公房清理调整】 完成党政机关办公用房管理信息系统录入审核工作，组织开展办公用房“回头看”，根据录入数据对全区办公用房使用情况进行核查；实行动态调节机制，统筹空间设置，满足各单位办公用房调配、借用等需求；全覆盖完成了全区76家单位党政机关办公用房管理信息系统数据采集工作。

【公务用车改革】 制订《温江区公务用车专项检查工作方案》，进一步加强对全区公务用车使用管理的监督和检查。加强对公车“一车一档”资料的核查，对各单位公车定点加油、定点保险、定点维修等台账进行重点检查，确保全区各单位严格执行单车运行费用核算。全年先后开展公务用车使用管理抽查工作9次，抽查单位68个，未发现有公车私用，私车公养，换用、借用、占用下属及其他单位车辆，超范围使用公车，未按程序派车，为公车增加高档配置或豪华装饰等违规使用公车情况。

【公共机构节能】 以“公共机构节能进校园”为重点，开展2020年公共机构节能宣传周系列活动；配合水务局开展节水型机关、节水型社会创建；组织全区 14 家单位开展节约机关创建；组织温江中学等单位开展能源审计；组织开展能耗数据直报新系统培训会，夯实节能数据基础。

【党风廉政】 健全反腐败工作会议机制，对年度党风廉政建设、“一岗双责”、主体责任等工作进行定期研究；完善廉洁教育学习机制，制定年度党组中心组理论学习计划、民主生活会制度等，以“一把手”讲党课、纪检组长讲廉政党课、“业务骨干话廉洁”系列主题讲座为抓手，广泛开展廉政警示教育，不断强化党员干部自律意识、底线意识和红线意识；全面落实民主集中制和“三重一大”事项集体决策制度，“一把手”带头执行主要领导“五个不直接分管”和“末位表态”制，不断提升领导班子科学决策水平。

（杨　伟）

政府政策研究

【概况】 2020 年，区政府政策研究中心按照全面体现新发展理念宜业宜居宜游的新中心城区发展定位，以“创新提能年”为主题，加强队伍建设、深化调查研究、注重成果转化，全面完成领导交办的各项工作任务，高质量提供分析报告、决策建议和咨询意见，不断增强参谋助手的系统性、精准性、前瞻性。

【政治建设】 一是坚决把牢政治方向。坚持以习近平新时代中国特色社会主义思想为指导，全面贯彻中共十九大和十九届二中、三中、四中、五中全会精神和习近平总书记对四川及成都工作系列重要指示精神，围绕成渝地区双城经济圈建设，深入学习党的路线、方针、政策，召开主任办公会及主任办公（扩大）会传达学习中央、省市区委重大决策部署 20 余次，确保上级决策部署落地落实。二是常态推进主题教育。巩固拓展“不忘初心、牢记使命”主题教育成果，建立健全学习教育常态长效机制，把“不忘初心、牢记使命”作为加强党的建设的永恒课题和全体党员、干部的终身课题常抓不懈。严格执行“三会一课”，深入开展主题党日、“大学习、大调研、大走访”活动，到天府街道开展集中宣讲，举办“主题党日 + 微分享”6 次，推行全员课题责任制对营商环境建设等 37 个课题开展专项研究。依托“学习强国”等 App 和“鱼凫先锋”等网站平台，推动机关党员干部学习、教育和管理。三是严格落实意识形态工作责任制。坚持党对意识形态工作的全面领导，及时传达学习习近平总书记关于意识形态工作的重要讲话指示精神，组织党员干部学经典原著，不断推进全体党员干部牢固树立社会主义核心价值观，自觉抵制错误思潮影响。全面落实网络安全责任，加强保密教育警示和督促检查，强化对全办干部职工微信、工作 QQ 群传播涉密敏感信息的管控。

【履职尽责】 一是抓实疫情防控。中心班子身先士卒，率领单位全体人员放弃春节休假，以战时状态第一时间投入新冠肺炎疫情防控综合协调工作，充分发挥专业优势，为应急决策提供有力支持。常态化疫情防控后，面对疫情和经济社会发展的双重考验，严格按照上级统一部署，结合温江区实际，及时将各项要求转化为可操作、可落实决策参考意见，扎实做好文稿起草、疫情防控、复工复产、企业服务等各项工作。二是提升文稿质量。坚持以文辅政，始终把文稿服务作为决策参谋服务的重要抓手，建立与单位会商讨论、与条线集中研判、与上级衔接学习的工作机制，将文稿起草穿透到上下线、前后端，高质量起草领导讲话稿、汇报材料、调研报告等，积极主动为区政府重大战略决策和重大工作部署服务。组织起草《2021 年政府工作报告》、区政府第七次全体会议讲话、区委十四届十二次全会暨区委经济工作会议讲话等文稿 120 余篇。三是建立健全专业决策机制。紧紧围绕区政府工作重点及群众关注的热点、难点问题，探索建设新时代新型高端智库，成立重大行政事项专家咨询论证委员会，紧扣“五个之城”建设聘请社会各界专家、学者 40 余名，形成《“十四五”期间温江区融入践行新发展理念的公园城市示范区的战略》《超大型商住小区基层治理实践与思考——以柳城街道恒大城社区为例》等高质量的调研报告 7 篇。

【组织建设】 一是严守党的政治纪律。严明政治规矩、严守组织纪律、严格生活纪律，不断增强政治鉴别力，旗帜鲜明地同社会上一些错误的政治言论作坚决斗争，对有错误观点的党员干部进行了针对性地教育引导，组织全体干部职工专题学习《中国共产党廉洁自律准则》《中国共产党纪律处分条例》《中国共产党党内监督条例》《中国共产党问责条例》6 次。二是加强党风廉政建设。制定并实施主体责任和监督责任“两类清单”，专题研究党风廉政建设和反腐败工作 5 次，组织观看警示教育片 1 场次。先后 4 次通报学习各类廉政典型案例，开展实地廉政教育 1 次。严格遵守中央八项规定及实施细则精神，动态实施全员岗位廉政风险排查及防控，积极引入信息化手段加强财务报销、物资采购等精细化管理。持之以恒反对和纠正“四风”，真正做到改进调查研究、精简会议活动、精简文件简报、厉行勤俭节约、自觉反对特权。积极配合省委第二巡视组开展巡视工作，以巡视整改推动各项工作再上新台阶。三是培养专业干部队伍。针对单位年轻同志多的特点，建立“以老带新”工作模式，班子成员根据分工亲自带、倾心教，实行稿前分析、稿中探讨、稿后总结机制，促进年轻同志快速成长。坚定落实新时期好干部标准，树立正确用人导向，完成中层干部竞争上岗 3 人次。

（曾　奇）

行政审批

【概况】 2020 年，区行政审批局坚持“党建引领、美好政务、法治公正、效能审批”，围绕中心工作，强化疫情防控，深化“放管服”改革，积极推进审批服务便民化工作，创优国际化营商环境，全力打造“温馨办”政务服务品牌。全年全区政务服务系统共接待 200 余万人次，受理 176 万余件，办结 170 万余件，即时办结 136 万余件，办结率 96.9%。其中，通过政务网站和 App 提供“网上办”11.16 万件，“预约办”34.52 万件，“就近办”107.17 万件，“邮政办”6.1 万件。全区 1418 项审批服务事项承诺提速率达 89.97%，“一次办”100%，“马上办”64.52%，“网上办”100%，“全程网办”85.12%，“就近办”75.68%。群众满意度从 2019 年的 90.23% 上升至 98.58%。

【疫情防控】 第一时间成立党员疫情防控应急先锋队，加强人员体温检测，做到“逢进必测”。通过智慧治理中心开展数据归集管理和分析应用工作，进行 OTO 线上线下精准防控，汇聚各部门 8 大条块合计 29.2 万余条疫情数据信息，建立系统数据汇集、实时去重比对、精准排查分发的数据精准防控机制，累计为基层精准推送重点防控人员信息 4 万余条，有效助推精准人员排查工作，助力全区复工复产。

【国际化营商环境】 一是全面推动营商环境建设创新提质。编制温江区营商环境建设白皮书，出台温江区营商环境 28 条新政；在全省首创营商环境电子地图，获得“四川省市县新媒体十佳优秀传播案例”；围绕区域企业、群众等宣传主体，持续开展了“以评促改”“以评促优”营商环境指标内测和营商环境宣传推介。二是研究出台温江区营商环境 3.0 版。结合温江“三医”主导产业优势，制定温江持续优化营商环境“646”改革行动方案，精准施策、靶向发力、改革突破，全面优化提升温江营商环境建设。温江连续两年获评“营商环境创新创优标杆城市”，获评“2020 年度营商环境政务服务赋能创新单位”“2020 年度营商环境十佳创新案例”，获“2020 年度全国政务服务优化金流奖”。2020 年度营商环境进入全市优秀行列。

【“放管服”改革】 聚焦群众反映的办事难、办事慢、多次跑等问题，大力推进“四个办”（马上办、网上办、就近办、次办）；精简 121 项审批事项申报材料 255 项，审批服务事项平均提速率约达 50%；创新企业开办“3 + 3”模式（3 小时注册登记，3 小时办税刻章），实现企业开办 6 小时办结；“4 + 4 + 1 + X”工程建设项目全流程审批用时压减至 90 个工作日以内；信贷办理时限压缩至平均 14.14 个工作日；企业取得用水手续耗时缩减至 14 个工作日。积极融入成渝经济圈建设，与重庆市巴南区签署温巴政务服务战略合作协议，48项审批服务事项实现跨区域通办。2020年8月，温江区顺利通过省级政务服务标准化试点示范项目验收。

【审批便利化】 2020年，区镇村三级政务服务共办理审批服务事项137万余件。调整优化区政务中心办事环境，设立“企业营商环境服务区”、“不动产登记服务区”和“社会事务服务区”三大主题功能区。大力推行便企惠民“三免”服务，免费刻章1.47万余枚，免费复印26万张，免费证照寄送4.5万件。规范基层便民服务中心（站）建设标准，开展3次基层政务服务窗口工作人员轮训，医保社保、劳保就业、卫健计生、民政救助、残疾优抚、退役军人等方面与自然人关系紧密的147项便民服务事项实现“就近办”。

【智慧城市建设】 以数据资源融合为核心，强化智慧治理中心“城市大脑”的龙头效应，构建温江区数据资源中心，打造政务信息资源交换共享平台，实现社会诉求、企业服务、信用体系等338类2000余万条数据资源的统一存储、沉淀和融合，推动14个部门68类公共数据向社会开放共享。保障全区电子政务外网安全，拦截46421个攻击源，处理感染病毒设备108台。

【政府信息公开】 2020年，编制并公开《成都市温江区试点领域基层政务公开标准目录》，政务公开实现清单化管理，“一网站三平台”上传信息共15万余条。办理政府信息公开申请共73件，按时办结率100%。承办市政府审理的相关行政复议案件9件，无被纠错情形。出庭应诉相关被诉案件13件，区政府负责人出庭率100%，已结案10件，无败诉。

（李雪峰）

应急管理

【概况】 2020年，区应急局狠抓疫情防控与应急管理不放松，各项工作稳步推进。全年全区各类生产安全事故起数、死亡人数同比分别下降44.44%、60%，安全生产形势持续稳定向好；协调处置各类突发事件456起，有力维护了全区良好的发展环境。

【疫情防控】 一是统筹做好应急物资管理。组织9名骨干力量统筹做好全区应急物资管理工作，累计收储发放口罩、消毒剂、防护服、手套等防护物资550余万个（件）。二是服务应急物资生产企业。深入开展“疫情防控应急物资生产企业服务保障专项行动”，成立3个工作组对重点疫情物资生产企业进行“驻点服务”。三是促进企业项目复工复产。制定“复工复产安全生产工作要求清单”，成立4个复工专班对40余家重点复工企业进行“上门服务”。

【应急管理体制机制建设】 一是在全区层面编制修订了区政府总体应急预案，指导9个镇（街道）和46个区级部门、园区、国有公司编制修订各类应急预案。二是按照“一月一演练”要求，组织开展老旧院落消防安全、校园新冠肺炎疫情防控、抗震减灾等12场“双盲”综合性应急演练，参演人员达3000余人。三是全区组建1支大队、19支中队和95支分队约1775人的应急救援队伍。

【隐患排查及风险管控】 一是陆续开展安全生产和消防安全隐患大排查大整治行动、城市安全风险大排查等专项行动，检查单位（点位）16641个，排查隐患19480条，整改18809条，隐患整改率达96.56%。二是深入开展危险化学品企业安全生产隐患大排查大整治行动，检查企业114

家，排查整治隐患381条；着力开展粉尘防爆专项排查整治工作，完成17家粉尘涉爆企业32条重大隐患的整改工作。三是2020年共发布11期城市安全风险预警，在区长办公会上进行通报，并采取针对性管控措施，做好安全防控。

【监察执法】 完成计划执法检查178家，完成率100%，立案8起，罚款29.3万元；针对各类违法举报核查11起，立案查处1起，共处罚款3万元。扎实开展2020年度“遏事故、保安全”执法行动，立案处罚15家，行政处罚人民币35.万元。着力开展“铸安2020”监管执法专项行动，排查事故隐患475条，立案处罚15家，行政处罚34.8万元。

【高效处置】 进一步完善值班管理机制，抽查镇（街）、部门（单位）值班情况1648次，实地检查318次，协同区级部门现场处置各类突发事件约160余起；建立10种常见突发事件紧急信息首报、续报、终报模版，按要求向市委、市政府总值班室报告突发事件50起、向市应急局报告突发事件16起，值班信息流转效率大幅提升。

（付加龙）

人口服务管理

【概况】 2020年，区人口办与区公安分局紧密协作，以“一标三实”为主线，围绕抗击新冠疫情，全面加强人口服务管理工作，在全市年度人口管理目标考核中，温江区位居中心城区前列。

【机制建设】 一是完善组织保障。督促各镇（街）完善人口办建设，确保其代表镇（街）级开展人口服务管理工作。二是将人口管理工作纳入区政府目标管理考核，制定下发人口管理目标实施细则，明确政府主要领导为主要责任人，推进工作落实。三是完善以出租房屋公示、三级巡查为重点的“五项制度”，加强常态管理工作。四是健全网格化管理机制。由区政法委牵头，将全区划分综合网格和专职网格，由区委社治委统一安排，将区人口、计生、民政等六类下沉社区（村）的专职协管员进行力量整合，组成社区（村）网格员，将相关工作的基础信息形成“一手采集、综合应用”，彻底解决了基础信息采集队伍“人员少、力量弱”的问题。

【信息管理】 2020年，全区人口基础数据主要有：标准地址信息836035条，同比增加71879条，增幅9.4%；实有人口1015782人，同比增加47039人，增幅4.8%；区外到温江流动人口543191人，占实有人口的53.48%，同比增加39526人，增幅7.8%；实有房屋信息590534条，同比增加62246条，增幅11.78%；实有单位信息31062条，同比增加196条；从业人员214149人，同比减少117724人，主要因为根据省公安厅统一安排，将全区大中专院校学生不作为从业人员统计所致。

【信息应用】 2020年，相关基础信息除为区委区政府在服务社会管理提供信息支撑外，“一标三实”信息为抗击新冠疫情精准查找居住信息5.5万余人次，为区政府相关职能部门开展后续管控提供了重要帮助。全年抓获网上在逃人员25人，通过信息查找为走失儿童、迷路老人找到家人等服务社会民生事例190余件。相关信息还为人社、卫健、民政、教育等区级部门提供服务。

【服务创新】 一是把人口研究与经济社会发展相融合。与西南财经大学人口研究所形成战略合作，引入专业队伍对全区人口相关数据进行研究，形成半年及年度“温江区实有人口分析报告”，通过对全区人口规模、分布、结构等进行分析，为教育、规划、住建、人社等区级部门提供行政参考，通过对主要商住小区的入住比例、居住人口数量等分析，为教育部门学位规划、民政部门行政区划调整等提供参考，通过对全区职住平衡现状分析，为区政府对全区产业布局、社会管理等提出了合理的对策建议。二是把人口管理与“智慧小区”建设相融合。通过对“丽晶港、恒大城、依云镇”等“智慧小区”建设，引入人像识别技术，准确掌握居住人员的情况，为服务管理提供支撑。

（向　勇）

社会诉求服务

【概况】 2020年，通过网络理政平台受理群众诉求68782件，群众平均抽样满意率为94.59%；办理四川在线“问政四川”网民留言3088条，四川新闻网“麻辣社区”论坛留言79条，留言回复率持续保持100%。

【体制建设】 一是限时办件。对承办单位签收、办理、延期、退件时限进行详细规定，实行限时办理，按咨询、投诉、表扬、建议等不同类别科学设置办理时间。二是有效催办。通过分类设置回复时限、错时签收回复、电话催办等方式提醒催办，全年温江区对成都市无超期签收、超期回复。三是精准派件。定期梳理更新派件指南，针对全区重点工作、重点项目梳理更新重点、难点问题派件指南，针对“疫情防控”“无证经营”“成名高速（温江段）辅道扩容改造”等问题明确工作职责边界，针对“技术人才落户”“异地就医”“丽晶公馆小区外停车场修建”等问题明确责任主体，实时调整派件；坚持工作例会制度，总结每日工作情况、开展业务培训，实现迅速派件、准确派件，有效避免推诿扯皮，确保群众合理诉求得到有效解决。四是规范办件流程，对不按规定办理的工单打回重新办理，确保市民合理诉求有效落实，不断提高办件办理质量。

【数据处理】 完善多维度民生诉求标签体系，结合电子地图搭建交互性强的可视化图形，智能化提取复杂诉求数据的“实体标签”和“分类标签”，实现了民生问题管理服务的可视化、智能化、精细化，为诉求处置工作提供精准有效的数据支持。通过平台已能按照所需时间自动甄别出数量排名前十的具体诉求问题，以及问题所在社区、小区、道路等，亦能同步实时自动识别出415个小区所涉及的各类问题并在地图上精准定位展现。

【标准体系完善】 以大数据民生诉求分析平台为载体，建立起包括15项一级分类、142项二级分类、401项三级分类在内的统一民生诉求分类标准，打破了“各系统自成体系，分类五花八门”的情况，明确工作职责边界100余个。对重大、热点诉求爆发概率进行研判，对敏感问题、热点问题等及时发现预警，推动热点、重点诉求问题的前端精细化处置。

【跟踪分析】 适时分析四川在线“问政四川”、四川新闻网“麻辣社区”论坛留言规律及特点，持续强化对承办单位工作指导，主动与市级机关、相邻区县沟通协调，全域搜索，逐条转办。坚持逐日逐件网络理政平台诉求实时跟踪，定性定量分析研判，进一步规范督办文书及工作流程，对重复交办、回访不实、久拖不决等诉求，展开督办49次。就温江区农民工讨薪、新建楼盘交付等涉稳风险隐患问题和重点民生诉求对相关单位发送工作提示11次。严格网络理政信息安全管理责任落地落实，对“七彩花都A区的物业允许摊贩进入小区摆摊”等诉求办理中工作人员涉嫌信息泄露问题展开调查3起。

（赵　欢）

防汛抢险

【工程建设及防汛抢险】 完成金马河鲁家滩、黄家渡等2.6公里堤防的生态治理以及金马河大船滩等7处水毁工程修复；组织专业救援队伍5支，并与安能成都分公司等2支抢险救援机构建立战略合作关系；完善防汛会商调度机制，将190余个视频点位接入防汛指挥系统。6月6日，国务委员王勇到温江调研，对温江区防汛减灾工作给予肯定。面对“8·11”“8·16”强降雨，坚持“人民至上，生命至上”，及时启动防汛应急响应，组织区级相关部门、各镇（街道）累计投入抢险经费380万元、专业抢险队伍10789人次，调集机械车辆562台次，共转移安置受灾群众5324人，及时恢复城市运行，实现了有大汛无大灾。供水保障经受住超50000NTU高浊度源水的考验，实现了水厂不停产、居民不停水。迅速启动了防洪整治工程项目策划包装和内涝区治理专项研究，抢抓江安河10天断流期，完成了江安河21处水毁护岸修复，清淤河道33.5公里。（宿　强）

政协成都市温江区委员会

重要会议

【全会】 区政协十四届四次全会　中国人民政治协商会议第十四届成都市温江区委员会第四次会议于2020年5月19—20日举行。会议听取并赞成区长马烈红同志所作的《关于成都市温江区人民政府工作报告的说明》，审议批准区政协主席艾志秋代表政协第十四届成都市温江区委员会常务委员会所作的工作报告，审议批准周化林副主席代表政协第十四届成都市温江区委员会常务委员会所作的提案工作情况的报告。会议书面听取并讨论了《政府工作报告》《2019年国民经济和社会发展计划执行情况及2020年国民经济和社会发展计划草案的报告》《2019年财政预算执行情况和2020年财政预算草案的报告》《温江区人民法院工作报告》《温江区人民检察院工作报告》，对上述报告表示赞同，并提出意见建议。会议审议并通过了提案审查委员会《关于区政协第十四届四次会议提案审查情况的报告》，选举了政协第十四届成都市温江区委员会副主席、常务委员。会议务实高效、风清气正、圆满成功，是一次发扬民主、凝聚共识、坚定信心、团结奋进的大会。

【常委会议】 区政协第十四届十五次常委会议　5月12日，区政协召开第十四届十五次常委会议。会议传达学习中共十九届四中全会、省委十一届六次全会、省委政协工作会议、市委十三届六次全会暨市委经济工作会议、市委政协工作会议、区委十四届十次全会暨区委经济工作会议精神；通报区政协十四届三次会议以来区政府系统政协提案办理工作情况；审议通过区政协第十四届四次会议相关事宜；审议通过有关人事事项。

区政协第十四届十六次常委会议　5月20日，区政协召开第十四届十六次常委会议。会议确定政协第十四届成都市温江区委员会副主席、常务委员候选人名单；通过《政协第十四届成都市温江区委员会第四次会议选举办法（草案）》；提出总监票人、监票人、总计票人、计票人建议名单；通过《政协第十四届成都市温江区委员会第四次会议提案审查情况的报告（草案）》；通过《政协第十四届成都市温江区委员会第四次会议决议（草案）》；听取各组讨论情况汇报。

区政协第十四届十七次常委会议　8月25日，区政协召开第十四届十七次常委会议。会前集中学习《中华人民共和国民法典》；会议传达学习省委十一届七次全会、市委十三届七次全会、区委十四届十一次全会和区委政协工作会议精神；通报2020年上半年全区经济社会运行情况；通报区政协2020年重点提案相关事宜；审议通过有关人事事项；围绕“加强公共卫生应急管理，健全公共卫生事件应急联动处置机制”开展议政性专题协商；与区级相关部门进行互动交流。

区政协第十四届十八次常委会议　12月22日，区政协召开第十四届十八次常委会议。会前集中学习《中华人民共和国土壤污染防治法》；会议传达学习中共十九届五中全会、省委十一届八次全会精神；传达学习全国地方政协工作经验交流会、成都市政协十五届十二次常委会议、成都市政协学习会精神；通报2020年全区党风廉政建设和反腐败工作情况；围绕区“十四五”规划编制情况，开展专题议政性协商；审议通过有关人事事项。

政协工作

【疫情防控】　区政协主席会议成员深入镇（街）、村（社区）督导疫情防控，走访小区、院落、学校、企业等防疫点位130余个；与区人大联合开展疫情防控联动督察，发现问题99个，现场督促整改92个，及时向区常态化疫情防控工作组反映重点问题；选派27名干部组成工作队，下沉到柳城街道6个社区，开展人员排查、体温检测、环境消杀等工作，协助基层疫情防控；主席会议成员联系走访重点企业43家，收集企业在疫情防控、资金周转、用工需求、物流运输、物资储备等方面的诉求45项，积极帮助企业纾危解困，切实助推复工复产；抽调14名机关干部“一对一”入驻区内重点企业，开展“两送一帮一解”专项服务，收集企业的困难诉求42项，并协调相关部门解决。

【政治协商】　在区政协第十四届五次会议期间，组织政协委员围绕区委中心工作和大会各项工作报告建言资政，聚焦夺取疫情防控与经济发展双胜利、国际化营商环境建设形成意见建议240条报区委决策参考。围绕打造生命科学创新区，省科技成果转移转化示范区建设、农高创新核打造、科技示范引领应用场景建设、环中医大知识经济圈产业空间打造等开展24项专题调研，充分发挥委员优势，收集有针对性意见建议120余条并转相关部门参考。

【民主监督】　围绕温江区2020年民生实事工程推进、加强老旧院落场景营造、科技示范引领应用场景建设、助推世界文化名城建设、国际化社区建设、打造智能化交通管理体系等开展民主监督15项，组织委员150余人次进行视察调研。领导班子认真履行“河长制”职责，巡视河道40余次，及时发现、及时指出问题。

【参政议政】　区政协领导班子成员带队，走访政协委员135名，收集委员对统筹疫情防控与经济发展、公共卫生应急管理体系建设、“十四五”规划编制工作等方面意见建议96条。围绕打造全国“三医”科技创新高地、城乡社区发展治理、建立健全疫情联防联控体制机制、花木产业供给侧结构性改革等开展专题调研，形成16篇调研报告和专报送区委、区政府主要领导，并获得肯定性批示。2020年，共收到提案共收到提案175件，审查立案164件，立案率93.7%。截至12月31日，立案提案已全部办复。

【文史工作】　以疫情防控和扶贫攻坚为主题，向各镇（街）、相关部门和文史研究员征集文史稿件61篇，高质量编印第三十期《温江文史》，详细记录全区疫情防控工作，宣传扶贫攻坚事业中的典型人物、感人故事；举办“最美逆行人”书画作品惠赠活动，向成都市第五人民医院、温江区人民医院支援武汉的医务工作者惠赠书画家创作的作品28幅；举办迎新春书画作品展，联合区文联、区美协、区书协举办书画展，展出国画、书法、油画作品200余幅，用书画艺术形式展现温江城市文化内涵。

【创新工作】　区政协认真贯彻落实中央和省、市、区委政协工作会议精神，充分发挥政协协商的独特优势，提升精准性、创新性、整体性和专业性，用创新举措建好四个平台，广集良策促进决策优化，全面提升政协履职能力。一是建好全会协商平台，重大战略举办重大协商。在区政协十四届四次会议期间，组织全体政协委员围绕纵深推进产业功能区建设、提升温江城市治理能力和治理水平等开展小组讨论，邀请区委、区政府领导与委员进行交流。全会收集意见建议240余条，形成专报送区委区政府参考。二是建好常委会协商平台，重点工作推动重点协商。学习市政协经验，调整常委会议模式，在原有的学习精神、审议工作等常规动作之外，创新开展议政性协商，聚焦社会关注的热点难点问题确定协商议题，邀请区政府领导、相关部门负责人与政协委员互动交流，直接听取委员的意见建议。三是建好专委会协商平台，专业领域凸显专业协商。加强专委会建设，将176名政协委员按照所属界别、从业领域分到各专委会进行联系、服务和管理，并以专委会为主体开展对口协商、界别协商，切实提高协商工作的专业化水平。四是建好基层协商平台，群众事务发动群众协商。贯彻落实区委政协工作会议“推动政协协商与基层协商有机融合”工作要求，建好建优镇（街道）委员联络办、民主党派的村（社区）社情民意工作站、委员工作室等政协基层工作平台，积极帮助镇（街道）、村（社区）落实工作人员、场地和经费，完善工作制度，初步建立了13个标准化办、站、室。

重要活动

1月14日，区政协党组书记、主席艾志秋主持召开区政协第四十一次党组（扩大）会议，传达中央和省、市、区委重要会议精神，研究区政协十四届四次会议及春节慰问走访等工作。

1月15日，区政协党组书记、主席艾志秋赴永宁街道开展“三联系”暨春节前慰问走访，慰问困难群众、老党员、退休老干部。

2月2日，区政协党组书记、主席艾志秋赴永宁街道八角社区、城武社区做好疫情防控工作。

2月2日，按照区委安排部署，区政协组建两支以党员干部为主的支援基层防疫工作队，分批投入疫情防控第一线。

2月6日，区政协党组书记、主席艾志秋赴永宁街道开展防疫督导工作。

2月11日，区政协党组书记、主席艾志秋主持召开区政协第四十四次党组（扩大）会议暨三十一次主席会议，传达学习十四届区委常委会第93次会议暨区疫情防控指挥部第六次会议精神，安排部署区政协当前疫情防控相关工作。

2月11日，区政协党组书记、主席艾志秋深入基层看望慰问一线防疫工作人员。艾志秋一行先后到柳城街道迎晖路社区、红光社区察看防疫措施落实情况，并看望慰问了在防疫一线工作的社区干部和区政协下沉支援基层一线的机关干部。

2月18日，区政协党组书记、主席艾志秋主持召开区政协第四十五次党组（扩大）会议。会议传达学习区委常委会（扩大）会议暨区疫情防控指挥部第七次会议精神，安排部署区政协当前疫情防控相关工作。

2月19日，区政协党组书记、主席艾志秋赴永宁街道督导新型冠状病毒肺炎疫情防控工作。

2月25日，区政协党组书记、主席艾志秋率队联系走访温江区部分规模以上工业企业，先后走访了成都统一企业食品有限公司、成都市正硕科技有限公司、成都市温江区金桥包装有限公司、成都味美鲜食品有限公司等规上企业。

2月19—25日，为认真贯彻落实区委常委会（扩大）会议和区疫情防控指挥部会议精神，全面落实疫情防控和企业复工复产“两手抓”工作要求，区政协领导班子成员联系走访规上企业43家，助推企业做好疫情防控和复工复产工作，全力支持企业克服因疫情带来的生产经营困难，为温江区奋力夺取疫情防控和实现经济社会发展目标“双胜利”贡献智慧和力量。

2月28日，区政协党组书记、主席艾志秋前往永宁街道八角社区、城武社区督导疫情防控和复工复产工作，看望慰问一线防疫人员。

3月6日，区政协党组书记、主席艾志秋赴万春镇、和盛镇、寿安镇调研北林绿道建设情况。

3月14日，区政协迅速行动，领导干部带头参与，机关干部职工积极投身到“卫生大扫除”行动中。

3月18日，区政协党组书记、主席艾志秋主持召开区政协第四十六次党组（扩大）会议。会议传达学习区委常委会第97次（扩大）会议、第98次（扩大）会议和区纪委十四届九次全会精神，专题学习区委书记王道明在区纪委全会上的讲话精神，审议通过《区政协2020年工作要点》《2020年政协协商计划》。

3月19日，区政协党组书记、主席艾志秋先后走访区政协委员、四川纯真世纪实业有限公司董事长陈果，区政协委员、成都新恒创药业有限公司总经理关文捷。

3月20日，区政协党组书记、主席艾志秋赴寿安镇走访区政协委员、党外代表人士、成都景外景园林绿化工程有限公司董事长卢学军。

4月16日，区政协书画研究院召开2020年第一次院长会议。

4月20日，区政协党组书记、主席艾志秋赴万春镇、和盛镇、寿安镇调研北林绿道建设，先后对康家浩湿地公园二期、金马河堤顶绿道建设情况，江安河绿道万春段基础配套设施提档升级情况进行视察调研，现场对绿道建设相关工作进行研究并提出意见建议。

4月20日，区政协党组书记、主席艾志秋主持召开区政协第四十七次党组（扩大）会议。会议传达学习了市委政协工作会议精神，特别是省委常委、市委书记范锐平和市政协主席李仲彬在市委政协工作会议上的讲话精神。艾志秋就贯彻落实工作提出要求。

4月23日，区政协组织召开助推温江区项目策划包装储备工作专题协商会。相关部门汇报了全区项目策划包装储备工作情况，区政协主席艾志秋就项目策划包装工作提出意见建议。

4月24日，区政协书画研究院与区工商联联合举办民营企业文化沙龙活动。

4月24日，区政协召开定点帮扶简阳市工作座谈会。会上，区级相关部门及镇（街道）根据职责分工分别介绍简阳市三合镇塘坝村等镇、村扶贫工作进展情况，以及在产业发展、项目建设、结对帮扶村（社区）等方面存在的问题和困难。

5月26日，区政协党组书记、主席艾志秋主持召开区政协第四十九次党组（扩大）会议。会议传达学习全国政协十三届三次会议精神和四川省政协十二届三次会议、成都市政协十五届三次会议精神，研究了区政协主席会议成员分工事项和《区政协关于加强项目策划包装储备民主监督的工作方案（审议稿）》。

5月28日，区政协党组书记、主席艾志秋开展委员走访工作，先后走访区政协委员、川大华西医院肺癌中心主任许峰，区政协委员、四川金宫川派味业有限公司董事长龚永泽，对委员们在刚刚结束的区政协十四届四次全会上建言资政落实情况进行专题调研。

6月3日，区政协党组书记、主席艾志秋先后前往和盛镇、寿安镇、万春镇对北林绿道及周边消费场景建设情况开展调研，对康家浩湿地公园二期项目、金马河堤顶绿道、北林绿道环线基础配套及绿化景观、江安河绿道万春段入口节点等点位建设情况进行视察调研，并对金马河进行巡查，现场听取区水务局、科蓉公司相关工作开展情况的汇报。

6月10日，区政协党组书记、主席艾志秋主持召开区政协第五十次党组（扩大）会议。会议传达学习区委常委会第106次会议精神，研究部署了区政协近期工作。

6月17日，区政协举办“最美逆行人·致敬温江援汉医务工作者”书画作品惠赠仪式。

6月23日，区政协党组书记、主席艾志秋前往区退役军人事务局调研。艾志秋主席充分肯定了区退役军人事务局成立以来所取得的成绩和荣誉，并就相关工作提出意见建议。

6月29日，区政协党组书记、主席艾志秋深入永宁街道走访慰问城武社区和八角社区部分困难党员、群众，详细了解他们在疫情防控期间的工作状况、收入来源、社会保障等情况，并送去慰问金和慰问品，传递党委政府的关怀和温暖。

7月21日，区政协党组书记、主席艾志秋主持召开区政协第五十一次党组（扩大）会议、第十四届三十九次主席会。会议传达学习省委第十一届七次全体会议、市政协十五届第十一次常委会议、区委政协工作会议和区委常委会议精神；研究部署区政协领导班子落实全面从严治党主体责任相关事宜。

7月27日，区政协党组书记、主席艾志秋赴金马河开展巡河工作，在金马河陈家渡出险加固点位检查了防汛抢险工作准备情况，随后现场调研了康家浩湿地公园二期项目、金马河堤顶绿道建设情况，对确保汛期金马河堤防及主要设施安全、新建绿道周边配套同步建设等工作提出意见建议。

7月29日，区政协党组书记、主席艾志秋前往武警成都支队执勤26中队走访慰问驻区部队官兵，向官兵致以崇高的敬意和节日祝福。

8月17日，区政协主席艾志秋深入“三联系”镇（街道）防汛一线，督促指导基层防汛减灾工作，现场听取永宁街道相关负责人工作汇报，了解永宁街道防汛减灾工作情况。

8月18日，区政协党组书记、主席艾志秋主持召开区政协第五十三次党组（扩大）会议。会议重点传达学习习近平总书记重要讲话精神，对成渝地区双城经济圈建设和建设践行新发展理念的公园城市示范区的重大决策部署有了更深刻的认识。会议还审议了区政协第十四届十七次常委会议程、区政协2020年重点提案和有关人事事项。

9月25日，区政协组织开展2020年度委员培训工作。重点学习贯彻省委十一届七次全会精神，市委十三届七次全会精神，区委政协工作会议精神，区委十四届十一次全体会议精神，并对《中华人民共和国民法典》进行解读学习。

10月15日，区政协党组书记、主席艾志秋联系走访党外代表人士——市政协委员、区人大代表、区工商联（商会）副主席、区新联会会长、成都百裕制药股份有限公司副总裁周春雷。

10月16日，区政协党组书记、主席艾志秋主持召开区政协第五十五次党组（扩大）会议，会议传达学习习近平总书记在中央第七次西藏工作座谈会、全国抗击新冠肺炎疫情表彰大会上的重要讲话精神等。会议安排部署了区“十四五”规划编制意见征集工作，并研究区政协常委会专题议政性协商工作。

10月28日，区政协党组书记、主席艾志秋赴北林绿道调研相关项目建设推进情况，重点对康家浩湿地公园二期项目进行视察调研。

11月4日，区政协召开党组（扩大）会议，专题学习市政协学习会精神。会议学习市政协主席李仲彬讲话精神，并结合区政协实际提出贯彻落实措施。

11月26日，区政协组织召开学习贯彻中共十九届五中全会精神宣讲会，区政协党组书记、主席艾志秋作宣讲。

11月27日，为深入开展“大学习、大调研、大走访”活动，区政协主席艾志秋率队到鲁家滩公园建设工程项目现场专题调研。

12月1日，区政协党组书记、主席艾志秋赴永宁街道调研“三医”研发小镇和安置房建设情况。艾志秋向相关负责人详细了解项目进展和存在的问题，并提出意见建议。

12月14日，区人大常委会、区政协组织召开联动督察新冠肺炎疫情防控工作部署会，对联动督察工作进行安排部署。区人大常委会主任万雪梅、区政协主席艾志秋出席会议。

12月21日，区政协党组书记、主席艾志秋主持召开第五十七次党组（扩大）会议，会议传达省委十一届八次全会精神，要求区政协机关干部深刻领会、准确把握“十四五”时期四川经济社会发展的指导思想、主要目标和二〇三五年远景目标。会议安排部署了贯彻落实省委全会精神的工作举措。

12月29日，温江区政协“笔写盛世 墨颂小康”迎新书画作品展在区政协书画研究院举办。

（张景瑜）

民主党派·群团

民革温江区支部

【思想政治建设】 深入学习中共十九届五中全会精神和省市两会精神、区十八届人大五次会议、区政协十四届四次会议精神，全年举办产业专题、民革历史等各项学习6次，进一步凝聚广泛共识。

【基层组织建设】 建立内部管理机制，对支部组织建设、思想建设、财务制度等工作建章建制。认真做好优秀青年的培养工作，选送优秀党员参加省委组织部递进班学习1人，成都市委统战部、市政协学习班2人，温江区委统战部学习班3人。不断加强队伍建设，2020年新增党员3人，入党积极分子7人。

【建言献策】 围绕地方发展重点、中心工作开展重点课题调研，全年组织开展花木企业考察、健康产业发展情况等主题调研6次，撰写了《建设西成都消费中心，助推温江高质量发展》《关于促进温江区乡村产业发展的建设》等调研报告3篇；完成《加快推进温江自贸改革先行区建设的建议》《关于为我省省属中等职业学校营造公平竞争办学环境的建议》等意见建议4篇；聚焦民生热点，完成《防疫期间农村居民小区的管理》《关于社区对物业管理的工作建议》等社情民意5篇。主动参与发展建设工作，邀请专家学者参与“公园城市建设”“水环境整治”“十四五规划建议”等专题协商会。

【抗击疫情】 发布特殊党费倡议，民革温江区支部及党员企业共捐款105000元。党员投入一线市场保供、社区排查、居家隔离人员保障服务、大型商超防控、动物防疫隐患治理等工作，协调口罩50万个、体温枪3000支。促进企业复工复产，为企业宣传解读扶持政策54人次，协助申报资金420万元。民革温江区支部获民革成都市委抗击疫情先进集体表彰，1人获先进个人表彰；1人获民革四川省委会抗击疫情先进个人表彰。

【社会服务】 积极开展“助力发展，民革在行动”“两送一帮一解”等主题活动，参与扶贫帮扶活动，以购代捐扶贫产品共26230元。利用民革平台招商引资，全年提供招商信息17条，签约引进企业6家，选送一名党员驻点深圳招商。响应成渝双城经济圈战略，与重庆市巴南区民革总支签订友好合作协议，在城市联动、产业发展等方面共谋合作。

（赵　霜）

民盟温江总支

【概况】 2020年，民盟温江总支着力围绕抗击新冠肺炎疫情和促进经济社会发展“双任务”认真履职尽责。被民盟市委表彰为盟务工作、思想宣传工作、组织建设工作、参政议政工作、社会服务工作和抗击新冠肺炎疫情先进集体。

【服务保障】 全力保障和服务民盟中央法治论坛顺利召开。积极参与法治论坛举办，做好会务服务保障工作，征召志愿者十余名进行会务筹备、会务接待、会务服务。此次论坛共有来自全国

300多名专家、学者参与。全国政协副主席、民盟中央常务副主席陈晓光出席并讲话。论坛评选出优秀论文53篇并集结成《2020民盟法治论坛论文集》，签约项目6个。民盟省委向民盟温江总支发来了感谢信，对四川省在温江举办的此次高规格论坛表示赞赏和感谢。

【组织建设】 增补4名总支委员，实施教育支部进行换届选举，发展新盟员6人。

【参政议政】 提交提案议案40余件，社情民意40余条，被盟省委、市政协、盟市委采用10余条。

【疫情抗击】 通过一线抗疫、建言献策、捐款捐物、志愿服务等多种方式参与到抗击疫情中，组织和盟员累计捐赠现金、物资达60余万元。

【共筑共建】 与区人社局、四川农业大学、区农业农村局、寿安镇人民政府签订《大学生服务基层战略合作协议》，为乡村产业振兴和城乡社区治理提供有力的智力支持。民盟温江总支与民盟重庆市巴南区委员会结对共建友好组织，多方面开展交流合作，开创成都、重庆两地民盟携手合作新局面。

（李　莲）

民建温江总支

【概况】 2020年，总支被民建中央评为“全国先进集体”，被民建成都市委评为“先进基层组织”、思想宣传工作先进集体、组织工作先进集体、参政议政工作先进集体、社会服务工作先进集体。总支先后被民建四川省委，成都市委授予“抗击新冠肺炎疫情先进集体”称号，14名会员被民建成都市委评为抗击新冠肺炎疫情先进个人。

【疫情防控及助力复工复产】 一是会员及会员企业组织协调筹措资金和口罩、防护服、消毒水、护目镜等物资价值500余万元。会员深入一线，量体温、宣传防疫知识，入户排查近3万余户，张贴“一封信”4万余张，登记居民信息1万余人，协助社区当好了基层防疫“守门员”。二是总支会员先后走访企业1500余家次，协调协助解决企业货款资金1000余万元，帮助企业争取租金补贴、交通补贴500余万元、聚焦招工难为企业招聘员工300余人；总支走访会员企业20余家，为会员企业协调争取融资500余万元，提供政策服务50余件。三是先后提出《关于开展学生网上教学的建议》《关于在全国抗击新型肺炎病毒期间出台对中小型企业支持政策的建议》《在新型冠状病毒防疫工作的影响下温江企业面临的困难和应对策略建议》等意见建议，被民建四川省委、民建成都市委、区政府、区政协及相关部门采纳。

【思想建设】 一是专题举行“庆祝新中国成立70周年和政治协商会议成立70周年”、两会精神学习、“爱成都·迎大运”素能提升等活动。二是组织会员参加“成都市党外干部能力提升培训班”“新进会员培训”“党外人士培训班”“统一战线、多党合作、光辉历史及优良传统座谈会”“鱼凫同心、思享会”等培训学习活动。三是围绕“纪念民建成立75周年”“新时代新作为”组织开展征文活动，会员共撰写征文70余篇。开展“历史传承工程”工作，采访17名老会员，汇集成册编印《我与温江民建》口述历史一书。四是全年共撰写各类新闻稿件60余篇，其中有50余篇稿件先后被人民网、民建中央网、团结网、今日头条、四川统一战线、四川民建网、“蓉城同心”等网站采用，其中中央或国家级媒体采用12篇。《80后和新闻联播》一文，被民建中央评为“庆祝新中国成立70周年、人民政协成立70周年、中国共产党领导的多党合作和政治协商制度确立70周年征文活动”优秀作品。五是“以‘五个好’为标准创建魅力基层组织的意义和内涵研究”“进一步加强基层民主党派五种能力建设的思考”等理论文章，先后被民建中央网、四川民建网采用。

【组织建设】 全年共召开总支主任会议、委员全体会议、委员（扩大）会议10次，召开总支和下属支部班子述职谈心会共3次。走访会员所在单位党组织5次。按照“思想建会、人才强会、特色立会、制度治会”的要求，全年共发展会员5人。总支会员1人被提拔任用为区级领导干部，1人被提拔任用为正处级领导干部。副主委人员撰写的《以“五点”“五字”答好创建“关键题”》一文获民建中央“关于坚持强基固本推进基层组织建设”主题征文活动优秀作品二等奖。

【参政议政】 一是协助民建成都市委完成《关于医联体全面做实做细做强对策建议》获民建中央领导的批示；完成《以西成都消费城市建设，赋能存量载体建设夜间经济新地标》《温江养老产业发展现状和建议》《关于四川商装行业发展趋势》等调研报告；在公园城市示范先行区建设专题协商会、十四五规划建言献策会上，提出《温江公园城市建设的思考和建议》《助推温江花木产业转型升级的建议》《抓住机遇 补齐短板 推进温江服务业高质量发展》等意见建议。全年提出各类意见建议70余条，撰写社情民意40余篇。二是市政协会上，提交了《关于创新互联网+手段，推进审管协同，深化放管服改革的建议》《关于构建绿色GDP考核体系的建议》《关于地铁11号线网规划优化的建议》等3份提案。三是区两会上，提交《适应花木消费新需求，提升我区花木消费市场影响力》《成都火锅温江味——打造温江造美食IP》两篇总支提案，个人提案20余件，人大议案建议9件。会员提交的《关于建设“便捷高效畅通之城”，提升城市智能交通管理和体验的建议》列为2020年年度区政协重点提案。

【社会服务】 一是参加由民建重庆市委会、四川省委会主办，中共巴南区委、区人民政府、民建区委会承办的“星五沙龙（川渝民建企业家走进巴南）”活动，会员在会上作“完美科技，聚创未来”的专题发言；开展“三联系”工作，与民建西南财经大学支部赴联系社区开展调研、送温暖活动；组织下辖支部和总支企业家俱乐部前往邛崃夹关镇开展调研学习，开展“消费扶贫”活动；响应民建中央、省市委要求开展对口定点简阳帮扶、河北丰宁扶贫、思源工程聚光伏稳脱贫、金堂抗洪救灾等扶贫抗灾活动，会员捐款捐物价值达20余万元；开展精准扶贫、捐资助学、助残抚孤、慰问会员等公益活动10余次，投入帮扶资金10余万元。联合会员企业开展就业促进服务活动，组织就业培训、招聘会4次，达成就业意向1500余人次，会员企业全年新增就业岗位500余个；积极招商引资，提供信息协助招引项目3个，总额达10亿元；会员企业上缴利税2650万元；全年开展“三下乡”活动3次。二是全年开展慰问老会员活动4次，总支委员参加退休小组调研活动5次，全年服务退休会员近100人次。发挥企业家俱乐部作用，定期开展交流活动，全年走访会员企业10余家，开展调查研究、政策解读等活动4次，牵头组织会员企业参加跨支部、跨区域的以经济建设或企业发展为主题的讲座座谈活动2次。会员牵头组织“花木大咖云访谈”、“花木企业云培训”、“温江区财税云课堂”等活动，主动积极为企业发展提供服务。

（罗仕洪）

九三学社成都市温江区委员会

【概况】 2020年，九三学社成都市温江区委员会在九三学社成都市委员会和中共成都市温江区委的坚强领导下，按照疫情防控和经济社会发展两手抓的总体部署，以建设思想更加坚定、履职更加坚实、组织更加坚强的新时代中国特色社会主义参政党基层组织为目标，在疫情防控、参政议政、组织建设、社会服务等各项工作中取得了良好成绩。

【疫情防控】 利用企业和社会资源，组织捐赠医用口罩、N95口罩、医用口罩共10万个用于疫情防控一线；组织捐赠价值91300元的注册用免疫药品1000支；向九三王选关怀基金会发起成立了抗击新冠肺炎专项基金，募集资金共计2.5万余元。举行“爱心蔬菜助力温江企业复工复产公益活动”，向成都医学城80余家企业捐赠36吨蔬菜。开展“医疗卫生下乡送健康”知识讲座及义诊活动，开展“养生之养骨”“新型冠状病毒肺炎预防”等专题讲座。

【思想建设】 全年组织专题学习8次，系统传达学习中央和省市区委重要会议精神，组织社员学习、重温社章、社史、九三先贤光辉事迹，选派社员赴重庆、乐山等地参加专题学习教育活动。安排专门经费为老社员定期活动提供保障，举行“迎中秋、庆国庆”老龄社员畅谈会，针对老龄社员身体健康状况，组织医卫界别社员传授秋冬季节传染病和老年病防治知识。与九三巴南支社签订战略合作协议，共同助推成渝双城经济圈建设，推动温江花木通过陆路出口东盟。

【组织建设】 以“鱼凫同心”为依托，与温江区万春镇幸福村合作共建乡村振兴实践基地，打造火车主题科普基地、中微量子健康驿站、温江九三书画院。在教育、卫生、新阶层等领域新发展社员3人；严格按照组织推荐、协商、选任等程序，向统战部门、组织部门推荐社员4人；组织社员参加各级各类培训、论坛、参政议政等活动50余人次；协助九三市委推动九三学社四川农业大学支社成立。

【参政议政】 围绕疫情防控、经济社会发展的重点，形成《关于公共卫生突发事件中开展心理危机干预的建议》《优化大宗食品保供能力 提升成都应对重大灾（疫）情能力的建议》等一批意见建议，获九三中央领导批示2篇，市委主要领导批示1篇，采纳为市政协联组发言1篇，市委统战部调研报告1篇，市政协专题会发言1篇。市、区两会期间，温江九三人大代表、政协委员提交了提案、建议17篇。借力九三智力资源，邀请社员专家参加温江区产业功能区核心区暨高品质科创空间建设专题协商，建言献策。承办九三学社成都市委2020年第一次“议政日”暨2019年度参政议政表彰会，举办“温江现代农业的机遇与发展”主题座谈会。

【服务发展】 社员积极服务地方经济社会发展，成功推动国家农高区创建取得重大进展，成都台商投资工业园区扩区获省政府批准，成功创建省级高新技术开发区、国家农业科技园区，推动2个涉农国家重点实验室落户温江。通过花木运能提升、进出口基地建设、与锦城海关深入合作等措施，实现花木“一带一路”出口的连年倍增；成功推动温江区与海南博鳌乐城国际医疗旅游先行区签订推动健康产业高质量发展战略合作协议。依托下属的川农支社社员积极推动农业科技攻坚，主持国家自然科学基金面上基金1项，农业农村部重点实验室开放项目1个，四川省杰出青年人才计划1项、省级科研基地1个、省级农业科研课题4项，发表SCI论文21篇，1人获评四川省教育名导师，1人聘为省重点实验室主任。

（鲁　鹏）

区总工会

【概况】 2020年，温江区总工会深入贯彻落实中央、省、市、区决策部署，发挥党联系职工群众桥梁纽带作用，服务大局、服务职工，积极投身疫情防控和经济社会发展工作，圆满完成各项工作任务。

【组织建设】 全区建会企事业单位1190家，2020年新建基层工会357家，换届改选308家。开展评星定级工作竞技拉练活动四场，全区参与四五星级评定工作的基层单位13家。打造“15分钟之家”4家，“职工”书屋4个；“职工之家”6家，申报德昆商圈工会为共享型省级职工之家。深入开展“百千万”工作，截至年底入驻场馆7家。

【职工帮扶】 开展劳模座慰问321人次，发放慰问金20.42万元。帮扶困难职工家庭267人，发放慰问金17.13万元；定点帮扶村简阳市香乐村慰问81人次，发放慰问金和慰问品共计4.86万元。组织1160名环卫工人和工会建档困难职工健康体检。组织38名省、市劳模体检参加健康体检。开展夏季送清凉健康包活动，慰问职工3700人，共37万元。

【群众性经济技术活动】 举办盆景编艺、叉车、汽车维修工、汽车装调工、汽车钣金工、汽车喷漆工、焊接工、康养护理8类技能大赛，500余名职工参与比赛。开展2020年集体协商集中要约，发出要约企业401家。分层分类召开工会集体福利平台宣讲会8次，覆盖200余家机关、企事业单位，新增集体福利平台签约单位170余家，集体福利全年发放总额962万元。

【工会活动】 举办工匠音乐之夜、职工围棋比赛、篮球赛等全区性职工活动5场次。开展鲁家滩绿道跑、国色天乡迎新跑、乒乓球温江预选赛大型线上活动3场。组织职工广泛参与“新春家庭秀、才艺大比拼”活动。与区委组织部联合开展“致敬蓉漂·温江因你而闪耀”主题线上活动，通过学习强国App、“两微一抖”等方式宣传温江工匠人才，覆盖人群20万人。

【宣传教育】 推荐成都工匠候选人48人，其中13人入选成都工匠，选树温江工匠85人，推荐一批全国、省市劳模先进，获评全国劳模1人、省劳模2人、省先进工作者1人、市劳模3人、市先进工作者1人、市模范单位1个、市模范集体2个，成都市五一劳动奖章18人，成都市五一劳动奖状3家，成都市第三届“百佳”职工创客明星5人。在微信公众号开辟“工匠劳模战疫线”专栏，发表正面事迹30余篇，推送复工复产政策宣传12篇，举办“复工复产工匠劳模在行动——直播进行时”五一专题活动，在线观看量突破140万人次。

【疫情防控】 组织11名党员干部，招募职工志愿者10人，下沉抗疫一线开展小区走访、带路设卡、信息调度、宣传引导等工作2400余人次，有力支援了金马街道疫情防控工作。举办“送岗位送政策稳就业抗疫情”活动，为群众提供“从家门到厂门”“点对点”式就业一站直达服务，全区共开通招工账号企业605家，提供就业岗位2231个。对接联系辖区医疗企业，紧急采购酒精、口罩、消毒液等共10万余元的慰问物资，深入一线慰问医护人员、抗疫职工、志愿者300余人。

【互助保险】 职工互助保险参保职工42862人，参保金额381万余元。

（谢沂峰）

共青团成都市温江区委员会

【概况】 2020年，团区委认真贯彻落实习近平总书记关于青少年和共青团工作系列重要论述精神，在团市委的坚强领导下，紧跟区委、区政府融入“双循环”、唱好“双城记”、建好“示范区”、夺取“双胜利”步伐，紧抓“思想引领、助力大局、联系青年、服务青年”四条主线，为温江区“五个之城”建设贡献青春力量。团区委青少年思想引领、抗击新冠肺炎疫情、中学共青团改革、青年友好城市建设、服务青年创业就业等5大项9小项工作被团市委评为先进。

【思想引领】 一是办好首场宣讲会。办好中共十九届五中全会四川省委宣讲团青年分团首场宣讲会，团省委书记张荣到温江宣讲。按大学习、大调研、大走访活动要求，开展宣讲、调研活动7场，覆盖优秀青年代表300余人。二是抓好双线主阵地。线上发布抗战胜利纪念日等专稿25篇，阅读量达2.7万人次，温江共青团微博位列“四川共青团系统政务新媒体影响力排行榜”第四；线下开展爱国主义报告10场、抗疫先进事迹校园巡讲9场，覆盖青少年8000余人次。三是结合三个时间点。结合疫情防控宣讲战役故事和抗疫精神，引领青年坚定制度自信；结合国庆中秋发布信息6则，开展活动10余场，增强青少年爱国热情；结合少先队建队71周年，引导中小学校开展主题活动50余场，覆盖2万余人次。

【组织建设】 2020年，温江区有基层共青团组织801个，其中团（工）委24个、团总支33个、团支部624个，共有共青团员10712人，命名各类先进集体51个，个人65人。一是筑牢组织基础。将初高中毕业班团学比分别降至15%、40%左右，全区中学共青团团青比降至25%左右；配强8个镇（街道）团（工）委书记，招募10名专职社工，新建“两新”团组织52个；开展党风廉政建设和反腐败教育。二是提升阵地水平。新建青年之家旗舰店1个、社区店53个、共营店14个，推动形成青年“15分钟生活服务圈”。三是推动校地协作。走访驻温江高校9所；开展“驻温高校百个团支部进社区”活动7场；在驻温高校进行大运会志愿服务宣传动员，注册青年志愿者突破4万人。

【服务大局】 一是当好干事生力军。招募511人成立42支青年突击队，组织5000余名青年志愿者参与疫情防控，2支队伍和4名个人获市级表扬，被省市媒体报道10余篇；组织青年志愿者到村（社区）开展精神文明、环境保护等活动100余场；与巴南区团委达成6项合作，服务2020民盟法治论坛，就制止餐饮浪费等发布信息10余篇。二是当好力量培育者。参与线上就业服务季，提供实习岗位240个；走访青年创业企业74家，发放问卷近700份，摸清就业状况；办好第八届创新创业大赛，青年（大学生）创业园实现新入驻项目11个。三是当好城市宣传员。开展感知温江行活动2场，吸引北京大学等高校毕业学生参加；举办鱼凫青年大讲堂，组织企业青年了解温江发展优势；评选五四红旗团委等先进集体57个，优秀团干部、优秀团员等先进个人148名，展示温江青年的时代新风貌。

【服务青年】 一是对接青少年需求。开办假日学校，受益青少年25000余人次；配合召开青年工作联席会议2020年第一次全体会议，开展普法禁毒等活动近40场，覆盖1500余人次，组织大学生志愿者等开展公益培训280余场。二是完成市级民生目标。举办民法典讲座等活动60场，服务青年1200人次；青年人才驿站年入住841人次，排名全市第三。三是推进青年友城建设。参与制定爱成都·迎大运“七大行动”总体方案和“青年友城”任务清单；织密思想武装、青年社交、就业创业、关爱帮扶“四大场景网络”，得到区委区政府主要领导的肯定性批示；开展“爱成都·迎大运”童眼看温江等主题活动9场，覆盖2000余人次，发布推文67篇，阅读量达12.6万人次。

【关心下一代工作】 一是积极参与新冠肺炎疫情防控工作。先后组织1272名“五老”志愿者，4991名青年志愿者参与疫情防控工作，全区关工委系统共捐款41万余元。二是坚持党的建设带动关工委建设。举行“六好”基层关工委授牌仪式，为22个新创建的“六好”基层关工委授牌，实现了全区9个镇（街道）、95个村（社区）“六好”基层关工委全覆盖。三是加强青少年思想道德建设。组织“五老”讲师团深入学校、社区、机关开展宣讲活动17场次，听众达2500余人次。四是关爱帮扶落到实处。暑假期间，全区各级关工委系统共投入资金50多万元开办“假日学校”76所，开展各种活动822场次，参加社工和青年大学生志愿者2123人次，参加“五老”志愿者154人次，受益青少年20290人次，其中留守儿童306人次。在六一儿童节期间，区关工委系统拿出20余万元资金，采取多种形式，深入学校、社区（村）对百余名留守儿童、孤残儿童、困境儿童开展慰问活动；在2020年“关爱情·暖冬行”活动中，区关工委出资9万元，用于帮扶辖区内军烈属家庭子女、贫困家庭儿童、病残儿童和其他特殊青少年群体以及优秀“五老”志愿者和抗美援朝老战士。

（齐烁、吴昊、曾熔、刘春锋）

区妇女联合会

【组织建设】 实施固本强基行动，在百裕药业、通德药业、大帝汉克等“两新”组织建立妇女之家。发动执委、“两新”组织和企业等投身疫情防控复工复产等，向武汉捐赠药品14.59万元，依法依规筹集捐款、捐赠防疫等物资34万余元。举办各类培训教育活动6期。举办“爱成都·迎大运”——温江区“手作之爱·创响中国”手工文创培训助推乡村振兴主题活动暨“手作联盟”成立仪式。组织104名妇联基层干部开展素能拓展培训活动2场。温江区“妇女之家”工作经验做法在全市“妇女之家”建设工作现场会上作交流发言。

【工作开展】 一是巾帼心向党行动。以“温江姐姐”微信公众号为主体，多家新媒体为延伸，展示优秀女性群体、个体典型、感人故事30余期。二是巾帼建功行动。对上争取财政资金100万元，超额完成招商引资任务，培育市场主体14个。疫情期间，帮助区内花卉企业成功销售100万余元产品。开展“两送一帮一解”行动，26个线上女性招聘专栏发布岗位1326个，录用783人。与重庆巴南区妇联、忠县妇联分别签订战略合作协议，达成合作意向。三是幸福家庭行动。深入推进“家家幸福安康工程”省级示范工作，评选抗疫最美家庭120户。围绕家庭家风家训开展主题征集活动10余场。打造共耕社区家风家训馆等10个家庭建设示范基地。举办儿童之家公益服务项目12个。打造“教子有方”“社区家庭日”“父母大课堂”“童心飞扬”等4个独具影响力的工作品牌。四是创优创美行动。温江区垃圾分类工作经验做法在成都市妇联召开的全市垃圾分类现场会上作交流发言。召开全区妇女儿童工作会，集中攻坚“两纲”重点难点问题，将妇女儿童发展纲要（规划）目标考核纳入2020年区委、区政府重点督查内容。推进儿童之家建设，完成2个省级民生工程建设任务。打造12个示范儿童之家。五是维权关爱行动。召开温江区全面落实“五项机制”维护妇女儿童权益工作会。打造温江区妇女儿童“一站式”维权服务中心，实现矛盾纠纷化解“一站式”管理、“一窗式”办理、“一条龙”处理，为妇女儿童提供法律咨询、心理咨询等服务。“温江姐姐‘疫’路同行”劳动权益专项行动化解矛盾58件。全面完成8000余名农村妇女两癌免费筛查。慰问贫困妇女儿童50余名，开展“关爱甘孜州色达县妇女儿童活动”，送去46200元物资，给色达妇联帮扶资金10万元。

【活动情况】 以“致敬最美逆行者”为主题，开展三八国际妇女节110周年线上活动10场。与区委组织部联合举办“三医菁英汇·高层次人才沙龙”活动。深入推进“家家幸福安康工程”省级示范工作，评选抗疫最美家庭120户。围绕家庭家风家训开展主题征集活动10余场，开展“共建有温度的家庭教育生态圈”系列活动10余场。打造“温江姐姐”巾帼志愿服务品牌，开展以垃圾分类为重点的巾帼志愿服务50余场。

（余芜兰）

科学技术协会

【科普活动】 全年组织开展“温江区寿安镇百花盆景艺术节”等科普进社区活动15场；开展“莫让毒品毁了你人生”禁毒普法讲座、“我是未来科学家”科普讲座进学校7场次；组织开展“成师附校科考队—四川农业大学环境学院团委2020年温江绿道水质检测活动”、成都市第36届青少年科技创新大赛、“电子产品制作”等青少年以及教师培训9期；开展农村实用技术培训班20余期，培训群众8000余人。

【科普基地】 正声环境科技股份有限公司、四川中农润泽生物科技有限公司获评市级院士（专家）创新工作站，成都博奥晶芯生物科技有限公司获批四川省专家工作站。寿安编艺博物馆获得市级科普基地称号，花想江安等绿道科普点位正在打造。支持海通药业、润馨堂、海思科、百裕制药、农林科学院5家市级院士站获得区级资助资金50万元。

【组织建设】 新建正升环境科技股份有限公司、成都成电医星智慧医疗软件有限公司、成都华建未来科技有限公司、四川蓝海智能装备制造有限公司、四川中农润泽生物科技有限公司等5家企业科协。积极发展镇（街道）、村（社区）等基层科普志愿者近千人，在驻温江各大中专院校中组建科普志愿者队伍。建成100余人的高级专家库，专家与区内科技人员配套组成科技服务（顾问）团，常年服务地方经济社会发展。

【“天府科技云服务”平台】 深入推进省科协一号工程“天府科技云服务”平台建设，激发科技人才创新活力，建立产学研合作信息对接服务渠道，提升群众科学素质。广泛动员区内专家学者、教师医生、专业技术人员、企业科研人员注册平台，全区注册个人用户53169人、机构用户5959户，签约入驻法律、金融、财税等第三方服务机构18家。针对科技企业、科技工作者需求发布，提供精准化、定制化、套餐式科技服务，先后组织集中培训30余场，“一对一”辅导200余次。制定“一企一策”、“一人一策”发布方案，指导发布所能878条、所需1067条，订单成交320单。打造300平方米温江“云服务中心”，引入中国电信开展平台信息化服务，实时动态展示全区注册、发布、交易量，全天候监测各类数据指标，为促进驻温江高校科技成果转化提供有力支撑。

（戴　刚）

区工商业联合会（商会）

【组织建设】 区工商联注重在覆盖面上实现再提升，在代表性上实现再拓展，在规范化上实现再强化，进一步完善会员管理制度，建立动态更新执常委、直属会员企业及直属商会会员企业信息库。全年先后新吸收新会员16名，协助3家会员企业、1家直属商会成立党支部共4个。2020年，有会员1897家，常执委会员184名，基层商会9个，直属商会5个，异地商会2个，友好商会25个。

【政治建设】 提升政治站位抓好贯彻落实，召开党组会和主席（会长）会，深入学习贯彻落实习近平在企业家座谈会上的讲话、中共十九届四中、五中全会和省委、市委、区委全会精神以及夺取“双胜利”相关会议精神，确保各项部署要求落地落实。推动“不忘初心、牢记使命”主题教育常态化，聚焦反馈问题，从严从实持续推进整改，完成区委巡察反馈意见在7个方面15类64个问题整改。

【疫情防控和复工复产“双胜利”】 注重发挥工商联所属商（协）会的自律功能，引导规范会员企业行为，推动企业科学精准落实各项疫情防控和安全生产要求，深入民营企业，帮助民营企业协调解决问题30件，动员全区民营企业、商（协）会捐款捐物1747.38万元。

【“三联互动”银商合作】 联合授信提升能级，积极发挥商会平台作用，组织区商会与成都农商银行温江支行等4家银行签订战略合作协议，为商会会员企业提供40亿元融资授信支持；联合辅导提高资信，联合银行对400家会员企业开展融资政策推送，与企业建立“一对一”融资服务辅导专员服务机制，帮助企业开展财务管理、融资管理培训；联合推送优先介入，建立长期稳定的银企沟通合作机制，开通快速办理绿色通道，开展线上线下融资对接60余次，商会会员企业已通过银商合作获得贷款12笔共1.58亿元。

【“三进”转型】 引导民营企业走进乡村实现融合发展，组织乡村振兴投资推介对接，鼓励企业投资精品民宿，参与乡村旅游项目，商会副会长投资农商文旅体养融合项目岷江书院。引导民营企业走进校园实现协同发展，筹建海天腾逸数智创新中心。引导民营企业走进国际市场实现创新发展，开展“营商新环境．品质温江造”系列活动2期，引导民营企业走进“一带一路”。积极推动与重庆市巴南区、璧山区工商联（商会）友好合作。

【自身建设】 不断夯实工作基础，严格履行党要管党、从严治党责任，抓好党支部标准化建设，健全非公有制企业党建工作机制，加快推进工商联执委企业实现党的组织和工作覆盖，引导环龙织物等3家会员企业和区青商会建立党支部。抓好党风廉政建设和反腐败工作，开展拒腐防变教育，抓好“以案促改”工作，注重企业家副主席、副会长行为规范监督管理。抓好意识形态工作，严格落实意识形态工作责任制，完善建立民营经济领域舆情会商研判和联动应对机制，完善落实与民营经济代表人士谈心交心制度。策划发行《魅力温江》4期。

【商会改革及标准化工作】 制订《关于推进温江

区工商联所属商会改革和发展的工作方案》，完成全区9个镇（街）商会和2个所属商会注册，率先在全市实现所属商会100%注册；制定《成都市温江区商（协）会经费管理办法（试行）》，进一步激发商（协）会活力。组织优秀民营企业家和商会会员企业健康体检，开展企业家亲情走访关爱活动30次，组织召开第八届民营企业职工运动会。

【光彩事业】 组织开展“千企帮千村”和“同心奔小康·福袋送吉祥”等活动，引导所属商（协）会与色达县签订330万元农畜产品采购合同，推动对口帮扶地区脱贫攻坚，全年向色达捐款36万元和拨付帮扶资金211.515万元。

【培训交流】 开展疫情防控、产业政策、法律维权、提升企业家经营管理水平等精准化培训12次。举办“培育温江经济发展新动能”专题培训班。

【重要活动】 11月8日，由温江区文体旅局、温江区总工会、温江区工商联（商会）在国家篮球四川金强训练基地组织召开2020年温江区第八届“商会杯”民营企业职工运动会开幕式，40余家民营企业、基层商（协）会共700余人参加。

11月19日，区工商联（商会）组织召开“学习党的十九届五中全会精神暨‘十四五’规划解读”专题讲座，此次讲座由中国民营科技促进会副会长、北京华商管理科学研究院院长，《中国科技纵横》杂志社社长袁青鹏授课。

（李　韦）

区残疾人联合会

【残疾人事业宣传】 实施文化进残疾人家庭“五个一”活动，开展中共十九届五中全会、社会主义核心价值观等入户宣讲；开展残疾人旱地冰壶、桌上冰壶、文创产品培训、励志文化以及康复体育进社区等特色活动30余场、1000余人次参与；与四川省残疾人艺术团合力培养温江残疾人文体人才，合作开展“社区文化”义演活动；成立全国首支残疾人马术队，成功引进以温江区残疾人马术队为原型的励志电影《我想对你说出一切》的拍摄。

【残疾人文体活动】 参加成都市第九届残运会暨第五届特奥会，获得47枚金牌、19枚银牌、21枚铜牌的优异成绩，全市排名第二，创历史最好成绩；成都市残联在温江区举办桌上冰壶推广现场会，温江区现场作残疾人体育工作经验交流；中国残联、省市残联推荐温江区承办2021年全国第十一届残运会羽毛球和乒乓球赛事。

【残疾人救助】 为全区700名精神病患者提供阳光救助和免费服药，为300名白内障患者实施复明手术资助，为120名残疾儿童提供康复服务，开展20余次“康复体育进社区”活动，创新开展残疾儿童马术康复试点。

【残疾人教育、就业】 实现残疾人在企业就业1000余人，带动残疾人灵活就业2000余人次，残疾人月均收入1500元左右；职业技能培训330余人，资助2700余名残疾人购买了医疗保险、养老保险，为288名残疾学生和困难残疾人家庭学生子女发放了自强助学金。

【残疾人“量体裁衣”式个性化服务】 全年为1.1万名残疾人提供1.6万项次服务。

【残疾人维权】 全年共完成成都市网络理政平台转办残疾人来信来电17件、接待残疾人来访500余人次，均实现办结率100%、满意率100%；主动深入基层化解残疾人房屋拆迁矛盾5人次。

【亮点工作】 一是康复工作走在全市前列。创新开展“互联网+辅助器具适配”，2020年中国残联将温江区作为“互联网+辅助器具适配”试点区，创新以“点位集中评估+上门评估”方式，打造康复辅具综合服务中心，为残疾人适配辅助器具，成为全国学习的典范，受益残疾人向区残联赠送锦旗表示感谢，中国残联、人民网、今日头条等媒体纷纷推送报道。二是创新残疾人灵活就业项目。深入贯彻落实“六稳”“六保”工作要求，引进义乌小商品市场“仿真花”产销链，打造“十朵花”党建助残品牌，带动100余名残疾人开展“仿真花”制作实现增收，得到区委主要领导肯定性批示。三是成渝地区双城经济圈残疾人事业协同发展有成果。与重庆市巴南区、巫溪县等残联签订《推动成渝地区双城经济圈建设残疾人事业协同发展协议》，推动工作互动、信息互通、资源共享、服务互认，推进残疾人事业更好更快发展。

（陈　茂）

区社会科学界联合会

【概况】 2020年，区社科联在区委、区政府的坚强领导下，在市社科联的有力指导下，深入学习贯彻习近平新时代中国特色社会主义思想和习近平总书记对四川及成都工作系列重要指示精神，始终坚持围绕中心、服务大局，各项工作高质量推进。

【社科理论学习】 一是聚焦深入学习贯彻习近平新时代中国特色社会主义思想、习近平总书记对四川及成都工作系列重要指示精神和中共十九届五中全会精神，按照“三个讲清楚”要求精心制定完善学习参考资料，确保内容不偏向。二是把“大学习”活动和“大调研”“大走访”活动有机结合，做到学习调研走访“同步走”，有效避免重复安排、多头安排。注重用好集中学习、个人自学、教育培训、宣传宣讲4种方式和线上、线下2个渠道。配合组织开展中心组专题学习研讨，全区各级党委（党组）围绕“大学习”主要内容，采取专题学习、专家辅导、集中研讨、互动交流等方式，组织开展中心组学习79场次，切实增强了学习实效性。三是要求各单位建立“大学习”活动工作台账，强化信息反馈，收集“大学习”活动宣讲情况统计表86份，实时掌握各单位学习宣传情况。

【社科理论宣讲】 一是理论宣讲。高标准做好中央宣讲团、省委宣讲团和市领导、市委宣讲团到温江宣讲服务保障工作。充分发挥温江区“4+1”基层宣讲力量体系作用，按照“三联系”分工，由区委王道明书记带头，区领导、部分部门负责人和9个镇（街道）党（工）委书记参加，并抽组部分“向阳花”基层宣讲队队员，组建“区委学习贯彻党的十九届五中全会精神宣讲团”，深入一线开展多种形式宣讲活动60场次。全区其他部门主要负责人立足单位和行业系统开展宣讲65场次。充分发挥区委“向阳花”基层群众宣讲队作用，区级“向阳花”基层宣讲队以及镇（街道）9支“向阳花”基层宣讲小分队用基层视角、群众观点、百姓话语深入细致解读全会精神，累计开展群众性微宣讲140余场次。宣讲累计覆盖党员干部群众13600余人次。二是社科基地建设。建成面积达5000平方米法治文化社科普及基地，以40个法治体验馆作为活动载体，不断强化法治文化的体验性、参与性、互动性。有机植入丰富多样的“法律先行主题活动”“5分钟普法小课堂”等法治体验内容，结合职业体验的方式，让法治精神在儿童的游乐体验中深入内心，达到寓教于乐的效果。在2020年全市社科普及基地复核测评，温江区法治文化社科普及基地取得“良好”成绩，列全市第七位。三是学术活动。积极邀请曾颖、熊焱等专家学者深入镇（街道）、村（社区）等基层开展“如何保持写作中的语言自觉意识”等学术沙龙活动，全年开展哲学社会科学学术沙龙19场次。

【队伍素质提升】 一是提升队伍政治素质。采取研讨交流、集中学习等方式，围绕中共十九届四中、五中全会精神、《习近平谈治国理政》第三卷、《中华人民共和国民法典》等重大主题和重要内容组织开展理论学习9次。牵头开展“大学习、大调研、大走访”中的“大学习”活动，区领导带头开展中共十九届五中全会精神宣讲30余场次。二是提升社科普及队伍能力。将“法治文化社科普及基地”30名专职员工与234名兼职员工全部纳入普法讲师团队，形成了30名骨干讲师和200余名志愿者的基础普法团队。会同区司法局，邀请检察官、法官、警察和律师等法律专业人士50余人次开展现场教学，通过开展法治能力测试，实行激励机制，对测试成绩优秀、进步快速的人员进行表彰奖励，激励其不断学习、提升自身法治素质。三是突出社科强区作用。把建立区、部门、镇（街道）、村（社区）和“向阳花”基层宣讲队“4+1”基层宣讲力量体系纳入《中共成都市温江区委关于提升温江城市治理能力和治理水平的决定》，优化区级“向阳花”基层宣讲队人员组成，指导9个镇（街道）分别组建1支“向阳花”基层宣讲小分队。

（张　鑫）

区文学艺术界联合会

【群众文化生活】 组织开展“我们都是奋斗者—2020年温江区干部职工迎春文艺晚会”、“我们的节日”系列文化惠民活动、鱼凫文艺讲堂名家讲座、第十九届光祈音乐节、第七届王光祈文艺奖评选、“阅读温江”、纪念中国人民志愿军出国抗美援朝出国作战70周年等一系列具有较大影响力、知名度的主题文艺活动52场。承接并完成“川渝地区戏曲交流展演暨送戏曲进校园”，四川省作协“红色文学骑兵　百场讲座进基层”以及四川省第二届青年书法篆刻展等省级活动3场；“画意成都”、“诗的拓印——杜诗书法拓片”艺术作品展、第二届大美四川西部乡村振兴美术作品邀请展等市级活动6场。

【文艺作品创作】 组织开展主题文艺作品创作，全年共创作抗击疫情作品1562件，发表136件；创作脱贫攻坚作品510件，发表13件。组织开展形式多样的文艺创作活动。区作协学会会员在《安徽文学》《星星诗词》《华西都市报》等省市报刊发表短篇小说、散文、随笔、诗27篇（首）。区摄影家协会会员在《人民日报》、新华社、中新社、中国纪检监察网（报）等中央级媒体发表摄影作品42件；全年共有29件艺术作品在国际国内比赛中获奖。

【自身建设】 扎实履行“团结引导、联络协调、服务管理、自律维权”职能，出台《中共成都市温江区委宣传部关于印发〈成都市温江区文联深化改革实施方案〉的通知》，完成所属9个直属协会换届选举，区作协、区摄协完成依法登记注册。着眼“网上文联”开设了“温江文联”微信公众号，不断扩大温江区文艺网上影响力。制定印发《温江区文联系统协（学）会创优考核评分细则》，以考促建，推动专业协会组织不断提升组织功能。构筑温江文艺人才高地，组建了规模近千人的文化志愿者协会和文艺人才库；各协（学）会、文学艺术团体吸纳了大批青年才俊、文艺骨干、爱好者广泛地加入，增强了文学艺术团体的活力，新增加入省级文艺家协会10人，成都市级文艺家协会4人。在2020年度成都市区（市）县文联工作考评中，获2020年度“信息宣传工作先进单位”称号。

（顾　平）

法治·军事

法治政府建设

【概况】 2020年，温江区在市委、市政府的正确领导下，按照法治政府建设安排部署，积极主动谋划、压紧压实责任、狠抓贯彻落实，较好完成了各项工作任务。

【依法行政制度建设】 一是落实领导责任。坚持党对法治政府建设的领导，确立党政主要负责人为各辖区、各部门推进法治政府建设的第一责任人。健全落实以区政府主要负责人为组长的法治政府领导小组责任制，履行统筹职能。二是明确工作方案。制订《成都市温江区人民政府2020年度法治政府建设工作方案》，细化2020年度法治政府建设工作任务。三是发挥“关键少数”作用，落实会前学法制度。制订区政府常务会议年度学法计划，将领导干部带头学法作为政府常态性工作，推行部门“一把手”讲法，全年开展专题学法20余次。

【深化法治政府建设】 一是坚持依法防控。对涉疫重大政策措施实施法制审查，确保政策措施合法合规，梳理形成《法律法规主要规定摘要》，编制印发《新型冠状病毒肺炎疫情相关常用法律知识问答》，审查涉及疫情防控各类文稿65件。二是推进助企纾困政策落实。制定印发服务企业复工复产措施，构建温江区政务服务标准体系。制定458项审查规程，推动审批程序标准化、审查要点规范化、审批条件具体化。稳步推进综窗改革，三个产业功能区80%事项实现了综合受理。协调成员单位和各镇（街道）同频联动，促进“新集市经济”发展，助力全区复工复产再提速。三是落实包容审慎柔性执法。全面贯彻落实行政处罚“三张清单”制度，印发《关于深入推进包容审慎柔性执法的工作方案》，进一步推进包容审慎柔性执法。2020年，全区推进包容审慎监管柔性执法合计1584件。四是依法化解涉疫矛盾纠纷。以涉疫医患、邻里、物业、消费、旅游等领域为重点全面开展疫情矛盾纠纷大排查，共排查涉疫矛盾纠纷186起，化解涉疫矛盾纠纷181起。

【法治营商环境建设】 一是构建“一局一办三中心”营商工作推进机制，印发《成都市温江区全面深化国际化营商环境建设实施方案》，升级形成温江区营商环境3.0版“1+10”整体方案。二是建立健全“1+14”审批监管协同机制，形成“放管服”审管联动互动体系，加强事中事后监管。落实市场准入“负面清单+告知承诺”制度，落实公平竞争审查制度，全面提升市场开放度。2020年，承接市级职能部门下放区级管理事项清单17项；开展“证明事项”清理，办理“承诺制”项目46个，较2019年同期增长58%，持续深化“多证合一”“证照分离”改革，有序推进“证照分离”全覆盖。三是深入推进各级业务平台互联互通，开展140余个高频事项“精细化”梳理，核验“蓉易享”惠企政策32条，设置和宣传“蓉易办”主题窗口。2020年，全区审批服务事项全程网办率85.12%，网上办率100%，最多跑一次率100%，马上办率64.52%。

【科学民主依法决策】 一是严格落实区政府常务

会议议事决策规则、区政府工作规则，把公众参与、专家论证、风险评估、合法性审查和集体讨论决定等作为制定重大行政决策的必经程序。二是制订《温江区关于全面推行行政规范性文件合法性审核机制的实施方案》，按照层级监督、各负其责、有件必备、有错必纠的原则，对行政规范性文件的合法性、合理性、适当性、程序等环节进行严格审查。2020 年，向市政府、区人大常委会报备行政规范性文件 12 件，报备率 100%。三是积极发挥政府法律顾问团的参谋顾问作用，在历史遗留问题处理、重大信访矛盾化解等方面邀请法律顾问参与，提出法律意见。积极参与成都市政府立法工作，对《成都市公共汽车和电车客运条例（征求意见稿）》等征求意见稿进行认真研究并提出意见建议 19 条。

【提升行政执法效能】 一是加大在食品药品安全、生态环境、安全生产、农林水利、交通运输、劳动保障、野生动物保护等关系群众切身利益的重点领域的执法力度，严格依法惩处各类违法行为。二是稳步推进综合行政执法改革工作，区市场监管局已组建综合执法大队，实现“局队合一”。区生态环境局在委托执法权限范围内开展区域生态环境执法工作，实行执法工作市级直管。三是加强行政行为监督，全面落实行政执法“三项制度”，实现执法信息公开透明、执法全过程留痕、执法决定合法有效。2020 年，执法信息公开率达 99% 以上。圆满完成“双随机、一公开”检查工作，抽查市场主体 201 家（次）。经清理，全区 34 个执法主体合法合规，无编外人员参与执法工作。

【行政权力运行监督】 一是及时研究办理区人大议案、区政协提案，按程序向区委、区人大常委会报告年度法治政府工作情况。开展温江区行政执法满意度问卷调查，梳理问题 9 条。切实发挥审计监督作用，着力对公共资金、国有资产、公共权力运行和政府部门履职情况进行审计。二是持续深化政务公开，建立 AI 监测系统，智能监测温江区“一网站三平台”各栏目信息更新情况，对网站信息内容进行实时监测，及时预警，限时整改。

【有效化解社会矛盾】 一是健全矛盾纠纷多元化解机制。新设知识产权人民调解委员会，完善 32 个行业性专业性调解委员会，不断深化多调联动。2020 年，共调处各类案件 2847 件，成功 2771 件，成功率 97.33%。贯彻落实《全区信访工作要点》《成都市温江区信访督查问责工作方案》要求，持续推动信访法治化建设。二是加强行政复议和行政应诉工作。建立健全行政机关负责人出庭应诉机制。2020 年，办理涉及部门、镇（街）为被申请人的行政复议案件 78 件，办理以政府作为被申请人的行政复议案件 15 件，办理涉及政府、镇（街道）及部门行政诉讼案件 52 件，一审已审结 28 件。三是加强公共法律服务体系建设。设立成都医学城 B 区公共法律服务分中心，实现公共法律服务进驻产业功能区。制订《成都市温江区加快推进公共法律服务体系建设三年行动计划（2020—2022 年）》，明确具体工作任务。

（杨晓含）

政　法

【概况】 2020 年，区政法系统紧紧围绕“建设全面体现新发展理念宜业宜居宜游的新中心城区”中心工作，统筹做好战疫情、防风险、保安全、促发展各项工作，全力推动“平安温江”、“法治温江”和政法队伍建设，政法工作取得了显著成绩，区政法系统共获得区级以上表彰的先进集体 66 个，获得中央省市领导及区四大班子主要领导及肯定性批示 67 次，全区政法系统被中央级媒体新闻报道推广工作 211 次，被市委政法委和市级政法部门专项专刊推广工作 16 篇。

【社会维稳】 妥善处理涉疫情突出信访问题 11 件、群体性问题 9 个，侦破涉疫情诈骗案件 8 起、打击 6 人；启动重大决策社会稳定风险评估 31 件；聚焦“三张清单”化解销账，11 项社会重大风险已全部采取有效管控措施，有力确保了全区社会大局持续稳定。

【“平安温江”建设】 创建5个平安“六无”示范社区（村）、5家市级平安单位；牵头对柳河南路（和平段）区域进行重点整治，该区域警情数同比上一年下降31.82%。推动“禁毒十条”落实，全区禁毒工作整体态势较好。优化并重新划分网格588个；深化“警网红”1+3+N专群联动体系，共发现上报事件26201件，排查受理各类矛盾纠纷18742件，调解成功18405件，调解成功率达98.2%；创新落实线上线下奖励、群众安全保障、先进典型评比三项工作机制；组织召开群防群治工作推进大会，开展“十佳百优”平安温江志愿者评选和“铁甲雄心风云起”特色品牌“夺标”评选工作。完成6个智慧平安小区建设，完成拟建32个小区的项目技术方案并报审。开展“平安城乡·慧眼工程”试点建设，在寿安镇建设1000余路，全区建设5000余路。推进“三车智防”系统推广扩面，安装“三车智防”的电动车已达3.1万辆，全年“三车”盗窃警情环比下降33.6%。

【“法治温江”建设】 强化政法服务保障，营造良好法治环境，着力保护民营企业和企业家合法权益，推动温江区与巴南区两地政法系统签署战略合作协议并全面开展合作。开展“万案大评查”整改，妥善办理群众涉法涉诉来信来访案件220件。推进政法领域改革，区法院大力推进民事诉讼程序繁简分流改革试点工作。区检察院深化司法责任制综合配套改革，推进智慧检察应用。区公安分局全面推进“一室两队”警务运行模式改革，全区10个派出所改革全面完成；持续推进刑事技术探索创新。区司法局持续深化司法责任制改革。法学会建设取得新成效，组织开展8个课题研究，积极为区委、区政府建言献策。

【扫黑除恶专项斗争】 打好扫黑除恶收官战，打掉恶势力团伙1个，破获“九类”涉恶刑事案件209件，刑事拘留涉恶人员526人，提起公诉3件38人，审结涉恶案件2件，查封冻结涉黑涉恶财产2070余万元，查实处结涉黑涉恶腐败和“保护伞”问题2件3人。系统打击治理电信网络新型违法犯罪和跨国跨境赌博，打掉6个电信诈骗团伙、32个跨境赌博团伙。

【政法队伍建设】 在全区政法系统深入开展“学先进、找差距、转作风、提能力、树形象”专题教育活动，完成政法干部（干警）政治轮训100%全覆盖。深化履职能力建设，组织政法各单位开展职业能力专题培训、技能练兵60余次。广大政法干警勇于担当、奋发有为，涌现出因公殉职周钱、全国检察宣传先进个人吴兴莉、四川省先进工作者张砚、四川省维护稳定先进个人安庆东等一批先进典型，总共有89人获得区级以上先进个人称号。

（孙东辉）

公　安

【概况】 2020年，温江区公安分局坚持以习近平新时代中国特色社会主义思想为指导，深入贯彻全国、全省、全市、全区公安工作会议精神，紧扣市局和区委、区政府工作部署，聚焦新时代公安工作发展方向和温江“五个之城”建设总体规划，全力以赴战疫情、防风险、保平安、护稳定、促发展，有力维护了政治安全、社会安定、市民安宁，为温江建设践行新发展理念的公园城市示范先行区作出了积极贡献。

【疫情防控】 新年伊始，温江区分局全员奔赴疫情防控第一线，坚决护卫城市安全“生命线”，区看守所、拘留所实行封闭管理，实现“零感染”目标，1个集体、1名民警被评为全市抗击新冠肺炎疫情先进集体和个人，“韩国人返蓉”舆情引导成效受到市委主要领导肯定。

开展基础排查　累计摸排5.1万余人，检查22.7万辆车43.1万人，采集申报“天府健康通”人员115.38万人，推送核查“红码”人员985人次、“黄码”人员5722人次，确保了“不漏一车一人”。

严管入境人员　在全市率先牵头区机场工作专班，严密开展入境人员接返、转运和守护工作，共接返58个航班9020人，完成300批次

10285人定点隔离守护任务，6个定点酒店安全有序。

保障复工复产　在全市公安机关中率先推出服务保障复工复产具体措施，帮助企业解决实际困难35件，网办业务8133件次（交警112次、户政7624次、出入境397次）。快速破获涉医疗物资诈骗刑事案件8起，为企业、群众挽损70余万元。

【护航经济发展】　立足全区“南城北林”规划和国际医学城、健康服务业集聚区、农高园建设，牢固树立“服务发展”理念，切实担当起平安发展的职责使命，为温江区被评为“中国最具有幸福感城市·活力创新之都”和中国营商环境建设示范区、中国营商环境百佳试点区贡献了公安力量。

打造优质营商环境　聚焦践行新发展理念的公园城市示范先行区和国际化营商环境建设，建立差异化服务模式，着力构建“亲清”的警企关系。深入推进河湖警务、公园绿道警务工作，落实重点企业、重大项目警企联席机制，强化公安“放管服”举措，107项公安政务服务全部实现“网上办”“一次办”“马上办”，外国人签证受理点及外国人服务站揭牌投运，1.5万名优质人才落户温江，居全市前列。

开展跨区域警务合作　积极融入成渝地区双城经济圈发展，与重庆巴南区签订警务合作协议，高质开展成渝一站式户籍迁移工作；落实省委“一干多支，五区协同”战略部署，与青羊、双流分局协同开展跨域警务合作。

【维护社会稳定】　清零涉稳风险　坚持防范在前、处置在先，固化“科队+派出所”涉稳情报双向流转和“战时”涉稳情报“一日三研”工作机制，全面推动维稳工作由“被动维稳”向“主动创稳”转变。全年，快速妥善处置突发案事件和敏感舆情28起，实现了“三个效果”有机统一。省两会安保工作获省人大秘书处及副市长王平江肯定，高效处置住房租赁企业转租纠纷经验受到市委常委、政法委书记刘守成批示肯定，并全市推广。

强化应急处突　牢固树立底线思维、忧患意识，强化应急反恐处突力量建设。以练预案、练指挥、练协调、练队伍、练技能、练实战为重点，常态化开展实战训练，全面提升应急处突能力。全年，全区未发生涉暴恐事件。

【平安建设】　坚持“平安是最大的民生，平安是最大的发展环境”，以扫黑除恶专项斗争为引领，始终保持对“盗抢骗”“黄赌毒”“食药环”等违法犯罪高压态势，依托“三警融合”不断完善社会治安防控体系，全区违法犯罪警情连续6年下降。

严打各类犯罪　扫黑除恶专项斗争取得阶段性胜利，对表“六清”要求，262条线索全部办结，侦破全市唯一由副省长叶寒冰亲自挂帅、首次异地用警打击涉黑组织的“10·18”专案；深化“现案快侦”，成功侦破松潘籍特大盗窃汽车专案，获副省长叶寒冰、副市长王平江批示肯定，现行命案连续7年破案率100%，涉枪案件连续5年“发一破一”。三年禁毒人民战争圆满收官，打造全省首个高校禁毒联盟，禁毒工作排名新中心城区第1。严打经济环境领域违法犯罪，成功侦办非法采矿专案、“泰然金融”非吸案、“联合之家”长租领域合同诈骗案。深入开展打击治理电信网络新型违法犯罪，打掉电信诈骗团伙6个，实现破案、打击“双提升”；落实打击跨境网络赌博“122”机制，破获跨境赌博团伙3个、省厅挂牌本地流动赌场2个。

实施全域防控　以“发案少、秩序好、社会稳定、群众满意”为目标，深入推动情报主导警务战略，大力构建立体化、信息化社会治安防区，最大限度将警力和精力向治安复杂区域倾斜。大力实施“三警融合”，立体化信息化社会治安防控体系进一步完善，全区违法犯罪警情在连续5年下降的基础上再降2.1%，街面侵财犯罪、三车“盗窃”警情同比分别下降6.7%、33.2%。

加强安全监管　持续深化科学治堵，狠抓交通安全源头治理，车管所连续4次被评为全省一等县级车管所，运渣车安全管理经验示范全市。年内，“两所”无安全责任事故，拘留所连续8

年被评为全国一级拘留所。

【融入社会治理】 始终坚持以人民为中心的发展思想，将历久弥新的“枫桥经验”与开拓创新的“一所一品”、“1+3+N”等社会治理机制相融合，走出了一条牢筑平安、化解纠纷、群众满意的新路子，分局融入社会治理工作经验被市委及省委政法委专刊宣传推广。

创建“枫桥式公安派出所” 坚持和发展新时代“枫桥经验”，深化“一所一品”警务战略，常态化开展局长政委进社区、“六进六边”工作，实施“1+3+N”“扩红”工程，全年矛盾纠纷调解成功率达98.5%，公平派出所获评全省首批“枫桥式公安派出所”。

升级打造“智慧平安小区”特色品牌 持续深化以社区党组织为核心，社区民警主动融入，物业公司为主体、小区业委会为纽带、小区业主共同参与的协作治理体系，推动小区自治良性循环。年内，入室盗窃警情连续5年下降，85%以上有物业小区实现“零发案”。

【公安改革】 聚焦系统性重塑、整体性变革，继续主动对标全国一流，坚持“改革强警”“科技兴警”，着力提升整体战斗力。

深化警务运行机制改革 以大抓基层、大抓基础为导向，稳步推动“一室两队”改革，通过警种融入、科队支撑，实体化强化综合指挥室、社区警务队、执法办案队专业能力建设和相互支撑作用，提升基层战斗力，全区10个派出所全面完成机构调整，实现高质运转，涌泉派出所在市局专题座谈会上作经验发言。结合全市行政区划调整，完成永盛派出所撤并。

深化执法权力运行机制改革 以“实战、实用、实效”为导向，深化领导干部率警执法、上阵办案，全局执法规范化水平稳步提升。开展执法问题预警提示，构建两级案管中心、网上监督平台、接处警智慧App“三位一体”执法监督体系，推动执法全流程记录的全面落实。年内，行政复议、行政诉讼量同比分别下降47%和43.3%，行政诉讼“零败诉”。

深化科技信息化应用 积极探索“向科技要警力”路径，深化情报委员会、科技委员会“双轮驱动”作用，构建“大指挥”格局，加强现有“天网”、智能交通等与“城市智慧大脑”的有机融合，实战指挥体系更加契合实战需求。持续推进刑事技术探索创新，刑事技术综合管理平台获“全省第六届公安基层技术革新奖优秀奖”；加快推进DNA实验室新建项目建设，执法记录仪、移动警务终端、800兆数字对讲机基层配备率全部达到100%。

【队伍建设】 深入推进公安队伍正规化专业化职业化建设，全年共有34个集体、134名民警立功受奖。

坚持政治建警 深入学习贯彻习近平总书记重要训词精神和全国公安工作会议精神，忠诚践行“对党忠诚、服务人民、执法公正、纪律严明”总要求。扎实开展“坚持政治建警全面从严治警”教育整顿，队伍理想信念更加忠诚纯洁。年内，9个“最强党支部”、14个“最优党小组”、84名“优秀共产党员”受到表彰奖励。

坚持素质强警 聚焦专业思维、队伍、能力“三专”建设，坚持面向实战、服务实战，通过“政工搭台、警种唱戏”，持续开展全警教育培训和实战练兵，参加市局演练比武中勇夺快反小组竞技第1名。

坚持从严治警 依托信息化手段推动警务督察提质增效，综合投诉举报、网络理政、信访核查等渠道，全方位、多角度开展闭环式监督，切实做到主动发现问题、及时纠正问题；认真落实《四川省公安机关民警日常违规行为记分办法》，将日常规范考核常态化，着力解决“懒散拖”及不作为问题。

坚持从优待警 推进关爱民警工作实体化，完善温江公安荣誉制度，实行“菜单式”体检模式，组织民警购买医疗保险，联合高校开展民警心理干预咨询，举办警体运动会、子女夏令营等爱警暖警活动。强化警民公共关系建设，举办温江首届“最美基层民辅警”评选，10名民警、10名辅警经公众网络投票当选。

（张　明）

检　　察

【刑事检察工作】　全年共办理各类案件1029件，全力确保社会大局稳定、促进社会公平正义、保障人民安居乐业。充分发挥“捕诉合一”办案机制在刑事诉讼程序中的质效优势，办理案件657件1097人，批准逮捕各类犯罪嫌疑人310人，起诉568人。一是平安温江建设。打击寻衅滋事、聚众斗殴等严重影响社会正常管理秩序的犯罪97人，“黄赌毒”等侵害社会肌体健康的犯罪164人，故意伤害、抢劫、盗窃、诈骗等侵犯公民人身权、财产权犯罪470人，提前介入、办理聂某等人以租房为名诈骗房东房客上千万元的特大合同诈骗案。打击非法获取、出售公民个人信息、非法获取计算机信息系统数据犯罪14人，保护公民个人信息56万余条。加大对电信网络诈骗和利用社交软件实施的非接触诈骗等犯罪行为惩治力度，起诉涉案金额1.38亿元的谢某某等人特大电信诈骗案，最大限度减少受害人经济损失。二是深化扫黑除恶专项斗争。办理了专项斗争开展以来温江区首例恶势力犯罪案件，涉案的12人均获有罪判决，打掉“保护伞”1人。坚持长效常治，结合办案开展行业领域乱象治理“每案必建议”专项活动，制发社会治理类检察建议2件，从源头遏制黑恶势力滋生蔓延。三是坚持宽严相济的刑事政策。无社会危险性不批捕66人，情节轻微不起诉90人，适用认罪认罚从宽制度审结案件359件541人，适用率88.4%，适用速裁程序179人、简易程序120人，提出量刑建议462条，采纳率94.8%。刑事案件“案件比”1.52，同比下降76.9%，平均办案周期进一步缩短。四是加强未成年人司法保护。抓好“一号检察建议”落实再落实，打击严重侵害未成年人权益的犯罪，起诉2件3人。正确处理“少捕慎诉少监禁”与依法惩戒的关系。涉罪未成年人不批捕率41.6%、不起诉率40.9%，对有教育感化挽救条件的9人依法不起诉。推进未成年被害人“一站式”取证及多元化救助中心建设，积极探索未成年人司法社工本土化培育机制，做好检察官担任11所中小学校法治副校长工作，开展“法治进校园”巡讲活动12场。五是保障特殊群体合法权益。办理拒不支付劳动报酬刑事案件3件3人，提出民事支持起诉意见9件，帮助民工追讨欠薪170万余元、工伤赔偿19万余元。发挥12309检察服务中心便民作用，做实“群众来信件件有回复”工作，严格履行7日内程序性回复，3个月内办理过程或结果答复，回复群众来信来访70件。办理刑事和解案件22件42人。办理国家司法救助案件6件8人，发放救助金15万元，协调相关部门解决被救助人生活、就业等困难。

【服务保障国际化营商环境建设】　一是强化执法办案，营造法治化营商环境。从严办理各类侵犯企业合法权益违法犯罪，加大追赃挽损力度，挽回企业直接经济损失70余万元。办理金融诈骗、破坏金融管理秩序类犯罪5件6人，切实维护金融安全。办理各类涉网络违法犯罪20件33人，发出社会治理类检察建议4份，保障经济社会稳定运行。二是以司法力量助力企业成长，召开“三医”企业知识产权司法保护研讨会，走访问需企业32家，开展法治宣讲9场。探索高校和“三医”产业相互支撑的新模式，联合西南交大知识产权研究组开展“知识产权法律体检”活动4次，发放宣传手册600余册。三是助力成渝地区双城经济圈建设，制订《服务保障成渝地区双城经济圈建设实施方案》，与巴南区检察院签订合作框架协议，强化司法协作，加大对跨区域犯罪，特别是对破坏双城经济圈建设犯罪的打击力度。

【服务疫情防控大局】　一是加强疫情防控工作组织领导，选派6批31名干警服务一线，排查企业、商户2658家，核实返岗复工人数6957人，向企业提供建议和法律释疑27次。二是严厉打击破坏疫情防控违法犯罪行为。提前介入、办理涉疫刑事案件3件3人、非法买卖野生动物刑事案件2件3人，切实维护疫情防控秩序。三是发挥智慧检察优势开展各类检察工作，实现无接触办案462件次，发布、转发疫情防控、辟谣信息68条，为疫情防控营造良好司法环境。

【法律监督工作】 立案监督和侦查活动监督 监督立案11件，监督撤案4件。建议行政执法机关向公安机关移送涉嫌制假售假、危害食品安全、拖欠农民工工资的犯罪案件3件。纠正侦查活动违法11件、遗漏罪行12人、遗漏同案犯9人，坚守案件质量生命线。

刑事审判活动监督 坚守防范冤假错案底线，坚持罪责刑相适应，提出刑事抗诉2件。

刑罚执行和监管活动监督 向有关部门提出纠正意见42件，发出检察建议2件，开展重大案件讯问合法性核查4人，检察在押人员临时出所593人次，通过羁押必要性审查建议办案机关变更强制措施20人，保障被监管人员合法权利。

民事审判监督 稳妥开展民事生效裁判监督。办理民事生效裁判监督案件12件，虚假诉讼监督案件2件，作出不支持监督申请决定4件，促成和解2件，发出再审检察建议4件。对不支持监督申请的案件，加强心理疏导，充分释法说理，做好服判息诉。强化民事审判监督。提出民事审判程序监督意见6件，提出民事执行活动监督意见6件，均被区法院采纳。积极支持弱势群体维权。与相关部门共同探索建立劳动纠纷“一站式”联动处置中心，依托温江区劳动争议人民调解委员会，共同促进劳动争议多元化化解。

行政诉讼监督 加强行政诉讼监督。开展非诉执行监督专项活动，提出行政审判程序监督意见4件，行政执行检察建议5件，采纳率100%。强化行政执法监督。针对未成年人旅馆住宿身份信息登记不实等问题发出检察建议2件，促进辖区行政监管制度完善，督促问题整改落实。扎实推进“行政争议实质性化解”专项活动。办理行政争议实质性化解2件，探索建立介入行政复议阶段行政争议化解机制，帮助一民营企业获得高新技术企业补贴，促进诉源治理。

【公益诉讼检察】 积极回应群众公益保护呼声，受理公益诉讼案件40件，发出行政公益诉讼诉前检察建议37件。一是加大公益诉讼案件办理力度。办理生态环境保护领域和资源保护领域案件13件，助推天蓝地绿清水之城建设。办理食品药品安全领域案件19件，保障人民群众“舌尖上的安全”。办理国有财产保护领域案件5件，追回违规领取社保基金5万余元，全力维护国有财产安全。二是依托“网络理政”“大联动·微治理”工作平台，主动梳理群众反映紧迫的社会问题，立案并办结8件，依托“益路蓉行”开展专项活动3次，努力将矛盾化解在基层。三是持续加强公益诉讼“等外领域”探索。探索建立公益诉讼与生态环境赔偿工作衔接等机制，办理温江区首例野生动物保护领域刑事附带民事公益诉讼案件，追缴野生动物资源损失费上缴国库。

【检察队伍建设】 一是聚力提升队伍素能。强化领导班子建设，院领导带头办理案件142件，不断提高凝聚力、战斗力。完善“三重一大”决策机制，决策民主化、规范化、科学化水平不断提高。优化检察队伍结构，成立“公益诉讼团队”和“职务犯罪办案组”，选任4名中层干部，择优选升、晋升检察官5名，打造优秀办案团队。完善培训体系，分类分级开展教育培训，组织专题培训12次、检察业务培训51次，定制网络培训课程200课时，邀请专家学者开展集中轮训、集体学习73人次，2名干警分别获评“全国检察宣传先进个人”与“全省检察机关案件管理业务标兵”称号。二是持续加强规范司法。深化司法责任制综合配套改革，分类设置100项质量指标、43项效率指标、46项效果指标，对检察官工作实绩全部量化评价。适应“捕诉合一”办案新形势，加强流程监控，实现案件自动分配、流转、监控，确保检察办案公开、透明。推进智慧检察应用，开展档案数字化建设，完成诉讼档案清查、归档11707件，完成公开网络听证室建设，建成公益诉讼快速检测工作站，为检察办案提供技术服务和硬件保障。三是全面深化从严治党、从严治检。明确领导班子主体责任清单，细化11个方面37项具体工作措施。做好省委第二巡视组巡视涉及检察工作的问题、市检察院巡察反馈意见整改落实，整改成果实现常态化、制度化。强化司法办案廉政风险防控，开展领导干部述责述廉19人，开展廉政谈话41次。邀请专家学者、律师召开错案防范和廉政风险研讨会，动态更新风险点，坚决杜绝违法违规情形。强化案件质量监督，开展系统性案件质量评查5次，评查案件481件，制定认罪认罚案件监督规定，确保案件质量。

【接受监督制约】 主动接受人大监督和民主监督　自觉接受区人大及其常委会法律监督、区政协民主监督，向区人大常委会报告公益诉讼、知识产权保护等工作情况4次。及时办理人大代表建议、政协委员提案，回复满意率均达100%。采取邀请参加监督执法办案活动、“一对一”走访等形式，加强与人大代表、政协委员、人民监督员的联络。以公开促公正，用听证赢公信，举行检察听证5次，邀请人大代表、政协委员担任听证员，促进矛盾纠纷化解，更好实现“三个效果”的有机统一。

积极接受社会监督　深入推进检务公开，公开案件流程信息985件、法律文书519份、重要案件信息90件，网民有效点击89万余次，邀请社会各界人士参加“检察开放日”活动7次。探索“互联网+检察”工作路径，依托新媒体传播矩阵，宣传报道117篇次。尊重和保障律师执业权利，办理阻碍辩护人、诉讼代理人行使诉讼权利案件2件，接待律师阅卷131人次，回复程序性信息咨询677人次，听取意见23人次，邀请律师参与化解信访积案3件。主动接受舆论监督，召开新闻发布会、开展媒体集中采访报道4次，促进检察工作质量更优、效率更高、效果更好。

（蔡泽轩、朱　能）

法　　院

【概况】 2020年，区法院坚持以习近平新时代中国特色社会主义思想为指导，牢牢把握“司法为民、公正司法”工作主线，自觉践行“忠诚、公正、廉洁”工作主题，忠实履行宪法法律赋予的职责，全年受理各类案件11335件，结案10829件，结案率95.54%，同比上升4.85个百分点，37名员额法官人均办案306.35件。

【政治建院】 一是认真落实《中国共产党政法工作条例》和省委实施细则，向区委、区委政法委和市中院党组汇报重点工作、重大项目11次。认真配合省委第二巡视组区委联动巡察组对法院的巡视巡察工作，自主查找四方面18个问题。二是开展“初心不忘、薪火相传”等主题党日活动60次、专题学习30次、党课辅导20次。探索建立院领导担任党支部第一书记机制，压实班子成员党建主体责任。成立全市法院首个主要由聘用制人员组成的审判辅助党支部。院机关党委获评全市“蓉城先锋”示范基层党组织。三是严控意识形态风险，修订完善《关于严格落实意识形态工作责任制的实施细则》，向区委政法委报送意识形态工作报告4次，院党组专题研究意识形态工作2次；10月，院党组书记在全市法院会议上作意识形态工作专题汇报。开展“两个坚持”专题教育，不断筑牢意识形态安全防线。

【服务保障中心工作】 一是打击刑事犯罪。受理刑事案件406件，审结390件，判处罪犯593人。巩固扫黑除恶专项斗争成果，排查涉黑涉恶线索4条，依法审结吴某等恶势力团伙犯罪，摧毁黑恶犯罪政治、经济基础。深入推进反腐败斗争，审结雷某被控受贿罪、高某被控利用影响力受贿罪等案件，邀请100余名国家工作人员旁听庭审。贯彻宽严相济刑事政策，适用认罪认罚从宽制度审理案件352件；注重未成年人权益保护，落实圆桌审判、合适成年人参与、档案封存等制度，审结涉未成年被告人案件8件。二是化解民事纠纷。受理民商事案件6745件，审结6359件。深化家事审判改革，审结家事案件491件，调撤278件。妥善审理涉农村房屋拆迁、农村土地“三权分置”案件45件，服务保障乡村振兴。推广适用小额诉讼程序，快审快结物业服务合同纠纷497件。维护市场公平和效率，多元化解房屋买卖合同、建设工程施工合同纠纷2159件。注重民法典对民事活动和审判工作的指导意义，组织专题培训17次，向群众发放宣传手册300份，依托三微平台发布专题宣传11期。三是化解行政争议。审结行政案件124件，结案率95.38%。裁定准予执行行政非诉案件7件，维护行政机关执法权威；判决行政机关败诉20件，及时监督纠正行政违法行为。认真落实“三项机制”，持续推动温江区行政机关负责人出庭应诉率同比提高56.4%，召开府院联席会8次，发送司法建议3份，提升服务大局实效。9月，行政审判工作在全市法院作经验交流。四是强化司法职能延伸。助推产业功能区建设，加强对中小企业的保护，发放《知识产权经营风险提示》共310份，快速审结涉企业商事纠纷4462件。优化破产审判府院联动机制，受理破产案件5件，组织天来等三家关联公司的1159名债权人线上召开债权人会议。深化金融审判专业化、国际化、智能化改革，审结涉银行、保险等金融类纠纷254件。与重庆市巴南法院签订司法协作框架协议，从诉讼服务、执行联动等十个方面开展深度协作，助推成渝地区双城经济圈建设。

【回应群众关切】 一是完善现代化诉讼服务体系。以诉讼零距离、服务不打烊为目标，优化“24小时自助法院”功能，当事人全天候自助办理立案申请等诉讼事务1100项。完善诉讼服务一站式平台，形成“智慧诉讼服务”新模式。拓展诉讼服务覆盖面，办理湖南、广东等跨域立案27件。全年办理诉讼服务事项19859件（次）。二是加强民生领域权益保障。加大生态环境保护力度，开展“6·5环境日”系列宣传活动，审结环境资源类案件23件，首次采用7人制合议庭审结全区首例涉珍贵、濒危野生动物保护刑事附带民事公益诉讼案。保障群众“舌尖上的安全”，审结邱某某生产、销售不符合安全标准的食品罪等案件。依法维护医疗秩序，审结医疗损害责任纠纷5件。加强劳动者权益保护，审结劳动争议案件167件，7天内快速化解涉科创公司群体性劳动纠纷148件。保障困难当事人权益，发放司法救助金17.88万元。三是推动社会诚信体系建设。优化执行联动格局，全年执结案件3899件，执结率97.6%，同比上升3.6个百分点。加大司法惩戒力度，纳入失信黑名单、限制高消费2455人，移送刑事立案侦查4人，司法拘留3人，罚款35人，促使155人主动履行债务3500万余元。重点化解涉稳群体性执行案件，妥善执行2起房屋腾退案、成都中医药大学系列案、318名当事人申请执行成都碧龙园林公司案。开展民生案件专项执行活动，查封、处置房产310套，执行到位5120万元，高效办理升达集团拖欠工资案，为158名职工兑付731万元，获市政府副市长刘筱柳、区委书记王道明肯定性批示。

【推动法院发展】 一是推进民事诉讼程序繁简分流改革试点工作。设立10个专项改革小组，制定7份改革文件，形成4篇实证调研、10期改革通报。优化“多元调解+司法确认”解纷模式，增聘28名特邀调解员，诉前委派调解案件1952件；受理司法确认案件333件，同比增长82.97%。创新小额诉讼“立、审、执、监”一体化运行模式，受理小额诉讼案件1581件。打造“示范诉讼+”模式，发布全省首例“示范裁判令状式文书”，被最高人民法院网站、《人民法院报》等媒体刊登。二是持续深化现代司法管理体系。推动“三大中心”实质化运行，剥离档案扫描、鉴定评估等审判辅助事务10997件，外包送达案件1453件。狠抓个案效率管理和文书质检工作，建立健全司法办案、监督管理等制度9项，发布通报40期、态势分析16期，提升法官办案质效紧迫感和精细化管理水平。强化院长庭长示范引领和监督管理，院长庭长带头办案4703件，占总收案的41.49%，对281件“四类案件”进行全流程监管，化解250件长期未结案，审判效率持续提升。三是纵深推动“诉源治理”工作链条化开展。推动建立区级层面矛盾纠纷联调中心，全年有800余起案件经诉前化解未进入诉讼程序，收案数减少11.86%。促进类型化纠纷一站式实质解决，完成6个行政（行业）组织的特邀入册工作。党建引领结对共建“物优e调解中心”“睦邻和解室”等基层治理品牌，形成矛盾纠纷就地化解的良好格局。

【树立良好司法形象】 一是完善制度建设规范管理。完善审判委员会、合议庭议事规则，制定审判权力和责任清单，进一步明确院庭长、员额法官、审辅人员的管理和工作权限，督促依法依规履职。坚持问题导向，修订完善《费用报销凭据管理办法》等21项工作制度，确保司法政务、财务、业务工作有序开展。二是锤炼风清气正司法作风。构建风险防控机制，严格落实“三非”报告制度，全面梳理岗位廉政风险点。深入开展“以案促改”工作，自主开展“整肃风纪、创新提能”教育整顿活动，专项整治整改超审限案件、诉讼费及执行案款清理、司法作风等问题。常态化开展审务督察，发布督察通报24期，通报问题37个，提出整改建议51条。积极支持配合纪检监察机关查办违纪违法4人。三是提升综合素能强基固本。大力实施“卓越法官”培养二期工程，择优选升高级法官11名，配强中层干部，组织干警参加政治理论和业务培训30余期，选派抽调4名干警挂职锻炼。与高校共建法律见习基地，共同开展3个前沿课题研究，引进28名在校研究生担任实习法官助理。完成区级课题2项，形成学术成果8篇。

【疫情防控和司法办案“两手抓”】 一是积极支援疫情防控工作。累计派出80余名干警协助社区入户排查登记6909人次，摸排走访企业商户200余家。审慎善意文明司法，积极为中小企业纾解困难，发送《应对疫情法律实务操作指引》270余份。开展“六稳”“六保”专项执行活动、涉疫情“法治七进”活动，帮助企业商户解决用工、融资、合同履行等问题。二是统筹做好司法办案工作。发布涉疫情专项研究报告和司法建议5份，惩治妨害疫情防控口罩诈骗案2件，优先用调解方式妥善化解疫情引发的各类民事纠纷。依托智慧法院，开展无接触式司法服务，强化网上立案、电子送达、远程开庭等功能，网上立案6287件，网上调解98件，远程开庭135件，及时定分止争。

（王朝辉）

司法行政

【概况】 2020年，区司法局深入学习贯彻习近平法治思想，提高政治站位，明确角色属性，牢固树立法治理念、增强法治意识、完善法治手段。温江区司法局获全省司法行政系统第二批抗疫工作先进集体、全国公共法律服务工作先进集体等称号。

【疫情防控】 严格疫情相关法制审查，积极编印各类涉法文书资料，积极开展法治宣传，出台防疫公益法律服务实施方案，律师亮身份进小区、法律援助阶段性扩面办理、12348电话“7＋24”接听、公证办理“容缺受理”。先后散发资料40000余份，线上宣传3634场次，入户排查11500余户，审查疫情相关文件共78件，热线接听1853人次，办理涉企法律咨询563件，涉企法律援助257件，涉企公证164件。落实“双列管”“必接必送”等措施，全区1400余名特殊人员群体无一托管漏管、无一感染。做好点位人员政策法规宣讲、心理疏导和问题处理，先后服务境外入蓉人员4000余人次，提供当面政策解答、诉求回应累计391件次，为网络理政提供法律审查意见20余次，电话咨询80余件次。

【法治营商环境建设】 拓宽服务覆盖领域。探索推进公共法律服务进驻产业园区，建设医学城B区公共法律服务分中心，编制面向企业公共法律服务产品清单，组建专业服务团队。组织律师积极开展公益法律服务。复工复产提供法律咨询290余人次，进园区、楼宇开展政策法规宣讲及现场答疑5场次，发放《通识读本（摘录）》400余本。全面开展企业“法治体检”。梳理企业风险点，形成企业经营风险问题清单，有针对性地对一批中小企业开展“法治风险体检”。

【依法行政建设】 推动科学民主依法决策水平。共审查各类区级行政规范性文件12件，按规定全部向市政府和区人大常委会备案。审查、回复合同等各类文稿700余件，开展合法性审查120余件，提出法律意见和工作建议1500余条，合同备案12件。加强行政执法监督。建立行政处罚“三张清单”制度，指导督促各行政执法部门改进行政执法监管方式，全区各执法单位编制完成部门“不予处罚”“减轻处罚”“从轻处罚”事项清单。服务保障民生。加大关系群众切身利益的重点领域执法力度，严格依法惩处各类违法行为，完成全区689名执法人员验证，清理离岗执法人员52名。加强行政复议工作。2020年收到行政复议案件72件，其中立案受理64件，较2019年同期101件下降40.3%。加强行政诉讼工作。2020年共17个部门（单位）被诉，案件数量共75件，同比下降58.8%。区政府收到一审被诉案件39件，同比下降44.3%，无败诉案件。

【法治温江建设】 结合四川省“一月一主题”宣传活动要求，在“1+11”重要时间节点开展法治宣传活动30余场次。圆满完成省、市对温江区“七五”普法总结验收。落实会前学法制度。全区各单位、各镇（街道）共开展各类会前集中学法200余次，其中《中华人民共和国民法典》常委会、常务会、党组（委）会会前学法共60余次。创新开展“民法典培训直播”活动，将培训过程同步进行网络直播，线上线下影响同步推进。司法局被中央政法委表彰为新媒体工作先进单位。

【优化群众法律体验】 创新公共法律服务“24小时”自助服务模式，推广集“查询、预约、办理、宣传”等功能为一体的公共法律服务线上办理平台；扩充“公共法律服务云大厅”功能，有效链接“12309”检察服务中心、“12338”妇女儿童维权中心、信访接访中心、村居法律服务室，丰富公共法律服务内涵。法律援助依托公共法律服务“三大”平台，试行援助案件“抢单”制，创新法律援助“全域通办”深改自选特色项目。受理指派援助案件418件，办理法律帮助273件，“12348”热线提供法律服务4960件次，公服大厅、信访大厅坐班律师接待现场来访1475件。

【平安温江建设】 完成人民调解员队伍建设的深改任务，指导成立人民调解协会，持续扩大人民调解组织覆盖面，积极指导推动行业专业人民调解组织建设，围绕园区和产业建设，围绕疫情矛盾纠纷排查调处，创新实施人民调解公证赋强服务，积极参与全区重大矛盾纠纷的调处工作。各级人民调解组织共调解案件2517件，调解成功2447件，调解成功率达97.22%，调解协议涉及金额3384.82万元。积极开展《中华人民共和国社区矫正法》学习宣传贯彻活动，推进远程探视帮教工作，2020年以来已受理疫情期间亲情会见87场次，申请145人次，经监狱审核后，成功组织会见135人次；律师会见2人次；法庭远程庭审1次。

（杨晓含）

武　装

【概况】 2020年，温江区人武部在警备区党委和温江区委、区政府的坚强领导下，坚持以习近平强军思想为指导，紧贴形势任务，聚焦主责主业，突出真打实备，狠抓工作落实，圆满完成年度各项任务。

【思想政治建设】 扎实开展“传承红色基因、担当强军重任”主题教育，组织学习习主席在纪念中国人民志愿军抗美援朝出国作战70周年大会上的重要讲话，认真学习领会中共十九届五中全会精神，更新完善营区文化环境建设。认真组织基干民兵开展政治教育，印发各类教案10余套，调整健全基干民兵预建党组织，排以上分队全部设立党组织。

【战备训练工作】 结合温江区实际和担负的作战任务，组织修订完善各类战备预案，补充完善各类战备物资。组织应急分队进行战备演练，提高遂行应急任务的能力。严格按纲施训练，扎实开展基础训练和业务训练。先后出动基干民兵5000余人次参与温江区疫情防控和复工复产任务。

【民兵调整改革】 认真贯彻落实“十三五”民兵组织调整规划，协调召开民兵调整改革工作会议，成立组织、研究方案、部署任务、明确要求。结合“大学习、大讨论、大调研”活动，组织对全区民兵建设情况进行调查摸底，进一步优化民兵队伍结构。与区级相关部门签订装备预征预储协议，满足执行任务需要。

【国防动员工作】 组织区国动委成员单位认真核查国防动员潜力数据，更新完善数据万余条，摸清了重点领域和关键项目的潜力底数。协调召开区委议军会，听取各镇（街道）党（工）委书记党管武装工作述职报告，安排部署新年度党管武装工作。扎实开展预定新兵役前教育训练，提高新兵入伍适应能力。

【脱贫攻坚】 2020年，区人武部结对帮扶色达县塔子乡，投入59.97万元，开展3个扶贫项目：为建档立卡贫困户购买生活必需品（投入2.4万元）；为易返贫群众家庭添置电视、冰箱、藏床等室内设施设备（投入49.57万元）；修建便民澡堂和净水设施（投入8万元）。5月中旬，组织人员到塔子乡进行实地走访，召开军地联席会议，研究论证扶贫项目，走村入户看望贫困群众。8月，色达县塔子乡接受国家普查，对照贫困村58项指标和贫困户26项指标均达标。

【国防教育和双拥工作】 以“奋进新时代、聚力强军梦”为主题，开展第二十个全民国防教育日。发放征兵宣传手册60000份，在温江新闻综合频道黄金时段播放征兵公益宣传片。组织对辖区冠名“国防教育”的社会机构进行清理规范，及时制止违规行为。深入推进双拥模范城创建活动，积极开展为立功受奖军人家庭送喜报活动，协调做好退役军人安置工作，及时足额发放入伍大学生奖励金和义务兵家属优待金，积极做好军烈属解难帮困工作。

【保障工作】 严格落实党委管财制度，科学合理编制年度经费预算，杜绝无预算、超预算开支问题。深入开展财务专项清查工作，梳理上缴家底经费。严格落实枪弹管理制度，坚持定期入库检查，积极做好训练期间的装备保障任务，购置一批应急装备器材。

【疫情防控】 严格落实封闭式管理、营区消毒、分散就餐、体温检测等防控措施，及时发放口罩、消毒液等防疫用品，与地方防疫部门建立联防联控机制，发放防疫宣传手册30余份。组织参加地方“爱卫”活动，进行卫生环境整治。郫都区新增疫情后，严格落实封闭管理，组织全体人员进行核酸检测，全部阴性。

【安全稳定工作】 紧紧围绕“十七个重点要素”，狠抓安全制度落实。定期召开安全形势分析会，查找问题隐患，研究制定整改措施。认真抓好法纪教育、保密教育和警示教育，强化法纪观念和安全意识。扎实开展“条令学习月”“百日安全倒计时”活动。以规范“四个秩序”为抓手，狠抓战备值班秩序，定期对重要部位进行安全检查。一年来，人武部未发生任何事故案件，实现了任务完成好、安全稳定好的双重目标。

（郑江波）

消防安全

【概况】 2020年，温江区消防安全工作不断强化党委班子和队伍建设，夯实社会面火灾防控基础，大力提升灭火救援战斗能力，实现了火灾形势和班子队伍建设“双稳定”，为促进全区营商发展、维护社会稳定创建了良好的消防安全环境。

【城乡火灾防控】 积极推动区政府在《四川省消防安全责任制实施办法》的基础上，进一步明确区级各部门、各镇街消防安全责任，压实推动多方发力，共同整治火灾隐患，形成完整的责任落实闭环。全区以“消防安全专项整治三年行动”、“城乡防火专项整治”、“冬春火灾防控”三个专项治理为契机，坚持问题导向，补短查漏、标本兼治，不断提高社会面抗御火灾整体能力。一是扎实推进打通消防生命通道工程和电气领域综合治理。联合区住建局、区公安分局交警大队、区综合执法局，通过会商研判、移送抄告、联合执法等形式探索建立占用消防车通道违法行为联合治理协作机制。将消防车通道标识标牌绘制、电动自行车集中充电示范点、微型消防站升级改造纳入温江区“智慧社区”建设和老旧居民小区改造工程，督促359家居民小区、公共建筑增设维护消防车通道标识标线标牌，结合《2020年成都市十大民生实事目标》，在柳城街道、涌泉街道、天府街道、公平街道、金马街道打造5个电动自行车消防安全规范示范点并全部验收合格。二是集中对大型商业综合体、高层建筑、住宅小区、老旧场所、彩钢板房等重点领域开展专项治理。全力督促整改火灾隐患，推动全区12个重大风险隐患整改销案。对4个大型商业综合体制定了达标创建细则及评判标准，对1467幢高层建筑建立完善基础信息台账，推动行业主管部门明确重点整治单位及标杆示范单位，并对2021年重点工作进行安排部署，持续净化消防安全环境。三是筑牢防线，持续抓好疫情防控期间火灾防范。梳理定点收治医院、疑似病例定点救治医院、过渡性住宿酒店、集中隔离留观等五类重点场所相关信息，及时调整执法模式和检查方式，加强重点领域消防安全监管，为全区疫情防控工作保驾护航。积极开展消防技术指导服务工作，细化“便民利企九条措施”，累计落实便民利企“九条措施”120余次，切实将便民服务工作落实到点到位。向社会面发布《至全区复工复产企业和市民的一封信》1.8万余份，提示各类企业和群众重视并开展好各项消防安全工作，对尚未复工休整在家的群众提出消防安全建议。全年，共检查各类单位（场所）881家，督促整改火灾隐患和违法行为496处，下发责令改正通知书395份，处理举报投诉408起，办理行政处罚案件63件，罚款29.35万元。

【灭火应急救援】 以“全灾种、大应急”为目标，不断精进消防业务技能，开展科学施训、体能技能考核、应急处置实战演练，多措并举大力提升队伍综合应急救援水平。圆满完成“天府绿道休闲旅游节”“2020年金温江半程马拉松”“成都2020年新经济产业功能区推介会”“第二届成都国际花木博览会”等重大安保任务，成功处置“8·16”万春镇抗洪抢险救援，积极增援“5·17”彭州企业仓库火灾扑救、“7·13”都江堰山洪抢险。全年共接处警1893起，出动车辆2689辆，出动警力11687人，抢救被困人员368人，疏散被困人员28人，抢救财产价值6400余万元，为保护全区平安稳定贡献了应有的力量作用。

【队伍力量建设】 精准发力，通过多种形式全面提升小（微）型消防站效能。一是强化培训指导。高频次对接各镇街召开联勤工作会议，对全区消防安全形势和火灾隐患区域进行研判和分析，通过“上挂锻炼、下派指导”的方式，强化对各小（微）型消防站的业务指导及实战能力培训。二是强化共享共治。借力微型消防站接处警预警平台建设，组织各小（微）型消防站进行联勤联动、指导训练、跟班作业，将4个区级消防队伍与5个小型消防站、6个一级微型消防站实施资源共享，辖区所有消防力量紧密衔接，形成“一点着火、多点出动”作战模式，有效提升了火灾处置效率。

【宣传教育培训】 以消防宣传“七进”为基础，积极拓宽宣传渠道，将消防宣传工作纵深推进。一是多角度、高频次进行消防安全宣传，在新媒体发布火灾防控、消防知识宣传240余条，其中在中央级新闻媒体刊发新闻报道4条，在省、市新闻媒体刊发新闻报道60余条。举行温江区2020年“119”消防宣传月启动仪式，扎实开展消防宣传月活动，在全区营造了良好的消防安全氛围。二是强化开展消防安全知识培训和实战演练，利用多种宣传渠道和宣传形式，有效提高群众火灾防控能力。全年共组织居民小区住户、人员密集场所从业人员、工厂企业员工等群体开展消防宣传培训、实战演练70余次，开放消防队站50次，发放宣传资料10万余份，借助社会单位的LED屏幕播放消防宣传片、警示教育片20余次。

（陈　爽）

人民防空

【概况】 2020年，温江区人防办认真贯彻落实《中华人民共和国人民防空法》及中央、省、市、区关于加强人民防空工作的相关规定，紧紧围绕区委区政府重大决策部署，扎实抓好各项工作开展，取得了一定成效。2020年度温江区人防综合目标、工程建设、警报建设管理、组织指挥工作受到成都市人防办通报表扬。题为《坚持以防护体系建设为重点深入推进人民防空事业与地方经济融合发展》工作简报，受到省人防办的充分肯定并在全省各地市州转发。

【工程建设】 按照“长期准备、重点建设、平战结合”的方针，依法加强民用建筑项目审批，严格按照人防相关法律法规，认真履行行政审查审批及质量监督管理职责，严格执行“应建必建”，坚持“以建为主，以收促建”。对新增人防工程的数据信息及时进行分类、存档，人防工程档案和人防战备资产资源系统均由专人负责，并做好保密工作。

【人防工程安全】 修改完善安全应急预案，并将人防安全应急预案纳入区住建局的总体安全应急预案，编制安全实施方案1个，发出安全生产大检查通知4次，修改完善了以主要领导为组长的安全领导整治小组，成立了两个检查督查组，其中暗访检查组1个，1～4季度对全区人防结建工程进行拉网式排查一次，暗中抽查了3次，其中检查了全区早期老旧直属人防工程及其口部管理房及结建工程，排查出的隐患限期整改，形成了安全专报多篇报局办公室和成都市人民防空办公室。早期人防工程防护结构完好率100%，已全部签订后期管理责任书，确保后期管理规范化，2020年全区人防工程无安全事故发生。

【组织指挥信息化】 按照市人防办人防应急包配置标准，组织采购人防应急包，已发放镇（街）和重要经济目标防护单位；完成市人防办基层人防建设试点相关工作，编制完善人口疏散接收安置方案；按照疏散基地建设标准完成疏散基地建设前期相关工作；完善全区重要经济目标分类分级统计；坚持每周一次平台系统设备设施操作训练和日常维护保养管理工作，机动指挥所设备设施性能完好，参加市人防应急演练暨（通信）比武，取得良好成绩；调整充实人防专业队力量，组织各人防专业队结合各自行业特点开展训练，并参加人武部组织的军事技能训练。

【通信警报建设】 开展直控警报台（站）升级改造，并通过市人防办验收合格；认真做好警报台（站）维护管理工作，设备设施完好率、达标率100%，完成“9·18”防空警报试鸣演练，试鸣响率达100%；联合区教育局组织中小学校结合“9·18”防空袭警报试鸣演练活动开展在校师生防空防灾应急疏散演练。

【防空宣传教育】 结合国际民防日、防灾减灾日、警报试鸣日、《中华人民共和国人民防空法》颁布日等重大活动，开展防空、防灾宣传6次；完成初中二年级学生人民防空知识教育4300余人，完成市级以上报纸杂志组稿4篇，完成《中国人民防空》杂志10份征订任务，完成调研文章1篇。

【人防法治建设】 认真落实行政执法责任制和行政执法公示制度、执法全程记录制度、重大执法决定审核制度；组织行政人员开展人防法律法规和业务知识培训学习2次、提高了人防队伍素质；依法行政，严格执法，做到程序规范、执法公正，全年开展人防执法检查4次；完成人防行业系统整治追缴、补缴人防易地建设费工作。

（易远昌）

经济管理

经济结构调整

【规划编制】 启动“十四五”规划编制，建立“十四五”规划编制专家名录库，成立“十四五”规划编制“1+8+N”专家咨询组（1名顾问、8名综合类专家、N名行业领域专家），印发《温江区“十四五”规划编制工作方案》，编制形成“十四五”规划纲要前期重大课题研究成果33项，组织开展空间规划、专项规划、区域规划共39项，实现规划编制“全覆盖”。实施“十四五”重大项目策划包装大会战，梳理规划项目325个，总投资2516亿元，申报纳入全市“十四五”规划项目34个。坚持“开门问策”，广泛开展我为温江“十四五”建言献策系列宣传活动，收到企业和市民调查问卷4614份，各类意见建议3879条，新媒体平台阅读量达到31.2万次。高质量完成《温江区“十四五”规划纲要》成果。

【年度计划管理】 制定《温江区2019年国民经济和社会发展计划执行情况及2020年国民经济和社会发展计划草案的报告》《温江区2020年上半年国民经济和社会发展计划执行情况报告》，确保年度计划按计划执行。

【经济运行监测】 积极应对疫情带来的不确定性，持续深入开展“两送一帮一解”专项行动，制定出台“温江支持项目开工复工12条”“统筹抓好疫情防控奋力实现经济社会发展目标26条”“确保全面完成全年经济社会各项目标任务若干措施”等政策措施。完善经济运行联席工作机制，坚持旬督查、月通报、季调度，印发《2020年全区经济工作要点》，形成《温江区2020年一季度经济运行分析报告》《温江区2020年上半年经济形势分析报告》等经济分析报告4期。2020年，全区实现地区生产总值623.8亿元，增长5.1%；完成固定资产投资401.5亿元，增长8.3%；完成一般公共预算收入46.2亿元，增长2.4%；完成社会消费品零售总额148.5亿元，增长-1.6%；实际到位内资149.4亿元、利用外资15.9亿美元，分别完成全年目标任务的109.85%、105.73%；实现进出口总额30.3亿元，增长2.2%；城镇、农村居民人均可支配收入分别达到49633元、32635元，分别增长5.8%、8.3%。

【重点课题研究】 针对全区经济社会中的热点、难点问题，加强课题调查研究，形成《“十四五”期间温江经济社会发展基本思路研究》《主动融入成渝地区双城经济圈建设，深化医药健康产业协同发展》等重点课题研究成果。《温江区面向消费升级的供给转型研究》《温江产业功能区及园区专业化运营机制研究》获全市发改系统课题研究二等奖，获奖篇数和质量位居新中心城区第一。

固定资产管理

【固定资产投资】 2020年，全区实现固定资产投资401.5亿元，完成全年目标任务，同比增长8.3%。按三次产业划分，一产业投资10.1亿元，同比增长0.6%；工业投资130.9亿元，同比增长7.9%；三产业投资260.5亿元，同比增长8.9%；民间投资完成242.0亿元，同比下降2.9%。

【省市重点项目】 2020年，温江区共有省市重点项目46个（省重点项目3个），总投资1247.57亿元，2020年计划投资115.08亿元。全年完成投资140.95亿元，完成年度目标任务的122.48%。其中：竣工项目3个，按期竣工；续建项目25个，年度计划投资91.87亿元，完成投资112.96亿元，完成年度目标任务的122.96%。新开工项目6个，年度计划投资14.5亿元，完成投资17.28亿元，完成年度目标任务的119.14%。加快前期项目12个。

政府投资项目管理

【政府投资项目】 2020年，温江区第一批、第二批政府投资项目共73个，完成年度投资12.15亿元，两批次新开工项目41个。

【重大项目策划包装】 持续优化"1+3+N"策划包装主体责任制，全年全区共策划包装项目439个，进入项目储备库项目共243个，114个项目成功转化，常态化策划包装项目匡算总投资1839.89亿元，远超200亿元目标任务。在库项目中，政府主导类投资项目91个，匡算总投资109.04亿元；社会投资项目152个，匡算总投资1730.85亿元。

【审批（备案）项目】 推动四川省投资项目在线审批监管平台运行，对在线平台应用问题进行优化整改。2020年，全区共审批（备案）项目610个，总投资估算1715.5亿元。其中，企业投资项目544个，投资估算1698亿元；政府投资项目66个，投资估算17.5亿元。

【招投标监管】 强化对招投标活动的监管，印发《成都市温江区工程招投标领域突出问题系统治理实施方案》。扎实推进工程建设项目不见面开标交易工作和异地远程评标工作，共有24个项目实施不见面开标，共有1个项目试行异地远程评标。

【政府投资项目评审】 扎实推进政府投资项目评审，全年完成各类项目评审事项100个，通过评审节省建设资金共约16.21亿元。其中完成项目建议书评审45个，送审总投资7.31亿元，审结总额6.13亿元，审减总额1.18亿元；完成项目可行性研究报告评审26个，送审总投资53.33亿元，审结总额41.84亿元，审减总额11.49亿元；完成项目设计概算（含调整）评审29个，送审总额27.98亿元，审结总额24.44亿元，审减总额3.54亿元。

产业发展

【产业功能区建设】 统筹推进产业功能区建设工作，积极推动高品质科创空间规划建设，印发《2020年温江区产业功能区建设实施方案》《成都市温江区关于提升产业功能区要素供给质量效率降低企业生产经营成本的若干政策举措任务分解表》《成都市温江区产业功能区要素保障部门专班名单》。持续深化"指挥部+园区+部门+镇（街道）+国有企业"的管理运营机制，推动三医创新中心48.47万平方米、三医智造中心61.9万平方米、川农农创产业园28.09万平方米高品质科创空间建设。

【区域开放合作】 统筹推进成渝地区双城经济圈建设，形成《关于坚定贯彻成渝地区双城经济圈建设战略部署的决定》，与重庆市巴南区签订战略合作协议，在生物医药、花木产业、人才交流等方面与巴南区开展合作。积极落实省委"一干多支"发展战略，与双流等15个区域在产业发展、科技创新、招商引资等23个方面实现共享共建。参与成德眉资同城化建设，统筹推进自贸试验区及协同改革先行区建设、中日（成都）现代服务业开放合作示范项目、营商环境优化以及推动教育联盟发展等事项。

【对上争取】 对内建立1个专班牵头抓总，N个科室分工协作的“1+N”对上争取工作机制，对外建立部门联合会商、分期调度核查制度，整合资源、打造合力。争取中央和省级预算内资金8000余万元、地方政府专项债28.58亿元、特别国债3.73亿元、企业债券50.2亿元，获批国家企业技术中心2个，四川省工程研究中心1个，获得新增建设用地计划预安排指标855.2亩。

信用体系建设

【社会信用体系建设】 深入推进社会信用体系建设，印发《成都市温江区2020年社会信用体系建设工作年度计划》，组织区内企业、机构和个人参与四川省“诚信产品”“诚信之星”及“诚信社区”评选活动。推进社会信用体系平台建设，开通“信用温江”微信公众号，将信用门户网站嵌入政府门户网站。探索建立温江区赴鄂抗疫医务人员红名单和成都市温江区抗疫一线医务人员红名单，及时将名单及时向社会公布。

【社会事业发展】 推进以利民为导向的基本公共服务清单标准管理和动态调整制度改革，制定《成都市温江区推进以利民便民为导向的基本公共服务清单标准管理和动态调整制度改革2020年工作要点》，配套发布9大类107项公服事项和6大类34个高品质公共服务基础设施建设项目。

全面改革创新

【城乡融合发展】 推动国家城乡融合发展试验区建设，编制《温江区国家城乡融合发展试验区任务分工方案》《温江区城乡融合发展试验区试验措施》。抓好相关典型经验的推广，其中1篇改革经验被国家发改委纳入城乡融合发展典型经验案例；2篇改革经验入选四川成都西部片区国家城乡融合发展试验区改革第一批创新典型案例。

【片区综合开发】 做好顶层设计，印发《关于创新片区综合开发模式推进产业功能区建设的指导意见（试行）》，统筹做好片区开发综合开发，总投资约131亿元的公平街办红桥片区、永宁片区（医学城B区）综合开发项目正在抓紧推进并已部分落地实施。

价格管理

【价格监测】 加大基本民生价格监测力度和监测范围，疫情期间启动民生物资及医药类应急监测工作，形成价格专报112期，充分发挥价格监测预警预报作用。及时发放一次性价格补贴和价格临时补贴工作，对在册城乡低保人员、城乡特困人员、重点优抚对象等低收入群体发放价格临时补贴1902.1678万元，惠及9.6857万人。

【资源类价格管理】 加强城镇燃气配送环节价格监管，印发《关于温江区管道天然气配气价格有关事项的通知》及《成都市温江区非居民用气上下游价格联动机制》，积极宣传转供电环节电价政策。

【行政事业性收费管理】 进一步清理涉农、涉企收费，取消不合理的收费项目，印发《关于公布成都市温江区政府定价经营服务收费目录清单的通知（2020年）》《关于公布2020年政府性基金和行政事业性收费目录清单的通知》。规范民办学历教育学校收费行为，核定成都市温江区新世纪光华学校、成都市温江区嘉祥外国语学校（初中部）收费标准，完成成都市温江区二十一世纪学校中小学生均教育培养成本、生均住宿成本测算工作。

【价格认证】 2020年，为公安机关办理涉案财物价格鉴定235件，鉴定金额405.9万元，出具价格鉴定说明80份，对财政局、机关事务管理服务中心的国有资产处置进行价格认证5件，认证金额7.15万元，为司法机关办理案件提供了重要依据。

粮食和物资储备

【粮食调控和流通监管】 制订温江区新冠肺炎疫

情防控期间粮油、猪肉应急保障预案，构建1家粮食储备中心，1家粮油加工配送中心，9个镇（街），N个应急供应网点的“1+1+9+N”粮食供应保障网络。优化储备品种结构，新增4500吨应急成品粮和300吨菜油储备，完成2019年超标稻谷收购处置3311.96吨，下属企业成都市温江区天香粮油加工厂打造的“俏媳妇牌东厨稻米”在“中国好粮油”央媒走进四川融媒行活动暨“四川好粮油”产品发布会上被四川省粮食学会评定为2020年度“四川好粮油”产品。

【粮食和物资储备管理】 加快推进粮食基础设施建设，1.6万吨低温库改扩建项目主体工程顺利封顶，大力推进2.5万吨粮库智能化升级改造和区级粮食管理平台建设，完善应急救灾物资储备使用管理联动机制，健全应急救灾物资采购、储备、调拨和紧急配送制度，组织实施50顶帐篷、1000套衣物等区级防汛救灾物资储备工作，圆满完成2020年全区防汛综合演练。

（刘　梅）

市场监督管理

【工商行政管理】 企业注册登记　一是压缩企业开办时间，采取“2+2”审批模式，进一步压缩企业开办时间，第一个“2”，企业注册登记2小时，从受理资料、资料录入、审核决定、营业执照制作、资料归档及建立台账全过程2小时内完成；第二个“2”，公章刻制和税务并行办理2小时完结。全年新登记市场主体35431户，其中：新登记企业5621户、个体工商户29795户、农民专业合作社15户。新增注册资本合计315.91亿元。二是食（药）品经营许可证办理，全年办结食品经营许可证5017件，药品经营许可证409件。三是经营范围规范化登记。2020年11月27日起，推行经营范围登记规范化，所有市场主体经营范围登记均使用总局制定的《经营范围登记规范表述目录（试行）》和统一的数据查询接口办理，由申请人从规范目录中自主选择规范条目进行登记。

商标广告监督　对知名医院等机构被冒牌，“软色情”等低俗、庸俗媚俗广告，输入型网贷机构广告，移动端互联网广告专项清理整治，办理广告违法案件13件，罚没合计9.464万元。

【市场监督管理】 一是强化“双随机、一公开”监管，围绕25个市级联合抽查事项，挖掘出18个区级部门的103项二级检查事项，并形成抽查方案69个，检查市场主体1357家次，抽查结果公示率100%，通过“进一次门、查多项事”和及时公示抽查结果，实现智慧监管和监管信息共享；二是夯实信用监管基础信息，立足企业年报和经营异常名录管理工作，通过日常监管、投诉举报、部门抄告等途径完善市场主体经营状况监测，推动全区15034家企业、50470家个体单位、196个农业专业合作社完成年报工作，年报完成率分别达95.15%、92.69%、98.49%，荣获省级年报公示工作先进单位，完成经营异常名录管理1532次，发现并清理吊销“僵尸企业”184户，加速市场主体“优胜劣汰”；三是探索信用激励机制，推行企业信用“红黑名单”管理，针对容缺受理、告知承诺、奖励政策、招投标评分、信用融资等工作，对守信者和失信者进行差异化管理，获评省级“守合同重信用”企业7家、市级“守合同重信用”企业66家，依法将41家企业列入严重违法失信企业名单。

【依法行政】 一是加强疫情防控法治保障。编印政策汇编1个、法律法规汇编2个、案件查办工作指引2个；二是健全行政执法工作机制。制发《“三项制度”实施方案》《行政处罚立案结案管理工作制度（试行）》，推行案件定时会商、行政处罚案件分类办结机制；三是推行权责清单动态管理。根据现行法律法规废止、修订、出台等适时清理行政权力事项，并梳理事项清单共计1110项；四是加强依法行政的考核评价和督查检查。总结了“七五”普法、法治政府建设、依法治区等工作情况并形成报告，开展了季度依法行政考核4次、行政执法案卷自查1次、复议及诉讼案件情况分析1次；五是落实法制审查，加大执法力度。已法制审查一般程序行政处罚案件468件，法制审查率100%；听证会4次；请法律顾问出具法律意见书12份；组织回复检察建议书14份；六是完成全局140名执法人员换证工作；七是严格执行规范性文件备案制度，加强规范性文件备案管理。未发现存在规范性文件不报、漏报、报备不及时以及规范性文件存在违法问题的情况；八是推进包容审慎柔性执法。落实市局包容审慎指导意见，办理不予处罚案件64件、减轻处罚案件8件，从轻处罚案件25件；推行柔性执法机制，行政辅导6家，行政建议3家，行政提示11家，行政告诫62家，行政约谈36家，行政公示16家，行政回访9家；九是高度重视行政复议应诉工作。被复议47件；被诉讼9件（一审），行政机关负责人出庭应诉率100%；十是加强法治宣传教育。制发2020年度法治宣传教育方案，开展专题讲座2次、党组会前学法6次、发放宣传资料上万份。

【食品药品监督管理】 食品安全监管　一是抓实疫情防控和复工复产。积极开展禁宴工作，禁宴期间全区规劝取消658场（9590桌）群体性宴席活动。全面摸排囤积食材，指导商家采取退货、增加储存设备、转存等方式消除隐患，无害化处理1000公斤食材。推行外卖“绿标”制。指导全区2个外卖平台8家配送站点指导建立“321”绿标制，加强外卖小哥管理，确保安全；积极推广零接触、不见面配送网络订餐消费模式。建立多部门联合检查机制，加强大型商超、农贸市场监管，做好市场保供和食品安全工作。积极开展复工复产服务工作，指导130家食品生产企业有序复工复产。鼓励引导2家方便米饭食品企业冷链转热链，解决企业复工就餐难问题。开通绿色审批通道，实行容缺办理许可证，疫情期间新登记食品主体364家。搭建线上服务平台，专人24小时在线答疑解惑。定制“体检表”、工作指南，专人实地检查指导，保障就餐安全。全面保障新冠肺炎境外疫情输入防控食品安全工作，加强指定酒店食品安全监管。扎实开展复学食品安全大检查工作，印发《加强学校食堂疫情防控的十二条措施》《2020年春季复学学校就餐的指导意见》《2020年春季复学学校及其周边食品安全专项整治工作方案》等文件。二是强化全覆盖监督检查。严格实行网格化监管，对网格内食品安全进行定人、定岗、定任务、定流程、定标准，对全区1.5万家食品生产经营单位按风险等级评定频次全覆盖监管，全年办理食品案件257件。三是高质量推进餐饮经营单位蝶变升级。以大中型社会餐饮、“温江老字号”小吃店、农家乐、学校食堂以及养老机构食堂等为重点提升对象，围绕餐饮质量控制、服务质量提升、餐饮文化建设、管理模式创新等关键方面，分类分批提升，改善消费体验，消除安全隐患，塑造区域品牌。共提升特色餐饮单位39家、学校食堂35所、养老机构2所，带动社会投入资金1000余万元，打造4D厨房4家，通过HACCP体系认证餐饮单位4家，建成“基地+工厂+门店”产业化配送模式1家，打造餐饮质量安全示范街（区）2条、餐饮质量安全示范店10家、小餐饮集中摊贩区6个。四是全力开展食品安全示范创建。通过校地合作方式，与成都中医药大学签订校地框架合作协议，聘请5名食品安全专家深入学校、村（社区）开展食品安全知识巡讲活动共43场，覆盖学校20所、村（社区）23所。线上线下双结合，在微信公众号上先后推出“食安小课堂”、食品安全知识线上有奖问答活动，将国家食品安全示范城市创建知识融入线上有奖问答，寓教于乐。推出“厉行节约　杜绝浪费”“公筷公勺　从我做起”等4期主题有奖问答，答题次数10.3万次，微信公众号吸粉2500余人。各镇（街道）发挥基层文化人才的作用，把食品安全、厉行节约等内容与艺术创作有机融合，在全区开展8场食品安全巡演活动。五是严控进口冷链食品风险。完善进口冷链食品常态化防控机制，强化六大环节监管、三大要素监测，扎实开展“封堵、清查、检测、处罚”四大行动。全区464家单位注册使用“川冷链”平台；开展核酸检测22933例（均为阴性）；全区236家冷库纳入库长制管理；进口冷链食品集中监管仓建成并投入使用；快速查办涉冷链食品违法案件4件。在进口冷链食品应急“双盲”演练中，各部门及时响应、有效处置，得到旭光副市长高度肯定。

药品、医疗器械监管　一是紧抓零售药店常态化疫情防控，完善退烧药、止咳药实名购买制度。制作发放《零售药店疫情防控指导手册》《退烧药、止咳药购买登记手册》1500余份，明确零售药店疫情防控要求和标准；发放“致全区零售药店的一封信”“一米线”“戴口罩测体温”等疫情防控资料2600余份，规范零售药店落实疫情防控措施；依托“互联网+智慧监管”平台，构建零售药店五级联防联控体系，联合区社治委等部门共同建立一体化人员排查机制，共完成退烧药购买人员信息登记319329人次，筛选推送发烧可疑人员信息4557条，充分发挥零售药店疫情防控“第一哨点”作用；加大检查频次和力度，全年对零售药店检查2500余户次，对疫情防控措施落实不到位的单位，从严从重整治。二是严把政府采购防疫物资质量关。明确防疫物资查验标准，指定专人全天待命，对全区防疫物资采购、红十字会防疫物资捐赠进行质量查验工作，共现场查验各类防疫物资600余次，累计查验涉疫药品、医用口罩等防疫物资820万件、套。三是强化疫情期间医疗器械质量监管和产业服务。对医用隔离衣、隔离眼罩等第一类防疫物资生产企业开展驻厂监督，指定专人24小时现场监督指导，规范企业生产检验流程，协助企业做好备案登记；助力企业开展医用口罩等第二、三类防疫医疗器械的注册申报，指导企业进行洁净车间改造，协助企业样品送检。全年共有5个医用口罩、1个医用红外额温枪、1个新冠检测试剂取得应急注册或正式注册。四是健全新冠疫苗配送使用环节监管机制。按照要求做好疫苗NRA建设，制定《成都市温江区改革和完善疫苗管理体制实施办法》，对全区11家新冠疫苗接种单位和区疾控中心开展全覆盖检查，严控质量安全隐患，确保新冠疫苗安全有效。五是构建网格化全域监管模式。构建“划分网格、分类管理、职能到人、责任到人”的监管模式，将全区541家药店、550余家医疗机构、900余家医疗器械经营企业和800余家化妆品经营使用单位纳入30个网格，实施网格化监管，确保监管对象全覆盖，每季度督查监管实效。六是扎实开展专项整治与执法办案，以“药品放心执法”“疫情防控用药械质量安全”、医疗器械化妆品“清网行动”等专项为抓手，坚持以执法促监管，严厉打击药械化领域违法行为，全年共办理药械化案件54件，罚没金额62.88万元。

【质量技术监督管理】 特种设备安全监察　一是开展日常检查。共检查使用单位400余家，制造单位3家，检验检测单位1家，检查设备2500余台（套），发现安全隐患28起，立案查处12起，整改完成28起，整改率100%。二是开展专项行动。开展复工企业专项检查，“五一”、国庆等节假日前专项检查，化工及危化品企业、液化石油气行业排查，快开门式压力容器、承压类特种设备拉网式排查，岁末年初、汛期、春雷行动及特种设备安全专项整治三年行动等各项专项行动，实现隐患整治长期化、常态化。共检查使用单位600余家，检查设备4000余台（套），发现安全隐患23起，督促完成整改23起。三是开展技术抽查。聘请成都市特检院开展特种设备安全技术抽查，共抽查电梯1000台、起重机械60台、大型游乐设施72台、场内机动车20台、锅炉74台、压力容器483台、压力管道7231米，发现安全隐患14起，移送立案查处4起。四是强化执法力度。有效打击未按照安全技术规范维保、使用超期未检特种设备等违法行为，共立案查处21起，罚没金额43.1万元。五是处理电梯投诉。强化电梯投诉处置，将处理结果及时反馈投诉人并不定时进行回访，确保问题得到彻底解决，有效提升人民的幸福感、获得感。全年共受理电梯投诉258件，投诉量较2019年减少43.5%，投诉处置率达100%，满意率100%。

标准化工作　国家园艺标准化示范区获批建设，国家新型城镇化城乡社区发展治理标准化试点考核合格；指导区人民医院、区行政审批局通过省级服务业标准化试点验收；组织三杉实业、共同管业、美创医疗等10家单位开展“百城千万企对标提升专项行动”，对标15项标准；针对疫情期间紧急转产防疫物资的企业，帮助9家无标可依的企业“定制”企业标准，从草拟标准到网上公示平均用时仅6天，节省标准编制费用18万余元；完成2020年度团体标准、企业标准“双随机、一公开”抽查问题督促整改工作，指导32家企业对55项标准进行修改完善。

计量工作 对1457家（次）生产经营单位备案登记的强检计量器具实施了检定，共检定计量器具138575台（件），出具检定证书21466份；对49家生产经营单位生产、销售的221组定量包装商品进行抽查，发现问题样品共62组，问题发现率28.05%，立案查处1件。

产品质量监督工作 处理省、市不合格后处理15件（其中生产环节6件、流通环节9件），已处理完成7件，尚有8件正在处理中，后处理在规定期限内办结率100%。开展区级监督抽查，共抽查105批次，合格率为91%（尚有37批次产品正在检验中）；对全区26家食品相关产品生产企业、10家危险化学品及其包装物生产企业进行了全覆盖监管，对检查发现的15家51条不合格项全部整改完毕并进行了闭环式复查。

认证认可和检验检测工作 对70家生产企业和对41家检验检测机构开展全覆盖监督检查；对13家生产企业涉及的HACCP、食品安全管理体系等体系认证有效性进行抽查；对10家生产非医用口罩的企业取得CE认证及相关认证的情况进行了梳理排查，提出整改建议15条；围绕5家有机产品生产、销售企业生产经营的有机蔬菜、谷物、牛奶等产品开展监督抽查，抽查产品15批次，合格15批次，合格率100%；对15家企业开展认证认可证后监管，邀请专家围绕检验检测、强制性认证等获证业开展检查，发现不符合项44项，下达整改通知书12份，移交立案查处2件。

质量管理工作 开展首席质量官任职培训，引导企业设立首席质量官制度；围绕世界计量日、认证认可日、全国质量月、世界标准日开展主题丰富的标杆企业经验交流活动，举办检验检测机构实验室开放日活动、“我心中的质量”主题征画活动，在全社会营造“关注质量、期盼质量、崇尚质量”的浓厚氛围。

【综合执法】 2020年扎实开展以“重拳出击治乱象，凝心聚力护民生”为主题的“春雷行动2020”暨知识产权保护执法行动、市场监管领域行业乱象专项整治行动等专项执法行动，全年共立案509件，结案503件，完成罚没实际入库414.55万元。全年行刑衔接移送食品类案件2件、医药器械及化妆品类案件1件、登记消保类案件1件，非法集资类案件1件。

【消费者权益保护】 一是认真做好投诉举报受理处理工作。2020年，共受理投诉举报14484件，办结14484件，为消费者挽回经济损失227万余元，满意率达94.75%。二是扎实推进消费投诉信息公示工作。根据投诉举报量、热点和苗头性问题等内容，将消费投诉信息公示工作与消费者满意度、放心舒心创建、信用信息监管、“诉转案”等工作结合起来，合理确立公示内容。2020年，共对10户经营户的消费投诉信息进行了公示，主要是投诉量大、涉及消费者范围多、消费者诉求得不到解决、涉嫌违法违规的经营户，通过公示提高经营者自律意识，主动化解消费纠纷。三是强化维权执法工作。共立案查处诉转案案件39起，罚没22.85万元。四是继续深入开展放心舒心消费环境建设工作。2020年，创建“放心舒心消费环境示范单位”1家。

【公平竞争审查工作】 一是健全工作机制，及时调整温江区公平竞争审查工作联席会议成员单位，实现公平竞争审查覆盖率100%，并建立温江区公平竞争审查投诉举报处理回应机制，强化社会监督；二是强化统筹指导，出台《成都市温江区关于全面贯彻落实公平竞争审查制度的实施意见》，形成从起草、审查、出台直至清理的全链条管理模式，通过明确审查责任、审查要求及工作流程，实现政策措施“应审尽审”；三是持续开展存量清理，推动28个部门（单位）参与公平竞争审查工作，对201个政策措施进行清查，及时废止或调整政策措施3个，切实约束政府权力，优化营商环境。

【价格监督管理】 一是做好保供稳价工作。在疫情初期，提前组织片区所向零售药店发放价格行为告诫函1200余份，采用“拉网式”排查、错时检查等方式开展监管5330余次，联合区医保局检查零售药店545家，建立价格违法行为“联合惩戒”机制，及时查处疫情防控期间相关价格违法行为22起，实现防疫物资投诉举报发生量快速下降和价格违法行为明显减少，充分保护经营者的积极性，提高防疫物资的可及性；启动猪肉、米、面、粮、油、蔬菜等民生商品价格监管专项，及时制订《成都市温江区市场监管局关于降低居民消费价格（CPI）指数的工作方案》，对CPI领涨的猪肉价格监管实施专项价格监管，要求各片区所，一旦发现价格异常，及时报局党组，以便准确及时维护正常的价格秩序，对辖区8家民生商品批发单位实施每周价格动态及价格行为监管，对市场民生商品经营者的价格行为监管4770余次，召集各大商超负责人开展零售商品价格行为专题培训1次，现场指导30余次。二是为企业复工复产保驾护航。启动电力领域价格专项检查，督促转供电主体（含5G基站转供电主体）落实2018年4月1日开始的电价降价政策，积极推动2020年电价红利（按95%结算电价）传导至终端用户，实施监管103次，责令转供电主体清退多收电费590余万元，立案调查违法行为10件；对1家液化气公司行政约谈，保障液化气市场价格相对稳定，严禁垄断价格、哄抬价格的行为发生。三是关注民生热点、难点。联合区卫健局对15家区属公立医疗机构开展医疗服务价格重点治理工作，对4家医疗机构现场联合检查，对1家公立医疗机构的违规收费问题立案查处，联合民营医院行业协会，对全区民营医院110余人进行医疗收费价格及收费公示专题培训，指导行业协会牵头制定统一的民营医疗服务价费公示牌，对130余家民营医疗机构的明码标价行为进行规范；采取科、所联动，协同监管模式规范教育领域收费行为，指导规范3所学校食堂及超市销售商品的价格行为，对高考、中考2个定点学校周边的宾馆、餐饮、超市实施价格行为监管，严打趁机乱涨价的价格违法行为，对1所民办学校对外公示收费不规范的价格行为进行约谈、告诫；针对旅游市场、交通运输服务领域开展价格违法行为扫黑除恶专项整治，对3个旅游景点、2个清障救援服务单位、3个班线车、2个出租车公司、2个车辆检测站、4个机动车停放服务收费单位通过行政告诫、约谈等方式实施价格监管。四是力推减税降费政策落实。对区内3家公章刻制企业的价格行为进行规范，提醒、告诫相关企业做好明码标价工作，严禁串通涨价、垄断等价格违法行为的发生，同时向区公安分局、区行政审批局函告印章刻制存在的管理问题及工作建议；对供水、供电、供气等公用事业开展收费专项整治，重点对区内供水、供电、供气共7家单位是否执行疫情期间价格惠企政策、是否有借疫情乱收费、是否存在强制服务并收费等进行监管，同时对实施安装工程相关收费单位采用约谈、提醒告诫的方式进行整治、规范；联合区发改局对温江区11个涉及行政事业收费单位开展涉企收费检查，重点检查17个涉企收费项目收费行为，指导相关单位整改涉企收费事项1项，与区交通运输局联合，对运输、储存等货运重点环节的收费开展抽样检查，确保防疫物资运输“绿色通道”政策落实到位，同时对邮政、圆通等快递公司的31个点位末端收费行为开展抽样检查，严查乱加价等乱收费行为；开展房地产领域中介服务收费检查，联合国资局对国有资产在疫情期间相关租金价格惠企政策的落实情况进行督查，联合区住建局对温江区房地产领域中介服务价格收费行为进行专项整治，对区内8家房地产企业进行价格行为指导，对23家房地产租赁中介实施价格行为监管；开展行政审批中介服务、行业协会相关价格行为整治工作，召集行业协会、商会负责人进行收费行为专题培训，联合区民政局，对区47家行业协会开展涉企收费检查，严查行业协会商会强制入会并收取会费，强制企业付费参加各类会议、培训、展览、强制赞助捐赠等违规行为。

（顾梦卉）

公共资源交易服务

【概况】 2020年，区公资交易中心完成公共资源“应进必进”项目908个，成交金额112.32亿元，节约金额1.98亿元，交易金额在新中心城区中排名第4位。完成区属国有公司采购项目125个，成交金额4.09亿元，节约金额735万元。

【“不见面”开标】 深入推进工程招投标领域突出问题系统治理，会同区发改局等在5月28日实施了全市首个区县工程建设“不见面开标”项目，投标人远程在线上参与文件解密等开标流程，全程仅用时15分钟，投标人员“零跑腿”、“零聚集”。2020年已实施不见面开标项目30个，金额14.1亿元，受到区委主要领导肯定。

【建立智慧评标大厅】 针对评审专家在场内“不独立评标”引发“串通评标”等招投标管理顽疾，率先在全省建立智慧评标大厅，构建了评标工位独立化，评标专家派座随机化、评标会商在线化、评标监督智能化、异地评标常态化的“五化”新型评标形态，让评审专家在场内“不能”相互串通。2020年已通过智慧评标大厅开展项目评标101个，金额12.23亿元。该创新入选成都市国际化营商环境建设区县十佳优秀候选案例评选，受到区委主要领导肯定。

【异地远程评标】 为解决本地专家在场外“圈子小”，熟人效应等问题，中心紧紧围绕成渝地区双城经济圈和成德眉资一体化等要求，率先与重庆市永川区开展了成渝地区首个政府采购异地远程评标项目，与成都、德阳成功开展全市首个跨区域3地异地远程评标项目，已累计开展异地评标项目合作11个，金额7.7亿元。与江苏苏州工业园、张家港、江阴等地签订异地评标合作协议4个，在解决评审专家场外串通风险的同时，让聚天下专家为我所用成为现实。受到市中心主要领导肯定，要求全市各分中心和市中心各部门学习借鉴。

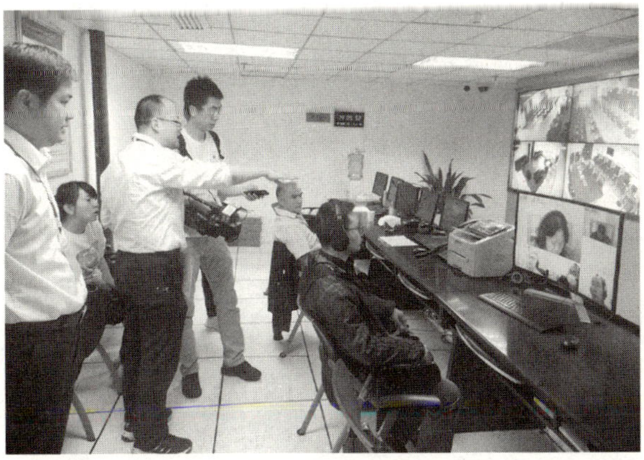

【服务本地市场主体】 开展大走访大调研，精准掌握医疗设备、医药产品、园林绿化等重点行业在招投标中的痛点和堵点，对40家物业保洁等行业举办企业投标和政府采购业务培训，支持本地入围电商企业拓展市场2500万元。大力推广银行保函、保险保函代替投标保证金，在9月底前“清零”了57家70.6万元企业存量保证金，从严落实小型和微型企业产品10%价格扣除、采购项目资金首付比例不低于合同总金额的30%等扶持措施，受到区委、区政府主要领导重视并批转。

【风险防控】 深入开展招投标领域廉政警示案例教育和交易岗位廉政风险防控，启动全员轮岗降低岗位风险。从严把好采购文件关口，开展重大项目专家论证26次，向采购人发出意见函132件，招标文件质疑率降低35%。精准构建以工作流程、办事指南、岗位作业和管理制度等为一体的服务标准化体系。会同相关部门探索从源头上预防和化解在项目决策、需求论证、标书制作、现场管理、合同签订、履约验收等关键环节廉政风险点，实现风险防控从交易“场内”向“场外”全链条延伸。

（李书梅）

土地征后推进

【征地拆（搬）迁】 2020年，全区累计下达项目拆迁任务88个9027.81亩；年内应完成拆迁任务的项目共62个5185.11亩，已完成拆迁任务的项目57个4168.71亩，拆迁宗地完成率达91.93%，重点保障了成都医学城国际科创社区项目、成都地铁17号线附属配套工程绿化带及一体化泵房用地、凤凰立交桥项目、万春花卉集中批发市场、省交投项目（消机厂周边地块）、合一成都国际生物谷、成都500千伏变电站等省市重点项目用地需求。

【司法强制搬迁】 在现有司法拆迁工作体制机制基础上，深化同区委政法委、区司法局、区规划和自然资源局的沟通交流，开展专题法治宣传活动、抓好矛盾纠纷排查化解、做好公共法律服务工作，会同镇（街道）、村（社区）人员面对面与拆迁利益诉求户进行洽谈、协商，准确掌握、妥善协调推动各类矛盾和问题的解决。2020年以司法促拆迁完成攻坚28户（柳城街道5户、金马街道8户、永宁街道12户、公平街道3户），及时有效地保障了409经营性地块、380三限房项目、cGMP厂房、动植物乐园、联东U谷项目、前海人寿、星弘生物、省交投金沙湖畔、生活垃圾压缩站、农科城跨线桥等一大批项目的用地需求。

【政策保证】 为高效精准保障全区项目拆迁工作，区土推办突出部门牵头抓总、园区镇（街道）协同发力作用，以全程高标准严要求推动项目拆迁工作落实。一是牵头拟制《司法拆迁工作流程与考核工作办法》，会同区规划和自然资源局印发了《关于公布实施温江区征收农用地区片综合地价的通知》和《成都市温江区人民政府关于公布实施征地青苗和地上附着物补偿标准的通知》，规范项目拆迁及司法强制搬迁工作。二是督促镇（街道）完善“邀请人大、政协、群众代表参与，主动接受社会监督”工作；牵头拟制“温江区拆迁安置工作群众调查问卷”，在镇（街道）中开展项目拆迁满意度调查。三是结合年度绩效考评工作，成立专班对各镇（街道）2020年度项目拆迁工作推进情况进行走访，深入农户开展走访调研工作，及时化解矛盾。

【协调统筹】 充分发挥协调统筹作用，主动对接区级相关职能部门和镇（街道），找准问题症结和瓶颈难点，明确推进措施和完成时限。一是督促镇（街道）秉持“以人民中心”深入推进“阳光”拆迁，切实做到“一个政策用到底、一把尺子量到底、一个标准补到底”，大力推进推行“三监督”，严格实行“七上墙”，始终把项目拆迁的各个环节置于阳光下。二是引导镇（街道）注重发挥村（社）老党员、老干部、议监事会成员、居民小组长的核心引领作用，充分运用干部会、党员会、群众代表会、坝坝会等方式加大对拆迁政策标准、法律法规的宣传，改变拆迁“干部在干、群众在看”的被动局面，形成“政府号召，干部带头、党员示范，群众跟着干”的拆迁氛围，弘扬阳光拆迁正能量。三是坚持镇（街道）主体负责、区级部门和园区协同配合，树立求真务实工作导向和真抓实干工作氛围，在重大项目拆迁过程中，适时组建专班充实到镇（街道）拆迁一线，采取班子成员到组、项目组到户、村社干部到人的全员下沉模式，讲清楚“发展意味什么、发展需要什么、发展谁受益”三个主题，夯实阳光拆迁的群众基础。

【宣传培训】 结合项目拆迁工作实际，协调区级相关职能部门、镇（街道）前往双流区彭镇、郫都区规划和自然资源局进行学习，重点围绕新修订的《中华人民共和国土地管理法》实施后如何有序开展项目拆迁工作、兄弟区县项目拆迁工作方式方法（标准、程序、规范等）进行了深入探讨交流。同时结合区委组织部年度干部教育培训计划，会同区规划和自然资源局（征收科）等单位，组织镇街（含村、社区）土地报征、拆迁工作人员进行拆迁安置业务“研讨班”培训，对司法拆迁工作流程进行了解析，明确了新修订的《中华人民共和国土地管理法》实施后土地报征程序，组织永宁、寿安就攻坚克难进行了交流，切实提高了各镇（街道）相关工作人员的业务水平和工作能力。

（雷　肖）

国有资产监督

【概况】 2020年，区国资局工作围绕中央、省、市、区重大决策部署，紧盯扎实做好“六稳”工作，全面落实“六保”任务，深入围绕国资国企开展改革。

【国有企业监管】 一是优化调整国有资本布局。通过重组和整合资源，将兴蓉西集团、九联集团打造成为主体信用评级AA+的龙头企业集团。推动国有企业服务城市发展，创新投建营一体化模式，打造三医创新中心科创产业园、农高创新中心综合服务体等高品质空间；通过混合所有制改革等方式，全面推进红桥片区、浩旺片区综合开发、实践；打造百亿级母子产业基金集群，健全服务企业全生命周期的产业基金支持链；持续提升民生与公共服务供给能力，加快花土F区等安置房项目、红桥社区等社区综合体项目建设。深入推进砂石、环境、市场运营等领域二三级专业化公司改革发展。二是强化投融资事项管理。建立以市场化为核心的区属国有企业项目投融资管理机制，出台《成都市温江区区属国有企业投融资管理办法（试行）》，强化对区属国有企业投融资事项监管。明确“区国资委—区国资局—区属国有企业”投融资管理体系和职责；强化投资项目的事前、事中和事后管理，明确投资项目的年度计划、核准和备案、个案审批以及项目后评价和专项审计管理事项；结合区属国有企业自身财务状况、财务目标和资金市场预期，年度经营投资计划和年度还本付息情况，加强区属企业融资目标规模与融资结构的年度计划编制、审批和备案管理。三是提升国有资产监管效能。深化以效率为导向的国资经营评价制度改革，落实“双百分”国资考评工作，促进国资国企经营效率提升。改革国企职工工资总额决定机制，印发实施《区属国有企业工资总额管理试行办法》，在工资总额预算管理中，对企业重大项目招引、特殊人才引进等方面给予大力度支持，建立完善市场化薪酬分配机制。完善国资授权经营制度。“一企一策”在资产处置、工资总额管理等方面分类开展授权放权。与市国资同步，启动大数据平台建设，智慧管控国有企业投融资、产权、财务、人事等重大事项，逐步实现企业经营情况实时在线评价、预警。四是提升国有企业治理水平。把党组织集体研究讨论重大问题作为董事会决策的前置程序，确保国有企业始终服从服务于全区经济社会发展。提高决策规范性，进一步完善党委会把关定向、董事会科学决策、经理层高效执行、监事会监督有力的决策程序和运行机制。加强下属企业管理，指导各国有企业按照“管理制度化、制度流程化、流程信息化”的原则，针对全资、控股和参股企业不同特点，完善内控制度、规范选人用人、履行好参股股东职责。抓好党风廉政建设和风险防控，聚焦投融资、工程招投标、对外投资、产权交易等重点领域、关键环节，建立企业内部的风险防控机制和权力运行监督机制，切实整改巡视、巡察、审计反馈问题，营造良好的企业政治生态。

【行政事业单位国有资产监管】 一是规范和加强行政事业单位国有资产管理。牵头制定出台《成都市温江区人民政府关于印发成都市温江区行政事业单位国有资产管理办法（试行）的通知》文件；组织实施全区2019年行政事业单位资产报告并报市财政局审核；落实政府向人大报告国有资产管理情况制度，编报《行政事业性国有资产专项报告》和综合报告，代区政府向区人大常委会报告2019年度国有资产管理情况。二是牵头出台《成都市温江区国有企业退休人员社会化管理工作方案》，稳妥有序推进国有企业退休人员社会化管理工作，将尚未实行社会化管理的国有企业退休人员逐步移交镇（街道）、村（社区）实行社会化管理。三是推进党政机关和事业单位经营性国有资产集中统一监管，在各行政事业单位自查摸底基础上，草拟温江区实施意见。

【疫情防控】 迅速落实“温江16条”，印发《关于区属国有资产类经营用房租金减免有关事项的通知》，国资国企系统累计减免2140万元租金支持中小企业战“疫”。落实“两送一帮一解”专项行动任务，加大对地方产品和企业的扶持，梳理国企招标采购需求清单69项，在智慧企业服务平台面向本地注册认证企业公开发布并精准推送，采购“温江造”产品总计0.60亿元。

（欧阳予梅）

城乡建设与管理

城乡社区发展治理

【概况】 2020年，温江区被确定为四川省城市基层治理示范创建区（县），7个社区和6个小区入围2019年度“成都市‘百佳’示范社区（小区）”，全国首创推出“社八件”基层治理组织力提升实操导则，“基层治理体系中的邻里关系重塑”案例入选四川省2019年度社科《社会发展报告（蓝皮书）》。

【统筹指导】 全区召开1600人规模的社治推进大会，推出温江社治2.0版勾画，明确“发挥三个作用，构建四套机制”总体思路。构建“三呼三应”民生诉求响应等四个机制，编制公共服务“三单一表”，定期发布城市机会清单，出台社会组织和社会企业引育扶持政策，品牌社会组织引入数和社会企业认证数全市前列。推进“一核三治、四力叠加”小区治理模式，推动“党支部建在小区”，累计设立居民小区党组织400余个，建成小区业委会（自管会）616个。

【疫情防控】 牵头以城乡社区为主阵地，先后动员4万余人精准开展一线排查、重点人员服务管理，牵头累计排查近200万人次，先后对1.5万余人采取隔离措施。对新来（返）温人员进行准流行病学调查，开发出全区疫情防控信息填报平台，大幅提升人员排查效率。坚持“周周调度、条块联动”，累计组织召开调度会29次，推送落实重点任务220余项，严防境外输入。在境外人员服务管理中，构建“前端机场转运—安置点位服务—人员分流管理—后方全盘调度”全过程闭环运行机制，全覆盖建立点长全面负责、诉求快速响应、代购代办服务等制度机制。累计接收安置境外抵成都航班61个、9521人。在小区实施封闭期间制定“居民小区（院落）封闭式管理二十六指引措施”和“三大纪律、八项注意”管理规定，全市率先出台放开小区院落装饰装修制度机制。首创将社区专项保障（激励）资金用于疫情防控领域，筹集发放疫情防控一线城乡社区工作人员关心关爱补助1089.109万元。持续健全疫情防控联防联控等长效机制，先后出台社区多元力量参与管护的“七项措施”、居家医学观察人员的“十项须知”、国内中高风险地区和境外来（返）温江人员分类处置方案等制度文件。为实现“防输入”与“防扩散”的同步发力，构建形成“区级线索推送联动镇街逐人核查、村（社区）跟进处置”“专职社区工作者联动社贤、志愿者等多元力量滚动式摸排”等联防联控机制，制定联防联控、人员排查等相关工作制度64项。

【爱成都·迎大运】 牵头“爱成都·迎大运”共建共治共享七大行动，构建“1+7+9+N”七大行动联席会议制度，持续开展调度协调活动33次，发布活动清单、场景清单、政策清单，高效推动重点任务275项有效落实，制订《“‘爱成都·迎大运’——社彩跳动·C位竞进”拉练方案》，整合近2000万元资金，对竞进主题持续拉练，全区形成“一体部署、条块联动、千帆竞技”的示范效应。工作推进较有成效：“三网两轴多结点”绿道和慢行系统网络体系基本建成。

花都小学在全市率先面向社会开放学校运动场所试点项目。“一树一景”为代表的沿街沿线城市景观提升项目、“社区达人秀”为代表的社区共建共治共享示范项目、“三张清单”矛盾纠纷化解攻坚项目、公园城市建设场景呈现宣传项目在社会上引起较好反响。推动建设成都市社区导游实训基地。区委社治委、团区委联合申报的“青年志愿服务在社区”服务项目获得全国银奖〔团中央、民政部、水利部等七部委（会）联合表彰〕。

【“四个一”管理机制改革】 在9个镇（街道）全面推广“四个一”管理机制改革，率先在全省完成社区力量整合工作，形成“两委＋全科网格＋全岗通窗口”共1453人的社区专职工作者队伍。持续推进“一个平台统调”工作，致力打破平台掣肘、数据壁垒，构建“城市大脑＋社区小脑＋小区微脑”三级体系，实现民生诉求层层响应、三级呼叫机制。温江区管理经验多次得到市领导肯定，累计接待市委社治委实地调研2次，在“平安成都”建设领导小组会议上作经验交流，温江区成为成都市“四个一”管理机制改革首批试点区。

【社区发展】 系统推进社区场景营造，建立天府之家（社区综合体）—社区党群服务中心—小区党群服务站三级服务体系，86个村（社区）完成党群服务中心亲民化改造，打造小区党群服务站137个。打造社区示范性场景2个，社区综合服务设施市场化运作试点1个。打造依田村产业组团、杏林社区等产业社区场景2个，“澄园”等社区美空间场景2个，“原聚场”“康养小院”等社区微更新场景15个。持续推进柳城街道光华国际化社区、大学城国际化社区系统提升。开展“云赏温江”主题活动，集成展示16个“有颜值、有文化、有温度”的社区场景。组织开展社区需求云上发布暨“双千”落地转化活动，通过线上直播搭建城市机会发布平台，将新经济、新场景、新产品进行分类“云发布”，直播点击量达20万余次，累计发布城市机会项目233个。四川纯真世纪实业有限公司、成都万春智汇孵化器管理有限公司等4家企业顺利通过成都市社会企业认证，认证数量列全市第二。

【社区治理】 推动616个小区（院落）全覆盖成立业委会、自管会，同步建立向小区党支部月报告等制度。重塑物业服务定位，细化物业服务项目清单，明确责任主体和服务标准，并纳入物业服务合同条款。筛选登记“有时间、有公心、有能力”小区骨干390余名，动员138名小区骨干担任“民生代表官”，牵头组织志愿服务、纠纷调停、收集诉求等活动3000余次。鼓励引导564名居民党员参与选举进入业委会，全区党员数过半的业委会达59个，建成党群服务站170个。策划开展“社区达人秀”活动，统筹区级、镇（街道）、村（社区）三级活动，开展活动768场，累计报名35757人次、点赞107万人次、访问251万人次，发现培育社区达人1198人，动员达人参与主题社区设计建设，提供、创作社区好物。营造“早晚有问候、月月有活动、佳节有喜悦、人人有分享”的小区氛围，策划开展“邻里守望　暖心物管　乐享温江”主题活动，动员物业公司开展活动。组织1.96万名党员参与“双圈双创”，动员309名党员担任楼栋长，大力引育专业社会工作师，现有专业社工496名、社区社会组织1086家，引进培育AAAA级以上社会组织18家。

【社区力量整合】 温江区作为成都市社区力量整合试点，在全省率先推进“多员合一、多网合一、多窗合一”社区力量改革，整合9条线专兼职网格1809个、便民窗口562个、编外用工员额902个，建成社区专职员额队伍1453人。分类定岗“全岗通”窗口253个、“全科网格”466个，为“双线”融合“四个一”改革奠定坚实基础。面向“劳保专干、计生专干、民政专干”等特定人群开展定向选拔1次，录用428人。面向社会人群开展社区专职工作者公开选拔1次，录用33人，进一步充实社区力量，优化了队伍结构。提倡“走出去＋引进来”培训模式，在区外开展社区多元力量共建共治共享“健康邻里关系”示范研修班2次，覆盖人群106人。面向新招录社区专职工作者开展入职培训。采取“线上+线下”结合的方式面向社区专职工作者开展年度培训1次，职业素能得到显著提升。开展社区专职工作者年度考核，评出优秀社区专职工作者225人，占比15%。开展“爱成都·迎大运——社彩跳动·C位竞进”之社区专职工作者素能提升五项赛事活动，面向基层社区专职工作者广泛征集“社区好案例”“社区好照片”“社区好故事”“社区好歌声”以及“社区好点子”等作品，收到参赛作品3000余件，参加线上展示作品232件，点赞达80余万人次，开展“社区好照片”“社区好故事”“社区好歌声”线下拉练活动3场，吸引现场上千人观看。

（杨常俊）

城镇与农村建设

【城市建设管理】 公园城市加速成型 一是全域公园城市形态逐步呈现。按照“1+3+50+100”全域公园体系，牵头编制《践行新发展理念的公园城市示范区——温江区公园城市示范区建设总体规划》及行动方案。启动江安河公园、幸福田园、花卉大观园等10个示范区建设。重点实施九曲江安·十里光华、花想江安等宜居滨水生态场景建设项目8个，推进植物编艺公园、依田桃源等宜游休闲度假场景建设项目9个，新创智、洲际健康等宜业智造活力场景建设项目7个。二是五级绿化体系特色凸显。规划建设50条“回家的路”“上班的路”“上学的路”“旅游的路”社区级幸福绿道，新建和改造提升江安河绿道、金马河堤顶绿道等绿道和慢行系统121公里，实现锦城公园一级绿道贯通，建成复兴社区等小游园微绿地6个，上线成都首个绿道地图小程序，为用户提供绿道导视、生活消费等32项便捷服务。

产业园区基础设施建设 一是市政道路建设全面提速。新开工实外西2街、学海支路等市政项目29个，推进明光隧道等项目16个，竣工杨柳西路南段市政改造工程等项目17个。打通科兴路东段、宁泰路、新南路、旺海路等4条断头路，保障17号线顺利完工，并于年底开通运营。二是完善升级基本公共服务设施。新开工凤溪院子社区综合体、水沐怡境邻里中心等项目46个，竣工前锋社区综合体等项目63个。开放涌泉小学、花都小学等10所学校体育场地，推动鹏程路地下停车场等5个项目建设，新增停车泊位1900个。

城市更新 探索实施项目收益共享机制，全市率先出台《成都市温江区拆旧建新改造实施方案》，按项目地块出让价或评估价标准，扣除搬迁等相关成本后土地溢价收益部分按“二八原则”由镇（街）、区属国有公司共享。启动成温邛高速（温江段）沿线两侧景观及绿化品质提升、芙蓉大道提升改造工程和村道绿道化改造等大运会项目10个。完成成温邛高速（温江段）沿线、建设路片区等建筑立面整治4万平方米。完成城中村改造300户，棚户区改造76户。推进5个老旧小区建设，共完成35个老旧院落改造工作。

物业精细管理 制定质价相符的价格调控指引机制、物业交付前监管及承接查验机制、物业服务企业履约保证金机制、物业投诉响应和协同办件机制等八大机制。出台《温江区住宅小区特色物业服务指引》20条，实施“五大工程”（小区基层治理工程、“红色细胞”工程、素能提升工程、源头治理工程、信用评定工程），实现物业管理诉求量与去年同期相比下降20.56%。

【村镇建设】 乡村振兴成效明显 科学编制《成都市温江区农房建设指引导则》《成都市温江区农房建设设计图集》，会同镇（街道）开展农房风貌示范点位整治和示范村庄整治提升工作。其中，万春镇完成了258户的风貌整治。

排查农房安全隐患 完成试点区域内全部经营性农户信息采集和录入等试点工作。并探索出“先经营后居住，先散居后集中，先自用后公共”的工作原则，总结出“村（社区）入户普查—乡镇现场复核—区级部门指导备案”的工作流程。

【建筑行业发展】 全年完成建筑业总产值92.5亿元，同比增长22.6%，超全市平均增幅15.2%，排名全市第一。新增资质以上建筑企业

48家，同比增长23%，新增入库建筑企业17家，推动四川恒拓建设工程有限公司等7家存量企业资质升级。新增房地产企业10家，新（改）建租赁住房1808套，完成租赁备案13062件。2020年完成房地产固定资产投资153.3亿元。指导新招引入温的中建五局成都建设工程有限公司申报认定，全年完成产能转移7.25亿元。引入中交路桥北方公司，签订迁入框架协议。

（王　为）

城乡管理与执法

【概况】 2020年，区综合执法各项工作扎实推进，温江区人和东街、花季街被评为上半年“最美街道”。

【“薄弱区域”治理】 开展城市精细管理——环境品质提升工作，明确“一轴两线三片区”的重点整治区域，形成35个整治提升项目清单，已开工项目30个，完工22个；制定印发《成都市温江区关于下达2020年城郊接合部环境连片整治工作任务的通知》，指导督促大运会沿线成温邛高速（温江段）、府通路东宫寺场镇综合整治；在2017—2019年温江区背街小巷环境综合整治工作成效上，全面提升团结巷、五一路、龙湾路等7条背街小巷环境，高水平打造了建设路示范街巷1条；深入推进铁路沿线环境治理、医院、学校周边环境治理、中秋国庆期间环境保障等城乡环境专项治理工作，扎实推进各项重点工作有力有序开展；深化“日督查、周通报、月考评”制度，针对城郊接合部、背街小巷、集中安置区等薄弱区域进行专项督查。

【市容秩序整治】 明确“一轴两线三片区”重点整治区域，形成33个整治提升项目清单，已开工项目25个，完工7个；开展“门前三包”工作，与商家签订责任书11000余份，组织宣传活动120余次，发放宣传资料71500余份；制订《成都市温江区“街长制”工作方案》，407条街巷实行“街长制”管理模式，累计开展宣传活动270余次；治理非法张贴书写广告6.9万余处，办理案件30起，罚款5650元；拆除整改设置不规范及破损户外广告牌47处，整改违规设置广告、破损店招、一店多招194处，排查整改存在安全隐患广告招牌75处；对区内160家中小学、幼儿园校园周边市容秩序进行专项整治，规范占道经营2500余处、流动商贩4100余处，规范非机动车停放1.9万余辆，执法办案29起，处罚金额5700元；完成同兴西路市容秩序市级示范街创建工作，同步推动同兴西路“门前三包”示范街的创建。

【智慧城管建设】 2020年，共办理数字化综合监管案件144898条，每月平均受理案件1.21万余条，向责任单位派遣144874条，各责任单位处置144714条，案件平均处置率99.87%，城乡环境综合治理服务热线共受理来电7045件（所有接听的），其中群众举报投诉881件，咨询建议560件；派遣案件881件，完成处置881件；其他来电5604件，处置率为100%。同时，依托“温江区城市治理公众参与互动平台”落实“行走温江”工作机制，共上报329条城市治理问题，温江区城市管理水平不断提升。

【疫情防控】 设置废弃口罩专用收集桶4100余个，强化区域内558个生活垃圾收集站点、66座环卫公厕及生活垃圾中转场站的管护，清运废弃口罩共7000余公斤。同时，结合“五允许一坚持”，指导青岛啤酒等大型企业有序占道促销，开设点位1300余处，销售推广1430余场，支持新光天地等26家大型商场占道宣传促销，在新光天地试点开展为期7个月的“点亮温江夜生活·深夜小食堂”开放式占道活动，通过各类活动刺激区域生产生活的快速恢复。设立了农科城便民市场，在云风路、两河路西段等地设置临时便民服务点45个，对辖区文府苑路、万春东路等餐饮集中区临街餐饮商家实行“三定管理模式”。

【“两拆一增”】 按照“突出重点、连片打造、规模推进、示范引领”的工作思路，有力有序有效推进全区“两拆一增”专项工作，完成点位建设54个，拆除违建面积768平方米，拆除围墙长度3285米，增绿面积135341平方米，增加开敞空间216823平方米。

【城市照明提升】 开展专变“大体检”、箱柜“穿新衣”、箱柜“勤洗脸”行动，完成115台专变检测工作及150个箱柜清洗翻新工作，对南熏大道沿线专变箱变及配电柜进行美化彩化共29台。全年维修路灯故障3900余处，排查线路故障600余处，维修交通信号灯故障700余处，照明设施亮灯率、完好率达99%以上。

【绿化景观提升】 完成江安路等10条行道树增量提质，实施拆墙透绿、围墙增绿10处，新增规模化芙蓉景观1个，提升老公园景观1个，打造公园“红点”、“奇点”景观1个，栽种海棠等观花植物326株；推进“不见土”行动，在天乡后街等处补植麦冬、鸢尾、木春菊等8万余平方米，在锦绣大道南段、科源路等补植天竺桂、香樟等行道树416株，在花土路、金河谷等点位撒播波斯菊、百日草花籽共1.4万余平方米；开展行道树修剪工作，在温泉大道、芙蓉大道等49条道路修剪行道树323株，完成青啤大道、光华大道三段、新华大道一段等22个点位的灌木精细化修剪；做好重大项目活动绿化保障、节日氛围营造工作，摆栽鲜花290余万盆；做好温江公园及辖区范围内设施维护工作，修复硬质铺装约1858.6平方米，树池约7444.2平方米，河堤护栏约384米，花台约1803.4平方米，石桌石凳16套，座椅99个，木栈道约612米，景墙约203.6平方米；完成迎晖桥、假山护栏、憩客轩、知春亭、致远楼等处维修翻新工作。

【市政设施提升】 全年共完成城市道路人行道地面彩砖维护约6000平方米、花岗石维护约5500平方米，完善桥梁盲道地砖约800平方米、道路盲道地砖维护约500平方米，治理沥青路面车行道病害面积约14000平方米，整改各类型权属井盖200余座，对大运会沿线14条道路约3000座井盖进行日常维护。完成鱼凫路、万春东路等15条道路的人行道提升整治。结合城市道路缓堵保畅安全隐患治理，完成城区12条城市道路沥青路面病害治理和“白加黑”治理，治理面积达50884平方米；完成城区30余条城市主干道、城郊接合部进出温江通道道路交通标志线翻新维护和城区约30座大中小学及幼儿园门口通道交通标志线施划工作，治理面积达31500平方米；完成金马湖大桥、南熏大道等道路中央分隔栏杆整治工作，安装第四代中央分隔栏杆2100米，第三代中央分隔栏杆1000米。完成城区34座城市桥梁常规定期检测任务，城市桥梁检测覆盖率达100%。

【环卫保洁提升】 2020年，共采购果屑箱835个；新增和更换柳台大道、林泉南街、政通西路等36条街道果屑箱453个；更换660升塑料垃圾桶106个、240升塑料垃圾桶45个；回收破损果屑箱155个；出动洒水车、洗扫车、扫地车约8万车次，开展喷雾降尘3200余车次、9300余小时，建成区道路机械化清扫率达75%；抓好“两站一场”管理，开展场地大面积消杀

2100余次，中转站作业区进行药物喷淋作业共3600余次，处置渗滤液共计3700余吨，外运生活垃圾约27万吨；推动“厕所革命”，2020年新建环卫公厕14座，改造环卫公厕6座，配套建设环卫工人作息房9座，超额完成市上下达的年度目标任务；抓好农村生活垃圾治理，农村生活垃圾无害化处理率、行政村生活垃圾有效处理覆盖率、农村保洁员行政村覆盖率均达100%，农村集中区生活垃圾分类覆盖率达90%以上。

【垃圾分类】 推行生活垃圾分类“四进”活动和“光盘行动”，全年共开展宣传活动300余场、制作各类墙面宣传画37幅、设置宣传栏260个；加快分类投放设施建设，在成建制街道、示范社区内的居住小区实施“撤桶并点”，完成300个投放点建设任务；提升分类清运能力，配置餐厨垃圾专用收运罐车10辆，日收运处置厨余垃圾近80吨；开展分类处置设施建设，建成大件垃圾处置点2处、有害垃圾暂存点1处、700吨/日的生活垃圾压缩转运站1座、0.5吨/日的厨余垃圾分布式处置设施1台，启动温江区餐厨垃圾处理中心（一期）项目建设前期工作，启动建筑垃圾资源化利用示范基地建设；探索群众参与方式，率先在学府憬城等3个小区试点实施“党建引领”群众参与垃圾分类新模式，居民参与率、投放准确率均达95%以上。

【执法查处】 开展临街商户乱倾乱排、垃圾乱堆乱倒行为整治，累计批评教育667起，责令限期整改406起，查处131起，罚款66100元；开展乱占城市道路（盲道）整治，纠正占用盲道摆卖物品等201处，立案查处8起，罚款1600元；开展餐饮油烟污染问题查处，组织专项督查15次，排查餐饮店2800余家，处置投诉100余件，邀请第三方检测机构进行油烟监测13家；开展牛皮癣停销号整治，向3家通信运营商申请停机22个；开展“住改商”问题整治，处理回复投诉件519件，开展现场联合处置29次；开展“扫黄打非·护苗2020”行动，规劝校园周边流动摊贩45处，检查文具类店铺50余家，查处取缔散发小广告36起，立案处罚1起。

【扬尘治理】 组织开展市政工程扬尘管控、地铁和道路施工工地扬尘管控、园林绿化工地扬尘管控、建筑垃圾运输过程违法违规行为查处、迎大运会扬尘污染防治管控、市政道路和桥梁修缮工程扬尘管控、房建工地扬尘管控等联合执法47次，共督促整改扬尘污染整治问题178个，查处违规行为588起，处罚金额1851100元，其中处罚违规工地161处，罚款1396800元，违规车辆427件，罚款454300元。

【违建治理】 全区共拆除各类违法建设470处，拆除面积约6万平方米，其中拆除新增违建221处，面积1.4万平，拆除存量违建249处，面积4.6万平，完成全市年度目标任务的150%。

【特色亮点】 一是推进“一树一景”行道树景观提升。制定《温江区“一树一景”行道树景观提升技术方案》，以“一树一景”景观提升工作为切入口，推进城市园林绿化与各项工作深度融合，激发城市园林绿化对城市建设与发展的引作用。2020 年，以老城区街道“颜值”提升为重点，新增“一树一景”景观提升道路 7 条；完成 3 条街道“一树一景”精修维护工作。其中，两河路“一树一景”，话题“成都定制精神小树”被央视新闻官方微博转载，观看人次达 155 万人次，点赞 2815 次。二是推行互联网租赁自行车精细化管理政企合作新机制。通过数字城管系统视频巡查、“智慧通”信息采集，将车辆乱停放问题进行数字城管监管，将互联网租赁自行车企业纳入专业处置部门，实现科学快速处置；通过温江区城市治理公众参与互动平台“随手拍”功能，发动温江区所有市民参与监管，并实行举报红包奖励；通过对大量互联网租赁自行车管理基础数据的收集，就互联网租赁自行车企业在温江区投放区域、数量、需求、活跃程度等进行大数据技术分析，为企业免费提供数据决策；建立车企沟通协作机制，通过数字城管监管平台“智慧通”App 帮助企业之间自主达成互助协作管理模式，实现互联网租赁自行车共管共治。

【法制专业能力】 修订“三项制度”实施方案、拟定行政处罚“三张清单”、制定自由裁量权实施规范。全年共办理行政复议案件 6 件，行政诉讼案件 3 件、政府信息公开 2 件；按照信用体系建设要求，报送企业行政处罚数据归集 1201 件、公示上报 277 件，个人行政处罚数据归集报送 479 件；行政执法资格年审通过 192 人，新增获得行政执法证书 41 人；开展会前学法 12 次；深入开展“法律七进”，在重要时间节点通过多种方式组织城管法律法规宣传，共印制发放法律法规单行本等 2 万余份；开展案卷质量评查，并组织执法队伍自查自评；组织参加《中华人民共和国民法典》网络知识竞赛，改编创作的宣传视频《学民法典的三个阶段》，获得住建部所属中国建设报官方公众号推送及全国各地区城管部门点赞转发。

（李文思）

房地产管理

【住房安居保障】 竣工天王村新型社区 B 区、康城嘉苑 A 区三组团安置房项目 2 个，完成多元化安置 3100 余人。公租房实物配租 523 户，累计配租 1865 套，发放租赁补贴 133 户，共 33.31 万元。新开工各类人才住房 17.55 万平方米，加快建设康德馨苑等人才安居续建项目 79.8 万平方米，为人才安居提供有力保障。出台《成都市温江区人才公寓租售管理实施细则》，完成首个人才公寓万新峰荟项目开盘租售方案，600 余套全部售罄。

【装修质量保障】 出台全市首个精装修工程质量管理实施细则，从质量标准、过程管控、行业监管全过程进行监督管理，有效化解精装修矛盾突出问题。

【防范化解房地产市场风险】 全力化解 5 个房地产项目停工问题。其中，以组织业主自救方式成功实现“财富·中央城”正常复工。协调区属国

有公司购买剩余房源作为人才公寓，完成中医大越鞠苑正常复工。提前全部化解市级“三张清单”清单中群众反映恒大未来城精装问题、装修价格问题、产权办理3项问题，通过专班督导推进天来汇景顺利交房。

【疫情防控】 深入推进“两送一帮一解”，开展疫情期间配送服务、增值服务等9800余项。协调解决企业问题216个，保障企业口罩需求48.36万个，酒精15吨、消毒液1.5吨、体温枪140把，各类药品1000余盒，为企业保障用工需求275人次。为6家商混站协调水泥55万吨、砂石17万立方米，为区内建筑工地协调钢材1.5万吨。为嘉源红郡房地产项目落实贷款资金1200万元；依法强力指导财富中央城项目主要债权人开展“自救”，筹集资金3000余万元。高效持续推进中医大越鞠苑项目复工复产，组织资金近5000万元。为10家企业办理配套费缓缴申请，金额1.24亿元。协助兰芳园食品制造四川有限公司等17家企业获得“开建即奖”3000余万元，协助四川广泽物业等9家物业企业获得防疫补贴73.33万元，帮助4家企业办理公积金缓交业务，协调相关部门退还企业土地保证金937.5万元。

（王　为）

住房公积金管理

【概况】 2020年，成都住房公积金管理中心温江服务部围绕温江区“高质量建设全面体现新发展理念宜业宜居宜游的新中心城区”目标，按照成都住房公积金管理中心“123＋10”的工作思路，充分发挥住房公积金保障作用，全面提升服务形象，住房公积金管理工作取得明显成效。

【管理业绩】 全年新增住房公积金归集额13.14亿元，同比增长18.86%，归集余额37.41亿元；办理职工支取16088笔，金额7.02亿元，同比增长16.45%。全年向3302户职工发放住房公积金贷款14.57亿元，同比增长16.45%，贷款余额57.4亿元，年末贷款回收率为99.99%。

【住房公积金归集】 推行缓缴降比政策，帮助困难企业渡过难关。通过企业微信群向924家单位进行宣传，并在温江区智慧企业服务平台进行缓缴降比政策宣传；通过公积金政策交流QQ群、微信群等渠道，向企业宣传应对当前新型冠状病毒肺炎疫情政策措施，方便企业按需申请缓缴降比业务；安排专人做好企业缓缴降比的业务受理工作，及时解决企业在业务办理过程中遇到的问题和困难。2020年共为26户企业办理缓缴降比，减轻企业缴存负担500余万元。

【住房公积金支取】 深化“放管服”改革，四个住房公积金事项实现“跨省通办”。“个人住房公积金缴存贷款信息查询”和“正常退休提取住房公积金”实现全程网办；“出具贷款职工住房公积金缴存使用证明”服务事项实现代收代办；“川渝签约城市联动治理违规提取使用公积金”服务事项按要求推进。

【住房公积金贷款】 服务便民升级，住房公积金贷款办理效率进一步提升。12月1日，根据《成都住房公积金管理中心贷款受托银行经办支行（经办网点）准入退出管理办法（试行）》管理规定，经成都住房公积金管理中心相关部门组织实地查看、验收，中国工商银行股份有限公司成都温江支行开始承办公积金贷款业务，温江区受理住房公积金贷款的银行由2家增加到3家，提高了住房公积金贷款办理效率。2020年共帮助3302户职工家庭实现“住有所居”的梦想。

【住房公积金服务】 按照《成都住房公积金管理中心“服务质效提升百日行动”工作方案》要求，扎实开展“服务质效提升百日行动”活动工作，严格执行中心窗口规范化服务标准。围绕“执行服务规范不到位”“服务意识不强、爱岗敬业精神不够”“业务政策不熟”“服务大厅环境管理维护不及时”等问题开展自查，对发现的问题及时整改。全年办理市长信箱回复、化解和接待窗口群众诉求95件，均受到客户好评。

（李红旭）

资源保护与生态建设

规划和自然资源

【城乡规划编制】 完成第三次全国国土调查工作，有序推进国土空间规划编制，制作完成包含各类规划和基础数据的工作底图，完成区级“双评估”“双评价”工作，形成“三线”划定初步方案。深化公园城市研究，编制完成《温江区公园城市建设总体规划》。指导《万春镇高山村村庄规划》等 29 个村庄规划编制，北林区域村庄规划覆盖率达 70% 以上。

【土地和规划要素保障】 争取 2020 年度计划指标 1432.4 亩，完成 15 个批次土地报征，面积约 5097 亩。全年召开土管会 6 次，审议议题 59 项，规委会 7 次，审议议题 70 项。

【土地出让收入】 出让国有建设用地使用权 30 宗，面积 1893.7820 亩，签订城南片区土地用途调整协议 9 宗，2020 年度预计土地出让收入 72 亿元。

【土地综合整治】 研究制定全区土地综合整治、集体经营性建设用地入市配套政策文件。土地综合整治项目包装规模约 2.4 万亩，预计可节余建设用地（“指标 + 净地”）1.6 万余亩。指导科蓉公司完成长江经济带废弃露天矿山生态修复工作，复垦还耕面积 157 亩。办理集体经营性建设用地入市 8 宗，面积 80.4 亩，保障了心驿站酒店、禾晟德花木进出口园区等乡村振兴产业项目用地。

【土地执法监察】 查处竣工验收阶段违法建设项目 24 件，罚款 97 万余元。认定违法建设 81 件，参与违法建设和住改商整治 13 起。新发现并关停违法经营砂场 4 家，制止砂石盗采行为 6 起，其中 2 起涉及触犯刑法已移交公安机关，指导区属平台公司接管出让宗地地下砂石共 123 万余立方米。完成违建别墅问题清查整治项目问题核销和上报工作，通过省、市专项办五轮调研核查。有序开展农村乱占耕地建房清理整治工作，制定下发《温江区农村乱占耕地建房问题摸排工作实施方案》，完成外业调查和信息采集上报工作。

【不动产统一登记】 全面实施不动产登记、交易和税务“一窗受理、集成服务”。设立“企业专窗”，工厂、仓库类房屋交易登记时限缩减至0.5个工作日。土地首次登记、抵押类登记办理时限分别缩减至3个工作日和1个工作日。异议、查封、抵押权注销登记等业务即时办结。受理不动产登记业务129030件，发放不动产权证书74578本，不动产权证明44094本，收取不动产登记费1272.1040万元。在成都市二、三圈层区（市、县）中率先实现与成都市主城区不动产登记全域通办。积极探索和推行新建商品房“交房即领证”创新工作。

（鲁 佳）

生态环境保护

【生态文明建设】 印发《成都市温江区生态文明建设规划修编（2016—2025年）》《成都市温江区低碳城市建设规划》；积极推进市级环境与健康试点工作，完成实施方案初稿编制；策划包装项目10个，2个纳入中央项目储备库，1个纳入省级项目储备库，对上争取专项资金2757万元，位列全市第三；精心策划“四二二地球日”“六五环境日”“环保志愿服务季”等主题宣传活动，累计参与上万人次；与巴南区生态环境局签订生态共建环境共保协议，打造成渝合作环保高地；温江区成功入选“中国县域全生态百优榜”并位列第六。

【新冠疫情防控】 出台《温江区新冠疫情防控期间常见消毒方法和消毒剂选择指导方案》等文件，组建工作专班6个指导医疗机构等涉疫场所开展污水消毒以及医废处置，协调市局帮助收集转移医疗废物1197吨，做到涉疫医废“日产日清”；简化疫情防控相关项目环评审批流程，豁免涉疫涉民生建设项目环评，完成“不见面”审批12家，对77家复工复产重点企业开展“一对一”上门指导服务，解决问题35个。

【污染防治攻坚】 科学治气 制订2020年大气污染防治工作行动方案和夏、冬季污染防控专项行动方案，修订实施《成都市温江区重污染天气应急预案》；在全市率先建立镇（街道）季度环境空气质量目标考核红黄旗授旗制度，已按季度向镇街发放红黄旗各4面；调研分析医药行业80家，初步形成医药行业环境管理规范，全面提升全区医药企业环境治理能力。空气质量优良天数276天，同比增加2天，$PM_{2.5}$平均浓度40.5微克/立方米，同比下降8.2%。

精准治水 严格落实河长制，印发2020年水污染防治工作实施方案；完成永盛污水处理厂提标改造和城市污水处理厂三期建设，全区污水处理率达96%；规范推进饮用水水源地“划、立、治”工作，全区3个市级考核断面水质稳定达Ⅲ类水质标准，4个集中式饮用水水源水质达标率100%。

依法治土 深入贯彻落实《中华人民共和国土壤污染防治法》，印发2020年度土壤污染防治实施方案；与成都兴蓉公司签订危险废物处置战略合作框架协议，实现全区危废应急处置“24小时响应”，今年以来转移危废4853吨，历年来堆积危废基本处置完毕；调查工业企业疑似污染地块25个，发现污染超标3个；完成全区2503亩轻度污染耕地安全利用工作，全区受污染耕地安全利用率达95.66%，污染地块安全利用率达100%。

【环境监管服务】 创新开设“温江环保诊所”，吸纳专业人员200余人，向企业提供线上问诊和现场义诊100余次；落实环评审批承诺制，完成建设项目审批158个，其中审批承诺制项目102个，位居全市前列；全面开展固定污染源排污许可清理，完成发证和登记1590家；深化“环保管家”治理模式，环保服务产业实现营业收入1700余万元；严格落实生态环境正面清单制度，豁免行政处罚17起；下达行政处罚决定21件，决定金额31万元；妥善处理各类环境信访投诉997件，出具各类监测报告226份，为区域环境质量精准化管控提供有力支撑。

【生态环境保护督察】 建立环保督察“挂销号”管理、领导包案、“一交二督三移交”等问题整改机制，全年召开调度会8次，印发督察通报11期，交办各类问题237个，挖掘优秀典型案例7个。117件央督转办件、52件央督“回头看”主办件、80个长江经济带生态环境问题集中排查发现问题已全部完成整改。

（赖瀚如）

水　务

【亲水之城项目建设情况】 2020年，实施“亲水之城”项目35个，总投资42.05亿元，计划投资10.76亿元，完成投资8.63亿元。其中，温江区断头管整治等排水基础设施建设项目17个，观音桥排水沟改造等河渠综合整治项目12个，金马河鲁家滩、黄家渡水毁堤防整治等防洪能力提升项目3个，区自来水公司老城区供水管道改建（第二批）等供水提质增效项目3个。建立“2+N”差异化质量监管模式，检查工地安全470余次，发放监督记录和整改通知书324份，全年未发生一起工程质量和安全生产责任事故。

【水资源管理】 依法完成取水许可审批43件，建筑降水临时取水用户40家。办理建筑降水临时取水许可延期69件，依法注销3家企业的取水许可证，并按程序实施封井。严格落实水资源“费改税”要求，配合税务部门征收水资源税1900万余元。完成小水电清理整改销号，用水总量、用水效率和水功能区限制纳污“三条红线”控制目标均达100%，在全市2019年度实行最严格水资源管理制度考核工作获优秀等级。认真落实国家节水行动部署，将450家非居民用水户，609支水表纳入计划用水管理考核，创建节水型载体128家，全年节约用水425.26万立方米，县域节水型社会建设通过省级验收，获评2020年度全省节约用水工作先进集体。

【水环境治理及河湖保护】 深化“一城一网一主体”排水管理模式，建立管网专业运行维护管理机制。完成城市污水处理厂二期、科技园污水处理厂二期近期、永盛污水处理厂、寿安镇污水处理厂等4个污水处理设施提标升级改造，提标规模达7.7万吨/日；永盛污水处理厂扩建、城市污水处理厂三期工程建成并进入试运行，新增污水处理能力6.5万吨/日。新（改）建排水管网10公里，城镇污水处理率达到96.5%。严格落实河长制，全区280名河长共开展信息化巡河32195人次，完成31段黑臭水体治理，市级考核断面出境水质均稳定达到地表水Ⅲ类标准。拆除下河引道27条，清理非法侵占800亩。加快推进农村集中居住区污水收集项目建设，完成万春先锋3组等4个农村污水治理试点建设，农村污水治理有效覆盖率达71.5%。完成金马河等5条河道管理范围划定工作，河长制工作得到水利部副部长魏山忠的充分肯定。

【绿道蓝网场景打造】 以水为脉，新建绿道2.44公里，新增景观和市政绿化面积10万平方米，完成江安河光华段水生态环境综合整治项目建设，开展“我是共建者活动”，择优选择126套绿道服务设施落地，初步形成“江安十里”惬意悠然的滨河第三空间。金马河鲁家滩获成都市“最美河湖”称号，并被央视《新闻联播》报道。和盛镇綦临社区，万春镇幸福村、高山村、先锋村、鱼凫村获评成都市“水美乡村”。

（贾永乐）

气　　象

【疫情防控】 制定《温江区气象局应对新型冠状病毒感染的肺炎疫情Ⅰ级响应工作方案》，发布新冠肺炎疫情防控专题气象预报335期；下沉八角社区9人次协助开展防疫工作。

【气象防灾减灾】 修订《温江区气象灾害应急预案》，推进“6个1”气象防灾减灾平台建设；更新2020年气象灾害预警信息接收对象、气象信息员名单，开展气象信息员培训；发挥成都市气象科普基地作用，全年接待参观1000余人次。做好“8·11”“8·16”等灾害性天气过程气象服务，及时发布重大气象信息专报等产品97期，汛期气象服务获得区领导肯定性批示，四川电视台、《华西都市报》、《成都日报》等新闻媒体对区气象局气象服务工作进行了多次宣传报道。

【公共气象服务】 加强与生态环境局、四川农业大学合作，建立温江大气环境治理气象监测业务服务，常态化发布空气污染防治气象预报服务365期，重污染天气预警响应气象监测实况与预报12期；《温江雾霾天气气候特征及其预报》等2个课题通过验收。与应急、教育、住建等部门分别联合下发《关于做好防雷安全工作的通知》；开展危化企业防雷“五有”规范化建设，实施防雷监督检查全覆盖；开展气球执法巡查90余次。加强农养、农创、农旅“三融合”气象为农服务，发布高端花卉移栽全程精细化、农耕文化、北林绿道及都市休闲旅游气象服务等产品300余期。开展花博会等重大活动气象保障服务；不断开展药明康德新药研发气象保障等专题专项服务；为“三医＋AI”科技园等项目建设提供优质气象预报和气象要素保障服务。

【气象大事记】 8月10日20时到12日20时温江区遭遇近20年（2000—2020年）以来最大区域性强降雨天气过程，并伴有雷电和短时阵性大风，全区共计出现特大暴雨4站，大暴雨7站。过程最大降水量出现在万春336.8毫米。8月共遭遇区域性强降雨两次，分别是8月10—13日、8月15—18日。

9月21日，中国气象局公布第二批百年气象站名录，温江国家基准气候站成功进入五十年站认定名录。

（李红菲）

交通运输

【道路概况】 温江区道路总里程为1243.152公里，道路密度为448.791公里/百平方公里，形成了3条高速公路和13条骨干道路组成的外向主通道，东接成都市五城区，北通成都市郫都区、都江堰市，南通双流国际航空港，西射成温邛经济带。

【道路建设】 完成了《温江区综合交通体系规划——“十四五”交通体系建设研究》编制，全力构建“三高八快七轨十互通”综合交通体系。全年交通建设项目共36个，完工绕城高速公路西服务区、成名高速温江北入口优化改造、八一路北延线等项目21个，开工建设凤凰立交、农科城跨线桥、三渡水大桥等项目15个。储备包装田园大道、锦绣大道南段、永宁大道南段等20个项目。

【交通产业发展】 全年完成非税收入263万元，区级税收收入35万元，服务业固定资产投资6.8亿元，完成投资促进到位内资1亿元。积极对上争取到位资金4.49亿元，其中专项债券4亿元。新引入总投资10亿元占地190亩的乐歌产业物流项目，加快推进高济医药项目建设，完成投资4800万元。成功争取数字交通实验室落户温江区，由四川电信与四川交通职业技术学院在5G车路协同等智能交通领域深化研究合作。推进智能寄递柜安装600余个。

【交通运输服务】 成功争取日月大道BRT延伸至温江，成为全市首条“5+1”区域开行至“6+1”区域的快速公交；全年共计新开公交线路3条，优化调整19条。温江公交枢纽站开通班线业务，全区23条线路整体调整，实现班线、常规公交、快速公交无缝接驳，运行17年的老旧客运中心退出历史舞台，全区城乡公交一体化发展水平达到省级AAAAA级。

【农村公路精细管养】 全面推进路长制，推进农村公路路长制，设置130名路长，打造以374名路政员为主，社区网格员、志愿者为辅的网格化护路体系，引进35家企业负责全区道路、桥梁及附属设施的日常管养工作，建成“温江区农村公路信息化管养系统”，推动农村公路养护管理精准高效。

【交通运输行业监管】 落实源头监管 开展全区出租、货运、驾校、维修等道路运输企业年度服务质量及安全生产考核，完成考核企业102家，其中：AAA级8家、AA级26家。

行业督查指导 开展督查49次，检查企业518家次，下达整改通知书7份。组织行业工作会议20余次，培训教育3场，宣传咨询4场，应急演练5次。

交通行政执法 全年检查货运车辆4486台次，共查处扬撒车辆27台次，查获超限车辆139台次，卸载139台次，卸载货物总计3936.93吨。巡查公路11510余公里，摸排施工打围52处，督促限期整改27处，查处破坏公路行为6起罚款0.6万元。检查教练车157台次，查处违规教练车3台次。检查维修企业678家次、经营性备案停车场48处，责令停止违规经营行为178家，拆除违规喷烤漆房8处。督促整改环保问题38处，一般性安全隐患26处。

（孙彬桐）

自来水生产和供应

【全域供水概况】 2020年，提前完成农村供水全覆盖两年计划，市政管网供水普及率达98.5%，供水服务总人口约100万人；全区日供水能力为40万吨/日，实际日均供水量为24.06万吨，全年总供水量为8781.9万吨。出厂水水质经市区两级疾控中心检测均达到《生活饮用水卫生标准》要求，有效保障了城乡居民正常用水。

【供水管网建设】 2020年，基本完成区自来水公司老城区供水管道改建（第二批）、全域农村供水工程，新（改）建供水主管道172公里。出台农村供水“一户一表”初装补贴政策，累计投资2.1亿元，完成68个村（社区）2.9万余户的接水工作，依法关停自备水源，完成地表水源全切换，基本建成城乡一体化供水保障体系。同步加快建设供水规模30万吨/日的李家岩水库输水干管温江区供水分支管工程。

【水厂供水情况】 全区有成都首创水务有限公司、成都市温江区自来水公司、成都市温江区和盛达鑫自来水有限公司三家供水企业。2020年关闭温江区自来水厂取水井、达鑫自来水厂取水井及涌泉花土、和盛东宫寺、永宁新庄、万春踏水桥等8处集中供水站。策划储备供水规模20万吨/日的区级应急备用水源项目。

（牟云星）

电　能

【概况】 国网成都市温江供电公司成立于1987年，为国网直属县供电企业。公司供电面积277平方公里，负责温江全区9个镇（街道）供电任务，供电客户数38.85万户。

【电网建设与发展】 温江电网有220千伏公用变电站2座，总容量84万千伏安；110千伏公用变电站8座，总容量78.6万千伏安；35千伏变电站2座，总容量4万千伏安。运行维护10千伏及以上输、配电线路（含专线）226条，全长1485.98千米。温江电网“1+5+24”远景规划提上区规委会日程；公司“十四五”期间“1+2+2”电网规划项目纳入前期工作，创新探索“先土建后电气”实施方案。110千伏凫任线顺利投运；110千伏新城、万春站进出线通道建设协调进展顺利。温江区“十四五”配电网规划方案延续“十三五”配网目标网架建设的原则，对辖区城市发展规划进行修编。以优化网架结构、改接重过载线路为目标，滚动项目储备，储备2021年配网项目84个。

【电力能源供应】 全年完成售电量25.74亿千瓦时，同比增长7.28%；售电均价537.47元/千千瓦时，同比降低50.69元/千千瓦时；电费回收率100%；综合线损率3.28%，同比下降1.06个百分点。建成35千伏及以上输变电工程1项。500千伏成都西站实施“边征边交”的特殊政策，为成都电网建设提供了谈判思路和赔付标准。“一户一策”保障防疫18户重点客户“7×24小时”可靠供电，开辟“绿色通道”，为辖区内医疗单位及防疫物资企业，提供快速接电服务及特巡保电。落实一般工商业客户电费95折、参与抗疫药品物资生产企业客户电费85折及直购电等惠企政策补贴，累计释放电价政策“红利”1.17亿元。政企联动召开现场协调会76场，处置220千伏输电线路通道A类隐患50处，B+类隐患34处，消除110千伏通道隐患153处，按期消除输配电“三跨”隐患18处。圆满完成全国两会、中高考等重要保电任务共62次，截至12月31日，温江电网连续安全稳定运行6168天。

【优质服务】 积极推进“三零三省”服务，创新提出“3个1”办电服务模式，出台全市首例优化营商环境指导文件，并率先在全市范围内实现一窗受理房电联动过户。完成115个老旧小区改造，85个低电压台区治理，2018年获评成都市营商环境优化办电环节第一名；着力“三全建设”攻坚，全口径采集成功率99.93%；全口径高压客户费控执行率105.84%；重点治理超高损、高损和负损台区，治理不合格台区43台，更换异常表计132个，消除一终端对应多台区370个，改善地下室信号点位80个。持续推广电能替代，“电火锅”改造73户，新增设备258台，新增新能源电车充电站2个，增加售电量超过600万千瓦时。推行“不见面”办电模式，实现线上办电率99.36%。严格落实、执行国网“10项措施”，对36.5万户居民及个体工商业实施欠费不停电。

（唐洪涛）

邮　政

【概况】　温江区邮政分公司下辖11个自办网点，6个委托代理网点。共有邮路3条，邮路总长度240公里（不含单独机要）；城区及农村投递段道总条数51条，投递路线单程总长为140公里。担负全区9镇（街道）、面积277平方公里的邮政服务。全年实现业务收入5909万元。

【疫情防控】　成立分公司防疫工作领导组，细化制订《温江分公司疫情防控应急预案》等办法，对网点防疫全覆盖督查。通过邮政绿色通道助力辖内三家医药公司将捐赠防疫药品当日寄出。面对邮件进口激增与投递受阻等情况，三个揽投部每天投入约83人次参与包裹分拣、转运和投递工作，同时组织力量驻点投递，点日均投递量约320件。分公司荣获全市新冠肺炎疫情防控工作先进集体，分公司两人荣获市公司新冠肺炎疫情防控先进个人。

【经营发展】　全年实现业务总收入5909.14万元。利润新增或改善位列全市前五。一是全年联动开展了端午竞赛活动、思乡月活动、ETC、信用卡、黄金风暴、中邮保险专推、长虹线上内购会及创维线下内购会、文传一号宝典微营销等活动。二是储蓄压降成效明显，保险业务收入实现同比正增长，增幅达到11.8%，全市排名第三位，基金业务快速提升。三是关爱复工复产社区工作者，2月赠送联通号卡383张，简易险出单158单；尝试新型政务业务代理顺利上线。市公司与市税务达成试点协议落地温江，7月28日在温江向阳路与东大街上线成功，代理税务代收代证等相关业务。四是特快收入达到序时进度，散件揽收超全市平均水平。五是5月开展“百校联动　致敬英雄”主题活动6场。在东一小学开展的主题活动入选集团公司“学习强国”资料。

【普遍服务】　修改完善邮政质量管理岗位和监控岗位履职考核办法。专项活动有序推进。问题导向，以省公司巡察整改为契机，督导绿色邮政与普遍服务集中整治整改全面达标。农村建制村通邮共有邮政普遍服务网点17个，乡镇覆盖率为100%。其中农村地区15个，占比100%，达到普遍服务要求。

【安全管控】　全年召开12次邮银联席会，代理金融从业人员按规定准入和持证上岗。依规执行岗位轮换和强制休假制度、亲属回避规定。扎实开展公司人员排查。组织旺季期间舆情培训，妥善处理代办员、金融客户舆情。同时做好寄递薪酬改革的宣贯动员，确保生产平稳运行。

【能力建设】　省公司挂牌的区天府邮件处理中心建设项目主体已竣工待验收。市公司挂牌的家属区“三供一业”分离改造工程已近尾声。东大街“跨境电商”体验店已建成待运行。完成邮速机构融合。开展寄递事业部“双定”工作。

【企业文化】　硬件工作　上墙企业党建专栏，以图文并茂方式展现企业风采。在生产场地悬挂以其美多吉为背景的“不忘初心、牢记使命”主题教育宣传画面、在办公场地悬挂分公司“不忘初心、牢记使命”主题教育合照，凸显党建引领作用。

软件工作　一是党建引领，37名党员为疫区捐款3650元。二是工会牵头，开展春送温暖、夏送清凉、金秋助学、冬季慰问困难职工等活动。金秋助学1人2000元；慰问员工及家属5人

1810元；组织女性员工参与三八节活动，五四节组织青年员工座谈会，组织员工健步走活动；盛夏时节、疫情期间、“双11”时慰问一线员工；组织开展全员体检。

（田小华）

移动通信业

【概况】 温江移动始终坚持“立足温江、服务温江”，在加快企业自身发展的同时，为全区经济社会建设贡献移动力量。公司营销服务渠道200多处，年运营收入超5亿元，客户规模超60万户，拥有移动电话、固网宽带、信息化项目集成、数字化上云、信息安全保障、5G智慧解决方案等多项服务能力。

【网络设施建设】 2020年，温江移动启动实施了一系列重点投资项目，累计投资超2亿元，已建成5G网络基站超过400个，完成全区50%以上5G基站建设任务，实现对光华大道沿线、医学城片区、科技园片区、国色天乡片区、大学城片区等覆盖，城区主道路覆盖率达到99.57%；宽带端口覆盖率超96%，覆盖城乡居民小区（社区），宽带移机实现千兆接入能力。

【信息化服务】 推进5G“融入百业、服务大众”，打造“智慧金温江，5G花园城”新基建标杆应用。为全区市级医院、单位、学校提供了信息化项目建设；为全区100多家单位提供了“企业上云”服务；为近千家企业进行移动通信服务支撑；为多个城市综合体提供了综合信息保障服务。

（李翔兰）

广电网络

【概况】 2020年，四川广电网络温江分公司积极贯彻落实疫情防控和经营发展“两不误 两促进”方针。在做好防疫措施的前提下，牢抓安全生产、安全播出工作不松懈，完成新建楼盘入网建设工程23个；小区FTTH改造6个，覆盖用户6200余户；工程勘察、设计及预算38个、工程决算989.33万元。

【公众服务】 牢记“让利于民，惠民于心”的宗旨，积极开展“直播课堂”“广电惠民服务月”“川流试点”等惠民活动，让百姓以更加优惠的价格享受到优质的广电服务；强化服务技能培训，提升用户感知和体验，树立了公司良好的对外形象。积极实行营装维一体化服务质量考核，开展工单直派工作，提高工单响应率和及时处理率，降低用户投诉量，提升用户满意度。

【智慧广电建设】 积极探索智慧广电公共服务新领域，充分利用有线广播电视网络资源优势，全程参与温江区雪亮工程监控服务、扬尘治理监控服务、分综治中心建设及服务、云视频服务、可视化执法、水质监测、融合平台信息发布服务等20余个智慧项目的建设。

【安全播出】 重视安全生产、安全播出保障工作。疫情期间及时完成金马、万春、涌泉街办的22个点位村村响广播系统的修复工作，让全区老百姓及时掌握疫情动态；机房值班人员严格执行“7×24”小时值班制度，严格执行“零报告”制度；为应对强降雨天气，邀请气象站对所有机房进行了防雷测试，增设防汛设施；汛期出动人员300余人次，抢险车次150次，对全区域箱体、线路、管道及井盖进行巡检、排查，巡线4000余公里；圆满完成各重要节假日与各时段的安播保障，全面确保了“零插播、零断播、零停播”任务。

（陈　惜）

工业与新经济产业

工　业

【概况】 2020年，区经信局认真贯彻区委、区政府决策部署，落实“六稳六保”，一手抓疫情防控，一手抓经济发展，有序推进各项重点工作，获得“四川省首批院士（专家）产业园”“四川省‘5+1’重点特色园区发展培育园区”等荣誉。

【疫情防控】 加强防疫物资调拨，保障口罩127万个、防护服2.6万套、额温枪300余支、酒精100余件；帮助企业转产保供，协调解决神农堂等企业生产口罩和防护衣的审批手续、原材料采购等方面困难，帮助五义、祥和鸟等企业取得CE认证，推荐博奥晶芯等34家企业纳入国家和省级疫情防控重点保障企业名单；牵头组织企业复工复产，开展“两送一帮一解”，联络协调驻企专员，纾困解难，助力稳产满产。

【工业经济】 2020年，238家规模以上工业企业累计完成总产值418.8亿元，实现增加值同比增长7.1%（其中二、三、四季度规上工业增加值增速分别为12.4%、9.2%、10%）；完成工业投资130亿元；全年新增规上工业企业37户，新增107家企业列入培育企业名库；完成“中优”一般制造业疏解项目4个；实施产能转移，制定出台产能转移针对性政策，建立产能转移目标企业名录库，积极鼓励香飘飘等企业积极争取产能调拨，鼓励娃哈哈、顶津等企业扩大在温发展布局，新增产品品种、品规、生产线，充分释放现有骨干企业的增长潜能，菊乐食品“分改子”已正式启动。

【主导产业】 规上生物医药制造业产值63.5亿元，完成健康制造业工业投资是103.8亿元；新入库医药规上企业5家；2020年，全区获得药品注册批件1个、二类医疗器械产品注册件7个、三类医疗器械产品注册件2个；参与组建全市医药健康产业生态圈联盟和医疗装备产业创新联盟，牵头组建成都市温江区医疗器械发展联盟；制定医药医疗器械成果转化基地建设方案，搭建海通—通德、爱斯特2个药械合作生产平台，促进多索茶碱等3个产品在温投产转化。

【工业投入】 2020年，完成工业投资130.9亿元；23个亿元以上工业和信息化项目完成投资64亿元，HEMO+亚太总部和研发基地、德坤航空2个项目开工；香飘飘液体即饮奶茶生产基地、正大中际8个项目竣工投运。

【信息化工作】 筹备召开全区5G产业发展领导小组会议，出台5G产业发展实施方案；签约省健康医疗大数据应用中心、智慧医疗及公共安全大数据产业园等5G产业项目，推进5G智慧社区、5G智慧环保监测等行业5G示范应用场景；与四川大学合作建设工业互联网平台建设；全年完成软件业务收入20.16亿元，同比增长34%。

【对上争取】 积极对接省、市经信部门，取得广州瑞泰生物等3个项目年度用地计划指标139亩，完成德坤航空、泰格尔等项目20年用地年限准入，完成国际科创社区一期132亩项目50

年用地年限准入；为72家企业（项目）争取到中央省市级扶持资金1.04亿元（中央资3794.13万元、省级资金5807.36万元、市级资金774.48万元）；通过慧企平台协同审核兑现区级产业扶持政策资金9995.63万元。

【提质增效】 制定“亩产论英雄”改革的实施办法，完成省、市“亩产论英雄”试点及评价；通过存量企业产出增效，太湖锅炉等13家企业达标销号，圣恩生物等18个二次开发重点项目开工；新培育瑞森纸业等6个二次开发项目，涉及土地192.3亩，计划新增投资7.7亿元，新增厂房面积14.5万平方米。全年共盘活1057.86亩工业用地（存量企业产出增效559.14亩，二次开发498.72亩）。

【基础承载】 实施重点电力项目7个、油品燃气项目6个，2020年实现投资1.56亿元，2019年农网升级改造、岷江村电力设施改造、药明康德辅供电源项目竣工投运，其余正在建设；2020年新增充电桩400个以上，新增新能源汽车522辆；制定通信基础设施专项规划，通信基础设施建设全年投入4.08亿元，新建5G基站828个；全年保障天然气23800万立方米，供应油料总量15.57万吨，供电总量25.74亿千瓦时；在建标准厂房56.2万平方米，2020年新开工标准厂房4万平方米。

【安全环保】 组织开展经信系统安全生产专项整治和百日攻坚，整改安全隐患318条；持续抓好“散乱污”工业企业清理整治，新发现并整治“散乱污”企业3家，组织25家重点企业开展节水培训，菊乐食品成功创建2019年度“省级节水型企业”称号；持续做好能源“双控”工作，2020年实现单位地区生产总值能耗降低0.49%、单位工业增加值能耗降低9.34%；指导印钞公司申报2020年市级节能技术改造资金55万元；办结第五环保督察组转交群众来电来信举报件。

（彭玉鹤）

新经济产业

【新经济产业培育】 聚焦BAB（生物医药、人工智能、大数据）产业，制定新经济重点产业全景图、产业链全景图、产业生态发展路径图、重点企业和配套企业名录表“三图一表”。制定温江区场景建设方案，以“AI+”“大数据+”“区块链+”“5G+”为技术支撑，以创新孵化、智慧交易、智慧城市和三城三都为主攻方向，打造成都医学城三医创新中心创新孵化场景、农高创新中心“1链3e”智慧农业新场景、西南高校知识产权交易中心“智慧交易”场景三大IP。2020年，新增新经济企业2503户，同比增长43.69%。全区42家新经济企业入选成都市新经济梯度培育库，其中：博奥晶芯等4家企业认定为准独角兽企业，康德弘翼等38家企业认定为种子企业，入库企业位列全市第二、新中心城区第一；4家企业、4名人才入选成都新经济“双百工程”。搭建新经济企业供需对接服务平台，举办新经济新产品新场景发布会等专题活动，全年发布507条城市机会清单，推出73个应用场景、109个创新产品（服务）；与农行共建1000万元“科创贷”融资风险资金池，累计发放“科创贷”52笔1.12亿元，帮助新经济企业获得风险投资15件、2.25亿元。

2020年温江区入库成都市新经济梯度培育企业一览表

序号	企业名称	梯度
1	成都极趣科技有限公司	准独角兽
2	四川科伦斗山生物技术有限公司	准独角兽
3	成都博奥晶芯生物科技有限公司	准独角兽
4	成都市海通药业有限公司	准独角兽
5	成都诺森医学检验有限公司	种子
6	成都美思电子科技有限公司	种子
7	成都大奇鹰科技有限公司	种子
8	成都康德弘翼医学临床研究有限公司	种子
9	四川中科金智医疗科技有限公司	种子
10	成都莫瑞克生物技术有限公司	种子
11	成都江鼎禹丰科技有限公司	种子
12	成都华健未来科技有限公司	种子

序号	企业名称	梯度
13	四川新千里展示有限公司	种子
14	成都药康生物科技有限公司	种子
15	赛尔托马斯生物科技（成都）有限公司	种子
16	成都古河云科技有限公司	种子
17	成都金唯科生物科技有限公司	种子
18	四川德凯世界游乐设备有限公司	种子
19	成都药明康德新药开发有限公司	种子
20	四川艾医生医疗科技有限公司	种子
21	成都康景生物科技有限公司	种子
22	成都普睿法药物研发有限公司	种子
23	四川小咖科技有限公司	种子
24	四川科伦博泰生物医药股份有限公司	种子
25	成都普赛唯新生物科技有限公司	种子
26	成都楷模电子科技有限公司	种子
27	成都泽研生物技术有限公司	种子
28	成都德信安创新医疗技术有限公司	种子
29	成都蕴意典生物技术有限公司	种子
30	四川希氏异构医疗科技有限公司	种子
31	成都都市现代农业产业技术研究院有限公司	种子
32	成都格利普生物科技有限公司	种子
33	成都胡特电子科技有限公司	种子
34	成都智胜达节能环保科技有限公司	种子
35	四川百特芳华医药科技有限公司	种子
36	成都康城新创生物科技有限公司	种子
37	四川铭鉴知源科技有限公司	种子
38	四川杰斯顿电气设备有限公司	种子
39	成都吉泰医疗器械有限公司	种子
40	成都石墨烯应用产业技术研究院有限公司	种子
41	成都多彩任意门科技有限公司	种子
42	成都极星等离子科技有限公司	种子

2020 年温江区入选成都市新经济“双百工程”重点培育企业一览表

序号	企业名称	重点行业赛道
1	四川希氏异构医疗科技有限公司	人工智能
2	成都市海通药业有限公司	生物医药
3	四川科伦斗山生物技术有限公司	生物医药
4	成都博奥晶芯生物科技有限公司	高端医疗设备

2020 年温江区入选成都市新经济“双百工程”优秀人才一览表

序号	企业名称	人才姓名
1	四川希氏异构医疗科技有限公司	宋　捷
2	成都市海通药业有限公司	史凌洋
3	四川科伦斗山生物技术有限公司	史　斌
4	成都博奥晶芯生物科技有限公司	张冠斌

（戴　刚）

成都医学城建设

【疫情防控】 成立成都医学城（科技园）新冠病毒肺炎疫情防控工作领导小组，先后组建6个战时工作专班和4个常规工作小组；梳理税收补贴、减免房租、资金支持等系列政策，形成《市区疫情防控优惠扶持政策汇编》，全覆盖深入企业宣传减负政策，依托“一对一”服务专员和中小企业“联络专班”，上门指导企业落实防控措施、推演复工场景、排查风险隐患等。3月中旬，园区1098家企业已全部复工复产，复工率达100%；企业员工返岗率达94.3%；217家纳入重点跟踪规上企业中5家企业超产150%以上。“抗疫”期间，76家科技企业提供了6类111个防疫硬核产品。

【产业发展】 全年园区221家规上工业企业实现产值400亿元，实现增加值增幅7.1%；完成固投207亿元，其中工业投资125亿元。2020年，成都医学城成功纳入中国西部（成都）科学城“一核四区”规划，成都医学城“三医研发小镇”被国家发改委评为全国特色小镇先进典型，成都医学城成功获评省级高新区、优秀省级开发区、中国最佳医疗健康产业园区TOP10、四川省院士（专家）产业园。

【项目运行】 全年举办4次重大项目集中开工活动，药明新药、三医四期等17个项目竣工投运，科伦医药产业基地、罗欣药业等33个项目加快建设，电子科大三医及人工智能科技园等27个项目实现新开工，南方医大生物科技等39个项目正加紧完善前期手续，全年完成重大项目投资

157亿元，完成目标任务的107%。聚焦“1+3+N”招商目标和“六类500强”目标企业，通过“线上+线下”相结合突破新冠疫情、中美贸易战导致的投资下滑不利影响，线上举办2场网络推介会，线下赴广州、上海、北京等地拜访“高能级”三医领域企业，全年新签约引进亿元以上产业化项目48个，协议总投资456亿元。

【创新创业】 着力深化“一个脑袋两只手”协同创新模式，完成《成都医学城高品质科创空间规划》编制，启动东区以三医创造中心为核心的高品质科创空间和西区以药明康德为核心的高品质智造空间开发打造。深入实施新经济企业倍增计划，全年新增国家高新技术企业63家，增长61.16%，新增科技型中小企业56家，增长34.14%，42家新经济企业入选成都市新经济梯度培育库。新增百裕制药、航天锋火等2家国家级企业技术中心，西南特色中药资源、西南作物基因资源发掘与利用等2个国家重点实验室通过部省会商，博奥晶芯获批首家省级专家工作站，新增2家市级院士（专家）创新工作站。海思科1类创新药环泊酚成为中国首个自主化合物创新静脉麻醉药物，百利药业GNC-038成为全球首个进入临床的四特异性抗体药物。

【基础承载】 引入社会资本与九联公司合作组建项目公司，全面启动成都医学城东区片区综合开发，重点保障地铁17号线站点、东辰学校、前海人寿、电子科大及太平保险等项目的基础设施配套，全年新建成双新路等一批园区骨干道路，200t/h集中供热站、永盛污水处理厂提标扩建等配套项目进展顺利。新（改）建道路33.4公里、新建电力通道45.5公里、管网26.1公里，5G覆盖了达40%以上。建成人才公寓686套。新（改）建公立中小学、幼儿园7所，东辰建成招生。新增二级以上医疗机构3家、2个社区服务综合体、2条特色街区。建设32公里南城绿道，实施创智公园等8个生态提升项目，新增绿地15.4公顷。建立企业退出和制约机制，突出“亩产论英雄”导向，强力开展工业用地提质增效，引导低效企业向“三医”主导产业转型升级，全年盘活工业用地1000亩闲置土地，成都医学城被评为省级亩产论英雄试点园区。

【营商环境】 积极运用温江区智慧企业服务平台，实现政策审核办理“一门受理，一网通办”的“企业不出门、数据来跑路”的办理方式，基本实现当月申报、次月兑现。全年共完成政策兑现42批次，涉及1171个项目，总金额达2.79亿元。积极组建“1+4”健康产业基金群，新成立成都交子远洋医药健康股权投资基金和四川川投金石康健股权投资基金，组建总规模达90亿元的“1+4”健康产业基金群。精准对标企业需求，成功帮助峰际等企业融资80亿元，成都医学城被评为全省“园保贷”推进工作先进单位。依托自贸区改革先行先试，完成成都医学城生物医药供应链平台，开展筹建成都医学城公用型保税仓，并会同成都海关及药明康得探索保税研发，为企业通关便利化提供有力保障。积极扩大对外开放合作，先后与海南博鳌乐城、巴南区重庆国际生物城签订战略合作协议，同时依托园区464家三医上下游协作企业搭建“1+9”产业联盟体系。

【党建工作】 压紧压实班子成员“一岗双责”，以“1+5+1+N”体系推进基层党建工作，成立二级综合党委，建立党建孵化器，探索中小微企业“党建+产业”发展模式。强化制度、人员、经费、阵地“四个保障”，全年落实党建经费150万余元。深化非公党建“两个覆盖”，走访摸排“四上”企业192家，转接党员组织关系333名，新建企业党组织15个；打造提升百裕、博奥等示范点位，《用“芯”战役35天》获成都市党员教育电视片一等奖。精心组织活动凝心聚力，组织策划“三区联动三产互动 红色助力行动”体验周、三医产业联盟主题沙龙等10场活动，举办“三医大讲堂”4期，七一期间表扬抗疫先进集体48个、先进个人62人。认真落实党风廉政建设和反腐败工作。持续正风肃纪，进一步压实主体责任，有效落实161项清单任务。开展纪律作风整顿活动，警示教育4次，提醒谈话11人次，纪律处分3人。落实省委巡视反馈意见整改方案，全面整改区委第三巡察组反馈的问题，已整改41个，持续整改2个。

（杨 林）

农　　业

农业农村经济运行

【农业经济】 2020年，温江区全年实现一产业增加值23.15亿元，同比增长4.3%；农民人均可支配收入32635元，同比增长8.3%，增量位居全省第一。

【农村改革】 农村集体产权制度改革。制定并印发《成都市温江区支持村级集体经济组织参与项目建设的指导意见》。完成村级集体经济组织登记赋码和调整改革，赋码登记集体经济组织1023个，集体资产总额达9.56亿元。开展村级集体经济组织调整改革，顺利转接村级集体资产19709万元，村级集体资金14698万元，村级债权6399万元，村级债务19526万元。温江区农村集体产权制度改革2020年被确定为全国第二批60个试点典型之一。集体资产股份权能改革。开展农村集体资产股权继承、有偿退出、抵押、担保融资改革，累计登记办理股权质押54宗529万元；股权继承20宗；有偿退出392宗。农村宅基地"三权分置"改革。制定出台《成都市温江区农村宅基地审批和住房建设管理的实施办法》，探索生态资源价值转化机制，在万春镇幸福村试点，评估量化生态资产，估值达到3.91亿元，并折算为集体资产股权。推广全链条联农带农利益联结机制。完善"集体经济组织+农户+社会组织+项目业主""农户+合作社+家庭农场"等合作模式，推进花语印象、水族小镇等乡村振兴示范项目建设。创新农村产权抵债资产市场化处置模式。探索建立政银企三方共同承担的市场化风险分担体系，通过市场化处置模式为24家新型农业经营主体，分别累计发放土地经营权、集体资产股权、集体建设用地直接抵押贷款0.74亿元、0.01亿元、2.07亿元。

【农村金融服务】 完善农村金融综合服务体系。探索财政"投改股"模式，在万春镇镇子场红砖社区实施支持新型农业经营主体助推乡村振兴试点项目。健全农村产权抵押融资制度。推进实施"花木贷""金秋贷""惠农产权贷""苗木仓单""农贷通—惠农贷" "家庭农场贷款"等多个农村金融服务产品创新，发行"一带一路"蓉欧花木自贸区项目政府债券3亿元，累计实现农村产权抵押融资28.67亿元。建立金融风险补偿分担机制。筹集资金500万元，建立乡村振兴农业产业发展贷款风险补偿资金制度。区内金融机构与省农担公司合作，形成合作规模1亿元的贷款资金池，实现放贷800万元。

【农业市场主体发展】 新扶持打造2个标准化示范基地和5个专业合作社。截至2020年底，累计扶持打造标准化示范基地10个，市级以上示范专业合作社17个，其中国家级合作社2个，省级11个，市级4个。新培育农民专合社10家、家庭农场75家，累计培育农民专合社215家、家庭农场115家，其中省级家庭农场3个，市级3个。

农业产业化发展

【农业招商引资】 成功签约花仙境花木直播总部

基地、鱼凫·水生态科创园、新尚植物研究院等农创、农旅、农养融合发展项目9个，协议总投资约50亿元。赴北京、重庆、昆明等地开展投资促进活动10余批次。

【重点项目建设】 新开工建设新尚植物研究院、极乐汤温泉酒店、“五新”双创园等6个农业农村重大项目，加快推进花木进出口园区、禾晟德花木进出口基地等5个在建项目建设，加快推进川农大国家大学科技园等5个项目前期工作。

【营商环境建设】 成功举办“共享新机遇，投资金温江”投资推介活动3场，联合四川农业大学、成都农职院等高校举办成都首届“邮储杯”农创挑战赛，推介温江农业农村投资机遇。提升农高创新中心一期管理运营水平，入驻农业科技企业38家，CNG农业链上线运行。

【都市现代农业发展】 温江全域以“四川成都国家农业科技园区”名义通过地方推荐申报、材料审查、现场考察、视频答辩、公开公示等程序，于2020年12月由科技部正式批准建设，温江区具备创建国家农业高新技术产业示范区的前置条件。

乡村振兴战略

【优化顶层设计】 印发《温江区2020年落实乡村振兴战略推进城乡融合发展和农业农村现代化“十大行动”工作要点》，聚焦聚力乡村振兴“十大行动”，深化现代农业功能区建设，持续推进国家农高区创建、国家城乡融合试验区建设和都市现代农业高质量发展，不断深化农业农村改革，提高乡村治理水平。

【典型示范】 2020年获全市第三届乡村振兴“十大案例”9类10个单项奖，分别是万春先锋村川派盆景示范园、编艺公园获评“十大乡村周末旅游目的地”；紫薇公园获评“十大最美观花公园”；万春镇黄石社区获评“十佳‘三美’示范乡村”；寿安镇百花社区获评“十大人居环境优美村”；温江区万春镇探索乡镇治理现代化新模式获评“十大乡村基础治理创新案例”；和盛镇龙腾梵谷庄园获评“十大川西林盘消费新场景”；陈宏宇获评“十大农村手工艺大师”；袁阳获评“十佳返乡创业女带头人”；鲜开志获评“十佳‘强基’新农人”。

【争先创优】 开展省市区实施乡村振兴战略考评激励工作，温江区寿安镇新长青村、陈家渡村被省委、省政府命名为2020年度四川省乡村振兴示范村；温江区寿安镇，寿安镇新长青村、万春镇鱼凫村、和盛镇渡桥村、和盛镇玉河村、寿安镇复兴社区、永宁街道八角社区被市委办公厅、市政府办公厅命名为2020年度成都市实施乡村振兴战略推进城乡融合发展先进镇、示范村（社区）。

【一村一品】 扩大温江大蒜、稻米、桂花衍生食品等特色农产品的社会知名度和美誉度，营造全社会关注乡村振兴、关心粮食安全、厉行节约反对浪费的浓厚氛围。成功举办和盛美食节、和盛“紫薇花开”、金马“踏梦而行”、温江花协“云上花木节”和万春“开秧门”农耕文化节、农民丰收节、“鱼凫杯”稻米品鉴、玫瑰节等休闲农业与乡村旅游活动。

【农产品品牌推进】 协调农产品加工业协会及企业参加农产品进地铁活动，在中华品牌商标博览会、成都市第七届新米品鉴会、第六届成都开秧门农耕文化节、温江区第三届农民丰收节等省、市、区展示展销5次。完成全区农产品电商网络销售调查统计工作，温江区2020年农产品电商网络销售总计28603.56万元。

养 殖 业

【生猪养殖】 调整优化禁养区划定方案，对限制养猪业发展或压减生猪产能相关情况进行排查，对畜禽禁止养殖区域范围和禁止规模养殖等相关规范和标准进行优化调整。抓好生猪稳定恢复发展，以“种养平衡 种养循环”模式，推进“以地定畜、种养循环、环境友好”的技术路线，指导养殖场（户）因地制宜选择粪污资源化利用模式和种养循环方式，为规范畜禽养殖打好基础。以“粪污还田、种养循环，多元利用”的粪污资源化利用原则，做好养殖废弃物的无害化处理与利用，实现养殖业健康发展。2020 年全区散养户约 390 户，存栏 2800 余头，完成省外调运补栏仔猪 2000 头，全年出栏生猪 6300 余头。

【严防非洲猪瘟】 严把生猪定点屠宰企业的入场关、静养关、屠宰关、消毒关、无害化处理关等，落实“六符合”，执行消毒制度，完善厂区生物安全措施，落实“批批检、全覆盖”的要求。组织开展以非洲猪瘟为重点的动物疫病“大消毒、大培训、大宣传”活动。针对养殖场、屠宰企业等，开展全面集中检查、突击检查，累计出动检查车辆总计近 100 辆次、人员 300 余人次，查处违反动物防疫法方面案件 6 起，结案 4 起，罚款 17.2664 万元。

【动物疫病防控】 全年防疫猪瘟、猪口蹄疫 4191 头，防疫率 100%；佩戴生猪电子耳标 4100 套；禽流感 8.4 万羽（其中信鸽免疫数为 6.0495 万羽）；狂犬病防疫犬只 27680 只；牛口蹄疫 89 头，羊口蹄疫 40 只，羊小反刍兽疫 26 只。开展非洲猪瘟等重大动物疫病防控，落实“3+1”网格化监管模式，坚持新冠疫情期间重大动物疫病日排查报告制度。对农村畜禽圈舍、屠宰企业、农贸市场等开展环境消毒，发放消毒药 4.59 吨，累计消毒面积达 400 万平方米；开展非洲猪瘟、狂犬病、口蹄疫、禽流感等多种重大动物疫病和人畜共患疫病监测（2333 份），2020 年无重大动物疫情发生。

畜 禽 业

【畜禽废弃物利用】 制订《成都市温江区畜禽养殖废弃物资源化利用工作方案》，按照生态友好，产品安全，管理规范要求，指导养殖户做好配套畜禽粪污处理设施建设，指导散养户因地制宜选择粪污资源化利用和配套粪污处理设施，采取种养结合模式开展畜禽废弃物综合利用，确保畜禽粪污不渗漏溢流。加强部门镇（街道）协同，优化种养布局，发展绿色生态循环种养业，把减量控制和末端治理作为重点，实现畜禽粪污持续整治成果，全年畜禽粪污资源化利用率达到 98%。

【长效监管】 继续实行区、镇（街道）、村（社区）三级日常监管、巡查、检查、考核和定期报告制度，严密监视畜禽养殖业污染问题。梳理可能发生的问题，建立问题台账，治理一起销账一起，通过《温江区畜禽养殖监管平台》实现全区养殖业动态监管，做到目标措施到人到户，及时了解区内养殖动态。

【饲料管理】 按照《饲料质量安全管理规范》对区内 10 家饲料生产企业进行 5 大项 26 个内容专项查验，完成部省市对饲料生产企业 30 个产品质量抽查抽检工作。开展饲料安全生产检查 20 次。按照“送政策、帮企业、送服务、解难题”工作方案，推进饲料生产企业在 2 月全面复工复产，出具保民生运输证明 42 份，促进“六稳”“六保”工作开展。

【兽药生产经营清理】 加强兽药生产和经营环节质量安全监管，对区内 7 家兽药生产企业和 26 家兽药经营企业实现全覆盖国家兽药产品追溯系统注册管理，开展净化兽药专项整治行动，规范兽药生产经营行为，严厉打击制售假劣兽药，违法销售违禁和未经批准使用的兽用抗菌药物，保证兽用抗菌药和生物制品生产使用安全。规范兽药生产经营行为专项检查 9 次，例行检查 7 次，非洲猪瘟假疫苗检查 1 次；二维码追溯执法检查 2 次，完成省市抽查抽检 13 次，核查兽药新报产品流水号 102 个，进一步强化兽药生产经营质量安全。

【兽医医政管理】 对区内 36 家动物诊疗机构进行清查和备案管理，强化动物诊疗净化活动和诊疗管理，强化病死动物的无害化处理管理，严厉打击乡村兽医无证经营、违规售药、非法行医、执业行为失范等违法行为，促进动物诊疗市场的健康发展。

水　产　业

【水产管理】　抓好渔业安全宣传和隐患排查，强化鱼苗来源、病死鱼无害化处理的日常监管及水产品质量抽检，对发现的问题及时进行整改，开展日常检查3次，专项检查2次，水产品质量风险抽样12个。2020年水产养殖产量610吨，水产养殖产值1210万元。

【渔政执法】　抓好禁渔期宣传工作，发放宣传资料4000余份。抓好巡查力度，分3个小组对辖区内的金马河、杨柳河、江安河及部分支渠，每天坚持巡查，处置各种举报件18起，劝离违规垂钓人员110余人次，收缴非法捕鱼工具1套。9月1日起重点抓好长江流域温江区重点水域禁捕、退捕工作，非法捕捞得到有效遏制。结合"中国渔政亮剑2020"等执法行动，开展联合执法行动4次，部门、镇（街道）共出动巡查及执法人员近2000人次，收缴违禁捕鱼网具4副，暂扣违规渔具2副，劝离、警告教育违规垂钓人员130余人，处理群众举报11次，及时放生娃娃鱼3条，杜绝销售、收购、经营水生野生动物行为。

林　产　业

【全区森林资源管理】　依托温江区森林资源监测系统，发挥森林资源管理"一张图"的现势性、准确性和时效性，运用"天上看、地上查"执法监管手段，实现森林资源实时监测管理。2020年完成森林资源双增长任务，实现森林覆盖率32.18%。完成国家林草局下发的森林督查图斑自查，6个图斑均为一般变化，无违法情况，通过国家林草局昆明勘察设计院现地检查验收。完成全区森林资源经营方案编制，明确"十四五"全区森林采伐指标。

【野生动物保护】　开展生物多样性调查，重点对区内的金马河沿线、北林绿道、鲁家滩湿地、康家浩湿地、幸福田园及北林苗圃等重点区域生物物种资源进行摸底调查，调查记录的植物种类共827种，记录的陆生脊椎动物29目75科173属232种，外来植物及林业有害生物154种。开展野生动物禁食、禁止转运售卖等宣传，发放野生动物保护宣传资料900余份。开展陆生野生动物救助，2020年救助蜂猴、纵纹腹小鸮、鵟、果子狸、狐狸等野生动物29只，其中国家一级保护野生动物1只，二级18只，"三有"保护动物10只。

【全区国土绿化】　实施成都全域增绿春季、秋季战役温江行动，新建公园1个、新增绿地70.2公顷，提升老公园1个，创建省重点公园1个；完成两个特色街区建设，建设5个小游园微绿地；城市道路增绿15条；立体绿化0.86万平方米；新增规模化芙蓉景观1个。开展2020年春季义务植树活动，栽植红花荷、五彩枫等观花树木200余株。开展古树名木保护工作，牵头组建温江区古树名木专家库，聘请专家、专业技术人员对全区90株古树展开调查，鉴定结果报经区政府、市公园建设管理局同意后向社会公示，根据公示结果完成所有古树统一挂牌工作。完成寿安重阳木、银木古树，涌泉街办麻栎古树的复壮。和盛镇被四川省林草局授予省级森林小镇称号。开展"探秘四川——不得不去的88个最美林草景观体验点"点位推荐和投票活动，"和盛镇北林绿道"以成都市网络投票第一名的成绩入选。

花木产业

【花木产业发展】　温江是全国四大花木产业基地之一，具有良好的发展环境和产业基础。2020年，全区花木种植面积17.3万亩，在地资产200亿元，花木企业412家，花木专合社104家，园艺场4054个，职业经理人5000人。全年花木销售额22.1亿元，同比增长5.99%。其中苗木14.9亿元，盆景3.5亿元，兰花2.55亿元，鲜盆花绿植1.15亿元。温江区围绕花木产业转型升级，融入"一带一路"国家倡议和"蓉欧"

+战略推进花木出口，培育、聚集三联花木、惠美花境、禾晟德等具备出口资格的花木企业10家，花木出口注册场3家，温江区花木企业国际订单总额约4亿美元。温江出口银柳产品占欧洲市场总额的70%以上，占东南亚市场总额的90%，累计实现花木出口约1800万美元。

【花木会展】 2020年9月，第三届温江盆景节在万春镇先锋村成功举办。先锋村盆景种植历史悠久，村民自古崇尚园艺，特别从20世纪60年代末，先锋村开始大规模栽培盆景，全村集聚了各类世代传承的川派盆景作品。此次展会展示了温江区川派盆景别样的艺术风格和流派特色，让温江盆景在全国盆景界保持独树一帜，其中，尤其以金弹子盆景古朴苍翠、罗汉松盆景壮观秀雅而著称，深受市场青睐，使温江金弹子盆景、温江罗汉松盆景这两个传统优质产品品牌再鸣惊人。2020年11月，成功举办以“花开世界筑梦蓉城”为主题的第二届成都国际花木博览会，来自中央和国家机关工委行业协会、国家林业和草原局、四川省林业和草原局、中国花卉协会、四川省花卉协会、四川省风景园林协会、成都市公园城市管理局、温江区人民政府、成都市花卉协会等相关部门领导，中国生态文明研究与促进会等专家出席此次活动。

【花木名品】 全区花木资源丰富，花木种植历史悠久，品种多达1300余个，尤以桂花、银杏、紫薇三大特色品种闻名。温江具有百年的桂花种植历史，是西南地区乃至全国桂花种植的重要发源地之一，温江桂花清可绝尘，浓能远溢，堪称一绝。2020年全区桂花种植面积5.88万亩，种植户达30000余户，产品远销全国各地。温江银杏苗木生命力强，枝叶繁茂，易于嫁接繁殖和整形修剪；银杏树夏天遒劲葱绿，秋季金黄可掬，峻峭雄奇、华贵雅亮。2020年全区银杏种植面积3万多亩，种植户达12000户，产品远销全国20多个省市。温江紫薇主要出产于和盛镇，该镇已有三百年的紫薇栽培历史，出产的紫薇色泽亮丽、柔和明快，既是观花、观干、观根的盆景良材，又是编艺佳品。温江紫薇编艺采用自产紫薇为材料，通过与川派盆景同脉相生的编艺技法，在植物编艺公园连片展示，大放异彩，煞是壮观，花开时节常吸引大批游客游览。2020年全区紫薇种植面积近1.38万亩，种植户达15000户，紫薇编艺产品50余万件，产品远销全国20多个省市以及国外。

农业机械

【农机购置补贴】 实施农机购置补贴政策，提高农机装备水平。2020年落实农机购置补贴机具37台（套），实施购补资金75.103万元（中央资金55.073万元，市级资金20.03万元）。

【农作物全程机械化生产】 巩固国家级主要农作物全程机械化示范区创建成果，围绕机耕、机播、机械植保、机收、烘干、秸秆还田等环节，推广与农艺相融合的农机化作业技术，提升农机作业效率和质量。全年完成水稻机械化插秧1.35万亩、机械化收获1.5万亩；油菜机收0.28万亩、油菜机播0.24万亩；主要农作物机耕面积1.85万亩。

【新机具试验示范】 2020年引进先进适用的大蒜播种机、收获机，全区已拥有各类大蒜机械化生产设备30台（套），完成大蒜机械化播种1000余亩，机械化收获取得实质性进展。引进水稻密植无人插秧机同步施肥（即在一台插秧机上同时展示水稻密植、无人驾驶、同步侧深施肥技术）及农机北斗智能终端开展水稻绿色高效机械化生产技术集成试验。无人驾驶插秧机在温江区试验成功，开全省先河。在全省率先开展无人机飞播油菜试验演示。

【深化校地企合作】 引导区内农机专业合作社加强与驻温高校的合作，争取其对农机合作组织的技术指导和人才支持，金穗农机服务专业合作社、开志农机服务专业合作社分别成为西南财经大学通识教育学院和成都农职学院实训基地，成功开启校地企合作新模式。与成都农职学院合作，选派选手参加2020年成都市农业（农机）

行业职业技能竞赛，温江区获得团体一等奖，选手获得无人机一等奖、农机维修一等奖。

【农机安全监理执法】 推行农机安全生产清单制，建立完善农机合作社安全生产管理清单制，全区3个农机合作社均按要求制定企业安全生产管理责任清单。加强农机安全宣传教育。开展农机安全生产集中培训2次，培训机手120人次。开展农机安全生产宣传4次，发放宣传资料6200余份。加大农机执法检查力度。开展农机安全生产专项整治和隐患排查12次，出动检查人员42人次，检查农机生产企业、农机经营门市、农机专业合作社38个次，排查隐患15处，整改15处。健全农机、公安、区道安办等部门协调联动机制，配合公安部门开展上道路行驶拖拉机专项整治3次，检查上道路拖拉机22台，处罚违规违章拖拉机3台。2020年未发生重大农机安全生产责任事故。

农业科技

【农产品质量检测】 指导镇（街道）检测室开展农药残留定性快速检测12345个样，检测合格率99%。制订《温江区2020年生产环节食用农产品质量安全监测方案》和《2020年温江区农产品质量安全风险监测计划和抽检实施方案》，组织开展主要农产品风险监测和监督抽查，完成监督、风险农残专项定量检测1100个样，合格率98.5%；接受市级监督抽样检测28个样，合格率100%。

【农产品质量安全监管】 规范镇（街道）、村级日常监管，完善村级协管员系统操作规范和工作考核标准，推行网格化监管系统管理，实时将日常巡查监管动态上传市级检测监管溯源平台，实施每月情况通报制度，印发《情况通报》12期。全区开展日常监管4400家次，日常巡查1200家次。全区40家规模生产经营主体已经具备开具食用农产品合格证能力，开具品类涵盖蔬菜、水果、食用菌、水稻、水产品等，开具合格证4298张。全区新增14个无公害农产品认证。

【新媒体发布】 通过“温江智慧农业平台”“温江公众信息网”“成都市政府公开目录”等各类网站平台发布工作动态、公示公告、重要文件等各类涉农信息187条（相同内容计1条），做到信息更新及时。通过“温江农业”政务微博发布农业动态、新产品新技术、工作动态、政策法规、新农村建设等信息680余条；利用“温江农业”微信公众号发送涉农信息32次、信息70条；利用今日头条号发布信息184条。

【农业从业人员培训】 开展新增农业职业经理人培训60人、新型职业农民精英培训20人、国家成都市农业科技中心人才基地培训20人、乡村专业人才培训18人、省外先进基地培训1人。会同区财政局、区人社局、区教育局开展农业职业经理人等级评定工作，评定初级农业职业经理人60人，中级农业职业经理人10人。做好高职扩招招生宣传动员工作，收到10人网上报名，8人通过资格审查，顺利进入心仪的学校学习。积极推荐人员参加相关新型职业农民的评选工作，其中：刘国通被评为省级农村手工艺大师，陈宏宇被评为成都市“十大手工艺大师”，王琦被评为成都市“优秀农业职业经理人”。组织基层农技人员60人（其中：省级调训2人，市级调训58人）参加为期5天以上的脱产业务培训。

【农业科技示范】 确定成都市温江区农业“五新基地”、成都市温江区稻田创意大地景观基地和温江区农业职业经理人协会的食用菌林下种植基地等3个基地作为2020年农业科技示范基地，并依托基地主要开展水稻机直播生产技术、水稻机械化种植同步侧深施肥技术、马铃薯—水稻轮作全程机械化生产技术、油菜—水稻轮作全程机械化生产技术、杂交水稻暗化催芽无纺布覆盖高效育秧技术、水稻病虫害全程绿色防控技术、稻田创意大地景观定植栽培技术、稻田综合种养技术（稻鱼共作）、油菜全程机械化轻简高效生产技术、大蒜规范化栽培技术和林下大球盖菇高效栽培技术、林下竹荪高效栽培技术等技术的展示推广工作。确定2人为2020年温江区农技示范主体，完善农技人员对口精准指导服务机制。

新农村建设

【特色镇建设和川西林盘保护修复】 实施“整田、护林、理水、改院”，推进以林园、水系、农田有机组合的川西林盘保护修复项目28个。推进幸福田园音乐艺术小镇、友庆景观园艺小镇等4个特色小镇建设，引导产业集聚、功能复合、联城带村发展，构建以特色小镇为引领的城乡融合发展格局。

【村庄美化提升行动】 落实《村庄清洁美化提升行动方案》《“美丽温江·宜居乡村”推进方案（2019—2020年）》，以农村“垃圾革命”、“污水革命”、“厕所革命”、村容村貌提升为重点，积极推动村庄美化提升。截至年底，全区已累计完成农村户厕改造18898户，无害化卫生厕所普及率94%，农村生活垃圾无害化处理率、行政村生活垃圾收运处置体系覆盖率、农村保洁员行政村覆盖率均达100%，农村区域行政村污水处理设施有效覆盖率达70%，畜禽粪污综合利用率98%以上，村容村貌显著提升。

【扶贫开发】 完成8户巩固提升户调整，全区在册151户巩固提升户。定点帮扶简阳市禾丰镇、三合镇8个省定贫困村，确定定点帮扶项目14个，拨付帮扶资金400万元。

【农业安全生产】 开展饲料生产企业粉尘防爆、生猪屠宰企业液氨安全、农机安全、农村沼气安全、危险化学品经营管理、花木吊装场塔吊安全等重点领域检查整治，全年未发生农业安全生产事故。

（王通文　李贵清）

都市现代农业高新技术产业园建设

【概况】 温江都市现代农业高新技术产业园位于温江区北林区域，总规划面积161.5平方公里，核心区2平方公里，是国家级温郫都生态区的核心区，全国四大花木基地之一，温江落实全域旅游和乡村振兴战略的主战场。作为全市66个产业功能区中唯一一个以农业科研、孵化为核心的农业园区，按照“三医两养一高地”总体定位和“南城北林”空间布局，确立了以农业高新技术产业为主导，以医养健康、农商文旅体融合为辅助的产业发展方向，以创建国家农高区为统揽，全面聚焦农创、农旅、农养融合发展，打造“都市农业+”产业生态圈。园区已入驻各类企业2200余家，形成了以农高创新中心、“1链3e”为代表的农创产业；以国色天乡、幸福田园为代表的农旅产业；以依田桃源、国寿嘉园为代表的农养产业。2020年12月23日，园区正式获批四川成都国家农业科技园区。

【经济运行】 2020年，园区新签约引进产业化项目16个，协议总投资额104.6亿元。全年实施区级重大项目47个，年度投资约44.8亿元，实施基础设施和公服配套项目77个，年度投资约29.4亿元；提前竣工合能枫丹西悦等4个项目，加快建设国寿嘉园等12个项目，提前开工煤田地质局温江产学研基地等10个项目，提前转化岷江桂雨项目。全年完成固定资产投资56.2亿元，完成风险投资1000万元，新增鱼凫明芳居餐饮、百花亮采农业观光旅游等税源企业，实现税收收入约5000万元。

【规划情况】 一是园区总体考量川农农创产业园2平方公里产业布局、空间布局和公服配套，以“开敞透绿、以农造景、融产创园、文化浸润、功能定制”为导向，高标准修编法定总体规划。在产业定位上以农业高新技术产业为核心，推动都市农业、医养健康、文创旅游融合发展。在产业布局上形成“一核一环、三带七社区”，依托农科城打造农业科技创新核；依托65公里慢行绿带，打造北林田园绿道环；依托成青快速路和轨道交通，打造城乡融合发展示范带；依托江安河沿线滨河空间打造农旅示范带；依托天乡路打造农旅示范带；同时，推进万春花木进出口、公平高端人才服务、万春新桃源康养、寿安心灵湖医养、万春国色天香游乐、和盛艺术文创、和盛金马河运动休闲等七大社区建设。二是借智借力清华同衡，高质量编制51公顷农创产业高品质科创空间规划（成果获“2020 世界人居建筑规划设计方案竞赛金奖”）。在空间布局上规划形成农高公园带、农高科创环、高品质核心层、高品质配套层的“一带一环两圈层”格局。产业业态上聚焦现代种业、绿色农药、动物医学、营养健康、农业服务五大细分领域，瞄准研发转化和功能总部 2 类企业，建立 1 条农业高新技术产业链，构筑 1 个共享科研平台矩阵。产业功能上重点集成研发设计、创新转化、场景营造、社区服务“四位一体”的科创空间，升级“TOD + 低碳慢行”的服务模式，实现工作、创新、休闲、生活、生态相互融合。产业形态上重点以绿色建筑和夜间消费场景为区域亮点，遵循引绿缀城、引水润城、引风贯城的自然定律，尊重地域鱼凫文化和历史传承，以农造景，以农优景，打造“花园里科研、公园里创新”“国际范、温江韵”的高品质科创空间。三是聚焦产业发展方向，围绕问题导向，2020 年园区精细化绘制“两图一表”，积极开展了“温江农高园基础设施专项研究及三年行动计划（2021—2023）”“鲁家滩郊野公园发展规划”“温江北林绿道环线利用土地资源支撑项目发展策划研究”“温江区幸福田园人文型公园城市示范区项目策划”等多项专项课题研究。

【重点项目推介】 一是按照“农创补链、提升都市现代农业硅谷显示度”、“农旅强链、提升生态园林博览园美誉度”和“农养建链、提升西部两养标杆知名度”三大产业策略，园区以项目招引为抓手，纵深推动农创、农旅、农养融合发展，着力构建“都市农业 +”产业生态圈。在农创方面，重点关注以科技为引领的现代种业、绿色农药等细分领域；农旅方面，重点关注以品质为引领的文旅创意、主题游乐、体育运动等细分领域；农养方面，重点关注以高端为引领的医疗美容、养心疗养、养生健康等细分领域。二是全年新签约引进云投花超等产业化项目 16 个，其中，高能级产业化项目 3 个，其他产业化项目 4 个，协议总投资额 104. 6 亿元；实际到位内资 12. 2 亿元，外商投资实际到位 3. 1 亿元。举办高品质科创空间项目全球云发布活动、青岛投资推介会等投资推介活动 7 场，发布机会清单 40 余条，赴外促进项目 50 个，拜访目标企业 50 余家，接待来访客商 120 余批次。

【园区管理】 一是园区构建了指挥部 + 部门 + 园区为主体的扁平化管理运营机制，精准聚焦产业功能区建设，下设六大职能部门，形成顶层设计、招引促建、企业服务全链条保障格局。2020 年，农高园建设指挥部召开项目专题会及调度会 50 余次，交办和议定事项 72 项，做到了议定事项事事有着落，件件有回音。二是探索实施符合产业功能区发展需要的选人用人、薪酬分配和干部管理机制，2020 年，园区先行先试开展员额制改革，分 3 批次完成了 29 名员额人员选聘。三是 2020 年园区动态优化“两图一表”，建立项目储备机制，实现招商资源动态管理；建立部门、园区、镇街招商会商机制，形成联动招商新格局；提炼总结“十查十看”企业评估法，提高有效招商比例；建立内部全员招商制度，责任层层压实。实施“两清单三承诺”项目促建机制，编制完成 48 项企业任务清单和 41 项政府预审任务清单，指导企业理清项目开工前各个环节和工作步骤，形成“一读就懂”的项目推进工作标准和操作指南。同时，按照“全生命周期”项目管理服务理念，深挖项目推进中的重点、难点、痛点，建立“六方面三成果”报规标准、“园区主体报规报建”预审机制等成果。

【农旅产业发展】 坚持以公园城市理念为指导，推动生态与乡村、田园与艺术、农事体验与农作生产相结合，着力打造生态田园公园示范区。按照全域景区化、景观化思路，规划构建 350 公里北林绿道网，建成 65 公里绿道环线，打造川西特色林盘景区 11 个，新签约引进鲁家滩体育运动基地、318 房车营地、花仙境花木直播总部基地、成都花都海洋世界等文旅项目，打造幸福田园音乐艺术小镇、友庆景观园艺小镇，举办成都国际花木博览会、农民丰收节暨桂花文化旅游季、“开秧门”农耕文化节、西部（温江）云上花木节等活动，实现旅游综合收入 121 亿元，同比增长 11. 0%。获评四川省全域旅游示范区。

（杨健亨）

商贸服务业

商务服务

【概况】 2020年，全区服务业增加值实现367.4亿元，同比增长3.1%；完成服务业固定资产投资260.5亿元；社会消费品零售总额完成148.5亿元，同比下降1.6%；全年外贸进出口总额30.3亿元；完成“四上企业”培育27户，实现产能转移3.8亿元。温江区获评“2020年四川省服务业强区”。

【疫情防控】 疫情期间，开展商超、农贸市场等重点领域防疫工作安排部署，制定行业防控技术指南，指导餐饮等行业开展防疫工作。

【复工复产】 发挥区服务业领域复工组牵头作用，开展服务业“送政策帮企业送服务解难题”专项行动，专员服务178家企业（个体户），跟踪办结企业诉求问题183条，实现办结率100%。

【疫情保供】 委托专门机构储存冻白条猪肉达400吨，有效防止猪肉脱销；建立以红旗连锁、大润发等重点企业生活必需品保供队伍，有效保障生活必需品不断档不脱销；向大型超市派驻工作人员现场督导，有效保障物价整体稳定。

【消费促进】 印发《成都市温江区以新消费为引领提振内需行动方案（2020—2022）》，实施“三大行动”提振全区消费。开展“2020点亮夜温江·FUN玩风筝节”“潮生活·GO温江主题活动”“发现宝岛台湾精品美食”等系列活动，有效推动温江疫后消费复苏。挖掘“特色街区+夜间经济”消费新动能，确定提升改造新尚天地·尚街、西熙里等特色商业街区6条，支持有条件的沿街店铺开展“外摆位”“跨门经营”，印发《加快推进夜间经济发展的工作方案》，明确打造夜间经济集聚区4个，夜间经济示范点4个。加大首店经济招引，今年引进品牌首店7个、国际品牌首店5个，区内英皇电影城（新光天地店）和西见书集获“2019—2020年度创新首店品牌奖”。

【招商引资】 新引进中国服务业500强企业1家；新签约支撑国际消费中心城市消费场景项目2个；新引进总部经济项目1个、服务贸易和服务外包企业2家、电子商务企业2家、服务业外资4亿美元；全年完成新签约注册30亿元以上重大服务业项目2个；新引进国际贸易企业1家；新引进省外或海外生活性服务业品牌1个。

【楼宇经济】 制定《成都市温江区专业楼宇评定实施细则》，建立温江区专业楼宇评定管理制度，完成全区专业楼宇申报认定工作。温江区获评“2020中国楼宇经济投资高地城区奖”“成都市国家级楼宇经济服务标准化试点示范单位”，珠江国际中心获评成都市新中心城区唯一“甲级商务写字楼”，三医创新中心三期、德昆·新天地获评“成都市专业楼宇”，融信智慧广场、三医创新中心一期和三期、东创科技园等9栋楼宇被评为“温江区专业楼宇”。启动总部企业政策申报，指导四川省水电集团、海通药业等8家企业开展2020年总部企业申报认定。

【平台经济】 制订《2020年温江区平台经济工作推进方案》；梳理存量平台企业共15家，新引进21家平台企业，投资金额约86.3亿元；新增在谈项目4个。

【对外经贸】 新增对外贸易经营主体61家，同比增长33.1%；协助5家企业已进入白名单，占成都市进入进出口白名单企业的22.7%。

【自贸区建设】 建成投运成都医学城研发供应链服务平台，加快打造全市第二、温江首家以生物医药为特色的公用型保税仓；成功争取到外籍医师来华短期执业、外国人签证证件受理签发等差异化市级管理权限8项，与四川自贸试验区同步承接省级管理权限14项；与海南博鳌乐城国际医疗旅游先行区签订健康产业高质量发展战略合作协议；与重庆巴南区建立合作关系。

【中日合作】 梳理共建国家药物临床实验机构等机会需求18项、药明康德药物研发外包服务等供给需求30项（其中智地云产业创新科技中心入选市级科学研究及技术服务领域示范项目，依田桃源入选市级旅游服务领域示范项目）；通过北京、上海、深圳等地办事处对接日方健康领域高能级企业30余家，依托区内企业联系日方商贸类企业10余家，举办在线推介会吸引37万人次了解中日康复辅助器具产业园等特色项目。

【民生实事项目】 前锋、红桥、永宁3个农贸市场项目建设完工；天府农副产品流通交易中心一期建成投运；2020年市级民生实事目标“花样年市场”标准化菜市场建设获验收通过。

（吴晓翠）

供销合作社经营

【供销综合改革】 2020年，供销系统购进总额5.76亿元，同比增长20.75%；销售总额6.66亿元，同比增长21.75%；利润总额219万元，同比下降3.52%。土地托管等农业社会化服务面积2000余亩；庄稼医院51个；生产性为农服务中心1个；农村综合服务社95家，行政村覆盖率为100%；领办的农民专业合作社44家，其中国家级和省级示范社11家。已建成城武社区村级基层社、北街社区村级基层社2个。建成三会治理结构，探索建立供销合作社与社有资产管理运营主体统一领导、统一管理、一体化运行的组织架构，强化社有资产监管。整合全区涉农部门资源，成立温江区农村合作经济组织联合会。探索构建“市场主体回收、公共财政扶持、专业机构处置”机制，开展农药包装废弃物和废旧农膜回收处置工作，有效减少农业面源污染，取得良好的社会效益和生态效益。

【为农服务】 2020年，对全区供销系统90家农资放心店开展监督管理，全年组织调运供应各种肥料2.5万吨，农药300吨，农膜100吨。累计建成蔬菜便民店21家，有效缓解新建城区配套不足，群众“买菜难”问题。

（王通文）

烟草专卖

【概况】 2020年，温江区烟草专卖局（分公司）着眼形势任务，坚持高标定位，按照“三稳三确保”工作基调，统筹推进疫情防控和生产经营工作，圆满完成全年目标任务，为温江区经济发展和社会长治久安做出了积极贡献。全年辖区持证零售户共1999户。

【卷烟营销】 全年销售卷烟24331箱（含卷烟型雪茄），同比增长11.7%；实现税利3.21亿元，同比增长16.67%；销售一、二类卷烟17392箱，同比增长14.0%；单箱销售收入44799元，同比增长3.0%。全年销售川烟9541箱，同比增长16.3%，占总销量比重为39.2%。

【营销网建】 聚焦疫情防控与企业发展“两副担子一肩挑”，探索实施“九宫格”客户服务法，优化分公司市场状态评价体系，促进卷烟营销复工复产，出台《分公司品牌规划》，开展川烟陈列大赛、“川烟示范街”打造及明星客户评选等活动。更新《分公司客户经理职能转型升级服务标准》，推动客户经理工作由“经验型向标准型、模糊化向清晰化、粗放式向集约式”转变。加快推进“互联网＋营销服务管控系统”应用常态化，辖区零售客户“红码”收付款功能开通率持续上升。

【烟草专卖管理】 组织开展“夏季终端整治”等3个专项行动，全年共查获各类涉烟违法案件220起，三烟220.7124万支，涉案金额174.19万元，市场净化率高于98.5%。破获“8·14”销售假冒伪劣产品案，提请逮捕2人，刑拘1人。办理行政许可事项1850起，满意率达100%。抽取检查对象1955户，整改不规范经营行为42起。快处流程使用率和快处流程案件完成率均达100%。全年组织内管检查24次，及时有效处理预警11条，预警信息核查率达100%。

【综合管理】 完善体系科学考评，出台《区局（分公司）年度三级方针目标考核实施方案》。2020年“党支部标准化规范化建设”和“防疫营销九宫格服务法”获全市系统管理创新优秀成果表彰。制订“中青年后备人才培养计划”，综合运用定目标、AB岗、师带徒等措施实施人才开发行动，树立重实干重实绩的鲜明用人导向。区局（分公司）获“全市系统先进党支部”、“全市系统年度论文优秀组织单位”等表彰奖励。

（何天惠）

盐业销售

【食盐非盐销售】 全年共实现销售收入888万元。其中：小袋盐销售收入14万元；非碘小袋盐销售收入2万元；加碘精盐销售收入73万元；非碘精盐销售收入222万元；多品种盐销售收入211万元；工业盐销售收入26万元；非盐商品共实现账面不含税销售收入340万元。

（赵　珈）

民营经济

【概况】 2020年，民营经济增加值322.17亿元，比上年增长3.9%，占地区生产总值的51.6%，其中第一产业中民营经济增加值3.17亿元，增长7.1%；第二产业中民营经济增加值145.63亿元，增长1.6%；第三产业中民营经济增加值173.37亿元，增长6.3%。全年新登记民营企业5609家，同比增长21.4%。

【优化政务环境】 实施企业开办“一件事”便利化改革，建立企业开办“窗口综合受理、后台分类审批、综合窗口出件”服务模式，实现“精减环节，优化流程，便利企业”。推广网上办理、全程网办、容缺受理、邮寄服务等多种“不见面”审批方式，倡导企业通过网络媒介开展预约办、自助办，进一步提升行政审批效能。温江“维护良好市场秩序，助力民企健康发展”的经验做法在全市推广，组织召开全区民营企业健康发展推进会议。

【兑现惠企政策】 通过政策服务平台等，加大力度宣传解读民营经济政策条款，提升民营企业对政策的知晓率。做好促进民营经济健康发展资金政策实施细则修订，各园区和产业部门及时兑现惠企政策，2020年全区275户企业申报民营经济政策项目562个，申报量为2019年度的187.33%；223户企业获得资金支持共8016.54万元，资金兑现量为2019年度的179.17%。

【畅通政企互动】 制定《成都市温江区企业家参与涉企政策制定机制实施细则》，建立重点企业“一对一”服务专员长效沟通机制，及时收集、分派处理企业在生产经营和现实等方面问题。组织服务民营经济财政与企业、税务与企业等政企沟通活动5次。

【护航民企发展】 开展“检察护航民企发展”检察开放日等活动。积极化解涉企经济纠纷，全年处理民营企业纠纷案件2320件，执行到位资金2.7亿元；侦破办结涉企违法案件5件，挽回经济损失300万元。与企业对接沟通，做好问题梳理、协同解决和情况解释工作，全年依法依规处理历史遗留问题6件。

【开展统计监测】 制订《温江区民营经济统计监测工作方案》，注重民营经济统计资料收集，加强对民营企业的实地调研，准确掌握全区民营经济发展及运行变化情况，分析存在的问题，提出针对性对策建议，为区委、区政府科学决策提供参考依据。

（李 韦）

招商引资

【概况】 2020年，全区新引进亿元以上项目72个，总投资858.33亿元，按全市投资促进目标统计口径，新引进高能级产业化项目15个，完成全年目标的107.14%，其中，30亿元重大项目2个，50亿元重大项目4个，100亿元重大项目2个；实际到位内资136亿元，完成全年目标的100%；外商投资实际到位15亿元，完成全年目标的100%；获得2020年全市投资促进“百日擂台赛”先进区县流动红旗。

【产业链招商】 围绕产业功能区建设，紧盯国内国外两个榜单，优化完善“两图一表”，实施强链补链招商。对接武田制药、华大基因、网易公司等企业650余家，实现“两图一表”走访企业全覆盖，加快推进四海华辰、亿腾医药等在谈项目110余个，新引进联东U谷、澳大利亚乐歌、徐诺药业等产业化项目36个。

【创新链招商】 与上海交大、四川大学等18所高校签订战略合作协议，启动电子科大“三医+人工智能”科技园、西南高校知识产权交易中心等5个学校、地方、企业合作项目，新建三医创新中心、新尚创智中心等20万平方米创新载体；举办成都市温江区投资推介会暨项目签约仪式、成都医学城投资环境推介暨成都医学城高品质空间投资机会清单发布会等专题投资促进活动33场，新引进新氧科技、联众医疗、111集团等功能性和平台性项目23个。

【金融链招商】 深化以资本为纽带招引前沿产业、优质项目和优秀人才，成立成都交子远洋医药健康股权投资基金和四川川投金石康健股权投资基金，组建“1+4”健康产业基金群，基金规模达90亿元，发布全省首个医养金融专项政策。通过产业基金导入产业项目，引进远洋资本、中航资本等产业化项目3个。

（肖 原）

企业服务

【政策服务】 一是依托智慧企业服务平台，归口汇总各级各类政策文件，实现区级惠企政策分类索引、一图读懂，申报受理、审核兑现全流程“一网通查”“一网通办”，获“全国政务服务优化金流奖”，获评“四川省新型智慧城市优秀解决案例”“成都市国际化营商环境建设十佳创新案例”。二是印发《温江区产业扶持政策办理工作实施办法》及《温江区政策资金审核办理时限管理办法》，全过程监督、跟踪催办、及时预警，发出提示催办5批次、工作通报3期、统计分析2期，与区纪委联动开展审核办理工作提醒1次。三是出台温江区“应对疫情16条”政策，梳理各级助企援企政策211个，形成政策汇编。成立服务专班，入企宣传解读，平台推送政策信息60000余条，线上线下专题培训16场次15000余人，助力企业复工复产、稳产满产。四是对区内惠企政策供给和审核办理情况开展分析评价，完成《关于全区17个惠企政策审核办理分析评价报告》及“温十六条”、“温十二条”、促进产业发展若干政策、工业提质增效政策的评估报告，为政策动态修订奠定基础。五是全年落实区本级惠企政策资金3.91亿元，为2019年的218.43%。惠企政策申报量同比增长228.21%，70%的政策项目兑现速度由以往的3～6个月提速至30天内办结。

【企业诉求服务】 一是出台《成都市温江区企业

诉求处理闭环管理暂行办法》，明确工作职责、受理范围、办理流程、保障制度，推动企业困难诉求的信息收集、核实受理、派单转办、跟踪考核全流程闭环管理。二是印发《成都市温江区重点企业“一对一”联系服务分工方案》，安排26个部门192个服务专员、锁定525家重点企业开展“一对一”服务，非重点企业实行网格化管理，确保企业服务突出重点、消除盲区。三是依托智慧企业服务平台开发“企业诉求办理信息化管理模块”，实现企业诉求“收、派、办、评”等各关键环节在线流转和信息共享。四是建立统计通报制度，将企业服务工作开展情况纳入目标考核管理，服务专员工作履职情况计入干部实绩；区纪委监委同步信息共享线索信息，通过奖惩斗硬保障体系，确保企业反映诉求“件件有回音”。五是常态化开展“两送一帮一解”专项行动，全年线上线下累计收集企业诉求2205个，办结率达100%。“两送一帮一解”工作获得企业高度认可，在社会公众满意度测评中，综合排名新中心城区第一。

【企企合作服务】 一是依托智慧企业服务平台开通“温江企业黄页”，收集梳理区内1345家全产业门类企业产品及服务信息，形成“温江区本地产品及服务推介目录”，畅通区内企业供需信息渠道。截至12月31日，注册认证企业7053家，发布供需信息854个。二是开展“一日一企一品”和“帮企业、提品牌、拓市场、增订单”新媒体包装策划推广活动，宣传推广“温江造”产品和服务，助推55家区内企业品牌提升，辅导9户区内企业进入政府采购电子商城供应商库，实现政府采购电子商城本地化采购从“零”跃升至1302万元。三是建立采购信息供需对接制度，辅导区内企业参与当地订单，发布“2020年度全区行政事业单位政府采购需求清单”，涉及816项6.37亿元，精准推送政府采购信息17500条，本地采购率较2019年提高58.7%。四是与阿里1688内贸平台签订《温江区数字经济阿里巴巴“互联网+产业”企业扶持合作协议》，开展四川“春雷计划”首场落地发布会，帮助152家企业线上拓市场增订单。五是搭建成都市温江区医学城实验室开放联盟，开放共享设备资源153台，吸附80余户区内企业、高校、科研院所加入，发布创新协同需求信息110余条，实现近50笔供需业务协同。举办供需对接会、辅导培训会等线上线下市场拓展类会议12场次。

（熊芮琳）

项目促建服务

【重大项目推进】 2020年，重大项目稳步推进。418个重大项目完成投资379.8亿元，完成全年计划101.1%；46个省市重点项目预计完成投资132亿元，完成目标进度114.8%。全年实际开工项目145个，竣工项目119个。“一把手”工程共实施重大项目30个，全年完成投资105亿元，全面完成投资目标任务和形象进度要求。

【重点项目复工复产】 牵头重点项目复工复产专班，深入落实“送政策、帮企业、送服务、解难题”各项工作。免费发放口罩266925个、体温枪154个。在建176个重大项目3月底全面复工复产，46个省市重点项目人员返岗率和复工率在全市率先实现100%。3月，区项目促建服务中心被市委办公厅评为“新冠肺炎疫情防控先进集体”。

【项目促建服务】 全年牵头组织重大项目招引攻坚行动集中开工仪式6次。收集涉及拆迁、规划、移栽等困难问题336个，牵头现场协调解决项目问题65个，会议协调解决问题97个，其中全区调度会和区委区政府主要领导现场会解决重大问题63个。累计开展现场督查1296次，编辑印发《督查通报》11期、《督查专报》4期、《现场快讯》69期、《项目动态》9期，向区级责任领导发出《温馨提示》28期，向相关责任单位发出《工作提示》17期。温江重大项目建设和产业发展相关内容被中央和省市媒体先后报道30余次。

【项目调度指挥信息平台建设】 升级建立重大项目调度指挥信息系统，打造项目促建责任分工、问题协调和提示预警三大服务功能，构建“24

小时不打烊”线上线下一体化项目促建服务模式，实现项目信息化、标准化、精细化的促建工作格局。系统试运行以来，预警项目246个，线上发起问题336个，主要领导系统线上批示2次，区级领导协调调度和现场督导731次，各部门按期办理交办事项248项，办结率达92.3%。

【项目推进机制和工作流程优化】 优化《成都市温江区重大项目推进工作六大机制》，制定重大项目招引签约（储备包装）、动工促建、运营服务三段式工作流程，形成项目促建“三段九责任”工作责任体系，实现项目全周期管理无缝衔接。建立“两例会三调度”项目问题协调机制。完成电力迁改、砂石接管、道路开工等10余个工作流程优化再造，平均压缩时限30%以上，有效提升了营商环境和重大项目满意度。

【项目促建工作队伍素能提升】 对标学习借鉴广州“企业筹建”App全新企业筹建服务模式，先后组织60余人次考察学习浙江、青白江、都江堰等地项目建设先进经验。通过业务专班培训和交流学习，结合温江项目工作实际找差距、提思路，共收集并提出问题建议43个。

（王　岚）

健康服务业集聚区建设

【概况】 健康服务业集聚区（现代服务业园区）规划面积45平方公里，是温江打造“中国三医科创示范区、中国健康服务目的地”的主阵地。2020年获“中国楼宇经济投资高地城区”等称号。2020年，完成固定资产投资144亿元；实现服务业增加值增幅6.5%，社会消费品零售总额增幅6.0%；引进高能级产业化项目3个；引进其他产业化项目5个；实际到位外资4亿元，实际到位内资20亿元。

【规划编制】 2020年，围绕商务商贸、医疗美容、互联网诊疗、文化创意、体育电竞、科技创新、金融服务等业态，优化完善“两图一表”，梳理目标企业166家，为园区招商引资明晰方向；完成以新创智中心为核心的高品质科创空间和以光华商圈为核心的高品质生活空间的规划编制工作，在四级规划体系、园区产业发展规划的基础上进一步完善顶层设计。

【精准招商】 签约引进成都星河world、成都CAZ、新氧集团西南总部、“111集团互联网+健康医疗”等27个重大项目，总投资规模约310亿元（含高能级产业化项目3个）；策划包装了中国西部总部经济基地、金河谷94亩体育综合体、大健康医疗美容中心项目等10个重大项目，投资额约327亿元；开展H5专题推介、投资金温江系列推介、四楼宇三地块直播带货等11场专题特色活动，接待客商来温考察105批次，走访目标企业135家。

【项目建设】 牵头实施70个重大社会投资项目。全年实现新尚创智中心等13个项目竣工，珠江A1地块商业楼等17个项目开工，加快推进前海人寿妇儿综合体等20个项目，加快开展珠江B地块一期商业街区、涌泉50亩地块等20个项目前期工作（其中转化项目4个）。

【企业服务】 一是定期搜集写字楼数据，每季度更新入驻情况。园区已建成投运楼宇共18幢，总商务面积628011.98平方米，入驻面积370648.29平方米，入驻率59.02%，入驻企业共计2661家（其中集群注册1427家），在温注册率92.98%。二是随着疫情防控常态化管理，园区卖场销售额有所回温并持续增长，光华商圈全年营业收入实现26亿元。三是定期做好园区经济运行数据分析，及时发现走访、挖掘潜在企业，已完成新增储备规上服务业企业、限上批零住餐企业和资质以上建筑企业43家，全年新增“四上”企业15家、企业1396家、个体工商户5217户。四是打造光华之心——“心动”潮玩特色街区、“悦·天地+云鼎”连片式体验街区两条特色街区，升级改造珠江外立面和成都合生汇更名。五是培育、引领珠江写字楼成功“创甲”，园区全年楼宇税收实现5.42亿元。

（廖堇言）

金融业

中国人民银行温江支行

【货币政策执行】 一是统筹协调推动政策落地。制定金融抗疫服务和应对疫情提振企业信心17条措施，建立实施金融服务联络员制度，配合区政府制定“疫情防控16条措施实施细则”；建立产业园区金融服务顾问工作机制，制订《成都医学城和温江都市现代农业高新技术产业园功能区金融服务主办银行及牵头银行工作方案》，主动服务民营小微企业。二是督促各项政策工具落实。履行再贷款工作专班职责，投放支小和支农再贷款2.8亿元；督促银行对208户小微企业1.53亿元贷款实施阶段性延期还本付息政策，对623个市场主体提供普惠小微信用贷款5.34亿元；完善LPR传导机制，专项再贷款利率在当期LPR基础上浮不超过50个BP，全辖民营小微贷款利率较年初下降0.6个百分点以上。三是全力支持重点保障企业。累计为12户全国重点保障企业投放贷款2.74亿元，为29户区重点企业发放贷款5.58亿元，为15户医护材料生产企业投放贷款1.89亿元；对259户到期贷款的民营和小微企业制定“一户一策”帮扶方案，为120户企业和个体工商户提供续贷、快贷共11.84亿元；开展专项融资对接29次，为279户市场主体融资335笔、15.83亿元。四是积极推动金融产品创新。推出“E抵快贷”“园保贷”等特色产品69个；推广“银税贷”等基于信用信息的金融产品，制造业信用贷款余额达2亿元，增长98.01%；开展金融甘露行动，25个市场主体获贷2.157亿元；指导3家“蓉易贷”服务中心挂牌。五是金融支持疫情防控和复工复产工作被区委书记批示，《金融时报》等媒体多次报道。

【农村金融服务】 一是持续深化农村普惠金融服务体系建设。推进8个农村金融综合服务站市场化运行，“1+N”普惠金融服务覆盖42个村(社区)；启动“成都市温江区乡村振兴金融服务实践中心”建设。二是积极创建农村现金服务示范区。联合区财政局（区金融局）印发创建方案，建立“人行+政府+银行+市场”的农村现金服务机制；按照统一规范，推动示范区银行网点现金服务软硬件标准化建设；搭建“同城易兑”预约服务平台、建立主动服务机制、设立“绿色窗口”，切实提升农村地区现金服务水平。三是推进农村产权抵押融资有效突破。投放农村产权抵押贷款3.59亿元，累计达23.14亿元，其中土地经营权抵押贷款3.39亿元，累计20.83亿元，继续保持全省前列；集体建设用地使用权抵押贷款取得突破，投放0.2亿元。

【防范金融风险】 一是改善金融法制环境。推动建立由公检法、政法委等近40个部门参与的金融风险防范联席会议制度；建立金融纠纷多元化解机制，设立“金融审判庭”“知识产权法庭”，成立全市首个“金融微法庭”；推动开展涉金融债权和金融犯罪案件专项执行行动。二是做好房地产风险监测。积极履行总行房地产定点监测区县职责，按月做好房地产市场和房地产信贷监测；完成《“房住不炒”定位下的新中心城区房地产市场运行分析——以温江区为例》《市场总体平稳运行　金融政策保持连续——对温江区疫情期间房地产市场的调查与分析》。针对疫情期间个人住房贷款不良率逐月上升、一家公司3.39亿元不良贷款等情况，及时开展风险提示和化解；积极与区住建局、国资局等单位协商解决部分楼盘问题，最大限度降低银行信贷资产风险。

【国库会计工作】 优化整合银行和社保服务资源，建成“社银一体化”服务平台29个；组织开展“经理国库35周年”主题宣传；参加营管部知识与技能竞赛，获得团体一等奖。截至11月末，办理预算收入入库46.58万笔、116.06亿元，预算支出2.49万笔、117.99亿元，预算收入退库4.16万笔、3.94亿元，预算收入更正56笔、1.29亿元；办理减税降费退库3.51万笔、1.31亿元，留抵退库94笔、2.63亿元。

【人民币管理和反假货币工作】 持续开展整治拒收人民币现金行为、非法使用人民币图案等专项活动，净化人民币流通环境；做好新版人民币和反假货币宣传，组织反假“小超人”答题活动，提升公众反假防假意识；开展小面额人民币服务巡查，促进商业银行提高现金服务水平；接受乡村振兴现金服务示范区省级标准验收。

【征信服务和管理工作】 推广“天府信用通”平台，注册用户937个，投放贷款136笔、19.51亿元；深化金融生态环境建设，在2019年度全省金融生态环境评价中再次获评第一；强化征信合规监管与信息安全管理，规范办理个人征信查询5万余次、企业查询1500余次、异议处理16笔，未发生投诉纠纷。

【支付结算和反洗钱工作】 加强企业银行结算账户核查管理，探索“一址多企”和“多企托管”的账户开立和风险防范；扩大“云闪付”宣传推广示范点覆盖面，完成“珠江广场”“新尚天地”移动支付示范商圈和温江公交移动应用场景建设；加强ACS业务运行管理，全年发起583笔，成功582笔，成功率99.83%。建立区反洗钱联席会议工作机制，深化房地产领域“特定非”行业反洗钱工作；对辖内金融机构以及2家房地产企业开展反洗钱走访；深入推进“断卡”行动，有效堵防管控涉诈涉赌账户。

【党的建设】 一是全年组织党组理论学习中心组学习11次，班子成员上党课5次，多种形式开展主题党日活动；建立和落实“不忘初心、牢记使命”主题教育常态化制度，修订全面从严治党主体责任清单，完成组织工作制度落实情况评估；严格落实意识形态工作责任制，定期开展意识形态阵地梳理和意识形态领域异常行为人员排查；严格执行“三重一大”制度，认真做好“三公开”工作。二是扎实开展“举一反三 强化制度执行”专项活动，发现问题33个；落实专项监督工作要求，查找问题3个；认真开展职工拥有非上市公司（企业）股份或证券清理并完成整改，强化员工异常行为管控，实现“八小时内外”、在职与离退休全覆盖；坚持谈心谈话制度，严肃执纪问责。三是开展模范机关创建活动，制定模范机关创建工作方案，开展五次党课、三次主题党日活动和两次专项活动，开好两次专题会；发挥党建引领，做实金融服务，体现金融为民，创建工作落实落细。

（李明刚）

金融监管

【概况】 2020年，四川银保监局温江监管组以“全力支持疫情防控和复工复产、服务实体经济、防范金融风险、提升金融服务水平”为工作重点，各项工作获得积极成效，较好地促进了辖区经济金融的持续稳健发展，被温江区政府表彰为2020年金融工作先进单位。

【辖内银行机构】 截至12月末，辖区共有银行业机构18家（其中政策性银行1家、国有银行6家、股份制商业银行5家、城商行5家、农村商业银行1家），营业网点96个，从业人员1370人，另有2家股份制商业银行已获批在温江筹建支行。截至12月末，辖内银行机构存款余额914.63亿元，较年初增加126.21亿元，增长16%；贷款余额617.50亿元，较年初增加82.99

亿元，增长15.53%；存贷比为67.51%。

【辖内保险机构】 截至12月末，辖区共有保险机构42家，其中人身保险机构13家、财产保险机构15家，保险中介机构14家，保险从业人员3170人，全年实现保费收入12.22亿元。

【疫情防控和复工复产】 联合发起“强化责任担当 贡献金融力量”的倡议书，联合出台《温江区金融业新型冠状病毒感染的肺炎疫情防控复工工作方案》，强化金融支持疫情防控。采用电话督导、召开监管工作例会、开展监管走访等多种方式，督导辖内金融机构认真贯彻执行四川银保监局出台的四川银行业保险业支持疫情防控和复工复产12条措施，落实落细各项纾困政策，充分发挥银行业保险业的支持保障作用。

【服务实体经济】 一是积极支持温江产业功能区建设重点项目。督导银行保险机构结合温江区经济发展战略，积极融入温江区“三医两养一高地”产业发展定位和“五个之城”建设目标，主动对接产业功能区建设重点项目，助推产业功能升级。二是大力支持中小微企业、民营经济。鼓励银行机构应用延期还本付息、利率优惠政策等抗疫支持政策，向各类企业合理让利，降低综合融资成本，大力支持中小微企业、民营企业渡过难关；督导辖内银行机构开展“百行进万企”融资对接工作，组织辖内银行机构参加温江区银企对接活动，进一步纾解中小微企业和民营企业的困难。三是助力农业农村发展，积极支持乡村振兴战略。引导银行机构将信贷资金投向“三农”重点领域，积极支持农村特色产业发展；鼓励保险机构提升农业保险深度和密度，以特色农险产品为乡村振兴赋能。四是加强银行服务收费监管。持续督导银行机构严格执行《商业银行服务价格管理办法》及银保监会“四公开” “七不准”等监管规定，杜绝不规范服务收费。五是督导辖内保险机构切实发挥保险保障功能，在抗击新冠肺炎疫情、夏季暴雨洪涝灾害中，切实履行理赔职责，确保应赔尽赔快赔，为民生需求、经济社会稳定提供保障功能。

【防范金融风险】 一是加强非现场监测分析。按月监测分析全辖银行机构重要指标数据，及时掌握风险状况，督促银行机构及时采取风控措施，抓好存量风险处置和增量风险防控。二是开展走访督导。全年召开银行保险机构监管工作会3次，走访辖内18家银行机构、11家保险机构，及时传达监管政策要求，现场督导各机构开展市场乱象整治“回头看”，加强合规文化建设，抓好案防安全工作等。三是跟踪辖内风险动态。与区政府相关部门协调联动，及时跟踪“原油宝”处置进展、天安人寿接管等情况，有效防范化解潜在风险，维护地方金融和社会稳定。

【金融服务】 一是全年接待金融消费者来电、来访投诉，接收处理“区长信箱”“市长信箱”投诉代办单等消费者投诉13起，积极协调，并联合温江区财政金融局开展棘手消费者投诉协调座谈会，回应消费者关切，切实保护消费者合法权益。二是督促银行保险机构开展2020年全国银行业保险业“3·15”消费者权益保护教育宣传周等宣传活动，提升社会公众的金融素养和风险防范意识。三是积极督导辖内银行机构优化网点布局，增设金融服务。全年辖内中国银行、成都银行新设网点2个，招商银行、平安银行获批在温江设立支行，正在筹建中，温江辖区金融服务力量进一步充实。

（王秀明）

银行机构

中国工商银行股份有限公司成都温江支行

【概况】 2020年，工商银行温江支行秉承“助推实体经济、服务区域经济发展”理念，积极融入温江区“五个之城”建设和“三医融合”的产业发展之中，充分发挥金融支持，践行责任担当，努力为打赢疫情防控攻坚战和实体经济发展贡献力量。

【经营业绩】 截至年末，各项存款余额 115.69 亿元，较年初增加 16.15 亿元；各项贷款余额 92.27 亿元，较年初增加 6.03 亿元；全年净利润 2.89 亿元，中间业务收入 1.21 亿元。

【网点建设】 2020 年，有营业网点 7 个、新增储备网点 1 个，自助银行 20 个。调整优化自助设备投放，增强线上线下一体化服务，全年新投放智能机具 16 台。

【业务发展】 一是疫情期间开辟中小企业金融服务“绿色通道”，全力保障防疫企业资金需求和群众金融服务需求，共发放疫情贷款 432 万元。针对还款困难企业和个人，及时办理延期还款和调整贷款还款计划，帮助客户纾困解难。二是为入驻企业累计提供贷款 4.5 亿元，同时为轻资产企业提供科创贷、税务贷、结算贷等信用类融资，切实解决企业资金需求。三是通过创新融资模式实现区医院搬迁项目融资投放 4 亿元。四是积极跟进区内基础设施建设，创新业务优势，发放基础设施建设贷款 9.68 亿元，其中为公平公交枢纽项目发放贷款 3 亿元；联动打造温江区大型综合体珠江广场、新尚天地 2 个特色商圈，全力构建高品质生活消费生态圈。五是围绕民生金融需求，持续推动改进金融服务，全年向中小微企业发放税务贷 3598 万元、科创贷 900 万元，向个人客户投放住房按揭、消费分期等多品种贷款 9.3 亿元。

【经营管理】 一是坚持党建引领发展，加强党风廉政建设，以习近平新时代中国特色社会主义思想为指导，深入贯彻中共十九大精神，持续推动“四风”问题整治，提升员工思想政治意识。二是加强基层党支部建设，强化支部组织建设、作风建设。三是营造“比、学、赶、帮、超”氛围，增强员工目标意识，提升员工工作主观能动性和凝聚力。四是严格落实疫情防控要求，持续做到一手抓业务常态化有序推进，一手抓疫情防控工作。五是严保资产质量、严抓内部管理控制，支行各项工作安全有序开展，全年无重大违规风险事件。

（杨富堃）

中国农业银行成都温江支行

【概况】 2020 年，农行温江支行有营业网点 10 个，其中 5 个网点为翻牌支行；网点分布为老城区 4 个，光华大道 2 个，青羊区 2 个，乡镇 2 个；自助银行 4 个；离行式自助点 8 处。年末，人民币各项存款时点余额 124.5 亿元，较年初净增 13.4 亿元；人民币各项贷款余额 86.6 亿元，较年初增长 17.47 亿元；全年实现拨备前利润 3.14 亿元、拨备后利润 3.12 亿元、净利润 2.38 亿元、中间业务收入 8714 万元。

【业务营销】 一是根据温江“三医融合”产业发展的战略布局，打造“三个一”金融服务方案，为园区优质生物医药企业提供一站式贴心金融服务。二是采用“政府增信”模式，结合“纳税 e 贷”“抵押 e 贷”等线上产品实现普惠服务的“多、快、好、省”。三是结合区域推进新旧动能转化，争取上级行的优惠政策、产品和服务，实现九联公司 CGMP 标准厂房项目贷款投放 7.6 亿元；新增授信三联花木农高创新中心 1.5 亿元；为花木进出口贸易园区授信 2.75 亿元。

【脱贫攻坚】 一是深化“三农”服务，推进脱贫攻坚，立足区政府花木产业去库存、促转型、增效益的要求，为特色产业项目融资提供支持。二是建立“银政担”多级风险分担机制，有效解决农业经营主体普遍存在的抵质押物不足不全、缺失的问题。三是建立完善农村信用体系，开展农户信息建档工作，依托信息建档向农户授信，满足农户小额信贷需求，累计建档 7000 余户，授信 4.2 亿元。

【转型发展】 一是围绕零售营销队伍打造、核心客户管理、财富业务驱动、资产配置能力等方面，着力推动零售营销体系改革。二是为区人民医院、八一康复中心和区第三人民医院上线“银医通”项目和线上缴费系统。推出智慧物业、智慧停车、智慧食堂、智慧校园系列场景，结合数字化转型特色业务助推区内消费提档升级、社会治理创新。

【经营管理】 一是扎实开展“四好班子”创建，荣获成都分行2020年度创“四好班子”先进单位。落实“两个责任”，推进反腐倡廉建设，在成都分行2020年度党风廉政建设责任制考核中荣获二等奖。二是成功创建温江区现金示范区，得到人民银行高度评价。三是做实贷后管理工作，完成了17000余笔存量权证的系统补录及移交入库工作，并成功上线权证管理系统。做好支付结算、反洗钱、金融知识宣传等各项工作，2020年人行温江支行综合评价排名第一，跃升至A类行。四是根据成都分行综合绩效考核办法，制定考核办法激励各部门工作。2020年获评温江区金融先进单位，农行四川省分行“先进集体”，成都分行综合绩效优胜单位、负债业务先进集体。

【疫情防控】 一是做好金融服务。全行10个网点坚持营业，充分保障了客户金融服务需求。二是支持防疫企业扩产抗疫。对涉及疫情防控业务，开通绿色通道，特事特办，简化办理流程，加快办理速度。三是帮扶企业复工复产。做好防疫企业信贷支持，强化对小微企业复工复产金融服务，累计为118家小微企业投放普惠贷款1.83亿元。同时积极支持农户恢复生产经营，全年累计投放富农e贷投放1953.49万元，涉及客户73户。

（张艾菊）

中国银行股份有限公司温江支行

【概况】 2020年，中国银行温江支行围绕中国银行“建设新时代一流银行集团”战略目标，认真落实工作要求，抓住温江区经济发展趋势，全面分析市场竞争优劣势，实现了支行经营规模和经济效益进一步提升。

【经营业绩】 一是营业收入和利润指标均实现同比新增。全年实现营业收入2.31亿元，实现拨备前利润1.74亿元，净利润1.20亿元。近三年营业收入年均新增2322万元，平均增幅12.71%；拨备前利润年均新增1934万元，平均增幅14.50%；净利润年均新增1398万元，平均增幅15.47%。二是持续加大对区属国有企业的授信支持力度。全年累计为地方政府及国有公司提供授信支持2.5亿元，批复授信金额合计1.8亿元。三是助力普惠金融发展。全年支行小微企业普惠金融贷款余额超过3亿元，贷款增速超过40%；与区内政策性融资担保公司合作，投放担保贷款近3000万元；疫情期间累计为区内国家级、省级重点防疫企业累计投放防疫贷款超4000万元。主动参与成都科创贷、政采贷、蓉易贷、园保贷等政策性信用贷款产品，金融支持民营、小微、制造业发展。四是开拓银政合作新模式。2020年通过“复兴壹号”智慧党建平台成功实现温江区委组织部党费线上缴纳。截至年末在线党费缴纳功能已在温江区2.6万名党员中上线使用，温江区成为全市首家运用数字货币在线缴纳党费的区县，中行也成为全市唯一一家将数币应用于党费交纳景的金融机构。五是助力提质服务地方群众。通过新建营业网点（凤凰大街支行和南熏大道支行）、搬迁自助服务点等，不断调整优化机构布局，扩大支行金融服务覆盖面，提升客户体验；主动参与社银一体化建设，成功取得系统内首家社银一体化示范网点资格，进一步拓宽服务群众渠道；设立成都市“金融微法庭”，帮助广大人民群众线上线下多渠道化解金融类纠纷，助力防范化解金融风险。

【经营管理】 一是以习近平新时代中国特色社会主义思想和中共十九大精神为指导，坚持将党建工作“融入思想、融入业务、融入生活”。二是加强员工思想教育和行为管理。深入开展员工异常行为排查，强化对重点岗位、重点人员监督检查力度。三是加强合规文化建设。通过举办反洗钱征文比赛等一系列主题教育活动，提升员工内控合规意识。

【队伍建设】 一是合理配置人力资源。坚持“服务战略、推动发展、以人为本、育用结合、统筹推进”的原则，以制度为依托，通过建立支行后备人才库，打通职业晋升通道以及完善各层级人员准入退出标准，营造能上能下，不论资历论能力的良好人才竞争氛围。二是强化教育培训。组织开展大学生座谈会，通过沟通交流、职业规划引导，极大调动了青年员工的积极性和工作热情；有计划、有步骤、分层次地开展员工各类业务培训，强化条线业务培训。积极鼓励员工跟班自学业务，参加各种职称考试，提升综合素质。三是突出文化建设。加强工会、团总支等群团建设，经查性开展帮困、金融知识宣传服务活动；定期召开职工代表大会，维护职工权益，丰富职工生活，积极开展“青年文明号”等创建活动，充分发挥工会、团总支舆论宣传导向作用，提升支行向心力、凝聚力、战斗力。

（宿　颖）

中国建设银行股份有限公司成都温江支行

【概况】 2020 年，中国建设银行成都温江支行以习近平新时代中国特色社会主义思想为指导，认真贯彻落实总分行党委工作要求，统筹推进疫情防控，积极支持温江区域经济发展，坚持稳健经营，创新发展引擎，确保了支行各项业务持续健康发展。截至 12 月 31 日，一般性存款余额达 149.34 亿元，比年初新增 23.24 亿元；贷款余额达 72.83 亿元，较年初新增 16.17 亿元；实现账面利润 2.38 亿元。

【复工复产】 大力支持区内复工复产企业信贷需求，对区平台公司九联投资集团、成都博鳌医学公司、四川协力制药等重点企业累计发放防疫贷款 3.6 亿元。疫情期间投放线上小微快贷产品 81 笔，金额合计 2792 万元。积极落实延期还本付息相关政策，为小微客户办理 56 笔贷款延期。积极推广疫情防控平台，助力地方政府数字化防控。

【服务实体经济】 主动对接国家、省级、市级重大战略和重点项目，主动对接“成渝城市群一体化”“西部陆海新通道”发展战略。截至 12 月末，支行四部委大中型规模企业贷款余额较年初新增 5.7 亿元。

【防范金融风险】 压实“风险管理职责进党委”主体责任，层层签订“风险防控工作责任书”，制订《温江支行内控合规及风险管理考核方案》，强化问责考核力度。截至 12 月末，支行不良率 0.07%。

【金融市场产品】 巩固金融市场产品传统优势，黄金租借业务持续发力，全年累计黄金租出量 4.1 吨。

【助力乡村振兴和扶贫工作】 推进消费扶贫，购买扶贫农副产品 70 余万元。推动爱心扶贫，组织员工对成都师范学院附属小学贫困学生进行捐资助学。举办金智惠民培训，提升城乡居民金融素养。认真落实乡村振兴战略，积极拓展“裕农通”业务，满足乡村金融需求。

【区域业务发展】 一是持续做实资产业务。完成对九联集团和三联花木公司 2.5 亿元和 0.8 亿元流贷的审批和投放。联合建信信托、建信理财公司拓展的表外资产业务余额合计 24 亿元。二是推进普惠金融。抓住“客户信贷需求释放、信贷政策和线上线下产品不断调整优化”的机遇，坚持引客户、抢市场，助推普惠业务发展。三是科技引领渠道发展。科学排班、合理安排柜台，解决好业务高峰期柜台拥堵，抓好网点标准化服务，加强智能设备业务引导，提升网点综合服务质效。

【经营管理】 一是强化责任意识。制定落实全面从严治党主体责任清单和落实全面从严治党主体责任考核实施细则，组织签订 2020 年党的建设和全面从严治党责任书。党总支书记认真履行第一责任人职责，带头贯彻执行党内政治生活各项制度。二是夯实党建基础。制定《2020 年党总支工作要点》《2020 年党建工作要点》，对党建责任进行分解，细化和明确主体责任、目标任务；优化基层支部设置，完成“一网点一支部”建设；制定《贯彻落实“三重一大”决策制度实施细则》，党总支议事制度进一步规范。三是严守铁规禁令。严格落实中央八项规定精神，严肃开展对贯彻落实习近平总书记重要指示批示精神和党中央重大决策部署情况的自查自纠。坚持民主集中制原则，严格执行“三重一大”集体决策制度。四是强化日常监管。组织员工观看警示教育片；定期开展员工异常行为排查，走访区公安局、区市场和质量监督管理局调查了解员工违规经商办企业和涉案情况；紧盯疫情防控、重要时间节点、重大工作推进、重点敏感岗位，开展日常监督检查，全年未发生案件和重大责任事故。

（李　伟）

交通银行股份有限公司成都温江支行

【概况】 2020年，交通银行温江支行坚持“风险防控、存款立行、利润增长”三大发展理念，突出“客户精准、渠道优化、作风穿透”三大原则，不忘初心、厚植定力、继续前进。年末，支行人民币总存款时点余额39.47亿元，其中对公存款时点22.81亿元，较年初增加2.91亿元，储蓄存款16.66亿元，较年初增加1.51亿元。贷款时点余额27.97亿元，其中对公贷款19.29亿元，较年初增加7.17亿元，个人贷款8.68亿元，较年初增加1.58亿元。

【网点建设】 2020年，支行辖属支行营业室、温江柳城支行、温江光华大道支行3个对外营业网点，辖内离行自助网点11个，其中3个自助银行，8个单机点。安装智易通交易终端7台，智易通打印终端4台，现金循环机4台，纸硬币兑换机1台。

【经营管理】 一是强化内部管理。持续开展案防合规文化建设，强化员工政治思想教育，防范操作风险和道德风险；开展各项风险排查，加大对重点岗位、重点人员的监督检查力度，确保规范操作和合规经营，全年无重大风险事件发生。二是加强逾期、不良贷款的催收与化解。通过多种方式对逾期贷款进行催收，对已产生不良的个人经营性贷款积极与担保公司、风险部、保全部等联系，开展重组，按照总分行规定采取相应措施化解风险，做好风险防控。三是积极支持企业发展。年初，干部员工提前返岗，获取疫情防控客户清单，逐户摸排沟通最终达成意向10余户，申报获批疫情贷款4户、授信额度近4亿元，实现投放超亿元。重点关注民营、小微企业发展，努力解决融资难、贷款难问题，做好普惠小微服务，拓展普惠小微客户，积极支持普惠小微金融发展，年末普惠贷款余额较年初增加1.04亿元，增幅达113%。

【队伍建设】 一是持续加强干部员工作风建设。层层签订了党风廉政建设工作目标责任书，将党风廉政建设工作作为2020年度支行党建工作和学习计划的重点，把“一岗双责”落实贯穿到党风廉政建设和支行党支部党建工作之中。二是做好员工关爱。开展慰问生日员工、住院员工、生育员工、困难员工、退休员工等关爱工作，做好疫情防护工作，确保员工身体健康；积极为员工职业发展出力，通过分流、压降、培养多面小能手等多种方式实现减能增效，做好人才队伍建设及营销工作，推进网点综合能力提升。

【金融责任】 全年开展“案件警示教育活动”“金融放贷专项整治”“合规文化建设”“非法集资、非法放贷、金融诈骗专项排查”“正风肃纪、重拳治腐专项排查”等一系列排查、活动，加强风险管控，将安全责任落实到位，确保无重大安全责任事故发生。一是严控资产业务风险，强化存量客户风险化解，加强个人按揭贷款的风险管理。二是增强内控管理教育，努力提升合规意识，责任到人，积极防范各类风险。三是加强作风建设，重点强化“在其岗尽其责”的落实，以岗位量化标准对岗位个人进行要求和考核。同时，通过网点宣传、企业宣传、社区宣传等多种形式，宣讲基础金融知识，增强群众金融诈骗防范意识，营造了良好社会氛围。

（刘姝妤）

中国农业发展银行成都温江支行

【概况】 2020年，农发行温江支行坚持以党建为统领，以服务脱贫攻坚为核心，以帮助企业复工复产为中心，持续管好粮油贷款，服务生猪产业链，加强风险防控力度，扩大对小微企业的支持范围，各项业务稳步有序推进。

【经营业绩】 年末贷款余额37019万元，创历史新高；各项存款余额70979万元；FTP利润4877.10万元，不良贷款继续保持零余额零增长。

【业务营销】 一是支持省级区级储备贷款1871万元，建立储备粮9000吨，保证了粮油储备资金的供应；二是投放地方粮油调控贷款1843万元折合原粮6486吨，为做好疫情防控期间粮食保供稳价、补齐温江区成品粮库存相对薄弱等问题提供了应有的政策担当；三是根据温江区政府“三医两养一高地”的产业定位，农发行申报的鲁家滩湿地公园项目于2018年12月通过审批，审批金额为57400万元，按照项目建设进度，当前已投放26653.4万元；四是支持“成都市温江区生活废弃物压缩转运站建设项目”5500万元，成功投放生态环境建设与保护中长期贷款4781万元；五是扶持实体经济，向3家小微企业授信流动资金贷款1690万元，用信1390万元，缓解了民营企业融资难的问题；六是支持城乡一体化建设，成功营销“四川金强蓝鲸篮球俱乐部的国际赛事中心建设项目”，实现贷款审批6.6亿元，当前已投放了5.8亿元。支持“温江公平公交枢纽及配套设施项目”整体城镇化建设中长期贷款26593万元。

【内部管理】 一是加强风险控制与案件防控，坚持按月召开案防工作会和安全保卫会，按季对员工个人行为进行排查，发现异常立即处置和汇报；二是完善各类风险应急预案并加强防灾减灾演练，做到有组织有领导、有分工有配合、有方法有步骤、有目标有成效；三是以党建为统领，扎实推进队伍建设，深入开展学习教育活动，引导全行全员坚定理想信念。

【企业文化】 以文化建设作为抓手，努力提升全员素质。开展丰富职工精神文化生活的活动，通过鼓励、要求职工记录日常工作并及时总结，提高全行员工的写作能力，全年编写《简报》2期、《党建通讯》1期，上报28篇外宣稿件，其中被《农村金融时报》等外部媒体采用篇次达31次。

（周　倩）

成都农商银行温江支行

【概况】 2020年，成都农商银行温江支行秉承“服务地方、服务三农”的理念，加大对温江区地方经济、中小微企业、特色产业、乡村振兴和普惠金融等支持力度，金融支持疫情防控，为奋力夺取“双胜利”、助推全区经济高质量发展作出了积极贡献。年末，资产总额达178.20亿元，较年初增加27.32亿元；存款余额171.99亿元，较年初增加26.73亿元，市场份额占比18.80%，在全区金融机构中市场份额占比排名第一；贷款余额81.94亿元，较年初增加4.82亿元，市场份额占比13.27%，在全区金融机构中市场份额占比排名第三；29个营业网点、6个惠农微银行、35名当地金融服务联络员对各乡镇、社区、街道实现了金融服务全覆盖。

【社会责任】 新冠肺炎疫情期间，支行全力支持疫情防控助力企业复工复产。一是快速高效驰援防疫类企业，保障抗疫企业生产经营。一个工作日内完成成都峰际生物技术有限公司用于采购新型冠状病毒核酸检测试剂盒原材料的50万元纯信用贷款投放，成为区域内首笔防疫类企业信用贷款；创新使用融资工具，以“国内信用证+福费廷”模式为资中银山鸿展集团国内贸易融资授信3000万元，支持其医用酒精生产。全年发放防疫类企业贷款143笔、26.88亿元。二是专设绿色服务通道，高效办理防疫资金汇划业务，全年累计办理防疫资金汇划业务466笔、7002万元。三是开展受疫情影响风险排查，帮助受困客户渡过难关，全年对因疫情影响导致还款困难的65户、8283万元贷款按照疫情帮扶政策完成还款方案调整。

【产业发展及实体经济】 一是推行多元化产品，

解决产业融资需求。通过市场化融资、城市更新、专项债配套融资、购买公司债券等多元化产品，最大力度支持区内三医创新中心、电子科大、污水处理厂配套工程等项目。2020年对全区生产经营企业1082家逐一开展金融服务走访，新增投放民营企业贷款3.16亿元。二是创新融资模式，有效推动国有公司市场化转型。率先探索国有公司融资市场化转型模式，严格按照商业化原则，为公交公司、锦城光华、城投创、大众健康、九联科海等市场化运作国有公司提供融资。三是积极创新担保方式，新开发应收账款质押贷款、股权质押贷款、科创贷、蓉易贷、企税贷等纯信用贷款产品，解决区内中小企业无抵押、无担保的融资困境。

【乡村振兴及普惠金融】 一是创新担保方式，解决三农融资“瓶颈”。以市场化方式对半亩方塘民宿酒店发放的4000万元贷款成为温江区首笔商业化集体建设用地抵押贷款，对岷江村产业示范区中岷江书院、槿篱·花溪、临江花海等以集体建设用地为依托的产业项目授信1.5亿元，实现投放1.3亿元。二是发挥服务优势和条件，助力农村特色产业发展。积极推进农村承包土地的经营权融资及“农贷通”平台；利用小额农贷特色产品支持天星村编艺园、先锋村盆景园、岷江村小微盆景等，助力乡村产业发展。三是持续加大服务投入，推广普惠金融，打通金融服务“最后一公里”。以网点为圆心，“爱客”从“邻”开始，深入社区、村落开展金融服务，提升居民获取金融服务的便利性。

【爱客服务】 一是创建文明规范服务荣誉，提升服务水平；开展服务比拼，提升服务技能。开展了优质服务主题短视频比赛，竞赛作品充分诠释了爱客服务的内涵，并在抖音社交平台上广泛传播。二是保护客户资金安全，保护消费者权益。全年成功堵截电信诈骗5起，保护客户资金28万余元。堵截22次提供虚假开户资料的异常开户事件。提供客户上门服务上百次；积极开展“断卡行动”宣传，走进四川交通职业学院、企业为学生、员工现场授课，讲解“断卡”行动，介绍“两卡”买卖和洗钱的危害以及可能产生的影响，被四川新闻网站报道。

（谢桂超）

成都银行温江支行

【经营业绩】 截至12月末，成都银行温江支行各项存款余额71.09亿元，较年初增加13.94亿元。其中对公存款34.03亿元，较年初增加5.46亿元；储蓄存款37.06亿元，较年初增加8.48亿元。各项贷款余额46.91亿元，较年初增加7.07亿元。其中公司贷款41.23亿元，较2019年增加6.09亿元；个人贷款5.68亿元，较年初增加0.98亿元。

【业务发展】 公司业务 一是创立“金融超市”党建品牌，构建“产业+创新+金融+服务”生态产业体系，破解企业融资难、融资慢问题，实现“一站式”金融服务。二是紧随区域经济发展方向共同推进优质客户资源挖掘，因地制宜，引入园保贷，文创通等银政合作特色金融产品，解决了企业实际困难，同时与客户建立良好的合作关系。三是克服疫情影响，继续执行2019年底储备项目和总行整体营销部署，有序完成贷款业务投放及重点客户营销。

个人银行业务 一是个人存款指标保持增长态势，纯储蓄年日均余额较年初基数新增5.71亿元。二是积极拓展宣传社保卡、网上银行业务。截至年末，完成社保卡发卡3680张。个人网银比计划基数新增17708户，较2019年同期增加9185户；手机银行比计划基数新增30005户，较2019年同期增加12243户。三是加强按揭贷款项目营销，全力推动消贷业务发展，围绕营销项目制定阶段性计划。四是进一步加强个金队伍建设，促进工作效率、质量提升，做好内控管理和网点建设，不断提升优服管理水平。

【企业建设】 一是深化党风廉政建设，创立支行廉洁文化品牌，开展形式多样的廉洁教育活动。二是提高企业文化建设水平，制定了《关于企业文化稿件考核方案的通知》，开展各种有益于中心工作和员工身心健康的文化活动。三是优化改进会计管理制度变革，制定《储蓄营销费用考核办法》《温江支行财务开支管理办法（试行）》《温江支行2020年会计条线员工培训考核实施方案》等，修订了《温江支行会计工作差错管理办法》《温江支行后督差错奖励办法》《储蓄营销费用考核办法》，完善培训和考评制度。四是认真开展案件风险专项治理及制度红线学习培训、检查督促工作，全面落实责任制度，发现问题及时整改。五是组织员工观看典型案例，开展制度红线学习培训，进一步增强员工合规意识。六是完善业务流程规范，针对潜在风险客户进行分析研究，制订风险化解方案，有效降低业务风险。七是丰富员工活动形式，加强思想建设。举办了各类知识竞赛，开展“清廉陶艺DIY”、红色诵读、抗战观影等趣味活动。八是做好安全保卫、信息维护及后勤保障工作。

【疫情防控】 一是积极为区内企业复工复产提供信贷支撑。积极参与“稳企业、保就业”“百人进万企”“甘露行动”“支持小微企业稳产满产”等活动，走访企业，宣传产业扶持政策和疫情帮扶措施，运用园保贷，文创通等银政合作特色金融产品，解决企业实际困难。二是严格按照政府、总行工作安排，做好网点柜面防疫部署，对进出网点人员进行体温检测，要求员工全天佩戴口罩，对地面、设施等做好消毒。

【民生服务】 一是开展“爱心助力·情系色达送温暖”活动，组织支行全体员工为色达县旭日乡的小朋友捐资捐物。二是全年会同街办、社区开展“人民币知识宣传进社区”“打击非法使用人民币，拒绝买卖人民币”“消费者权益维护宣传”等相关活动，到各个社区开办专题讲座6次，切实提高了区内居民对金融安全的认知和风险防范意识。

（易昶舟）

上海浦东发展银行成都温江支行

【概况】 2020年，浦发银行温江支行积极落实当地监管机构与上级分行下达的各项任务，各项工作有序推进，全年未发生各类案件及事故。

【经营业绩】 截至年末，各项本外币存款余额4.85亿元，较年初增长0.61亿元，增长率14.35%。其中对私存款3.90亿，较年初增长0.83亿，增长比率27.1%，对公存款0.95亿元，较年初下降0.22亿元，下降比率18.97%；贷款余额0.93亿元，其中对公贷款整体平移。

【零售业务】 *金融服务方面* 通过数字化流程改造、集约化运营建设、移动式柜台服务，实现全员走出柜台走近客户；严格按照总行4.0版本要求对营业厅堂进行全面升级，实现了客户找柜台到服务找客户的转变，为到网点客户实现一站式金融服务。

金融产品方面 通过总行浦银点贷，公积金点贷等互联网金融产品，合规经营地为客户提供纯线上、无担保、便捷高效的贷款产品，满足客户各项资金需求。通过房抵快贷、政采e贷、贴现通等方式为小微企业提供经营所需资金。通过西联汇款等浦发银行特有跨境结算方式为客户提供方便、快捷、费用合理的跨境结算服务。

【公司业务】 一是通过总行对公自助机具的不断优化，进一步简化开户流程。实现客户通过微信填单预约，网点一小时完成开户，账户当场启用整套流程。同时通过产品一站式签约加载优惠大礼包，全面让利客户。二是重启对公业务。立足温江当地，辐射周边区域，以当地特色产业龙头为目标，展开深层次合作，提供全方位金融服务。加强与当地管委会联系，实现小微企业批量获客，存贷联动，贷款资源大力支持当地发展。

【队伍建设】 严格遵守总分行人员轮岗制度，保证员工业务能力全面发展。积极推进支行智能运营设备全面启用，实现业务效能与人员素质全面提升。在分行大力支持下，支行公金团队已就位，将向综合性支行转型。

【内控建设】 按照总分行合规制度要求，全员签订员工安全保卫工作目标责任书，定期组织员工学习合规案防知识及案例，开展员工行为排查工作。全年支行实现案件、事故双零运营。积极配合人民银行、银监局、金融局等监管部门开展各项金融知识、反诈反洗钱知识普及活动。

（王亚东）

中国邮政储蓄银行股份有限公司成都市温江区支行

【概况】 2020年，中国邮政储蓄银行成都市温江区支行辖内下设综合管理部及零售金融部，3个银行自营网点，10个邮政代理网点，自助设备43台，覆盖温江城区及各乡镇。至年末，各项存款余额32.65亿元，较年初增加3.91亿元，同比增长13.63%；各项贷款余额20.41亿元，较年初增加2.46亿元，同比增长13.72%。全年实现业务总收入共6320.65万元，同比增幅34.02%，进度完成123.93%，排名全市行内第三名。全年实现利润5411.62万元，同比增长-0.1%，完成预算131.13%，排名全市第四。

【疫情防控】 疫情发生后，支行及时部署落实，第一时间抓好网点营业时间安排、办公场所消杀、设备设施消毒、员工个人防护等工作。全年累计向疫情防控相关企业发放贷款1800万元，发放人行抗疫贷款3笔，共1300万元；为受疫情影响的企业办理贷款展期2笔，共590万元。

【服务地方经济】 依托公司金融和零售金融业务，主动融入温江地方经济发展大局。一是深化小微服务，助力乡村振兴，至年末，普惠型小微企业贷款净增3363万元，为小微企业客户实现票据贴现680万元。二是积极推进“数字人民币”试点工作，在2020年四个月时间内共开立个人钱包625个，对公钱包54个，发展商户场景51户，落地41户。三是创新服务平台，为企事业单位及个人客户提供一站式服务，至年末，已为客户搭建开放式缴费平台并成功上线25户。

【强化风险管控】 2020年，支行大力倡导合规文化，持续深入推进全面风险管理，切实提升合规经营水平，狠抓反洗钱、消费者权益保护工作，改进金融服务质效。一是持续做好《中国邮政储蓄银行员工违规行为处理办法（2019年修订版）》《中国邮政储蓄银行员工轻微违规积分管理办法》的宣贯工作，加强对办法词条的理解和运用，提升全行员工的主动合规意识。二是打造“合规文化墙”活动，将内控合规管理活动、反洗钱、反假币、消费者权益保护、合规经营等内容纳入上墙重点内容，在全行范围内进一步营造合规文化氛围。三是组织开展系列合规教育活动、典型案件风险提示、内控管理“应知应会知识”测试等活动。至年末，支行不良贷款率2.74%，全年无风险事件发生。

【社会公益事业】 开展“邮储银行邮爱公益日活动”系列公益活动，通过组成若干团队发起“一起捐”为贫困学生募资，号召社会人士广泛参与，传播人人公益的价值理念，让渴望学习的贫困高中生实现梦想。

（李韵竹）

融资建设平台

成都科蓉城市投资有限公司

【概况】 科蓉公司作为“北林”区域的配套运营商，以农旅资产经营开发和资源管理为主业，主要开展农村土地综合整治、基建投资、旅游资源开发、花卉苗木种植销售、农贸市场建设和运营、融资担保、物业服务等业务。公司现设党群工作、行政人力、财务管理、风控审计、应急管理、产业发展、融资管理7个职能部门和合约招标、项目管理一部、项目管理二部3个工程推进部门。代管隆博公司、土地整理公司2个一级国有独资公司，直管工程管理公司、西行起点公司、科蓉商务公司、三联花木公司（誉川美景园林绿化公司）、三联担保公司、成都花木交易所、海科物业公司8家全资子公司。公司紧扣“乡村振兴和城乡融合发展运营服务商”定位，聚焦乡村振兴、全域旅游、服务民生三大任务，以项目为载体，资本为纽带，主动服务北林区域乡村振兴主战场。

【项目工作】 2020年，公司实施项目50个，总投资约69亿元，11个项目提前竣工，完成固定资产投资约11亿元，超目标任务的10%。一是加快推进基础设施项目，和盛镇团结河整治工程等14个在建项目正常推进，其中农业园横道二病害整治等11个项目提前竣工。二是加快推进产业化项目，花木进出口园区等9个项目有序推进；农高创新中心等3个项目如期开工。三是加快推进民生补短板项目，前锋、红桥、永宁3个农贸市场项目竣工。四是加快推进资源整理项目，永盛场镇尚合社区等5个土整项目取得立项批复，完成农科城一级土整前期策划工作。五是紧扣园区配套、产业发展精包装鲁家滩水上运动基地等14个项目。

国际人才社区项目

【融资工作】 主动与全区18家银行机构深入对接，做好财务规划，成功发行政府专项债3亿元，融资到位71亿元，确保了公司有序运行，有力保障了区域发展；三联花木公司成功取得AA主体信用评级。

【经营工作】 商务公司天府农副产品交易中心投运，在管市场收入3300万元。物业公司在管项目11个，收入2250万

元。花木公司“一带一路”业务通道建设取得重点突破，与锦城海关签订共建花木进出口园区战略合作协议，取得出境种苗花卉生产经营企业注册登记证、林木种子生产经营许可证，花木交易所创新研发的6个绿化工程辅料交易品种率先在温江区上线交易。半亩方塘·民宿酒店项目投运。土地公司加快推进和盛土桥村等5个土整项目，收储土地约260亩。担保公司新增1亿元业务授信。

【疫情防控】 按照“外防输入、内防反弹”的总要求，成立疫情防控领导小组，严格落实“整治、清扫、冲洗、消毒、管控”5项措施，做好在管市场、在管物业防疫工作；严格落实复工复产措施，做好在建项目、经营和办公场所疫情防控工作，共减免各类物业经营收入809.42万元。

【企业党建】 完成新一届党委班子选举工作，组建风控审计部，制定完善《领导班子履行全面从严治党主体责任清单》等从严治党治企文件9个，开展“抓整改、转作风、促发展”专题活动，以“党建+”为载体，公司经营、群团、统战、意识形态等工作水平不断提升。成立战略发展等5个专委会，创造性地推行“红黄绿灯”绩效管理机制和“双通道”职业发展机制，激发员工内升动力，其相关工作得到区委主要领导的肯定。

（吴　明）

成都九联投资集团有限公司

【概况】 2020年，九联集团共承建计划内项目49个，分别为政府投资项目17个、政府和社会资本合作项目1个、重大社会投资项目17个、区属国有企业投资公益性项目14个，总投资222.38亿元，全年计划完成投资47.68亿元，实际完成投资47.99亿元。九联集团获温江区2020年度纵深推进“五个之城”建设创新先进集体称号。

【重要举措】 一是实施“8+4+1”项目全生命周期管推模式；二是推行项目“每周更新进度、半月督查进度、每月调度进度”的分级调度机制；三是建立项目现场“天天见、周周见、半月见和月月见”的服务机制；四是健全完善项目招标、成本、安全、考核等管理制度。

【融资管理】 一是保障资金不断链。通过政策性银行、商业银行贷款、融资租赁、专项建设基金、拨改租、企业债券、公司债券及资产证券化等多种方式，全年新增到位融资金额103.15亿元，较2019年增加25.70亿元，未出现资金断链情况，实现全年收支平衡。二是降低融资成本。2020年九联集团获评AA+主体信用评级，全年平均融资成本控制在6%以内，创温江国有平台公司历年新低，全年财务费用较AA+评级前节约2.4亿元。主体AA+信用评级的获得，对优化区域金融环境，提升温江区在金融市场的认可和信誉度，丰富融资产品，降低融资成本等方面具有重要意义。

【经营情况】 2020年，经营性资产租赁收入约3600万元；其中三医创新中心三期引入的赛尔托马斯生物科技、诺森医学检验等27家企业，租赁面积约4.8万平方米，年租金收入超过2500万元；三医创新中心四期产业招商面积约9.4万平方米，已有意向签约企业 17 家，需求面积约 6.2 万平方米，占产业面积的 65.3%；cGMP 标准厂房可招商面积约 18.3 万平方米，已有意向签约企业 19 家，需求面积约 12.4 万平方米，占产业面积的 67.8%。

（钟丽蓉）

成都温江兴蓉西城市运营集团有限公司

【概况】 2020 年，公司围绕温江区“五个之城”发展目标，积极参与建设“全面体现新发展理念宜业宜居宜游的新中心城区”，积极谋划“大健康产业之城的载体、温江名片的智造者和运营商”发展战略，在历届董事会打下的坚实基础上，被三家机构连续评定为 AA +，力推国企改革市场化运营、主抓产业项目孵化和发展，助推城市运营高质量发展。

【项目建设】 一是民生项目。2020 年，公司共承担民生类项目 44 个，累计完成固定资产投资约 30.5 亿元，实现全年工程项目零伤亡，零事故。二是产业多元化发展。2020 年策划项目超 2000 亿元，孵化落地项目 19.77 亿元。三是“环境突围战”。完善管理制度 30 余项，搭建温江区智慧水务平台，实现排水“一张图”、二三维一体化管理。运用“物联网 +”技术，实现一体化污水处理设施远程巡查和运行参数在线统计。全年完成排污管网运营维护 788 公里，超额完成 27 公里；完成一体化污水处理量 1055.91 万吨，达标完成；完成生活废弃物处理量 22.85 万吨，超额完成 11.55 万吨。

【融资管理】 2020 年，完成融资到位 103.35 亿元，融资储备 300 亿元，平均成本 6.14%，全年节约财务费用 3.3 亿元，融资规模居全区首位。

【企业经营】 一是学习强企。推动学习宣传贯彻全覆盖，夯实党建工作，坚持党的全面领导。集团党委下设 3 个党支部，共有党员 46 名。2020 年公司党委发展党员 3 人、民主党派 4 人。8 月成立妇委会，保障女职工合法权益。创建月度“微论坛”，按照国资国企改革要求，结合公司当前“难点”“热点”，提出选定“微论坛”主题。同时，通过“专家请进来，员工走出去”等多角度文化浸润，提升员工职业操守和专业技能。二是三项制度改革。组织架构改革，将“9 + 3”架构模式精简整合为六大职能部门，新设产业发展部、资产运营部；中层竞聘制，缩减主管及以上人员 76 人；员工“双选”“轮岗”制，以岗定薪、易岗易薪。三是品牌强企。实施品牌建设行动，搭建理念体系，明确公司使命、愿景及核心价值观；完成视觉改造，完美呈现公司 LOGO，创新打造文化墙；改造办公环境，从细节到全局营造现代化、专业化、市场化的办公氛围。实施品牌宣传行动，组建企业文化宣传办公室，全力推进品牌宣传、品牌运营、品牌入市。兴蓉西画册、兴蓉西期刊、兴蓉西宣传片等元素已逐渐呈现。实施品牌输出行动，公司于 12 月底顺利通过“成都市安全文化建设示范单位”“四川省安全生产标准化二级”评审并获得称号，成为温江区首家“双授牌”企业。

（舒　珊）

成都金态合投资有限公司

【概况】 成都金态合投资有限公司成立于 2014 年 1 月，是温江区国资金融工作办公室投资成立的一家国有独资公司，公司注册资本金 2.6 亿元。按照温江区区属国有企业改革总体部署，公司定位于立足南城，服务现代服务业园区，聚焦健康服务业发展，推进相关基础配套、公服配套、产业配套及产业载体投资建设和经营，不断做大做强交通类投资经营的主业，积极组建温江交通投资集团。2020 年，公司围绕“两增两降一行动”目标，坚持战疫情、促发展“两手抓、两手硬”，各项工作取得显著成绩。全年完成政府投资项目和企业投资公益性项目共 37 个，实现固定资产投资 12.3 亿元，融资到位资金 54.39 亿元，平均成本 6.12%。总资产规模增长 12.84%，达到 565.32 亿元。

【国企改革】 深化“两降两提”要求，从严从实内部管理。按照新时代党的建设总要求，以党的政治建设为统领，规范组织建设、健全制度建设、加强队伍建设，全年召开党委（扩大）会46次，集体研究决策重大事项70余项，充分发挥国有企业党委把方向、管大局、保落实作用。对项目融资、工程建设等工作进行全过程监督，加强重点领域、关键环节、风险岗位的严管严控，实现工程项目结算复审“全覆盖”，审减资金816万元。持续深化“三项制度”改革，完善绩效考评体系，编制预算管理制度，进一步强化内部管理。

【项目建设】 全年承担建设项目共计37个，按计划开工15个，竣工16个，实现开竣工率“双一百”，永科路、南北物流通道等9个项目提前竣工。实现固定资产投资12.3亿元，完成年度目标任务的103%。公平和城南公交枢纽、康城嘉苑三组团、花都大道小学等一批重大民生项目建成投运。对混合所有制改革进行了有益尝试，与社会资本组建合资公司，有力推动了三渡水大桥改造、地铁17号线节点工程等15个项目建设，其中11个项目已顺利竣工。全年无重大安全事故发生，无重大维稳风险出现。

【融资工作】 全年完成融资到位资金59.56亿元，超额完成全年目标任务。疫情防控融资6.7亿元，包装地方政府专项债项目6个，完成5个项目专项债入库，发行3笔，到位资金10亿元，发行疫情防控债券融资2.2亿元，企业债5亿元，公司债5.8亿元，特别国债1.35亿元，补短板资金1.6亿元，贡献2个AA级平台公司，协助区内2个集团公司主体评级提升。

【市场化转型发展】 围绕区委“转型城市运营商”的要求，积极探索市场经营，提升公司“自我造血能力”。全年实现经营收入1.1亿元，贡献土地出让收入2.3亿元，上缴税费及特别贡献利润1.3亿元。公交运输围绕服务产业功能区等新开线路7条，优化线路41条次，通过低谷充电、线路套跑、票务改革实现降本增效，节约运营费1000万元。人力咨询服务单位超过170家，实现劳务外包及员工派遣6200余人，营业收入920万元/年，同比增长15%。中小企业金融担保业务实现担保金额2.2亿元，较2019年增长45笔共6000万元，同比增长43%。一系列经营性项目加快推进，海科加油站已摘牌土地；城南、公平充电站建成投运；同乐苑、双春巷“小连片”开发项目启动前期工作；“成都医养金融中心”项目土地取得，正开展方案设计工作；“健康服务聚集区双创中心”项目完成报规方案设计；全区路灯改造项目已进入设计阶段；启动临时占道停车泊位智能化改造项目；成立工程项目咨询公司。

（张啸言）

财税·审计

财　　政

【财政收支】 2020年全区财政总收入完成167.81亿元，同比增长21.71%。地方财政收入120.11亿元，同比增长25.84%，其中一般公共预算收入完成46.19亿元，同比增长2.43%。一般公共预算收入中，税收收入完成37.03亿元，同比增长3.29%；政府性基金收入73.65亿元，同比增长47.23%；国有资本经营预算收入0.27亿元，同比下降16.95%。全区财政总支出151.93亿元，同比增长32.62%。一般公共预算支出71.44亿元，同比增长25.90%；政府性基金支出80.30亿元，同比增长39.53%；国有资本经营预算支出0.19亿元，同比下降27.31%。

【金融资本】 一是提升金融服务。实施“两送一帮一解”，搭建综合金融服务平台，协调解决121家企业融资需求困难；协调7家金融机构推出中小微企业“复工贷”“云税贷”等10余种产品，发放贷款2.9亿元。出资1500万元参与组建市级再担保公司，引导融资担保费率降至1%以下。与省农业信贷担保有限公司合作建立“银政担”长效合作机制。2020年全区金融机构各项存款余额914.63亿元，同比增长16.01%；各项贷款余额617.50亿元，同比增长15.53%；民营和小微企业贷款余额162.25亿元，同比增长34%。二是优化基金赋能。推进投资基金投引联动，安排引导基金8亿元，建成总规模90亿元“1+4”健康产业母子基金群，投资方向涵盖“三医两养大健康产业高地”建设、新兴行业、大健康及相关行业领域、生物医药、医疗器械、疫苗研究、医药流通等。成功推动罗欣药业借壳东音股份上市，犀迈（中国）医药、智慧医疗及公共安全大数据产业园（IDC）等7个产业化项目落地，累计投资约120亿元。

【财政改革】 一是开展以绩效为导向的预算制度改革。强化预算绩效管理，对2021年50万元以上新增项目开展事前绩效评估，铺开绩效全周期跟踪问效，及时反馈跟踪结果纠正运行偏差。压实预算管理和绩效评价“双监控”，将项目执行进度、绩效评估结果作为2021年预算安排的重要参考。二是直达资金高效落地直抵企业个人。

建立直达资金台账，总金额6.55亿元，统筹用于疫情防控、城乡义务教育及基本公卫服务补助等保基本民生支出，支持中小企业缓解疫情影响保市场主体支出及基本公卫体系建设、基础设施建设等支出，确保资金使用“一竿子插到底”直接惠企利民。

【财政管理】 一是积极对上争取资金。全年到位41.74亿元，同比增长33.10%，其中发行债券资金30.37亿元，居新中心城区第一位。二是严格贯彻“过紧日子”要求。出台“财政平稳运行实施方案”，在年初压减一般性支出10%的基础上再压减10%，提倡采用视频会议等高效办公方式，再度压减会议费、培训费、差旅费等资金0.75亿元。三是坚守风险防范底线。稳妥处置债务存量，有力争取政府债券，债务结构进一步优化。2020年年末，全区地方政府债务余额为143.74亿元，严格控制在市政府批准限额以内。四是重点打造五个之城再升级。全面兑现各类扶持政策性奖补11.37亿元，兑现“省13条”“市20条”“区16条”等各项缓解中小企业生产经营困难惠企政策。全年投入14.21亿元，打造西向门户枢纽，构建多层次、网络化、系统化的综合交通体系。全年投入7.38亿元，支持污染防治攻坚战，着重用于提升空气质量、土壤监督、饮用水源保护、塑造公园城市形态等等。全年投入21.43亿元，增进人民群众福祉，其中投入7.47亿元持续打造“学到温江”品牌；投入3.13亿元持续推进公共卫生体系建设；投入2.43亿元提档升级社区公服；投入5.05亿元兜牢基本民生底线；投入0.34亿元支持高校毕业生、农民工等重点人群创业就业；投入1.8亿元夯实社会治理；投入1.21亿元支持文体事业蓬勃发展。

（陈功霞）

税　务

【税费收入】 2020年，温江区税务局共实现各项收入876004万元，同比增长6.95%，增收56961万元，税收入库742853万元，同比增长3.88%、增收27728万元。其中：中央级税收收入累计完成277472万元，同比增长5.19%，增收13698万元；省级税收收入（财政口径）累计完成96612万元，同比增长4.12%，增收3823万元；区（县）级税收收入累计完成368554万元，同比增长2.79%，增收9992万元。非税收入入库18426万元，同比下降4.94%、减收957万元；社会保险基金收入入库106711万元，同比增长61.41%，增收40601万元；工会经费入库8014元。

【抗击疫情】 疫情发生以来，区局第一时间成立疫情防控领导小组，一手抓疫情防控，一手抓税收工作。因地制宜打造“坝坝办税厅”，成立“1+N”两级网上办税远程支持中心，引导纳税人和缴费人网上办，实现人员分区分流。梳理汇编《温江税务抗疫纾困政策措施汇编》及各类温馨措施，落实各项纾困解难举措，全年共办理延期申报533户次，为6户纳税人办理延期缴纳申请，缓缴税款12473.11万元；完成47户次停业申请，108户次调整定额申请，助力企业复工复产。组织“抗击疫情党员先锋队”“支援疫情防控一线突击队”“战疫青年突击队”，累计排查家庭6240户，发放疫情宣传资料7846份，检测车辆及人员10000余人（车）次。

【党建工作】 始终牢记“税务机关首先是政治机关”，组织学习贯彻中共十九届五中全会精神专题宣讲20次，开展“三级书记”讲专题党课33次，组织处级、科级党员领导干部参加“双带头人”学习贯彻中共十九届四中全会精神培训班84人次。抓好主题教育“回头看”，自查整改7个问题，建立完善《推进“不忘初心、牢记使命”主题教育常态化工作方案》等6个长效机制。聚焦去“三化”、强“三性”、建“四强”党支部，持续完善“1199”基层党建工作法。全年党委班子成员、党支部书记讲党课56次、组织开展主题党日活动12次，形成20条有特色有亮点的支部工作法。结合温江“国际花园城”的城市定位，打造完成5个“以花为媒”的特色党支部和“温江税务文化展厅”“书香税务”两大物态文

化展示区。

【税费治理】 一是落实更大规模减税降费。把减税降费作为重要政治任务，健全主体责任落实机制，构建“1＋9＋4＋N”工作格局，建立减税降费正面负面“两个清单”。2020年，温江区累计实现减税降费30.36亿元。二是顺利承接非税收入项目划转。全年顺利划转机关事业社保缴费单位248户，企业社保缴费单位1.01万户，灵活就业社保缴费5.12万人。三是强化数据分析提升以税资政。推动建立部门数据交换机制和经济税收大数据分析协调机制，开展税收经济分析。为地方经济发展建言献策，报送各种分析文章11篇，获肯定性批示4次。四是主动融入成渝地区双城经济圈建设。承办成渝地区双城经济圈社保费征管服务工作座谈会，与巴南税务签订税务征管服务合作协议。

【税收征管】 一是优化税收执法方式。全面落实行政执法“三项制度”，建立“1＋3＋N”制度体系，编制权力和责任清单，完善税务监管体系。落实法律顾问、公职律师常态化运用机制，规范执法文书管理，加强涉诉风险管控。牵头开展“法治示范基地”建设。二是夯实税收征管基础。持续推进“三单管理”制，深入推进分类分级管理，探索建立“日常事务＋基础管理＋风险应对”的大征管格局。持续优化发票管理方式，推进增值税专用发票电子化试点，加强“蓉票儿”电子发票综合服务平台推广力度。三是建立风险管理纵横协作联动机制。运用多维度的数据处理方式建立“风险模型＋人工分析”的风险识别模式，做好日常数据监控和分析研判，推进递进式风险应对方式，做好数据闭环管理和运用。2020年推送风险任务113批次，涉及辖区纳税人2268户次，查补入库税款滞纳金合计23846万元，其中推送欠税清缴管理、房地产业、建筑业、跨区域企业风险任务55批次，涉及辖区纳税人805户次，查补入库税款滞纳金合计19421万元。

【税费服务】 一是持续优化营商环境。全面推行纳税服务“三化”建设；开展“便民办税春风行动”，推出发票“免费邮寄”等便民服务措施30余条，区局作为“税邮合作”全市唯一试点单位，全年累计代开发票218份，代征税款27.21万元；积极推进“一网办”“一门办”“并联办”，不动产登记、交易和缴税“一窗受理、并行办理”；积极推广“减税云贷”银税互动产品及子产品“减税抗疫贷”，2020年共帮助387户企业成功申请贷款3.84亿元。二是大力推广“非接触式”办税缴费。实现189项涉税事项“全程网上办”、14大类255个事项“最多跑一次”，单个业务平均办理时间控制在3分钟以内，网上申报率达99%以上，区局“非接触式”办税举措先后获四川电视台《四川新闻》栏目、央视新闻频道《新闻直播间》栏目关注报道。

（周海滨）

审　计

【审计成果】 全年完成审计项目92个，查出主要问题金额22.79亿元，核减工程造价、追回归垫财政资金等促进增收节支1.32亿元，移送案件线索2件，推动区委、区政府和行业主管部门建立健全制度8项。投资审计转型工作得到市审计局、区委及区政府主要领导肯定性批示，撰写的审计要情、专项报告被区主要领导肯定性批示11篇次。被省审计厅评为全省审计系统先进集体，1个审计项目被评为全省优秀，1个审计项目被评为全市优秀；审计大数据方法案例被评为全市先进。甘肃玉门、崇州大邑等省内外审计机关来温交流10余次。

【履职监督】 对减税降费、复工复产等政策落实情况进行跟踪审计，对扶贫资金、就业优先等民生资金开展专项审计，追缴财政资金近300万元。借助大数据审计手段，实现对全区一级预算单位一般性支出压减、“三公经费”使用等情况的审计全覆盖。对31个重大项目开展了跟踪审计，出具97份阶段性跟踪审计报告和56份跟踪审计建议函，提出合理化建议79条；对大运会场馆—金强国际赛事中心项目进行专项审计调查，保障大运会场馆建设顺利推进。完成11名领导干部经济责任审计，同步实施2名领导干部自然资源资产审计，促进被审计单位完善“三重一大”、财务管理等制度6项。开展区属国有公司高成本债务置换调查，审核了45个投资项目资金平衡方案，提出完善后期偿付保障等3个建议。

【服务保障】 对区委常委会、区政府常务会的“7大类35项”决策事项范围、决策权限标准进行了明晰，按“分级授权，制度约束”的原则，梳理形成各层级“决策权力清单”和“审议事项清单”，推动构建权责边界清晰、运转高效有序的决策机制体系。参与招商引资等重大协议、疫情防控等重大经费、特许经营权出让等事项的研究讨论近400项，提出审计建议近200条，审核把关节约财政资金近300万元；配合做好锦城公园温江段等历史遗留问题的妥善化解。及时梳理审计发现的普遍共性问题，形成审计要情9期，制发审计建议书11份，促进了全区产业扶持政策的优化完善、医疗卫生补短板项目的投入力度等。

【改革创新】 认真贯彻投资审计“三个转变”要求，在全市率先出台《政府性投资建设项目审计监督办法》。编制形成跟踪审计操作指南、快报体系、考核指标3套工作指引，在重大建设项目高效推进实施上发挥了积极作用。经验做法得到市审计局主要领导、区政府主要领导肯定性批示，并被凤凰网、现代审计、市政府政务信息、成都审计网站等媒体宣传报道。提出完善项目管理的意见建议20余条，促进建章立制或工作措施10余条，节约投资近3000万元。

【疫情防控】 抽调20余人次参与村社疫情防控和企业复工复产；参与制定完善《捐赠款物管理使用办法》《社区保障激励资金用于新型冠状病毒感染的肺炎疫情防控工作指南》等制度4个；全程介入留观隔离点建设管理、抗疫资金管理使用、抗疫物资采购分配等事项，提出审计建议18条。在全市率先开展疫情防控资金和物资跟踪审计，促进建立健全内控管理制度6个；对12个重点政府性投资项目开工复工情况进行专项稽查，提出审计建议5条。参与《机场专班防疫物资管理办法》的制定，积极开展专班新增预算经费审核；对抗疫特别国债、中央转移支付等6.2亿元新增财政直达资金进行专项审计，保障工程项目快速落地、资金使用迅速见效。

（黄新川）

社会事业

教　育

【概况】 2020年，温江区中考出口一次性合格率88.99%，全科合格率62.07%；高考重本率45%，本科率88.5%。北京大学录取2人，多名学生被C9联盟高校录取。在全国率先区域推进学历案的探索与实践，由华东师范大学出版社出版了全国义务教育阶段第一本学历案范例《基于课程标准的学历案：温江经验》。温江区获评“全省中小学校责任督学挂牌督导创新县（市、区）”“四川省2020年度网络学习空间应用优秀区域”“四川研学实践标准全域研学试点区县”“四川未成年人思想道德建设工作先进县”。区教育局获“四川省学生资助优秀管理机构”、“成都市教育综合改革先进单位”、“2017—2019年成都市教育科研先进单位”、“成都市社区教育先进集体”、“成都市2020年中小学实验教学说课评选活动”优秀组织奖与“成都市群众体育先进单位”等荣誉。

温江区有全国校园足球特色学校8所，四川省文明校园5所，四川省阳光体育示范学校3所，四川省艺术特色学校3所，成都市阳光体育示范学校19所，成都市艺术特色学校8所，成都市新优质学校13所，创建成都市领航高中、成都市特色高中各1所。

2020年，温江区有幼儿园168所（公办38所，其他部门办5所，民办125所）。幼儿园学生数32480人，教职工5598人，专任教师2686人；全区公民办小学17所、初级中学5所、九年一贯制学校11所、十二年一贯制学校4所，完全中学1所，高级中学2所。小学学生数49221人（含永宁小学特教班17人），初中学生数18003人，高中学生数7785人，教职工6252人，专任教师5078人（小学专任教师2871人，初高中专任教师2207人）；特殊教育学校1所，特殊教育学生数127人，教职工38人，专任教师35人；中等职业学校8所（区属公办1所、省属公办2所、民办5所）、附设中职班1所，学生数10956人，教职工914人，专任教师609人。驻温江高校（含高职）10所，在校大学生13.7万余人，教职工1.4万余人。

直属事业在编教职工128人。社区教育学院1所，镇（街）社区教育分校9所。非学历教育培训机构302所。全区公办中小学（幼儿园）大学本科及以上学历教师占教师总数的87%，有省学术技术带头人1人、省特级教师3人、省教书育人名教师1人、省中小学名班主任1人、省中小学名校长1人、市特级教师5人、市学科带头人17人。

【疫情防控】 严格做好全区271863名师生的全方位防控，多渠道筹措防控物资，争取专项资金近500万元，筹集口罩21万余个、近600套隔离服，近8000双防护手套、1万多公斤消杀用品，区教育局发放500余件（套）测温仪器（含50余套体温筛查仪），为全区学校疫情防控提供物质保障。贯彻落实“停课不停教、停课不停学”要求，完善学校复学“1+4+N”方案，搭建温江云课平台，组织11个龙头学校，开发1600节中小学线上课程资源，开展线上教学11周，组织各学段、各学科线上教研100余场次。对全区

213 所学校、251 所校外教育培训机构进行评估核验，确保全区师生平稳复学，圆满完成 2020 年高考、中考任务及全年教育教学工作。

【党建工作】 全区教育系统有党委 5 个，党总支 10 个，党支部 98 个，党员 2067 人，其中“两新”党组织 28 个，“两新”党员 339 人。坚持党对教育工作的全面领导，成立教育系统党工委，建立党委（党组）书记和班子成员基层党支部工作联系点制度，局党组集体研究党建（意识形态）工作 4 次。广泛开展“改革创新、抢前争先”等主题党日活动，保障疫情防控和复学工作双胜利。学习贯彻新思想和中共十九届四中、五中全会精神，形成《关于温江区教师队伍思想政治状况的调查与思考》调研报告。推行书记、校长“一肩挑”，指导成师附校等 10 个党组织选配熟悉党务工作的专职副书记，培养发展党员 9 名，成立品格书香党支部等 3 个“两新”党组织。制作党员教育电视片《去远方》获市二等奖、区一等奖和区网络关注奖，争创政通小学校等区级党建标准化建设示范点 3 个，温江区金马学校、玉石小学校评为成都市党建标准化建设示范学校培育点。深化党建内涵发展，《坚持“一校一品” 助推学校党建文化建设》入选成都市 2020 年度基层党建创新项目建设库。扎实开展群众性理论宣讲活动和社会主义核心价值观教育，顺利通过省委第二巡视组意识形态专项巡视工作验收。

【教师队伍建设】 全年交流教师 219 名，交流比例为 30%，交流骨干教师 145 名，交流比例为 66%；交流干部 8 名，交流比例为 11%。选派 21 名干部教师援助民族地区，其中援助色达县 17 人，援彝教师 4 名。2000 余名教职工参与新一轮教职工职务岗位竞聘上岗工作。183 名教师开展年度职称申报评审工作，落实全区 58 名农村教师任教 30 年不占岗位职称评聘政策。在全区公办中小学、幼儿园开展了“两竞聘一双选”校聘改革，涉及班级 653 个、教职工 1939 名，在校聘改革中退出教学岗位后聘任教辅岗位教师 10 名。实施捆绑考核学校教师定向交流计划。组建 10 余个教师团队 80 余人，精准指导北林薄弱学段、学科。新成立的西南财大附属实验中学和西南财大附属实验小学实行“两自一包”管理体制改革。强化干部教师队伍建设，全区表彰省、市、区级优秀教师 169 人次，其中：四川省中小学名校长 2 人，省名班主任 1 人，市秀域美丽教师 2 人、市师德标兵 2 人、市优秀班主任标兵 2 人，市优秀班主任 17 人、市优秀德育工作者 5 人、市优秀青年教师 4 人、市教坛新秀 4 人，温江区学校管理能手 8 人，区教育科研能后 6 人，区德育能手 19 人，区教学能手 97 人。加强干部梯次培养，高质量推荐领导干部人选，推荐领导干部 15 名（其中，正局级干部 3 名，副局级干部 12 名），推荐区管后备干部 15 名（其中，正局级后备干部 2 名，副局级后备干部 13 名）。同时通过学校推荐，教育局审核的办法建立了 100 余名的学校校级后备干部资源库。温江区公办中小学、幼儿园编制内招聘教师共 82 名，其中应届高校毕业生（含择业期内未落实工作单位的高校毕业生）54 名，占编制内招聘总数的 65.85%。温江区 7 所“两自一包”改革学校 2020 年招聘教师 130 名，其中应届高校毕业生 28 名。共有 149 名名优教师申报的共 132 个项目成功立项，示范辐射引领各学段、层次教师 1300 余人。对 2019 年度 143 名名优教师辐射引领项目领衔人进行了专项考核，其中 134 名名优教师考核达到相关要求，给予专项奖励。

【学校建设】 联合区住建局印发《幼儿园建设装修标准（试行）》，推进幼儿园科学化、规范化建设，不断改善提升办园硬件品质。江安路学校、涌泉花土小学等列入成都市基础设施等重点领域补短板项目，争取专项奖补资金 1.6 亿元。共和路幼儿园、职教实训中心项目争取债券资金 1.07 亿元。分类实施建设，着力学位攻坚，缓解入学矛盾。投入资金 4.6 亿元，加快江安路学校、天王社区幼儿园等 10 所公办中小学和幼儿园建设，全面竣工 7 个、主体施工 3 个；新世纪外国语学校、北京二十一世纪学校竣工投用招生。新增学位 1.5 万个。高效推进“义务教育薄弱环节改善与能力提升”项目，“投资、校舍、设备”三完成，名列全市前茅。储备项目 24 个，总投资约 30 亿元，已完成城规、土规等情况摸底调查，编制项目建议书或可研报告。

【教育经费】 2020 年，区教育系统收入合计 166839.76 万元，与上年相比增加 47239.99 万元，增长 39.50%。其中：一般公共预算财政拨款收 141878.21 万元，增加 23418.67 万元，增长 19.77%；政府性基金预算财政拨款收入 23822.00 万元，增加 23800.00 万元，增长 108181.82%；事业收入 719.14 万元，增加 131.60 万元，增长 22.40%；其他收入 420.41 万元，减少 110.28 万元，减少 20.78%。坚持“精准资助、应助尽助”原则，22 项教育资助政策落到实处，共完成各类教育资助共 81002 人次，金额达 3120 万元。

【教育科研】 全力保障“停课不停学”，全程指导区域“线上教学”工作，组织线上教学测评，全力配合区教育局开展疫情防控及复学等工作。组织 11 所龙头学校，开发 1600 节中小学线上课程资源（小学 1055 节，中学 545 节），组织各学段、各学科线上教研 100 余场次。制定《成都市温江区教育局进一步深化课堂教学改革，提升区域教育品质的实施方案》。编撰并出版全国义务教育阶段第一本学历案样例集《基于标准的课程方案学历案——温江实践》。启动《学历案设计与使用指南》创编。开展学历案现场设计大赛，1500 余名教师参赛。组织学历案优质课例研究活动展评暨区域推进策略研讨活动，1.6 万余名教师参加线上、线下活动。举办学校分管教学行政学历案专题研修班，开展学历案优质课例学校行政观课评课大赛。立项省级课题 4 个、市级课题 34 个（含 23 个疫情专项课题）、区级课题 33 个，指导 2 个省级课题结题、25 个市级课题结题、16 个（第三批）区级课题结题。2020 年中考核心指标，一次性合格率达 88.99%，全科及格率达 62.07%，高考重本上线 621 人。扎根温江和向外借力两线并行提升师培质量，各级各类项目培训约 1800 人次，加上全员培训（“师德 + 读书”活动）10688 人次。完成近 2000 名干部教师参与的分类分层培训课程，打造了 16 个新教师课堂教学能力提升的培训课程集（码书）和职业生涯规划团辅课程。先后邀请崔允漷、高德胜、孔企平、周文叶等全国知名专家学者来温开展学术报告，高品质完成了“2020 年成都市温江区学历案优质课例研究活动展评暨区域推进策略研讨”“鱼凫教育大讲堂”等高端培训活动。

【学前教育】 起草《成都市温江区普惠性民办幼儿园认定和管理办法》文稿。继续以课题“幼儿园 SHEA 管理标准化的实践研究”为抓手，将前期研究成果和经验应用于幼儿园管理实践，实现全区幼儿园标准化管理满覆盖。出台《成都市温江区学前教育集团化办园管理实施方案》，推动区域内各级各类园所的均衡发展。与华东师范大学合作开展“温江区幼儿园园本特色化课程质量提升”研究，对全区幼儿园的课程建设及实施能力开展指导，促进全区幼儿园的课程质量和办园水平的提高。组织对全区 25 所独立建制公办幼儿园的保教质量评估工作。对新增的 10 所幼儿园进行全面查看，对 2019 年已接受评估的 15 所幼儿园查看问题整改落实情况。

【义务教育】 有序推进“划片招生、就近入学、民办招生微机派位”等相关工作，实现公、民办学校同步招生，坚决禁止“掐尖”招生行为。积极推进进城务工随迁子女在温江就学工作，全年统筹安排 2879 名符合政策外来务工人员子女就读公办义务教育阶段学校。做好适龄残疾儿童少年教育安置工作，277 名适龄残疾儿童少年“应进全进”。对军人子女、高层次人才等政策优抚对象子女入学，按照相关规定落实教育优待政策。加强教学常规管理，完善教学质量内控机制。积极稳妥推进班改课改，深化课堂教学改革。稳步推进中小学教学质量评价改革，完善高中教学质量管理目标体系。深入推进中小学学区制管理改革和集团化办学，实施“北优”提升行动，加大新优质学校培育力度效度，推进初中强校工程，促进义务教育优质均衡发展。2020 年，温江区中考出口一次性合格率 88.99%，全科合格率 62.07%。

【普高教育】 以创建领航高中、特色高中为契机，深入推进普通高中多样化、特色发展。深化高中新课程改革，加强新高考适应教师素能提升工程；推进拔尖创新人才早期培养基地校建设，增强学生创新精神和实践能力；畅通普职融合通道，促进学生多元成才；转变育人方式，推行学生综合素质评价，完善质量监测评价体系，引导高中教育提升质量内涵。高考重本率45%，本科率88.5%。北京大学录取2人，多名学生被C9联盟高校录取。

【职业教育】 2020年，温江区中职学校招生3246人，完成省市民生目标；毕业生4154人，就业学生4076人（含升学2758人），就业率98%；中高职衔接拓宽升学渠道，参加高职单招考试学生2254人，录取1963人，录取率87%；参加对口高职考试354名，录取人数348人，录取率98%；参加普通高考人数56人，录取55人，录取率98%。加快职教中心实训基地二期建设，区燎原职业技术学校开展现代学徒制试点工作通过首批市级现代学徒制试点结项。开展温江区职业教育活动月活动，参加成都市中职师生技能大赛学生组获4个一等奖、9个二等奖、7个三等奖，参加全省职业院校教师教学能力大赛获7个一等奖、2个二等奖、4个三等奖，1个团队进入国赛。做好2021年高职教育考试宣传，完成藏区“9+3”毕业学生就业促进工作。

【民办教育】 认真贯彻落实成都市民办教育17条精神，制订《成都市温江区公民办学校一体化管理机关科室职能分工方案》。完成305所民办学校年度检查工作；开展了民办教育规范发展专题培训、7所民办中小学专项审计整改，250余所培训机构复工复训审核、302所培训机构疫情防控指导检查及“双随机、一公开”等工作。推进校外培训机构专项整治，全年共指导71所培训机构完善了办学手续，关停30多所无证培训机构，处理民办教育领域投诉纠纷200余起。

【特殊教育】 全区适龄残疾儿童少年就学297人，其中温江区特殊教育学校学生144人（其中送教上门学生50人），随班就读学生149人，特教班4人，入学率达到96%。落实“三免一补”扶残助学政策，按普通中小学10倍标准拨付特殊教育生均公用经费。建成区级特殊教育资源中心1个，特殊教育资源教室20个，成功创建市级示范性特殊教育资源教室5个。积极推进“送教上门”工作，完善温江区特殊教育资源中心建设，发挥特殊教育资源中心引领作用，坚持巡回指导制度，指导学生随班就读、资源教室建设管理等工作，提高特殊教育办学水平。

【终身教育】 制定全区学习型城市建设行动方案；出台社区教育师资库建设工作方案，建立社区教育师资库；创新防疫新形势社区线上教学活动，形成线上线下相结合的社区教育新模式，完成终身学习平台新注册人数达到10000人以上；完成“最成都·市民课堂”课程191门、新生代市民培训19场、专题教育培训110场；区教育局获评市级社区教育先进集体，“医教融合、康养温江”被评为市级终身学习品牌项目，5人被评为市级社区教育先进个人；新增区级学习型家庭850户，学习型社区26个。

【素质教育】 加强德育干部及班主任师德和育德能力培养，组织各类培训1500余次（包括民办学校）；全面发展学生素养，800余人次在省市区级法治、体育、艺术等活动中获奖，5名学生入选省级青少年校园足球最佳阵容；做好省市区新时代好少年、三好学生、优秀少先队员等各类推优工作，1200余人获得荣誉称号；以评促建，推动校园文化建设，创建天府文化示范学校3所，省文明校园1所，区各级文明校园5所，市级劳动教育试点校3所；区教育局获得成都市教育系统第六届法治课（微课）赛课、模拟法庭和校园电视台法治节目竞赛活动优秀组织奖、第五届成都市学生“学宪法 讲宪法”活动组织奖，被评为“2016—2020年度成都市群众体育先进单位”、四川省全域研学试点区县（2020—2022）、四川省未成年人思想道德建设先进区；关注疫情下师生的心理健康教育，开展“疫情下的心理健康教育”、“关爱女生心理健康教育”等心理疏导活动。做好疫情常态化防控工作，召开疫情防控工作会、卫生管理工作会，确保各项防控措施精准到校、精准到班、精准到人。对学生进行爱国主义教育，理想前途教育。同时做好防龋齿、近视防控筛查、传染病疫情防控及突发公共卫生事件应急演练，中小学生体质抽测等日常工作。

【教育信息化】 完成花都小学、西财附小、西财附中 3 所新建学校的电教设备、实验设备、实验仪器、厨房设备、图书及图书室设备方案制定、项目评审、招标采购和组织实施工作。完成政通小学、鹏程小学、光华实验中学等扩建学校设备、标准化考点网上巡查、高考听力广播改造、网阅等项目实施、验收。完成康城幼儿园、南城幼儿园、鹏程幼儿园等 8 所幼儿园电教、教学、厨房、图书等项目验收。启动花都大道幼儿园、幸福田园幼儿园等 7 所新建幼儿园基础教学设备采购。做好巡考系统、设备监测与管理系统、无线网络、视频会议系统、重要会议及技术保障、信息中心及城域专网等运维技术保障。指导温江中学等 7 所学校完成教学设备的招标采购工作。搭建温江云课平台，上传 1811 条教学资源，保障疫情“停课不停学”。完成温江城域专网升级改造采购工作，总出口带宽升至主线 3256 兆、副线 1666 兆。温江教育网安全稳定运行，取得网络安全三级等级保护证书。新增 10 个学校(幼儿园) 子站，点击量 117722。印发了《成都市温江区教育局关于调整温江区教育系统网络安全和信息化领导小组成员及职责的通知》。开展青年教师微课程、实验教师说课、优秀自制玩教具评选、信息技术学历案创编、数学录像课大赛等活动。完成了 2020 年初中理科实验操作考试，5332 名考生，合格率达 99.3% 以上。2020 年四川省高中信息技术学业水平考试，3574 名学生，一次性通过率达 97.5%。完成东大街二小、燎原职业技术学校教育信息技术与装备“十三五”科研课题结题鉴定。组织 19 人参加了第 78 届中国教育装备展，组织师生参加全国教育装备新技术应用创新案例评选，镇子小学等 4 件案例获奖二、三等奖；参加成都市教育教学信息化大赛，22 件作品获奖。区电教馆获“2020 年成都市初中生物教师实验操作技能竞赛评选活动”优秀组织奖。

【教育交流合作】 推进高校附属学校建设。区政府分别与西南财大、中医大、成都师范学院签订附属学校合作框架协议，共建高校附属学校 11 所，受到市教育局通报表扬。推进成渝双城经济圈建设。与巴南区教委签订《巴南温江“成渝地区双城经济圈”教育合作框架协议》，先后与巴南区教委、教师进修学校、重庆市实验中学、鱼洞二小等 6 所学校开展“一对一”座谈交流，召开专题座谈会 4 次。推进教育国际化工作。2 所学校被评为市级教育国际化窗口学校，8 所学校被立项为教育部人文交流特色学校建设单位，全市教育国际化监测位于新中心城区前列。区燎原职业技术学校与日本东京都多摩职业能力发展中心八王子学校（东京都八王子市）合作洽谈，就引进医护、医养方向等职业教育专业合作与日方初步达成一致意向。推进国际理解教育。深入推进省资助金课题“区域基础教育阶段国际理解教育课程建设”研究与实践，深化全区中小学国际理解教育课程建设，开展国际理解教育“优质课程资源评选”活动。引进品牌教育资源。引进二十一世纪学校建成开学，新世纪光华学校建成开学。

【援藏援彝】 选派 17 名干部教师赴甘孜州色达县支教，组织名优教师 8 人赴色达送教讲学；接收色达县教育局派出工作人员 1 名到区教育局跟岗学习 3 个月，为色达县举办 34 名藏数学教师转型培训学习 21 天；4 名干部教师赴凉山州越西县、昭觉县开展脱贫攻坚帮扶工作，切实保障援藏援彝干部教师每月生活津贴和相关经费、政策待遇落到实处。

【教育督导】 牵头开展市对县人民政府教育履职情况评价，完成 22 个测评点的迎检资料、自评自查报告上报。完成 2019 年成都市义务教育校际均衡监测数据采集与核查，完成《成都市温江区 2018 年义务教育优质均衡监测报告分析》。完成 2019 年教育现代化发展水平监测数据采集与核查，完成《成都市温江区 2018 年教育现代化发展水平监测报告分析》。完成2019年教育国际化发展水平数据采集，完成《成都市温江区2018年教育国际化发展水平监测报告分析》。新聘任兼职督学8名，组织督学对《关于深化新时代教育督导体制机制改革的意见》《关于激发中小学校办学活力的意见》等文件学习、解读，不断提升督学队伍建设水平。开展教辅资料、防范打击侵害未成年人违法犯罪关爱保护未成年人健康成长等专项督查，开展“三五六”常态式督导，组织督学参加国家级、市级、区级经验交流会、区级培训会3次，印发督学工作专报12期，督导工作动态156期。印发《2019—2020学年度学校工作评价的通知》（温府教督〔2020〕6号），开展学校学年度工作评价工作，对56所中小学校、幼儿园创新创优工作进行逐校现场评审，定期督促、跟踪学校工作推进情况、存在问题和解决措施。完成对52所幼儿园办园行为进行专项督导评估。

【依法治教】 抓好宪法法律的宣传贯彻工作，开展机关会前学法8次；精准定位教育管理改革这一枢纽，进一步增强了依法行政能力；突出依法治校这一重点，进一步提高区内各级各类学校治理水平。丰富“法律进学校”工作举措，把社会主义核心价值观融入学校法治建设，坚持法治教育与课堂教学有机结合，督查法治课教学计划、课时、师资、教材、考核“五落实”情况，抓好全区中小学校兼职法治副校长聘任工作。

【安全管理】 以夯实校园安全体系建设为目标，构建“1+17”预案体系，修订了《成都市温江区教育局突发公共安全事件应急处预案汇编》；落实“五防”建设要求，统筹校园安全领域管理重点，强化疫情防控下的应急处置研究，按照“练指挥、促协同、强保障”的实战化管理要求，抓实各类应急处置演练400余次；突出“食品安全”、“5·12防灾减灾日”、“11·9消防日”等重点领域和时间节点，开展宣传教育，不断增强师生自我防范意识。落实食品安全、消防安全、校车管理等方面的工作要求，加强疫情防控下校园安全管理措施研究，构建部门联动处置机制，落实“日常巡查、专项检查、随机督查”工作举措，推行“双随机、一公开”在促进强化校园安全管理的贯彻落实。深入贯彻落实各级关于安全生产三年行动计划工作要求，强化校园安全治理体系和治理能力建设，统筹推进系统内“排险除患”“城乡防火”专项任务，落实“四个清单”要求，加强台账管理目标，完成了230余项安全隐患的集中整治。落实行政审批要求，2020年共收件受理审查25轮共100余件，现场勘验41轮共110家次，出具告知函共88件，涉及学校110余家。加强涉校涉教涉生信访维护工作研究，制订《成都市温江区教育系统信访工作实施方案》《成都市温江区教育系统矛盾纠纷调解工作措施（试行）》，完成信访回复95件，办理信访专网件21件，突发事件处置23件，实现了“回复满意率”“办结通过率”“处置认可率”3个100%的目标。

【纪检监察】 全面推进党风廉政建设和反腐败工作，组织召开党风廉政建设工作推进会等会议共31次，督促各级党组织制定主体责任清单50余份。发挥派驻作用抓好监督，通报全面从严治党主体责任完成情况17次，发现问题10个，立行立改10个。加强监督检查，严肃执纪问责，区委第一巡察组反馈问题的整改7大类、22个具体问题，16个问题已阶段性整改到位。组织和参与中高考体考等现场监督30余次，调查办结上级交办和自收信访举报及问题线索共4件。督查督导各校（园）、机关事业单位工作纪律等情况10余次。对机关事业单位、各校（园）负责人等约谈20余次；典型案例通报等11次，廉洁提示等30余条。加强理想信念教育、开展廉洁教育进校。建立“1+2+N”监督机制，形成联督联查工作合力，护航“学到温江”品牌建设。

【招生考试】 按照国家、省新冠肺炎疫情防控规定，配备防疫副主考，设置发热备用考场，考前14天健康监测等措施，平安组织国家考试任务34次，服务考生约16万人次。其中，国家教育考试18次，全年设置考场3476个，服务考生13万余人次；非国家教育考试（人事招聘）考试

16 次，考生 3 万余人次。主动对接协调，高质量完成全省普通高考答题卡扫描场保障以及高考录取场和信访接待点后勤保障，圆满完成省考试院任务。协调区卫计局，由区人民医院派专职医务人员和体检车到校为全区 4420 名高考考生提供无纸化体检服务；安排技术人员到校为 9752 名考生关键信息进行采集；通过温江教育网、“学到温江”微信公众号、咨询电话等各种形式，为近 13 万名考生家长提供优质服务。为全区 18 所中学 5532 名考生提供送体考到校服务。

（陈　兴）

科学技术

【科技创新驱动】 完善科创企业森林成长机制，精准发力、精确扶持、精心培育，引进培育更多掌握硬核科技的创新型企业。持续构建“科技型中小企业—高新技术企业—高成长企业—领军企业”成长路线图，常态精准开展科技型中小企业、高新技术企业培育工作，实施“高新企业向规上企业迈进、规上企业向高新企业转型”的“双迈进”战略，推动科技型中小企业、高新技术企业持续实现量的倍增。新增国家高新技术企业 63 家，增长 61.16%，新增科技型中小企业 56 家，增长 34.14%。全社会 R&D 经费支出 14.99 亿元，同比增长 9.3%；规上企业 R&D 经费支出 11.15 亿元，同比增长 10.8%。

2020 年成都市温江区高新技术企业一览表

序号	企业名称
1	成都海科机械设备制造有限公司
2	四川恒芯科技股份有限公司
3	四川海思科制药有限公司
4	成都飞亚航空设备应用研究所有限公司
5	成都阿朗科技有限责任公司
6	成都瑞垚电子有限公司
7	成都金开生物工程有限公司
8	成都极星等离子科技有限公司
9	成都艾美控网络科技有限公司
10	成都通德药业有限公司
11	成都国泰真空设备有限公司
12	成都航飞航空机械设备制造有限公司
13	成都市泰格尔航天航空科技有限公司
14	成都楷模电子科技有限公司
15	成都胡特电子科技有限公司
16	成都四博科技有限公司
17	成都航天中兴机械有限责任公司
18	四川蓝海智能装备制造有限公司
19	成都康景生物科技有限公司
20	四川炯测环保技术有限公司
21	成都市美康三杉木业有限公司
22	成都圣恩生物科技股份有限公司
23	四川环龙技术织物有限公司
24	四川西汉电子科技有限责任公司
25	成都巨龙生物科技股份有限公司
26	成都市三为技术有限责任公司
27	四川品胜电子有限公司
28	正升环境科技股份有限公司
29	爱斯特（成都）生物制药股份有限公司
30	成都百裕制药股份有限公司
31	成都博奥晶芯生物科技有限公司
32	成都大帝汉克生物科技有限公司
33	成都富江机械制造有限公司
34	成都岷江精密刀具有限公司
35	成都乾坤动物药业股份有限公司
36	成都润馨堂药业有限公司
37	成都市海通药业有限公司
38	成都顺发消洗科技有限公司
39	成都鑫众泰成套电气设备有限公司
40	四川百利药业有限责任公司
41	四川中星电子有限责任公司
42	红塔塑胶（成都）有限公司
43	成都凯特有机硅新材料科技有限公司
44	四川君健万峰医疗器械有限责任公司
45	成都海川四维智能科技有限公司
46	成都市登禄电力科技有限公司
47	成都市中电伟业科技有限公司
48	成都超德创机电设备有限公司

序号	企业名称
49	成都科瑞普医疗器械有限公司
50	四川百特芳华医药科技有限公司
51	成都古河云科技有限公司
52	四川海盛杰低温科技有限公司
53	四川长瑞土木工程检测有限公司
54	成都润联科技开发有限公司
55	迈格仪表（成都）有限公司
56	四川正达检测技术有限责任公司
57	成都迪盾生物技术有限公司
58	成都金箭桥包装材料有限公司
59	成都多彩任意门科技有限公司
60	成都思凯诺克科技有限公司
61	四川瑞朗医疗器械有限公司
62	成都弗格森液压机电有限公司
63	成都智胜达节能环保科技有限公司
64	成都普睿法药物研发有限公司
65	成都长江锅炉热能设备制造有限公司
66	四川源坤国科质量检验有限公司
67	四川太一新能源开发有限公司
68	成都阿诺刀具有限公司
69	成都格利普生物科技有限公司
70	四川钻神智能机械制造有限公司
71	成都味科自动化设备有限公司
72	成都思可觅科技有限责任公司
73	四川广华交安科技有限公司
74	成都江鼎禹丰科技有限公司
75	四川东大恒泰电气有限责任公司
76	四川晨坤电气设备有限公司
77	成都鼎融科技有限责任公司
78	成都鑫晨航空科技有限公司
79	成都博士信智能科技发展有限公司
80	成都太阳高科技有限责任公司（是）
81	成都大奇鹰科技有限公司
82	成都瑞虎电子科技有限公司
83	四川小咖科技有限公司
84	成都永康制药有限公司
85	成都美创医疗科技股份有限公司
86	四川西陇科学有限公司

序号	企业名称
87	四川杰斯顿电气设备有限公司
88	四川川消消防车辆制造有限公司
89	萃联（中国）消防设备制造有限公司
90	成都成林数控刀具有限公司
91	成都安好精工机械股份有限公司
92	成都老鹰信息技术有限公司（否）
93	成都金星啤酒有限公司
94	四川御致药业有限公司
95	成都安满生物医药科技有限公司
96	成都道合尔医药技术有限公司
97	成都云鹄知乎科技有限公司
98	永亨科技集团有限公司
99	成都市好迪科技有限公司
100	四川锦尚锦农业开发有限公司
101	成都中增科教设备有限公司
102	四川衡测检测技术股份有限公司
103	成都巧宜厨房设备有限公司
104	四川省奥宁太阳能科技有限公司
105	四川蜀冷冷暖设备有限公司
106	成都运鑫机械设备制造有限责任公司
107	四川海恩特机械科技有限公司
108	四川长江液压天成机械有限公司
109	成都倍菲信机器人科技有限公司
110	成都鸿图超越科技有限公司
111	成都吉通航空精密机电有限公司
112	成都市云海天环保科技有限公司
113	成都诚开电气设备有限公司
114	成都常信重工机械有限公司
115	普文博泰生物科技（成都）有限公司
116	成都派特生物科技有限公司
117	四川活态药业有限公司
118	四川高朋工程检测有限公司
119	成都美思电子科技有限公司
120	成都新西软科技有限公司
121	成都思先行科技有限公司
122	成都三研精密刀具有限公司
123	成都威隆众诚环保设备有限公司
124	风通动力环境科技（成都）有限公司

序号	企业名称
125	四川英诺环保设备有限公司
126	成都智信耐材科技有限公司
127	成都志力科技发展有限责任公司
128	成都宏光数创机械设备有限公司
129	成都亿科康德电气有限公司
130	四川三泰医药科技有限公司
131	成都新恒创药业有限公司
132	四川科伦博泰生物医药股份有限公司
133	成都市奥林精密机械制造有限公司
134	成都奥朗模具制造有限公司
135	成都市昶泰制罐设备有限公司
136	四川蜀科仪器有限公司
137	成都精钟满机械设备制造有限公司
138	成都沃土油墨科技有限公司
139	四川千巨视觉广告传媒有限责任公司
140	成都市凯林机械贸易有限责任公司
141	四川艾医生医疗科技有限公司
142	四川成宇空间科技有限公司
143	四川能投云电科技有限公司
144	成都金鑫鸿仪环保科技有限公司
145	成都长空飞宇航空科技有限公司
146	成都都市现代农业产业技术研究院有限公司
147	成都奥度空间装饰工程设计有限公司
148	四川航天烽火伺服控制技术有限公司
149	四川盛蓝利环保科技有限公司
150	成都视平方智能科技有限公司
151	四川中农润泽生物科技有限公司
152	成都浩搏优科技有限公司
153	四川中规华投建设工程有限公司
154	成都康城新创生物科技有限公司
155	四川省盛源鑫智能电气有限责任公司
156	四川省川河盛鑫电力工程有限公司
157	成都爱选择教育科技有限公司
158	四川厚生天佐药业有限公司
159	四川科达乐气象科技有限公司

【科技平台建设】 新增百裕制药、航天烽火2家国家级企业技术中心，西南特色中药资源、西南作物基因资源发掘与利用等2个国家重点实验室通过科技部批准，启动四川省实验室筹建工作，国家高性能医疗器械创新中心四川省分中心落户温江并完成公司注册，四川大学AAV新药研发中心、成都比较医学研究院建成投运，四川脑科学与类脑智能研究院建成投运，博奥晶芯获批首家省级专家工作站，新增2家市级院士（专家）创新工作站，共建42个公共技术平台。全区累计国家级研发中心7家、市级以上研发机构219家、院士（专家）创新工作站15家。

【科技项目实施】 全力开展项目策划包装，累计策划包装项目16个，匡算总投资82.72亿元。围绕大数据、人工智能精包装“新基建”重大项目7个，已全部进入省、市发改部门“新基建”项目库。科伦博泰等12个项目获得国家重点研发计划项目立项、209个项目获批省市科技项目立项。成都医学城创新药物研究与转化平台获批2020年国家服务业发展中央预算内资金1015万元，成都都市现代农业产业技术研究院有限公司获批省级重大科技专项300万元。

【科技成果】 鼓励药明康德、景泽生物、海通药业等企业面向产业发展建设中试熟化平台10个，开展CMO/CDMO服务，打通实验室到产业化的“最后一公里”。鼓励新尚、天圣等民营企业，与国内外知名高校院所共建新型研发机构、打造成果转化基地、投资成果转化项目，推动企业转型升级创新发展。在研药物器械838个（新药184个、Ⅲ类医疗器械33个），在产药物器械199个（新药18个、Ⅲ类医疗器械34个）。海思科1类创新药环泊酚成为中国首个自主化合物创新静脉麻醉药物，百利药业GNC－038成为全球首个进入临床的四特异性抗体药物。“抗疫”期间，76家科技企业提供了6类111个防疫硬核产品。

【科技创新载体】 三医创新中心、三医智造中心、川农农创产业园纳入市级高品质科创空间建设规划。全区新增高品质科创空间20万平方米，累计达169万平方米。新增省级孵化载体3家、市级孵化载体3家、离岸孵化基地2家。三医创新中心四期、中医大健康谷二期、新创智中心完成主体工程建设。电子科大“三医＋人工智能”科技园一期项目启动建设，四川农业大学科技园前期工作进展顺利。启动数智创新中心建设，建成珠江数智创新中心，入驻数智科技企业26家，入驻面积达1.8万平方米。

【科技服务】 围绕“两送一帮一解”，组建服务专班，实现科技型中小企业、高新技术企业、新经济入库企业、高层次人才、科技创新项目一对一服务“五个全覆盖”，全年兑现科技项目资金1.12亿元。强化有感服务，搭建新经济企业供需对接、科技企业投贷联动对接和天府科技云等三大服务平台，举办新经济新产品新场景发布会等专题活动，全年发布507条城市机会清单，推出73个应用场景、109个创新产品（服务）；与农行共建1000万元“科创贷”融资风险资金池，累计发放“科创贷”52笔1.12亿元，帮助新经济企业获得风险投资15件2.25亿元；天府科技云累计注册用户61077人/户，发布所供需信息2012条，订单成交310件，合计金额972万元，全省领先。

【科技队伍建设】 牢固树立人才引领发展理念，制定“人才新政16条”“高校院所协同创新10条支持政策”，鼓励创新人才和团队集聚温江创新创业。坚持想深一步、靠前一步，从企业注册、基金对接、项目申报、人才安居、子女就学等方面为创新创业人才提供全方位、人性化服务。引进高层次人才团队15个，4名人才入选成都新经济“双百工程”。200余名领军人才带着项目落户温江，1.5万名青年才俊慕名而来，全区汇聚科技创新人才20余万人。

（戴　刚）

知识产权保护

【知识产权质量创造】 2020年温江区有效发明专利拥有量1891件，每万人有效专利数34.72件，同比增长15.66%，商标有效注册量13405件，同比增长21.82%。成都百裕制药股份有限公司的“一种银杏内酯的药物组合物”专利荣获四川省专利奖一等奖，“温江酱油”地理标志产品获批成都市地方标准，并获“2020中华品牌商标博览会”金奖。4家企业入选四川省2020年四川自主创新企业品牌价值50强。

【知识产权强区建设】 向上争取中国（成都）知识产权保护中心落地温江，抢占生物医药产业发展制高点。成立知识产权工作领导小组，负责深入研究、统筹协调、宏观指导、组织管理、全面推进成都市温江区知识产权战略和品牌战略实施、知识产权强区建设等各项工作。建成中医大高价值专利培育中心、百裕制药四川省高价值专利育成中心、成都医学城知识产权特色小镇。

【知识产权监督执法】 开展知识产权执法“铁拳”、“蓝天”等专项行动，设立知识产权维权工作站（点），办理知识产权违规违法案件27件，开展联合检查行动18次，收到其他地区移交函或协查函5件，向其他区域移交线索2件，与其他区域协作办理知识产权案件3件。

【知识产权服务体系建设】 建立重点发展领域全链条服务管理体系，形成183家重点企业工作联络表，托管企业达到80家以上，全区专利代理率达81.74%。组织指导企业参与新冠肺炎防治专利转化项目9个，组织推荐知名品牌企业和优势示范企业参加中国高校专利年会等交流推介活动，开展知识产权宣传培训工作累计200余次，培训人员5000余人。

（顾梦卉）

文　化

【文化队伍与设施建设】 2020年，采取集中培训、实地教学以及互动研讨相结合的方式组织全区31个体育协会、64个文化社团进行培育，开展公共文化队伍素能提升培训班1期，开展三级社会指导员培训，开办市民文化艺术学校，免费培训市民3.2万余人。新增和盛镇陈家渡村和涌泉街道江浦路社区2个市级基层综合性文化服务中心示范点。加强公益性文化信息基础设施建设。温江区文化馆及美术馆设有官方网站 2 个、官方微信公众号 1 个、官方抖音 1 个，搭建了文旅 e 管家平台和智游天府平台，打造了全新的网络直播间，新安装了“文旅智慧一体机”，市民可以通过智慧机进行了解“数字阅读”“活动预告”“培训讲座”“非遗文化”“美食温江”等丰富内容，使公共文化服务更具时效性、方便性和多元性，将温江人民的衣食住行与文化学习紧密结合。

【文学艺术】 文学艺术百花齐放，2020 年文化馆以文艺颂扬战斗在抗疫一线的英雄，创作了大量优秀的文艺作品，包含书画、音乐、舞蹈、曲艺等门类共 200 余件。协助区宣传部、区文联编辑《鱼凫文艺》4 期、《鱼凫诗刊》1 期、《华夏新韵协会杂志》1 期、温江区诗词学会《柳诗》1 期，协助区政协编辑出版《温江文史》1 期。

【群众文化】 继续延时、免费开放区图书馆、区文化馆（美术馆）、区博物馆、区体育馆、各镇街文化站（中心）等公共服务设施，其中各镇街文化站（中心）接待市民 80 余万人次。全年开展“音乐消夏 · 温江区第二届湖畔流行音乐会”、“欢歌庆秋”系列活动、“劲舞暖冬 · 温江区群众舞蹈比赛”、温江区第十九届光祈音乐节开幕式暨第七届王光祈文艺奖颁奖文艺晚会等各类群众文化活动 2697 场，公众教育 538 场，读书看报活动562 场，参与群众达到519310 人次。培育了“四川清音”、永宁龙狮队等群众艺术队伍，打造了《情满天府药飘香》、《盆中月，景中情》、《红色永宁》、“小城轶事”网络电影等文艺精品 6 个。开展“翰墨温江”系列书画美术作品展等艺术展览 16 场，参展观众达 2 万余人次。开展公益讲座活动 28 场，参与群众达 2000 余人次。举办了以“抗疫”为主题的各类线上（下）文化活动 17 场。开展非遗保护传承活动，深入开展“非遗进校园”传承活动，全年共开展活动 100 余场次，辅导培训学生 3500 余人次。全年组织开展“畅游成都 · 体验非遗”系列活动 12 场次，参与 12000 余人次。

【民间文化】 开展完成全区区域内非物质文化遗产资源线索普查工作，成功申报第七批成都市市级非遗保护名录项目 1 项和第二批市级非遗传承基地 2 所，成功申报第五批温江区区级非遗保护名录项目 8 项、温江区区级代表性传承人 8 人。

【广播电视事业（产业）发展】 大力推进广播电视公共服务体系建设，推出广电惠民服务月、管家云服务等活动，疫情期间开展了电视免费看、课程免费上等服务，创新方式提高广电服务水平。进一步抓好广播“村村响”工作，完成全区广播系统调查。通过健全安全播出领导指挥机构、完善相关规章制度、成立巡护队伍、实行 24 小时值班制等多项措施，切实完善广播电视安全播出预警机制和应急体系，全年组织广电安全检查 4 次，确保了重要节日、重大时期广播电视节目安全传输和播出。

【文化市场管理】 全年共出动执法人员 1400 人次，检查经营单位 1000 家次，召开文旅市场管理工作会 5 次，联合区公安分局、市场监管局等相关职能部门开展联合检查 15 次，责令改正 78 家次，警告 55 家次，取缔黑网吧 1 家，无证无照歌舞娱乐场所 42 家，依法拆除销毁非法地面卫星接收设施（小耳朵）35 套，办结新闻出版物案 17 件，办结娱乐场所噪音和违规经营现象 150 件，联合办理擅自从事出版物印刷活动案 2 件。组织开展了“清源”“净网”“秋风”“护苗”“固边”五大专项行动，配合区扫黄打非办开展市场联合检查 20 次；联合区公安分局、市场监管局检查印刷企业 70 家次；联合区民宗局检查明心寺等宗教场所出版物市场 12 次，收缴非法出版物 1000 余册，查处行政案件 17 件。

（吴　霜）

媒　体

【疫情防控宣传引导】 利用“报、台、网、端、微”“八位一体”融媒传播矩阵，及时播发权威信息、各级通告、基层动态、民生诉求、科普知识等，先后策划推出“奋力夺取疫情防控和经济社会发展双胜利”“共同战‘疫’”等主题报道，发布新闻报道、政策信息、防疫知识等2万余条，挖掘暖心故事200余条，作品累计阅读量达2.52亿次。

【重大主题策划宣传】 聚焦区委践行新发展理念、高质量建设“五个之城”的发展成就和推进成渝地区双城经济圈建设、加快建设践行新发展理念的公园城市示范先行区的创新举措，先后推出“学习贯彻党的十九届五中全会精神”“人民城市 幸福小康”“温江‘十三五’成就巡礼”“抓项目 促投资”“活力创新 幸福城市”“地铁改变生活”等主题报道30余个，全域开展“建言温江‘十四五’”大型新闻海采活动，仅新媒体平台总阅读量达31.2万次，收到各类实质性建议意见129条，均及时整理并书面反馈区发改局和区政府研究中心参阅。策划推出“PICK温江我们一起吧——美好未来在温江”大型系列主题访谈，5期总阅读量550万次，编创《这里是温江》《什么叫润物细无声？就是温江这个变化》等短视频，全方位展现了温江高质量纵深推进“五个之城”建设的丰硕成果，有力提升了群众的幸福感、认同感、获得感。全年共有19件新闻作品获得全国和省、市级表彰，其中5件作品获得成都新闻奖。

【城市宣传营销】 运用5G技术，配合相关部门率先在全区开展“云招商”“云招聘”，先后成功完成“成都金温江·健康花园城”招商推介会暨项目签约仪式、温江区招聘“双一流”高校优秀毕业生线上宣传等直播活动6场。加快垂直融合，整合中央和省市新媒体平台，精心编创视频短片，在“@央视新闻”推出“云踏青·谷雨”，线上展示温江北林167平方公里生态公园的大美风光，在线观看人数超过90万人。围绕“疫情防控”“复工复产复市复耕复学”“项目建设”等主题大力向上向外推送新闻线索，先后30多条报道在央级平台播出（其中《战疫情 医疗物资加快生产 保障疫情防控》等新闻先后14次在央视《新闻联播》《新闻直播间》等栏目播出），被“学习强国”采用作品217条，全方位展示了温江“两手抓、两不误、两促进”的积极成效。

【融媒产品创新】 采用大数据可视化、VR、短视频等新技术新应用，创新策划推出《小金海报》《温江战“疫”一月记》《立夏·温江烟火气》《幸福图鉴》等原创栏目和宣传产品，6期系列短视频“战疫一线的90后、00后”获得总阅读量超过600万次，总点赞量超过13万次；围绕温江新消费场景、幸福城市等主题，策划实施互动式、体验式直播活动12次，累计获得观看量超过100万次。

（卢　璇）

文物保护

【文物保护管理】 贯彻落实“保护为主、抢救第一、合理利用、加强管理”的指导方针和习总书记关于文化遗产保护的讲话精神，围绕确保文物安全、加强文物保护这一核心，开展各项工作。与9个镇街签订文物安全工作目标责任书、文物保护三级网络目标责任书，完善“区—镇（街道）—村（社区）”文物保护管理三级网络体系。开展安全巡查150多次，专项安全检查6次。实施了鱼凫村遗址保护规划编制、鱼凫村遗址（部分）环境整治项目一期、圣修堂维修保护等文物保护项目。

【文物勘探发掘】 创新开展地下文物勘探工作，完成65个地下文勘项目，22个地下文物调查钻探项目。

【文化遗产展示传承】 在做好疫情防控的前提下，做好温江区博物馆、王光祈纪念馆、寿安陈家大院等文博窗口开放工作。

（吴　霜）

卫生健康

【概况】 2020年，温江区各级各类医疗机构573家，驻温江医疗机构3家，驻温江检验所6家；

公立医疗机构20家（包括公立医院7家、卫生院8家、社区服务中心5家），民营医院19家，村卫生室148家，社区卫生服务站10家，门诊部18家，诊所、卫生所、医务室345家，专业公共机构3家，其他2家。共有开放床位6270张，每千人口床位数为11.18张（按常住人口计算）；卫生技术人员7542人（含驻温江医疗机构），卫技人员数7542人、执业（助理）医师数2857人、注册护士数3532人；2020年，全区各级各类医疗机构总诊疗人次为600.77万人次，出院病人为16.36万人次。

【健康到温江品牌建设】 创建“国家健康促进示范区”，通过省级验收；推进健康细胞建设，创建市级健康镇（街道）2个、市级健康单位5个、市级健康村（社区）2个、市级健康家庭200个。

【卫生健康综合监管】 开展医疗服务多元化监管试点工作（全省唯一区级试点单位）；以医疗服务多元化监管为依托，探索“智慧监管”模式，开展各类专项整治12个，“双随机”抽检完成率达100%；持续推进信用监管，完成414家医疗机构评定，实施“互联网+医疗监管”，在10个镇（街道）卫生院（社区卫生服务中心）公共区域安装监控设备，重点监控医闹等突发公共事件，提高应急处置能力。

【卫生项目建设】 进一步优化《成都市温江区医疗卫生资源布点规划（2017—2035）》，全年包装储备项目3个；有序推进前海人寿妇儿综合体、省精神医学中心等项目；区医院、金马镇中心卫生院新院区顺利投用，完成万春镇中心卫生院改造等基层医疗机构提升项目5个；完成5个村（社区）卫生室（站）公有化、标准化建设。

【公共卫生服务】 全区城乡居民健康档案规范化电子建档502203份，电子健康档案建档率96.15%。免费孕前优生健康检查目标人群覆盖率102.65%，孕产妇住院分娩率100%，婴幼儿死亡率2.26‰。

【健康服务业】 争取省卫健委允许依托实体医疗机构开设互联网医院实行“一挂多”差异化政策，即：可依托一家实体医疗机构设立多个互联网医院，争取到2020年新增乙类大型医疗设备配置调剂指标5个（其中：CT3台、直线加速器1台、核磁共振1台），福美医学影像诊断中心、锐视医学影像诊断中心重点项目大型医疗设备配置需求得到解决。争取到外国医师来华短暂行医许可事权下放温江区，老年人失能（失智）预防干预试点国家级项目、四川省健康医疗大数据（温江）应用基地省级项目、老年健康服务信息整合与分析省级项目、安宁疗护试点市级项目纷纷落地温江，市五医院获批“国家高级卒中中心”，区人民医院获批“国家健康管理学科建设与科技创新中心”为健康产业发展增添新动能。

【区域协作】 加快推进自贸区温江协同改革先行区建设，完成“成都生物材料出入境一体化协同监管平台”模块设定，开辟疑难病患者直通博鳌乐城绿色通道，推动海南博鳌乐城先行区“四个特许”政策向温江区辐射，完成进口急需新药申报流程梳理；积极推进成渝双城经济圈建设，与巴南区卫健局开展常态化合作；积极打造智慧医疗应用场景，建成网络医院5家，完成投资2.8亿元。

【中医药服务】 组织开展温江区基层中医药适宜技术竞赛活动，并从优胜选手中遴选6人组队参加市级大赛，获团体三等奖、个人奖项2项。组织参加成都市基层中药传统技能竞赛荣获三等奖，成都市中医药经典竞赛荣获优秀组织奖。区人民医院成功创建成都市综合医院中医示范单位，对2家“示范中医馆”、10家“规范化中医角”提档升级，以创促建提升基层医疗机构中医药服务能力。开展温江区第二批中医师承教育工作，在全区范围内邀请15名有丰富临床经验的中医专家为指导老师，遴选45名有一定中医专业理论和实践基础的继承人，通过带教跟师学习，传承中医专家临床经验或技术专长，培养中医临床骨干人才。

【干部人才管理】 秉承“实用”“管用”“好用”选人用人导向，选拔任用科级干部4人，晋升竞聘管理岗位15人；做好全区卫健系统事业单位新进人员招聘工作，2020年实现了卫生健康人才总量、结构、素质“三提升”，依托公开招聘、“蓉漂人才荟”、订单定向生等形式招聘各类急需紧缺卫生专业技术人员21名，其中副高及以上人员8名；围绕岗位职责考评的指标设置、考评实施、结果运用等环节，精心设置、认真筹划，完善制度办法，促进岗位职责考评工作顺利运行；牵头抓好卫健事业单位班子及成员日常考察考核，完成2019年度下属事业单位主要负责人台账考核工作；2020年共为6名专家及5名镇（街）医疗卫生机构急需成熟型人才兑现住房补贴53万元；组织开展2020年专业技术岗位竞聘上岗工作，2020年有8家单位陆续开展了本年度的专业技术人员竞聘上岗。

【人口及老龄工作】 全年人口自然增长率5.44‰，出生率10.45‰；发放计划生育奖励扶助资金2578.944万元，发放率100%；建成母婴室17个；被省政府认定为第五轮省级敬老模范区，持续开展四川省卫生健康委老年健康服务信息整合与分析项目的试点工作，亲睦家老年医院作为安宁疗护试点机构接受成都市卫健委验收；成功举行温江区孝亲敬老好家庭、好公民表彰会暨庆重阳文艺演出活动，评选出2020年孝亲敬老好媳妇、好女婿、好公婆、好岳父母、好公民共95名，在现场为他们颁发奖状和奖金。

【爱国卫生工作】 在全区组织开展健康素养知识竞赛，组织队伍参加市级知识竞赛；确保“四害”密度控制在国家标准之内，组织开展全区农村户厕改造提升技术培训会，发放农村改厕宣传资料13500份。金马街道按照《国家卫生乡镇（县城）标准》，启动国家卫生乡镇创建工作；2020年全区创建市级健康镇（街道）2个、市级健康单位5个、市级健康村（社区）2个、市级健康家庭200个；创建区级健康镇（街道）1个，区级健康单位4个，区级健康村（社区）3个，区级健康家庭100户；新建省级卫生村4个，省级卫生单位5个，省级无烟单位7个，星级院落7个，农村星级卫生院落5个。

【红十字会工作】 形成《成都市温江区红十字会改革实施方案》，通过区政府常务会审议通过；与温江区人民医院合作建设红十字应急救护培训基地；开展社区应急救护知识普及培训60期，培训1.5万余人次；全年举办急救员培训班28期，培训合格急救员1339名；完成全区红十字应急救护师资年度考核和注册工作，组织全区应急救护师资参加了各类救护师资培（复）训；开展应急演练5次，在全市急救员大赛中获优秀组织奖。利用学雷锋纪念日、“5·8世界红十字日”、防灾减灾日、世界急救日等节点，组织志愿服务队，通过义诊、理疗、心理疏导、宣讲等形式进行宣传，全年开展各类红十字社区宣传活动10次，受益群众60000余人。其中，开展无偿献血和防艾宣传，发放宣传资料10000余份，实现无偿捐献2216人，献血量达792830毫升。对3例遗体与器官捐献志愿者先进个人和先进事迹进行表彰宣传，完成了500名登记志愿者的免费体检。帮助2628人完成了遗体和器官志愿捐献登记。

【新冠肺炎疫情防控】 在全市率先组建疫情防控专家委员会，率先开展准流行病学调查，率先实行“核酸+肺部CT”双检测。持续做好入境人员闭环管理，加强重点行业重点人群和外环境核酸检测。2020年底有12家核酸检测机构，检测能力居全市首位。组建核酸采样队伍326支、流行病学调查队伍85支，储备应急核酸采样点196个；组建195人的医疗应急队伍，设立发热门诊3个，哨点诊室17个，梯队救治医院（点）5个，储备救治床位620张。

（张颇如）

体　育

【体育队伍与设施建设】 组织全区中小学校、体育协会和俱乐部1100余名运动员参加成都市第十四届运动会群众组和青少年组比赛。组织开展青少年体育教师（教练）篮球、足球、排球、田径、健身操、体育舞蹈、柔力球等培训活动近10次，参与培训700人次。开展足球运动员进社区活动1次。

【群众体育】 开展“爱成都·迎大运·享温江”社区共建共治共享行动暨2020年成都市温江区社区运动节启动仪式，并在全区9个镇街举办二级体育赛事活动，包括各类体育竞赛、体育展演、社区特色文创产品展览等；开展“8月8日全民健身日”系列活动168场；开展成都市“第七届全民健身运动会”温江选拔赛，并参加成都市总决赛；举办“运动成都”成都市第七届全民健身运动会（老年组）太极拳（剑）、广场健身舞片区赛、2020年成都市青少年武术套路冠军赛、2020年“太极蓉城”成都市第九届太极拳冠军赛、“运动成都”成都市传统武术套路冠军赛等群众体育赛事活动。

【竞技体育】 组队参加成都市第十四届运动会，取得青少年组63枚金牌36枚银牌32枚铜牌，奖牌总数131枚，全市奖牌榜排名第三名；群众组16枚金牌24枚银牌30枚铜牌共70枚奖牌的成绩。温江区被评为成都市第十四届运动会组织奖、体育道德风尚奖。开展成都市阳光体育十大活动，举办2020年温江区第九届学生综合运动会、2020成都市乡村少年宫迎面接力比赛。

【体育管理】 引进2020—2021赛季中国女子篮球联赛第一阶段正赛、全国三人篮球俱乐部（成都）精英赛、耐克中国高中生篮球联赛等国内赛事落地温江，中央、省市区、境外媒体发布信息130余条，首次线下推广活动相关网络短视频观看人数达340余万人次。持续开展天府绿道休闲旅游节，联合抖音发布“我在天府绿道”话题，吸引4900余万人次参与；以“爱成都·迎大运”为主题，举办天府绿道自行车车迷健身节，指导镇街举办2020成都温江农民丰收节暨桂花文化旅游季、万春开秧门等20余个乡村文旅活动，有效带动温江区文旅消费场景打造。依托光华商区、国色天乡、环大学城、同兴西路四个夜间经济示范点，开展温江大庙会、“点亮夜温江·FUN玩风筝节”、消夏家庭园艺展、温江城市形象LOGO亮灯仪式、云上温江快闪巡游等系列活动，不断培育温江夜间消费新业态。

（吴　霜）

旅　游

【旅游业发展】 全面学习贯彻2020年全省文旅发展大会精神，投入专项资金400余万元，推进四川省天府旅游名县和国家全域旅游示范区创建工作，成功创建四川省全域旅游示范区。完成《大健康旅游目的地规划》编制、文化强区发展战略路径课题研究、“十四五”期间温江区全域旅游发展及促进文化体育发展的目标及重点举措研究。

【旅游市场运销】 制定《成都市温江区促进全域旅游发展若干政策措施实施细则》，审核拨付区级扶持资金1897.25万元；帮助企业申报2020年市级旅游业发展资金19个项目1061万元，申请房租减免86.18万元、稳岗补贴305.52万元、社会保险补贴150余万元。

【旅游行业管理】 全年接待游客1696.02万人次，其中过夜游客238.83万人次，实现旅游综合收入121.81亿元。2020年创建三星级农家乐（乡村酒店）13家、四星级农家乐4家，指导怡家丽景酒店、谷兹铂雅名人酒店、成都世纪拉菲酒店、怡家城市酒店创建银树叶级绿色酒店，指导成都世纪拉菲酒店创建SL五花商旅酒店和金芙蓉级主题旅游客栈。

（吴　霜）

社会生活

劳动保障

【概况】 2020年，温江区认真贯彻落实中央、省、市的安排部署，紧盯劳动关系领域突出问题，全面深化依法治理、源头治理和综合治理，全力推进省级构建和谐劳动关系综合配套改革试点建设工作，强化和谐劳动关系宣传，强化劳动保障监察执法，优化监察预警系统，深化“网络化、网格化”管理。提升争议调解仲裁效能，不断加强裁审衔接，完善多元化争议处理机制，推广要素式审理模式，提升劳动人事争议仲裁的结案率和调解率。

【劳动监察】 全年共处理投诉举报1608起，金额2486.48万元，拖欠农民工工资举报投诉案件结案率为99%，保障农民工工资支付工作顺利通过国家、省市考核。开展劳动保障法律宣传300余次，处置应急突发事件40起。镇（街道）基层调解、微信平台共受理劳资纠纷683起，成功调解604起，调解率88.4%。企业合同签订率97%。妥处“升达历史欠薪、柳宾改制纠纷”等劳动纠纷，获企业及劳动者赠锦旗5面。

【劳动仲裁】 认真贯彻落实国家、省、市关于劳动人事争议仲裁院的法律法规政策及关于疫情防控安排的决策部署，以深化“省级示范仲裁院”建设为抓手，坚持“调解办案，调裁结合”理念，提高仲裁办案质量，全力化解劳资纠纷双方矛盾。全年共办结劳动争议案件927件（含集体争议14件），其中撤诉结案233件、调解结案274件、裁决结案420件（含一裁终局204件），共为927名劳动者挽回经济损失1825.77万元；劳动争议调解率达54.6%（含“撤诉+调解”），劳动争议结案率达100%。

【和谐劳动关系创建】 全力推进省级构建和谐劳动关系试点。打造成都市温江区劳动纠纷“一站式”多元化解联处中心，形成了劳动争议“一站式接收、一揽子调处、全链条解决”的联动调处模式。成立温江区和谐劳动关系促进会，入会企业40家，制定《疫情防控期间劳动关系问题工作方案》，组织成员单位、企事业单位线上线下培训7期，组织“疫情防控期劳动关系工作先进集体及个人评选”活动，评选出先进集体160个、先进个人89名。开展全区“五级联动争创模范劳动关系和谐单位”活动，已收企事业单位申报资料100余份；开展和谐劳动关系宣传月四进活动，深入9个镇（街道）、100多个社区、300多家企业等解答用工问题136条，汇编及发放宣传手册、海报860份。在成都市劳动关系评价中，温江区获评AAAAA级成都市模范劳动关系和谐区（县），9个镇（街道）均达到成都市和谐劳动关系标准，41个村（社区）和77家企业获评成都市和谐劳动关系模范单位。

【信访工作】 聚力“安全人社”“应急处置”“效能服务”三个方面，创新举措，完善机制，抓好落实，全力推进“三张清单”化解，竭力化解信访积案，努力控增量，稳步减存量，守住不发生突发性重大群体性事件或重大影响安全责任事故的底线，有力维护了信访工作秩序和社会和谐。

社会保险

【概况】 2020年，温江区按照“全覆盖、保基本、多层次、可持续”的原则，以保障和增进广大人民群众的社会保障权益为根本出发点，强化全民参保数据动态管理和分析应用，深挖扩面资源，扩大参保缴费增量。持续提升社保经办服务水平，着力打造“民心社保、智慧社保、廉洁社保”。

【社会保障体系】 一是贯彻落实“六稳六保”减轻企业负担，落实社保阶段性减免政策，累计减免近8000家企业社保费8.19亿元，深入开展“送岗位、送政策、稳就业、抗疫情”系列活动，宣传社保费阶段性减免政策，针对部分企业因疫情原因无力垫资工伤职工医疗费的实际情况，及时协调解决企业垫资难问题。二是稳步推进失地农民社保攻坚，2020年助力全区43个项目推进，办理2196名失地农民参保，累计化解公平红桥社区、花都大道延伸段、永宁医学城B区587地块等历史遗留问题项目18个，解决1359名失地农民社保参保问题。三是推进企保社税移交衔接，对社保全体职工开展社税移交政策培训，与税务、医保等部门建立联合协作机制，畅通联络渠道，及时响应问题，避免出现推诿扯皮。通过电视新闻、报纸、网络新媒体等多种渠道大力宣传引导参保群众，在现场安排专人引导答疑，保障移交工作平稳顺利。

【城乡社保体系】 是运用全市参保数据与全省全国数据比对分析，加强数据筛查清理和动态管理，密切与各职能部门协作，对应保未保的对象准确登记，积极动员。二是结合实际需求延伸城乡居民养老保险参保登记、待遇申领、停保等13项业务至村（社区），方便群众在家门口办事。三是贯彻落实社保精准扶贫决策部署，2020年共落实建档立卡未标注脱贫人口、低保对象、特困人员等775名困难群体城乡居民基本养老保险费代缴。2020年，城乡居民退休人数约1.8万人，人均月养老金达570元，区内1.5万人直接享受基础养老金补贴，实现城乡居民基本养老保险全覆盖。

【养老保险】 温江区城镇职工基本养老保险参保26.54万人（其中城职基本养老在职19.48万人，机关事业养老在职参保0.9万人），完成成都市社保经办目标的103%，城乡居民养老保险参保人数9.64万人，完成成都市社保经办目标的101%，城乡居民基本养老保险参保覆盖率97%，完成省市民生实事目标的108%。落实2020年企业和机关事业单位退休人员基本养老金调增政策，惠及区内7.40万名企业和机关事业单位退休人员，月均增长养老金118.65元。

【失业保险】 失业保险参保人数16.01万人，完成成都市社保经办目标的107%。

【工伤保险】 全年工伤认定574件，劳动能力鉴定495件。工伤保险基金支付各项工伤保险待遇2287人次，累计支出3161.69万元。其中，全额垫付工伤医疗费411人次，407.21万元；一次性伤残补助金301人次，1049.64万元；一次性医疗补助金164人次，578.29万元；劳动能力鉴定费366人次，19.46万元；一次性工亡补助金11人，883.07万元。定期对区内工伤保险4家定点医疗机构进行协议监管，全年查无违反协议情况发生。7月21日，人社部召开全国工伤保险运行分析会，温江区以“加强工伤预防　促进安全生产　构建全域健康产业生态圈”为题做经验汇报，获得人社部工伤保险司领导的高度评价。

【最低工资标准调整】 2020年，全市最低工资标准无调整，按《成都市人民政府关于调整全市最低工资标准》执行，温江区月最低工资标准为1780元，非全日制用工小时最低工资标准为18.7元。

就业和创业促进

【概况】 2020年，温江区认真落实国家、省、市人力资源和社会保障“稳就业、保就业”工作会议部署，坚持减负、稳岗、扩就业多措并举，稳步扩大就业规模、持续提升就业质量、不断优化就业服务，最大限度降低疫情对经济社会发展的影响。全年实现城镇新增就业 9934 人，失业人员再就业 5682 人，就业困难对象就业 592 人，动态消除零就业家庭，170 人次实现灵活就业，发放创业补贴 214 万元，发放创业担保贷款 1568 万元，已拨付职业技能提升补贴专账资金 645 万元，新增吸纳高校毕业生就业创业 3542 人，城镇登记失业率在 4% 以内。

【“稳就业、保就业”工作】 制订出台《温江区进一步稳定和促进就业专项行动计划》，坚持稳岗位、拓渠道、兜底线并举，通过“稳企业”实现“稳就业”，累计向 8236 家企业兑现企业稳岗补贴 1.7 亿元、稳定岗位 23.61 万个，兑现社保岗位补贴 465.01 万元，惠及 1224 人次。

【就业体系健全】 抓实就业困难人员等重点群体兜底保障，稳妥安置 3279 名就业困难人员就业，帮助 5682 名失业人员再就业。启动“1 + 3 + N”技能人才品牌培育，培育“三医技工”“乡村工匠”“康养护工”1.1 万人，助推全区技能人才总量迅速攀升，截至 2020 年，累计达到 7.8 万人。其中，高技能人才达 1.18 万人、较 2019 年增长 37%，“三医两养”技能人才占比超过 30%。

【创业平台建设】 依托花仙境直播平台，打造“村播创客”孵化基地；围绕大学城社区建立 1 个鱼凫联创示范点。四川青年（大学生）创业园、成都农业科技职业技术学院通过省级大学生创业示范基地复核。推选的“博浩宇樱桃”优秀创业项目入围第四届“中国创翼”创业创新大赛四川选拔赛，并取得优异成绩，温江区被省人社厅、市人社局评为优秀组织奖。

【充分就业和灵活就业】 截至 12 月，全区 9 个镇（街道）、95 个村（社区）全面实现充分就业。其中，国家级充分就业示范社区 1 个，省级充分就业示范社区 3 个。全年实现城镇新增就业 9934 人，失业人员再就业 5682 人，就业困难对象就业 592 人，动态消除零就业家庭，170 人（次）实现灵活就业，城镇登记失业率在 4% 以内。

【创业带动就业】 依托镇（街道）创业公共服务平台、高校孵化平台，落实积极的创业政策，鼓励创业促进就业。全年收集创业项目 214 个，兑现创业补贴 214 万元，开展直播带岗、主播探路等创新创业活动 16 场次，发放创业担保贷款 1568 万元。

【就业和创业培训】 全年开展失业人员、企业职工等各类就业技能培训 1.4 万人次，培育产业技能人才 10188 人；新建省级高技能人才培训基地 1 个、省级技能大师工作室 3 个、市级技能大师工作室 2 个；开展四川技能大赛—首届化学检验员大赛、第二届康养护理技能竞赛等 5 次；选拔 14 名优秀选手参加首届全国职业技能大赛，获得了一金二银一铜及 5 个优胜奖的优异成绩，奖牌数位居全市前列，7 名选手入选国家集训队备战世界技能大赛。创业培训新增网络创业培训项目，全年开展 SYB 创业培训 60 期，1754 人；网络创业培训 57 期，

1992 人；返乡下乡创业培训 22 期，940 人。

【返乡农民工创业鼓励】 针对返乡农民工开展创业培训 22 期，培训 940 人次，发放返乡农民工创业补贴 1 万元，为农民工返乡创业提供“创业培训—开业指导—创业贷款—后续跟踪”一条龙服务。

【职业介绍和人力资源市场建设】 人力资源市场主体由“国资＋民营”模式构成，形成了“一主多副”的人力资源市场格局。优化整合人力资源大数据中心、数字化档案中心，“人力资源云平台”和“就业创业人才公共服务平台”，面向企业的 PC 端、求职者的微信端和后台管理服务端，形成“两中心、两平台、三终端”，构建起区级、分中心、镇（街道）、社区四级贯通的人力资源智慧服务广场，实现“招聘不打烊，服务不停歇”。采用“人力资源信息平台＋微信平台＋市场现场招聘”三位一体的服务模式，为企业和人才提供优质服务。

公共服务体系建设

【概况】 2020 年，温江区人社公共服务紧紧围绕区委“五个之城”建设中心任务和区人社局“三大创新”“六大重点”“五大保障”工作重点，纵深推进公共服务供给模式改革创新。全年，114 个点位标准化建成率 100%，社银一体化覆盖面 100%，自然人服务事项下沉 74 项，下沉率超 85%，社保卡累计发卡 56.27 万人，12333 电话咨询接通率 93.2%。

【社会保障卡服务】 社会保障卡实现流程再造，批量制卡“发行提速”，及时制卡“立等可取”。全年，已累计发放 56.11 万人次，新增办卡 2200 份，金融账户激活 38372 人，“一卡通”申办率达 99.77%。

【12333 电话咨询服务】 2020 年，12333 咨询电话“线上服务不打烊”，战“疫”脚步不停歇。全年来电咨询总数 24586 通，人工接听 22916 通，人工接听率 93.2%。

【公共服务】 坚持“对标人民满意，聚焦共建共享”的理念，创新构建“1＋4＋9＋N”的四级人社公共服务点位布局，形成“城市 10 分钟＋乡村 5 公里＋园区零距离”的便捷高效公共服务圈，114 个服务网点标准化建成率 100%。人力资源大数据智慧服务平台建成投运，社银合作“全流程样板间”全市首创，“社银一体化”网点覆盖面 100%。176 项公共服务事项“能下尽下”，“打包办”“马上办”“限时办”提速增效，全年累计服务企业 9821 家次，服务群众 103 万人次，办件量突破 128 万件。

（孙艳平）

社会管理

【基层政权和社区建设】 村（社区）和村（居）民小组建制调整 村（社区）由 121 个调整到 95 个，村平均服务人口 3760 人，场镇社区平均服务人口 7079 人，城市社区平均服务人口 1.62 万人，村调减 51.51%，总量调减 21.49%。村（居）民小组由 1552 个减少到 1070 个，平均每组服务人口由 678 人提高到 984 人，村民小组调

减51.2%，总量调减31%。

镇（街道）行政区划调整界线勘定　涉及乡镇级界线130公里，数量17条。

城乡社区可持续总体营造行动资助项目　2020年度投入1000余万元实施155个城乡社区可持续总体营造行动项目，整合村（社区）资金100余万元，聚焦民政主责主业，累计开展了各类活动2181场，累计服务83249人次。

村（居）务公开　指导镇（街道）依程序规范村（居）务公开，并启动村规民约修订，对村（居）务公开、村规民约修订情况开展常态化检查监督。印发《温江区关于深入推进小区（院落）民主协商的实施意见》。

社会工作人才队伍建设　2020年，全区共有801人参加全国社会工作职业水平考试，其中205人通过了考试并取得了社会工作资格证书。全区共有695名持证社工，其中中级社工522名，初级社工173名，分布在镇（街道）、村（社区）一线达到437名，社会组织124名、区级部门78名。

【专项社会事务管理】社会组织监督管理　指导429家社会组织开展年检工作，将党建内容纳入章程，组织“社会组织意识形态”等专题讲座，加强思想建设。按照“双随机一公开”要求，对30家社会组织开展抽查，将培育孵化融入社会组织等级评估，精准培育AAAA级以上社会组织，2020年12月完成30家社会组织等级评估。

地名工作　形成《成都市温江区地名分区规划（2020—2023）》，共规划地名353条。对36条规划道路、13个公园、22个桥梁（隧道）命名。

流浪乞讨人员救助　疫情期间在凤溪大道党群服务中心设立临时救助点，开展1090次街面巡查，街面劝导救助25人；开展救助政策宣传活动，发放救助宣传资料9000余份，截至12月底共救助125人。

殡葬管理　深入推进殡葬改革，积极推进公益性殡葬设施建设。深化殡葬移风易俗，开发“仁孝温江”网上祭祀平台，清明节期间接待祭扫群众68万余人次，动用工作人员9200余人次；惠民殡葬补贴执行率达100%。

婚姻登记　严格依法登记，全年共办理结婚登记3894对，离婚登记2216对，补领婚姻证件2128对，登记合格率达100%。

收养登记　办理收养登记3件，合格率达100%。

社会服务

【社会福利和社会救助】城乡最低生活保障　截至12月底，全区共有城乡低保1227户、1603人，其中：城市405户、476人，全年累计发放城市低保金417.96万元，人均月补差757.86元；农村822户、1127人，全年累计发放农村低保金709.3万元，人均月补差544.61元。

城乡特困人员救助供养　截至12月底，全区共有特困人员341人，其中：城市71人，农村270人，全年发放特困人员供养金共408.31万元，其中城市特困人员供养金69.66万元，农村特困人员供养金338.65万元。

儿童福利　截至12月底，全区共有特殊儿童43人，其中孤儿16人（散居15人，集中供养1人），全年共发放孤儿基本生活费23.76万元，困境儿童10人，发放生活补贴2.74万元，事实无人抚养儿童17人，发放基本生活费7.94万元。

临时救助　对全区临时困难家庭进行精准及时救助，临时救助1188人次、发放163.21万元。（其中：低保及低保边缘912人次，发放117.36万元，特困128人次、发放38.86万元，快速救助148人次，发放6.99万元）。

残疾人两项补贴　2020年12月在册困难残疾人生活补贴对象1012人，重度残疾人护理补贴对象3693人，全年发放困难残疾人生活补贴11731人次，资金246.36万元；发放重度残疾人护理补贴43321人次，资金365.91万元。

受疫情影响困难群众基本生活保障　建立“快速响应、直接干预、专业介入”机制，开通3条24小时救助热线，回应和处理困难群众急难诉求26人次，帮助解决湖北滞留困难群众问题等重点特殊个案9个，对1893名重点对象实施模块编组、落实照护，确保不发生冲击社会道德底线事件。

慈善会　全年区慈善会接收和募集款物共计90.65万元，其中资金84.83万元，物资5.82万元。实施慈善“助学、助医、助幼、助老、助困”五大专项救助行动，共使用资金129.55万元。定向援助色达帮扶211.51万元。

【养老服务】　养老惠民政策　为全区11733名80周岁及以上高龄老年人发放高龄津贴共970.78万元；为772名困难老人拨付居家养老服务补贴共23.16万元；为219名困难老人拨付基本养老补贴共52.455万元。

助餐体系建设　完成4个助餐服务点位建设，通过链接爱心餐饮企业、配餐等形式，为老年人提供成本价或低价的优质高效助餐服务。累计发放助餐点位建设资金22.52万元，拨付助餐补助资金20万元。

适老化改造　对温江户籍的散居特困、低保、低保边缘等困难老年人家庭，以及计划生育特殊老年人家庭共计500户开展了适老化改造，投入改造金额48万余元。

家庭照护床位试点　按照《四川省人民政府办公厅关于推进四川养老服务发展的实施意见》等文件要求，制订《成都市温江区民政局家庭照护床位试点方案》，会同区卫健、医保、财政等部门，开展家庭照护床位试点工作，完成2020年10张床位目标任务。

养老设施建设　全区现有养老机构14所，其中公办4所、公建民营1所、民办公助1所、社会养老机构8所，城乡社区日间照料中心103个，有养老床位3343张。

社区养老服务综合体建设　先期启动涌泉街道金科天宸社区养老服务综合体（嵌入式养老服务设施）、公平街道红桥社区养老服务综合体、柳城街道新华社区养老服务综合体3个点位建设，总面积约4425平方米，总投资1300余万元。

养老机构疫情防控　第一时间制定“七个严格”措施，抓实“三个强化”，抓细“三个加强”，落实院长负责制，全面实施养老机构封闭式管理。建立“一对一”联系机制，规范指导养老机构疫情期间老人、员工离返院服务，协同解决企业运营难题，确保全区养老机构疫情防控工作总体平稳。发放养老机构疫情期间一线养老从业人员奖补资金36.84万元、一次性运营补贴共13.54万元。对养老机构老人新入住、返院的核酸检测费按50%进行补贴，新入住、返岗员工的核酸检测费按25%进行补贴，已发放核酸检测补贴787人次（老人256人次，员工531人次），补贴金额40455元；12月对全区养老机构开展全员免费核酸检测，共2368人次（员工1210人次、老人1158人次），投入经费232064元。

养老服务人才培育　根据《成都市民政局关于做好2020年成都市养老服务人才培训工作的通知》文件要求，2020年组织养老机构院长培训4人，管理人员培训16人，护理员培训10人，组织6个镇街、1个区级养老服务中心人员参加养老顾问培训，投入培训经费7.4万元；评选温江区养老机构2019年优秀护理员21名，发放奖补6.3万元。

空巢（留守）老人关心关爱　通过上门探访、电话问询等方式开展探访工作，对550余名空巢（留守）老人开展各类关心关爱活动，投入服务经费26.592万元。

智慧健康养老信息化平台　通过视频监控、数据分析等形式对全区14家养老机构的安全运营、服务质量等情况实施24小时动态监管，加强常态化疫情防控期间养老机构监督管理。

康复辅助器具社区租赁　构建以政府为导向、社区为依托的综合服务体系，稳步推进温江区康复辅助器具社区租赁服务试点工作开展。截至12月底，成都市温江区康复辅助器具综合服务中心已建成并运营，签约服务66人，累计发放租赁补贴6.83万元。

（郭殿怡）

医疗保障

【概况】　温江区医保局坚持以人民健康为中心的发展思想，强化“跳出医保抓医保”理念，聚焦医保基金提质增效，推动医疗保障事业高质量发展，提升群众获得感、幸福感、安全感。

【医保基金收支】 2020年，全区医保基金收入124949.02万元，支出134838.76万元。其中城镇职工基本医疗保险（含生育保险）基金收入84877.94万元，支出90058.66万元；城乡居民基本医疗保险基金收入32039.96万元（个人征收12258.97万元，各级财政补贴19780.99万元），支出30116.97万元；大病医疗互助补充保险基金收入8031.12万元，支出14663.13万元。

【新冠肺炎疫情防控】 贯彻落实疫情防控期间医保惠企惠民政策，做好“两个确保”救治保障，增拨医保预付金3112万元、周转金5607万元；组织采购口罩、体温计、连花清瘟颗粒等防疫物资，向市场投放口罩近10万个，对代销及自筹口罩销售的86家次药店予以补贴奖励8.45万元；开展惠企政策宣讲200余次，落实7944家企业“延、缓、减、免”缴医保费用惠企政策，减半征收职工医保费13835.8万元、延缓征收医疗保险费22095.9万元。

【基本医疗保险参保】 2020年，全区基本医疗保险参保人数达62.44万人。其中城镇职工基本医疗保险参保人数达27.24万人；城乡居民基本医疗保险参保人数达35.2万人，参保率达99%以上。资助2733名困难群众参加2021年度城乡居民基本医疗保险，实现困难群众100%参保登记、100%资助缴费。

【医保改革】 积极探索建立政府主导、社会参与医疗救助机制，夯实医疗救助托底保障功能，防止“因病致贫”“因病返贫”，为困难群众提供医疗救助保障资金286.01万元；深化长期照护保险试点改革，将城乡居民纳入保障范围，实现成人保障全覆盖，为572名重度失能失智人员提供保障资金685万元；圆满完成第一批药品集采试点工作，节约就医支出3126.06万元，稳步推进续标和第二、三批中选药品集采和使用工作，节约就医支出3599.42万元；深入推进总额控制下按病组分值付费改革工作，提升医疗服务性价比，人均住院费用下降5.92%；持续推进门诊特殊疾病改革，将肝豆状核变性等3种疾病纳入门诊特殊疾病管理，进一步扩大医疗保障范围。

【医保经办服务】 省政务服务一体化平台34项医保办理事项中，马上办事项占比达88.24%，全程网办事项占比达97.06%，网上办事项达100%；实现全区39家定点医疗机构基本医保、大病保险、医疗救助等多重保障“一站办结”，稳步推进“互联网+医保”，实现34项业务“网上办”，6项业务社区“就近办”；建立“立报立审”制度，压缩医疗保险关系接续、医疗报销等办结时限25%，削减申报材料6项。

【基金监管】 完善医保基金监管信用体系建设，扎实推进重点行业领域突出问题医保系统治理，构建“温郫崇双龙”协同监管联盟，建立医保专家库，推进社会监督员监管模式，加强医保医师管理，开展打击欺诈骗保集中宣传月活动，创新举办“医保医师擂台赛”。2020年，已对721名医保医师实行记分处理，查实违规机构142家次，通过智能审核扣除不合理费用640万元，追回违规金额266.54万元，扣减保证金154.48万元，中止医保服务协议10家。

【医药健康产业发展】 省医保局和温江区政府签订《共建成都医学城医药大健康产业生态圈战略合作备忘录》，加大对区域内药械产品挂网招采、立项定价、跨省集采等方面的支持，全力促进温江区医药健康产业生态圈建设；与巴南区医保局建立战略合作关系，推动两地医疗保障多层次区域合作。积极承办“成都平原经济区药品集采专场分享会”，引荐区内12家企业加入“成都市医

药健康产业生态圈联盟”，为企业互动发展创造更多机遇；协助2家企业开展新增医疗服务立项工作；助力1家企业新产品进入医疗机构试用并进入采购环节；助推1家招引企业项目在区内医院落地试运行；助力1家企业申报国际最先进科研技术项目；搭建“企政院”交流平台，开展“温江造·本地采”系列活动，全年引导医疗机构药品器械“温江造·本地采”达791.4万元。

（肖　娟）

统计工作与服务

【统计监测】 按时完成常规报表工作，切实做好工业、农业、服务业、固定资产投资等专业2019年年报和2020年定期报表工作；做好对全区“四上”企业、固定资产投资项目定期报表及乡村振兴平台数据审核上报工作；完成2019年度地区生产总值核算；认真抓好2020年度经济运行情况、民营经济发展状况的监测预警及地区生产总值核算工作；2020年全区实现地区生产总值623.84亿元，按可比价格计算，比上年增长5.1%。其中，第一、第二、第三产业增加值分别增长4.3%、7.4%、3.1%；规上工业增加值增长7.1%；固定资产投资增长8.3%；社会消费品零售总额148.5亿元，比上年下降1.6%。

【统计服务】 全年撰写统计分析（调研报告）41篇，编报统计简报358期，被两办采用48篇，市局采用30篇，获区领导签批20期，其中肯定性批示5期；完成《温江统计年鉴（2020）》编撰及2019年统计公报核实和发布工作；完成各月《统计月报》、经济指标一览表及“统计小册子”等统计产品制作；完成经济普查公报发布，积极推进相关课题研究工作；向区发改局、区财政局、区经信局等区级部门和镇（街）、园区提供统计数据百余次，向社会提供优质的数据咨询服务，定期发布统计数据。

【联席会议】 积极主动发挥好统计在防范化解重大风险的“预警机”作用，牵头召开经济运行和统计工作联席会4次，研究解决温江区经济运行中存在的问题；牵头抓好“四上”企业培育（入库）情况监测，新入库企业数量较2019年增长约95%。

【信息化建设】 进一步建立和完善了《温江区统计局信息化管理制度》《温江区统计局网络安全应急预案》等规章制度；组织全体干部职工和镇（街）、园区统计工作人员专题开展网络安全专题培训；安排专人管理联网直报平台授权工作，及时有效地配合解决各科室联网直报平台授权和技术支持；每月报表期间及时监测联网直报平台直报率情况，全年共备案同IP情况105条；完成“统计信息处理平台”项目建设；全年完成信息化统计信息及各类总结报告11条；积极联系专业机构对全局40台PC终端办公系统进行了基线检查，对检查出来问题及时进行了处理。

【名录库管理】 组织开展名录库维护、一套表统计单位申报入库等专项技能培训4批次，培训产业部门、园区及镇（街）业务人员近200人次；圆满完成2019年度基本单位名录库年报和2020年新增基本单位的核查、维护和管理任务；根据新冠疫情防控要求，先后开展10%基本单位和50%一套表调查单位电话核查。截至年底，全区共有在库法人单位12286个，较2019年增加1411个，共有产业活动单位1893个，较2019年增加208个；2020年名录库管理工作在全市业务评比中进入“优秀”行列，跃上新台阶。

【复工复产】 根据全区新冠疫情防控复工复产工作需要，整理提供基本单位名录信息20余万条，完成复工复产情况统计表内容梳理及表式制作，收集、整理，分门别类精准推送复工复产企业名单给各部门及镇街，按日统计企业复工复产情况，加强统计监测和分析预判3月每日、4—12月每周复工复产信息，协助区发改局完成64期《成都市温江区新冠疫情防控复工复产工作简报》。

【产能转移】 根据工业、建筑业、服务业（含商贸）不同的特点，分行业制定产能转移认定范围和标准，统一和规范认定流程，将企业财务、统计部门直报平台、税务部门的三方面数据“融合”对比，指导和服务经济部门开展产能转移工作；会同区发改局做好产能转移认定工作，2020年累计审核认定51家、24.16亿元。

【“四上”企业培育】 全年完成“四上”企业培育（入库）推进工作情况通报10期，向部门反馈确认情况40次，发出工作提示7件，对接税务部门，收集月度“四上”存量企业及培育企业纳税情况10批次、信息近万条，核实培育企业税务异常原因5件，为产业部门、园区和镇（街）提供入库申报业务指导和服务百余次；建立“四上”企业培育库，共审核确认培育企业271家，成功申报入库159家；全面完成年（月）度一套表调查单位审核确认，共审核推送申报单位237家，其中：入库190家、退库34家、变更13家，申报通过率达99%。

【统计法治】 全年开展法治学习5次，其中中心组学习2次，办公会学习2次，干部职工大会学习1次。组织各级统计系统干部职工和统计调查对象从业人员学习统计法律法规，全年累计1500余人次；全年开展调查对象统计法治宣传教育7次，在文庙街、城武社区开展面向公众的统计法治宣传教育2次，发放宣传手册、手提袋、抽纸等宣传物质5000余份；督促镇（街道）和“四上”企业开展全面自查，对9个镇（街道）和80余家企业进行数据质量检查，限期整改问题12个，开展“双随机”执法检查10家，向企业发出查询书20份。

【第七次全国人口普查】 积极推进第七次全国人口普查工作，完成区、镇（街道）、社区（村）三级人普机构组建，建立健全了分片包干、动态跟踪、周通报等制度机制，印发通报17期，深入基层研究43次，形成业务指南10期；落实普查物资、普查区划分、绘图工作，完成4300余名“两员”选聘及培训，通过学校、地铁站以及电视、微信等宣传平台，实现线上线下宣传双管齐下；扎实推进普查登记，圆满完成普查短表登记和长表抽样登记工作。

【社情民意调查】 全年开展了《国色天乡运营状况市场调查研究》《关于地摊经济问题的研究》等12项调查，上报《民情直通车》12篇，全部获区主要领导签批，其中肯定性批示1篇。

（王　楠）

退役军人事务

【概况】 2020年，区退役军人事务局把建强做优服务体系融入温江“五个之城”发展建设大局，推动退役军人组织机构不断健全、服务保障持续优化、拥军氛围日益浓厚。

【双拥工作】 签订《军地互帮互助互办实事双清单》，组织机关事业单位和社会组织进军营开展“送科技、送教育、送文化、送法律、送政策、送岗位、送培训”活动，累计为部队授课15场次，送医送药9次10余万元，捐赠政策法规及图书5000余册，举办军民文艺联欢活动20余场，为军人军属法律维权20余件次，投入40余万元为武警温江区中队整修训练场。为老战士颁发抗美援朝胜利70周年纪念章，解决军人子女入托入学20余人，上门送喜报42次，落实奖励金3.14万余元。把私营企业、民营企业和社会组织纳入双拥工作范畴，引导“两新组织”和企业单位参与双拥共建，温江区再创“四川省双拥模范区”。

【就业创业】 联合四川邮电技能培训学校、四川理工技师学院、成都师院、中海物业、四川商务职业技术学院等5家院校组建退役军人就业培训联盟，开展智慧家庭工程师、医疗卫生、交通运输及物流等职业技能培训42人次，退役军人参加网络辅导，多人在线报名学历升级。组织退役军人招聘会10余场，提供就业岗位2251个，帮助多名退役军人成功实现就业。打造1000余平方米退役军人创新创业孵化园，免费为入孵企业提供办公场地和配套设施，吸纳6家公司入驻。征集项目22个，13个项目进入路演决赛，8个项目参加市赛，“成鹰电源”项目荣获省赛二等奖，寿安镇编艺公园总经理张昌伦被评为“成都市就业创业之星”。

【军转退役安置】 采取安置政策公开、安置程序公开、接收计划及条件公开、安置结果公开及接收社会和有关部门监督的程序，对由政府安排工作退役士兵按分排序、选岗定岗，全部安置到事业编制岗位。对计划分配军转干部档案进行严格审查，全部安置到行政编制岗位，实现转业官兵、部队组织、接收单位“三个满意”。为退役士兵办理落户手续，对自主就业退役士兵发放一次性经济补助金。

【服务体系建设】 高标准建成退役军人服务中心（站）105个，配套完善经费保障管理运行机制，落实基础建设、管理运行和应急系统等项目经费。区退役军人服务中心、柳城街道退役军人服务站、天府街道退役军人服务站、公平街道退役军人服务站、永宁街道退役军人服务站、万春镇退役军人服务站均顺利通过四川省关于创建“全国示范型退役军人服务站”审核验收。探索推进退役军人“360全生命周期服务保障”，在区退役军人服务中心设置综合窗口，实现“一次申请、一窗受理、联动办理、限时办结”。

【社保接续】 协同区财政局对接开户银行，由开户银行通知在温网点开通代办业务，申请办理专用银联POS机，方便不同人群、不同缴费方式需求。对已申请审核通过的退役士兵，采取短信系统、电话告知、网上预约等方式，分批次逐个联系退役士兵，确保退役士兵知晓本人缴费时间节点及金额。共审核通过1584人，基本养老保险断缴欠缴839人，其中776人缴纳个人费用（含1人由安置接收单位补缴），63人未缴纳个人费用（含56人签订放弃补缴承诺），实际办结率99.5%，法定退休人员基本医疗保险办结18人，办结率达100%。

【军休服务】 不断完善组织管理、工作运行、政策制度三大体系，积极探索形成以政府机构强烈主导、服务体系积极作为、军休干部广泛参与的“三驾马车”式的服务保障机制。探索实践军休干部多样化保障主体，把军休干部满意度作为我们检验工作的唯一标准，聚焦重难堵点工作，探索多方联动、广泛参与的创新模式，推动形成基本医疗、家庭医生签约、智慧养老等15分钟社区保障服务圈，做好军休干部服务管理工作。

【烈士陵园管理】 提质改造烈士陵园，打造爱国主义教育基地、共产党员先进性教育基地、精神文明建设示范基地、青少年教育基地，清明节、烈士公祭日对烈士陵园进行布置，线上参与祭扫活动2517人次，在线留言169条，线下接待祭扫人员2000余人次，通过微信、微博、QQ等网络平台动态推送英烈事迹12条次，开展网络祭扫宣传22次。

（郭祥泽）

社会经济及民生热点调查

【城乡居民收支调查】 夯实调查基础，严格执行电子记账催记管理、住户调查平台监管、问卷季度更新、“记账户家庭信息台账”以及记账质量评定制定；通过开展温江区住户调查样本轮换业务培训、做好样本轮换舆论宣传和摸底访户，让记账户积极配合并快速熟悉掌握记账操作，推动温江区居民收支调查二轮转组开户工作顺利完成；全年两次入户遍访和每月30%比例的电话抽查相结合，提升源头数据质量；继续做好每月记账质量评定工作。稳步推进电子记账工作，2020年，温江区城镇和农村电子记账覆盖率均达到98.33%。提高调查队伍能力和水平，每月开展专职调查员业务培训会；每季度组织专职调查员业务考核，采取“闭卷考试+问题评讲”，加深调查员对重要和易错业务知识点的理解和掌握。疫情期间，党员下沉蹲点医学城管委会和博奥晶芯公司、飞亚航空公司，帮助和指导企业复工复产。联合万春镇政府和万春调查户协会，组织开展住户调查与党建相融合的主题党日活动。邀请万春镇新老记账户参与，宣讲“听党话、感党恩、跟党走、晒幸福”主题党课以及住户调查样本轮换工作的介绍，加深记账户对住户调查工作的认识和理解。

【价格调查】 严格按照国家方法制度开展调查网点和规格品选取工作，做好网点扩增和新城区布局工作；修订《居民消费价格调查数据检查评估制度》等9项调查制度，加强对数据生产环节的全流程监管；落实“定时、定点、定员”采价和数据质量抽查制度，按季开展随机抽查和交叉检查，加强对源头价格数据质量的把控；顺利完成新一轮基期轮换工作。按照国家统计局下发的新调查目录，严格选取网点及规格品，增加了可穿戴智能设备、宠物服务、网络文娱服务、网约车等基本分类。增强采价点位配合度，利用日常采价工作，向各网点宣传《中华人民共和国统计法》相关知识和新的工作方式；继续以约稿调查为抓手，紧扣疫情期间物价波动、猪肉价格变化情况等热点难点问题，及时做好价格监测预警，撰写高质量的经济信息和分析。

【农业农村调查】 会同区统计局、区农业农村局三家联合行文制订《温江区粮食畜牧业统计调查数据归口管理实施方案》，明确部门和镇（街）工作职责。组织业务人员参加农业农村调查的方法制度和业务技能培训。开展统计法律法规宣传和警示教育，促使统计调查人员依法依规开展工作，不断提高数据质量。组织实地走访，了解全区水稻扩种、粮食生产、耕地流转、畜牧生产等情况，首次借力成都队农业农村处技术，运用无人机对温江水稻播种面积进行实测。

【企业调查】 通过加强对统计调查方法制度的学习，吃透企业调查方案，提升调查人员业务能力；加大企业走访力度和宣讲《中华人民共和国统计法》，增强企业有关人员的法治意识；运用QQ工作群和电话等方式解决企业在填报工作中遇到的问题，不断提高企业配合度和源头数据质量；强化数据报送流程管控，动态监控上报进度，做到即报、即审、即验收；利用企业调查的一手数据资料，拓宽思路，深挖企业信息资源，撰写分析文章，为领导决策提供科学依据。

【花木景气调查】 2020年，温江区花木景气调查严格按照相关要求，制定科学的调查方案、通过四川调查总队批准后在全区实施。全年共开展集中调查4次，走访调查对象400人次，形成调查专题分析报告4期，季度数据报表4份，及时上报区级主要领导和相关部门研阅，为全区花木产业结构转型提供参考资料。定期对调查对象开展调研和慰问，以增强调查对象的配合程度，保证数据质量。

【调查服务】 开展“新冠肺炎疫情对温江居民生活影响情况”“2020年温江区企业生存和发展现状”和“温江区‘十四五’规划公众民意”等30项专题调研，部分报告得到区委区政府主要领导批示；编辑《温江调查》《调查分析》等资料送区级领导及相关部门、镇（街）；结合“12·4”国家宪法日，开展系列统计调查宣传活动。

【调查成果】 全年完成工作要事80篇，调查快讯34篇，调查报告和调查专报共37篇，其中13篇次分析报告受到区主要领导批示，4篇分析报告被国家统计局网站采用。

（杨　曼）

镇·街道

柳城街道

【概况】 柳城街道办事处位于温江区东大街118号，东临公平，南靠涌泉，西接天府，北与万春镇接壤，是区委、区政府驻地，面积23平方公里，下辖东街、南街、西街、北街、德通桥、鱼凫路、黄金路、永宁路、凤溪大道、和平、万盛、新华、红光、燎原、凉水、光华、航天路、大学城、恒大城19个社区，176个居民小组，服务人口约42万人。有党组织264个（党委19个、党总支1个、党支部244个），在册正式党员4304名。街道有行政科室9个，设置综合便民服务中心、柳城经济委员会2个事业单位，综合便民服务中心下设6个科室，共有在编人员114人。

柳城具有丰富的生态资源，杨柳河、凤溪河和江安河穿城而过，温江公园、光华公园等生态休闲娱乐场景花团锦簇，游人如织。辖区公共服务配套完善，共有西南财经大学、四川交通职业技术学院等高校4所、中小学校8所、区级以上（含区级）医院3家。柳城是全区唯一全域城市化区域，起步较早、发展较快，伊藤洋华堂、珠江、家乐福等知名企业先后入驻柳城，大学城、光华等商圈成为全区最具活力的商业集聚区。成名高速、光华大道、地铁4号线和17号线等交通干线将辖区与成都中心城区紧密连接，交通便捷。近年来，柳城街道在建设“五个之城”中强化“地处中心”的责任担当，推动高质量发展、创造高品质生活、实现高效能治理，努力建设“城市中心、首善之区”，先后获得“全国城乡社区疫情防控优秀案例”“2020第二届中国幸福社区基层治理创新奖”等荣誉，海科名城小区获评“全省基层治理示范小区”。

【经济发展】 2020年，实现固定资产投资69.64亿元，完成年度目标的100.9%；服务业投资60.25亿元，完成年度目标的101%；实际到位内资5亿元，完成年度目标的100%；服务业增加值增长率5.3%，超目标2个百分点；限额以上单位消费品零售总额8.07亿元；城镇居民人均可支配收入增速与地区生产总值同步。

重大项目建设　紧扣产业发展规划、民生保障项目等重点，完善《旧城改造专项规划》，策划包装巅峰电子等3个重点项目以及鱼凫路47号、温泉路87号等6个城市有机更新项目，实现三道巷棚户区改造地块扫尾清零。推进战备渠北周边地块城市更新项目，加快推动景阳巷、永康路等5个旧城改造项目落地转化。按时完成杨柳河小学、雅悦里、成都国际科创社区三期等8个重大项目拆迁任务，保障杨柳西路南段、城南片区基础设施等项目顺利进场施工，确保82个政府投资和社会投资项目开工建设。

招商引资　瞄准“三医”产业，深化外出招商、以商招商、联动招商方式，编制楼宇经济“找楼地图”，促进珠江、新光天地等楼宇二次招商，招引新氧科技等3个亿元以上项目，新增统计入库项目6个。

消费场景打造　立足新老城区空间载体，以江安河城区生态带为纽带，以光华大道为中心轴，以光华、环大学城、南浦郡三大商圈为依托，谋划光华公园主题夜市、新光天地“欢乐大街+亲水广场”、云鼎特色街区、新尚天地·尚街等10个夜间经济示范点位，加快推进南浦盛宴美食特色街区、烟火情人街等4条特色餐饮主题街区。

营商环境建设 面对突如其来的新冠肺炎疫情，落实疫情防控和经济运行两手抓、两手都要硬的工作任务，对3428家企业、21648户个体工商户开展全面摸排、登记审批，落实防控要求，做好企业（个体）有序复工。全年新增市场主体3600家，培育新经济企业674家，完成量居镇（街）第一。新尚天地、德昆新天地获评成都市专业楼宇，珠江国际获评成都市甲级商务写字楼。

【基层党建】 **党员队伍建设** 全年发展党员21人，其中男性7人、女性14人；35岁以下14人，占66.7%；大专及以上文化程度20人，占95.2%；“两新”组织13人，占61.9%。

干部队伍建设 严格按照党政机关科级干部选拔任用工作办法和事业单位工作人员竞聘上岗暂行办法规定，严把选人用人关口，严肃组织干部竞聘上岗，选拔任用科级干部10人，开展干部任职交流9人次。

主题教育 把学习习近平新时代中国特色社会主义思想、中共十九大和十九届二中、三中、四中、五中全会精神以及习近平总书记系列重要讲话精神作为全街道党员干部的“必修课”。推进各级党组织强化组织生活意识、端正组织生活态度、实化组织生活内容、规范组织生活程序。全年开展中心组学习16次，班子成员下基层宣讲22次。

党风廉政建设 严格落实全面从严治党相关要求和中央八项规定精神，通过召开警示教育大会、编印教育读本等形式分层分类开展廉政教育60余次。严格落实“事不过三”问责机制，做实日常监督，运用“四种形态”，围绕打赢“三大攻坚战”、统筹推进疫情防控和经济社会发展、纠治“四风”等方面开展督查90余次，查处违纪党员10人。

意识形态 制定《意识形态领域信息报送和分析研判工作制度》，逐一落实《意识形态工作责任制实施细则》，通过19个社区舆论观察点，及时收集上报意识形态风险苗头信息。进一步落实《柳城街道新媒体管理办法》《柳城街道网络舆情应急预案》，牵头实施舆情处置“四个一”项目，即一张清单摸底数、一本台账管常态、一场演练提能力、一套制度促规范，充分利用政务微博、微信公众号、麻辣社区等新媒体平台，进行网络舆论正面引导253次，壮大“街道+社区+小区”三级舆情工作队伍，切实化解意识形态风险隐患。

【社会事业】 **疫情防控** 严格落实“五防”工作策略，以“1个总方案+4个子方案”为统揽，日均发动4400余名党员群众发扬“5+2”“白加黑”精神完成4轮“扫楼”。建成府都医院留观点，管理服务集中留观人员；闭环式管理服务居家隔离、境外抵成都人员。

卫生健康 常态化开展慢性病防控等14类基本公共卫生健康服务，辖区65岁以上老年人健康体检率达85%。深入开展爱国卫生运动，对辖区小区、小区公共用地、楼道、活动场地进行全面消毒。社区联合物业力量、网格力量，重点对辖区老旧院落和公共场所开展环境卫生大整顿，清理小区绿地、庭院、车棚等，及时清运建渣垃圾、绿化带垃圾，清洁公共区域灰尘污垢。发动商户清理摊位内外卫生，清除积存垃圾，确保市场内外环境卫生干净整洁，共消杀农贸市场1100余家（次）。

社区教育 挖掘社区“两委”和网格员、居民骨干、党员骨干等草根名嘴30余人组建“向阳花”基层宣讲队柳城分队，策划开展“中共十九届五中全会精神主题宣讲”“走进民法典”等“微宣讲”活动48场，深入浅出地向广大居民群众普及理论方针、惠民政策、法律知识，阐释问题疑惑；持续开展“致敬最美逆行者”“践行文明、我们一起行动”“我和我的社区”等道德主题宣讲活动12场，结合援藏干部郭开春、抗疫典型人物骆大仁等身边榜样向群众宣扬优秀品德，营造崇德向善氛围。

群众文化 紧盯全国新时代文明实践中心建设第二批试点工作任务，立足社区发展治理，统筹推进新时代文明实践“一所十九站二十五基地”建设，3个点位获评成都市新时代文明实践示范点，实现服务群众的“最后一百米”。依托文庙广场、光华公园、柳城大舞台等阵地，演出《幸福社区幸福事》《柳城社区故事》等一批文艺作品，活动覆盖群众5万余人，在全区首次由镇街牵头组织拍摄深刻反映基层工作全貌的微电影《何年》，让社会主义核心价值观深入人心。

【社会生活】 **扶贫济困** 建立困难群众“四方”主动发现机制，落实城市贫困人口及边缘人群兜底帮扶措施，为251户困难群众发放低保金180余万元。探索“项目式”推进社会救助，通过“找准课题、立准项目、惠准人群”，织牢织密织细社会救助保障网。深化对口援藏“四联式、项目化”推进措施，落实援藏对口帮扶资金38万元，助推色柯镇、年龙乡脱贫攻坚收尾，援藏干部郭开春入选“四川好人”。

就业创业 完成城镇新增就业2850人，失业人员再就业643人，城镇登记失业率控制在4%以内，先后筹集公益性岗位57个、见习岗位120个，助力138名高校毕业生留温就业。采取视频直播、在线分享、“一对一”等方式，为高校毕业生提供创业问答、优惠资金政策咨询等服务786人次，帮助573名毕业生提升就业创业实战能力。

社会保障 完成城乡居民养老保险缴费人数388人、城乡居民医疗保险缴费22235人。调解劳动纠纷643件，涉及2500余人、5130万元。

【群团发展】 **共青团** 加强志愿者队伍建设，以“党建带团建”为指导思想，推进“党员＋团员＋志愿者”服务模式，引导青年积极参与社会治理。共发布256次志愿服务项目，参与人数6230人次。在2020年的防疫工作中，青年志愿者作为生力军和突击队，累计组织青年志愿者563人，深入防控一线参与疫情防控，联系企业478家，协助675余家企业线上备案登记，通过电话或微信工作群为企业提供政策咨询648次，顺利帮助132家企业复工复产。配合区河长制工作，开展“小小巡河员”活动。发动192名青年团员骨干力量参与社区两委换届工作，主动配合各社区做好选民登记、法纪宣讲等，带队分发法纪宣传材料241份，开展党员和居民代表会议19场，并进行宣讲，助力社区完成100%入户的目标。

妇联 组织妇女干部和巾帼志愿者积极投入到社区抗击新冠肺炎疫情工作中，发放宣传资料7500份，上门为困难特殊家庭、空巢老人等特殊人群送防疫物资。结合民法典实施，开展妇女公益讲座19场，女性专业技能培训20期。组织育龄妇女900余人完成“两癌”筛查。

工会 街道总工会始终把企业工会组织组建工作作为重点工作，开展了“百人以下、25人以上企业建会数据摸排核实”，采取“先组建、后规范”的方式，在非公企业中逐步、全面建立工会组织，辖区企事业单位组建工会134家。面对新冠肺炎疫情对就业的冲击，工会开展了“送岗位，抗疫情，稳就业”专项行动和就业创业活动和技能提升攻坚行动暨“金秋送岗”2场大型招聘会，共140余家企业参与，参与应聘人数3200余人，现场达成就业意愿600余人。

【特色工作】 **生态环境保护** 坚持“生态优先、绿色发展”理念，始终把河长制工作作为推进公园城市建设的重要举措，全面推动河长制工作从“有名”“有实”到“有为”“有能”的转变，努力营造“河畅、水清、岸绿、景美”的水生态环境。新建雨污水管网约18.5公里，改造柳浪湾片区雨污水管网2350米，整治政通东路等36条道路以及鱼凫阳光等7个小区的病害管网1.7公里，解决污水管网淤堵问题47个。

社区治理 按照“重点突破、先行先试、全域覆盖”工作思路，创新探索“以党组织为核心，社区网格、业委会（自管会）、物业企业、社会组织共同参与”的“五方协同”小区治理路径，推动城市高效能治理向小区延伸。新建小区党组织79个，建成小区党群服务站43个，通过职责清单明确各方职责，确保协同治理有质变。中央组织部、民政部、省人大常委会、市委等相关领导先后莅临柳城街道调研小区治理工作并给予充分肯定，接待各地各级参观学习考察650余人次，受到人民网、《成都日报》等中央、省、市权威主流媒体宣传报道18次。

【重要活动】 1月14日，市委常委、统战部部长、市总工会主席吴凯到柳城街道恒大城社区慰问老党员李金辉。

1月17日，区政协主席艾志秋到柳城街道慰问武警成都市支队执勤三大队、武警成都市支队执勤十三中队的官兵，同时走访慰问了永宁路社区重点优抚对象（因工伤残七级退伍军人）李洪德。

1月20日，区委书记王道明到柳城街道东大街118号家属院慰问离退休干部代表李建明，关心关怀老干部代表生活情况并送上新春祝福。

同日，区委副书记、区长马烈红到柳城街道凤溪大道社区友谊花园慰问离退休干部代表李文良，关心关怀老干部代表生活情况，并祝贺老干部及家人春节快乐。

同日，区委副书记、区长马烈红到柳城街道成都市第五人民医院慰问一线医务人员，并对他们致以新春的祝福和关心。

1月22日，区委书记王道明到柳城街道鱼凫路社区辖区慰问四川省军区第十七离职干部休养所老首长张风臣。

同日，区委书记王道明到柳城街道恒大城社区慰问援藏干部郭开春。

1月26日，区委副书记、区长马烈红到光华社区检查指导新型冠状病毒感染的肺炎疫情防控工作。

1月28日，市委常委、统战部部长、市总工会主席吴凯一行到柳城街道恒大城社区检查督导社区疫情防控工作。

2月7日，区委书记王道明到柳城街道南街社区、迎晖路社区调研指导疫情防控工作。

2月20日，区委副书记、区长马烈红到柳城街道鱼凫路社区卫生服务站听取疫情防控工作汇报，到永宁路社区指导社区疫情防控工作。

3月10日，成都市总工会党组成员、副主席杰敏到柳城街道为光华社区颁发成都市新冠肺炎疫情防控“五一劳动奖状”。

3月17日，国务院办公厅督查室处长宋健雄、工业和信息化部节能与综合利用司处长袁令、市经信局巡视员冷知用、市经信局运行处副处长程勇一行到柳城街道调研企业、重大项目复工复产情况，听取了区、街道两级汇报，收集基层在复工复产方面的困难和建议。

3月31日，区委副书记、区长马烈红到柳城街道温江二中调研疫情防控与开学复课准备工作。

4月1日，区委副书记、区长马烈红到柳城街道南街社区赞元街市场周边调研“五小门店”复工情况。

4月3日，市委常委、统战部部长、市总工会主席吴凯到柳城街道柳浪湾片区开展城乡防火安全隐患排查整治工作现场督导。

4月20日，区委副书记、区长马烈红到柳城街道巡查杨柳河水环境治理及河长制工作。

4月26日，区委副书记、区长马烈红到柳城街道辖区成名高速温江北入口调研成名高速温江北入口优化改造工程开通投运工作。

4月28日，广元市委组织部副部长、市委两新组织工委书记徐贵明一行到柳城街道恒大城社区、光华社区调研党建引领社区发展治理、社区专职工作者专业化职业化体系建设、社区党群服务中心亲民化改造等工作。

4月29日，区委副书记、区长马烈红到柳城街道辖区金强赛事中心、兴能天然气公司光华大道配气站、世纪隆超市3个点位开展五一节前安全综合检查。

5月8日，四川省民政厅党组成员、副厅长邓为到柳城街道北街社区调研儿童关爱服务体系工作开展情况。

5月27日，成都市委组织部副部长、社治委常务副主任薛敏到柳城街道光华社区依云镇小区调研示范小区建设工作。

6月8日，市委常委、组织部部长邓涛到柳城街道光华社区、恒大城社区点位调研党建引领城乡社区发展治理工作。

8月12日，省委宣传部二级巡视员孙昌权一行到柳城街道大学城社区调研意识形态工作。

8月16日，区委副书记、区长马烈红到柳城街道鱼凫路社区现场查看春江花源江安河王子桥堤岸汛情情况。

8月18日，大同市平城区委副书记郭政一行到柳城街道大学城社区参观学习城乡社区发展治理工作。

8月24日，区委书记王道明到柳城街道调研督导重大项目建设情况。

9月1日，区人大常委会主任万雪梅、区政协主席艾志秋、区委常委、统战部部长冯静一行到柳城街道新华社区中南熙悦、恒大未来城项目调研精装房屋质量监管工作。

同日，区委副书记、区长马烈红到柳城街道新华社区调研社区综合体项目建设情况。

9月2日，牡丹江市西安区副区长戴冠宇到柳城街道光华社区考察党建引领社区发展治理和小区治理工作。

9月8日，区委副书记、区长马烈红到柳城街道看望慰问温江二中教师代表。

9月10日，省卫健委人口监测与家庭发展处处长苏建明到柳城街道永宁路社区、安康贝贝托育机构点位开展计划生育优质服务先进单位现场评审工作。

9月30日，区委副书记、区长马烈红到柳城街道光华社区珠江D地块在建工地、光华公园、新光天地点位开展节前安全检查工作。

10月23日，区委书记王道明到柳城街道恒大城社区调研党建引领城乡社区发展治理工作。

10月25日，中央组织部党建研究所副所长、全国党建研究会副秘书长、一级巡视员赵湘江一行到柳城街道恒大城社区调研温江区党建引领城乡社区发展治理和居民小区治理经验成效。

11月4日，区委副书记、区长马烈红到柳城街道四川金强少儿篮球俱乐部、温江中学实验学校和政通小学点位调研体教融合工作。

11月6日，全国“扫黄打非”办督察员、原江西省新闻出版广电局副巡视员、省“扫黄打非”办公室专职副主任郑德明和全国“扫黄打非”办督察员、原山西省新闻出版广电局副巡视员、省“扫黄打非”办公室专职副主任马爱民一行到柳城街道和平社区点位开展“扫黄打非”基层站点实地检查复核工作。

11月9日，区委书记王道明到柳城街道德通桥社区调研社区发展治理和人口普查工作。

11月25日，区人大常委会主任万雪梅到柳城街道广泛收集重点社情民意以及对温江“十四五”规划的建议。

12月10日，市纪委副书记、监委副主任林浩一行到柳城街道光华社区御景湾小区点位进行疫情防控专项督导。

12月14日，区委副书记、区长马烈红一行到柳城街道凉水社区成都温江府都医院医学留观点调研疫情防控工作。

12月23日，成都市政府副市长刘筱柳到凉水社区府都医院留观点考察疫情防控工作。

（兰　剑）

涌泉街道

【概况】　涌泉街道地处温江、青羊、双流三区交界，系温江区“东向门户”，面积16.77平方公里，下辖瑞泉馨城、花土、凤凰、共耕、官河、康泉、明光、清泉、丽晶港、江浦路10个社区、78个居民小组，实有人口15.4万人。域内道路交通便捷，地铁4号线、17号线穿境而过，光华大道、骑士大道、温泉大道等城市快速路构成的“六横六纵”路网体系四通八达。生态资源丰富，江安河、杨柳河、二道河等河流蜿蜒流经全境，有环江安河生态带、城市微公园微绿地等休闲旅游体验场景。建成有亚洲湾西熙里特色街区、湟普国际商业综合体，光华新城特色商圈加速成型成势，西部文化城、新创智中心等文创科创主题产业集群发展。公服配套完善，驻有成都七中实验、嘉祥外国语、新世纪外国语等5所优质学校。2020年，涌泉街道坚持“五个之城”发展路径，围绕“产业兴旺、城市美好、人民幸福”三大愿景，致力推进产业转型升级和城市承载能力提升，构建以新创智为核心的高品质科创空间、以康泉CBD为核心的高品质产业空间、以光华大道沿线建成区为核心的高品质生活空间，大力发展科创新经济产业、智慧服务产业、文化创意产业。先后获评“国家卫生乡镇”等称号。

【经济发展】　农业　粮食、蔬菜等经济作物总产3600吨，农民人均可支配收入增长约9.8%。2020年招引三邑园林和官河生态农业项目落地实施，农业投资完成0.4002亿元。以都市现代农业为主题，推进江安河绿道建设，融入运动、康养、休闲旅居、民宿等功能，打造新晋网红打卡点。

工业　全年规上工业增加值增加率10%，完成固定资产投资42.11亿元；重点服务业全年累计完成6802.3万元。限额以上单位消费品零售总额9.42%。完成工业投资4000万元。

第三产业　全年完成服务业投资40亿元；完成外贸进出口1100万元。新增新经济企业288家，完成全年目标任务的192%。完成文化创意产业增加值0.48亿元，完成目标任务的104.35%。

招商引资　2020年，实际到位省外内资5.2亿元，完成目标任务的104%。依托西部文化城12.6万平方米商业资源开展二次招商，依托西部文化城、新创智中心两个优质科创空间，积极引进文化创意、教育培训、电子商务、“三医+”新经济等生产性服务业企业入驻。荷马教育、腾讯互娱已招商成功，签约入驻。特色商业街区、凤凰商业街联合商家举办促销、美食节等活动。

【生态环境保护】　一是每周开展3次日常环境监管检查、污染源现场巡查，落实网格巡查制，全年共巡查辖区企业330余次。二是与四川德昱辰环保科技有限公司签订环保管家服务合同，制定生态环境保护工作实施方案。开展“禁止燃放烟花爆竹，减少城市环境污染”为主题的环保宣传活动，发放宣传资料3000余份。围绕第51个“世界地球日”在亚洲湾广场开展环保宣传，发放资料500余份。积极参加区生态环境局组织的“美丽中国·我是行动者——低碳环保·绿色骑行”环境保护主题活动。邀请环保管家对辖区70余家企事业单位进行环保专业指导和法律法规、政策宣讲。三是严格落实《涌泉街道环境污染应急预案》《涌泉街道重污染天气应急预案》，对辖区重点区域、在建工地开展大气环境应急管控。设立2个扬尘治理点，实行专人24小时轮流值守。开展禁烧工作常态化管控，不定期进行巡查；对辖区涉挥发性有机物工业企业及汽修行业进行监管巡查，建立企业问题台账，实行限期整改。加强与区级部门协调，做好工地扬尘管控。对辖区重点路段加大抑尘车喷淋频率，加强周边油烟管控。在重污染天气期间按照“一厂一策”限停减排标准，要求部分企业停止涉气工序作业。针对臭味扰民问题，街道委托三方专业机构就该区域制定调查方案，对浩旺工业园区企业进行废气采样。四是联合环保管家对辖区工业企业、汽修行业等重点领域开展排查，形成整改意见及问题台账，限期整改复查销号。

【拆迁安置】　全年街道共涉及15个项目拆迁任务，拆迁面积共1549.82亩。已完成项目8个，拆迁面积178.93亩，分别是城市污水处理厂二期提标改造项目新增拆迁用地13.63亩、“温泉大道提升改造”用地16.85亩、“成都地铁17号线（温江段）附属配套工程—凤翔大道与东坡大道节点工程”绿化带及一体化泵房用地4.9亩、旺海路断头路项目3.24亩、新城区10千伏配网地下电力通道（涌泉段）项目用地46.83亩、成都七中南侧道路项目16.8亩、粮食应急加工厂项目15.16亩、文体中心项目61.52亩（其中攀钢温江金属制品公司31.52亩、四川省精细化工研究设计院30亩）。同时，保障文体中心项目顺利进场及康泉（浩旺）片区城市更新（综合开发）项目开工仪式场地，协调了成都七中南侧道路项目进场及电力迁改工作，与双流区柑梓社区协调了光华八线绿化带地块补偿相关事宜。正在推进的拆迁项目7个，分别是康泉（浩旺）片区城市更新（综合开发）项目一期，涉及企业67家，已全部测绘并核实，已完成一期所有搬迁企业的现场评估工作，已与38家企业签订搬迁补偿协议（其中首开区一期A9地块已全部签约），已完成5家企业厂房的拆除工作；康泉（浩旺）片区城市更新（综合开发）项目二期，涉及企业15家，已全部测绘并核实，涉及农户正在摸底；新创智二期已签约1户，剩余2大户6小户；人才公寓周边新增范围项目剩余农户2户、企业4家、青苗约5亩；“温泉大道（花土路—杨柳河段）提升改造工程”项目已完成青苗约22亩，剩余青苗约8亩；“马家院子”整体搬迁已完成80%；“8号街项目”已完成70%。积极推动新创智二期项目3户司法拆迁工作，已有1户农户签订搬迁协议。推进安置工作，完成图上预分房428人；向区规划和自然资源局上报2020年上半年领取过渡费人数并已发放过渡费1408人，统计2020年下半年领取过渡费人数1439人；加强与区不动产登记中心、成都新城西城市投资经营中心的对接，加快推进安置房B区、E区的办证进度；组织学习《成都市温江区多元化安置实施细则》和《关于全区多元化安置工作的实施意见》，在拆迁安置工作中贯彻落实文件要求。

【社会生活】 劳动保障 一是组织开展大型专场招聘会3场，创客沙龙1场，实现累计城镇新增就业1740人，失业人员再就业589人，其中就业困难人员就业30人，新吸纳大学生创业就业400人，农村富余劳动力向非农产业转移就业新增390人；发放创业担保贷款60万元；对有提升需求的失地农民、农村剩余劳动力开展21期新市民职业技能公共培训课，培训人数1420人次。二是全面落实社保个体业务下沉经办工作，离退休人员社会化管理率达90%，社保待遇领取资格核查验证率达95%，死亡申报率达95%，无重复领取和死亡后继续领取现象，城乡医疗筹资缴费12397人，城乡居民养老保险持续缴费1167人；办理人才公寓、50万配气站项目失地农民社保111人。三是受理调处劳资纠纷237起，涉及人员720余人，涉及金额650余万元，已追回欠薪260余万元；组织80余家企业召开2020年度劳保政策法规宣传培训暨企业年检工作会，完成年检资料审查91家企业；成都科飞饲料科技有限公司成功申报和谐劳动关系AAAAA，金斯特节能门窗、建安再生资源等7家企业成功申报和谐劳动关系AA。

社会福利 全年低保核查52户64人，发放低保金531350元（711人次）；发放特困供养金共173810元（173人次）；发放特困人员救助金7848.85元（63人次），因病住院散居特困人员1人次，经医疗救助、民政局临时救助后街道支出救助金760元；发放重度残疾人护理补贴235080元（2774人次），发放困难残疾人生活补贴88600元（415人次）；发放儿童福利金10800元（9人次）；申请医疗救助4人次，发放医疗救助金28456元；申请社区快速救助500元（1户），临时救助9770元（5人次）；为2名低保家庭孩子申请“阳光育苗”助学金1000元；全年投入自有财政资金47260元帮助26名困难群众，利用涌泉公益慈善金中支出24430元，用于3户低保对象、1户低保边缘对象、1户一般群众危房改造。为低保、特困发放临时价格补贴98618元。

残联救助 走访慰问贫困残疾人70余户，发放慰问金28000元；资助20名重度残疾人参加养老保险；资助132名残疾人购买成都市城乡残疾人基本医疗保险；为38名残疾学生发放自强助学金；为农村户口的15名农村残疾人家庭实施种养殖补助；为4名自主从业残疾人实施社区就业补助；为1名创业残疾人实施创业补助；为7名属于民政救助对象（低保户、五保户、优抚对象中的贫困户）患有重性精神疾病患者实施“阳光救助”；为35名0～15岁贫困家庭脑瘫、智障、自闭症儿童实施康复救助；为77名有辅具需求的残疾人配发辅助器具；为25人次处于就业年龄段、基本生活不能自理、经济困难家庭的三、四级智力、精神残疾人实施“阳光家园”托养资助。为1名提出申请的重度残疾人实施家庭无障碍改造。

精神文明建设 积极开展文明城市创建活动，顺利通过文明城市复评。打造1个新时代文明实践所、10个新时代文明实践站、N个特色基地的“1+10+N”文明实践矩阵，开展特色志愿服务活动百余场，创建成都市百佳新时代文明示范点位2个，区级示范点位2个。深入传播社会主义核心价值观引导，制作、发放、张贴、悬挂相关公益广告5000余份。打造区级社会主义核心价值观示范点位1个。依托基层宣讲队伍，开展新理论、新政策、新思想宣讲30余场。加强新时代公民道德建设，礼遇关爱道德模范，组织开展走访慰问活动20余场。选树宣传疫情防控优秀志愿者1000余人，推介防汛救灾等一线先进典型和感人事迹90余人次。

【社会事业】 卫生健康 开展常态化疫情防控工作，开展卫生监管巡查2284次，发放整改意见书287份，对辖区计生特殊家庭累计慰问356人次，发放慰问金共71200元，全年组织172对育龄群众开展孕前优生健康体检，定期开展人口出生、死亡、孕情统计上报，全年出生婴儿924人，死亡人口162人，做好健康街道创建工作，已完成100户健康家庭的评选及公示。

教育 开展辖区校外培训机构每日全覆盖巡查及情况报告，处理了违反疫情防控要求的12家校外培训机构。组织辖区22所学校、幼儿园负责人“学校复学组”人员召开排查工作会，指导学校、幼儿园建立师生数据摸排工作制度。协同区教育局做好学校、幼儿园复学工作，开展疫情防控知识培训2次。开展社区雏鹰公益活动24场次，少年儿童600余人次参与活动。开展“最成都·市民课堂”，社区居民5600余人次参与。指导各园制定招生方案、组织实施现场摇号，做好公益幼儿园招生工作。开展外来务工人员随迁子女在温就读审核登记，接待咨询750余人次，审核外来务工人员申报材料550余份，经审核符合条件并完成登记402人。全年开展全覆盖安全督查5次，参与处理各种突发事件4起。组建涌泉合唱团，6个社区近110名居民报名参与。

文化 结合“爱成都·迎大运”“我们的节日”等宣传主题，举办座谈会、游园活动、趣味运动会、文化展演等不同形式的群众文化活动160余场次。在江浦路社区推进展开“公共文化服务标准化建设”“基层综合性文化服务中心建设”试点工作。配齐文化市场协管员10名，扎实推进“扫黄打非”，常态组织出版物市场专项检查。做好版权管理工作，抓好软件正版化工作。统筹做好印刷发行和出版工作，管好用好农家书屋和社区书屋。

【基层党建】 6月8日—11日开展了为期4天的入党积极分子、发展对象培训，开展两期党组织党务干部业务大轮训。全年发展党员16名，严格党员日常教育管理，严格党内生活，认真开展“三会一课”。完成了机关党支部优化升级和党组织班子选举工作。收集上报3名符合要求的困难党员，完成了四川省及成都市党内关爱资金申报工作，共申请到关爱资金1.5万，涉及3名党员。抓“两新”党建，成立四川川禾有限责任公司党支部、金科天宸物业公司服务中心，理顺优化“两新”架构，撤销5个空壳“两新”党支部。按照组织部要求推行网上缴纳党费，每一个党员按时按标准缴纳；完成287名党员的组织关系转接工作，其中国有企业退休人员35名。结合相关资料将在册所有党员档案进行了清理，形成台账，同时对近三年发展党员的档案进行再次检查核实，将问题形成清单反馈党组织，并进行整改。

组织建设 一是推进小区建立党组织。2020年，新成立8个小区党组织（已批复2个），已组建一个党支部覆盖3个小区（花土），还将逐步推动符合条件的居民小区单独组建党组织4个（凤凰），暂不符合条件的通过实施联建党组织、选派党建指导员、派遣党员代表等措施，动态实现小区（院落）党的组织和工作全覆盖。二是选优配强小区（院落）支部委员会。原则上小区（院落）党支部书记与居民小组长、业委会主任、网格骨干等交叉任职，对情况复杂、矛盾突出的居民小区，安排社区党组织成员兼任小区党组织书记，小区（院落）党支部成员由社区党组织（科室包社区）成员和小区业主委员会、物业服务机构、社会组织、社区社贤中的党员构成。新成立1个物业企业党支部，正筹备联建1个物业联合党支部覆盖3家物业公司（瑞泉），已成立涌泉街道物业联盟。三是建好两个党员示范点。在丽晶港试点流入党员管理工作，花土社区试点离退休党员管理工作。

党风廉政建设 一是强化领导班子职责。研究制定领导班子2020年全面从严治党主体责任清单，落实领导班子主体责任12项38条，审定党工委主要领导、班子成员全面从严治党主体责任清单30项95条。街道党工委“一把手”带头履行党风廉政建设“一岗双责”，开展谈心谈话。督促班子成员及其分管科室、社区扛起管党治党主体责任，自觉将党风廉政建设与业务工作做到同研究、同部署、同落实。二是着力问责追责落实。制定《涌泉街道2020年党风廉政建设和反腐败斗争工作要点》《涌泉街道2020年党风廉政建设和反腐败工作任务分工》。支持纪工委监督执纪，从严执纪问责。全年受理违规违纪问题线索14件，立案结案10件，谈话提醒18人。三是强化纪律建设。常态化开展街道干部职工、社区工作人员履职尽责、恪守工作纪律等方面的监督检查。开展党员干部、监察对象违纪违法专项清查行动，统计排查辖区内党员1640名，监察对象352人。严肃通报违反中央八项规定、履行主体责任不力等典型案例8起，抓好反面典型案例的剖析曝光。

【规范化服务型政府建设】 开展延时服务，在便民服务中心设立“综合受理”窗口，在社区党群服务中心开设综合性便民服务窗口，聚集辖区派出所“公安一站式办证服务”和区人社局社保分中心相关业务在便民服务大厅统一办理。已建成凤凰社区、瑞泉馨城社区、丽晶港社区“7×24”小时“便民服务小超”。进一步优化便民服务方式和内容，推进便民服务规范化，严格实行“一次性告知”“限时办结”“承诺公开”“首接负责制”，实现一窗式受理、一站式审批，一条龙服务。便民服务大厅实行“AB岗”办公，规范窗口人员管理，加强“全岗通”业务培训，严格坐班制度及去向公示制度。设立意见箱和岗位监督栏、对外公开投诉电话等，接受社会和群众的监督，不断提高便民服务中心办事效率和服务质量。

【群团发展】 妇联　利用“三八”节、母亲节、重阳节、“12·4”法制宣传日等节气，以及各类活动为契机，开展维权普法宣传，发放宣传资料6000余份。维护妇女儿童合法权益，配合民政部门做好送温暖、送培训、送岗位、助残活动，帮助更多的下岗、失业妇女实现就业。找准家庭、学校、社会三结合教育经验，促进少儿工作的开展。组织辖区适龄妇女参与免费“两癌”筛查，加大对贫困母亲“两癌”筛查的宣传；开展预防“两癌”知识普及宣传讲座，妇女群众对“两癌”知识的知晓率达90%以上。圆满完成适龄妇女免费“两癌”检查700人。共耕社区家风家训馆成功申报成都市家庭教育示范基地。

共青团　一是街道“五老”志愿者232人次，青年志愿者550人次先后投身于疫情防控工作，深入辖区开展人员摸排，收集来（返）温人员信息，张贴发放《防疫通告》《致辖区居民的一封信》等。二是清泉社区团支部20余名春天志愿者自主参与基层社会治理，通过学习优秀小区的架空层打造案例、广泛征集居民需求意向，将架空层打造为儿童活动区、居民休闲区、读书区三个空间并在此开展了亲子墙绘、正面管教等系列活动。凤凰社区团支部组织近300人参与了“爱成都迎大运”街道连片治理物业联盟趣味运动会。共耕社区团支部以家风建设为切入点，建设“一堂两馆两廊”的涌泉家风家训馆。2020年，共开展活动48场，服务范围覆盖800余人次。三是利用重要节日、纪念日，组织开展文化内涵丰富、题材形式新颖的文化活动，吸引教育青少年，展示了涌泉街道辖区青少年良好的精神风貌。

【安全生产】 一是做好安全生产宣传，开展线上安全教育讲座，线下深入企业、学校、重点区域发放各类宣传资料、宣传袋4000余份，广泛宣传安全生产、消防安全、疫情防控等安全知识。制定了街道应急救援预案，开展培训2次，应急救援演练2次。二是传达学习国家、省、市、区安全会议精神17次，召开党工委专题会4次，接受区安委会安全生产督查3次。三是组织开展安全隐患排查治理，制订《涌泉街道安全生产专项整治三年行动实施方案》《涌泉街道办事处安全生产三年行动暨2020年中秋国庆节前安全大检查工作方案》《涌泉街道“两节”期间安全生产大检查工作方案》。主要领导带队检查6次，分管领导带队检查15次。推进安全风险管控，按条线分行业建立9类28项检查清单，邀请安全专家对重点单位进行业务指导，检查企事业单位310家，立即整改完成257家，限期整改53家。四是按计划完成了市、区挂牌督办的重大火灾隐患和区域性火灾隐患整改工作。新建综合减灾标准化社区1个（花土社区），新建电动自行车消防安全规范管理示范点1个（金科天宸物业），建成丽晶港社区微型消防站1个。五是制定了《涌泉街道应急值守工作方案》和《成都市温江区人民政府涌泉街道办事处紧急信息报送工作规范》，制定了街道和社区值班值守安排表，按规范要求报送突发事件信息。成立了30人的应急队伍，配置了消防、防汛、救灾、应急等装备，各社区分别成立了10人的应急队伍。

【居民生活】 组织开展大型专场招聘会3场，创客沙龙1场，实现累计城镇新增就业1740人，失业人员再就业589人，其中就业困难人员就业30人，新吸纳大学生创业就业400人，农村富余劳动力向非农产业转移就业新增390人；发放创业担保贷款60万元；对有提升需求的失地农民、农村剩余劳动力开展21期新市民职业技能公共培训课，培训人数1420人次。

【为民办实事】 一是深入开展“送政策、帮企业，送服务、解难题”活动，助推企业、商户复工复产。成立常态疫情防控办公室，常态抓好疫情防控工作。二是对172对夫妇组织孕前优生检查，定期开展人口出生、死亡、孕情统计上报，常态开展卫生监管巡查，慰问计生特殊家庭356人次。三是全面落实社保个体业务下沉经办，有序办理人才公寓、50万配气站项目失地农民社保111人。组织80余家企业召开2020年度劳保政策法规宣传培训暨企业年检工作会，完成年检资料审查91家企业；五级联创构建和谐劳动关系工作中，成都科飞饲料科技有限公司成功申报和谐劳动关系AAAAA，金斯特节能门窗、建安再生资源等7家企业成功申报和谐劳动关系AA。四是加速推进湟普国际、西熙里等新经济消费场景构成的特色商圈建设，完成共耕开敞空间等4个项目打造，新增绿地面积10万余平方米，完成“花土夜市”整体搬离，成功创建“国家卫生乡镇”。五是完成村（社区）体制机制改革和小组调整改革，做好改革“后半篇文章”，优化整合村（社区）2个，拆减居民小组18个。

【特色工作】 以丽晶港、清泉、凤凰、江浦路4个社区为“试验田”，创新实践区域连片治理模式，打造和美与享社区发展共同体。一是成立社会组织47个，孵化“民情观察团”“家园共建联盟”等群众自组织130余个，居民沙化问题得到根本性遏制。街道3个社区优质生活服务圈、8个重点项目在片区落地，推动片区企业商家与社区发展治理深度融合，初步实现政府、市场、社会三方主体力量高效集成。二是丽晶港、江浦路智慧服务场景实现个性定制，片区公共服务网实现全覆盖。居民诉求收集实现“线上线下”全域联通，片区网络理政意见建议同比下降43%，居民社会满意度测评满意率不断攀升。三是区域连片治理工作得到区委主要领导充分肯定，其创新工作法得到人民日报社、封面新闻、华西社区报等多家中央、省市主流媒体关注报道，成功入围第二届全国党建引领城乡社区发展治理论坛——社区发展治理创新案例、“献礼建党百年”全国基层党建和民生发展优秀案例，片区已成功创评“成都市百佳示范社区”3个、示范小区2个。

【重要活动】 1月22日，街道组织“不忘初心、牢记使命”主题教育总结大会。

3月，街道开展“送政策、帮企业、送服务、解难题”专项行动，统筹推进疫情防控和经济社会发展工作。

4月1日，区委副书记、区长马烈红调研疫情防控、消防安全、“五小门店”复工等工作，实地察看了洲际亚洲湾等点位。

6月23日，区委副书记、区长马烈红开展巡河和防汛减灾督导工作，实地察看涌泉黑沱子、三渡水大桥、金马河大朗段点位。

6月28日，完成涌泉街道村（社区）建制调整改革工作，由以前的1个村和11个社区调整为10个社区，其中前锋社区和洪江村合并调整为官河社区，大田社区和双堰社区合并调整为康泉社区。

7月21日，省人大常委会党组副书记、副主任王铭晖一行到涌泉街道，围绕四川省物业管理条例修订工作，实地察看调研丽晶港小区物业管理情况，听取了街道对商住小区物业管理情况的介绍，详细了解了小区基本情况、物业管理办法、居民意见收集机制，以及社区和物业在管理过程中的困难和问题。

9月1日，区委副书记、区长马烈红带队到涌泉街道调研基本公共服务设施项目建设及城市安全运行情况，实地察看前锋农贸市场及便民服务综合体、鹏程路地下停车项目点位，现场听取了点位负责人关于项目定位、规划布局等情况的汇报。

9月9日，区委书记王道明到涌泉街道新世纪光华学校开展教师节前看望慰问教师活动。

11月17日，完成涌泉街道居民小组优化调整改革工作，居民小组由96个优化为78个。

11月25日，区委副书记、区长马烈红调研8号街市政路移交工作。

12月29日，区委常委、宣传部部长幸晓斌到社区调研两委换届选举相关工作。

（雷　威）

天府街道

【概况】　天府街道是温江区六个街道之一，位于温江主城区西面，东邻柳城、北邻和盛、南接金马，地处成都医学城A区、现代服务业园区、成都农高园“两区一园”交汇地带，面积22.5平方公里（其中金府路以南18.14平方公里属成都医学城A区；杨柳河以东0.53平方公里属现代服务业园区；金府路以北至成温邛高速公路以南2.18平方公里主要为天府老场镇及农民集中安置区域；成温邛高速公路以北1.65平方公里属成都农高园区域），下辖学府、梓潼、游家渡、天府家园、海科、金府、笼堰7个社区，80个村（居）民小组，实有人口11.6万人，其中户籍人口3.6万人，流动人口8万余人。2020年机构改革后，天府街道党工委办事处机关内设科室8个（即综合办公室、党群办公室、社区发展办公室、社区治理办公室、民生服务办公室、综合执法协调办公室、项目推进办公室、社区建设和物业指导办公室），下属副局级事业单位综合便民服务中心1个（下设政务和网络理政服务科、财会审计科、退役军人服务站、生态环境科、企业服务科）。核定编制64人（行政编制29人、事业编制35人）。

【经济发展】　2020年，实现财政收入7812.44万元，完成地方税收1.79亿元，完成固定资产投资58.31亿元，农业投资0.406亿元、服务业投资11.6亿元、工业投资（不含标准厂房）5000万元，规模以上工业增加值增长率7.1%，限额以上单位消费品零售额增加率10.83%，外贸进出口额1105万元。

招商引资　新引进产业化项目2个，高能级产业化项目实际到位内资5.3亿元，新增新经济企业360户，培育“四上”企业40家，协助实现产能转移4亿元，策划包装项目23个（其中11个已纳入全区2021年重点项目计划）。

项目保障　按照连片开发、有机更新思路，完成老场镇部分棚改拆迁，腾挪土地资源170余亩。高标准完成南北物流通道配套工程、科兴路东段、公共卫生综合体等12个项目用地拆迁任务及成温邛高速金马南出口、医疗器械产城一体化一期、三渡水大桥改造提升工程等9个项目建设保障工作。深入系统梳理拆迁重难点问题，解决了久拖未决的历史遗留问题。

【基层党建】　组织建设　新建小区党支部7个、党群服务站16个，海科社区党委获评全市“蓉城先锋”示范党组织；举办小专班培训8期，全年吸收党员14名，开展主题党日、入党宣誓等活动432场次；完成区委组织部线上交纳党费试点，推进中组部流入党员试点。建立社区发展治理支持中心，新培育社会组织12个；搭建“天府企业沙龙”交流平台，引导鑫诚产业园等企业转型升级；打造产业载体15万平方米，引进健康产业企业5家；打造中医文化长廊，深化营造鲁家滩足球公园场景，举办“社区医护达人秀”等活动36场。规划三医制造、中医健康、校园经济3个产业社区；推行“五步工作法”，开展维修基金化整为零试点，打造“邻里会客厅”“邻里文化中心”。

党风廉政建设　研究部署党风廉政建设和反腐败工作18次，高标准办结省委巡视组转交办件27个；开展社区保障资金等监督28次，督促整改问题35个，立案审查调查10件10人；创新开展“清风说事会”，做法被《中国纪检监察报》宣传报道。

意识形态　研究制定《意识形态工作责任制实施办法》，党工委专题研究意识形态工作6次，完成“1+7+N”新时代文明实践阵地建设，创建全国示范性“退役军人服务站”。“向阳花”基层宣讲队深入社区、企业开展主题宣讲66场。开展“传承中医文化、建设中医小镇”等主题活动30余场。评选、表彰84名优秀抗疫工作者、志愿者，在全域宣传弘扬“全国劳动模范”李强先进事迹。组织“阔步新时代、建设新天府”文艺会演20余场、“爱党爱国爱岗爱家”主题座谈会10余次。

【社会生活】 社会救助　走访入户2000余户(次)，春节慰问困难群众211人，发放慰问金14.08万元，指导社区救助，救助15人次、金额0.75万元；为临时生活困难13人次发放救助金6.49万元。为752位困难群众发放价格补贴12.901万元，为3名困境儿童、1名事实无人抚养儿童发放基本生活金1.992万元，为667名困难残疾人发放生活补贴14.2万元，为2297名重度残疾人发放护理补贴19.806万元。发放高龄津贴8114人次62.375万元，春节和重阳节慰问百岁老人和困难老人13人次；孝亲敬老评选活动中有9人获温江区孝亲敬老好公民荣誉。

社会保障　对541家参保企业完成网上社保业务资料收集；按程序依法办理金府社区4、5、6组成温邛高速金马南出口道路扩建项目的失地农民社保，涉及22人；认证退休人员6040人；回复社保信访件69件；开展城乡居民养老保险、疫情期间社保“阶段性减免企业社保费政策问答”、城乡居民医疗保险筹资等政策宣传活动8场次，发放各类宣传资料5000余份。

就业培训　城镇新增就业830人，城镇失业人员再就业910人，就业困难人员就业134人；吸纳大学生就业创业374人，农村富余劳动力转移就业新增49人；发放创业贷款75万元；开展劳务培训97人，返乡创业培训43人次；开展招聘活动2场，组织辖区27家企业、335人参加，现场达成意向114人；更新就业信息12期，发布岗位1500余个；从统一等企业收集岗位信息455个，为200余人次推荐工作岗位；深入辖区企业宣传就业、培训、创业等政策，发放宣传册6000余份。

劳资纠纷化解　成立一站式多元化劳资纠纷调处分中心，调解劳资纠纷案件共640余件，其中市长公开电话信访件515件，微信投诉案件78件，现场及电话投诉案件27件，办理受理率达100%，调解成功率达95%以上，满意度达98%以上；常态保持劳动关系三方协调机制，召开2次劳动关系三方会议；开展“构建和谐劳动关系宣传月”活动以及2020年度根治欠薪春秋两季行动，参与第二届“五级联动”争创成都市模范劳动关系和谐单位评价工作，上报辖区30个企事业模范单位；开展2019年度劳动用工情况书面材料审查工作，共审查243家企业。

退役军人服务保障　紧紧围绕加快推进退役军人服务保障体系建设，采取建阵地、强机制、优保障等一系列举措，建立“街道—社区”两级8个服务站，成立“老兵之家”，打造“退役军人活动室”，通过做实优抚政策、做优慰问质量、做好困难帮扶、做强技能培训、做活创业扶持，倾力打造“暖心、聚心、贴心”退役军人服务新模式，有效增强了退役军人的归属感、获得感和幸福感。

【社会事业】 卫生健康　组织65岁以上老年人、孕前优生人群体检，完成老年健康体检率65%、孕前优生检查153对；落实精神障碍患者月报和异常情况24小时内报告制度，协助社区以奖代补监护既往三级以上精神障碍患者、兜底管控未纳入监管、未服药等重点对象；开展艾滋病防治宣传活动12期，发放宣传资料10000余份，进行艾滋病检测8671人；发放各种爱国卫生宣传资料6000余份，引导4000余名居民关注健康温江公众号；开展春秋季灭鼠、夏季灭蚊蝇活动，投放鼠药400余公斤、灭蟑药3公斤，组织9人参加卫生消杀培训；做好卫生单位创建工作。

新市民培育　丰富新市民培育“四季”课堂组织形式，整合成都师范学院等高校资源；针对就业困难人员等重点群体，推动养老护理员、电工、中式烹调师、茶艺师等产业技能培育；按照

“群众下单、校企接单、照单开课”的思路，培育企业急需的物联网、医药QA/QC、中医护理等技能人才；开展新市民失业人员职业道德提升培训2期、消防安全知识讲座2期、新市民安全知识培训2期、法治大讲堂2期，培训600余人次。

垃圾分类　深入贯彻中央和省市区关于垃圾分类系列部署要求，从4月开始，以“垃圾分类”为切入口，以西财学府憬城小区为试点，通过垃圾分类“定时定点投放+无桶化”的方式，创新“21天工作法”，破冰小区治理中居民“等物管、靠政府、要资源”问题，小区生活垃圾分类率由初期50%提升到96%，物业费自主缴费率提升17%，信访投诉由2019年127件下降至2020年的2件，美化提升小区环境，又探索破解社区治理难题的典型经验，获得较好的反响。

【规范化服务型政府建设】　对照街道年度工作8类66项目标任务，深刻检视剖析，查找项目问题2类9项，厘清年度工作思路；充分发挥商会职能，整合校地企资源，搭建“菁蓉汇·校企双进”平台；依托“三区邻里荟”空间，提供诊疗服务1500余人次；推动社区治理重心向小区楼栋延伸，建立小区联席会议制度，前端化解矛盾纠纷574例，动态建立问题台账；联动社区、物管公司、业委会召开协调会12次，妥善调处矛盾纠纷21件；持续梳理天府家园物业自治做法，形成可借鉴复制经验。

【群团发展】　共青团　邀请中医大师生开展6场中医义诊、讲座等志愿服务，惠及2000余人次，号召社区青年、干部开展20场院落治理、守护家园等志愿服务。通过“以青带幼、以青带老”发挥青年志愿者“主力军”作用，结合“爱成都·迎大运”“青春志愿·爱在社区”等主题系列活动，开展宣传活动8场，参与2000余人次。

妇联　在乾坤药业、海通药业、通德药业“两新”组织建立了3个妇女之家，抗击新冠肺炎疫情中，涌现出“帐篷里的巾帼书记”、“疫情中的妈妈”等10余个典型事例。开展妇女儿童权益保护宣传活动24期，化解涉及妇女儿童权益或家庭矛盾纠纷9起，定期组织开展家庭教育培训、亲子活动等活动30余次，慰问困难妇女家庭70余户。

关工委　开展“法治进校区”、安全讲座等主题活动60余场次，参与1000人次。邀请抗美援朝老战士赵山桂、骆绍华开展“传承红色基因·争做时代新人”专题宣讲活动15次。援助资金31万助力色达县的塔子乡、亚龙乡、甲学乡脱贫攻坚，游家渡社区向色达县甲学乡甲柯村3名学生资助奖学金3000元；力士达集团为辖区2名困难家庭儿童每个月200元的生活补助。

工会　总工会创建四级镇街工会，青岛啤酒、乾坤认定为五星企业工会，娃哈哈昌盛食品、海通药业五星工会已通过系统审核和现场考评，天府家园居民李强获评“全国劳动模范”。新增单独建会单位108家，百人以下25人以上建会目标企业218家，已完成191家。为28家单位工会挂牌。完成辖区103家企业集体合同签订工作。对街道群团中心“妈咪宝贝屋”进行提档升级建设。联合海科社区工会举办海科红娘、企业邻里节等活动30余场，在庆五一等活动中慰问职工130人。开展“送政策帮企业，送服务解难题”专项行动10余次。

【重要活动】　1月19日，区委常委、区纪委书记、区监委主任石山赴天府街道壳牌加油站实地检查安全工作，游家渡社区走访慰问老党员干部。

1月19日，区政协党组书记、主席艾志秋走访慰问成都味美鲜食品有限公司和成都统一企业食品有限公司，并与企业管理层进行座谈。

1月26日，区委常委、区纪委书记、区监委主任石山赴天府街道海科社区检查疫情防控工作。

1月28日，区委副书记、区政府区长马烈红赴天府街道海科社区、中铁丽晶书香小区、成温邛高速金马出口检查新型冠状病毒感染的肺炎疫情防控工作。

1月29日，区委常委、区总工会主席刘宇彤对游家渡市场进行检查，重点察看了市场消毒工作、口罩佩戴、市场供应、物价水平等情况。

2月1日，区委书记王道明到天府街道海科

社区检查指导新型冠状病毒感染的肺炎疫情防控工作。

2月3日，区委常委、区纪委书记、区监委主任石山赴天府街道学府社区检查疫情防控工作并看望一线工作人员。

2月13日，团市委副书记李明蔚到温江区天府街道游家渡社区，慰问一线工作人员和下沉团干部。

2月19日，区委书记王道明赴天府街道市场监管所慰问一线工作人员。

2月21日，区委常委、组织部部长、社治委主任周振华到天府街道调研企业复工复产工作。

4月1日，区委副书记、区政府区长马烈红一行赴天府街办天府家园小区调研社区疫情防控工作，详细了解湖北返温人员管理工作。

5月15日，天府街道开展企业邻里节活动。

6月1日，区委常委、区纪委书记、区监委主任周敏一行到天府考察工作，听取了天府街道基本情况、1—5月工作总结与下半年工作计划等的汇报。

6月23日，区委副书记、区政府区长马烈红，区委常委、统战部部长冯静，区政府副区长鄢光忠一行赴天府街道督导巡河及防汛减灾工作，实地察看了三渡水大桥提升改造工程、金马河大朗段水毁堤防修复工程，详细了解了三渡水大桥提升改造工程施工进度、防汛应急工作等情况。

6月28日，区委常委、区纪委书记、区监委主任周敏一行到天府街道学府社区、游家渡社区慰问困难群众。

7月14日，成都市城管委固废处处长钟兵一行调研天府街道海科社区垃圾分类工作。

8月16日，区委常委、区纪委书记、区监委主任周敏一行到天府街道指导抗洪抢险工作。

9月1日，区人大常委会主任万雪梅、副主任李大鸿一行到天府街道社区卫生服务中心调研指导工作。

9月3日，区委副书记、区政府区长马烈红、区政府副区长景仁志赴天府街道调研“稳就业、保就业”工作，实地察看了成都顶津食品有限公司饮品生产线，详细了解企业享受社保补贴、税收减免、技改补贴和招工用工情况。

9月30日，区委常委、区纪委书记、区监委主任周敏一行到天府街道开展节前安全工作检查并看望慰问干部职工，实地察看了合纵医药总部研发生产基地项目，了解生产经营情况，检查企业安全生产工作；看望慰问街道机关干部职工并召开了座谈会。

10月16日，天府街道开展“爱成都迎大运”系列活动。

11月3日，区委常委、组织部部长、社治委主任周振华一行调研天府街道学府憬城小区垃圾分类工作。

11月14日，区人大常委会主任万雪梅、副主任伍嘉裕一行赴天府街道视察指导，听取了街道人大工委工作开展情况和街道发展面临困难及建议等工作的汇报。

11月20日，区委常委、区纪委书记、区监委主任周敏，区人大常委会副主任伍嘉裕，区政协副主席陈莉一行到天府街道视察指导工作，听取了天府街道相关工作情况汇报。

11月24日，区委副书记、区政府区长马烈红一行赴天府街道调研金府路提升改造工程，详细了解了金府路绿化、污水管网等提升改造的具体情况。

12月6日，天府街道海科社区开展疫情防控应急演练。

12月14日，区委副书记、区政府区长马烈红带队，赴天府街道社区卫生服务中心，检查疫情防控工作。

12月30日，区委常委、组织部部长罗胤莅临天府调研指导，听取了天府街道基本情况、干部队伍建设、社区“两委”换届和疫情防控等工作汇报。

（冯巳洋）

公平街道

【概况】 公平街道地处温江东南部，位于成都东西发展主轴，是温江“三大园区”交汇点和承载区，素有“金温江东大门”之称。面积21.5平方公里，下辖9个社区和1个行政村，72个村

(居)民小组，涵盖63个居住小区、49个老旧院落、88个林盘院落和5个农集区，户籍人口70810人，服务人口15万余人。公平交通便捷，成温邛高速、光华大道、花都大道、南熏大道等主干道路全域贯通，公交枢纽、凤凰立交桥等交通节点建设投运；公平底蕴深厚，长安桥、大乘院等历史景观空间传承，红烧兔、叫花鸡、舒肘子等传统美食错落分布；江安河穿城而过，光华之心、江安公园、花沐里等场景逐步呈现；辖区驻有中小学校、幼儿园31所和四川农业大学1所211院校以及费尔顿、皇冠假日等星级酒店11家，拥有42个医疗诊所，农贸市场7个，超市17家。街道践行“五个之城”建设路径，立足“半城半林·慧居公平”发展定位，突出“赋能三园、重振门户、缝合两城、精善治理”关键思路，紧扣乐业、安居、和谐、幸福“四个公平”，加快建设“温江门户公园城”。先后获疫情防控先进集体、“五个之城”先进集体，相继承担流动党员管理、学校对外运行、成建制垃圾分类、心理健康服务等改革试点。

【经济发展】 全年完成固定资产投资60.02亿元，服务业投资31.60亿元，工业投资0.8亿元，到位内资6.75亿元，规上工业增加值增长率10%，限额以上单位消费品零售额增长率11.19%。

培育服务市场主体　积极开展“两送一帮一解”活动，主动服务光华之心、千禧河畔、融信广场等楼宇底商，化解企业现实困难126件，新增市场主体1121家。

招商引资　创建“4221”机制，突出功能招商、平台招商，主动洽谈富力集团、中交三局、西南海峡等12家大型企业，策划包装产业化项目4个，签约落地2个，招引落地五千万元以上企业11家；依托鱼凫文创园、西部禽蛋市场等空间平台，吸引凉山德彝、温江生产队、四川跃尚兴等200家新经济企业注册落户；聚焦“一校三空间”建设，推动校院企地协同创新，孵化31家初创企业。

提升打造消费场景　以环川农大经济圈建设为契机，提档特色民宿静谧区、餐饮动律区，打造“动静结合”消费新场景，培育升级民宿78家、餐饮829家；对标玉林街道，引入品牌餐饮、特色酒吧，打造光华之心商业街区、同兴西路特色餐饮街区等夜间消费新场景，招引537家商家入驻。

【城市建设】 一是推进重大项目攻坚。全力保障德商天骄、农科城跨线桥等63个区级重大项目有序推进；完成12个项目2891亩土地拆迁供地；策划包装重大项目15个，入库区重大项目5个，其中小连片开发项目3个；土地整治项目3个，预计节余建设用地指标734亩，全年通过项目包装对上争取资金1738万元。二是夯实城市基础承载。以大运会风貌整治为契机，全面推进成温邛高速沿线风貌整治，48处点位已进场开工45处、完成整治42处；对上争取专项资金推进7个点位的老旧院落改造；加快推进背街小巷整治，稳步实施“两拆一增”，全面完成建安北巷、长安路附巷等9个点位。三是开展城乡环境整治。率先开展全域垃圾分类试点，高标准打造7个垃圾分类示范点，建成122个垃圾分类投放点；深化农村人居环境整治，推动实施毛家湾林盘整治项目，完成户厕改造747户，全域清淤12条沟渠河渠。

【民生服务】 一是稳就业。举办“金牌管家”就业培训8场622人次，残疾人技能培训4期156人次；组织专场招聘会4场，吸引1300余人次参加，帮助135家企业解决1100余个岗位缺口；调解劳资纠纷187件1600余万元。二是强公服。率先在全区面向社会免费开放花都小学运动场，举办“爱成都·迎大运”系列主题活动12场，接待市民2800余人次；实施临时性救助、危房改造26户11.4万元，开通运营长安路老年助餐点位，提供“向阳花开”特殊儿童关爱服务213人次。三是惠民生。建成投运花都小学，启动建设江安路学校。提档升级社区卫生服务中心，全力保障前海人寿妇儿医疗综合体落地建设。引进社区电商、社区便利店等底商226家，积极构建“15分钟便民生活圈”；推进农饮水工程，新接通1841户，北林区域全部实现自来水通水；持续推进“幸福·惠里”项目，全面启用惠民社区停车场，新增车位230个。

【社区治理】 一是健全三级体系。深化村（社区）体制机制改革，优化合并4个社区，减少31个村（居）民小组，新增10个小区（企业）党支部，实现“街道党工委—社区党委—小区（企业）党支部”党组织全域覆盖，为疫情防控工作有效开展提供了坚实保障，做法获市委办公厅肯定。二是搭建三个平台。搭建共建共治共享平台，引导文化服务、绿色环保等12个社会组织入驻社区；搭建项目支持平台，策划包装375个社区治理项目；搭建诉求处置平台，及时回应群众诉求624件，处置率100%。三是创新三项举措。以花都社区尚西花郡、长安路社区玺龙湾为试点，创新建立“1+6+N”小区治理模式，发动536名居民参与小区治理，解决小区摩擦纠纷371起；以流入党员为重点，创新建立“组织关系一方归属、组织生活双重参与”管理机制，建立21个双圈双创党支部，实现辖区5669名流动党员“流有所向、动有所管”；按照“一社区一品牌，一社区一场景”要求，创新实施“书记项目+委员项目+党员项目”，全年打造主题场景11个，新建邻里空间和蓉城驿站22个，培育邻里交流品牌1个，率先在花都社区建立社区心理健康支持中心，为社区专职工作者、吸毒戒毒人员、问题青少年等心理弱势群体提供心理培训、服务咨询。

【安全稳定】 一是进一步完善街道、社区、小区三级网格体系，构建“网格预警、社区吹哨、联动处置”的合力化解机制，调整配齐小区（院落）网格70个，发展440名红袖套，开展排查1635次，发现隐患问题1517条。二是以城市风险管控平台为载体，创新组建企业“家庭医生”专业队伍，开展安全生产培训9次，安全检查1456次，发现并消除隐患602处，出具整改意见48份，实现问题整改闭环管理100%。三是妥善调处信访事项114件，按期办结省委第二巡视组交办58件、第九巡视组转办10件。

【重要活动】 2月25日，市委常委、市委统战部部长、市总工会主席吴凯到大乘院检查宗教场所疫情防控开展情况。区委常委、统战部部长冯静陪同调研。

4月14日，副省长杨兴平带队，对高校毕业生就业工作进行调研，实地走访了四川农业大学（温江校区）。副市长刘筱柳，区委书记王道明陪同。

11月18日，区委书记王道明到公平街道长安路社区开展中共十九届五中全会精神宣讲和“大学习、大调研、大走访”活动。

12月9日，成都市委常委、统战部部长、市总工会主席吴凯到公平卫生院督导疫情防控工作情况，看望慰问一线医务人员。区委书记王道明，区委常委、区委统战部部长冯静陪同。

（龚荣发）

永宁街道

【概况】 永宁街道位于温江区东北部，为成都医学城“AB分区，两翼齐飞”的B区、全市66个重点产业园功能区之一、市医药健康产业生态圈的重要组成部分，被认定为省级高新技术产业园区并纳入中国西部（成都）科学城总体规划，属成都市“十字方针”战略的“中优”和“西控”区域。与青羊文家场、高新西区、郫都区以及温江公平街道、万春镇接壤，距成都中心城区10公里。街道面积23.5平方公里，辖5个社区、70个居民小组，户籍人口约27600人，常住人口4万余人。

【经济发展】 2020年，实现地方税收9322.34万元，完成固定资产投资约48.6亿元；规上工业增加值年均增速9.1%；服务业增加值增长7.8%；限额以上单位零售额同比增长6.8%；城镇居民人均可支配收入35128元，同比增长8.2%，农村居民人均可支配收入33687元，同比增长8.5%。

农业 街道实有耕地面积18175亩，其中农作物播种面积约12000亩；整合拆迁空地资源扩种水稻705亩，丰富“米袋子、菜篮子”，增产水稻40万余公斤；全年清淤疏掏农毛渠8.2万米，排查整治农房安全隐患22处，圆满完成9月度汛；完成“一户一表”两年计划，农村供水覆盖达99%；招引农业重大项目1个，获评乡村振兴先进街道和示范社区1个，“美丽蓉城·宜居乡村”示范村3个、达标村2个。

工业　街道共有工业企业43家，成功引导成都戴科投资管理有限公司、成都索菲尼科技有限公司等8家企业搬迁，顺利完成2020年“中优”区域疏解任务，回收土地约125.37亩。

服务业　全年社会消费品零售总额年均增长率12%，经济结构不断优化，农业增加值减至3.5%，服务业增加值约14亿元，年均增长10%；新增规模以上服务企业4家，提升改造学府杏林生活新场景，新增特色门店8家、医疗养生店2家，创新消费新模式，新增外卖餐饮服务20余家，全街道网络零售额比2019年同期增长12%，占消费品零售总额30%。

招商引资　全年开展招商引资及项目招引推荐会4次，签约、引进药械化检验检测、中美生物创新药物研发技术平台等项目15个，引入“茅歌水韵”生态林盘乡村振兴项目1个，投入资金5000万元；全年街道实际到位内资5.2亿元。

【基层党建】　打造杏林三医产业社区，搭建党建联盟平台，成立服务三医产业党总支2个；5个社区党总支升格为党委，撤销区域党委3个；新建小区党组织6个、“两新”党组织5个，19个小区实现组织和工作全覆盖；持续优化提升社区、小区党群活动阵地11个，八角社区获评“蓉城先锋”示范党组织；整合社区专职工作者力量32人，开展社区“两委”及入党积极分子培训400余人次，梯次培养社区后备干部50人，配强社区党委成员31人；围绕疫情防控、民生诉求办理、项目招投标、社区体制机制改革和“两委”换届等重点工作深入开展党风廉政建设。

【社会事业】　教育　辖区中小学各1所、公立幼儿园3所，民营幼儿园6所，年末学生人数4060人；杏林社区被成都市教育局评为“市级学习型社区”、街道老年大学和泰康蜀园教学点被评为“市级老年教育示范点”；永宁小学新建4000平方米综合楼投用；永宁街道和居路幼儿园建成移交中心幼儿园；省编办批复省残联语言和听力康复训练中心增挂四川省馨爱幼儿园牌子。

卫健　全年出生率9.43‰，死亡率6.14‰；完成孕前优生健康体检106对，育龄妇女健康检查5929人次；审核发放群众奖扶金1877名、群众计生特扶金110名；组建30人的计生家庭暖心家园志愿服务队，开展服务活动13场；家庭医生签约率达40.94%，城乡居民健康档案电子建档率达97.25%；在册户籍老年人肺炎疫苗全年累计接种达62.33%，65周岁以上老年人体检率达73.5%；开展非法游医、非法行医等专项整治行动3次；杏林社区田园花篱获得成都市首批“健康促进与教育示范基地”称号，街道获“爱你同行、文明相伴”知识大赛温江区一等奖、成都市三等奖。

文体　全年开展国庆系列活动10余场，开展文体活动40余场、惠民讲座30余场、各类培训120余场，参与活动人数达4万余人次；发掘文化骨干12人，吸纳文化特长人员100余人，创作抗疫作品30余件，其中《爱心传递》《我照办》《曼舞飞扬》等作品参加区级会演；打造永宁舞狮队和红色永宁专场项目，完善现有腰鼓队、秧歌队、太极队等传统特色文化队伍，新建健身气功、舞狮、瑜伽、合唱等5支文化特色队伍；2020年永宁综合文化活动中心被评为市一级站。

【社会生活】　社会救助　以健全完善社会救助体系为基础，保障和改善困难群众的基本生活，全年为75户101人办理城乡低保，为13户13人发放特困供养资金，为73名城乡低保、特困人员、孤儿、困境儿童、精准扶贫对象实施城乡医疗救助，为285名残疾人办理“两项补贴”；持续开展高龄津贴的申报、初审和慰问工作，全年发放高龄津贴596850元、祝寿金44400元；持续开展居家养老、基本养老服务，为75名老人提供居家服务270余次。

社会保障　开展企业年度用工审查工作，引

导企业依法年检，指导企业依法用工、文明用工；开展企业劳动法规宣传，收集完成66家企业劳动用工书面材料；扎实开展农民工工资清欠专项整治工作，成功调解劳动纠纷36起；完成省交投、电子科大等项目462名群众的失地农民社保参保工作；开展2021年城乡居民医疗筹资工作，全镇参保10117人，参保率达98%，贫困人口参保率达到100%；实现860名“惠民惠农”补贴人员社会保障卡发放激活全覆盖。

技能培训　开展“社区大讲堂”引导性培训，转变就业观念；对已经务工的劳动力开展专题培训，提升就业技能；对有就业愿望的劳动力开展订单式培训，实现培训促就业；开展护理员专业知识、护理产妇新生儿、职业道德与礼仪、家政服务、家庭营养膳食制作等技能培训5场，培训人数210余人。

就业帮扶　开展“送岗位送政策稳就业”招聘会、市食研院专场招聘会和“稳就业、保就业、促发展”金秋用工招聘会，求职登记410人，推荐就业153人；打造“永宁闪聘”融媒体招聘平台，推送成都博奥、四川统一等11家企业340余个就业岗位，收集群众就业意向160余名，做好企业和求职者上岗服务30余次，实现企业和求职者人岗信息双向匹配；城填新增就业650人，失业人员实现再就业370人，农村富余劳动力向非农产业转移就业新增290人，推荐就业困难人员就业28人，申请技能补贴608人，城镇街道登记失业率控制在4%以内。

精神文明建设　围绕疫情防控、城市建设、产业发展、民生服务，策划“见证十三五”“有事你找我”“三医研发小镇”主题外宣，树立良好的社会形象；举办“最美‘疫’路”图片展、“奋进新时代”快闪展、“赞祖国·颂家乡”校园作品展、安全社区建设成果展、三医产业项目专题展、“十三五”成果展等活动10余场次；推进“1+5”新时代文明实践所、站建设，全年累计组织志愿者参加新时代文明实践活动200余次；圆满完成第六届全国文明城市复查工作，创区级爱国主义教育基地1处，街道获省级最佳文明单位称号；实施文化聚心、文化浸润工程，评选“感动永宁身边好人”，“悦读温江·健康永宁”悦读温江永宁专场线上观看人数达4.8万余人。

【规范化服务型政府建设】　开展示范产业社区、主题社区、智慧社区和示范农民集中居住区建设各1个，以“四区联动”构建“有事你找我”企民诉求呼应机制，探索“三医”健康产业社区融合发展之路，做法得到市委组织部、市委社治委肯定。新增培育社会组织13个，实施马坝河爱情主题绿道等邻里空间建设项目5个，建立协商制度的居民小区17个，占比89.5%。培育品牌项目1个，资助社区发展治理项目3个，实现企民“家门口”便捷服务、“三医”资源亲社互动、新老居民和谐融合。围绕“爱成都·迎大运”主题开展线上线下邻里交流活动61场、超20000人次参与；5月8日，永宁街道代表成都市参加国家退役军人事务部对全国创建“枫桥式”示范军人服务站视频调度并获充分肯定。

【群团发展】　妇联　全年组织开展专题学习3次，开展巾帼素能培训、创就业培训、普法活动等共8场，组织社区开展节日活动20场、家庭教育讲座和正面管教讲座活动5场、知识讲座5场；超额完成农村妇女“两癌”免费筛查800人的目标；落实困境妇女儿童的扶贫帮困工作，慰问20户贫困妇女；疫情期间组织50余名巾帼志愿者参与到疫情防控工作；组织92名妇女群众参与无偿献血。

残联　全年为贫困残疾人申报居家护理补贴9名0.73万元、居家安养补贴40名3.3万元；全额资助残疾人购买基本医疗保险163名7.9万元、大病补充保险130名1.599万元；为贫困残疾人家庭申请居家灵活就业直补项目20户2.36万元；帮助申办残疾人证55名、免费服药80名，并为残疾儿童申请康复训练和辅具适配补贴。

共青团　街道团委结合春节、元宵节，五四、国庆等传统节日，组织开展红色基因爱国主义教育宣传活动8场；在青年之家旗舰店开展各类活动12场，服务企业青年320余人次；线上“智慧团建”梳理145名流动团员，新接受团员

34名；依托“假日学校”在五个社区开展3个系列30余次活动；全年结合防疫抗疫进行排查、宣讲、演练、演出活动9场；开展儿童安全工作教育、食品安全、校内安全宣讲6场；联办挂牌青年之家共营店1家；开展“暖冬行”慰问活动，慰问“五老”人员，向22名困难、困境青少年赠送物资。

工会 永宁街道总工会辖5个社区工会联合会，126个企业工会，单独建会72家，小型企业工会联合会1家，涵盖小型企业42家，共有会员3376人（其中有农民工2866人），全年组织1020余人参加职介会，五项基本合同覆盖率和履约率达98%，职工劳动合同签订率达100%，开展劳动保护监督检查24家，开展安全生产专项检查30余次，慰问困难职工12名，收集办理意见建议16条，企业实现经济效益达10万余元。

【特色工作】 永宁街道创新探索“三三三”多元治理机制。紧紧抓住“建设温江城市新中心依靠何在，打造三医研发小镇动力何来”这一根本要害，直面反思街道、社区、小组（区）干部队伍在工作中客观存在“干部到场不到位、过手不过堂；群众点赞少、折腾尴尬多；社会力量参与少、站台不演戏”等具体痛点，及时总结疫情防控“干部闻令而动、群众齐心而应”的实践经验，紧盯顺民心、增共识、促发展三大关键，健全三项机制、着力三大举措、拓展三大主体，创新探索“三三三”多元治理机制，逐步形成了“有事你找我、大家齐搭伙”共建共治共享的发展新格局，增强了干部队伍用心干事、担当为民、攻坚克难的认知自觉和职业操守，营造了人心向阳、主动求变、放眼顺时的人文氛围。创新做法得到了区委主要领导的肯定性批示和主流媒体的广泛报道，“三医研发小镇”作为四川省两个之一、成都市唯一入选的第二批全国特色小镇典型案例，被国家发改委通报推广。

【民生条目】 2020年，面对突如其来的新冠肺炎疫情，街道坚持联防联控、群防群治，疫情防控工作始终保持“零”记录。班子成员下社区、256名机关党员干部蹲网格、600余名普通党员驻网点；组建48支党员志愿服务队伍，引领各方力量1500余人，持续开展人员排查、卫生防疫、宣传引导、采买代购等8类服务；12月10日，连夜排查天王社区与郫都区某无症状感染者参宴关联人员284人，同步完成关联人员446名核酸检测。持续推进民生工程建设，康城嘉苑三期、天王新型社区B区、新庄一期竣工交付；打造紫薇路与芙蓉路交叉口、隆平路三医二期段等“两拆一增”项目5处，共计拆除违建130平方米，增绿面积约6000平方米；修建垃圾分类房37处，城镇社区和农村集中居住区生活垃圾分类覆盖率90%以上；全年共拆除违法建设14户，面积4103.41平方米；全年新增绿道1500米，新增车位1100个；八一路和东外环新建公厕2座，新建环卫工人作息房2处。全面推行“有事你找我”治理运行机制，收集“有事你找我”问题诉求2275件，社区小组网格解决2111件、街道解决164件。

【重要活动】 1月6日，省委常委、组织部部长王正谱一行到永宁街道实地调研三医创新中心（三期）规划厅、成都医学城B区党群服务中心。区委书记王道明陪同。

2月21日，省委书记彭清华到博奥晶芯生物科技公司调研，在生产车间了解新冠肺炎检测仪器生产和检测情况。市委书记范锐平陪同。

3月13日上午，区政协主席艾志秋一行到永宁街道专题调研新居工程复工建设情况，调研康城嘉苑三期、新庄一期和二期、天王新型社区B区项目。

3月21日上午，区委副书记、区长马烈红一行到永宁街道实地调研锦城绿道项目推进情况。

4月24日，区人大常委会主任万雪梅率区人大、区住建局到永宁调研锦城绿道项目推进情况。

5月8日，永宁街道代表成都市参加国家退役军人事务部对全国创建“枫桥式”示范军人服务站视频调度并获充分肯定。

5月22日，温江区政府批复同意永宁街道永福社区和花篱社区合并成立杏林社区，保留城武、新庄、天王、八角4个社区。

5月25日，省委常委、组织部部长王正谱一行到永宁街道调研成都医学城促进人才链与产业链、创新链、金融链“全链融合”情况，以及人才协同助推市（州）协同发展情况。区委书记王道明陪同。

6月29日，区政协党组书记、主席艾志秋，区委常委、组织部部长周振华一行深入永宁街道杏林社区、天王社区、城武社区，走访慰问困难党员和困难群众。

6月30日，电子科技大学“三医＋人工智能”科技园项目动工暨四川脑科学与类脑智能研究院揭牌仪式在永宁街道举行，成都市副市长曹俊杰、电子科技大学党委书记王亚非、温江区委书记王道明、成都市科技局局长丁小斌、区长马烈红等共同为项目培土奠基。

7月13日，四川省人民医院温江医院整体搬迁至成都医学城B区。

8月11日下午，区委副书记、区长马烈红一行到永宁街道物流大道地段检查永宁街办防汛工作开展情况和道路安全情况。

8月16日下午，区委副书记、区长马烈红一行到永宁街道检查指导防汛抢险工作，实地察看永宁互通立交受灾情况，详细了解街道防汛工作开展情况。

9月23日，市食药检研院温江院区搬迁工作正式启动。

9月27日，成都市公园管理局副局长屈军、温江区副区长鄢光忠率相关部门到永宁街道调研锦城绿道公园项目推进情况。

10月10日，四川省精神医学中心投运。

11月19日，市人大常委会副主任巫敏率队到温江开展“大学习、大调研、大走访”活动，专题调研绕城西服务区建设情况。区人大常委会主任万雪梅陪同。

11月20日，永宁街办与成都西藏饭店有限责任公司签署合作协议，就投资建设中高端藏医药、医养、藏文旅项目达成意向。

11月24日，区长马烈红率队到永宁开展“大学习、大调研、大走访”活动，现场走访调研西子公园二期项目、电子科大“三医＋AI”科技园一期项目，听取区主管单位对项目进展的情况汇报。

11月26日，工信部叶定达副局长率队到温江调研中小企业公共服务体系建设工作开展情况，点位调研永宁三医创新中心（三期）规划展厅和三医创新中心（三期）企业服务分中心。区委书记王道明陪同调研。

11月26日，全国32个省科技厅农村处代表及国家农业科技园区代表90余人到永宁街道调研成都医学城三医创新中心。

12月7日，街道举办“爱成都·迎大运”暨温江永宁“有事你找我”全城总动员启动仪式，区委组织部、区纪委、区委宣传部、区委政法委、区委社治委等区级部门领导参加活动。

12月9日，区长马烈红率相关职能部门到纬度全域酒店督查隔离酒店安置服务情况，对永宁街道轮值人员工作予以充分肯定。

12月21日，区长马烈红率相关职能部门到永宁检查疫情防控并调研辖区医疗机构工作，先后调研华西医院温江院区、四川省精神医学中心、区人民医院三个点位并听取相关单位工作汇报。

（蔡环宇）

金马街道

【概况】 2020年，金马街道深入贯彻落实中央和省、市、区关于统筹疫情防控和经济社会发展的系列部署要求，立足区位优势、坚持问题导向、创新工作方式、凝聚内生动力，产业结构持续优化，区域经济稳步上扬，社会和谐稳定、民生有效改善。金马位于温江区西南部，横跨金马河，西接崇州，南与双流接壤，河西岸北靠崇州、河东岸北靠天府街办，东临涌泉街办，处于温江区“南城北林”规划布局中的“南城”位置，地处成都医学城A区核心区域。面积37.8平方公里，辖金泉、温泉、光明、刘家濠、尚合、永盛场、永科、兴科、友福9个社区，119个居民小组，户籍人口4.1万人，常住人口7.8万人。有基层党组织121个，党员1973名。成温邛快速路、骑士大道、新华大道、蓉台大道，成蒲铁路、地铁4号线三期等交通干线贯穿全街道。

【经济发展】 2020年，完成固定资产投资68.4亿元，其中工业投资10.06亿元、规上工业产值27.35亿元，镇域入库全口径税收3.61亿元，其中镇级税收2.035亿元；实际到位省外内资20.4亿元；城乡居民收入分别实现4.85万元和3.95万元。成温邛以北永盛场社区、尚合社区全域土整获得市级立项批复，招引落地文旅市场主体8家、民宿酒店及配套商业17家，尚合民宿酒店投运，非遗产村相融项目启动招标。

农业 水稻种植面积1121亩，产量617吨；玉米种植面积460亩，产量29吨；秸秆综合利用1121亩；季节性蔬菜种植面积4057亩，年产蔬菜6870吨；大蒜种植面积235亩，年产大蒜129吨；油菜种植面积948亩，年产菜籽油162吨；经济花木苗圃种植面积14253亩，年收益5000余万元。

工业 新增市场主体2121户，其中个体工商户2000户、企业121户。有序指导辖区230家工业企业和163家服务业企业复工复产，按时完成海科高中等15个项目1712亩用地拆迁，保证了罗欣药业等6个项目如期开工；服务百裕、华邦等14个重大产业项目投运。累计完成工业提质增效279.13亩。永盛工业园启动了16宗地块438.31亩低效工业用地组团连片开发；成功举办2020年金马街办非遗美食节活动，启动科华路特色商业街打造工作；帮助园区133家企业申报惠企政策，惠及企业扶持资金约1700余万元，高标准完成225家园区企业智慧企业服务平台注册认证，“一对一”为园区5家企业解决了近2000万资金难题。

招商引资 建立“全员招商”机制，组织外出招商13次、联合招商5次、招商接待26次，引进亿元以上在谈项目2个，全年提供有效信息6条，促进区领导外出招商1次，新增市场主体183家，新经济企业113家；全年共完成了聚兴家具、英达展示等企业的梯度转移、存量招商、产能转移和兼并重组，招引了凯朗科技、四川冶金等高税收、高产值的企业7家，成功盘活园区存量厂房26家，共81258平方米。

【基层党建】 全年紧扣学习贯彻新思想这条主线，带头开展“三大”活动20次，宣讲中共十九届五中全会精神15次，主动征求各类代表意见建议50余条；开展党工委中心组学习12次，督促班子成员带头讲党课10次。优化光明社区和金泉社区党组织设置，高标准完成9个社区“两委”换届工作，实施光明社区流动党员试点，建立15个小区党群服务站，成立蓉西新城B区物业服务中心等13个党组织，光明社区党组织获评“蓉城先锋”示范党组织，《抗“疫”日记》党员教育片获区二等奖和网络关注奖，学习强国持续保持镇街第一名。打造“原·聚场”社区美空间、“睦邻坊”邻里空间等治理示范院落和点位，东原西岸小区获2020年度成都市党建引领城乡社区发展治理示范小区称号，兴科社区鲜开志被市评为“蓉城好邻居”，开展“爱成都·迎大运”活动56场，整合社区力量56名，“睦邻坊”获区“云”观赏二等奖，“原·聚场”入围全市社区美空间。

【社会生活】 就业创业 开展新市民培训9期380余人，组织青年劳动技能培训24期，实现新增就业1401人，收集创业项目22个带动就业975人，农村富余劳动力向非农产业转移就业278人。全年共组织4场专场招聘会，收集432家企业780个工种3000余个工作岗位，为辖区失业群众实现再就业425人。完成金马辖区困难人员排查工作，建立就业困难人员台账12人，完成9名困难人员就近就业。开展养老护理母婴护理等职业技能培训5场次，共组织140人培训，实现78人就业。全年累计发放各类补贴保障资金2043万元，惠及困难群众321人次。全年实现城镇新增就业1942人，城镇失业人员再就业682人。农村富余劳动力向非农产业转移就业新增632人。就业困难人员就业116人。创业担保贷款完成贷款金额135万元。劳务品牌培训完成92人。返乡创业培训完成48人。

公服民生 基本完成十三五农饮工程、标准化群宴场所、安置小区邻里中心建设；完成金马学校改扩建、蓉西新城幼儿园装修投运，金马卫生院主体建设，全面推进四友、同福、兴元、新春自来水安装工程。完成金鸡11组、永盛场社区7组截污纳管工作，完成1070户农饮水安装工程。完成蓉西新城B区统建房安置4908人，商品房剩余房源安置362人。开展各类文化活动34场次，微公益项目等活动98次，创新实施5个社区营造项目。稳步提升社会救助和养老服务质量，建立重度精神障碍患者“一对一”管理制度，按时发放高龄、低保、优抚、特困等救助补贴资金。推进金河苑小区日间照料中心和残创中心建设，“永盛镇残疾人创就业中心”获批成都市残疾人灵活就业基地，获得了中残联巡视组肯定。

社会保障　协助企业梳理消除劳动纠纷隐患54个，劳动用工书面资料审查108家，主动化解企业薪酬、社保等劳资纠纷268件，成功促进485名员工与企业共克时艰。受理欠薪案件78起，其中建设领域35起涉及工人355名，涉及金额655余万元，妥善处置化解78起。医疗筹资工作完成14660人，参保率达99%以上。完成金马街办72个土地批文社保办理情况梳理并装订成册。完成新春2、3、8、9组、温泉11组和联东U谷项目涉及兴元7组2名遗留拆迁人员的社保办理。

社会救助　截至12月，有低保户149户188人，其中城镇低保12户17人，农村低保137户171人。为6户贫困家庭成功申请了社区快速救助3000元，为4户贫困家庭成功申请了医疗救助18370元，为3户贫困家庭成功申请了临时救助37661元。为205名群众成功申请惠民殡葬补贴84000余元；发放了高龄补贴924900元，惠及高龄老人12820人次。

精神文明　制作“新市民公约”，开展“悦读温江”文明城市创建有奖问答、“文明餐桌”等活动，提高“创文”知晓率；文明城市创建巡查70次，整改问题600余个；持续开展市民文明素养提升行动，举办读书类活动90场，开展文明志愿活动350余场，创建并申报区级文明村镇2个、市级文明村镇2个、省级文明村镇1个；评选表彰乡镇、社区两级文明家庭6个、文明户3个、先进典型人物63人，成功评选成都好人1人，营造文明和谐氛围；形成“街道主要领导亲自抓、各责任单位高效落实、全民动员全面巡查”的抓精神文明工作良好格局。

【社会事业】　卫生健康　完成21个小区、303家企业、47处在建工地走访排查，健康码覆盖84223人，调配220人次参与机场专班、鱼凫温泉酒店隔离点、永盛集中留观点保障工作，金马卫生院、永盛卫生院、金马派出所被成都市委市政府表彰为成都市抗击新冠肺炎疫情先进集体。全域开展创卫宣传，发放《致居民朋友们的一封信》60000份，张贴宣传海报2000份，悬挂创卫宣传横幅260条，持续推进环境卫生、市容市貌等11个大项67小项问题综合整治，促进867个问题整治到位。全年共有计划生育特殊家庭奖励扶助3124人，共发奖励扶助金2999040元；特别扶助161人，共发特别扶助金1529760元；为3户申请房屋维修金41037元；走访慰问生病住院人员20人，发放慰问金6000元；丧葬补助1人，发放补助金1000元；5户特扶家庭开展走访、家政服务、慰问、维修等，共计开支5337元；传统节日慰问642人次，共发放慰问金128600元；生日慰问161人，共发放32200元；健康体检参加128人，共花费38400元。2020年全街道享受独生子女父母奖励金2418人，发放128880元；参加无偿献血250人，累计献血93600cc。

文体　开设舞蹈、声乐等8门类课程，共计培训2500余人次；做好节目创编，打造舞蹈《角儿》，节目参演温江区第十一届社区文化节，获精品节目奖；组织开展各类文体活动102场次，16000余人次参与。组建一支特色民族管弦乐团，包括各类民族乐器10余类，参与区镇两级各类文艺演出12场次；新增健身路径7处并投入使用，组织12人参加三级社会体育指导员培训并获得证书。

【政务安全】　全年主动公开信息共计14427条，其中街道公开2209条，各社区公开12218条，涉及劳动保障、经济发展、城市管理、项目推进等多个方面的重点工作。全年开展安全生产检查260次，排查隐患1211条，下达整改意见书152份，督促210家企事业单位自查安全隐患2119条，自查整改率100%。持续推进“平安社区百日攻坚行动”回头看行动，共收集隐患问题59个，已整改隐患问题36个，正在整改隐患问题23个；稳妥推进乡镇合并、村社建制调整、村（居）民小组优化调整三项改革，完成13个村（社区）合并为9个社区的建制调整工作。

【群团发展】 共青团 夯实组织基础建设，形成了“2+7+N”的“青年之家”服务体系，打造东原城住宅小区团组织，新建社会团组织2个、非公团组织13个、传统领域团组织30个；上报团区委基层团组织动态90余条，被中国青年网、四川新闻网、关爱明天网、《中国火炬》杂志等采用50余次；开展环保、禁毒防艾等志愿服务100余场；依托各“青年之家”开办“假日学校”10所，开展安全教育、卫生防疫等130场，受益青少年达到3500余人次；举办团青就业招聘会5次，推动青年创业就业100余人次，街道团工委获五四红旗团委，永盛场社区团支部获得五四红旗团支部表彰，舒小梅获青年突击手标兵表彰。

妇联 组织1200名妇女参与“两癌”免费筛查，开展妇女儿童维权活动20场、巾帼志愿服务活动186场，慰问困难妇女和儿童45人；开展成都市妇联“童心飞扬”儿童品牌活动24场、三八、六一、七一、春节等节庆活动12场，组织社区公益早教、星火燎原公益课等培训活动300余场，成功举办温江区金马街道2020年职工家庭趣味马术嘉年华主题活动。金马街道蓉西新城儿童之家获“成都市优秀儿童之家”称号，4个家庭获2020年温江区最美抗疫家庭称号。

工会 全年百人以上企业、20人以上企业建会64家，建会率94%，街道总工会通过“成都市四级街道工会”初审，四川新千里展示有限公司、成都市金港物业管理有限责任公司成功通过“成都市五星工会”“成都市四星工会”初审，全面完成金马街道机关普惠工作，红塔塑胶、金马卫生院等9家企事业单位加入“成都职工”普惠福利发放；成功评选“成都工匠”2人、“温江工匠”7人，推荐成都市“百佳”职工创客明星6人，四川祥和乌服饰有限公司陈泽荣工作室获评全区唯一一家成都市劳模和工匠人才创新工作室；全年签订工资集体协议68份，集体合同70份，职工互助参保资金25.47万元，理赔38人次，发放理赔金4.8万元；全年开展系列宣传活动17场次、4300人次，开展“爱成都·迎大运”系列活动12场次、1107人次，完成信息67篇，被省级媒体采用6篇，市级媒体采用2篇，“温江工会”公众号采用33篇。

【特色工作】 一是项目工作持续发力。完成金科天宸等15个项目拆迁任务1712亩。完成药明康德5号地块拆迁等4个项目9户拔钉扫尾工作。全面梳理127个政府、社会投资项目，策划包装项目40个，项目申报8个，总投资14.9亿元，47个项目有序推进；全年盘活存量工业用地500亩。深入开展“进企业、解难题、促发展”活动，指导146家企业落实惠企政策72条，协助兑现政策资金1480万元，为30余家企业融资1000余万元。二是社会治理持续完善。以创建国家卫生乡镇为契机开展爱国卫生运动。稳妥有序推进乡镇撤销合并、村（社区）建制调整和村（居）民小组优化调整三项改革。发挥“智慧环境在线监管系统”“环保管家”等专业技术力量，“创新水环境监管新方式”“稳妥解决正富生物臭气扰民问题”等经验做法获得区委主要领导肯定。三是安全之弦持续紧绷。委托第三方安全服务机构开展28次企业安全生产检查，排查隐患623个，解决隐患597个，解决率96%；整治A类消防安全隐患单位25家，B类企业37家，整改21527.4平方米；顺利通过“四川省安全社区”复评检查工作。

【重要活动】 3月14日，区三联系领导李亦、税桂英、邱成明、马宁利到金马开展爱国卫生运动大扫除活动。

4月23日，区委副书记李亦走访调研金马街道同福社区，了解社区发展情况。

6月8日，完成村（社区）建制调整改革，由13个村（社区）调整为9个社区。

6月12—15日，金马街道开展对口色达然充乡、杨各乡援助慰问活动，送去慰问品、慰问金17万元。

6月20日，金马街道获中共成都市委员会“中华人民共和国成立70周年大庆安保维稳信访工作公务员集体”嘉奖。

7月16日，金马街道联合成都市蒲江车站派出所在金泉社区花样年小区广场开展铁路护路安全知识宣传活动。

7月30日，2020年第二季度重大项目开工暨翔宇医疗动工仪式在金马永科社区举行。

10月23日，金马街道开展“四川省安全社区”复评验收并顺利高分通过。

11月10日，区人大常委会主任万雪梅到金马街道开展走访调研并座谈。

11月11日，市委常委、市总工会主席吴凯调研金马街道罗欣药业，区委书记王道明陪同。

11月17日，承办全省新时代文明实践所、站、基础现场观摩会。

11月19日，区三联系领导李亦、税桂英、邱成明、马宁利到金马开展“大学习、大讨论、大调研”走访活动。

11月24日，区委副书记、区长马烈红到金马街道调研海科高中等民生项目。

11月24日，市信访局基层治理指导处副处长何健，市来访接待处调研员王建国，区信访局局长蒋正根一行到金马街道金泉社区及街道接待中心检查调研“群众工作之家”建设及“人民满意窗口”建设情况。

12月10日，区委副书记李亦到金马就疫情防疫、社会经济发展调研东原城小区、联动U谷项目、雷迪波尔。

12月30日，区委常委、组织部部长罗胤到金马调研。

（周　荃）

万　春　镇

【概况】 万春镇位于温江区北部，距成都中心城区18公里、成都双流国际机场16公里，成都第二绕城高速公路、成温邛高速公路和成青旅游快速通道穿越全镇，地铁17号线贯穿南北，江安河、杨柳河自北向南流经全域。全镇面积54.6平方公里，东邻永宁镇，郫都区花园镇、德源镇，南接柳城街道，西壤和盛镇，北连寿安镇，辖6个行政村（鱼凫村、和林村、高山村、金星村、先锋村、幸福村）、8个社区（天乡路社区、春江路社区、踏水桥社区、长石社区、南岳社区、黄石社区、永和社区、镇子场社区），共192个村（居）民小组。

人口　有28514户，户籍人口65003人。其中：男性31163人，女性33840人。按年龄阶段分：18岁以下11727人，18～35岁12938人，35～60岁27113人，60岁以上13225人。

面积　辖区内总面积5336.44公顷，其中耕地面积3349.22公顷（基本农田2805公顷、一般农田544.22公顷），林地、园地67.08公顷，城镇村及工矿用地1396.14公顷，交通运输用地288.97公顷，水域及水利设施用地214.68公顷，其他土地20.35公顷。

【经济发展】 全镇实现地区生产总值38亿元；固定资产投资35亿元，全口径财政税收1.5亿元，旅游综合收入22亿元。实现城镇居民年人均可支配收入35664元，同比增长7%；实现农村居民年人均可支配收入35289元，同比增长7.5%；先后获国家卫生乡镇、省市两级实施乡村振兴战略工作先进镇、四川省乡镇治理示范镇等称号。

种植业　农作物面积50160亩，其中：花木面积41475亩，水稻面积5968亩，蔬菜面积1698亩，大蒜面积6149亩（年产大蒜4611吨、蒜薹2459吨），油菜面积240亩（年产油菜籽49.5吨），其他经济作物779亩。

养殖业　年末存栏量肥猪200头、鸡7948只、鸭750只、鹅84只。特种养殖102亩（观赏鱼），年产1000余万尾，产值达480余万元。

第三产业　农业旅游景区6处（幸福田园、耕者俱乐部、原乡和林、先锋盆景、依田桃源、三邑盆景园）。拥有一级资质园艺企业2家，二级资质园艺企业3家。家庭农场69家，专业合作社57家（国家级专业合作社1家，省级专业合作社4家），花木电子商务公司（网站）3家。

招商引资　全年实施项目98个，其中社会化投资项目41个，政府性投资项目57个，依田村、粤商创新中心等25个在建项目加速推进，星光影视城、国际人才社区等重大项目开工建设，半亩·方塘、庆典城等项目竣工投运。半亩·方塘获评亚太（中国）2020年度“最受欢迎民宿”。

商贸服务业　有市场主体3019家，从业人员累计11457人。按类别分类：餐饮业291家，茶馆棋牌41家，机动车修理50家，美容美发97家，旅店47家，医院诊所43家，小区物管门卫33家，房屋中介32家，食品生产加工2家，度假村农家乐3家，印刷（复印）11家，按摩浴足8家，物流3家，废旧金属收购5家，加油（气）站3家，汽车租赁2家，开锁3家，其他2345家。

【基层党建】　全镇14个基层党委，4个党总支，112个党支部，共有党员2569人。

党务活动　学习贯彻中央和省市区委全会精神，推进“不忘初心、牢记使命”主题教育常态化制度化，全面落实“共产党员户”挂牌，建立“一张党员结对帮扶明白卡、一套党员学习手册、一本走访民情日志”工作机制，机关科室广泛开展“带头示范、带头执行、带头成事”“树旗”行动，村（社区）深入开展“实打实夯基础、面对面惠民生、硬碰硬推项目”“护旗”行动。开展纪念建党99周年暨“两优一先”评选表彰活动，选树在抗疫一线、项目攻坚等方面表现突出的先进典型。

组织建设　在全区率先探索以“六抓六健全”建设“四讲四有”镇党委班子，受到市委组织部肯定。开设“党委专题班”“书记提能班”等5个专班，建立健全领导责任制等工作机制39项，完成2019年镇党委主体责任述职评议整改举措23项，在省、市、区经验交流发言6次。整合村（社区）6个、村（居）民小组94个，调减比例分别为30%、32.9%。坚持优化基层组织设置，整顿软弱涣散基层党组织1个，新建小区党支部9个、物业企业党支部4个。持续强化“两个示范”引领，表彰优秀共产党员35名、优秀党务工作者10名、先进党组织10个。试点推进中组部党员分类管理，有序推进村（社区）“两委”换届工作。

党风廉政建设　建立“三全”举措狠抓作风纪律整顿，制止餐饮浪费，切实做好精文简会工作，严肃开展乱占耕地建房等专项整治。深化“三个一”警示教育，带头讲廉政党课4次。健全村级纪检监察队伍，指导12个村（社区）党委设立纪律检查委员会，织密“1+14+39”监督网。制定《万春镇2020年廉政风险排查和防控措施工作方案》，健全“四方”监督体系，细化防控措施45条。全年受理信访件6件，查办违纪违法案件10件10人，开展监督检查48次，发出通报21期，通报批评19人次、单位7个。运用监督执纪“四种形态”，约谈12人次，提醒谈话25人次。

【新农村建设】　基础设施　地铁17号线开通运营，优化提升公交线路，改建提升春晖路等9条道路20.5公里，幸福旅游环线、17号线下绿道等6条道路开工建设。完成11处水毁断面修复工程、抢险加固18处。完成踏水桥社区12—18组（原新升村1～7组）电力改造，新建污水管网20公里、供水管网120公里，实现供水管网全域覆盖，新增一体化污水处理设施4套，新改建公共厕所7座，新增552户户厕改造。

改革创新　创新“投改股”利益联结机制，整合道路交通、市政设施、环境整治等各类奖补资金，量化入股社会化项目，壮大集体经济组织资产。幸福田园签约中科控股实现市场化运营管理，先锋村暖心驿站超市投入运营，和林冷链物流中心、鱼凫文化馆等项目破题推进。高山村、幸福村、和林村获评全省全市乡村振兴示范村。

【生态环境保护】　生态治理　开展全区首个大气子站智能风向标试点，实现手机终端对空气质量的动态监测，空气质量优良天数280天以上，PM2.5、PM10平均浓度同比分别下降11.9%、10.5%，餐饮油烟监管经验全区推广。严格落实河（湖）长制，开展巡河1.1万人次，整改水环境突出问题86个。完成3公里绿道环境品质提升，整理修复川西林盘100亩，新增绿化面积4.7公顷。常态化开展全民爱国卫生运动，开展成温邛高速路沿线风貌整治，推进石家庙、消防站等7个点位“两拆一增”整治，拆除（制止）违法建设4000余平方米。

综合治理　深入开展农村乱占耕地整治行动，形成分类处置意见。针对国色天乡等城市易涝点位，形成“上接、中通、下疏”整治方案，纳入区级整治计划。完成30个垃圾分类拱顶投放点，城镇社区和农民集中区覆盖率达90%以上，生活垃圾末端处理人均减量率10%。整治病害道路2333平方米。创新推出“路段长”机制，经验做法被央视《新闻联播》专题报道。

【社会事业】　教育　加快推进报恩家园幼儿园扩容工程，北京二十一世纪学校、国色天乡幼儿园顺利开学，新增学位600余个，教育体系更加完善。

卫生健康　镇中心卫生院改建项目提档升级为区域综合医院，新增床位150张以上，改建提升永和社区卫生站，专业打造村（社区）医师队伍，基层医疗水平不断提高。新生儿疾病免费筛查率达100%。

抗击疫情　全面开展“三查”工作和严格实施管控措施，对全镇31800户98900人、3200余家市场主体、35家建筑工地等动态开展数十轮全覆盖排查，未出现一例确诊或疑似病例。选派263人次脱岗加入区疫情防控机场专班工作。核拨108万元专项资金、11万个口罩、3.5吨消毒试剂等物资至村（社区）用于疫情防控，全力保障疫情防控需求。

文化　成功承办2020年全国乡村春晚集中展示启动仪式，举办首届幸福田园生活季、第六届“开秧门”农耕文化节等品牌活动，组建民间特色队伍35支，开展群众性文化体育活动204场，万春文化站综合排名全区第一。

【社会生活】　社会救助　全镇210户低保、77户特困人和74名空巢、失能半失能老人，镇级临时救助14人次，救助率达100%；救助款305万余元，提供快速救助10人，救助款5000元，为210户低保298人低保家庭提供医疗门诊救助，救助款78600元。阳光圆梦救助7例，共20620元，阳光育苗救助9例，共4500元。残疾困难家庭192人、集中供养特困人员77人。发放80岁以上老人长寿补贴1375800元，累计建成日间照料中心17个。

社会保障　网格化企业89家，员工5277人，签订劳动合同5159人，劳动合同签订率97.1%，缴纳社会保险5116人，社保参保率97%。有效化解国色天乡乐园东虹公司、阁涞玛尊月月子中心等大规模员工欠薪群体性事件，成功调处各类涉及拖欠工资的来信来访案件共167件，其中：市长电话信箱98件、微信投诉39件、直接投诉30件，涉及员工357人，涉及金额27.25万元，劳动纠纷调解率95%。

技能培训　开展景区民宿服务员、应急救援员、农业职业经理人、家政服务员、景区商家经营管理、养老护理技能、创业技能等各类培训共18期，完成就业技能培训600余人、创业培训200余人、岗位技能提升培训600余人，成功促进、带动实现就业1000余人，进一步提升了辖区内失地农民、农村剩余劳动力及新农人等新市民群体创业就业技能水平。

就业帮扶　疫情防控期间，对接企业服务部门，线上通过“用人岗位”联系群推送企业招聘信息40期、提供就业岗位3000余个。积极开展就业创业服务活动，依托万春智汇·创客空间等平台，营造更加良好的创业环境，针对性进行业务指导。已有43家企业入驻天乡路创客空间，其中成都千盛惠禾农业科技有限公司获“四川省科技进步二等奖”，四川恰果农业有限责任公司获“成都市温江区创新创业大赛二等奖”，形成良好带动效应。

军人保障　建立退役军人台账，采集退役军人信息，解决实际困难180余件，足额发放优抚定额补贴，发放义务兵家庭优待金。

精神文明建设　牢牢把握社会主义核心价值观“二十四字”总要求，紧扣基层宣传思想和农村精神文明建设工作目标，建立万春镇新时代精神文明实践所，持续完善村规民约，破除陈规陋俗，反对封建迷信，塑造温江精神，营造文明和谐社会。依托深厚的文化底蕴和群众基础，打造“一村一广场、一村一特色、一村两长廊”文化阵地建设工作亮点，让群众开展文化交流有场所、参与文化建设有载体。加大文化活动的开展力度，逐步探索“文体+旅游”“文体+商贸”“文体+教育”等多种“文体+”的路子，引导群众、游客、音乐人积极参与文化作品创作、策划和包装，逐步形成独一无二的乡村风貌。

【规范化服务型政府】 构建“1+14”镇村全域便民服务体系，全面承接147项便民服务事项，实现居民就近办理。接受人大、政协监督，人大代表议案建议、政协委员提案办结率100%。自觉接受群众、社会、新闻舆论监督，主动公开政府信息37970条，行政机关负责人出庭应诉率100%。

【司法】 深入开展“七五”普法工作，“线上+线下”双线融合加强《中华人民共和国民法典》的宣传教育，共举办法治文艺专场演出2场、法治讲座27场，共悬挂法治横幅36幅，发放宣传单13500份、宣传手册1200本。积极探索“枫桥式司法所”建设路径，2020年万春司法所被省司法厅评为首批“枫桥式司法所”。充分发挥“庆哥品牌调解室”的示范引领作用，狠抓人民调解员队伍建设，全镇各级调解组织共调解矛盾纠纷335件。万春镇公共法律服务工作站为群众提供法律咨询273人次，驻村法律顾问为群众提供法律咨询1314人次。加强行政复议与应诉工作，2020年全镇行政复议案件下降了53.8%，行政诉讼案件下降了46.6%，行政机关负责人出庭应诉率达100%。

【群团发展】 共青团 聚焦“城市对青年发展更友好、青年对城市发展更有为”两个维度，参与策划组织各类活动50余场次，服务群众2000余人次，积极组织动员团员、青年志愿者投身疫情防控工作，获得市级疫情防控优秀青年志愿者、优秀青年志愿服务组织表彰，紧抓青年团员参与度关键点，全镇“青年大学习”的学习完成率保持100%。

妇联 以“我心飞扬”缤纷假日为主题，将30个优秀社会组织和23名专业社工分配下派、自主选择到各村（社区）儿童之家，策划开展系列适合于儿童的特色假日活动；在村（社区）增设悄悄话和心理辅导室，办理来访来诉5例。

【为民办实事】 持续加强社会救助、养老服务、城乡低保，投入资金200余万元。成功应对“8·11”“8·16”五十年一遇特大洪涝灾害，及时转移受困群众1843名，分发保障物资11万元，人民群众生命财产得到最大程度保障。全年完成民生项目23项，民生支出6000余万元。

【居民生活】 开展检查350余次，其中法定节假日检查62次，“八小时外”时间检查101次，形成各类通报、简报共103次。因疫情防控工作落实不到位约谈物业服务企业负责人3次，有力保障小区内业主的生命安全。指导成立业委会2家，处理信访投诉141件。

【重要活动】 1月8日，2020年全国乡村春晚集中展示活动启动仪式暨四川分会场活动在万春镇幸福村举行。

1月17日，获评2019年度成都市实施乡村振兴战略推进城乡融合发展先进乡镇。

2月2日，市委常委左正到万春镇幸福村督查检查疫情防控工作。

2月7日，市委常委、统战部部长、市总工会主席吴凯到和林村现场督导疫情防控工作。

2月25日，市委常委、统战部部长、市总工会主席吴凯到二十一世纪学校督导调研疫情防控工作。

3月11日，《万春镇和林村抗疫农忙两手抓，保农产品供应》被《中国纪检监察报》报道。

3月13日，复评2019年“四川省安全社区”合格单位。

3月27日，获评2019年度四川省实施乡村振兴战略工作先进镇。

4月9日，获评2019年全市“扫黄打非”工作进基层示范点。

4月19日，万春镇黄石、镇江“云踏青”被央视报道。

4月，万春镇卫生院获评成都抗击新冠肺炎疫情先进单位。

5月5日，第六届成都开秧门农耕文化节在万春镇和林村举办。

5月6日，万春镇“路段长”负责机制被央视《新闻联播》专题报道。

5月13日，万春镇加快全域旅游高质量发展被《人民日报》报道。

5月25日，市委副秘书长鲜阳红到新桃源康养村落调研成都西部片区国家城乡融合发展试验区建设情况。

5月，获四川省第一届“云健身”网络运动会空竹比赛优秀组织奖。

6月14日，农业农村部国际合作司副司长韦正林到花木（农产品）进出口园区调研花木进出口工作。

6月23日，四川省文体旅厅副厅长游勇陪同重庆市文化和旅游发展委员会主任刘旗到依田桃源项目考察温江乡村旅游产业发展工作。

6月28日，获评基层治理现代化试点乡镇。

6月30日，万春镇作为代表在全市基层立法联系点专题会议暨授牌仪式作经验交流发言。

6月，获评成都市基层立法联系点。

6月，获评“一镇一品”传媒大奖——特色示范小镇。

7月7日，《成都市人大代表、万春镇幸福村郭建平书记疫情期间纾困解显担当》先进事迹被《人民权利报》专题报道。

7月8日，成都市委关于国家城乡融合发展试验区建设动员会暨西控工作推进会在万春镇依田桃源召开。

7月16日，四川省政协副主席赵振铣到三邑园林“深化职业教育改革培育现代产业技能人才”专题调研现场会。

7月23日，万春镇美丽乡村建设工作被四川电视台“公共·乡村”频道专题报道。

7月29日，复评2017—2019年周期国家卫生乡镇。

7月31日，“万春镇以‘三个探索’提升党建引领乡村治理水平，高质量推进城乡融合发展”获评2020年度成都市党建工作创新项目。

8月13日，市委常委、市政府副市长程伟到万春镇幸福村调研城乡社区发展治理工作。

8月14日，获评成都市2019年“四好农村路”示范创建单位。

8月29日，获评成都市群众体育工作先进单位。

9月27日至9月29日，万春镇在2020年成都市艾滋病防控网底能力提升班上作艾滋病溯源管理经验分享。

9月，获评成都市十大乡村振兴基层治理创新案例。

9月，获评成都市十佳乡村周末旅游目的地。

10月20日，农业农村部到万春镇天乡路社区考察集体经济组织发展情况。

11月2日，万春镇在全市乡镇领导班子建设若干政策措施研讨会作经验交流发言。

11月11日，市委常委、市委统战部部长、市总工会主席吴凯到万春镇幸福村开展“大学习、大调研、大走访”。

11月17日，“wan”转社区　“chun”享大运2020首届成都市社区导游发展论坛暨温江区迎大运社区旅游产品发布会在万春镇幸福田园举行。

11月20日，第二届成都国际花木博览会在万春镇花木进出口园区举行。

11月20日，复评全国文明村镇。

11月23日，市政府副市长刘筱柳陪同德阳市委副书记、市长何礼到万春镇依田桃源考察文旅项目招引、项目落地工作。

11月26日，全国32个省科技厅农村处代表及国家农业科技园区代表到万春镇三邑园林考察学习。

11月29日，万春镇原乡和林、川派盆景园被央视《新闻联播》报道。

12月3日，省文旅厅在万春镇依田桃源、锦塘等点位召开天府旅游名县候选县现场指导会。

12月8日，文旅部资源开发司到万春镇幸福田园调研指导国家全域旅游示范区创建工作。

12月9日，市委常委、统战部部长、市总工会主席吴凯到万春镇明心寺督导疫情防控。

12月18日，万春镇新时代文明实践所获评成都市新时代文明实践示范点位。

12月22日，万春镇和林村巾帼志愿者协会获评成都市2020年和谐邻里关系营造优秀典型邻里好组织。

12月25日，获评2020年度成都市“门前三包”推进工作先进单位。

12月28日，万春司法所获评2020年度省级“枫桥式司法所”。

12月31日，获评成都市第二次全国污染源普查表现突出单位。

12月，获评四川省首批乡村治理示范镇。

（黄巧灵）

和盛镇

【概况】 2020年，和盛镇围绕建设“美丽和盛·花语小镇”总体定位和“一核四园两带百院”发展布局，深化改革，创新机制，增添措施，全镇各项工作有力有序推进，为全面开启建设社会主义现代化新温江新征程贡献了和盛力量。

全镇面积41平方公里，其中城镇规划区面积6.49平方公里。辖陈家渡（由原土桥村和原渡口村合并）、渡桥、李义、石坝、石牛、玉河6个行政村，东宫寺（由原东宫寺社区和原春林村合并）、柳岸、兰亭（由原友庆社区和原铁篱村合并）、蓁临（由原蓁江社区和原临江村合并）、舒家渡（由原舒家渡社区和原广水社区合并）5个社区，124个村（居）民小组，总人口60199人（其中户籍人口36729人，外来人口23470人）。

【经济发展】 2020年，全镇完成固定资产投资11.2亿元；完成工业投资4000万元；完成农业固定资产投资2.42亿元；实现社会消费品零售总额增长18.3%、现代服务业增加值增长11.2%；城镇居民人均可支配收入30208元，增长7.7%；农民人均纯收入31498元，增长9.4%；完成到位省外内资10亿元；完成地方税收8468.82万元，同口径增长10.5%。

农业 有耕地面积2614.8公顷，有效灌溉面积2614.8公顷，高标准农田面积2410.3公顷，设施农业占地面积464亩，农作物播种面积2012.8亩，花卉苗木种植面积37279.8亩；耕地流转面积6700亩；有农业企业81家、家庭农场63家、农业合作社37家。农业龙头企业：成都惠美花境园艺工程有限公司、成都伟峰生态园林工程有限公司、成都三联花木投资有限公司、成都同源园林工程有限公司、成都市川雅园艺有限责任公司等；省级示范家庭农场：盛彩花卉家庭农场；省级示范合作社：大红花紫薇营销专业合作社、成都市温江区花乡农盟苗木专业合作社；市级示范合作社：成都市温江区渡桥益佳蔬菜专业合作社。

工业 有工业企业22家。医药类企业：成都中医大泰康医药科技有限公司；科技类企业：成都志力科技发展有限公司；制造业企业：成都科威电讯设备有限公司、成都蓝新科技有限公司；出口企业：成都东大食品有限公司。2020年，成都志力科技发展有限公司完成“小升规”；成都科威电讯设备有限公司完成工业用地提质增效，亩均税收达5万元以上。

第三产业 有服务企业132家，个体工商户2901户，农家乐38家，辖区内有3所银行、幼儿园6所、小学1所、中学1所、大中专院校3所、医院1家。

招商引资 围绕“农创、农旅、农养”产业定位，通过大力招商引资、园子变景区提质增效等方式抓好项目工作。全年，共计包装项目36个，在谈项目27个，已签约项目9个，总投资额31.2亿元。其中：完成精包装项目4个［仙境花园项目、杏烟渡民宿项目、龙腾梵谷二期（樱花谷）、玉河数字化乡村旅游项目］，总投资11.7亿元；初包装项目通过区投促局初审16个，总投资规模82.4亿元；转化签约项目9个，已签订投资协议并注册落地项目8个［大鼎泛艺广场、慕斯农场项目、鱼凫水族小镇、鲁家滩体育运动基地、花都海洋世界、七彩海巢二期（海洋世界）、花语盛景项目、鸿泉东宫项目］、签订合作框架协议1个（飞花渡田园综合体）。

【新农村建设】 一是围绕打造农商文旅体养融合发展示范场景，双向摸清企业和农户的发展诉求，试点探索土地经营权随承包权同步延期30年，“倒逼”企业转型升级16家，“腾笼换鸟”2

家，其做法被省发改委主办的《四川改革》转发。二是认真落实温江区农村宅基地制度改革试验实施方案，以林盘整治为抓手，创新探索出“政府引导、群众主体、社会资本代建、资金自求平衡”的宅基地整理工作机制。三是完成天乡路沿线10个村连片，玉河、渡桥、李义3个村连片和渡口村等共14个村（社区）的村规划编制，为统筹做好项目使用集体建设用地和连带利用周边农用地提供了基础支撑。

【生态环境保护】 聚焦绿化覆盖、植树造林、资源保护等六大方向，推动生态修复保护。新植黄花槐828棵、麦冬5000余平方米。开展人居环境综合整治，推进秸秆综合利用和禁烧联防联控。依法处罚露天焚烧枯枝败叶5起、罚款2500元。精准整治“三无”和“散乱污”企业11家。实施杨柳河排口治理5处，建成东宫寺污水生态处置系统。加大鲁家滩沿线农家乐污水收集整治，积极塑造“山水呼应、清晰明亮”的生态田园公园形态。

【川西林盘整治】 全面梳理资源禀赋，统筹产业植入、项目引进、要素配置，法定天乡路、北林绿道环线的兰亭、东宫寺、玉河、李义、石牛等8个村（社区）连片村庄规划。围绕项目落地，完成渡桥、陈家渡等3个村规划，启动原春林村部分村庄规划编制。完成天乡路“前店后厂”示范段设计，全面开展天乡路“新三农”融合发展示范带、鲁家滩公园景区策划工作。实施全域林盘土地整理，全面梳理乡村“两块地”资源，完成土地整理项目6个，实现复垦指标验收93亩，产业净地收储17亩，蓁临社区特色街区项目、东宫寺社区产业社区院落完成腾退。新启动全域土地整理包装立项17个，推动800余亩集体建设用地梯次入市交易，3500亩农用地配套流转，吸引30亿元社会资本进入乡村推动振兴。持续做好村（社区）建制调整改革“后半篇”文章，引导村集体开展土地经营权随承包权同步延期30年试点。建成群众集中安置点4个25700平方米，实现734人集中安置。整合涉农奖补资金约800万元，配套集中安置点道路、水电气等基础设施。建立“农民+村集体经济组织+企业”社企合作模式，实现了鸿泉东宫、花语盛景等产业化项目快速落地。

【基层党建】 2020年，和盛镇有基层党组织88个，其中党委10个（含镇党委1个、村社区党委9个），党总支2个，党支部76个。有党员1573人，正式党员1541人，预备党员32人。

组织建设 一是健全基层组织。通过“单建+联建”，新建4个小区党支部、1个物业党支部，新建湖畔湾、和美盛景2个小区党群服务站，夯实党建引领小区院落治理的基层基础。玉河村党总支被评为成都市“蓉城先锋”先进基层党组织。二是完成村（社区）建制调整改革。原有10个村、6个社区调整为6个村和5个社区，调减率31.25%。原有183个村居民小组（村民小组91个、居民小组92个），调整为124个（村民小组52个、居民小组72个），调减率32.24%。三是选优配强基层班子。扎实推进村（社区）“两委”换届，拟实行100%的党组织书记、主任“一肩挑”。2021年1月8日，和盛镇11个村（社区）召开党员大会举行换届选举，11个村（社区）党组织顺利完成选举任务。四是激发党员带动力量。坚持党建项目化，连续四年开展“美丽和盛思想汇先锋汇志愿汇双创汇”党建品牌，评选全镇十大最美党员，创新编印《党建红皮书》，展示基层党组织和党员风采。全年培养入党积极分子53人，新发展党员17人。五是构建多元共建机制。以基层党组织为核心，建立多方联席会议、党员骨干联组包户、民生诉求呼叫响应等制度，与小区院落自治组织共商民事、共解难题。以柳岸花邻A1区为试点，以“群众自治管物业、物管费用先交后返、公共收益再分配”为路径，打造了新邻里社群。六是引领社区发展治理。开展社区营造、社区治理、社区微更新等项目102个，打造“鲁家滩观澜堂”“舒家渡廊桥记忆”等一批富有本土特色的共享空间，蓁临社区获全区社治工作示范社区拉练第一名，陈家渡村工作经验在全区社区发展治理大会上作经验交流，“紫薇创享空间”微更新项目成为成都市级微更新竞赛点位。

党风廉政建设　抓党风廉政建设和反腐倡廉教育，形成针对党员干部的“一周一学习、一月一谈心、一季一考核、一年一述廉”长效机制。一是注重宣传引导。组织镇机关干部和村（社区）“两委”干部认真学习《习近平谈治国理政》等重要理论，专题学习党章、准则、条例等党规党纪，通过悬挂横幅、张贴标语、微信发布等形式，营造宣传教育氛围。持续创新开展诵廉文、学廉事、启廉思、测廉题、知廉纪“五廉同行”教育活动，编印《五廉同行》教育读本1000余册，制作印有廉洁格言的笔和纸杯，使干部看有“廉书”、写有“廉笔”、喝有“廉杯”。二是坚持案例警醒。在每周一期的《和盛信息》开辟“警钟长鸣”专栏，转载典型案例通报。组织开展违纪违法案警示教育，组织观看《蒙尘的初心》等警示教育视频，发放《无禁区全覆盖零容忍》警示教育读本，先后开展正风肃纪教育11场次。三是抓作风建设。开展党风廉政建设专题教育培训活动，不断增强广大党员干部的群众观念、法纪观念和勤廉意识。严格落实党委主体责任，镇党委政府主要负责人开展集体谈话5次，开展班子成员、中层干部、村（社区）党组织书记谈心谈话42人次。班子成员对分管科室人员开展谈心谈话100余人次，“一岗双责”约谈率达100%。

思想政治建设　全年组织镇党委中心组集中开展理论学习17次，组织开展中央和省市区委全会精神学习宣传40余场次。组织领导干部和科级干部下支部、抓支部，督促基层党组织“三会一课”、主题党日有序开展。持续加强“向阳花”基层宣讲队队伍建设和品牌打造，围绕决胜全面小康、决战脱贫攻坚这条主线，组织田间地头宣讲8次，组织开展“美丽和盛·先锋汇、思想汇、双创汇、志愿汇”等一系列文化活动10余次。

【社会事业】　教育　做好“控流防辍”工作，中小学无辍学现象；完成242名外来务工人员子女入学的审核、安置；定期到学校、幼儿园抽查校园周边环境整治情况和安全管理情况，不定期召开安全工作培训会，全力做好了校园疫情防控工作；完成柳岸社区等9个学习型组织、马群等90个学习型家庭的创建工作；重点打造“和乐美家”家庭教育特色品牌，在陈家渡村、蓁临社区建立了家庭教育指导服务站，开展家庭教育培训服务，指导社区居民提高家庭教育水平，为困难家庭提供家庭教育服务；长期开展丰富多彩的“最成都·市民课堂”培训活动和利用节假日开展社区教育活动，满足了社区居民的多元化学习需求。

卫生健康　2020年顺利通过国家卫生镇创建专家组技术评估。开展城乡居民健康档案管理，累计为辖区城乡居民建立电子健康档案46497份，完成居民电子健康档案率95.29%，规范建档39569份，规范电子建档率80%，有动态记录的档案总数44595份，健康档案使用率95.15%。做好孕产妇健康管理，孕产妇建卡率100%，督促开展至少5次孕期保健管理，辖区内怀孕13周之前建卡人数187人，早孕建卡率93.03%，出院28天内接受过产后访视的产妇人数201人，产后访视率98.05%。对适龄儿童进行预防接种，全年免疫规划疫苗接种2513人次数，14343针次数，儿童免疫规划接种率超过95%。对辖区65岁及以上老年人进行登记管理，65岁及以上老年人建档人数5639人，健康管理人数4269人，健康管理率75.7%。对高血压、糖尿病等慢性病高危人群进行指导，有高血压应管人数3181人，现管人数3450人，健康管理108.45%；糖尿病应管人数1268人，现管人数1215人，健康管理95.82%。对35岁以上人群实行门诊首诊测血压，对确诊高血压和糖尿病患者进行登记管理，做到定期随访。

文化　镇综合文化站设置标准化5大功能室，免费为群众提供图书借阅、电子阅览、共享工程、电影放映、文艺演出、活动展览、技能培训等服务。各村级服务站按照“两项试点”标准进行了设施设备更新，所有免费开放场馆实现规章制度健全，职责任务、服务内容清晰明确，保障机制完善，设施利用率明显提高。2020年，文化骨干数据库共收录70余人，新组建“东宫梦之魂舞蹈队”“浅山林院舞蹈队”“盛之韵合唱团”“和盛龙狮队”4个业余艺术团队，共开展镇级文化活动35场，培训48场次，村（社区）

日常文化活动102场，联合社会力量在燎原职业中学、和盛镇图书馆、和盛幼儿园等场所常态化开展阅读活动，惠及群众42000余人次。2020年成功创评一级文化站。新建东宫寺社区大舞台及陈家渡村两项试点市级点位。

【社会生活】 社会救助　完成东宫寺社区老年助餐点建设；建立困难户主动发现机制台账，制定了4000元以下临时救助政策。截至12月，和盛镇有低保户186户271人，其中新增11户23人。完成低保和特困人员房屋新建维修15户；链接爱心企业为困难群众配送37件家具；完成低保、低保边缘群众临时救助14人次救助金额72799元；完成临时救助8户，救助金额4000元；完成大病补充医疗救助1人，救助金额36052元；完成医疗托底救助1户；完成慈善助医2人，救助45222元；慈善助学2人，救助14000元；慈善助幼27人，救助27000元。完善流浪乞讨人员日常巡察工作和特殊儿童帮扶工作，链接社会组织为特殊儿童提供心理咨询、日常照护等。截至12月，有80～89周岁高龄老人834人，90～99周岁高龄老人167人，100周岁及以上高龄老人9人，全年发放高龄补助金约94万元。全年投入资金48万元，通过购买服务方式为47名低保困难失能半失能老人，144名困难老人提供居家养老服务。截至12月底，有特困人员70人，其中散居特困50人，集中20人；孤儿2人，事实无人抚养儿童1人，留守儿童4人。完成特困人员临时救助40余人次，救助金额122300.00元，剩余医疗救助61990.69元；完成“阳光育苗”工程资助学生6人，救助3000元；完成“阳光圆梦”助学4人，救助19840元；链接社会组织为辖区特殊儿童提供沙盘游戏心理咨询活动，“爱心妈妈”志愿服务，走访慰问8户资助3200元。

就业和社会保障　完成城镇新增就业221人、城镇失业人员再就业183人、就业困难人员就业20人、农村富余劳动力向非农产业转移就业695人；城镇登记失业率控制在3%以内，完成3名大学生创业补贴发放工作，新增吸纳大学生就业创业290人。城乡居民养老保险参保缴费人数达4436余人，覆盖率达90%以上；城乡居民医疗保险筹资26000余人，完成比例达99%。

精神文明建设　认真贯彻落实《新时代爱国主义教育实施纲要》，完善爱国主义教育基地管理制度，加强温江烈士陵园、剿匪纪念碑等红色文化资源梳理运用。认真贯彻落实《新时代公民道德建设实施纲要》，与镇域3所大中专院校、和盛中小学、6所幼儿园联合举办各类宣传活动6场次。打造社会主义核心价值观示范点位1个，建成乡愁博物馆、和盛大舞台等阵地2个，常态化开展“我们的节日”“和盛大舞台才艺选拔赛”“紫薇音乐节”和“和盛春晚”等文艺活动。打造“鲁家滩观澜堂”“舒家渡廊桥记忆”等共享空间，不断完善图书室、阅览室、活动室等文体设施，建立了集图书阅览、微电影观看、居民夜校、书画室等一室多用的新时代文明实践场所11个。以兰亭社区、陈家渡村为样板，推动舒家渡社区、东宫寺社区、玉河村“三美村”建设，积极开展“四好村”等群众性精神文明创建活动，累计开展“文明家庭”“最美家庭”“星级文明户”“最美党员”“新时代感动和盛人物”等评选表彰活动80余场次，表彰先进典型300余名。

【规范化服务型政府建设】 整合全镇28名全岗通窗口工作人员，在镇便民服务中心和11个村（社区）便民服务室新设置25个“综合受理”窗口，推行“一窗受理、内部流转、限时办结”工作模式，90%以上政务服务事项实现“一窗”受理，全年全程代办累计87495件，无超期办件，政务服务好评率达100%。加大政务公开力度，维护好“一网站三平台”，全年主动公开信息1.7万余条。同时，利用政务微博、微信等渠道公开信息0.3万余条。无政府信息公开申请，未发生因政府信息公开申请而引发的行政复议、提起行政诉讼案件。全年办理网络理政757件，办结率达100%，满意率达95.37%，无超期办理、信息泄露等情况发生。

【群团发展】 妇联　一是广大妇女干部群众，发挥“半边天”作用，主动投身疫情阻击战，涌现出了杨静、“冷嬢嬢”等先进抗疫典型，胡冬祥、兰艳、杨红霞、谭桂树4户被评为区级“最美抗疫家庭”。二是4月引进仿真花手工制作项目，建成柳岸社区妇女居家灵活就业基地、舒家渡社区妇女居家灵活就业基地，帮助和盛镇约60名困难妇女群众实现居家就近就业，月平均产量约30000支，人均月增收约1500元。三是以“最美家庭”故事分享活动为载体，积极开展幸福家庭创建工作。11月14日，成功举办和盛镇2020年“小手牵大手　共建‘和乐美家’”幸福家庭创建暨学习型组织表彰活动，评选表彰十户最美书香家庭。

共青团　2020年，和盛镇纳入智慧团建管理系统的团员共有531人，50个团支部。其中非公企业团支部5个，流动团员团支部1个，毕业生团支部1个，村（社区）团支部43个。一是持续推进智慧团建系统上团员组织关系转接，加强团员管理，确保每个团员“不失联、不漏学”。二是开展青年联动活动，有效拓宽团组织联系青年渠道，通过基层团组织微信群，线上线下开展“青年大学习”，累计完成青年线上线下学习3085次；依托青年之家开展活动15场，服务青年450余人次；加强“青年人才驿站”宣传推介工作，为来和盛寻找工作的外地蓉漂提供入住服务95人次。三是组织开展志愿者活动15场，参与各类志愿服务223次，累计1000余人次青年参与到疫情防控工作志愿服务活动中。四是充分利用川农大、农职院、燎原职中等资源，邀请专家实地开展就业技能培训30余场次，累计约700人次参加。联合花仙境花木直播基地、恺多宠物主题公园开展农特产品网红直播培训、短视频拍摄剪辑运营培训，并为辖区青年搭建创新创业实践平台。启动“扬帆课堂”、“仿真花”等就业项目，组织现场招聘会3场，开展“送培训下乡”等培训活动，链接本地企业资源召开精准对接会，实现辖区青年“出家门，进厂门”。

【法治建设】　一是结合紫薇公园、北林绿道环线、鲁家滩等区域升级打造，以提升法律知识和法治文化“能见度”为理念，建设法治文化阵地，先后打造了东宫寺综治中心、法治文化广场，鲁家滩禁毒宣传阵地和紫薇公园平安景区建设。二是深入机关单位、企业、学校、村（社区）开展专项普法宣传。全年开展了以宪法、民法典、疫情防控、食品安全、安全生产、禁毒等专项法治文艺巡演、“普法地摊”、法治讲座50余场次，编制印发《中华人民共和国民法典》《防汛抗旱工作手册》《农民工工资支付条例》《疫情防控手册》等法治宣传资料和法治文创产品上万份；在农民工劳动合同普查和体检专项活动中共走访辖区内各类企业27家，检查劳动合同776份，对企业用工中存在的问题，提出可行的法律意见和建议5条。三是加强疫情防控法治宣传和法律服务，组织实施“防控疫情、法治同行”专项宣传活动；在疫情防控期间加强法律服务，主动为疫情防控相关企业提供免费法律咨询，为困难群众等提供法律援助；依法精准有序推进复工复产，推动惠企政策落地落实；常态化开展“线上+线下”防控宣传，增强群众防范意识，全力以赴做好新冠疫情防控兜底工作。四是依法建立矛盾纠纷多元化解机制，强化以镇、村（社区）两级调解组织为主体，专业性行业性调解组织、个人品牌调解室为两翼的“一体两翼”调解体系和多调联动为保障的矛盾纠纷闭环调处。实现村（社区）法律顾问全覆盖，在村（社区）机制体制改革中，引入驻村（社区）法律顾问全程参与，为机制体制改革提供合法性审查，促进基层民主法治建设。

【重要活动】　1月15日，区委常委、总工会主席刘宇彤到和盛镇铁篱村就园林企业经营状况、存在困难和下一步发展思路进行调研。

1月20日，区委副书记、区长马烈红到和盛镇柳岸社区慰问百岁老人陈少华。

1月28日，区委副书记、区长马烈红到和盛镇走访留观点（设置在和盛镇东宫寺社区天香玫瑰缘），详细询问了和盛镇湖北返乡人员等梳理排查情况。

2月16日，市委常委、组织部部长、社治委主任邓涛一行到和盛镇土桥村调研疫情防控工作。

2月19日，省林业和草原局党组书记、局长刘宏葆一行到和盛镇惠美花境、川雅园艺调研盆花新品种苗进口代理、优质盆花培育、花境配植、园艺小品营造，对疫情期间花木产业受损情况等进行了解。区委副书记、区长马烈红陪同。

2月19日，成都市委组织部副部长彭崇实一行深入和盛镇督导疫情防控和企业复工复产工作。区委常委、纪委书记石山陪同。

2月25日，市委常委、统战部部长、市总工会主席吴凯一行到和盛镇川雅园艺、龙腾·梵谷督导调研疫情防控和经济社会发展工作。区委书记王道明、区委常委、统战部部长冯静陪同。

2月26日，区委副书记、区长马烈红到和盛镇美味王酿造食品厂调研企业复工复产相关情况。

3月19日，区委书记王道明一行到北林绿道玉河花田参与义务植树活动。

3月31日，和盛镇举行第四届人代会第八次会议。会议听取和审议了和盛镇2019年人民政府工作报告、人大主席团工作报告；审查和批准了和盛镇2019年财政预算执行情况和2020年财政预算草案的报告；选举产生和盛镇人民政府新一任镇长郝珍。

4月9日，温江区和盛镇组织开展来和盛·带上味蕾去赏花——“实现园区变景区　乡村振兴共发力”温江北林花卉美食主题游玩周活动。

4月14日，副省长杨兴平、省政府副秘书长刘全胜、省教育厅厅长李江一行到四川商务职业学校调研毕业生就业工作。成都市副市长刘筱柳、温江区委书记王道明陪同调研。

7月27日，区委副书记、区长马烈红陪同水利部党组成员、副部长魏山忠一行到和盛镇调研金马河鲁家滩及春天林堤岸建设情况。

8月11日，区委书记王道明一行到和盛镇检查指导防汛减灾工作，实地勘察温玉路杨柳河石牛段3公桩西岸河堤决堤情况，现场磋商抢险方案。

9月5日，和盛镇举行“汇励基金”揭牌成立仪式暨“芳乡拾善”市集开市仪式。区委常委、区总工会主席刘宇彤，区政协副主席资蓉参加成立仪式。

10月23日，温江区和盛镇2020年第二届“星耀和盛镇·相约鲁家滩”健康环滩跑在和盛镇鲁家滩湿地公园举行。

11月3日，成都市2020年金马河流域河长制工作现场推进会在和盛镇召开。市委常委、金马河市级河长左正，市委副秘书长秦代红，副区长鄢光忠参加。

11月4日，区委副书记、区长马烈红一行到和盛镇调研和盛小学校园足球特色发展情况。

（孙松林）

寿　安　镇

【概况】　寿安镇位于温江“北林”区域，东北隔江安河与郫都区花园、友爱镇为邻，南与本区万春、和盛镇接壤，西隔金马河与都江堰石羊、柳街镇相望，北与都江堰崇义镇连界，杨柳河、温彭路、成青快速通道南北纵贯全境；全镇面积48.16平方公里（建设用地15008.8亩，耕地面积44533.7亩），辖7个社区3个村，户籍人口43305人。镇域内有陈家桅杆、鱼凫王墓等国家、省、市、区历史文化遗迹，是成都市历史文化名镇、川派盆景发源地、植物编艺发祥地，素有“花木之乡”“古蜀文明　艺术寿安”等美称。先后获得全国优美小城镇、全国小康建设明星乡镇、第六届全国文明村镇、四川省综合经济实力百强镇、成都市实施乡村振兴战略推进城乡融合发展先进镇等称号。

【经济发展】　全年实现地区生产总值18亿元，固定资产投资总额10亿元，社会消费品零售总额14.8亿元，完成社销零总额增长8.9%，完成服务业增加值增长7.1%；引进税源项目2个，地方税收7243万元；城镇居民人均可支配收入30254元，增长10%，农村居民人均纯收入31485元，增长9.5%。

农业　地区耕地面积4.4万余亩，大小生态园林万余个，有桂花、银杏、紫薇、樱花、贴梗海棠、梅花、茶花、香樟、罗汉松等60余种千万株花卉苗木，是全镇支柱产业。持续深化花木供给侧结构性改革，加强与川农大、市农林科学院合作，建设花木编艺标准化生产和进出口双基地、花木交易中心、编艺博览园、川派盆景园等，主动融入“一带一路”，提高寿安花木在国内国际的知名度与美誉度，发展“桂花＋”、川派盆景、植物编艺等精品花木2万余亩，2020年实现花木销售收入7亿元。农业增加值同比增长3.7%，粮食产量110吨、蔬菜产量5034吨。

第三产业　推动多彩桂雨、生态涵养、编艺文旅、康养度假、盆景艺展五大新场景打造，串珠岷江书院、紫陌林、微盆景集市等11个精品项目，形成环北林绿道旅游目的地和消费地，2020年实现旅游收入近3.5亿元，游客数量达10万人次。

招商引资　完善《寿安镇政府投资工程项目管理制度》和《重大项目全生命管理周期》，建成投运紫陌林田园民宿、满天星度假中心、指尖艺术生活馆、微盆景创意集市等13个产业化项目。加快建设“半称心”盆景园、半隐酒店、森兮黉门等15个项目。签约促进中国心灵湖国际康美小镇、桂花森林项目、春水花径等8个项目动工建设。跟踪对接“肖邦”音乐文化发呆公园、十八颗牙医美综合体等6个项目；新引进其他产业化项目2个，完成实际到位内资3.12亿元。

【基层党建】　始终以党的政治建设为引领，持续优服务、强组织、育干部。全域推广“双圈双创”“党员亮身份”行动；抓好体制机制改革工作，将原有的15个村（社区）调整为10个村（社区），抓实村（居）民小组优化调整改革工作，将原有的244个村（居）民小组调整为159个村（居）民小组；高质量推进村（社区）“两委”换届和机关内部结构调整；2020年党员电视教育片获温江区二等奖、网络关注奖，天星村成功创建2020年度“蓉城先锋·基层示范党组织”，“五步孵育”相关经验在人民网、《乡村振兴》杂志刊发推广，获评成都市党建引领乡村振兴示范单位。

【乡村振兴】　立足镇域实际，科学布局城乡空间结构，构建“镇区＋村社＋林盘”三级规划体系，形成“1＋15＋N”的科学规划体系，重点围绕花木编艺创新创意，扩大编艺选材20余种，研发编艺产品120余类、15万余件，申报注册30余种编艺商标；设立500万元“金手指”产业发展引导基金，鼓励和引导农户产业转型，目前，已引导1000余户农户实现转型；优化利益联结机制，深化三权分置改革，以产业项目为中心，以林盘院落为载体，构建“市场主导、村社主体、村民主人”三位一体和“资源释放、项目建设、运营服务”三环贯通的全链条联农带农利益联结机制，实现“风险共担、利益共沾”；获评2020年度成都市实施乡村振兴战略推进城乡融合发展先进镇。

【生态环境保护】　环保网格化管理　构建“横向到边，纵向到底”的镇—村（社区）—小组（企业）三级网格化环境监管体系，制定并实施了寿安镇2020年环保工作方案等一系列环境保护工作制度。

环保宣传及巡查　全年在各村（社区）开展各类环保宣传240场次；截至12月对区域内11家企业进行环保日常巡查合计200余次，发现存在问题企业3家，督促整改3家；按照“一企一档”要求分类建立污染源台账，实现动态更新；全年全镇受理信访接待环保投诉共59次，处理回复率达100%；聘请环保管家，合作协助解决镇内环保问题；长江经济带生态环境问题排查整治工作开展期间，收到省级暗访反馈问题3个、市级暗访反馈问题3个、区级暗访反馈问题3个、自查发现问题7个，均已全部整改完成；常态化开展对镇域内大气、水、土壤污染源头的排查与整治工作，对寿安镇天星发成零部件厂、汪家湾科嘉皮革厂两个污染地块的初步调查工作均已全面完成，今年重点对佳诚金属、雨鹭、新明珠、绿山生物、中农润泽等涉气企业进行挥发性有机物治理设施的检查。

河长制工作　常态化开展区域内263.3公里金马河、江安河、杨柳河等主要河流和支渠、斗渠等沟渠保护工作；建立镇、村、组的三级河长管理体系，镇、村两级河长总计巡河6304次，及时上报问题105个，完成整改105个，处理率100%；重点保障了金马河沿线矿山生态修复工作，持续开展清四乱工作，清除非法种植高秆作物和花木面积380余亩，清理影响行洪的野生树木500余亩。

【拆迁安置】 梳理全镇拆迁项目25个并规范建档；对旧场镇改造进行项目包装和方案策划，开展场镇改造调研和实测工作，完成旧场镇改造意愿度调查100%、入户测绘100%，规范建立台账；安置黉门书院项目农户5户12人，百花三期分房9套，结算9套，交房17套；提前一个月完成2020年省重点项目——成都西500千伏变电站项目拆（搬）迁工作，推动建设顺利进场。

【社会事业】 教育 常态化抓实社区教育各项工作，重点开展最成都市民课堂、自主特色培训活动共30余场，3000余人次；开发《国际跳棋入门知识》社区教育读本，将国际跳棋入门纳入镇社区教育读本体系之中，探索“以棋养人，开启智力”的校园特色课程发展之路。开展研学基地申报工作，承办四川省研学实践系列标准研制专家学术研讨会；创新校地合作模式，盆景研学基地作为成都农业职业技术学院校外教育实践基地，开展研学实践活动7期，共600余人参加。

卫生健康 推进全镇爱国卫生运动，预防和控制春夏季传染病的发生和流行、开展四灭消杀工作，推进废弃口罩回收工作，常态化、高频次对垃圾房（桶点）共113处进行消杀工作，创新建设地埋式垃圾分类设施1座，建设镇级大件垃圾临时收集房1个，定期对10座公厕进行清洁打扫，确保镇域环境卫生质量达标。

疫情防控 充分开展准流调，在全镇范围内实行“滚动摸排、动态管理”，确保科学精准防控常态化。在全区率先研究出台《企业返岗复工工作方案》等，梳理推送政策“干货”10条、办法“干货”20条，帮助1780余家市场主体实现全面复工复产，苟小琴、张志强等抗疫先锋的典型事迹被中央、省市区各级媒体多次报道，疫情防控分级分类管理、外出人员服务等4篇经验做法得到区委主要领导肯定性签批。

【社会生活】 社会保险 办理城乡居民养老保险8383人，覆盖率达到100%，办理城乡居民医保24035人，覆盖率100%，协助发放“惠民惠农”资金一卡通1343张。

劳动就业 为返乡农民工实施“三送”（送就业岗位信息、送技能培训、送就业创业政策）等“一条龙”服务，组织400余人参加“春风送岗位”招聘会，开展返创就业、微盆景、废旧品再利用手工制作、网络直播培训、花木编织造型技能人才培训等15期新市民职业技能公共培训课，技能培训人数1000余名，通过以赛代训、以赛代推、以展代宣等方式推动寿安从事花木业的返乡农民工提升劳动技能，推进创业就业。

新市民培育 大力实施新市民培育计划，持续建强“四张清单”，实施“乡情感召、事业凝聚”工程，回引返乡创业大学生、致富带头人等500余人，聘请市政协常委潘冬梅、川大儒学研究院院长舒大刚等30余人成为寿安“新村民”“名誉村长”；充分发挥优秀人才引导示范作用，带动广大村（居）民积极主动参与到多元化培训活动中。

社会救助 完善低保申请、入户调查、民主评议、审核审批等工作环节和程序，实现了动态管理下的“有保必保、应保尽保、应退尽退”。全镇低保对象176户、240人（城镇低保12户，农村低保164户，特困人员63户，低保边缘困难群众70户），清理退保人员3户。全年完成救助82人（慈善救助2人、二类支出型困难对象1人、快速救助20人、社会援助2人、医疗救助8人、临时救助49人）。

优抚 建立健全困难群众数据库，全镇优抚对象426人，重点优抚对象286人。临时救助10人、医疗救助25人，全年合计发放优抚资金5137885.6万元。在春节、八一期间，组织开展对在册优抚对象、困难退伍军人、现役军人的慰问活动，送去慰问金240800元、慰问品1039份，进行义务兵一次性奖励和优待金发放工作。

社会治理 积极培育和发展社区社会组织，各村（社区）成立社会组织共145个，小区（院落）自治组织覆盖率达85%，7个小区已建立协商制度，建立协商制度比例达100%，天星村成功创建示范乡村社区，星鹤苑成功创建示范农民集中居住区；围绕“爱成都，迎大运”社区共建共治共享行动开展活动35场次；化解市“三张清单”信访积案共6件，完成区、市长信箱调查回复办结500余件，调查处理省巡件8件，调查办结中央、省、市、区网民留言20余件，有力维护了社会稳定。

精神文明建设　全年统筹开展文化活动80余场；建设了“和合之道”公园社会主义核心价值观教育基地，天星、岷江等5个村（社区）成功创建市级“三美”示范村，实现区级“文明村（社区）”全覆盖；开展了“悦读温江，走进寿安”纪念中国人民志愿军抗美援朝出国作战70周年活动，持续开展“争做进取寿安人”系列文化活动和文明家庭创建、家风家训等系列评选活动，先后评选进取寿安人30余名、农村文明家庭20余个、最美院落40余个，获评第六届“全国文明村镇”。

【人大监督】　寿安镇岷江村党委书记、村委会主任陶勋花于2020年5月22—28日到北京参加十三届全国人大三次会议，作为全国人大代表参与审议政府工作报告、全国人大常委会工作报告等，继续围绕乡村振兴的主题，从人才培育、产业发展等角度提出建议，充分发挥人大代表监督作用、桥梁作用、引领作用。寿安镇人大代表团听取和审议《政府工作报告》《人大工作报告》，审议《镇人民政府2019年财政预算执行情况和2020年财政预算（草案）》，补选镇长一名，副镇长一名；听取《寿安镇安全生产工作汇报》和《寿安镇项目工作推进情况汇报》专题报告；广泛征集十四五规划的建议10条，撰写调研文件1篇；各级代表共走访企业203次，走访群众2678人次，收集反映的问题或建议478件。

【安全监督】　完善班了领导—科室负责人—村（社区）两委—院落长的四级安全生产管理职责，全年共巡查2321家（次），查处一般隐患27处，督促整改27处；开展生产经营单位、公共区域安全风险辨识，完善镇级风险场所1222处；修订完善《寿安镇突发公共事件总体应急预案》及其他专项处置预案共21个，整治各类安全隐患80余条；强化食品安全监管，全面实行流动厨师积分制管理；组织开展了应急急救培训，其中22人取得红十字急救员证，59人取得应急救援员安全技能培训（初级）合格证；全面开展安全生产监督管理示范乡镇建设，通过市政府安办组织的现场验收工作；2020年10月通过了市政府安办组织的评审组对寿安镇开展四川省安全社区建设持续改进工作的现场复评。

【群团发展】　共青团　完成10个村社区团支部升格为团总支，并选举出新一届团总支委员会。每个团总支新建3个团支部，共新建30个团支部。完成2020年毕业生团员团组织关系转接，转接率达100%，开展“六一”儿童节与“关爱情·暖冬行”慰问活动，共慰问70余名留守儿童、孤残儿童、贫困家庭儿童。

妇联　举办了保育员培训、烘焙师培训等品牌培训，培训100余人，举办民宿管家培训、旅游服务接待培训100余人，采用线上和线下方式共举办了9期生活馆订单培训，多元化渠道助推女性就业；成功举办“手作之爱·创响中国”手工文创培训助推乡村振兴主题活动；培育孵化新经济组织——成都皂猫文旅公司落户温江。生活馆制作的“皂猫”等手工产品远销日本、德国和“一带一路”沿线国家，辐射带动周边妇女就业致富；组织寿安镇1084名妇女接受了免费两癌筛查，开展《中华人民共和国未成年人保护法》知识竞赛及《中华人民共和国妇女儿童权益保障法》《中华人民共和国民法典》宣讲活动，切实保障妇女权益。

【重要活动】　1月8日，举办2020成都·金马河畔大地艺术季。

1月16日，市就业服务管理局副局长钟强、区人民政府副区长景仁志出席成都职业培训网络学院温江分院成立暨“妙手回村”手作技能培训启动仪式。

1月17日，区人大常委会主任万雪梅到寿安镇开展“三联系”慰问。

1月26日，启动应急预案。紧急取消春节休假，成立新型冠状病毒疫情防控应急指挥部，全面摸底排查。

2月2日，区长马烈红、区人大常委会主任万雪梅到寿安镇对疫情防控工作进行检查和指导。

2月5日，强化“三个保障”帮助企业复工，在抓好疫情防控的基础上，全力保障135家一、二、三产企业的正常生产秩序，543名职工的健康安全。

4月8日，顺利通过“成都市安全生产监督管理示范乡镇”现场考评验收。

4月30日，区委常委、区总工会主席刘宇彤到寿安镇参加2020·成都温江首届百花盆景艺术节暨“花木艺术与公园城市乡村表达”研讨会开幕式。

5月29日，举办首届五月花海乐活节。

6月14日，农业农村部国际合作司副司长韦正林一行到寿安镇天星村植物编艺公园调研。

7月11日，四川省退役军人事务厅厅长鞠波一行到寿安镇调研，实地考察了天星村植物编艺公园。

7月27日，水利部党组成员、副部长魏山忠一行到温江区调研，实地考察了寿安镇汪家湾花海点位，听取了金马河“清四乱”工作汇报。区长马烈红、副区长鄢光忠陪同。

8月20日，寿安镇举行2020中国·成都和合之道国际公共艺术创作营活动暨国际公共艺术公园开园仪式。

9月3日，由温江区妇女联合会、温江区发展和改革局、温江区人力资源和社会保障局、温江区寿安镇人民政府主办的温江区“手作之爱·创响中国”手工文创培训助推乡村振兴主题活动暨“手作联盟”成立仪式在岷江村委会举行。

9月22日，寿安镇天星村编艺公园参加成都市第三届乡村振兴“十大案例”评选活动获“十大乡村周末旅游目的地”。

9月29日，2020成都温江农民丰收节暨桂花文化旅游季活动在寿安镇陈家桅杆开幕。

10月12—13日，通过四川省安全社区现场评审组开展的四川省安全社区复评验收工作。

11月20日，寿安镇成功创建第六届全国文明村镇。

12月9日，区委副书记、区长马烈红到寿安镇驻点拉菲国际酒店调研指导疫情防控工作。

（蒋雨楼）

先　进

先进人物

全国劳动模范

李　强　　四川益路同行慈善服务中心党支部书记、理事长、成都市温江区总工会社会化工会工作者

四川省劳动模范

陶勋花（女）　成都市温江区寿安镇岷江村党总支书记

郭小川　　国网四川省电力公司成都市温江供电分公司变电维修班技术员

四川省先进工作者

张　砚　　成都市公安局温江区分局刑事科学技术室主任

成都市劳动模范

牟　波　　成都博奥晶芯生物科技有限公司生产主管

周亚丽（女）　成都市温江区柳城街道光华社区党委书记

刘一盛　　成都千盛惠禾农业科技有限公司总经理

曾建红（女）　国家税务总局成都市温江区税务局办公室主任

四川省抗击新冠肺炎疫情先进个人

唐凤鸣　　温江区人民医院呼吸内科主任、主任医师

敬　阳　　温江区万春镇中心卫生院医师

黄国蓉（女）　成都黄大姐保洁服务有限公司董事长

成都市抗击新冠肺炎疫情先进个人

周碧元　　成都市温江区卫生健康局疾控科科长、七级职员

王　浩　　成都市温江区疾病预防控制中心医师

胡广宁（女）　成都市温江区天府街道社区卫生服务中心副主任、主管护师

周　军　　成都市温江区涌泉街道社区卫生服务中心副主任、中医士
卢　艳（女）　成都市温江区寿安镇中心卫生院副院长主治医师
熊胡兵　　成都市温江区金马镇中心卫生院副院长、主治医师
吴婷（女）　成都市温江区永盛镇卫生院护士
谢　超　　成都市公安局温江区分局金马派出所所长
江梅（女）　成都市温江区天府街道梓潼社区党委委员、居委会委员
许昌茂　　成都市温江区柳城街道光华社区居委会委员
黄艳（女）　成都市温江区融媒体中心助理记者
高　云　　成都博奥晶芯生物科技有限公司执行董事
李晓琳（女）　成都通德药业有限公司总经理
陈　果　　四川纯真世纪实业有限公司董事长

成都市抗击新冠肺炎疫情优秀共产党员

周碧元　　成都市温江区卫生健康局疾控科科长、七级职员
周　军　　成都市温江区涌泉街道社区卫生服务中心副主任
江梅（女）　成都市温江区天府街道梓潼社区党委委员、居委会委员

成都市防汛救灾优秀共产党员

吴晓波　成都市温江区节约用水监管事务中心工作人员

温江区“见义勇为公民”

叶亚名

先进事迹

李　强，两鬓已有些斑白，志愿者们都亲切地称呼他“李大爷”。作为一名退役军人，李强退伍不褪色，他于2013年开启公益之路，前后106次进山扶贫助困，累计行程10余万公里。在志愿者相对比较集中的地区，他建立了9个志愿服务片区，针对困境职工群众、低保家庭、孤儿和孤寡老人等困难群体，开展扶贫助困、助老扶孤助残、赈灾救助等活动3267次，参与志愿者5.82万人次，企业160余家，发放爱心物资947万元，受益困难群众14.8万人次。

陶勋花，针对妇女就业难问题，积极争取上级部门支持，打造缝纫居家灵活就业基地，培训技术人才300余人，解决60余人就业。2016年在区、镇妇联牵线搭桥下成都“手汇幸福里”手工编织项目落户江，培训了一批手工编织巧手，岷江村手工产品“感恩的100只熊猫”走向四川电视台与熊猫基地召开的联合发布会，进入了熊猫基地的产品展示国际平台。开启爱心互助，成立寿安镇首个村社级

救助组织“岷江村爱心互助会”，先后接受爱心捐助资金17万余元，惠及47个家庭。岷江村先后获得成都市卫生村、成都市先进基层党组织、成都市妇联基层组织建设示范村、“双强六好”基层示范党组织、成都市民主法制示范村、四川省环境优美示范村庄、省级四好村。

郭小川，作为电网变电设备检修“名医”，他扎根基层一线，践行传承劳模工匠精神。精益专业，把脉问诊变配电设备疑难杂症，出色完成变配电设备年检、预试及事故应急抢修处置任务，多次主导参与省市公司变电检修专业相关制度标准编写，1项研究获国家实用新型专利，1篇论文被评选为《发现》杂志优秀论文“一等奖”。注重传承，在提升自我之余，开展行业内员工技能培训考评700余课时，个人和师带徒多次斩获省市级高水平技能竞赛佳绩。时刻注重个人共产党员先锋模范带头作用发挥，舍小家顾大家，24小时值守待命护卫疫情防控重要点位、重点企业和人民群众用电安全。

张　砚，积极推动信息化与刑事技术工作有机融合，在全省范围内率先实现刑事技术信息化。在推进刑事技术信息化的创新探索，已获国家软件著作权专利，形成的“温江经验”在全省范围内推广。积极参与科研项目，多次作为项目负责人参与公安部、省高校重点课题科研攻关，其主持攻关的“现场物证采集App”计划列为2020年公安部“双十计划”推广项目。在他带领下，分局技术室成为全省首家通过实验室资质认定的县级公安机关鉴定机构，连续三届获公安部“全国示范刑事科学技术室”称号，获“最强支部”“青年文明号”称号。先后立个人三等功1次，嘉奖2次，获“四川省刑事科学技术先进个人”、市公安局“优秀党支部书记”等称号。

唐凤鸣，是温江区人民医院重症医学科党支部书记、呼吸内科主任，也是院新冠肺炎防治专家组副组长。参加过非典战“疫”的他，知重负重、勇毅前行，负责全院新冠肺炎确诊、疑似患者的诊断和治疗，扛起责任，把初心写在抗疫一线。在温江新冠肺炎病例的诊疗上，唐凤鸣是当之无愧的实力担当。

敬　阳，是温江区万春镇中心卫生院住院部的一名医生，疫情发生后，他第一时间递交请战书，申请入户排查湖北武汉返温人员，并坚持发热门诊轮班，“撇下”9个月的龙凤胎，失信于病重的父亲，坚守基层防疫岗位。疫情防控过程中，敬阳作为一名守护在基层一线的“逆行者”，他暂舍亲情，把对小家的爱化成无限的源泉，凝聚成阻击疫情的磅礴力量。

黄国蓉，身边人称呼她黄大姐。她是“全国三八红旗手”、市妇联第十五届执委、区妇联兼职副主席、区妇联执委、成都黄大姐保洁服务有限公司董事长，也是一名共产党员。在这场与疫情较量的战场上，黄国蓉组织公司党员和志愿者上千人次，每日无偿为温江区两处疫情防控点全面卫生保洁，积极动员公司向当地街道、社区捐赠口罩、肥皂以及消毒液、消杀喷壶，为武汉捐赠蔬菜。她挺身而出冲在战“疫”一线，用行动诠释了民营企业家的责任与担当。

附　录

2020 年度温江区领导班子名录

一、区级领导班子名录

中共成都市温江区委

书　记：王道明

副书记（区长）：马烈红

副书记：李　亦

常　委：冯　静（女）、石　山（4 月 30 日前）、刘文雄、幸晓斌、刘宇彤、周振华、周　敏（女，4 月 30 日起）、何兴轩（7 月 13 日前）、罗　胤（12 月 21 日起）、李　涛

成都市温江区人大常委会

主　任：万雪梅（女）

副主任：蒋剑鸣、李大鸿、陈　媛（女）、伍嘉裕、税桂英（女）

成都市温江区人民政府

区　长：马烈红

副区长：何兴轩（8 月 26 日前）、周振华（12 月 29 日起）、陶旭东、景仁志、邹　华（女）、鄢光忠、路红星、张　光（挂职）（9 月 30 日前）

政协成都市温江区委员会

主　席：艾志秋

副主席：廖松辉、何　敏（女）、资　蓉（女）、邱成明、周化林、陈　莉（女，5 月 20 日起）

二、区级部门、镇（街道）领导班子名录

区委办公室

主　任：许晓斌

副主任：陈　芳、朱乐明、杜青林、徐永超
纪检组长：董　天
机关党委书记：牟思恒
常委办主任：杜青林
公务服务中心主任：张　静

区人大专门委员会

成都市温江区第十八届人民代表大会第五次会议于2020年5月20日表决通过，决定成都市温江区第十八届人民代表大会增设预算委员会，将财政经济委员会更名为经济委员会，农业委员会更名为农业和农村委员会。

法制委员会
主任委员：葛　萍
副主任委员：吴　敏
财政经济委员会（5月20日前）
主任委员：王　伟（5月20日前）
副主任委员：綦建勋（5月20日前）
经济委员会（5月20日后）
主任委员：王　伟（5月20日后）
副主任委员：綦建勋（5月20日后）
社会事业委员会
（代）主任委员：陈义林（5月前）
（代）副主任委员：杨光华（4月前）
主任委员：陈义林（5月后）
副主任委员：杨光华（4月后）
城乡建设与环境保护委员会
主任委员：廖长英
副主任委员：陈世川
农业委员会（5月20日前）
主任委员：胡迎春（5月20日前）
副主任委员：邹　梅（5月20日前）
农业和农村委员会（5月20日后）
主任委员：胡迎春（5月20日后）
副主任委员：邹　梅（5月20日后）
预算委员会（5月20日后）
主任委员：王凤琼（5月20日后）
副主任委员：闫传军（5月20日后）

区人大常委会办事工作机构

办公室
主　任：牛　刚（5月前）
胡良万（5月后）

副主任：李　静
　　　　赖朝勇
　　　　刘　虹（5月前）
　　　　项　聪（12月）
纪检组长：沈　江
机关党委书记：吴筱琼
人事代表工作委员会
主　任：苏炳衡
副主任：何晓菱
信访办公室
主　任：王清梅
副主任：梁纬长

区政府办公室

主　任：陈小平
副主任：李　鹏（8月前）、黄　鹂（12月前）、蔡兴明、张海燕（11月起）、刘泽峰（11月起）
纪检组长：周　斌
机关党委书记：顾佳婧（8月起）、孙先国（8月前）
党组成员：张晓刚、赵　华、杜　军

区政府政策研究中心

主　任：赵　华
副主任：杜　军、戴显璠、马　军

区政协机关

区政协办公室
秘书长：张雪松
办公室主任：刘　锋
副秘书长：刘　锋、吕　湘
办公室副主任：刘　虹（5月起）、唐扬兵（12月起）
派驻纪检监察组组长：黄　增
机关党委书记：王　嵩
理论研究室
主　任：周安全
副主任：刘志平
委员服务管理办公室
主　任：陈　莉（5月前）、汪　倩（5月起）
副主任：李　艳
提案委员会
主　任：廖思平
副主任：李孟良

经济委员会

主　任：范嘉军

副主任：钟　淋

城乡建设和人口资源环境委员会

主　任：赵旭东

副主任：刘　强

农业和农村委员会

副主任：王　莉（8月起）

科教医卫体委委员会

主　任：雷　英

副主任：魏晓彤

社会法制和民族宗教委员会

主　任：范吉斌

副主任：刘宇岚

文化和文史资料委员会

主　任：周宏伟

副主任：杨晓宁

中国共产党成都市温江区纪律检查委员会

书　记：周　敏（4月起）、石　山（4月前）

副书记：张　冬、邹学光

常　委：陈健康、吴培军、侯春霞、古永疆

成都市温江区监察委员会

主　任：周　敏（4月起）、石　山（4月前）

副主任：张　冬、邹学光

委　员：陈健康、吴培军（12月前）、侯春霞、范成文、常　希（12月起）

区委组织部

部长：周振华（12月前）、罗　胤（12月起）

常务副部长：马禧山

副部长：雷　速（4月起）、徐黄诚、官明辉、杨　成（4月前）

区委正局级组织员、“两新”工委副书记：刘　辉（7月前）

纪检监察组组长：余宏强

副部长：刘　念、李燕辉

区委党代办主任：冯永丽

区老干部活动中心主任：詹　樱（7月前）

部务委员：詹　樱（7月起）

区委“两新”工委副书记：唐　科（12月起）

部务委员：潘　军（11月起）

区委宣传部

部　长：幸晓斌
常务副部长：李　成（4月前）
常务副部长：杨　成（4月起）
副部长：曾　理、宿　静、田　平、白　鹰、蒋　玮
纪检监察组组长：林　科

区委统战部

部　长：冯　静
常务副部长：刘　平
副部长：吴江波、汪志琼、赵　科、王　雪
纪检组组长：罗　锐

区委政法委

书　记：刘文雄
常务副书记、一级调研员：杜　鹏（4月前）
常务副书记：李　成（4月起）
副书记：周鲜明、吴　磊、黄崇贵
纪检监察组组长：万　民
副书记：陈晓林
政治处主任：缪　佳（11月前）

区委编办

主　任：杨　成（4月前）、雷　速（4月起）
副主任（保留正局级待遇）：杨永胜
副主任：徐　庆

区委社治委

主　任：周振华（12月前）、罗　胤（12月起）
常务副主任：郝高峰
副主任：吴光伟、张娜娜（6月前）、罗　朗（6月起）

区绩效考评中心

主　任：吴　钦
副主任：贾　成、袁　明（7月后）

区委党校

常务副校长：龚晓燕
副校长（保留正局级待遇）：丁宁波
副校长：廖　军

区委政研室

主　任：杨　郁

副主任：赖　政、刘　引（11 月起）

区信访局

局　长：黄宗富（7 月前）、蒋正根（7 月起）

副局长：王　静、金世成（11 月前）

区总工会

主　席：刘宇彤

常务副主席：李　军

副主席：蒋民忠、郑雪梅（11 月前）、张　燕（11 月后）

纪检组长：李文慧

团区委

党组书记、书记：汪江峰（5 月前）

副书记：齐　烁（7 月起）

区妇联

党组书记、主席：石秀蓉（7 月前）、都静梅（7 月起）

党组成员、副主席：蔡晓燕

党组成员、副主席：郭　玲（7 月起）

区民宗局

局　长：汪志琼

副局长：赵　科

区法院

党组书记、院长：马宁利

党组成员、副院长：杨晓梅、王　颖、马克西

党组成员、机关党委书记：陈　涛（12 月前）

专职审判委员会委员：董　敏（12 月前）

党组成员、专职审判委员会委员：董　敏（12 月起）

执行局局长：张　晋（12 月前）

党组成员、执行局局长：张　晋（12 月起）

政治部主任：刘莹平（12 月前）

党组成员、机关党委书记、政治部主任：刘莹平（12 月起）

专职审判委员会委员：张　英

区检察院

检察长：钟　磊

副检察长：李成钢
机关党委书记：罗三川
副检察长：张季敏、覃　刚
政治部主任：杜大权
检委会专职委员：杨　红、李　莲

区发改局

党组书记、局长：向　彬（5月起）、熊　刚（5月前）
党组成员：隗政斌
党组成员、副局长：余忠建、聂　超、田　枫
党组成员、纪检监察组组长：赵彦森
党组成员、机关党委书记：郑雪梅（11月起）

区经济和信息化局

党组书记、局长：赵光强
党组副书记、副局长：冯　舸
党组成员、纪检监察组组长：解晓红（11月起同时任三级调研员）
党组成员、副局长：冯　澜、冯小东、刘　杰
党组成员、四级调研员：冷小勇

区新经济和科技局

党组书记、局长：李振华
副局长：李　明（2月前）、罗仕洪（11月起）
党组成员、副局长：张志刚、赵　莲
党组成员：徐文斌
党组成员、四级调研员：陈雪晖

区投资促进局

局　长：巫俊杰
副局长：李　蜀（6月前）、陈　冬、许　力、陈　艳

区商务局

党组书记：雷　速（4月前）、王东旭（4月起）
局　长：赵　霜
党组成员、纪检组长：成　敏
党组成员、副局长：马　晖、李文春（11月前）、周　丽

区财政局

党组书记、局长：吴海青
党组成员、副局长：唐靖知
党组成员、派驻纪检组组长：何茂春

党组成员、副局长：谢　忠
党组成员、机关党委书记：万文杰
党组成员、国库集中收付中心主任：王　艳

区审计局

党组书记、局长：王　曦
党组成员、副局长：刘　勇、李　浩、唐传兵
党组成员、总审计师：张　英

区税务局

党委书记、局长：唐晓东

党委委员、副局长：杨宏磊（12 月前）、叶成林、徐明朗（12 月前）、谢　霞（12 月起）、徐敏（12 月前）、卿　云、彭　勇、程　铣（11 月前）、李　涛（11 月前）、任　刚（11 月前）、马进（11 月前）

党委委员、纪检组长：谢　霞（12 月前）、徐　敏（12 月起）
党委委员、副局长兼机关党委书记：徐明朗（12 月起）
党委委员、总会计师：罗　蓉
党委委员、机关党委书记：刘国志（11 月前）

区气象局

局　长：罗　琴（9 月前）
副局长（主持工作）：祝　康（9 月起）
副局长：吴利彬、袁　庆（11 月起）

区教育局

党组书记、局长：鄢　亮
党组成员、四川省温江中学校长：陈庆康
党组成员、副局长：周　萍、曾　宏、李双渡（11 月起）
党组成员、纪检组长：罗　勇
党组成员、机关党委书记：刘定滨
党组成员：周　勇（12 月起）
党组成员、区招考办主任：杨开华

区文体旅局

党组书记：田　平
党组副书记、局长：高晓春
党组成员、保留正局级待遇：高登平
党组成员、二级调研员：李亚雄
保留副局级待遇：林　晖（6 月前）
党组成员、副局长：李　艳、俞元峰、张娜娜（6 月起）
党组成员、区文化市场综合执法大队队长：李忠新

党组成员、机关党委书记：卢　笛

区公安分局

党委书记、分局长：陶旭东

党委副书记、政委：杨　军（3月前）、尹若栎（3月起）

党委委员、副分局长：严　涛（8月前）、谢良奎、邱　勇（4月前）、刘　伟

党委委员、政治处主任：刘大明（8月前）、丁　立（8月起）

党委委员、纪检组组长：丁　立（8月前）

党委委员、副分局长：刘　强

副分局长：李鹏飞（6—10月）

党委委员、副分局长：孙建祥（8月起）

副分局长：段　岚（12月起）

区司法局

党组书记、局长：李　泉

党组副书记、副局长：杨国柱

党组成员、副局长：陈相伍

党组成员、副局长：张海燕（11月前）

党组成员、机关党委书记：祝玉娟

党组成员、副局长：谢晶晶

区住建局

党组书记、局长：濮树贵

党组成员、党组副书记：邓永贵

党组成员、副局长：杨　康、叶昌伟、陈　波

党组成员、纪检监察组组长：戴晓英

党组成员、机关党委书记：刘源丽

党组成员：张　莎、苟龙兴、陈建忠

区规划与自然资源局

党组书记：李　炯

党组副书记、局长：王东旭（5月前）、鄢洪斌（5月起）

党组成员、副局长：徐　伟、李　化、杨　萃、刘晓鹏

党组成员、不动产登记中心主任：王泽洪

党组成员、土地储备中心主任：王　霞

党组成员、副局长：蒋　勇（7月前）、李中华（7月前）

区综合执法局（区城市管理局）

党组书记、局长：黄加洪

党组成员、副局长：韦锡均

党组成员、副局长：赵成忠

党组成员、机关党委书记：何　泽
党组成员、副局长：戈　恒
党组成员、纪检组长：王　巍
党组成员、执法大队大队长：潘志勇

区市场监管局

局　长：朱幼红
副局长：邱　忠、刘　涛
机关党委书记：卜志立
综合执法大队大队长：黄竞峰

区人社局

党组书记、局长：徐黄诚
党组成员、副局长：朱　航
党组成员、机关党委书记：袁蜀艳
党组成员、劳动人事争议仲裁院主任：李　强
党组成员：阳　荣（7月前）
党组成员、人才流动服务中心主任：唐　蓉（7月前）
党组成员、社会保险服务管理局局长：褚　丁
党组成员、人才流动服务中心主任：李媛媛（7月起）
党组成员、区就业局局长：岳　忠（11月起）

区行政审批局（区网络理政办）

局党组书记、局长，区网络理政办主任：四郎汪修
党组成员、副局长：林　涛、张　宇、洪　雷、周　华
党组成员、机关党委书记：文传军

区档案馆

馆　长：赵　川
副馆长：刘双庆、舒　蓉

区地志办（区委党史研究室）

主　任：曾康华
副主任：袁建云（11月起）、彭炯熠（12月31日前）、邹　军（12月31日起）

区卫健局

党组书记、局长：袁晓玲（4月前）、冯国平（4月起）
党组成员：张德祥（7月前）、税　平（11月起）、唐晓宏（11月前）
党组副书记：张德祥（7月起）
党组成员、副局长：税　平（11月前）、黄　鹂（11月起）、章志军（11月起）
党组成员、纪检组组长：张建英

党组成员、机关党委书记：刘　霞
党组成员、区计划生育协会专职副会长：曹新宇

区民政局

局　长：魏　琳
副局长：王志云、张　燕（12 月前）、黄顺友（12 月起）
纪检组长：吴　边

区退役军人事务局

党组书记、局长：陈英军
党组成员、副局长：蒋南南
党组成员、调研员：韩　艺
党组成员、机关党委书记：金世成（11 月起）
党组成员、服务中心主任：刘江平（11 月起）

区工商联

党组书记、副主席：吴江波
党组成员、副主席：唐华军
党组成员、秘书长：陈　纯

区生态环境局

党组书记、局长：柯震弟
党组成员、副局长、二级调研员：李文强
党组成员、副局长：刘红春、李　中
党组成员、机关党委书记：张　文

区应急管理局

局　长：鄢洪斌（5 月前）、黄宗富（5 月后）
副局长：张　伟、朱　华、覃　勇

区交通运输局

党组书记、局长：康　文
党组成员、副局长：白强林、杨　琴
党组成员、机关党委书记：彭炯熠（12 月 31 日起）
党组成员、机关党委书记：郝晓东（12 月 31 日免去机关党委书记职务）

区水务局

党组书记、局长：王　丽
党组成员、副局长：左良骥、粟光华、郭俊龙（11 月后）
党组成员、二级调研员：马　庆（12 月起）
党组成员、机关党委书记：何　梅

副局长：罗仕洪（11 月前）

区农业农村局

党组书记、局　长：胡良万（5 月前）、石秀蓉（7 月起）
党组成员、副局长：苟永成、范华阳、张　阳、王国良、袁建云（11 月前）
党组成员、驻局纪检组长：陈　纲
党组成员、机关党委书记：陈　岚
党组成员、农村经济信息服务中心主任：都进勇
党组成员、动物检疫疾病控制中心主任：但经纬
党组成员、二级调研员：杨思忠
党组成员、四级调研员：黄凤华

区医保局

党组书记、局长：许志刚
党组成员、副局长：赵彬蓉
党组成员、区医保事务中心主任：方敬涛（11 月起）

区统计局

党组书记、局长：冯　巍
党组成员、副局长：李　渊、胡　磅（12 月 31 日起）、王　琴（12 月 31 日前）

国家统计局温江调查队

党组书记、队长：李家秀
党组成员、纪检组长：刘丹妮
党组成员、副队长：杨　曼

区国资局

党组书记、局长：刘兴春
党组成员、机关党委书记：陈麒洲
党组成员、副局长：魏　熠、郑俊飞

区机关事务服务中心

党组书记、主　任：汪　倩（4 月前）、赖富国（4 月起）
党组成员、副主任：李晓敏、唐　蓉（7 月起）

区公共资源交易服务中心

党组书记、主任：赖富国（7 月前）、向　巍（7 月起）
党组成员、副主任：叶　强
副主任：赵　忻

区社会诉求服务中心

主　任：张晓刚

副主任：梁罗丹、彭　翱（7 月起）

区项目促建服务中心

副主任（主持工作）：何明坤（11 月前）

党组书记、主任：何明坤（11 月起）

副主任、党组成员：李晓岚（7 月起）

副主任：周春燕

区企业服务中心

党组书记、主任：杨青锋

党组成员、副主任：杨　敏、刘　敏

成都科技园管委会

党工委书记：周世刚

党工委副书记、管委会主任：王家泉

党工委副书记：都静梅（6 月前）、段美华（11 月起）

党工委委员、管委会副主任兼项目管理部部长：胡术明

党工委委员、管委会副主任兼企业服务中心主任：陈正军

党工委委员、管委会副主任兼办公室主任：段美华（11 月前）、李文春（11 月起）

党工委委员、管委会副主任兼投资促进部部长：张　荔

党工委委员、纪工委书记：陈　静

健康服务业集聚区（现代服务业园区）

建设指挥部副指挥长：黄晓东

党工委副书记、管委会主任：王　鹏

党工委委员、健康产业促进服务中心主任：朱远福

党工委副书记：周　勇

管委会副主任：张　铁

党工委委员、纪工委书记：谢长青

党工委委员、管委会副主任：胡　云

健康产业促进服务中心副主任：杨彩明（6 月起）

管委会副主任：陈　凯（7 月起）

健康产业促进服务中心副主任：杨洪翔（8 月起）

健康产业促进服务中心副主任：姜迪武（6 月前）

党工委委员、纪工委书记：许自勤（6 月前）

都市现代农业高新技术产业园管理委员会

党工委书记：盛振华（8 月前）、周振华（8 月起）

党工委副书记、管委会主任：向　巍（8 月前）、盛振华（8 月起）

党工委副书记：黄小军（7 月前）
党工委委员、纪工委书记：李晓岚（7 月前）
党工委副书记、纪工委书记：黄小军（7 月起）
党工委委员、促进服务中心主任：喻卫斌
党工委委员、管委会副主任：喻　刚、王林琳（5 月起）、李晓莺（7 月起）、李　雪
促进服务中心副主任：顾　晗、罗　朗（6 月前）、向　泱（6 月起）

区土推办

主　任：魏德芹
副主任：周治中、王富林、郭平均

区融媒体中心

主　任：宿　静
机关党委书记：李媛媛（7 月前）、阳　荣（7 月起）
副主任：黄　苹、伍　强、曾昭豪

区社科联

主　席：单　昆

区文联

主　席：白　鹰

区科协

主　席：李　明（2 月前）、罗仕洪（11 月起）
副主席：徐文斌、朱学荣

区红十字会

常务副会长：张德祥（7 月前）、税　平（11 月起）

区残联

理事长：魏德芹
副理事长：冉李沅

柳城街道

党工委书记：杨新秋
党工委副书记、办事处主任：陈洪均
党工委委员、人大工委主任：巨茂良
党工委副书记、纪工委书记：彭小英
党工委副书记：纪仕勇
党工委委员、办事处副主任：许执亮（11 月起）、张　建、顾佳婧（8 月前）
党工委委员、组织委员：王　涛

党工委委员、办事处副主任、宣传委员：赁　琨（8 月起）
党工委委员、柳城派出所所长：李鹏飞（6 月前）
党工委委员、云溪派出所所长：周科挺

涌泉街道

党工委书记：雷志全
党工委副书记、办事处主任：刘航宇
党工委委员、人大工委主任：蒋正根（8 月前）
党工委副书记、纪工委书记、监察办公室主任：刘雅娜
党工委副书记：张海鹰
党工委委员、组织委员：冯晓华
党工委委员、办事处副主任：余　江
党工委委员、办事处副主任：邹　军
党工委委员、宣传委员、办事处副主任：刘桂华（7 月起）
党工委委员、办事处副主任：吴仕全（11 月起）
党工委委员、派出所所长：肖云龙

天府街道

党工委书记：屈　阳（7 月前）、吕如蓝（7 月起）
党工委副书记、办事处主任：帅明成
党工委委员、人大工委主任：李永明
党工委副书记、纪工委书记、监察办主任：许开波（7 月前）、孙先国（7 月起）
党工委副书记：蒲飞然
党工委委员、人大工委副主任：魏　箭
党工委委员、办事处副主任：贺　一
党工委委员、办事处副主任：郑华华
党工委委员、组织委员：白　琳
党工委委员、宣传委员：夏　明（11 月起）
党工委委员、天府派出所所长：杨　柳

公平街道

党工委书记：杨　杰
党工委副书记、办事处主任：苏　黎（7 月前）、许开波（7 月起）
党工委委员、人大工委主任：伍元贵
党工委副书记、纪工委书记：唐扬兵（11 月前）、缪　佳（11 月起）
党工委副书记：汪　崧
党工委委员、人大工委副主任：蔡建成
党工委委员、办事处副主任：赵纪东、李　悦
党工委委员、宣传委员、办事处副主任：周裳蓉（11 月起）
党工委委员、组织委员、人大工委副主任：刘小练（7 月起）

金马街道

党工委书记：张　波

党工委副书记、办事处主任：蔡玖华

党工委委员、人大工委主席：李　昱

党工委副书记、纪委书记、监察室主任：黄顺友（11月前）、温家兴（11月起）

党工委副书记：刘泽峰（11月前）

党工委委员、副主任、政法委员：胡友根（12月起）

办事处副主任：王　荣

党工委委员、组织委员、人大工委副主任：陈　艳

党工委委员、办事处副主任：孙启华、刘　诚（12月起）

党工委委员、宣传委员、办事处副主任：高新元（11月起）

党工委委员、金马派出所所长：谢　超（12月前）

万春镇

党委书记：帅　仑

党委副书记、镇长：吕如蓝（7月前）、李　鹏（7月起）

党委委员、人大主席：郑晓莉

党委副书记、纪委书记、监察办主任：马　勇

党委委员、副书记：朱　勇

党委委员、副镇长：冯　波

党委委员、副镇长：雷洪彬

党委委员、组织委员：易　晋

党委委员、宣传委员、副镇长：陈　勇（7月起）

党委委员、派出所所长：杨建发

永宁街道

党工委书记：郭友晟

党工委副书记、办事处主任：张　力

党工委委员、人大工委主任：刘　杨

党工委副书记、纪工委书记、监察办主任：胡殿全

党工委委员、组织委员、人大工委副主任：于小蓉

党工委委员、政法委员、办事处副主任：张　冬

党工委委员、办事处副主任：丁　盛

党工委委员、宣传委员、办事处副主任：范忠敏

党工委委员、派出所所长：周　力

和盛镇

党委书记：唐景明

党委副书记、镇长：郝　珍

人大主席：刘古丽（11月前）

党委副书记、纪委书记：石定强

党委副书记：王　勇（到色达挂职）、马辅剑（挂职）
党委委员、人大副主席：杨洪智
党委委员、组织委员：李　响
党委委员、副镇长：任　强
党委委员、副镇长：周裳蓉（11 月前）
党委委员、副镇长、宣传委员：何　梅（11 月起）
党委委员、副镇长：钟树智（11 月起）
党委委员、派出所所长：黄独江

寿安镇

党（工）委书记：向　彬（7 月前）、苏　黎（7 月起）
党（工）委副书记、镇长（办事处主任）：刘　驰（7 月前）、刘　辉（7 月起）
党（工）委委员、人大（工委）主席（主任）：黄　伟
党（工）委副书记、纪（工）委书记：魏国梁
党（工）委副书记：帅建明
党（工）委委员、副镇长（办事处副主任）：邓幸福
党（工）委委员、办事处副主任、人大副主席：苟　勇
党（工）委委员、副镇长（办事处副主任）：曹靖林
党（工）委委员、组织委员、人大工委副主任：林成刚（7 月起）
党（工）委委员、派出所所长：胡　桃

2020 年温江区委重要发文一览表

序号	文　件　名	备　注
1	关于提升温江城市治理能力和治理水平的决定	温委发〔2020〕1 号
2	关于印发《成都市温江区统筹抓好疫情防控奋力实现 2020 年经济社会发展目标的政策措施》的通知	温委发〔2020〕3 号
3	关于坚定贯彻成渝地区双城经济圈建设战略部署的决定	温委发〔2020〕6 号
4	关于推进 2020 年全面从严治党、党风廉政建设和反腐败工作的意见	温委发〔2020〕7 号
5	关于印发《成都市温江区关于完善重大疫情防控体制机制健全公共卫生应急管理体系的实施办法》的通知	温委发〔2020〕10 号

2020 年温江区政府发文一览表

序号	文件名称	发文字号	主送单位	印发日期
1	关于温江区航天花园小区自供用水问题办理情况的报告	温府发〔2020〕1 号	市政府	2020 年 1 月 16 日
2	关于印发《成都市温江区新型冠状病毒感染的肺炎总体防控方案》的通知	温府发〔2020〕2 号	各镇人民政府，各街道办事处，区级相关部门，有关单位	2020 年 1 月 22 日
3	关于印发应对新型冠状病毒肺炎疫情缓解中小企业生产经营困难 16 条政策措施的通知	温府发〔2020〕3 号	各镇人民政府，各街道办事处，区政府各部门，各园区管委会，区属国有企业	2020 年 2 月 8 日
4	关于 2019 年度法治政府建设工作情况的报告	温府发〔2020〕4 号	区人大常委会	2020 年 2 月 13 日
5	关于全区多元化安置工作的实施意见	温府发〔2020〕5 号	各镇人民政府，各街道办事处，区政府有关部门，各园区管委会，区属国有企业	2020 年 2 月 19 日
6	关于印发应对新型冠状病毒肺炎疫情支持项目开工复工政策措施的通知	温府发〔2020〕6 号	各镇人民政府，各街道办事处，区政府各部门，各园区管委会，区属国有企业	2020 年 2 月 20 日
7	关于印发《关于进一步加强“学到温江”品牌建设的实施方案》的通知	温府发〔2020〕7 号	各镇人民政府，各街道办事处，区政府各部门，各园区管委会，区属国有企业	2020 年 3 月 4 日
8	关于四川省食品药品检验检测院药械化检验检测能力提升建设项目情况的报告	温府发〔2020〕8 号	市医药健康产业推进领导小组	2020 年 3 月 6 日
9	关于做好第七次全国人口普查工作的通知	温府发〔2020〕9 号	各镇人民政府，各街道办事处，区政府相关部门，有关单位	2020 年 3 月 10 日
10	关于四川省食品药品检验检测院药械化检验检测能力提升建设项目推进情况的报告	温府发〔2020〕10 号	市政府	2020 年 4 月 10 日
11	关于举办首届成都花木博览会相关事宜的请示	温府发〔2020〕11 号	市政府	2020 年 4 月 7 日
12	关于召开温江区外商投资企业座谈会情况的报告	温府发〔2020〕12 号	市政府	2020 年 4 月 16 日
13	关于办理“贯彻落实国家重大政策措施情况”审计意见有关情况的报告	温府发〔2020〕13 号	审计署成都特派办	2020 年 4 月 26 日
14	关于撤销温江区永盛镇水厂乡镇集中式饮用水水源保护区的请示	温府发〔2020〕14 号	市政府	2020 年 4 月 26 日
15	关于提请向彬等任免职的报告	温府发〔2020〕15 号	区人大常委会	2020 年 5 月 6 日
16	关于曹俊杰同志批示办理情况的报告	温府发〔2020〕16 号	市政府	2020 年 5 月 7 日
17	关于太平健康谷项目履约保证金收取事宜的请示	温府发〔2020〕18 号	市政府	2020 年 6 月 11 日

序号	文件名称	发文字号	主送单位	印发日期
18	关于提请黄加洪等任职的报告	温府发〔2020〕19号	区人大常委会	2020年6月18日
19	关于恳请市领导出席电子科技大学“三医+AI”科技园项目动工仪式的请示	温府发〔2020〕20号	市政府	2020年6月24日
20	关于创建国家全域旅游示范区的请示	温府发〔2020〕21号	四川省文化和旅游厅	2020年7月3日
21	关于佳年华新生活小区未开通天然气调查处理情况的报告	温府发〔2020〕22号	市政府	2020年7月28日
22	关于提请石秀蓉任职的报告	温府发〔2020〕23号	区人大常委会	2020年7月24日
23	关于提请黄宗富等任免职的报告	温府发〔2020〕24号	区人大常委会	2020年7月29日
24	关于东方幸运城酒店部分人员发热情况的报告	温府发〔2020〕25号	市政府	2020年8月19日
25	关于印发《成都市温江区自然资源统一确权登记工作方案》的通知	温府发〔2020〕26号	各镇人民政府，各街道办事处，有关部门	2020年8月28日
26	关于授予叶亚名“见义勇为公民”称号的决定	温府发〔2020〕27号	各镇人民政府，各街道办事处，区政府各部门	2020年9月4日
27	关于韧性城市建设情况的报告	温府发〔2020〕29号	市政府	2020年9月17日
28	关于恳请市政府领导出席成都市温江区二十一世纪学校开学仪式的请示	温府发〔2020〕30号	市政府	2020年9月18日
29	关于对“稳就业、保就业”工作开展情况审议意见办理落实情况的报告	温府发〔2020〕31号	区人大常委会	2020年9月23日
30	关于申报2020年度成都市星级现代农业园区的请示	温府发〔2020〕32号	中共成都市委农村工作领导小组	2020年9月30日
31	关于500千伏成都西变电站项目拆迁推进情况的报告	温府发〔2020〕33号	市政府	2020年10月21日
32	关于成都花木（农产品）进出口园区申请天府国际机场进境种苗指定监管场所配套隔离苗圃的请示	温府发〔2020〕34号	市政府	2020年10月30日
33	关于贯彻落实2020年四季度全市经济运行调度电视电话会暨市新型冠状病毒肺炎疫情防控指挥部第53次会议精神情况的报告	温府发〔2020〕35号	市政府	2020年11月6日
34	关于恳请支持四川航天烽火伺服控制技术有限公司新增2020年度用地计划的请示	温府发〔2020〕36号	市政府	2020年11月10日
35	关于恳请市领导带队促进深圳普门科技股份有限公司西南总部及研发制造中心项目签约落地的请示	温府发〔2020〕37号	市政府	2020年11月10日
36	关于申请对温江区县域节水型社会达标建设验收的请示	温府发〔2020〕38号	四川省水利厅	2020年11月12日
37	关于印发成都市温江区行政事业单位国有资产管理办法（试行）的通知	温府发〔2020〕39号	各镇人民政府，各街道办事处，区政府各部门，各园区管委会，有关单位	2020年11月9日
38	关于恳请支持航天装备总装、能源装备产业基地项目产业准入事宜的请示	温府发〔2020〕40号	市政府	2020年11月17日
39	关于温江区小水电全面摸排和专项整治情况的报告	温府发〔2020〕41号	市政府	2020年11月20日
40	关于500千伏成都西变电站项目拆迁后续推进情况的报告	温府发〔2020〕42号	市政府	2020年11月23日

序号	文件名称	发文字号	主送单位	印发日期
41	关于长江经济带小水电清理整改验收情况的报告	温府发〔2020〕43号	市政府	2020年11月23日
42	关于九联集团有关工作情况的报告	温府发〔2020〕44号	市政府	2020年11月27日
43	关于城市管理综合执法工作报告审议意见办理情况的报告	温府发〔2020〕45号	区人大常委会	2020年12月2日
44	关于评定周钱同志为烈士的请示	温府发〔2020〕46号	成都市人民政府	2020年12月4日
45	关于提请周振华任职的报告	温府发〔2020〕47号	区人大常委会	2020年12月23日
46	关于金马街道等镇（街道）行政区划完成变更情况的报告	温府发〔2020〕48号	市政府	2020年12月25日
47	关于《成都市温江区人民代表大会常务委员会关于〈区人民政府关于城乡排水系统规划建设情况的报告〉的审议意见》办理情况的报告	温府发〔2020〕49号	区人大常委会	2020年12月31日
48	关于印发探索建立涉农资金统筹整合长效机制实施方案的通知	温府发〔2020〕50号	各镇人民政府，各街道办事处，区政府相关部门，有关单位	2020年12月30日
49	关于审议2020年《政府工作报告（送审稿）》的请示	温府办发〔2020〕1号	区政府	2020年1月16日
50	关于印发《成都市温江区促进体育消费推动体育产业高质量发展的若干措施》的通知	温府办发〔2020〕2号	各镇人民政府，各街道办事处，区政府各部门，各园区管委会，区属国有企业	2020年2月5日
51	关于开展应对新型冠状病毒肺炎疫情分区分类防控工作的通知	温府办发〔2020〕3号	各镇人民政府，各街道办事处，区政府各部门，各园区管委会，区属国有企业	2020年2月19日
52	关于印发《成都市温江区多元化安置实施细则》的通知	温府办发〔2020〕4号	各镇人民政府，各街道办事处，区政府有关部门，各园区管委会，区属国有企业	2020年2月19日
53	关于印发成都市温江区重污染天气应急预案（2020年修订）的通知	温府办发〔2020〕5号	各镇人民政府，各街道办事处，区级有关部门、各园区管委会	2020年4月8日
54	关于表扬2019年网络理政工作先进单位和优秀案例的通报	温府办发〔2020〕6号	各镇人民政府，各街道办事处，区政府各部门，各园区管委会，有关单位	2020年4月15日
55	关于印发改革完善医疗卫生行业综合监管制度实施方案的通知	温府办发〔2020〕7号	各镇人民政府，各街道办事处，区政府相关部门，各园区管委会，有关单位	2020年4月10日
56	关于审议《成都市温江区人民政府2020年工作要点（送审稿）》的请示	温府办发〔2020〕8号	区政府	2020年4月13日
57	关于印发成都市温江区紧急医学救援体系能力提升实施方案的通知	温府办发〔2020〕9号	各镇人民政府，各街道办事处，区级各部门（单位），各园区管委会	2020年4月22日
58	关于印发成都市温江区地震应急预案的通知	温府办发〔2020〕10号	各镇人民政府，各街道办事处，区政府各部门，有关单位	2020年4月23日

序号	文件名称	发文字号	主送单位	印发日期
59	关于印发成都市温江区消防安全事件应急预案的通知	温府办发〔2020〕11号	各镇人民政府，各街道办事处，区政府各部门，有关单位	2020年4月23日
60	关于印发成都市温江区自然灾害救助应急预案的通知	温府办发〔2020〕12号	各镇人民政府，各街道办事处，区政府各部门，有关单位	2020年4月23日
61	关于印发成都市温江区2020年防汛抗旱应急预案的通知	温府办发〔2020〕13号	各镇人民政府，各街道办事处，区政府有关部门，各园区管委会	2020年4月18日
62	关于审议2020年《政府工作报告（送审稿）》的请示	温府办发〔2020〕14号	区政府	2020年5月11日
63	关于印发成都市温江区人民政府2020年度法治政府建设工作方案的通知	温府办发〔2020〕15号	各镇人民政府，各街道办事处，区政府各部门，各园区管委会	2020年5月23日
64	关于全市政府系统办公室工作会议精神及我区贯彻落实措施的报告	温府办发〔2020〕16号	区政府	2020年6月15日
65	关于“学校向社会开放运动场所”督办事项工作进度现场核查情况的报告	温府办发〔2020〕17号	区政府	2020年6月19日
66	关于印发成都市温江区“米袋子”“菜篮子”强基行动实施方案的通知	温府办发〔2020〕18号	各镇人民政府，各街道办事处，区级有关部门，科蓉公司	2020年7月9日
67	关于印发成都市温江区工业稳链补链行动方案（2020—2022年）的通知	温府办发〔2020〕19号	各镇人民政府，各街道办事处，区政府各部门，各园区管委会，区属国有企业	2020年7月20日
68	关于印发成都市温江区以新消费为引领提振内需行动方案（2020—2022年）的通知	温府办发〔2020〕20号	各镇人民政府，各街道办事处，区政府各部门，各园区管委会，有关单位	2020年7月20日
69	关于印发成都市温江区促进外资外贸稳定发展行动方案（2020—2022年）的通知	温府办发〔2020〕21号	各镇人民政府，各街道办事处，区政府各部门，各园区管委会，有关单位	2020年7月20日
70	关于印发成都市温江区开展以“新基建”为牵引的项目促建行动方案的通知	温府办发〔2020〕22号	各镇人民政府，各街道办事处，区政府各部门，各园区管委会，有关单位	2020年7月20日
71	关于印发成都市温江区支持产业投资基金发展若干政策的通知	温府办发〔2020〕23号	各镇人民政府，各街道办事处，区政府各部门，各园区管委会，区属国有企业	2020年7月30日
72	关于印发成都市温江区政府性投资建设项目审计监督办法的通知	温府办发〔2020〕24号	各镇人民政府，各街道办事处，区政府相关部门，各园区管委会，区属国有企业，相关单位	2020年7月31日
73	关于印发成都市温江区推动成渝地区双城经济圈建设战略合作工作机制的通知	温府办发〔2020〕25号	相关部门（单位），各园区管委会	2020年9月18日
74	关于印发促进文创产业集聚发展若干政策措施的通知	温府办发〔2020〕26号	各镇人民政府，各街道办事处，区政府各部门，各园区管委会，区属国有企业	2020年10月27日

序号	文件名称	发文字号	主送单位	印发日期
75	关于印发成都市温江区天然水域禁捕工作实施方案的通知	温府办发〔2020〕27号	各镇人民政府，各街道办事处，区级有关单位	2020年10月27日
76	关于印发加强当前经济运行调度确保完成全年经济社会发展目标任务若干措施的通知	温府办发〔2020〕28号	各镇人民政府，各街道办事处，区政府各部门，各园区管委会，有关单位，区属国有企业	2020年11月5日
77	关于做好“十四五”规划编制工作的通知	温府办发〔2020〕29号	各镇人民政府，各街道办事处，各园区管委会，区级有关部门、单位	2020年11月12日
78	关于印发成都市温江区关于全面推行行政规范性文件合法性审核机制的实施方案的通知	温府办发〔2020〕30号	各镇人民政府，各街道办事处，区政府各部门	2020年11月17日
79	关于印发成都市温江区金融突发事件应急预案的通知	温府办发〔2020〕31号	各镇人民政府，各街道办事处，区政府各部门，有关单位	2020年12月4日
80	关于划转国有资产的请示	温府办发〔2020〕32号	区政府	2020年12月11日
81	关于印发成都市温江区应急救援能力提升行动实施方案（2020—2022）的通知	温府办发〔2020〕34号	各镇人民政府，各街道办事处，区级有关部门	2020年12月24日
82	关于印发关于推进区级党政机关和事业单位经营性国有资产集中统一监管实施方案的通知	温府办发〔2020〕35号	各镇人民政府，各街道办事处，区政府各部门，有关单位	2020年12月30日
83	关于印发成都市温江区关于推行企业住所（经营场所）申报登记制改革的实施意见（试行）的通知	温府办发〔2020〕36号	各镇人民政府，各街道办事处，区政府各部门，各园区管委会，区属国有企业	2020年12月31日

2020年成都市温江区国民经济和社会发展统计公报

成都市温江区统计局　国家统计局温江调查队

2021年4月22日

2020年，面对突如其来的新冠肺炎疫情和错综复杂的国际环境，温江区委区政府坚持以习近平新时代中国特色社会主义思想为指导，全面落实党的十九大和十九届二中、三中、四中、五中全会精神，深入贯彻习近平总书记对四川及成都工作系列重要指示精神，扎实做好“六稳”工作，全面落实“六保”任务，成功创建国家农业科技园区、省级高新技术产业园区，荣获2020中国最具幸福感城市·活力创新之都。圆满完成“十三五”规划目标任务，率先全面建成小康社会，实现了从卫星城到都市新区、再到国家中心城市新中心城区的历史性跨越。

一、综合

根据地区生产总值统一核算初步结果，全年温江区实现地区生产总值（GDP）623.84亿元，按可比价格计算，比上年增长5.1%。其中第一产业增加值23.15亿元，增长4.3%；第二产业增加值233.28亿元，增长7.4%；第三产业增加值367.41亿元，增长3.1%。三次产业结构为3.7:37.4:58.9。三次产业对经济增长的贡献率分别为2.9%、66.5%和30.6%。

全年民营经济增加值322.18亿元，比上年增长3.9%，占GDP的比重为51.6%，对GDP增长的贡献率为46.3%。其中第一产业中民营经济增加值3.18亿元，增长7.1%；第二产业中民营经济增加值145.63亿元，增长1.6%；第三产业中民营经济增加值173.37亿元，增长6.3%。

全区居民消费价格总水平累计上涨4.2%。其中食品烟酒类价格上涨13.1%，衣着类价格上涨0.7%，居住类价格下降0.2%，生活用品及服务类价格上涨0.1%，交通与通信类价格下降4.2%，教育文化和娱乐类价格上涨1.3%，医疗保健类价格上涨0.9%，其他用品和服务类价格上涨4.5%。商品零售价格上涨2.9%。农业生产资料价格上涨2.1%。

二、农业

全年实现农林牧渔业总产值37.8亿元，按可比价格计算，比上年增长4.3%。其中种植业产值36.4亿元，增长4.4%；林业产值0.03亿元，下降15.2%；畜牧业产值0.4亿元，增长0.3%；渔业产值0.35亿元，增长3%。粮食产量0.87万吨，增长9.3%；经济作物产量5.6万吨，增长4.9%。

发展年销售收入上两千万元龙头企业2个，创国家地理标志保护产品称号累计2个（温江大蒜、温江酱油）。

三、工业和建筑业

全年工业增加值182.17亿元，比上年增长6%，对经济增长的贡献率为45.6%。全年规模以上工业增加值增长7.1%。工业企业产品销售率达93.8%。分产业看，三大优势产业总产值下降5.4%，占规模以上企业总产值的比重达46.5%。其中健康食品产业下降0.5%、生物医药产业下降1.2%、电子信息产业下降25.3%，主要产品生产保持稳定。

全年规模以上工业企业利润总额34.04亿元；利税总额47.2亿元。全部规模以上工业企业中，年销售收入超过5000万元的企业130家，其中销售收入过亿元的企业84家。

五大现代制造业（电子信息产业、食品饮料产业、装备制造产业、先进材料产业和能源化工产业）营业收入240.4亿元，比上年下降7.7%，规模以上高技术制造业增加值增长5.9%，其中医药制造业、航空航天器及设备制造业分别增长6.1%和69.5%，电子及通信设备制造业、计算机及办公设备制造业、医疗仪器设备及仪器仪表制造业分别下降0.1%、84.6%、9.4%。

全年建筑业增加值51.3亿元，比上年增长14.9%；年末具有资质等级的施工总承包和专业承包建筑业企业55家，施工面积146.18万平方米，竣工面积45.52万平方米。

四、固定资产投资

全年全社会固定资产投资比上年增长8.3%。分产业看，第一产业投资增长0.6%，占全部总投资比重2.5%；第二产业投资增长7.9%，占全部总投资比重32.6%；第三产业投资增长8.9%，占全部总投资比重64.9%。基础设施投资下降30.8%，公共服务投资增长44.3%。

全年房地产开发投资比上年增长22.7%；商品房施工面积922.67万平方米，下降10%，其中住宅施工面积466.17万平方米，下降17.6%；商品房新开工面积257.49万平方米，下降0.5%，其中住宅新开工面积162.7万平方米，增长26.6%；商品房竣工面积29.06万平方米，增长296.2%，其中住宅竣工面积20.42万平方米，增长1387.9%；商品房销售面积241.6万平方米，下降5.6%，其中住宅销售面积174.25万平方米，增长12.9%。

五、国内贸易和旅游

全年社会消费品零售总额148.5亿元，比上年下降1.6%。按消费形态分，商品零售额105.76亿元，下降1.1%；餐饮收入42.73亿元，下降2.9%。按经营地分，城镇实现零售额124亿元，下降1.8%；乡村实现零售额24.48亿元，下降0.8%。

16大类限额以上企业商品零售额中，8个大类实现正增长。其中体育、娱乐用品类比上年增长70.6%，中西药品类比上年增长46.3%，文化办公用品类比上年增长43.4%，通讯器材类比去年增长79.3%。

年末共有A级景区5个，其中国家AAAA级旅游景区2个，国家AAA级旅游景区1个，国家AA级旅游景区2个；全年接待游客1696.02万人次；实现旅游综合收入121.81亿元。

六、对外开放

全年新签约引进重大项目17个。实际利用内资149.39亿元，下降57.8%。

全年进出口总额30.3亿元，比上年增长11.6%。其中出口额29.67亿元，增长12.6%；进口额6569万元，下降16.8%。

七、交通和邮电

年末辖区内公路里程达821.7公里。其中等级公路794.74公里，高速公路26.96公里。年末民用汽车拥有量21.49万辆。全区全年完成客运量3132.86万人次，完成货运量116.8万吨。

全年完成邮电主营业务收入9.42亿元，比上年增长4.1%。固定电话用户24.93万户，下降9.4%；移动电话用户113.62万户，增长3.4%；互联网注册上网用户46.53万户，增长6.9%。

八、财政和金融

全年财政总收入167.81亿元，比上年增长21.7%。地方财政收入120.11亿元，增长25.8%。其中一般公共预算收入46.2亿元，增长2.4%；税收收入37.03亿元，增长3.3%。全区财政支出151.93亿元，增长32.6%；其中一般公共预算支出71.45亿元，增长25.9%。

年末区内共有银行及分支机构17家。金融机构人民币各项存款余额914.63亿元，比上年末增长16%。其中住户存款余额589.67亿元，增长16.2%。人民币各项贷款余额617.5亿元，增长15.5%。

九、科学技术和教育

全年有效发明专利拥有量1891件。

温江区域范围内共有小学17所，在校学生4.92万人，专任教师2871人；普通中学23所，在校学生2.58万人，专任教师2207人；普通高校（含高职院校）10所，在校大学生13.7万人，教职工1.4万人。

十、文化、卫生和体育

全年实现文化创意产业增加值75.04亿元，占地区生产总值的比重为12%。

年末共有文物保护单位16个，公共图书馆1个，馆藏图书53.3余万册，剧场、影剧院11个。

年末共有医院26个；基层医疗卫生机构536个，其中社区卫生服务中心（站）15个，卫生院8个，村卫生室148个，门诊部18个，诊所、卫生所、医务室345个；专业公共卫生机构3个，其中疾病预防控制中心1个，妇幼保健院1个，卫生监督所（中心）1个。各类卫生机构实有床位数6270张；卫生技术人员7542人，其中执业（助理）医师2857人，注册护士3532人；全年各类卫生机构总诊疗人数601万人次，其中门、急诊人次达573万人次。

大型体育场馆2个。新建全民健身设施20处，全民健身活动参与人数达26.1万人次。

十一、环境保护和安全生产

水厂1个，综合生产能力为40万立方米/日，供水总量9573万立方米。天然气供气总量23800万立方米。

污水处理厂5座。年均PM2.5浓度40.5微克/立方米，年均PM10浓度61.5微克/立方米，空气质量优良天数276天，优良率75.4%。

全年交通事故一般程序289件，上升52.9%；火灾事故106件，上升3.9%。

十二、人民生活和社会保障

全年城镇居民人均可支配收入49633元，比上年增长5.8%。其中工资性收入27463元，增长6.5%；经营净收入5733元，下降6.8%；财产净收入4868元，增长3.6%；转移净收入11569元，增长12.5%。人均生活消费支出30236元，下降0.5%。其中食品烟酒支出增长3.9%，衣着支出下降1.6%，居住支出增长

0.5%，生活用品及服务支出增长0.6%，交通通信支出下降6%，教育文化娱乐支出下降6.5%，医疗保健支出增长1%，其他用品和服务支出下降2.4%。城镇居民恩格尔系数32.5%。

全年农村居民人均可支配收入32635元，比上年增长8.3%。其中工资性收入14388元，增长6.1%；经营净收入7826元，增长9.9%；财产净收入3792元，增长10.9%；转移净收入6629元，增长9.8%。农村居民人均生活消费支出23550元，增长7.8%。其中食品烟酒支出增长11%，衣着支出增长4%，居住支出增长7%，生活用品及服务支出增长5%，交通通信支出增长9%，教育文化娱乐支出增长4.5%，医疗保健支出增长5%，其他用品和服务支出增长2%。农村居民恩格尔系数34.7%。

表1　2016—2019年温江区城乡居民收入对比表

年份	城镇居民人均可支配收入（元）	农村居民人均可支配收入（元）	收入比
2016	36736	23401	1.57∶1
2017	39748	25437	1.56∶1
2018	43047	27523	1.56∶1
2019	46921	30138	1.56∶1
2020	49633	32635	1.52∶1

注：以上数据均为新口径数据

年末参加城镇基本养老保险人数26.54万人；参加城乡居民养老保险人数9.64万人；参加城乡居民医疗保险人数35.2万人；参加失业保险人数16.01万人。

年末城镇居民最低生活保障人数476人，农村居民最低生活保障人数1127人。

注：

1. 本公报为初步统计数据，正式数据以《温江统计年鉴（2021）》为准。部分数据因四舍五入的原因，存在着总计与分项合计不等的情况。

2. 地区生产总值、各产业增加值绝对数按当年价格计算，增长速度按可比价格计算。根据第四次全国经济普查结果，对地区生产总值、三次产业及相关行业增加值、社会消费品零售总额等相关指标的历史数据进行了修订。

3. 2020年常住人口及相关指标数据，待第七次全国人口普查数据发布后另行公布。

4. 邮电主营业务收入为中国邮政、中国电信、中国移动、中国联通四家单位之和。

5. 公报中旅游、招商引资、财政、教育、科技、文化、卫健、体育、社会保障、环境保护、安全生产等数据来源于区级相关部门。

成都市温江区人民政府
关于温江区2020年国民经济和社会发展计划执行情况及
2021年国民经济和社会发展计划草案的报告（书面）

2021年1月21日

（在成都市温江区第十八届人民代表大会第六次会议上）

成都市温江区发展和改革局局长　向　彬

各位代表：

受区人民政府委托，现将《成都市温江区人民政府关于温江区2020年国民经济和社会发展计划执行情况及2021年国民经济和社会发展计划草案的报告》提交大会，请予审议。

一、2020年国民经济和社会发展计划执行情况

刚刚过去的2020年，是极不平凡、值得铭记的一年。面对新冠肺炎疫情严重冲击和艰巨繁重的改革发展任务，在区委的坚强领导下，在区

人大和区政协的监督支持下，全区上下始终坚持以习近平新时代中国特色社会主义思想为指导，全面贯彻党的十九大和十九届二中、三中、四中、五中全会精神，深入落实习近平总书记对四川及成都工作系列重要指示精神，坚持稳中求进工作总基调，坚持新发展理念，抢抓成渝地区双城经济圈建设等重大战略机遇，围绕“创新提能年”主题，凝心聚力、攻坚克难，扎实做好“六稳”工作，全面落实“六保”任务，疫情防控和经济社会发展取得了“双胜利”。经区人大年初审议通过的 15 项经济社会指标中，除研究与试验发展经费支出增速、城镇居民人均可支配收入增速、人口自然增长率三项指标外，其他指标均达到或超额完成目标，经济社会发展执行情况总体良好，“十三五”规划圆满收官，“五个之城”建设取得历史性成就，为全面开启新时代温江“三步走”战略第二步、推动“十四五”时期高质量发展奠定了坚实基础。

表一　2020 年温江区国民经济和社会发展主要指标完成情况表

指标名称	计划目标			预计完成情况		完成目标情况（±百分点）
	第二季度	第三季度	第四季度	绝对值	增速（%）	
一、地区生产总值增速（%）	3	6	7	623.8	5.1	1.3
1. 第一产业增加值增速（%）	2.5	3.5	3.5	—	4.3	—
2. 第二产业增加值增速（%）	2.6	6.5	7	—	7.4	—
规模以上工业增加值增速（%）	2	5.5	6.5	—	7.1	—
建筑业增加值增速（%）	4	9	10	47.5	9.4	—
3. 第三产业增加值增速（%）	3.5	6.2	7.2	—	3.1	—
二、全社会固定资产投资总额（亿元）	400 以上			401.5	8.3	完成 100.4%
三、社会消费品零售总额增速（%）	1.1	6.6	8.8	148	—	—
四、进出口总额（亿元）	29.3			29.5	8	完成 100.7%
五、一般公共预算收入（亿元）	45.2			46.2	2.4	完成 102.2%
六、研究与试验发展经费支出增速（%）	10			15	9	-1
七、实际到位内资（亿元）	136			138	—	完成 101.5%
八、外商投资实际到位（亿元）	15			15.2	—	完成 101.3%
九、城镇居民人均可支配收入增速（%）	6.5			49633	5.8	-0.7
十、农村居民人均可支配收入增速（%）	7			32635	8.3	1.3
十一、城镇化率（%）	75.6			76		完成
十二、万元地区生产总值能耗降低率（%）	0.1			0.1		完成
十三、主要污染物削减量（吨）：化学需氧量	3338.6			4065		完成
氨氮（NH_3-N）	365.6			365.9		完成
二氧化硫（SO_2）	—			289		完成
氮氧化物	78.3			88.1		完成
十四、城镇登记失业率（%）	≤4			≤4		完成
城镇新增就业人数（人）	5800			9934		完成
十五、人口自然增长率（‰）	≥6			≥5.5		-0.05

（一）坚持抓早抓常抓实，疫情防控成效显著

疫情防控有力有序。坚持人民至上、生命至上，迅速构建社会防控与专业防控相结合的强有力组织体系。快速反应精准防控。深入落实习近平总书记重要指示精神和党中央国务院、省委省政府、市委市政府和区委决策部署，第一时间成立区、镇（街）两级疫情防控工作领导小组和指挥部，组建17个工作组（专班）。按照防输入、防扩散、防传染、防抢购、防舆情的“五防”工作思路，在全市率先组建疫情防控专家委员会，率先开展准流行病学调查，率先实行核酸+肺部CT“双检测”，日均检测峰值达到40万人份，检测能力居全市首位。集中资源科学救治。面对境外疫情持续蔓延和秋冬季流感叠加风险，持续加强中高风险地区来（返）温人员集中健康监测和管理服务，加强对进口冷链食品储存、运输、销售等各环节管控，严格落实“14+7+7”隔离管控措施，对“八类重点人员”实行100%核酸检测。全区8个集体、16名个人荣获省市抗击新冠肺炎疫情表彰。

经济社会秩序快速恢复。努力以政策对冲疫情影响。第一时间成立企业复工工作组，优化完善规上限上企业“一对一”服务专员、中小企业行业协会联络专班、重点项目服务专员机制，深入开展“送政策、帮企业，送服务、解难题”行动，第一时间出台纾困解难16条、复工复产12条、统筹推进疫情防控和经济社会发展26条等政策措施，梳理各级助企援企政策211个，解决企业困难诉求2205个，落地全国首只省级防疫投资基金，落实各级惠企政策扶持资金16.6亿元，新增减税降费40.1亿元。有力有效推动科技抗疫攻坚。启动攻坚项目43个，研发制造优质防疫产品6类111个，质谱生物、峰际生物新型冠状病毒核酸检测试剂盒获得欧盟CE认证，博奥晶芯设计开发的“六项呼吸道病毒核酸检测试剂盒（恒温扩增芯片法）”，获国家药监局第二批新型冠状病毒应急医疗器械审批，成为四川省第一个获得国家医疗器械注册证的检测产品。全力以赴推动城市平稳运行。强化物资储备、能源保障、公共交通运输，各类生活物资供应充足、价格平稳，生产生活秩序快速恢复。分批分次推动学校复学复课，制定“1+4+N”复学方案，严格规范校园管理，全区中小学校和高校复学复课平稳有序。

（二）产业结构持续优化，经济运行平稳恢复

经济运行稳步复苏。地区生产总值完成623.8亿元，增长5.1%，三次产业结构优化调整为3.7:37.4:58.9，荣获2020年度中国全面小康百佳示范县市。项目攻坚成效突出。优化完善重大项目推进“六大机制”，创新“两例会+三调度”问题分级处置工作机制，构建“24小时不打烊”线上线下一体化全新项目促建服务模式，全区418个重大项目累计完成投资379.8亿元，增长10.4%，其中，46个省市重点项目累计完成投资141亿元，完成全年目标任务的122.5%。累计新开工项目142个，竣工项目124个。产业功能区显示度快速提升。完成高品质空间规划编制，三医创新中心、川农农创产业园等纳入市级高品质科创空间建设规划，新增高品质科创空间57.9万平方米，投运44.8万平方米。成都医学城获评中国最佳医疗健康产业园区。产能转移超额完成。建立企业产能转移定期通报机制，鼓励香飘飘、娃哈哈、顶津等企业新增产能转移18.7亿元，完成目标任务的104.9%。收入持续稳定增长。城乡居民人均可支配收入分别达到49633元、32635元，分别增长5.8%、8.3%。完成一般公共预算收入46.2亿元，增长2.4%，税收收入占一般公共预算收入的比重为80.2%。

工业经济企稳向好。规上工业增加值增长7.1%。主导产业高质量发展。实现规上生物医药制造业产值70亿元，健康产业营业收入突破300亿元，新增规上工业企业37户。全国首个自主化合物创新静脉麻醉药物环泊酚等16个药品、医疗器械获批上市，全球首个四特异性抗体药物GNC-038等20个I类新药进入临床试验。重大工业项目稳步推进。签约引进远洋资本智慧医疗及公共安全大数据产业园等亿元以上产业化项目34个，开工德坤航空等项目27个，加快推进罗欣药业医药健康产业园等项目33个，竣工香飘飘液体奶茶生产基地等项目17个，完成工业投

资130亿元。提质增效成果渐显。完成“中优”区域一般性制造业疏解项目4个，10户企业产出增效达标销号，坤宏医药产业园等18个二次开发重点项目加快建设，完成工业技改投资43亿元，盘活低效工业用地1057.9亩。成都台商投资工业园区获批省级“亩产论英雄”试点园区。

现代服务业增势良好。服务业增加值增长3.1%，社会消费品零售总额达148亿元。启动全区现代服务业发展规划编制，获评2020年四川省服务业强区。消费市场加速复苏。实施行业消费促进、特色消费打造、品牌消费引领三大提振消费行动，提升改造“三大商圈”，签约引进星河WORLD等亿元以上产业化项目31个，开工新氧集团西南总部等项目17个，加快推进前海人寿妇儿综合体等项目20个，竣工腾讯创新游戏产业基地等项目13个。建成特色商业街区2个，打造夜间经济集聚区4个，引进品牌首店7家，新增高济惠每互联网医院等健康服务平台9个。专业楼宇加快培育。制定专业楼宇评定实施细则，珠江国际中心获评成都市新中心城区唯一甲级商务写字楼，三医创新中心三期和德昆·新天地获评成都市专业（特色）楼宇，获评2020中国楼宇经济投资高地城区。金融服务质效提升。金融机构人民币各项存贷款余额分别增长15.5%、16%，存款余额突破900亿元，建成总规模90亿元健康产业母子基金群，积极争取债券资金支持34.4亿元，解决融资贷款161.6亿元，金融生态环境评价排名蝉联全省第一。

都市现代农业稳步增长。农业增加值增长4.3%。“三农融合”加快推进。完成都市现代农业高新技术产业园规划，成功创建国家农业科技园区。签约引进鱼凫水族小镇等亿元以上产业化项目7个，开工农高创新中心综合体等项目12个，加快推进国寿嘉园等项目12个，竣工岷江书院等项目7个，成功举办“开秧门”农耕文化节、西部（温江）云上花木节等文旅活动。花木产业升级路径明晰。成都花木交易所新增交易品种6个，交易量突破2000万元。打造生态大道、天乡路三段花木消费场景示范带，持续推动“川花”借助西部陆海新通道走出国门，拓展中欧、东盟市场，全年实现花木销售收入22.1亿元、花木出口额450万美元。“米袋子”“菜篮子”强基行动深入实施。实现水稻面积扩种2000亩、生猪保供2000头，新储备4500吨临时成品粮、300吨菜油和200吨猪肉，加速推进1.6万吨低温库改扩建项目。

（三）改革创新纵深推进，全域开放加快形成

创新创造活力迸发。研究与试验发展经费支出达15亿元，获评2020中国最具幸福感城市·活力创新之都，成都医学城纳入西部（成都）科学城“一核四区”布局。台商投资工业园区获批省级高新技术产业园区。科技企业快速增长。实施新经济企业倍增计划，引进新经济500强企业2家，新增新经济企业2213家、国家高新技术企业56家、科技型中小企业54家。42家企业入选成都市新经济梯度培育库，位列全市第二。4家企业、4名人才入选成都新经济“双百工程”。校院企地协同创新增强。国家高性能医疗器械创新中心四川省分中心等项目落地温江，电子科大“三医+AI”产业科技园等项目开工建设，药明康德新药临床前评价及临床检测服务等平台竣工投运，科技成果转化项目25个，新增国家级企业技术中心2家、国家级孵化器1家、省级众创空间3家，累计建成国家重点实验室2个、国家级研发中心7个、省部级研发平台和公共技术服务平台212个。人才要素保障有力。实施生物医药行业职称制度改革，引进和培育高层次人才（团队）12名（个），引入急需紧缺产业人才215名，培育产业技能人才9163人，累计落户本科以上青年人才1.6万余名，新开工人才住房17.6万平方米。

重点改革取得成效。营商环境不断优化。荣获2020年度营商环境创新创优标杆城市。出台全面深化国际化营商环境建设3.0版实施方案，在全省首创营商环境电子地图，新增市场主体3.5万余户，实现企业开办4小时办结，147项便民服务事项就近办理，1429项政务服务审批事项“一次办”“网上办”达100%，企业诉求办结率达100%。完善智慧企业服务平台，政策审核办理时间提速至30个工作日以内。城乡融合发展试验区建设快速启动。编制国家城乡融合发

展试验区实施方案及重大任务、重大项目清单。启动实施“5+3”重点改革任务，探索承包权、经营权两延长、合作社“三共”经营模式等改革经验入选成都国家城乡融合发展试验区创新典型案例，获批全国农村集体产权制度改革试点典型区，“三医研发小镇”入选全国第二批特色小镇。国企改革走深走实。区属国有企业资产规模达1860亿元，增长超过10%，兴蓉西集团、九联集团获批AA+信用评级。

对外开放有序推进。自贸区协同改革先行区加快建设。承接药品、医疗器械互联网信息服务审批等省级管理权限14项，争取外籍医师来华短期行医许可等市级管理权限16项，形成42类132个主题式服务清单。成都医学城研发供应链服务平台建成投运。新中心城区首家以生物医药为特色的公用型保税仓加快建设。与海南博鳌乐城国际医疗旅游先行区建立战略合作关系，将海南特许医疗政策延伸至温江。投资促进成效明显。举办“共享新机遇，投资金温江”系列主题推介活动40余场，新引进亿元以上产业化项目72个，其中30亿元以上重大项目6个，实际到位内资138亿元，外商投资实际到位15.2亿元。多层次合作加速建立。加快融入成渝地区双城经济圈建设，与重庆地区在产业协同、城乡融合、资源联动、社会事业、互动交流五个领域签订协议55个。与省内15个区域在旅游教育、连片开发等方面进行合作。开展“温江造”涉疫产品海外推介活动，向日本神户、加拿大荷顿山捐赠抗疫医疗物资，新增对外贸易主体96家，举办对外交流活动34场次，建设国际化社区、外籍人士社区服务中心各2个，落户全市第11个外国人签证受理点。

（四）承载能力不断增强，城乡品质大幅提升

城乡风貌更加优美。城乡规划体系日趋完善。有序推进国土空间规划编制，完成村庄规划41个，开展控规调整13项，北林区域村庄规划覆盖率达70%以上。城市有机更新加快推进。实施城南片区综合整治、红桥片区综合开发，启动“小连片开发”项目7个。出台全市首个拆旧建新改造实施方案，改造城中村300户、棚户区76户、老旧院落35个。乡村品质优化提升。新（改）建农村道路39公里，创建“美丽四川·宜居乡村”达标村70个，打造“一院一品”地域特色文化示范院落3个，累计改造农村户厕1.8万余户，完成农房风貌整治258户，获批四川省农房风貌整治提升试点区。农村生活垃圾收运率、无害化处理率、黑臭水体消除率、专职保洁员覆盖率均达到100%。

城乡功能不断完善。交通通达能力显著提升。地铁17号线一期开通运营，正式迈入“双地铁”时代。开工建设凤凰立交、三渡水大桥等交通项目19个，竣工成名高速温江北入口优化等重大项目21个。打通科兴路东段等“断头路”，快速公交K5线延伸至温江，新开和优化公交线路28条，温江公交枢纽站开通班线业务。完工鹏程路地下停车场等项目6个，新增停车泊位1921个。基础配套设施持续优化。新（改）建供水主管网172公里，实现地表水源全切换和供水管网全覆盖，自来水普及率达98.5%。实施新城站110kV进线工程等重点电力项目6个、永盛输气下载阀室工程等油品燃气项目5个，新增新能源汽车522辆、5G基站828个、充电桩371个。

城乡治理更加精细。市容管控高效有序。启动建设成温邛高速（温江段）沿线两侧景观及绿化品质提升等大运会项目10个，新增立体绿化8600平方米，景观照明设施亮灯率、完好率达99%以上。实行“双街长制”街道300余条，设立“门前三包”城管工作站80个。整治背街小巷7条，新增“一树一景”特色景观道路7条，实施“两拆一增”点位54处。荣获成都市环境治理攻坚行动“红旗奖”。“厕所革命”成效明显。推进“以商建厕”，新（改）建公厕20座，建成A级旅游厕所2座，配套建设环卫工人作息房9座。垃圾分类试点有序开展。实现2个成建制街道全域推进生活垃圾分类，建成生活垃圾分类示范小区5个、垃圾分类集中投放点350个，新增厨余垃圾分布式处置设施1处，年均收运处置餐厨垃圾2.4万余吨。

（五）污染防治有力推进，环境质量持续改善

公园城市建设走在前列。全域公园城市形态逐步呈现。编制形成公园城市示范区建设总体规划及行动方案，“1+3+50+100”全域公园城市体系基本定型。启动建设江安河公园等示范区10个，建成新创智公园等城市公园3个，建成区绿化覆盖率达45.9%。绿道蓝网体系特色凸显。新(改)建绿道和慢行系统132公里，实现锦城公园（温江段）一级绿道贯通，建设“回家的路”“上班的路”“上学的路”“旅游的路”社区级绿道50条，建成小游园微绿地6个。实施“亲水之城”项目35个，完成江安河光华段水生态环境综合整治项目建设，鲁家滩获评成都市最美河湖。位居中国县域全生态百优榜第六。

生态环境更加优质。整改完成中央生态环境保护督查转办件117件，“回头看”案件52件。科学治霾取得成效。实施夏、冬两季污染防控专项行动，在全市率先建立镇（街）季度环境空气质量目标考核红黄旗授旗制度，实现涉气问题即时响应，空气质量优良天数达276天，PM10、PM2.5平均浓度分别下降7.4%和8.2%。VOCs深度治理项目入选全国污染防治攻坚成功案例。精准治水有序开展。严格落实“河长制”，深入开展“清河”“清四乱”专项行动，建成城市污水处理厂三期等污水处理设施4个，新增污水处理能力6.5万吨/日。3个市级考核断面水质稳定达III类水质标准，4个集中式饮用水水源水质达标率100%。依法治土持续推进。出台年度土壤污染防治实施方案，实现全区危废应急处置“24小时响应”，完成2904亩轻度污染耕地安全利用工作，轻度污染耕地安全利用率达95.7%，土壤环境质量总体保持稳定。

绿色发展深入践行。生态价值加快转化。打造川西特色林盘景区11个、“园子变景点”示范项目19个、“南店北厂”示范项目17个，天星编艺公园成功创建省级农业示范主题公园，推出春夏秋冬精品旅游线路15条，实现旅游综合收入121亿元，增长11%。创建四川省全域旅游示范区。生产生活方式加快转变。创新开设“温江环保诊所”，向企业提供线上问诊和现场义诊100余次，环保服务产业实现营业收入1700余万元。落实环评审批承诺制，完成建设项目审批188个，位居全市前列。推进燃气锅炉低氮改造工作，菊乐食品获评“省级节水型企业”。倡导绿色低碳出行方式，投运共享助力车1000余辆、共享单车3万余辆。开展“节约粮食、杜绝浪费”行动。

（六）社会事业协调发展，民生福祉有效增进

社会保障提标扩面。完成省市区民生实事工程115项，全年民生支出49.7亿元，获评2020中国最具幸福感百佳县市。援助帮扶力度加大。实施慈善五大专项救助行动，发放城乡低保、医疗救助、特困人员供养等各类补贴保障资金2587.1万元，惠及困难群众10万余人次。做好保供稳价，发放价格临时补贴1902.1万元。稳定岗位15万余个，兑现稳岗补贴1.3亿元，实现城镇新增就业9934人，城镇失业人员再就业5978人。竣工天王村新型社区B区等安置房项目2个，多元化安置3100余人，完成公租房实物配租514户。民生公服水平不断提升。稳步推进“互联网+医疗保障”，有序推进国家组织药品集中采购和使用，节约就医支出6725.5万元，人均住院费用下降5.9%。深化长期照护保险试点改革，实现全区重度失能失智人员长期照护保险全覆盖，启动建设首批社区养老综合体3个。脱贫攻坚取得胜利。定点帮扶简阳市禾丰镇、三合镇8个省定贫困村，对口支援色达县，建成项目14个，荣获全省对口帮扶先进集体。

三大民生品牌特色彰显。打好基本公共服务设施“三年攻坚”行动收官战，实施项目46个。“学到温江”持续深化。与西南财经大学等3所高校共建附属学校11所，新世纪光华学校、北京二十一世纪学校等4所学校竣工投用，新(改)建中小学、幼儿园10所，新增学位1.5万个。积极推动体教融合，面向社会开放学校运动场地10个。推进学区制管理和集团化办学，8所学校纳入教育部人文交流特色学校建设单位。“健康到温江”建设加快。率先开展“互联网+家庭医生电子签约”服务，组建“家庭医生”团队93支。建成综合医联体1个，实现双向转诊3000余人次。省精神医学中心、金马镇中心卫生院新院区建成投用，区人民医院完成新院区投入

使用并通过三甲综合医院现场评审。争取全国失能老人健康评估和服务试点等项目5个，每万人口全科医生数达4.8人，每千人口床位数达11.4张，人均期望寿命达81岁。“舒适到温江”品质提升。规划15分钟公服圈42个，加快建设凤溪院子社区综合体等项目6个，竣工前锋等社区综合体13个，建成邻里活动空间56个。成功举办中国男子篮球职业联赛、中国女子篮球联赛等国家级赛事和活动。“鱼凫文化”“光祈音乐”等文化品牌效应不断放大，建设综合性文化服务中心2个，开展文体惠民活动1000余场。

社会治理高效推进。社区治理不断完善。创新探索“五方协同”小区治理机制，物业管理诉求量下降10.7%，7个社区和6个小区荣获“全市百佳示范社区（小区）”。扎实做好村（社区）体制机制改革，村（社区）调整为95个。构建市民诉求闭环响应机制，设立民意收集观察点21个，解决居民需求3万余个。获评全省城市基层治理示范区。“平安温江”建设全面推进。开展安全生产专项整治三年行动，全区一般生产安全事故起数、死亡人数分别下降44%、60%，连续3年实现双下降，全年未发生较大及以上生产安全事故。深化“三警融合”联防联控和“警网红1+3+N”专群联动机制，全区违法犯罪警情连续6年下降。完善信访工作制度和矛盾纠纷多元化解机制，信访矛盾纠纷化解率达98.2%。“法治温江”建设全面落实。成功举办民盟法治论坛，成立全市首家“金融微法庭”，创新“人民调整+”司法确认和公证赋强双模式，建立“24小时自助法院”，投运成都医学城公共法律服务分中心，设立知识产权维权工作站（点）7个，消费者投诉、举报、咨询案件办结率100%，法治宣传新媒体工作获中央政法委表彰。

同时，审计、统计、档案、民宗、侨务、对台、邮政、地方志、媒体融合、公共资源交易、机关事务、红十字会、精神文明、社会科学等工作取得新成绩，国家安全、国防动员、双拥、保密、消防、人防、气象、工会、共青团、妇女儿童、青少年、老龄、残疾人、慈善、关心下一代等工作得到加强。

过去一年，成绩来之不易，经验弥足珍贵，这些成绩的取得，是区委总揽全局、科学决策的结果，是区人大和区政协监督指导、大力支持的结果，是各部门和广大群众攻坚克难、团结奋进的结果。但我们也清醒认识到，全区经济社会发展仍然存在一些问题和不足：经济总量依然偏小，产业发展能级有待提升；科技对经济增长的贡献率还不高，基础研究和关键核心技术攻关能力有待提升；改革开放广度和深度还不够，在更宽领域、更高层次参与“双循环”的能力有待提升；城乡基础设施建设和公共服务配套还不均衡，优质公共产品有效供给能力有待提升。对此，我们将努力采取有力措施，切实解决改善，以实绩回应期待。

二、2021年国民经济和社会发展总体要求和主要预期目标建议

2021年是中国共产党建党100周年，是“十四五”规划和全面建设社会主义现代化国家的开局之年，也是新时代温江“三步走”战略第二步的起步之年。2021年全区经济社会发展的总体要求是：以习近平新时代中国特色社会主义思想为指导，深入贯彻党的十九大和十九届二中、三中、四中、五中全会以及中央、省、市、区经济工作会议精神，坚持稳中求进工作总基调，站位新发展阶段，践行新发展理念，服务新发展格局，以建设践行新发展理念的公园城市示范先行区为统揽，主动融入成渝地区双城经济圈建设，统筹做好“高质量发展攻坚年”各项工作，坚持以深化供给侧结构性改革为主线，以改革创新为根本动力，以满足人民日益增长的美好生活需要为根本目的，巩固拓展疫情防控和经济社会发展成果，继续扎实做好“六稳”工作、全面落实“六保”任务，统筹发展和安全，高质量推进“五个之城”建设，确保“十四五”开好局，以优异成绩庆祝建党100周年。

2021年全区经济工作主要预期目标是：力争地区生产总值增长7.5%左右，固定资产投资增长8%，社会消费品零售总额增长9%，地方一般公共预算收入增长7%，高技术制造业营业收入占规上工业营业收入比重达16%，生产性服务业增加值占服务业增加值比重达30%，研究与试验发展经费支出增长10%，新增市场主体1.9万

户、企业4500户、“四上”企业60户，城镇、农村居民人均可支配收入分别增长7.5%、8%，空气质量优良天数比率超过75%，万元地区生产总值能耗、主要污染物排放量进一步降低，公园城市大美形态有力彰显，高质量发展特质更加鲜明。

三、2021年国民经济和社会发展主要工作

为实现上述目标，着力抓好六个方面重点工作。

（一）聚焦壮大经济实力，建强产业功能区，高质量建设“三医融合产业之城”

坚持产业基础高级化，聚焦提升产业链供应链现代化水平，以产业功能区为载体，坚持新经济赋能，三次产业深度融合，做优主导性产业，做强支柱性产业，做大成长性产业，推动经济实现高质量发展。

提升产业功能区能级优势。高品质打造三大空间。加快推进以三医创新中心、新创智中心、川农农创产业园为核心的科创空间建设，以三医智造中心为核心的产业空间建设，以光华商圈、新尚天地·尚街为核心的生活空间建设，进一步提升在全市的显示度。探索以片区开发模式推动三医创新中心五期、六期项目建设，力争全年新开工高品质空间17万平方米，投运65万平方米。加快建设新型产业社区。完成全区产业社区规划编制，启动建设依田村康养产业社区等新型产业社区3个，开展产业社区高品质公共服务设施建设试点，打造一批新型产业社区高品质公共服务设施场景。完善产业功能区建设运营机制。深化以产业功能区建设工作职责清单为指导的“指挥部+管委会+部门+镇（街）+国有公司”五位一体管理体制，全面推广“员额制”改革，推动国有企业、专业机构、头部企业等独立或联合组建专业运营公司，以市场化方式推进产业功能区配套补短板建设和重要功能节点打造，塑造产业园区综合运营品牌。

推动工业升级提效。力争规上工业增加值增长7.5%，新增规上工业企业20家。实现“三医”产业突破发展。打造“三医”产业核心链群，力争实现健康产业营业收入350亿元以上。做强医学研发产业链。推动生物技术、合同外包研发、医学检验检测等关键领域研发创新，力争推动15个新药品和新器械上市。做强医药制造产业链。加快构建“四化两配套”医药制造体系，力争引进医药制造项目15个以上、推动药械品种在温投产转化3个以上。做强医疗服务产业链。做精全程健康服务、高端医美、专科医疗、特色康复细分领域，力争全年引进国际高端医疗机构和特色专科医院2家，完成医疗服务营业收入25亿元以上。推动传统制造业提质升级。促进健康食品、电子信息、精密印务等传统产业数字化、信息化升级，鼓励瑞森纸业、圣恩生物等企业建设智能化生产车间，打造示范性数字化车间、智能工厂试点3个。推进低效工业企业提质增效，制定存量企业退出机制，优化二次开发政策，力争盘活低效工业用地1000亩以上。

做强现代服务业新支撑。围绕需求牵引供给、供给创造需求，加快构建“1+4”生产性服务业体系和“1+3”生活性服务业体系，力争服务业增加值增长8%。推动生产性服务业高端化发展。加快发展科技服务、高端商务、新兴金融等生产性服务业，大力培育楼宇经济、总部经济和平台经济，支持跨界电商和服务贸易发展，力争全年招引高能级企业和总部企业3家、平台企业10家，新增税收5000万元楼宇2栋。推动生活性服务业品质化升级。实施新消费引领的提振内需行动，制定完善促进新型消费的相关政策措施，积极培育夜间经济、赛事经济、绿道经济、网红经济等消费新业态，发展医美、康养、育幼等消费服务。提升打造三大商圈，加快引进一批品牌主力店和精品专业店，打造特色商业街区4个，提升夜间经济消费场景4个，培育形成具有全市影响力的城市级商圈1个。

促进都市现代农业融合发展。深化农商文旅体养融合发展，力争农业增加值增长2.2%，实现花木销售收入23亿元以上。以农创融合引领产业升级。高标准创建国家农高区，规划建设2平方公里农科城，打造国家数字乡村示范区。加快推动川农大国家大学科技园等载体建设，建成“五新”数字农业双创基地，建立种质资源和重点品种资源的花木大数据库，打造四大集中连片园林总部聚集区和西部网络直播电商花木集散中

心。力争引进农业总部和平台型农创企业10家以上。推动农旅融合特色发展。依托北部65公里生态旅游环线，加快建设一批主题民宿群落，力争招引文旅项目5个以上，打造岷江心斋等农旅示范场景5个以上。推动农养融合品质发展。深度挖掘五大险资集团资源，吸引在温持续布局医疗康复、健康管理、度假休闲等高端康养产业，拓展养老金融、护理培训等衍生产业，促进泰康之家·蜀园二期项目竣工，推动太平健康谷等项目开工建设，形成各类高端康养机构、康养酒店、中医休闲俱乐部等优质医养场景，力争引进高端医美、康养重大项目3个。持续开展“米袋子”“菜篮子”强基行动。扩种粮食1200亩，新增7000吨区级储备粮。

培育新经济新动能。大力培育数字经济。加快建设四川健康医疗大数据应用示范基地，培育智能诊疗、智能医疗器械、可穿戴设备等“三医+大数据/AI”产业和数字出版、数字娱乐、数字文创产业，超前布局生命科学、脑科学、新材料等产业方向，力争引进数字经济项目10个。打造示范引领应用场景。支持药明康德、科伦等行业领军企业创建城市未来场景实验室和创新应用实验室，打造市级以上新经济应用场景示范点位2个以上。

（二）聚焦释放发展动力，持续推进改革创新，高能级建设“创新开放进取之城”

积极融入成渝地区双城经济圈建设、服务国际国内双循环，协同建设西部（成都）科学城，纵深推进重点领域和关键环节改革，全面促进创新要素高效能聚集、高效率配置，持续增强高质量发展的内生动力。

加速创新资源平台汇聚。主动融入国家科技创新重大战略布局，高标准推进生命科学创新区B区建设。加快重大创新平台资源聚集。支持川农大、中医大2个国家重点实验室建设，建成四川脑科学与类脑智能研究院，新增市级以上研发平台6个，新增创新创业载体20万平方米。加快创新企业主体培育。实施“高新企业向规上企业迈进、规上企业向高新企业转型”的“双迈进”战略，突破做好“五个一批”，力争新增新经济企业1500户、高新技术企业30家。加快高层次人才和技能人才引育。实施“大健康产业人才引育工程”，完善“金温江优才卡”制度，引进培育人才计划专家等高层次人才（团队）10名（个）。开展“猎英”“引凤”“汇青”三大计划，建立校地企联合培育机制，实施产业人才提能行动，培育产业急需人才8000人，新增高技能人才1850人。

推进全面深化改革。深化营商环境综合改革。实施营商环境“646”改革行动方案，建立营商环境大数据分析评测体系，设立“优化营商环境进行时”平台。全域实施“互联网+政务服务”创新，持续完善“双随机、一公开”监管机制。加强知识产权保护，争取中国（成都）知识产权保护中心在温落户。创新投融资机制改革。灵活、积极、稳妥采取ABO、XOD、PPP等多种模式，探索以城市运营为基础、产业为导向、投建管运商业化运作的片区综合开发、城市更新。深化“承诺制”审批改革，加快建立规模150亿元的“1+X”母子基金集群，力争新增上市后备企业2家。启动新一轮“五项制度改革”。深化土地资源配置制度改革，全面推广“亩产论英雄”改革试点，执行“弹性供地”制度，探索建立“土地增效+产业升级”联动发展新模式。深化财政预算制度改革，完善项目支出标准体系，完善金融风险预警机制、建立健全金融突发事件分级应急处置机制。深化国资经营评价制度改革，开展国企改革三年行动，力争新增1家AA+级企业。深化企业扶持激励制度改革，推进惠企政策“免申即享”试行试点。深化基本公共服务清单标准化管理和动态调整制度改革，加快推进凉水社区综合体等40个基本公共服务设施项目建设。

扩大对外交流合作。积极融入成渝地区双城经济圈建设。探索非毗邻区域合作新模式，开展产业发展政策、产业链空间布局等环节的战略合作，促进领军企业、上下游企业及相关配套产业协同互促，共同打造西部大健康产业基地。推动成都医学城与重庆国际生物城协力争创全国医研产融合的健康产业示范基地，推动花木进出口园区与巴南公路物流基地合作，搭建花木出口快速通道。加快建设自贸试验区协同改革先行区。推动进口研发物品协同监管模式等改革试验任务见成效，力争形成1～2项经验在全省范围内复制推广。争取天府国际机场进境植物种苗指定口岸隔离场所等开放平台在温落地。优化拓展生物医药研发供应链服务平台、花木进出口园区功能，加快打造离岸创新创业服务中心、国际医疗服务咨询平台等展示场景。推动与海南博鳌合作落地落实，建立全省协同改革先行区创新联盟。深化国内外战略合作。落实“一干多支、五区协同”发展战略，推进与双流区、郫都区等9个区域合作项目落地，与天府国际生物城共建生命科学创新区，深化与岳池原料药基地等飞地园区、四川康复辅具产业园等园区协作。加强和上海张江、武汉光谷、苏州工业园等国内先进地区的资源对接与产业合作。开展中日（成都）城市建设与现代服务业开放合作示范项目，加大“一带一路”国家新兴市场开拓力度。

（三）聚焦增强承载能力，同步提升城乡品质，高效率建设“便捷高效协调之城”

深入实施新型城镇化和乡村振兴战略，围绕“两新一重”，不断释放发展红利，着力优化城市空间布局，推进基础设施补短板、强弱项、提品质，促进城乡全面融合、共同繁荣。

优化城乡空间布局。完成国土空间规划编制。推动南城区域指标全覆盖，实现成都医学城A区扩区、维持成都医学城B区城镇开发边界不缩减。启动城市新区建设，依托城南片区、红桥片区、康泉片区等区域规划建设一批产城融合片区和城市活力新区。确保北林区域有空间，探索在万春江安河沿线、和盛鲁家滩、寿安岷江村等区域布局农村重点发展区。推进美丽宜居乡村建设。开展布局优化、院落绿化、卫生洁化“三大革命”，启动升级农房风貌整治提升试点，加快农房“一户一档”“数字农房”建设。打造林盘+康养、林盘+民宿等示范场景5个以上，实现农村无害化卫生厕所普及率90%以上。争创省市级乡村振兴先进镇1个、示范村（社区）4个。提升城市形态品质。编制城市更新导则，加快推进凤栖谷行政学院等“小连片更新项目”建设，完成5条大运会通道绿化景观提升。启动万盛TOD建设，改造棚户区100户、老旧小区15个，整治提升背街小巷5条，新增和精修维护“一树一景”特色景观道路、节点20条。全域推行垃圾分类，建立健全公厕三级督查考核机制，新（改）建公厕6座。

夯实基础设施配套。构建外畅内联大交通格局。畅通外向交通，优化地铁11号线、27号线、28号线规划线型，争取将13号线二期、27号线二期、4号线三期、28号线一期纳入全市城市轨道交通第五期建设规划，谋划温江北立交、温江西立交项目，加快五环路涌泉段、凤凰立交等外向联系主干道和节点项目建设，提升与成名高速、绕城高速等市域高（快）速路的连接能力。启动南北畅通工程，加快光华文化广场下穿隧道等项目建设，提档升级35公里村道，打通“断头路”5条。新开及优化公交线路10条，建成区公交站点500米覆盖率达95%。统筹开展基础设施补短板。启动产业园区基础设施补短板项目35个，加快推进“断头管”整治、寿安污水处理厂提标扩建等项目，启动金马污水处理厂及其配套管网建设，新（改）建供水和排水管网9.8公里，城乡污水处理率分别达96.8%和89%。启动500kV成都西变电站建设，加快推进新城区110kV变电站、北部环线燃气管线等项目建设。竣工国色天乡动植物乐园停车场、温江二中停车场项目。加快布局新型基础设施。深入推进智慧城市建设，打造供应链数字化平台和产业数字化平台，完善智慧交通、智慧灯杆等配套设施，推动全域智慧小区、智慧园区、智慧工地等建设。推进5G、IPv6网络、千兆网络建设，全年新建成5G基站830个、充电桩300个。

加快国家城乡融合发展试验区建设。加快实施“5+3”重点改革任务，制定年度改革任务清单和项目清单，力争年内形成全国层面的改革试点经验1至2项。重点推动“三权分置”改革，制定宅基地有偿使用指导意见。制定闲置宅基地和闲置农房盘活利用指导意见，健全涉农资产价值评估机制，制定农村土地经营权、农村建设用地使用权和农村住房财产权价值评估办法。制定农村集体组织成员管理指导意见，探索集体资产股权身份权与收益权分离。出台农村集体经营性建设用地入市人员社会化养老保障制度，探索开展“3+2”社会化养老保障模式试点。健全农村集体经营性建设用地依法入市制度，制定农村集体经营性建设用地入市实施办法。深化农民利益联结机制，培育壮大农业经营主体，新培育农业产业化龙头企业3家、家庭农场10家，规范化建设农民专业合作社5家。

（四）聚焦提升环境魅力，塑造公园城市形态，高水平建设“天蓝地绿亲水之城”

坚持“绿水青山就是金山银山”理念，持续强化生态环境保护治理，完善生态价值转化机制，实现生态与发展互促共进，增强城市宜居品质和可持续发展能力。

打造公园城市大美形态。加快公园城市场景营造。聚焦促进公园城市建设“产城共兴”，全域规划布局50个公园城市示范片区，推进江安河绿道型、幸福田园人文型等10个公园城市示范片区建设，高标准营建光华城市公园、健康产业公园、生态田园公园“三大公园”，持续推进锦城公园、鲁家滩公园等“百个公园示范工程”建设，建成小游园微绿地4个，建成区新增绿地40公顷。构建绿道蓝网生态体系。打造“三网两轴多节点”的绿道体系和城区慢行系统，建设以“海绵绿道+智慧绿道+荧光夜道”为特色的城市绿道网络，建设12条“回家的路”“上班的路”“上学的路”“旅游的路”社区级幸福绿道。加快构建“四河千渠碧水清、蓝绿交融缀两岸”的城市水系，争取江安河五凤段纳入成都市蓝网建设示范工程，推进“北林”精华灌区水系修复。创新推进生态价值转化。探索建立生态系统生产总值（GEP）核算指标体系。试点开展生态资产标的价值评估运用，探索启动以生态环境为导向的城市发展模式（EOD）试点，打造以成青快速通道为轴的花木展贸融合示范带，形成百花盆景园、先锋盆景园、花博园等示范场景，营造“公园+”“绿道+”“林盘+”“社区+”“花木+”等生态场景。

打好污染防治攻坚战。持续推进科学治气。深入实施压减燃煤、治污减排、控车减油、清洁降尘、综合执法、科技治霾六大行动，加快推进VOCs第三方治理等科技治气项目建设，全年空气质量优良率达75%以上，PM2.5年均浓度控制在42.5微克/立方米以下。持续推进精准治水。严格落实河（湖）长制，持续开展“清河、护岸、净水、保水”四大行动，完成寿安水厂天师堰水质自动预警站建设，确保3个省市级考核断面出境水质稳定达Ⅲ类标准。持续推进依法治土。启动3个超标地块土壤环境详查和风险评估，编制治理与修复方案，确保污染地块安全利用率达90%以上。持续加强噪声防治。探索建立噪声扰民投诉举报查处、噪声长效防控、部门联合治理“三大机制”，加快布局临街防噪音装置，强化工地施工和工业企业高噪声设备管控治理。

践行绿色低碳发展。实施低碳城市建设“636”工程。鼓励商超、餐饮、景区等行业实施低碳改造和管理，开展碳中和认证，构建间接低碳场景，积极参与“碳惠天府”碳减排核定和储备。推进能源替代、低碳交通、绿色建筑等项目建设，加快建设智能电网、油气管网和充电、加氢、加气一体化综合能源站等基础设施，开展城市再生资源网点建设布点，推动包装再生资源分拣中心建设项目落地。推进水资源集约高效利用，实现“节水型居民小区”建成率达20%以上。推广低碳循环生产方式。加快推进“中优”区域非核心功能项目疏解，探索引入重点项目生态环境健康风险评级机制，加快园区基础设施绿色化改造，探索建立“零碳”园区试点及“绿色工厂”，建设国家节能环保新型工业化产业示范基地。大力推广绿色建筑，城镇新报建绿色建筑面积占比不低于80%。倡导绿色低碳生活方式。积极推广新能源汽车，优化共享单车投放，完善“地铁+公交+慢行”三网融合绿色交通系统。

（五）聚焦激发社会活力，不断增进民生福祉，高品质建设“文明和谐幸福之城”

坚持以人民为中心，全力解决好人民群众反映强烈的突出问题，全面提升安全韧性水平，持续防范和化解各种风险，打造全龄友好包容型社会，增强人民群众幸福感、获得感、安全感。

深化社会治理创新。完善应急管理体系。抓好常态化疫情防控，持续加强外防输入、内防反弹。加快构建覆盖全过程的应急管理责任体系，完善突发事件联动处置机制，建立应急指挥调度中心。健全应急物资稳产保供联动工作机制，加强药品、粮食、猪肉、水电等重要物资保供稳价，启动应急物资储备中心项目建设。深化城乡社区治理。抓实“两空间一力量”，建立小区党组织、物业公司、业委会、社会组织共商共建共治机制，建立健全村（社区）向社会购买服务制度，实现镇（街）社工站全覆盖。深化社区“诉源治理”，创建10个“群众工作之家”示范村（社区）。完善群防群治社会动员机制，基本形成一网统揽的治理格局，打造市级示范社区5个、示范小区各5个。推进“平安温江”建设。健全安全风险分级管控和隐患排查整治双重预防控制体系，持续开展安全生产专项整治三年行动和城乡防火专项整治。聚焦建党100周年及“大运会”等敏感节点，深化立体化信息化社会治安防控体系建设，构建覆盖全域的新型智慧城市感知网络，全力防范化解各类风险。开展平安温江特色品牌评选，推动平安城乡·慧眼工程、智慧平安小区建设，创建市级平安单位、平安“六无”村（社区）各5个。

织密社会保障网络。促进高质量充分就业。持续开展援企稳岗护航行动，力争稳定就业岗位7万余个，实现城镇新增就业7400人，城镇登记失业率控制在4%以内。实施重点群体就业“暖心”行动，精准开发公益性岗位安置，就业援助基地兜底吸纳，鼓励灵活从业转化，统筹就业困难家庭、高校毕业生、退役军人等重点群体就业帮扶，全年帮助失业人员再就业不低于3100人，争创和谐劳动关系国家级试点。提高民生领域公共服务水平。继续推进异地就医结算，深入推进药品、医用耗材集中带量采购，推进医保总额控制下按病组分值付费改革。推进康复辅助器具社区租赁试点和养老助餐服务，加快永宁公建民营养老院一期招标运营和二期建设，完成金科、红桥、新华三个社区养老综合体试点建设运营。深化长期照护保险制度，实现城乡居民基本养老保险参保覆盖率、基本医疗保险参保率分别达97%、99%。做好民生兜底保障。夯实社会救助兜底，实施救助项目21个，打造“义仓小站”“爱心驿站”等一批公益平台。加强住房保障，确保长石安置小区、新庄二期项目按期竣工，发放公租房租金补贴80户，多元化安置3000人以上。

提升公共服务品质。擦亮“学到温江”。实施新优质创建、初中强校、“北优”提质“三大工程”，努力成为全省一流教育名区，开工建设中小学、幼儿园8所，竣工公办学校6所，新增幼儿园、中小学学位1.2万个，优质学前教育资源覆盖率达100%，持续深化“两自一包”“两竞聘一双选”，引进义务教育优质公办初中、高中2所，培育省市名优教师40名。筑强“健康到温江”。实施改善医疗质量三年行动计划，全面深化医药卫生体制改革，推进分级诊疗，开展网格化城市医联体建设试点，建成覆盖全域的城市医联体3个。推进全国暖心家园试点项目，启动区中医医院和区疾控中心搬迁工作，建成投用永宁等3个卫生服务中心。升级“舒适到温江”。实施高品质公共服务倍增计划，布局“15—10—5分钟”街区级、社区级、小区级生活服务圈，打造“亲民便民利民”的社区消费新场景，新开工基本公共服务设施项目20个，建成永宁路社区综合体等项目30个。改造特色化镇（街）文化站3个、亲民化社区文化活动中心10个，举办光祈音乐节等文体活动800场次以上。

（六）聚焦挖掘发展潜力，做优项目促建服务，高效能增强区域经济发展后劲

坚持以项目为中心组织经济工作，聚焦有效投资，加快构建项目全生命周期保障服务体系，以项目大突破大提速，实现更高效率、更高质量、更可持续发展。

实施项目招引转化突破行动。聚焦“三医+大数据/AI”主导产业重点领域，优化完善“两图一表”，拓展“1+3+3+N”全球招商引资网络体系，实施创新链、产业链、金融链招商。加强在谈100余个重大项目的跟踪服务，力争全年签约引进亿元以上项目50个，其中，高能级产业化项目15个、30亿元以上重大项目4个，完成招引投资总额500亿元以上，力争实际到位内资140亿元，外商投资实际到位15亿元。提高招引转化实效。实施项目招引开工责任捆绑考核，督促企业严格履行投资协议，强化资金、土地、能源等要素精准配置，推动已签约项目尽快落地开工，签约重大产业化项目落地转化率不低

于70%。

实施项目策划包装提质行动。准确把握国家政策机遇和投资方向，围绕成渝地区双城经济圈、公园城市、城乡融合等重大国家战略部署策划包装一批强动能、管长远的重大项目。聚焦现代产业体系、重大科技创新、"两新一重"、生态文明建设等重点热点领域，策划储备一批补短板、强弱项、优结构的重大项目。精心筛选一批重大产业化和基础设施项目，争取纳入上级专项规划"盘子"。建立以战略导向、需求导向、资源导向、市场导向和政策导向兼顾的策划管理机制，进一步厘清项目计划生成流程和各部门（单位）职责任务，加快推进项目前期工作，提高储备项目有效转化率。

实施项目促建提效攻坚行动。强化重大项目促建，统筹办好重大项目集中开工活动，按月分解任务和调度考评，力争全年完成固定资产投资432亿元。实现项目推进全过程线上运行管理，持续完善项目问题闭环管理机制，强化项目推进"六大机制"刚性执行。重点促进联东U谷成都医学城科技企业港等103个项目竣工投运，岷江桂雨田园康养综合体等77个项目加快建设，瑞泰生物再生医学研发及生产基地等87个项目开工建设。

各位代表，新征程赋予新使命，新征程呼唤新作为。我们将更加紧密团结在以习近平同志为核心的党中央周围，在党中央国务院、省委省政府、市委市政府和区委的正确领导下，自觉接受区人大的监督指导，虚心听取区政协的意见建议，紧紧依靠全区人民，牢记初心使命，保持战略定力，以锐意进取、永不懈怠的精神状态，以改革创新、勇往直前的奋斗姿态，统筹推进疫情防控和经济社会发展，为实现"十四五"开门红、开启现代化新征程，交出一份满意答卷，以优异成绩庆祝建党100周年。

附件：1. 2021年温江区国民经济和社会发展计划草案

2. 名词解释

附件1

2021年温江区国民经济和社会发展计划草案

指标名称	2021年预期目标	
	总　量	增长（%）
一、地区生产总值（亿元）	—	7.5
第一产业增加值（亿元）	—	2.2
第二产业增加值（亿元）	—	7.5
规模以上工业增加值（%）	—	7.5
建筑业增加值（亿元）	—	7.8
第三产业增加值（亿元）	—	8
二、全社会固定资产投资（亿元）	432	8
三、社会消费品零售总额（亿元）	—	9
四、进出口总额（亿元）	—	8
五、一般公共预算收入（亿元）	49.4	7
六、实际到位内资（亿元）	140	—
七、外商投资实际到位（亿元）	15	—
八、新增高新技术企业户数（户）	30	18
九、研究与试验发展经费支出（亿元）	16.5	10

<table>
<tr><th colspan="3" rowspan="2">指标名称</th><th colspan="2">2021 年预期目标</th></tr>
<tr><th>总 量</th><th>增长（%）</th></tr>
<tr><td colspan="3">十、城镇居民人均可支配收入（%）</td><td>—</td><td>7.5</td></tr>
<tr><td colspan="3">十一、农村居民人均可支配收入（%）</td><td>—</td><td>8</td></tr>
<tr><td colspan="3">十二、城镇新增就业人数（人）</td><td>7400</td><td>—</td></tr>
<tr><td colspan="3">城镇登记失业率（%）</td><td>≤4</td><td>—</td></tr>
<tr><td colspan="3">十三、居民消费价格指数（上年＝100）</td><td>103 左右</td><td>—</td></tr>
<tr><td rowspan="7">十四、节能减排和环境保护</td><td colspan="2">单位地区生产总值能源消耗降低（%）</td><td colspan="2" rowspan="6">以市上下达目标为准</td></tr>
<tr><td colspan="2">单位地区生产总值二氧化碳排放降低（%）</td></tr>
<tr><td rowspan="4">主要污染物排放总量降低（%）</td><td>化学需氧量</td></tr>
<tr><td>氨氮（NH_3-N）</td></tr>
<tr><td>二氧化硫（SO_2）</td></tr>
<tr><td>氮氧化物</td></tr>
<tr><td colspan="2">空气质量优良天数比率（%）</td><td colspan="2">≥75</td></tr>
<tr><td colspan="3">十五、粮食播种面积（万亩）</td><td>1.74</td><td>—</td></tr>
<tr><td colspan="3">新增高标准农田面积（万亩）</td><td>0.31</td><td>—</td></tr>
</table>

备注：聚焦“十四五”高质量发展主题，衔接国家和省、市 2021 年经济社会发展主要目标，统筹设置 15 项高质量发展指标。

附件 2

名词解释

1. “14＋7＋7”隔离管控措施：14 天集中隔离医学观察，7 天居家医学观察，7 天不参加聚集活动。

2. “八类重点人员”：是指疫情防控过程中对重点人群应检尽检，包括：（1）密切接触者；（2）境外入境人员；（3）发热门诊患者；（4）新住院患者及陪护人员；（5）医疗机构工作人员；（6）口岸检疫和边防检查人员；（7）监所工作人员；（8）社会福利养老机构工作人员。

3. “1＋4＋N”复学方案：“1”是指各中小学校、幼儿园、教育培训机构复学工作总方案；“4”是指各中小学校、幼儿园、教育培训机构复学工作的宣传舆情工作方案、人员摸排工作方案、应急处置工作方案、后勤（物资）保障工作方案；“N”是指各中小学校、幼儿园、教育培训机构结合本校（园）实际需要制定的其他工作方案和制度。

4. 重大项目推进“六大机制”：重大项目全生命周期管理机制、重大项目“五同时”＋“五同步”联动机制、招商网络体系工作机制、重大项目要素保障工作机制、重大项目拆迁安置工作机制、重大项目督查考核机制。

5. “两例会＋三调度”问题分级处置工作机制：“两例会”是指项目牵头单位周例会、项目促建服务周例会；“三调度”是指园区建设指挥部调度会、区长小办公会调度会（项目区级责任领导专题会）、全区重大项目调度会。

6. “一核四区”：“一核”是指成都科学城；“四区”是指新经济活力区、生命科学创新区（由 A、B 两区构成，A 区为天府国际生物城，B 区为成都医学城）、东部新区未来科技城和新一代信息技术创新基地。

7. “双百工程”：成都市在未上市企业中遴选出 100 家支柱型新经济企业及 100 名优秀核心人才进行培育培养。

8. “双街长制”：在全区“门前三包”示范

街以及主街干道等区域实施“责任街长＋群众街长”的管理模式。“责任街长”每日对责任路段开展日常巡查、检查，承担责任路段市容秩序、广告招牌、环境卫生、市政设施等相关城市管理问题监管；负责受理群众举报投诉，对群众反映的问题积极协调、督促整改，对无法处置的问题进行上报；负责做好相关城市管理法律、法规以及政策的宣传工作。“群众街长”配合“责任街长”对违反城市管理有关规定的行为进行提醒、劝阻；对相关城市管理法律、法规以及政策进行宣传等工作。

9. “门前三包”城管工作站：即社区城管工作站，指社区居民委员会下属的城市管理综合性部门，接受街道城管中队的指导，负责对辖区内市政设施、公共秩序、市容环境、广告招牌等城市管理方面的事务进行监督、巡查和管理。

10. “回家的路”“上班的路”“上学的路”“旅游的路”：天府绿道体系社区级绿道提质的重要载体，按照车退人进、慢行优先原则，营造具有美誉度、舒适度、温度、安全度的“回家”“上班”“上学”“旅游”体验，提高“最后一公里”街道的品质。

11. 慈善五大专项救助行动：是指“慈善助学—阳光行动”、“慈善助医—健康行动”、“慈善助幼—爱心行动”、“慈善助老—照护行动”、“慈善助困—温暖行动”。

12. “15分钟公服圈”：以15分钟步行距离（800—1000米）为界限，1—3万人为服务人口，1—2平方公里为服务范围，配置能够满足区域内居民日常生活所需，让居民在步行15分钟范围内就能享有社区服务、文化、体育、教育、医疗、养老以及社区购物等方面的基本公共服务。

13. “五方协同”小区治理机制：是指“党组织为引领，社区网格、业委会、物业服务企业、社会组织共同参与”的小区治理机制，切实推动城市高效能治理向小区末端延伸。

14. “三警融合”联防联控：交警、巡警、派出所民警“三警融合”，打造“大巡防”格局，形成“交警要管治安、巡警要管交通、派出所共同管理”的模式，全面提升街面网格化布警成效。

15. “警网红1＋3＋N”专群联动机制：“社区民警＋辅警、网格员、综治队员＋楼栋长、单元长、平安志愿者等”的“1＋3＋N”专群联动工作模式，形成“社区民警—三支专职力量（一级网格员）—群防力量（二级网格员）”网格化服务管理工作机制。

16. “人民调整＋”司法确认和公证赋强双模式：对通过人民调解方式调解成功的民事纠纷，对调解协议，通过人民法院“司法确认”程序和公证处“公证赋强”程序两种方式，赋予调解协议以强制执行力。

17. “员额制”：机关和事业单位按照社会化、市场化方式购买服务，财政部门核拨经费，单位自主聘用，人员不纳入编制管理的一种用人新机制。

18. “四化两配套”：“四化”是指生物药产业化、化学药高端化、中药现代化、医疗器械规模化；“两配套”是指公共卫生应急物资产业、药械生产配套产业。

19. “1＋4”生产性服务业体系：1个主导型产业为科技创新服务，4个成长型产业为融合信息服务、高端商务服务、新兴金融服务和现代物流服务。

20. “1＋3”生活性服务业体系：1个主导型产业为全程健康服务，3个成长型产业为活力潮流消费、文体生态旅游和品质教育服务。

21. “五个一批”：聚焦三类（生态型、功能型、引领型）企业招大引强一批、发展校友经济开办转化一批、打造科技楼宇集聚发展一批、建立飞地载体异地孵化一批、强化精准服务梯度培育一批。

22. “大健康产业人才引育工程”：聚焦大健康产业发展需求，实施“三大计划”精准引进高精尖缺人才。一是领军人才引进计划，坚持招商引资与招才引智“双招双引”，大力集聚带项目、带团队、带资金的高层次人才；二是科创人才引育计划，推进大学科技园等校院企地创新共同体建设，拓展海外研发机构，汇聚更多科技人才来温创新创业；三是高技能人才储备计划，着眼产业发展需要，升级打造技能大师工作室，培养引进能够推动企业工艺改造、服务水平先进、实用技术强的产业人才。

23. “金温江优才卡”：通过向符合条件的高层次人才发放绿卡，为其提供高效、便捷、优质的服务，增强人才的归属感和荣誉感，进一步激发人才创新创业活力，助力温江经济社会发展。现有服务事项 14 项，其中政务服务 7 项、金融服务 3 项、生活服务 4 项，提供人才安居、子女入学等保障。

24. 营商环境“646”改革行动方案：第一个“6”是指按照《成都市全面深化国际化营商环境建设实施方案》要求，全力提升的 6 个改革方向（优化提升投资贸易、获得许可、要素匹配、政策支持、司法保护等五个便利度和营造公平竞争市场环境）；“4”是指结合我区实际，提出的 4 个创新工作项目（温江审批便利化服务项目、企业服务智慧平台建设项目、外贸综合服务平台建设项目、诉讼服务中心两个“一站式”项目）；第二个“6”是指按照落实改革举措的具体要求，制定的 6 个营商服务行动（清障提效、品牌创建、作风提升、政企同行、信用惠民、人才服务）。

25. ABO 模式：一般指授权（Authorize）—建设（Build）—运营（Operate）模式，在当地政府的授权下，由片区开发建设主管部门将片区土地整理、基础建设、投资促进和经济发展等社会公共服务职能，授权和委托至成功转型平台公司或社会资本方企业，并以特许经营形式加以实施，政府履行规则制定、绩效考核等职责，同时支付授权运营费用的合作开发模式。

26. XOD 模式：X－Oriented Development，是以城市基础设施为导向的复合新型发展模式，是包括 TOD（交通导向）、EOD（教育设施导向）、COD（文化设施导向）、HOD（综合医疗设施导向）、SOD（体育运动设施导向）、POD（生态设施导向）等在内的、满足现代城镇发展多种需求的开发模式的统称。其理念是推动交通、服务、文化、生态、产业等基础设施和用地的一体化发展，促进城市合理布局，提高整体效率。

27. “两新一重”：新型基础设施建设、新型城镇化建设，交通、水利等重大工程建设。

28. 国家城乡融合发展试验区建设“5＋3”重点改革任务：在国家赋予四川成都西部片区推进城乡融合发展的“建立城乡生态产品价值实现新机制”“建立城乡产业协同发展新模式”“建立农村集体经营性建设用地新制度”“建立农村金融服务新体系”“建立城乡人口自由迁徙新办法”5 项试验任务的基础上，结合温江实际，主动探索“建立农民自愿有偿退出农村权益新保障”“建立科技入乡新路径”“建立农民持续增收新通道”3 项试验任务。

29. “3＋2”社会化养老保障模式：是指由“项目方＋集体经济组织＋个人”三方共同出资，“社会保险＋商业保险”两种参保方式互为补充的养老保障模式。

30. “三网两轴多节点”：“三网”是指市域绿道网、北林田园绿道网、南城慢行系统网；“两轴”是指金马河绿道轴、江安河绿道轴；“多节点”是指与市域级绿道节点、周边区县节点、区内绿道间节点连接成网的绿道和城区慢行系统。

31. “海绵绿道＋智慧绿道＋荧光夜道”：“海绵绿道”是指用透水材料敷设绿道慢行系统，实现雨水在绿道区域的积存、渗透和净化；“智慧绿道”是指在慢行系统中植入智慧电杆、智慧单车等科技设施，构建“绿道地图”等 App，实现绿道参与的智慧化；“荧光夜道”是指跑道由高分子材料和陶瓷颗粒铺制而成，在夜间呈现出色彩斑斓的炫彩图案，为跑步爱好者和休闲散步的市民营造梦幻炫丽的氛围。

32. 低碳城市建设“636”工程：第一个“6”是指 1＋绿色低碳产业体系、绿色低碳能源体系、绿色低碳城市体系、生态系统碳汇体系、绿色低碳消费体系、绿色低碳制度能力体系六个方面；“36”是指具体的做强绿色低碳制造业等 36 条细化的措施。

33. “两空间一力量”：社区空间、小区空间、基层治理力量。

34. “两自一包”：教师自聘、管理自主、经费包干。

35. “两竞聘一双选”：年级组长、班主任竞聘上岗，班主任和教师进行双选。

成都市温江区人民政府关于温江区2020年财政预算执行情况和2021年财政预算草案的报告（书面）

2021年1月21日

（在成都市温江区第十八届人民代表大会第六次会议上）

成都市温江区财政局局长　吴海青

各位代表：

受区政府委托，现将《成都市温江区人民政府关于温江区2020年财政预算执行情况和2021年财政预算草案的报告》提交区第十八届人民代表大会第六次会议，请予审议。

一、2020年财政预算执行情况

2020年，新冠肺炎疫情在全球持续肆虐，经济下行压力加剧，全区经济社会发展面临前所未有的困难与挑战，财政平稳运行遭受一定程度冲击。在市委、市政府和区委坚强领导下，在区人大、区政协的监督支持下，全区坚持以习近平新时代中国特色社会主义思想为指导，全面贯彻党的十九大和十九届二中、三中、四中、五中全会精神，以供给侧改革为主线，围绕“创新提能年”主题，全面落实“六稳”“六保”工作要求，大力提质增效，实施更加积极的财政政策，护航我区经济稳中求进，成功取得新冠肺炎疫情阻击战和经济保卫战的双重胜利，为高质量推动“五个之城”贡献财政力量。2020年温江区财政预算执行情况具体如下：

一般公共预算。2020年全区一般公共预算收入完成46.2亿元，占调整预算的102.21%，同比增长2.43%。一般公共预算收入中，税收收入完成37.03亿元，占调整预算的96.49%，同比增长3.29%；一般公共预算收入加上级补助收入、上年结余、调入资金、地方政府债券转贷收入、动用预算稳定调节基金等转移性收入55.6亿元，收入总计101.8亿元。全区一般公共预算支出完成71.44亿元，占调整预算的96.06%，同比增长25.89%；一般公共预算支出加上解支出、债券还本支出、安排预算稳定调节基金等转移性支出26.37亿元，支出总计97.81亿元。全区一般公共预算收支平衡，结转下年3.99亿元。

政府性基金预算。2020年全区政府性基金预算收入完成73.65亿元，占调整预算的112.26%，同比增长47.23%；政府性基金预算收入加上级补助收入、上年结余、地方政府债券转贷收入等转移性收入49.79亿元，收入总计123.44亿元。全区政府性基金预算支出完成80.3亿元，占调整预算的89.81%，同比增长39.54%；政府性基金支出加上解支出、调出资金、债务还本支出等转移性支出39.02亿元，支出总计119.32亿元。全区政府性基金预算收支平衡，年终结余4.12亿元。

国有资本经营预算。2020年全区国有资本经营预算收入完成0.27亿元，占调整预算的100%，同比下降16.95%；国有资本经营预算收入加上级补助收入、上年结余0.01亿元，收入总计0.28亿元。国有资本经营预算支出完成0.19亿元，占调整预算的96.23%，同比下降27.31%；国有资本经营预算支出加调出资金0.08亿元，支出总计0.27亿元。全区国有资本经营预算收支平衡，年终结余0.01亿元。

社会保险基金预算。按照《中华人民共和国预算法（2018修正）》第十一条规定：社会保险基金预算应当按照统筹层次和社会保险项目分别编制，做到收支平衡。同时，结合《成都市人民政府办公厅关于印发成都市城乡居民养老保险全市统筹实施办法的通知》（成办发〔2015〕72号）文件要求，城乡居民养老保险收支及结余纳入市级统筹。据此，社会保险基金预算包含的各项收支已全部纳入省、市统筹，区本级不再编报。

二、2020年财政重点工作和重点投入情况

2020年，全区各级围绕区委决策部署，严格执行《中华人民共和国预算法（2018修正）》《中华人民共和国预算法实施条例》和《四川省预算审查监督条例》有关规定，认真贯彻区十八届人大五次会议决议，贯彻落实减税降费政策，全力组织财政收入，实现绩效管理与预算管理有机结合，进一步提升财政资源配置效率，不遗余力保障重点支出，坚持集中财力办大事，全力做好疫情防控及重大项目和民生工程的资金保障，维护经济发展和社会稳定大局，确保高标准全面建成小康社会和“十三五”规划圆满收官。

（一）财政收入承压回稳，为夺取“双胜利”提供有力支撑

2020年初，新冠肺炎疫情对我区经济运行和企业生产经营带来较大冲击，尤其是一季度前后，批发零售、餐饮住宿、房地产等行业税收大幅下降，一般公共预算收入最大降幅达到37.75%。面对财政收入下行压力，我区全面落实落细减税降费政策，全年新增全口径减税降费规模40.07亿元，积极以政府收入“减法”换取企业效益“加法”和市场活力“乘法”，确保企业轻装上阵。二季度起，各项稳增长政策措施发力显效，市场主体生产经营全面按下“重启键”，经济企稳回升，财政收入降幅开始逐步收窄，8月起收入止滑转正，全年全区实现一般公共预算收入46.2亿元、政府性基金预算收入73.65亿元，同比增长2.43%、47.23%。

（二）财政支出积极有为，集中火力护航五个之城再升级

2020年财政支出安排在全力做好疫情防控的基础上，完善“六稳”财政举措，落细落实“六保”任务，着眼“五个之城”重点领域精准供给资金，确保区委重大安排落地落实，其中：

注动能，提振经济发展助力产业升级。全面兑现各类扶持政策性奖补11.37亿元，兑现“省13条”“市20条”“区16条”等各项缓解中小企业生产经营困难惠企政策，推动形成新发展格局，疏通产业链供应链“断点”“堵点”，签约引进远洋资本智慧医疗及公共安全大数据产业园、拜欧迪塞尔脱细胞产品研发生产中心等医药健康项目48个，新增规上工业企业37户。持续优化市场环境，助推7家疫情防控重点保供企业获批再贷款资金1.38亿元，引导区内金融机构全面落实中小微企业综合融资成本再降0.5个百分点，全区政府采购91%以上向中小企业倾斜5.5亿元，推动银行依托政府采购中标合同为7家企业发放“政采贷”0.15亿元，全力助企纾困应对疫情冲击，支持民营企业发展。

建平台，深化对外开放助力创新升级。全年投入1.64亿元，坚持以创新驱动发展，打造营商环境创新创优标杆城市，实施“定向式”激励政策促进产业人才集聚，引进两院院士等高层次人才（团队）12名（个），新开工人才住房17.6万平方米，激发人才创新活力；强化金融生态建设，出台28条金融新政策，完善“信用+信贷”服务模式，蝉联全省178个区市县金融生态环境测评第一；注资3亿元做大产业引导基金资金池，发挥财政资金引导撬动作用；推进区属国有企业市场化转型，投入18.08亿元积极化解存量隐性债务风险，助力九联集团、兴蓉西集团信用评级获评“AA+”。

优配套，拓展城市空间助力承载升级。全年投入14.21亿元，打造西向门户枢纽，加快构建多层次、网络化、系统化的综合交通体系，打通科兴路东段等“断头路”，新（改）建农村道路39公里，新开和优化公交线路28条。推进鹏程路地下停车场等6个项目建设，新增停车泊位1921个，实现市民出行便利便捷。加大城市硬件设施建设，全年投入10.74亿元加强城市精细化治理，实施城乡供水管网新（改）建172公里，完成城中村改造300户、棚户区改造76户、老旧院落改造35个、背街小巷打造7条，完成农村户厕改造1.8万余户，开展农房风貌整治258户，实现城市有机更新，焕发城市活力。

优生态，打造公园城市助力环境升级。全年投入7.38亿元，支持污染防治攻坚战，着重用于提升空气质量，全年空气优良天数达276天；加大土壤监督性监测力度，巩固黑臭水体、污染

排口治理成果，加强饮用水水源保护，加速新建和提标改造城市污水处理厂三期等污水处理设施项目4个，新增污水处理能力6.5万吨/日；塑造全域公园城市形态，整合“六湾五林三湿地”生态资源，新（改）建江安河滨河绿道等绿道和慢行系统132公里，建设“回家的路”“上班的路”等社区绿道50条，建成复兴社区等小游园微绿地6个，新增立体绿化8600平方米。

补短板，兜牢基本民生底线助力幸福升级。全年投入21.43亿元，增进人民群众福祉，全面完成省、市、区重点民生实事115件，做好兜底性、基础性、普惠性民生建设，巩固人民群众获得感、幸福感和安全感。投入7.47亿元持续打造“学到温江”品牌，新建学校10所，新增学位1.5万个；大力支持发展公平优质教育，深入推进教育助学工程建设，深化重点领域教育综合改革，强化技能培训和教师队伍建设，切实保障义务教育阶段教师工资待遇政策；投入3.13亿元持续推进公共卫生体系建设，推动设立重大疫情防控救治体系和应急物资保障体系，安排财政资金1.39亿元用于疫情防控所需设备和防控物资采购、医疗救治、医护人员临时工作补贴、社会流调及防控卡点工作等方面支出；区人民医院新院区整体搬迁并投入使用，通过三甲综合医院现场评审；支持做好卫生健康人才培养培训工作，落实居民医保和基本公共卫生服务经费人均财政补助经费政策性提标。投入2.43亿元提档升级社区公服，开展社区力量整合，保障社区专职工作者薪酬待遇及福利。竣工红桥、前锋等13个社区综合体项目，完善15分钟生活服务圈，建成邻里活动空间56个，打造恒大城等智慧社区6个。投入5.05亿元兜牢基本民生底线，帮扶色达、简阳打赢脱贫攻坚收官战，荣获全省对口帮扶先进集体。全面做好低保、特困人员救助供养、临时救助、流浪乞讨人员救助、孤儿基本生活保障等工作，阶段性加大价格临时补贴力度，发放新冠肺炎疫情一次性价格补贴0.1亿元，努力降低物价上涨对困难群众基本生活的影响。千方百计稳定和扩大就业，落实社保“减、免、缓”和就业“返、补、贴”等惠企政策，投入0.34亿元支持高校毕业生、退役军人、农民工等重点人群创业就业，实现城镇新增就业9934人，城镇登记失业控制率控制在4%以内。开展职业技能提升专项行动，搭建技能竞赛集训平台；加大减负稳岗力度，阶段性减免近8000家企业社保费用8.19亿元，向4900余家企业兑现稳岗补贴0.94亿元，降低企业运营压力，提振企业发展信心。投入1.8亿元夯实社会治理，全力保障扫黑除恶、禁毒、立体化信息化社会治安防控体系建设、打击金融违法犯罪、信访保障等专项工作，切实维护城市安全。投入1.21亿元支持文体事业蓬勃发展，借势“爱成都·迎大运”契机，支持举办天府绿道自行车车迷健身节等品牌赛事，大力推广光祈音乐节、紫薇音乐节，激发区域文创活力，促进文旅融合争创一流示范区。

（三）财政资源统筹整合，夯实财力保障

一是严格贯彻“过紧日子”要求，兜牢“三保”底线，确保财政平稳运行。按照进一步加大政府“过紧日子”的要求，出台《关于强化财政预算管理确保经济财政平稳健康运行的实施方案》，在年初压减一般性支出10%的基础上再度压减10%，收回受疫情影响不再执行的“三公经费”预算，提倡采用视频会议等高效办公方式，再度压减会议费、培训费、差旅费等预算，共计压减资金0.75亿元用于民生保障、疫情防控等重点增支领域，用政府“过紧日子”换取老百姓“过好日子”。二是坚持内向挖潜，积极有效盘活存量。进一步落实综合预算管理的有关要求，强化政府“四本预算”、当年预算与历年结余的统筹，加大政府性基金预算、国有资本经营预算调入一般公共预算的力度，为兜牢“六保”底线聚集充足财政资源。清理暂付款0.75亿元，对无绩效目标、非当前必须、使用效益低的资金一律及时收回，减少对财政资金的占用，促进财政效能提升。三是持续加大对上争取力度。准确把握中央、省、市各类政策清单，通过建立“月认定、季通报、年考核”制度压实部门项目争取主体责任，全年对上争取到位资金41.74亿元，超上年（31.36亿元）10.38亿元。其中发行债券资金30.37亿元，居新中心城区第1位，有力保障了健康服务聚集区交通枢纽、“一带一路”蓉

欧花木自贸区项目、Hemo+亚太地区总部和研发生产基地等重大项目落地。

（四）深化财政重点改革，助推经济高质量发展

一是纵深推进以绩效为导向的预算制度改革。全方位强化预算绩效管理，对2021年36个50万元以上新增项目开展事前绩效评估，提高资金投向精准度。全面铺开绩效全周期跟踪问效，涉及财政资金50.82亿元，及时反馈跟踪结果纠正运行偏差。压实预算管理和绩效评价“双监控”，将项目执行进度、绩效评估结果作为2021年预算安排的重要参考，审减预算资金1.23亿元，压实部门预算执行和绩效管理主体责任，提高财政资源配置效率。二是加强财政金融互动提振实体经济。发挥财政资金“四两拨千斤”的杠杆作用，引导提升金融服务实体经济的效率和水平，深入实施“两送一帮一解”专项行动，协调7家金融机构为企业“量身”发放相关贷款148.85亿元。累计投入产业投资引导基金8亿元，围绕“三医两养”大健康产业发展定位，成功推进罗欣药业借壳东音股份上市，靶向招引犀迈（中国）医药、智慧医疗及公共安全大数据产业园（IDC）等产业化项目落地，撬动投资基金总规模达90亿元，通过基金“投引联动”带动产业项目投资温江规模近120亿元。三是直达资金高效落地直抵企业个人。建立直达资金台账，全面掌握6.55亿元直达资金使用情况，统筹用于疫情防控、城乡义务教育及基本公卫服务补助等保基本民生支出，支持中小企业缓解疫情影响保市场主体支出及基本公卫体系建设、人行道提升整治等基础设施建设支出，确保资金使用“一杆子插到底”直接惠企利民。四是始终坚守风险防范底线思维。切实做好防范地方政府隐性债务风险工作，超计划完成隐性债务年度化解任务。稳妥处置债务存量，有效展期、重组现有债务规模确保成本可控，债务结构进一步优化。2020年末，全区地方政府债务余额为143.74亿元，严格控制在市政府批准的148.58亿元限额以内，风险可控。

各位代表，2020年是具有里程碑意义的一年，我们所取得的成绩，是在经济下行压力加大、减税降费力度空前、收支矛盾凸显的情况下获得的，是市委、市政府及区委坚强领导、区人大监督指导、区政协关心支持的成果，是全区各部门、镇（街道）全力奋进取得的结果。同时，我们也清醒地认识到，伴随疫情进入常态化防控，宏观经济短期内仍面临外部需求萎缩、供应链循环不畅、金融市场及商品价格波动等风险挑战，经济恢复基础尚不牢固，我区财政平衡面临主导产业税收支撑不牢、刚性支出增长的艰难局面，我们将积极应对所有困难和挑战，努力提效实施积极的财政政策，加强财政治理能力和支撑作用。

三、2021年预算草案

2021年是“两个百年”目标交汇与转换之年，更是开启“十四五”规划战略实施的开局之年，全面建设现代化财政体系面临的新任务具有强烈的挑战性。财政“十四五”规划发展的重点路径是：一是加大财源建设力度，努力壮大地方财政实力；二是加强预算绩效管理，全面提升财政资金使用效率；三是完善金融组织体系，深化医养金融功能区建设；四是实施证券化工程，搭建高效的直接融资体系；五是以成都市公园城市示范区建设为基础，打造绿色金融专项服务平台；六是实施金融科技战略，打造“三医+大数据”双向融合的金融产业生态圈体系；七是深化财政金融联动效应，充分发挥财政协调、杠杆与风险兜底功能，促进产业功能区建设和提升温江城市核心竞争力。2021年财政预算安排的指导思想是：坚持以习近平新时代中国特色社会主义思想为指导，全面贯彻落实党的十九大和十九届二中、三中、四中、五中全会及中央经济工作会议精神，坚持稳中求进工作总基调，立足新发展阶段，贯彻新发展理念，构建新发展格局，认真落实省委、市委、区委全会及经济工作会议决策部署，紧扣“高质量发展攻坚年”各项工作，聚焦纵深推进“五个之城”建设和人民日益增长的美好生活需要，推动积极的财政政策提质增效、更可持续，严格落实“三保一防一优”要求，深化以绩效为导向的预算制度改革，优结构强管理提高财政支出效益；鲜明突出财政预算的政治属性和政策导向，过好“紧日子”节用裕民保重点，

巩固拓展疫情防控和经济社会发展成果，扎实做好“六稳”工作、全面落实“六保”任务，保障“五个之城”建设高质量推进、“十四五”蓝图高起点开局，走好建设践行新发展理念的公园城市示范先行区关键一步。

（一）2021年全区预算草案

——一般公共预算。一般公共预算收入预算49.43亿元，同比增长7%，其中，税收收入40亿元，同比增长8.01%；非税收入9.43亿元，同比增长2.94%。加上预计的转移性收入5亿元，上年结余收入3.99亿元，调入国有资本经营预算收入0.25亿元、政府性基金收入6.52亿元、预算稳定调节基金9.31亿元，减去上解市级支出7亿元后，区本级一般公共预算可用财力67.5亿元。按收支平衡的原则，相应安排一般公共预算支出67.5亿元，同比下降5.52%。

——政府性基金预算。政府性基金预算收入预算74.8亿元，同比增长1.57%，其中，国有土地使用权出让金收入70亿元，同比增长2.88%；城市基础设施配套费收入4亿元，同比下降20.07%。加上年结余收入4.12亿元，减去上解市级支出1.4亿元、调入一般公共预算6.52亿元后，区本级政府性基金预算可用财力71亿元，按收支平衡的原则，对应安排政府性基金预算支出71亿元，同比下降11.58%。

——国有资本经营预算。国有资本经营预算收入0.37亿元，同比增长37.24%；加上年结余及预计上级补助收入0.02亿元，区本级国有资本经营预算可用财力0.39亿元。国有资本经营预算支出0.14亿元，同比下降36.3%；按国务院关于财政资金统筹使用的相关要求调入一般公共预算0.25亿元，支出共计0.39亿元。

（二）2021年预算安排重点

紧扣区委十四届十二次全会暨区委经济工作会会议部署，突出“优结构、重绩效、保平衡”导向，全面加强财源建设，围绕现代化产业体系建设、创新提能升级、基础设施构建、公园城市示范区打造、改善人民生活品质等领域重点靶向分配财政资源。

一是聚焦疫情新形势，保障疫情防控和稳定经济运行。安排境外来（返）蓉人员管理服务、防控救治体系和应急物资保障资金0.95亿元。支持加快恢复正常生产生活秩序，安排“区16条”“抓好疫情防控实现2020年经济社会发展目标措施奖补”政策性扶持资金0.71亿元，做好市场信心恢复和预期引导，推动经济长期持续健康发展。

二是聚焦高质量发展，全域深耕大健康产业集聚成势。全年安排产业发展扶持、产业功能区建设财政资金8.67亿元，推动质量变革、效率变革、动力变革，全面落实加快先进制造业、生物医药产业、健康服务业发展政策，做好协议内扶持及民营经济等产业政策兑现，持续优化市场环境，支持企业整合要素资源；保障土地要素供给，助推重构经济地理，全年力争盘活土地1000亩以上，突出产业效益与新增建设用地计划分配挂钩。

三是聚焦改革创新激活力，坚持开放引领建设新经济高地和国际化营商环境典范。全年安排财政资金19.34亿元，健全科技投入机制，鼓励企业加大研发投入，加强关键核心技术攻关和科技成果转化；加强产业人才吸纳、培育政策力度，为经济增长和社会进步奠定坚实人才基础；持续深化“放管服”改革，充分发挥智慧企业服务平台优势，常态化为企业提供政策咨询和申报辅导服务；充分利用好政府投资基金作用，再投入财政资金2亿元，做强产业支撑的“加速器”；健全国企市场化经营机制，完善管资本为主的国有资产监管体制，做大做强国资国企实现可持续发展。

四是聚焦基础承载功能升级，持续优化完善城市功能设施。全年安排财政资金8.47亿元，积极拓展空间增量，补齐基础设施短板。支持轨道交通建设，加快建设“半小时达双城”的“三高八快七轨十全互通”综合智慧交通体系；持续实施公交惠民工程，健全“路长制”工作机制，提档升级农村公路35公里以上，争创“四好农村路”示范县；优化城乡基础配套，开展停工商品房三年攻坚行动，提升老旧院落综合管理水平，打造15个文化院落，持续发力城中村治理及新居工程项目落地，改善居民居住条件；落实乡村振兴战略，发力高标准农田建设、耕地及永久基本农田保护，实现农村区域约29000户村民供水“一户一表”全覆盖，农村乡道 134.15 公里、村道 560 公里、167 座公路桥梁全面养护管理。

五是聚焦公园城市示范区打造，支持创建天府旅游名县。全年安排财政资金 7.75 亿元，打好污染防治攻坚战，厚植生态本底。深入实施大气科学治理，开展环境空气质量走航观测能力建设，鼓励企业对在用燃气锅炉进行低氮改造，确保提高空气质量；强化问题导向，以网格化监管制度为抓手，定向开展下河排口治理、污水污泥及土壤污染整治，启动超标地块土壤环境治理修复，确保污染地块安全利用率达到 90% 以上；加大城乡环境维护及北林绿道养护力度，针对性开展大运会线路重要节点改造提升，进一步优化城市生态。

六是聚焦增进民生福祉，支持公共服务优质均衡发展。全年安排财政资金 22.83 亿元，坚持民生为本，共享发展理念，迭代更新高品质公共服务供给。其中：

1. 全年计划安排教育发展支出 6.89 亿元。充分保障全区教师待遇及生均公用经费，落实义务教育、公益性幼儿园和职业教育财政补助政策，加大与驻温高校、名优学校联合办学力度，支持学校建设维护和设施设备更新，大力发展普惠性学前教育，新增学位 1.2 万个，努力成为全省一流教育名区。创新学校发展机制，健全“以城带乡、城乡互动”教育深度融合机制，实施教育创新改革，优先支持乡村教师发展，持续提升我区教育品质。

2. 全年计划安排公共卫生支出 3.31 亿元。综合建设应急指挥、检测、处置体系，夯实物资及医疗服务保障，强化应对重大突发公共卫生事件能力。加大与华西、省中医二院等医疗机构横向协作，加快推进区中医医院和区疾控中心搬迁工作，提升本地医疗机构医疗质量与服务能力。赋能基层医疗卫生机构设施提升，建成投用永宁等 3 个卫生服务中心，力争 5 年内在全区配备不少于 500 台 AED 设备，推动群众性院前自救互救网络搭建，形成 5 分钟急救员志愿服务圈。

3. 全年计划安排社会保障和就业支出 7.74 亿元。保障城乡居民基本养老保险、医疗保险、长期照护保险等财政补助支出，全力确保养老服务高质量发展及困难群众及时得到救助。加大援企稳岗力度，着力于“失业救助”向“就业扶持”转换，实现城镇新增就业 7400 人，开展特色化技能提升专项培训，发挥以赛促训积极作用，开展“三医技工”、康养护理等主题技能竞赛，稳定基层就业岗位。深入推进优抚体系建设，扎实做好退役士兵社保接续，搭建退役军人智慧化服务大厅系统，加强退役军人权益保障。

4. 全年计划安排社区治理支出 4.28 亿元。深化“两空间一力量”城乡社区发展治理，支持建设高品质和谐宜居生活社区，完善城乡社区治理资金保障管理机制，提高城乡社区公共服务和发展治理水平，投运前锋、红桥等一批社区综合体，做好镇（街道）行政区划调整后村（社区）体制改革“后半篇”文章。持续深化平安温江建设，全面排查城市安全风险，针对性开展治安整治，纵深推进扫黑除恶专项斗争，打击金融违法犯罪，提升安全生产、防灾减灾能力。

5. 全年计划安排文体发展支出 0.6 亿元。紧抓第 31 届世界大学生夏季运动会发展契机，加快文体中心二期、金强国际赛事中心工程建设，围绕知名 IP 持续开展马术、CBA 篮球等赛事活动。加力文化传承保护，开展鱼凫村遗址环境整治，积极申报省市非遗保护名录。

各位代表，根据《中华人民共和国预算法（2018 修正）》要求，在本次人民代表大会审查批准 2021 年区本级财政预算草案前，为保证区本级部门、镇（街道）正常运转及区属国有企业化解隐性债务所需，参照 2020 年同期基本支出、项目支出规模，安排相应支出。

四、2021 年财政工作重点

2021 年，全区财政工作将继续坚持稳中求进工作总基调，抓抢成渝地区双城经济圈建设战略机遇，围绕加快建立现代财政制度的目标，深入贯彻新发展理念，提质增效实施更加积极有为的财政政策，千方百计抓好增收节支，纵深推进财源建设。深化以绩效为导向的预算制度改革，提高风险预见预判能力，全力防范化解财政运行风险，提高科学理财、依法理财的能力和水平。

（一）强化提质增效开源节流，全力保证财

政平稳运行

一是巩固和拓展减税降费成效，充分发挥公共财政稳定发展经济中的职能作用，不折不扣贯彻落实已经出台的阶段性财税优惠政策，消除“中梗阻”沉疴，发力供给端和需求端，全面落实各级企业发展扶持政策，进一步激发要素市场的主体活力。二是加强税源涵养培育，将财源建设贯穿于经济建设全过程与财税管理各方面，一方面突出产业优势，深化政产学研用投协同发展，以项目为中心组织经济工作，着力构建医学、医药、医疗“三医＋大数据/AI”现代产业体系，加强重点产业政策实施绩效跟踪，进一步做大增量、做强存量，全力打造“产业地标”；另一方面抓住疫情防控环境下“互联网＋消费”新增长空间，全面优化企业服务，进一步引进一批优质平台企业，为区域经济高质量发展注入新动能。三是抓好收入征管，准确做好政策把握，合理编制收入预算，坚持“依法征收、应收尽收”，紧抓房地产业、建筑业、总部经济等重点行业、领域综合治税，强化税源变动监测，着力增加有效纳税主体，确保顺利完成全年40亿元税收收入。四是强化资金统筹，完善结转结余资金常态化清理机制，对使用时间超过1年的上级资金以及当年安排的除一次性政府采购项目、工程项目外的项目预算，一律收回财政统筹使用，优先用于“三保”支出需要。五是牢固树立“过紧日子”思想，继续秉持艰苦奋斗、勤俭节约思维，转变行政工作作风，减少运行成本。继续压减会议费、培训费、差旅费等支出，“三公”经费预算压减1%。硬化预算刚性约束，严把支出端口，充分考虑财政承受能力，2021年执行过程中原则上不再安排新增预算支出。

（二）强化创新提能改革攻坚，全力保证资金投入有力

一是提升财金互动能效，落实财政金融互动奖补政策，持续推进银担合作、银政合作，健全财政引导金融支持实体经济发展长效机制。建立“银政担”多级风险分担机制，支持中小企业融资，引导金融机构加大对产业发展、创业创新的支持力度，增加信贷投放、优化信贷结构。二是强化乘数效应，强化产业引导基金“四两拨千斤”职能作用，设立股权投资基金，形成规模150亿元的“1＋X”母子基金集群。积极优化提升产业引导基金专业化运营水平，推动招商引资由“财政直补为主”向“补投结合、以投为主”转变，由外引入造血机能。做优做实成都交子远洋健康产业母基金，推动资金链、产业链深度融合。健全社会资本积极参与公共产品和公共服务多元供给机制，加大多层次资本市场建设，力争全年新增上市后备企业2家。三是研究放大政府采购指数效应，构建规则统一、流程严谨、技术标准、数据规范、信息共享的政府采购平台，积极向民营企业“撒订单”，加大政府采购支持中小企业力度，力争面向中小企业采购比例达95%以上。四是深化预算管理改革，进一步贯彻落实《中华人民共和国预算法实施条例》，推进以绩效为导向的预算制度改革，打破预算基数和支出固化局面，统筹完善全周期滚动项目库及支出定额标准体系建设。强化全过程绩效改革，大力推进事前绩效评估，拓展绩效事中、事后评价广度、深度，加大绩效结果和预算安排挂钩力度，实现绩效与预算有机融合。逐步形成财政部门牵头组织，主管部门和资金使用单位具体实施，审计和社会各方参与监督，齐抓共管、多方联动的预算管理格局，优化资金配置效率及产出效益。五是持续优化支出结构，严格支出保障序列，统筹保障重点领域支出，做好绩效目标实现程度和预算执行进度“双监控”，督促预算单位按年初预算安排预算执行进度，尽快形成实物工作量，抬升社会总需求，为畅通经济大循环“保驾护航”。

（三）强化筑实监督管控到位，全力保证风险底线兜牢

一是坚持依法主动公开接受社会监督，深化预决算信息、绩效目标及绩效评价结果、债券资金使用等重点信息公开，自觉接受区人大的依法监督、区政协的民主监督、区审计和社会各界监督。二是筑牢财政监督第一道防线，以建设全国法治财政示范点为抓手，推动财政依法行政、依法理财工作向纵深推进，确保财政管理更精细、更科学、更高效。探索建立与纪检监察、审计等部门的协同监督机制，畅通信息渠道，加强对重点行业、重点单位开展会计信息质量检查，提升

财政监管精准度、问责力。三是提升财政金融风险防范化解能力，增强预见性和主动性，严格控制债务规模，持续优化债务结构，依法依规有序化解隐性债务存量，切实降低政府债务负担，减轻还本付息压力。进一步完善金融风险预警机制和处置流程，支持做好金融风险应对，牢牢守住不发生区域性债务风险、金融风险的底线。

各位代表，2021 年财政工作任务更加艰巨，我们将以习近平新时代中国特色社会主义思想为指导，在市委、市政府和区委的坚强领导下，在区人大、区政协的监督指导下，坚定信心、改革创新、攻坚克难、锐意进取，认真贯彻落实本次大会决议，积极发挥财政职能作用，实现“金温江”新时代新崛起，为实现“十四五”开门红、开启现代化新征程，交出一份满意答卷，以优异成绩庆祝建党 100 周年！

省市下达的温江区民生实事目标

2020 年，省市下达的温江区的民生实事目标共 72 项，均全面完成。

附件 1

2020 年四川省委、省政府下达的温江区民生实事目标进展情况表

序号	目标任务	牵头单位	进展情况	存在问题
1	减免非民族自治地区 1569 名幼儿保教费	区教育局	已完成资助任务 1569 名，资金拨付 15.69 万元	
2	为968 名义务教育阶段家庭经济困难寄宿生提供生活费补助	区教育局	已完成资助任务 968 名，资金拨付 114.88 万元	
3	为 294 名义务教育阶段家庭经济困难非寄宿生提供生活费补助	区教育局	已完成资助任务 294 名，资金拨付 16.2 万元	
4	支持选派 8 名教师到“三区”支教	区教育局	已选派 17 名教师在色达县对口支教，1—12 月已投入资金 108.794 万元	
5	免除中职学生学费	区教育局	已完成资助任务 7901 名，资金拨付 1427.295 万元	
6	持续为 51.38 万城乡居民免费提供国家基本公共卫生服务	区卫健局	持续为辖区城乡居民提供 13 项基本公共卫生服务，资金拨付 100%	
7	为符合条件的计划生育对象提供计划生育扶助保障	区卫健局	已通过“一卡通”系统发放农村部分计划生育家庭奖励扶助金和下半年计划生育家庭扶助金及提标部分，足额打卡发放，资金拨付 100%	
8	提高 34.8 万城乡居民基本医疗保障水平	区医保局	截至 12 月 20 日，2020 年温江区参保人数达 35.26 万人	
9	落实 1.29 万名城乡居民基本养老保障待遇	区人社局	已落实 1.8 万民城乡居民基本养老保障待遇	
10	代缴 499 名贫困人口、低保对象、特困人员等困难群体城乡居民基本养老保险个人缴费	区人社局 区农业农村局 区民政局	已代缴 775 名贫困人口、低保对象、特困人员等困难群体城乡居民基本养老保险个人缴费	
11	组织开展各类补贴性职业技能培训 5354 人次	区人社局	开展补贴性职业技能培训 13717 人	
12	提高 961 名困难残疾人生活补贴标准	区民政局 区残联	12 月，在册困难残疾对象 1012 人，1—12 月共发放困难残疾人生活补贴 11731 人次，246.36 万元	

序号	目标任务	牵头单位	进展情况	存在问题
13	推进实施绿色惠民殡葬政策，推进实施绿色惠民殡葬政策：采取减免费用或提供补贴等方式做好政策范围内的基本殡葬服务，推进实现基本殡葬服务的普惠性、均等化	区民政局	严格落实绿色惠民殡葬政策，对温江籍户口死亡人员家属进行惠民殡葬补贴，通过社区审核上报区殡管所，于5个工作日由区殡管所直接拨付给死亡人员家属。截至目前全区死亡人数为2342人，已享受惠民殡葬补贴2102人次。省级年初预算28.4万元，截至9月底已拨付资金28.4万元，资金拨付100%	
14	城镇棚户区住房改造开工76套	区住建局	天府老旧场镇A区棚户区改造项目分地块实施，先行启动1号地块签约工作，现已完成1号地块76户资金兑付及房屋拆除工作。已完成投资2000万元	
15	建设2个城乡社区儿童之家	区妇联	已建成金马街道金泉社区、公平街道江安社区2个儿童之家	
16	实施整村推进农村“厕所革命”，整村推进2个行政村、新（改）建农村户厕366户	区农业农村局	整村推进土桥村、和林村2个示范村，已完成新（改）建农村户厕366户任务	
17	实现13个“五馆”免费开放	区文体旅局	1. 区文化馆、区美术馆、区图书馆正常免费开放。区文化馆开展免费艺术培训线上线下共96班，培训5000人次；区美术馆开展展览、讲座、公共教育活动14场，惠及群众2万余人；区图书馆1—11月共接待读者约35万人次，书刊文献借阅约30万人次，举办各类型读书活动81场次。 2. 实现乡镇文化站6个、城市社区（街道）文化中心4个免费开放目标。乡镇文化站、城市社区（街道）文化中心的中央、省资金41万元已全部下拨，100%拨付到位，并下拨配套资金300万元。（注：金马镇和永盛镇合并）	
18	实现1个体育场馆免费开放或低收费开放	区文体旅局	区体育馆正常免费开放。完成资金拨付100%，项目支出合计870000元	

附件2

2020年成都市下达的温江区十大民生实事目标进展情况表

序号	目标任务	牵头单位	进展情况	存在问题
1	开通试运营地铁17号线一期	区住建局	地铁17号线一期工程（温江段）建设已完成并于12月18日正式开通运营	
2	打通中心城区“断头路”1处	区住建局	科兴路东段已于8月竣工通车	
3	新开、优化公交线路2条，加快推进中心城区公交融合	区交通运输局	已引入BRT线路1条，优化调整跨区（郫都区）线路737；积极配合市局完成中心城区票制票价等公交融合方案讨论修订工作	
4	完成城市道路检查井盖病害治理200座	区综合执法局	全面完成政通东路、西路及人和路、政和街200座城市道路检查井盖病害治理	

序号	目标任务	牵头单位	进展情况	存在问题
5	中心城区新建小游园、微绿地5处	区住建局	已完成复兴社区门前微绿地、花季街、南江桥口袋公园、恒大未来城旁小游园、友贤路与骑士大道节点5个小游园建设	
6	打造公园城市示范街区2处，创建公园小区2个	区住建局	1. 已打造江安河城市宜居街区、九曲江安2个公园城市示范街区。2. 已成功创建七彩花都A区、水韵华府2个公园小区	
7	规划建设50条“回家的路（上班的路）”社区绿道	区住建局	已建成50条“回家的路（上班的路）”社区绿道	
8	打造背街小巷环境综合整治示范街1条	区综合执法局	已完成建设路周边墙体美化、路面及污水管网改造	
9	新改建公厕15座	区综合执法局	已全面完成新建7座，改建8座公厕的任务	
10	建成长江经济带（岷江、沱江）水质自动监测站1个	区生态环境局	水质自动监测站建设工作已经全面完成进入试运行阶段，并通过市生态环境局初步验收	
11	建设水美乡村2个	区水务局	1. 万春镇幸福村水美乡村建设实施内容：一是建设幸福艺术博物馆1座；二是对幸福紫薇音乐公园进行提升改造。 2. 和盛镇蓁临社区（原临江村）水美乡村建设实施内容为：一是江安四支十一斗渠改造；二是沿水系景观环境综合治理及部分建筑风貌改造；三是临江会客厅改造	
12	城镇新增就业5793人、失业人员再就业2827人，新增吸纳大学生就业创业3500人	区人社局	城镇新增就业人数9934人，失业人员再就业5978人，新增吸纳大学生就业创业3806人	
13	农村富余劳动力向非农产业转移就业3000人	区人社局	农村富余劳动力向非农产业转移就业3357人	
14	新增示范性青年之家1个，开展活动60场，服务青年“蓉漂”、青年人才等1200人次	团区委	运营温江区青年之家旗舰店1个，开展活动82场，服务青年“蓉漂”、青年人才等3110人次	
15	运营青年人才驿站1个，为本科及以上学历外地来蓉求职青年大学生提供7天以内免费入住，全年入住800人次	团区委	运营青年人才驿站1个，为本科及以上学历外地来蓉求职青年大学生提供7天以内免费入住，全年入住841人次	
16	举办退役军人专场招聘会2场以上，提供就业岗位1500个，建立退役军人创业园（孵化基地）1个以上，为退役军人提供免费技能培训37人次	区退役军人局	截至12月21日，已完成退役军人专场招聘会5场，提供就业岗位2251个，建立退役军人创新创业孵化基地1个，为退役军人提供免费技能培训42人次	
17	农民工劳务品牌培训100人	区人社局	开展农民工劳务品牌培训320人	
18	向符合条件的困难残疾人、重度残疾人分别发放生活补贴、护理补贴	区民政局 区残联	12月，在册困难残疾对象1012人，重度残疾对象3693人。1—12月向困难残疾人发放生活补贴11731人次246.36万元；向重度残疾人发放护理补贴43321人次365.91万元	

序号	目标任务	牵头单位	进展情况	存在问题
19	有意愿且符合条件的特困人员集中供养率达 100%	区民政局	12 月，有意愿且符合条件的特困人员集中供养 217 人，供养率达 100%，1—12 月向集中供养特困人员发放 2556 人次 257.75 万元	
20	免费救助严重精神障碍患者，做到应救尽救，社区管理率达 85%	区卫健局	免费救助严重精神障碍患者，切实做到应救尽救，社区管理率已达 96.63%	
21	按照社会救助和保障标准与物价上涨挂钩联动机制的要求，向困难群众及时、足额发放价格临时补贴	区民政局	1—9 月向困难群众及时、足额发放价格临时补贴 20688 人次 406.98 万元。按照市上通知：经成调队测算，10 月、11 月各项指标都没有达到联动机制规定的启动条件，10 月、11 月不发放价格临时补贴	
22	为符合条件的建档困难职工每人每年提供 800～1500 元的生活、医疗救助	区总工会	为 13 名符合条件的建档困难职工开展帮扶慰问，发放慰问金 2.08 万元，慰问品 0.26 万元，共 2.34 万元	
23	通过新建改建公办幼儿园等方式，2020 年新增公办学位 1620 个	区教育局	东宫美阁幼儿园、报恩家园幼儿园，天王社区幼儿园竣工验收，康德馨苑二期幼儿园竣工，共和路幼儿园主体完工。新增学位 1620 个	
24	新建、改扩建中小学 2 所，新增学位 5265 个	区教育局	鹏程小学、光华实验中学已竣工正式投用，新增学位 5535 个	
25	实施公办初中“强校工程”，培育“家门口的好学校”3 所	区教育局	寿安学校、踏水学校、光华馨城学校已被确定为温江区公办初中“强校工程”实验学校	
26	对义务教育阶段公办学校城乡低保家庭学生及特困供养人员中的优秀非住宿学生给予助学补助，小学每生每年 1000 元，初中每生每年 1250 元	区教育局	已完成资助任务 665 名，资金拨付 71.325 万元	
27	对公办中职学校成都籍学生及非成都籍但家庭经济困难学生免除住宿费，对民办中职学校符合免费条件的学生给予住宿费补助	区教育局	已完成资助任务 2741 名，资金拨付 108.85 万元	
28	完成 1 家社区卫生服务中心（乡镇卫生院）基础设施提升改造，完成 12 家村卫生室公有化标准化建设	区卫健局	已完成 1 家社区卫生服务中心（乡镇卫生院）基础设施提升改造，完成 12 家村卫生室公有化标准化建设	
29	完成 2 个“示范中医馆”、10 个“规范化中医角”提档升级	区卫健局	已完成 2 个“示范中医馆”、10 个“规范化中医角”提档升级	
30	新生儿疾病免费筛查率达 95%	区卫健局	2020 年 11 月 30 日，全区新生儿遗传代谢性疾病免费筛查率 99.04%；新生儿听力筛查率 99.24%	
31	为 1160 名建档困难职工和环卫工人免费健康体检	区总工会	已为 1160 名建档困难职工和环卫工人免费健康体检	
32	城乡居民基本医疗保险参保登记率达 98%，参保居民住院医疗费用政策范围内报销比例达 75%	区医保局	2020 年温江区参保人数达 35.2 万人，参保登记率已达到 98% 以上。参保居民住院医疗费用政策范围内平均报销比例达 75% 以上	

序号	目标任务	牵头单位	进展情况	存在问题
33	城乡居民基本养老保险参保覆盖率保持在90%以上，符合代缴条件的建档立卡贫困人口、低保对象、特困人员等困难群体实现城乡居民基本养老保险政府代缴率达100%	区人社局	城乡居民基本养老保险参保覆盖率保持在97%，符合代缴条件的建档立卡贫困人口、低保对象、特困人员等困难群体实现城乡居民基本养老保险政府代缴率达100%	
34	改造特困人员供养服务设施（敬老院）护理型床位41张	区民政局	已完成改造	
35	新增老年助餐服务点4个	区民政局	已建成并投入运营	
36	在药品零售环节开展含特殊药品复方制剂“互联网+智慧监管”试点，全区试点药店达50家以上	区市场监管局	截至目前，全区541家零售药店中467家药店已接入该系统，超额完成2020年成都市十大民生实事目标分解任务	
37	在全区中小学（含幼儿园）推行明厨亮灶工程，公办学校明厨亮灶率达95%，民办学校达85%	区市场监管局	全区中小学（含幼儿园）中公办、民办学校明厨亮灶率均达100%	
38	开展食品安全科普体验活动8场以上	区市场监管局	已开展10场	
39	实施基本公共服务设施攻坚行动，项目开工建设34个以上，累计建成不少于15项	区住建局	2020年新建项目已开工建设34个；累计建成34个	
40	既有住宅自主增设电梯6台	区住建局	已有9台电梯取得特种设备使用登记证，拨付政府财政补贴资金180万元	
41	实施棚户区改造76户，完成老旧院落改造10个，发放公租房租赁补贴7户	区住建局	1. 天府老旧场镇A区棚户区改造项目分地块实施，先行启动1号地块签约工作，现已完成1号地块76户资金兑付及房屋拆除工作；2. 已完成生态苑小区等10个院落改造；3. 已发放公租房租赁补贴141户，发放金额34.6825万元	
42	全区城镇社区和农村集中居住区生活垃圾分类覆盖率达60%，新增1.99万户	区综合执法局	在全区城镇社区和农村集中居住区推进生活垃圾分类集中投放点建设，生活垃圾分类覆盖率达60%以上，新增覆盖2万户	
43	完成农村户厕改造402户	区农业农村局	已完成农村户厕改造402户任务	
44	新建基层综合性文化服务中心示范点2个	区文体旅局	已完成和盛镇陈家渡村、涌泉街道江浦路社区为基层综合性文化服务中心示范点	
45	开展“文化四季风”群众文化活动4场，“走基层”文化惠民活动40场	区文体旅局	已开展“文化四季风”群众文化活动4场；“走基层”文化惠民演出40场	
46	为行政村、涉农社区及特殊人群放映公益电影1314场，开展“公益电影进影院”免费放映50场	区文体旅局 区委宣传部	已为行政村放映公益电影420场次，为特殊人群、涉农社区放映公益电影894场次，合计1314场次	

序号	目标任务	牵头单位	进展情况	存在问题
47	公共体育场馆免费（低收费）开放 20 万人次，开展全民健身活动 150 场次，国民体质监测 5200 人，培训社会体育指导员 100 名	区文体旅局	已提前完成免费低收费对外开放 20 万人次省、市、区民生目标。其中举办赛事、活动、培训累计接待 34103 人次；副馆累计接待 51398 人次；对外开放室外篮球场、室外门球场、全民健身路径等周边区域共接待达 114500 人次。 国民体质监测 1—11 月份常态化开放以及到各镇街和 10 个幼儿园共测试了 5630 人，完成了全国第五次国民体质监测乡村老年人 226 人，开展了社区体质达人赛活动和科学健身大讲堂 9 次。已开展全民健身活动 168 场，培训社会体育指导员 100 名	
48	新建绿道科普基地 1 家、科普教育点位 2 个，开展绿道科普教育活动 8 场	区新经济和科技局	寿安植物编艺科普公园项目已成功建立；已完成瑞泉馨城社区活动中心创新屋（涌泉街道）、成都中医药大学博物馆（天府街道）两处点位建设；各镇街已完成 8 场绿道科普教育活动	
49	推广运营“天府市民云”平台，每个区（市）县特色门户项目达 15 项以上，依托“天府市民云”建设智慧应用场景示范社区 5 个	区委社治委	推广运营“天府市民云”平台，目前特色门户项目已上线 17 项；启动 9 个智慧应用场景示范社区建设，17 个社区形成建设方案，梳理形成 30 个应用场景（其中，推动 12 个点位建设共享停车智慧场景应用，共享车位 2041 个）	
50	为群众提供法律援助服务 3390 人次	区司法局	提供法律援助服务 7995 人次	
51	新建（改造）标准化菜市场 1 个	区商务局	花样年市场已完成改造施工，待市商务局验收	
52	新建综合减灾标准化社区 10 个	区应急局	柳城街道恒大城社区、大学城社区，涌泉街道花土社区、天府街道海科社区、公平街道长安路社区、金马街道金泉社区、万春镇永和社区、先锋村，和盛镇陈家渡社区、寿安镇东岳社区等 10 个新建综合减灾标准化社区已顺利通过成都市考评组考核	
53	新建电动自行车消防安全规范管理示范点 5 个	区应急局	已完成公平街道长安盛景小区一期、涌泉街道金科天宸 A 区、柳城街道新河园小区、天府街道明信仕林府小区、金马街道东原西岸小区等 5 个示范点位建设	
54	打造城乡居民两险“网格化”服务管理模式，服务基本养老保险城乡居民缴费人 2.43 万以上，服务基本医疗保险城乡居民缴费人 33.83 万以上	区税务局	已服务基本养老保险城乡居民缴费人 9.67 万人，服务基本医疗保险城乡居民缴费人 35.26 万人	

2020年温江区民生实事工作目标

一、交通出行

1. 保障地铁17号线一期通车运营。(牵头单位：区住建局)

2. 推进日月大道BRT延伸开行至温江。(牵头单位：区交通运输局)

3. 开工建设凤凰立交、农科城跨线桥。(牵头单位：区交通运输局)

4. 完成成名高速温江北、金马南出入口优化改造。(牵头单位：区交通运输局)

5. 打通科兴路东段等"断头路"4条。(牵头单位：区住建局)

6. 开工建设三渡水大桥提升改造项目。(牵头单位：区交通运输局)

7. 新开、优化公交线路10条。(牵头单位：区交通运输局)

8. 完成城市道路检查井盖病害治理115座。(牵头单位：区综合执法局)

9. 加快鹏程路地下停车场等5个项目建设，新增停车泊位1900个。(牵头单位：区住建局)

二、城市建设

10. 新建小游园、微绿地6处。(牵头单位：区住建局)

11. 规划建设"回家的路""上班的路"40条，启动建设公园城市示范片区10个。(牵头单位：区住建局)

12. 完成老城区供水管道改建二期工程。(牵头单位：区水务局)

13. 新(改)建农村区域供水干管57.3公里，实现城乡供水管网全覆盖。(牵头单位：区水务局)

14. 新(改)建排水管网10公里。(牵头单位：区水务局)

15. 建成农民集中居住区生活污水处理设施4个。(牵头单位：区水务局)。

16. 推进新城110千伏变电站、大田港50万方/日配气站建设，加快农网升级改造、岷江村电力设施改造项目建设。(牵头单位：区经信局)

17. 推进治污减排、科技治气等专项行动，确保空气质量优良天数和PM2.5平均浓度达到目标任务。(牵头单位：区生态环境局)

18. 完成背街小巷品质提升5条，打造示范街巷1条。(牵头单位：区综合执法局)

19. 新(改)建冷链物流中心3个。(牵头单位：成都医学城)

20. 按照"南店北厂"思路，新增"南城"花木展示空间6处。(牵头单位：区农业农村局)

21. 完成"北林"生态旅游环线和盛、万春、寿安段配气工程。(牵头单位：区经信局)

22. 新建5G基站600个以上。(牵头单位：区经信局)

三、就业促进

23. 组织开展各类补贴性职业技能培训6000人次以上。(牵头单位：区人社局)

24. 稳定就业岗位不少于7万个，实现城镇新增就业5800人以上，建立集中失业风险防范排查机制，确保城镇登记失业率控制在4%以内。(牵头单位：区人社局)

四、扶弱助困

25. 有意愿的特困人员集中供养率达100%。(牵头单位：区民政局)

26. 城乡社区养老服务设施全覆盖。(牵头单位：区民政局)

五、教育助学

27. 开工建设江安路小学、天王社区幼儿园等10所公办中小学和幼儿园。确保新世纪学校、北京二十一世纪学校等民办学校竣工投用。新增学位1.5万个以上。(牵头单位：区教育局)

六、医疗养老

28. 区人民医院加快创建三级甲等医院，启动区疾控中心、妇幼保健院新院区建设，推进区中医医院搬迁和万春中心卫生院建设，新增床位500张。(牵头单位：区卫健局)

29. 为符合条件的计划生育对象提供计划生育扶助保障，实现人员全覆盖。（牵头单位：区卫健局）

30. 城乡居民基本养老保险、基本医疗保险参保率分别达97%、99%。（牵头单位：区人社局、区医保局）

七、食药安全

31. 推广学校食堂“互联网＋明厨亮灶”，公办中小学达95%，民办中小学达85%。（牵头单位：区市场监管局）

八、住房安居

32. 全面完成基本公共服务设施“三年攻坚”行动，开工建设项目34个。（牵头单位：区住建局）

33. 加快花土F区、锦秀城三期等6个新居工程建设，竣工天王B区项目，完成安置3000人以上。（牵头单位：区住建局）

34. 实施城市有机更新，完成棚户区改造50户，改造老旧院落35个。（牵头单位：区住建局）

35. 完成农村户厕改造6000户以上。（牵头单位：区农业农村局）

九、文体惠民

36. 改造开放学校运动场10处。（牵头单位：区住建局、区教育局、区文体旅局）

37. 开展文化惠民活动300场。（牵头单位：区文体旅局）

38. 新建全民健身设施20处。（牵头单位：区文体旅局）

十、便民服务

39. 推广“天府市民云”平台，温江区特色门户项目达15项以上，天府健康通全覆盖。（牵头单位：区委社治委）

40. 培育发展品牌社会组织和社会企业，新增市级“百佳示范社区”4个。（牵头单位：区委社治委）

41. 推动白马庙农贸市场提升改造为社区综合体。（牵头单位：区商务局）

42. 新建便民服务中心5家。（牵头单位：区行政审批局）

43. 打造新光天地、光华之心等4个夜间经济示范点。（牵头单位：区商务局）

44. 新增2个城乡社区儿童之家。（牵头单位：区妇联）

2020年驻温江高校简介

西南财经大学

西南财经大学是教育部直属的国家“211工程”和“985工程”优势学科创新平台建设的全国重点大学，也是国家首批“双一流”建设高校。学校坐落于中国历史文化名城“天府之国”成都，有光华、柳林两校区，辖地2300余亩。校园湖光柳影，芳草绿树，翩翩学者，蔚为大观，是“园林式院校”，实乃读书治学的理想园地。

学校始于1925年在上海创建的光华大学。1938年，因抗日战争内迁建立光华大学成都分部。1952—1953年，先后汇聚西南地区17所院校的财经系科组建成四川财经学院，是新中国成立之初全国高等院校分区布局的四所财经高校之一。1960 年后历经分设、合并、更名等，于 1978 年恢复为四川财经学院。1979 年由四川省人民政府划归中国人民银行主管，逐渐形成了独特的金融行业背景和出色的金融学科优势。1985 年更名为西南财经大学，1997 年成为国家“211 工程”重点建设高校，2000 年以独立建制划转教育部管理，2010 年成为国家教育体制改革试点高校，2011 年成为国家“985 工程”优势学科创新平台建设高校，2017 年成为国家首批“双一流”建设高校。

学校致力于培养德智体美劳全面发展，具有社会责任感、创新精神、国际视野的财经领域的卓越人才。设有 29 个学院（中心）等教学单位，41 个本科专业；有全日制在校学生 24600 余人，其中普通全日制本科生 15800 余人，硕士研究生 7900 余人，博士研究生 820 余人。建校以来，学校为国家经济建设和社会发展输送了一大批优秀人才，已成为国家金融、经济、管理等部门高水平人才培养的重要基地。本科生就业率达 95.92%，国内外深造率 40%，18 万余名校友中涌现出一大批金融行业领军人物，被誉为“中国金融人库”。

四川农业大学

四川农业大学，简称“川农大”，由教育部、四川省人民政府、成都市人民政府共建，是国家“双一流”世界一流学科建设高校、“211 工程”重点建设高校。入选 111 计划、卓越农林人才教育培养计划、援疆学科建设计划、国家建设高水平大学公派研究生项目、四川 2011 计划、四川省卓越工程师教育培养计划；为中国—中东欧国家高校联盟、中美大学农业推广联盟、国家农业科技创新联盟、成渝地区双城经济圈高校联盟、成都服务全川农业科技创新联盟成员单位，全国首批高等学校新农村发展研究院试点单位，是一所以生物科技为特色，农业科技为优势，农、理、工、经、管、医、文、教、法、艺多学科协调发展的国家“211 工程”重点建设大学。

四川农业大学源自 1906 年创办的四川通省农业学堂，1927 年和 1935 年两次并入四川大学，1956 年由四川大学农学院整体迁往原西康省省会雅安成立四川农学院，1985 年更名为四川农业大学。

学校有雅安、成都和都江堰 3 个校区，占地总面积约 4500 亩，馆藏文献资源 1165.89 万册（件）。有教职工 3600 余人，其中：教授 426 人、副教授 574 人；博士生导师 272 人、硕士生导师 833 人。设有学院 27 个，研究所（中心）15 个，国家重点实验室 1 个。有博士后科研流动站 8 个，博士学位授权一级学科 11 个、二级学科 49 个，硕士学位授权一级学科 18 个、二级学科 88 个，专业学位授予类别 10 个，本科专业 91 个；国家重点学科和重点培育学科 4 个，部省重点学科 20 个。

成都中医药大学

成都中医药大学是在周恩来等党和国家第一代领导集体的亲切关怀下，经国务院批准，我国最早建立的四所中医药高等院校之一，原名成都中医学院，创建于 1956 年，1995 年更名为成都中医药大学。历经 60 余年的发展，学校已成为一所以中医药学科为主体，医药健康相关学科专业相互支撑、协调发展的特色鲜明的高水平中医药大学，是教育部、国家中医药管理局与四川省人民政府共建高校，国家“双一流”学科建设高校。

学校占地面积1800亩，有19个学院、37个本科专业，全日制在校学生2.4万余人，其中研究生3100余人。是全国首批中医药学博士、硕士学位授权点，首批临床医学（硕士、博士）专业学位试点单位。有一级学科博士学位授权点3个、二级学科博士学位授权点25个，一级学科硕士授权点7个、二级学科硕士学位授权点58个，博士后流动站3个。现有国家级重点学科4个（中药学、中医五官科学、针灸推拿学、中医妇科学），省部级重点学科44个；有国家级一流专业4个、省级一流专业10个、省级示范型应用专业6个。

成都师范学院

成都师范学院是四川省省属本科师范学院，是教育部教师队伍建设示范项目单位、四川省综合改革整体转型试点高校。学校前身系1955年创办的四川省教育行政学校，历经四川省教育干部进修学院（1964年）、四川省教育学院（1978年）、四川教育学院（1984年）等发展阶段。2012年3月，经教育部批准，改制为全日制普通本科院校，更名为成都师范学院。

学校设有15个二级学院，现有普通本科专业35个，在校生16000余人。有教职工976人，其中博士146人、正高职称105人，有特聘教授、中科院院士1人，享受国务院政府特殊津贴专家4人，教育部新世纪优秀人才支持计划人选1人。建有国家级一流专业1个、省级一流专业10个。

四川交通职业技术学院

四川交通职业技术学院是公办全日制普通高等学校，隶属于四川省交通运输厅，始建于1952年。学院是国家示范性高等职业院校、国家“双高计划”建设单位、国家优质高等职业院校、全国文明单位、全国职业教育先进单位、全国首批现代学徒制试点单位、全国职业院校就业竞争力示范校、四川省职教本科试点院校，荣获全国职业院校教学资源50强、服务贡献50强、育人成效50强。

学院占地1033亩，全日制在校生15000余人。设有12个教学单位。开设本科专业2个，专科专业38个。有教职工近1000人，其中正高级职称39人，副高级职称169人，有国家级职业教育教师创新团队1个、省级教学团队4个、省级教学名师工作室2个、省级技能大师工作室1个、省级技艺平台1个、非遗大师工作室4个。

四川电力职业技术学院

四川电力职业技术学院是一所国家公办的专科层次全日制普通高等学校，隶属于国家电网有限公司，始建于1917年，前身是川东联合县立甲种工业学校，后数易其名，1956年迁址成都更名为成都水力发电学校，2001年升格为四川电力职业技术学院，是全国电力行业唯一一所国家示范性高等职业院校。2006年，学院与四川省电力公司技能培训中心合并，实行“一套人马、两块牌子”的运行模式，集高职教育、员工培训、职业鉴定和科研咨询等功能于一体，是国家级和省级高技能人才培训基地、四川省首批产教融合示范项目建设单位，是国家电网公司输配电线路带电作业实训基地和国网技术学院成都分院。

学院建有温江、草堂、罗家碾、青峰岭实习实训电厂四个校区，总占地面积822.72亩。全院教职工526人，研究生及以上学历占48%，副高职称及以上占56%。设置9个专业，其中，国家示范性高职院校重点专业3个，国家级教育改革试点专业1个，省级教育改革试点专业1个，省级重点专业和省级“课程思政”示范专业1个。

四川商务职业学院

四川商务职业学院是经省人民政府批准成立、直属省商务厅的公办全日制普通高等学校，是四川省唯一商科高职院校，是四川省重要的现代商务高素质开放式应用型人才培养基地。学院设有经营管理系、经济贸易系、会计系、旅游管理系、信息技术系、设计艺术系、人文社科部、思政教学部、实践教学中心、继续教育中心和国际合作交流中心六系二部三中心。全日制普通高职学历教育在校生 9788 人，留学生 135 人。教职工总数 533 人，专任教师中高级职称教师 127 人，硕士 230 人，博士 3 人。

学院前身为成都女子蚕桑传习所，创建于 1907 年，先后更名为四川省立女子实业讲习所、四川省立高等职业学校、四川省立成都女子职业学校、四川省成都商业学校等。1993 年更名为四川省商业学校。2004 年经四川省人民政府批准，四川省商业学校（国家级重点中专）与四川省对外经济贸易学校（省部级重点中专）合并组建四川商务职业学院。学院现有成都市青羊区文家场正街文家校区及温江区和盛镇和盛校区两个校区，总占地面积 274409 平方米，建筑总面积 146574 平方米。2010 年顺利通过教育部高职高专人才培养工作评估。

四川艺术职业学院

四川艺术职业学院浸润于丰厚的人文沃土，以传承、弘扬和发展巴蜀文化为己任，以独具魅力的巴蜀特色艺术品种为亮点，以高等专业艺术教育为主体、中等专业艺术教育为基础、各种文化艺术门类综合发展为主线，开设艺术类专业 15 个，在校学生 7000 余名，是一所视野开阔、学科齐备的应用型高等综合艺术院校。

学院办学历史始于 1953 年，其前身为两所享誉中外的国家级重点中专——四川省舞蹈学校和四川省川剧学校（四川省艺术学校），有着悠久历史传统和文化积淀。学院位于成都市温江区和盛镇“成都国际科教艺术城”片区内，占地 300 余亩。有中高级专任教师 260 余名，已荣获国内外艺术大奖达千余项，名列国内舞台艺术教育前茅，享有“艺术家摇篮”的美誉。

成都农业科技职业学院

成都农业科技职业学院是成都市人民政府主办的第一所高等职业学院。学校发轫于 1937 年由国立四川大学农学院代办的省立成都高级农科职业学校；前身为 1958 年组建的四川省温江农业学校；2002 年四川省人民政府批准升格为高等职业学院；2005 年成都畜牧兽医学校和成都市机电工程学校并入学院。2006 年，学校在全国高职高专人才培养工作水平评估中获得“优秀”，是四川省首批省级示范性高等职业院校。

学校现有柳城校区（德通桥 392 号）和海科校区（新华大道二段 179 号）两个校区，均坐落于国际花园城成都市温江区，校园面积 541 亩，并建有崇州现代农业创新创业示范园区和彭州葛仙山产教融合园区两个面积 1000 余亩的校外实践园区，为学生提供良好的学习生活环境。有教职工 617 人，其中具有博士、硕士学位的 344 人，取得教授、副教授等高级技术职称的 172 人，“双师”教师 330 人。学校年均招收普通高职专科学生 4500 余人，在校生 12000 余人，开设专业 37 个，其中国家骨干专业 3 个、中央财政支持专业 2 个、省级示范专业 4 个、省级重点专业 3 个、“1 + X”证书试点专业 22 个。

四川理工技师学院

四川理工技师学院是四川省经济和信息化厅主管，四川省财政全额拨款的高等职业教育机构。学院占地面积 9 万余平方米，建筑面积 8 万余平方米，在册学生 3500 余人，年职业培训规模达 2000 人次，是国家级高技能人才培训基地、四川省高技能人才培训基地、成都市技能人才培训基地。

学院前身是 1975 年创建于泸州的泸州化工技工学校，1990 年更名为四川省化工技工学校并搬迁至温江，1992 年被评为省级重点技工学校，1996 年被评为国家级重点技工学校，2008 年升格为四川化工高级技工学校，2017 年升格为四川理工技师学院。